Ostsee
Königsberg
Pillau
Insterburg
PREGEL
Gross-Jägersdorf
DANZIG
Ostpreußen
Stolp
Goldapp
Bartenstein
Angerburg
Cöslin
Rastenburg
Colberg
Belgard
Pommern
West-preußen (1772)
Mohrungen
Lyck
Marienwerder
STETTIN
Graudenz
Stargard
Bromberg
THORN
NEUMARK
Zorndorf
Landsberg
WEICHSEL
Cüstrin
Warschau
erlin
POSEN
Kunersdorf
FRANKFURT
Polen
Crossen
Cottbus
Glogau
ODER
Schlesien (1742)
hsen
Leuthen
BRESLAU
Hohenfriedeberg
Brieg
Glatz
Neiße
Kolin
Prag
Böhmen
OLMÜTZ
Mähren
BRÜNN
Ungarn
0
200
Km.
Österreich
LINZ
Wien

Christopher Duffy
Friedrich der Große

Christopher Duffy

Friedrich der Große

Die Biographie

Aus dem Englischen von
Guy Montag

Albatros

Die englische Originalausgabe erschien unter dem Titel
Frederick the Great. A Military Life
im Verlag Routledge & Kegan Paul, London.

Mit Ausnahme von Abbildung 1 (Archiv für Kunst und Geschichte, Berlin) entstammen sämtliche Karten und Abbildungen dem Archiv des Autors.

Die Deutsche Bibliothek – CIP-Einheitsaufnahme
Ein Titeldatensatz für diese Publikation ist bei
Der Deutschen Bibliothek erhältlich.

ISBN 3-491-96026-6

Inhalt

VORWORT

Dieses Buch ist ein Produkt der jahrhundertealten britischen Besessenheit von der unbritischsten aller weltgeschichtlichen Persönlichkeiten, Friedrich dem Großen von Preußen. Ich hege die Zuversicht, daß mein Beitrag sich, wenn auch nicht mit Carlyle oder Mitford, so doch zumindest mit einem unserer ersten biographischen Essays zu diesem Thema messen kann, nämlich dem 1759 erschienenen Werk *Succinct Account of the Person, the Way of Living and of the Court of the King of Prussia*, einer, wie der Titel sagt, kurzgefaßten Schilderung Friedrichs II. und seines Hofes.

Ich muß an dieser Stelle betonen, daß ich nicht eine Lösung der Frage nach dem Staate Preußen anzubieten gedenke und auch kein psychologisches Gedankengebäude auf der Annahme errichten will, Friedrich sei irgendwann in einem empfänglichen Alter durch eine Flöte erschreckt worden. Meine Arbeit ist eine erzählende Biographie, allerdings eine mit starker Betonung militärischer Themen. Keine andere literarische Form ist denkbar, die den chronologischen Verlauf von Friedrichs Karriere als Feldherr festhalten oder sich der bekannten Widersprüchlichkeiten annehmen könnte, die Gelehrte und das breite Publikum zu dieser faszinierenden Persönlichkeit hinziehen – einem Mann, dem Geist nach Franzose, den es in den abgelegensten Winkel Deutschlands verschlagen hatte, einem Herrscher, der zugleich ein zynischer Exponent der Machtpolitik war, einem Fürsten der Aufklärungsepoche und einem Liebhaber der schönen Künste, der zwischen seinem inneren Ich und dem blutigen Handwerk, das er betrieb, eine Distanz zu schaffen wußte.

Einblicke dieser Art in die Person des Preußenkönigs werden, wie ich hoffe, auch Leser anziehen, die normalerweise eine nur zu begründete Abneigung gegen Militärgeschichten hegen. Ihretwegen habe ich die Fachausdrücke auf ein Minimum beschränkt. Einzelheiten über Uniformen, Waffen, Ausrüstung, Taktik und Gliederung des preußischen Heeres sind in den Standardwerken von Bleckwenn und Jany zu finden sowie – vielleicht eher zugänglich und preislich erschwinglicher – in meiner Veröffentlichung *The Army of Frederick the Great* (dt. Ausgabe «Friedrich der Große und seine Armee», 2. Auflage, Stuttgart 1983).

Ich muß jedoch nachdrücklich betonen, daß es an der Zeit war, in irgendeiner Form eine militärische Studie über den Alten Fritz zu erstellen. Seine Leistungen auf dem Gebiet der Staatsverwaltung sind in jüngster Zeit Gegenstand eingehendster wissenschaftlicher Forschung gewesen, doch seltsamerweise hat trotz des Erscheinens einer Vielzahl militärhistorischer Monographien und Darstellungen kein Autor seit Theodor von Bernhardi im Jahre 1881 eine detaillierte Übersicht über Friedrichs Leben als Soldat vorgelegt. Auf diesem Gebiet sind die Bewertungen des Königs im Lichte moderner Untersuchungen unvollständig geblieben.

«Ohne Hohenfriedberg, ohne Soor, ohne Leuthen, ohne die Eroberung und Behauptung Schlesiens wäre Friedrich nicht Friedrich, sondern irgendein bemerkenswerter Monarch des 18. Jahrhunderts. Nicht sein geistreicher Zynismus, nicht seine ambitionierte Schriftstellerei, nicht seine Justizreform haben ihn zum ‹ersten Mann des Jahrhunderts› gemacht, . . . sondern seine Schlachten um Schlesien.» (Augstein, 1968, 265)

Aus eben diesem Grunde habe ich auf die strategischen Dimensionen von Friedrichs Außenpolitik besonderes Gewicht gelegt. So glaube ich beispielsweise, daß es bei der Behandlung der vieldiskutierten Frage nach den Ursachen des Siebenjährigen Krieges wesentlich ist zu fragen, ob Friedrich aus der ständigen Besetzung Sachsens – im Gegensatz zu einer vorübergehenden – Nutzen zog. Ebenso scheint es mir voreilig, den Bayerischen Erbfolgekrieg als eine Art politischer Parade abzutun, wenn eine Prüfung des militärischen Sachverhalts ergibt, daß Friedrich in tödlichem Ernst in diesen Krieg zog und sich selbst einige ehrgeizige Ziele setzte.

Hinsichtlich des Quellenmaterials haben die Historiker einen unleugbaren Verlust erlitten, als 1945 die preußischen Militärarchive zerstört wurden. Zu diesem Zeitpunkt war jedoch die Veröffentlichung von Friedrichs *Politischer Correspondenz* abgeschlossen. Diese Dokumente umfassen zusammen mit den gedruckten Werken des Königs nicht weniger als siebzig umfangreiche Bände. Kein anderer Monarch hat jemals derart erschöpfend Rechenschaft über sein Handeln abgelegt oder ist (abgesehen vielleicht von Ludwig XIV.) über einen solch langen Zeitraum aus nächster Nähe kritisch beurteilt worden. Es ist andererseits bemerkenswert, wie viele der von Historikern vor 1945 zitierten Quellen für uns heute noch zugänglich sind.

Eine andere Form von Tatsachenmaterial, das fast völlig unversehrt geblieben ist, ist der geographische Hintergrund von Friedrichs Schlachten und Feldzügen. Mit einem gewissen Maß an Ausdauer und Beharrlichkeit ist es möglich, die Szenerie der wichtigsten Hauptquartiere und Feldlager aufzusuchen und jedes Schlachtfeld zu besichtigen, mit Ausnahme von Mollwitz und Chotusitz, wo auf dem einstigen Kampfgelände Flugplätze gebaut worden sind. Die auf einer solchen Reise gesammelten Erfahrungen tragen dazu bei, den

Historiker vor etlichen Dummheiten zu bewahren, die er begehen würde, wenn er daheim bliebe und das abschriebe, was andere zu diesem Thema zu Papier gebracht haben. Ein weiterer positiver Aspekt besteht darin, daß er auf diese Weise leichter taktische Probleme nachzuvollziehen, Gebiete von strategischer Bedeutung wiederzuerkennen und die Strukturen einer vergangenen Epoche neu aufleben zu lassen vermag.

Dankbar muß ich den großen Nutzen anerkennen, den ich aus Unterlagen oder Briefwechseln mit Hans Bleckwenn, Hubert Johnson, Jeremy Black und Keith Simpson zog. In Osteuropa wurde mir in allen Kreisen ausschließlich freundliche Hilfe zuteil, und zwar von offizieller wie privater Seite, doch möchte ich besonders die Unterstützung erwähnen, die mir Dr. Miroslav Mudra vom Nationalmuseum in Prag und Oberstleutnant Dr. Helmuth Schnitter vom Militärhistorischen Institut in Potsdam gewährten.

C.D.

Abkürzungen

Forschungen	*Forschungen zur brandenburgischen und preußischen Geschichte* (1880 ff.), Leipzig, München und Berlin.
Gr. Gstb. 1890–93	Großer Generalstab (1890–93), *Der Erste Schlesische Krieg 1740–1742,* 3 Bde., Berlin.
Gr. Gstb. 1895	Großer Generalstab (1895), *Der Zweite Schlesische Krieg 1744–1745,* 3 Bde., Berlin.
Gr. Gstb. 1901–14	Großer Generalstab (1901–14), *Der Siebenjährige Krieg 1756–1763,* 13 Bde., Berlin. Die Veröffentlichung dieser offiziellen Kriegsgeschichte wurde durch den Ausbruch des Ersten Weltkriegs abgebrochen. Sie umfaßt die Zeit bis kurz vor der Schlacht von Torgau, 1760.
Œuvres	*Œuvres de Frédéric le Grand* (1846–57), 30 Bde., Berlin.
PC	*Politische Correspondenz Friedrichs des Großen* (1879–1939), 46 Bde., Berlin. Wie üblich wird hier nach der Nummer der Dokumente zitiert, nicht nach Band oder Seite.
PRO	Public Record Office, London.
Urkundliche Beiträge	Großer Generalstab (1901 ff.), *Urkundliche Beiträge und Forschung zur Geschichte des preußischen Heeres,* Berlin.

1. KAPITEL

DIE HERKUNFT

Der Aufstieg des späteren Staates Brandenburg-Preußen ist in unserer Vorstellung vielleicht verbunden mit verschwommenen Bildern von Deutschordensrittern, Wappenhelmen und blutigen Feldzügen gegen die Slawen. Zu Beginn der Neuzeit waren jedoch diese Ereignisse und Symbole längst Vergangenheit. Die wahren Begründer der Marken im Osten waren in der Tat jene deutschen Siedler, die sich langsam ihren Weg über das vergletscherte Flachland bahnten, das sich von der Elbe bis hinter die Oder erstreckte. Viele der Ureinwohner blieben in ihrem Stammland. Im Norden dieses Gebietes lernte das Volk polnischer Abstammung das Plattdeutsch der Neuankömmlinge sprechen, das Ähnlichkeiten mit primitivem Englisch aufwies. «Wat is o Klok?» fragten sie, wenn sie die Uhrzeit wissen wollten. Im Zentrum und im Südosten dieser Region erhielten sich große, nichtassimilierte Sprachinseln der slawischen Wenden, die sich in einem Dialekt verständigten, der noch im 18. Jahrhundert «Dienstsprache» bei sieben Berliner Regimentern war.

Durch Erbfolge und nicht so sehr durch Eroberungen gelangte das reiche deutsche Adelsgeschlecht der Hohenzollern in den Besitz des brandenburgischen Kernlandes und anderer weit über Nord-, Nordwest- und Nordostdeutschland verstreut liegender Territorien. Bereits zu Beginn des 18. Jahrhunderts herrschten die Hohenzollern in drei geographisch getrennt liegenden Gebieten, nämlich:

1. im Osten im baltischen Herzogtum Ost-Preußen, das vom zentralen Besitz des Hauses durch einen polnischen Hoheitsbereich getrennt war, der gewissermaßen einen Korridor bildete;
2. im Westen in einer Reihe von Enklaven auf deutschem Boden, die jenseits von Weser, Lippe und Rhein verstreut lagen, so die Herzogtümer Mark und Kleve und die Grafschaften Minden und Ravensberg;
3. in der Mitte das Kurfürstentum Brandenburg sowie die angrenzenden Territorien: das östliche Hinterpommern, die Stadt Magdeburg und das Fürstentum Halberstadt.

Im Verlauf des 16. und des 17. Jahrhunderts hatte Brandenburg das gemeinsame Schicksal aller nordosteuropäischen Länder erfahren

und die «zweite Leibeigenschaft» der Bauern und die Verwüstungen des Dreißigjährigen Krieges hinnehmen müssen. Die Sachsen und Polen waren ebenso schwer davon betroffen worden, doch ihr Nationalcharakter entwickelte sich deutlich verschieden von dem der Brandenburg-Preußen, die sich um 1720 als Volk mit unbestreitbar kriegerischen Ambitionen entpuppten. Worauf können wir diese Eigenart zurückführen? Die Antwort ist vermutlich mit der Tatsache zu begründen, daß die Brandenburger in außerordentlich hohem Maße von ihren Herrschern geformt wurden, wie es Zimmermann gedeutet hat. (1790, III., 219) Friedrich der Große drückte es in seinem Politischen Testament von 1752 anders aus: « . . . La puissance de la Prusse n'est point fondée sur une force intrinsèque, mais uniquement sur l'industrie.» («Die Stärke Preußens erwächst keineswegs aus einer inneren Kraft, sondern ausschließlich aus Fleiß.»)
So gesehen, war der erste «Preuße» ohne Zweifel Friedrich Wilhelm, der «Große Kurfürst», der in Brandenburg-Preußen von 1640 bis 1688 regierte. Er setzte im Inneren gegen die Stände den Absolutismus durch und schuf aus den vielen Teilgebieten einen zentral verwalteten Einheitsstaat. Dadurch hatte er freie Hand, ein stehendes Heer von 30 000 Mann aufzustellen. Unabhängige militärische Schlagkraft sollte von nun an die Grundlage der Hohenzollernmacht bilden und nicht länger die Bündniswechsel, die Brandenburg im Dreißigjährigen Krieg so schlecht bekommen waren.
Die neue Berufsarmee verdiente sich die Sporen in Schlachten gegen die Schweden. Kriegstaten wie der Sieg des Großen Kurfürsten bei Fehrbellin (1675) wurden zur ruhmreichen Erinnerung bei der weiteren Ausprägung des militärischen Bewußtseins der Brandenburger. Die Entwicklungsjahre des Heeres wurden von niederländischen Vorbildern bestimmt, bis nach 1685 die Hugenottenflüchtlinge die neuesten militärischen Praktiken der Franzosen nach Brandenburg einbrachten.
Nachfolger des Großen Kurfürsten war sein Sohn Friedrich III. von Brandenburg, ein Herrscher, der – und das war ungewöhnlich für die neue Rasse der Hohenzollern – Pomp und Luxus liebte. Am 18. Januar 1701 legte er sich den Titel «König in Preußen» zu, auf die Souveränität setzend, die er in Ost-Preußen, unabhängig vom deutschen Kaiserreich, innehatte. Einen sichtbareren Schritt bedeutete es, daß der frischgebackene König Friedrich I. trotz aller Schwierigkeiten, die Seuchen und seine eigene Verschwendungssucht ihm bereiteten, die Ist-Stärke seiner Armee auf 40 000 Soldaten erhöhte. Er vermietete sie dann in kleineren Verbänden an die Verbündeten im Spanischen Erbfolgekrieg, ein Vorgang, der eine entscheidende Rolle

in der Entwicklung der preußischen Militärtradition spielen sollte. Die preußischen Truppen verbuchten nicht nur Erfolge auf dem Schlachtfeld, sondern Offiziere wie Feldmarschall Fürst Leopold von Dessau (der «Alte Dessauer») gewannen auch als Kommandeure an Erfahrung und eigneten sich taktische Finessen an, die den Herzog von Marlborough instand setzten, die geschwächten Armeen Ludwigs XIV. entscheidend zu schlagen.
Friedrich I. starb 1713. «Mit ihm wurde zugleich aller höfische Prunk in das Grab gelegt, um bürgerlicher Einfachheit, militärischer Rauheit Platz zu machen . . .» (Koser, 1921, I., 3) Im Alter von acht Jahren hatte sein Sohn, Kronprinz Friedrich Wilhelm, noch eine ansehnliche Sammlung militärischer Ausrüstungsgegenstände besessen; zwei Jahre später gelobte er in einer feierlichen Erklärung, alle kindlichen Dinge ein für alle Male beiseite geschoben zu haben. Als er als Friedrich Wilhelm I. König wurde, begann er mit seiner ungewöhnlich starken Persönlichkeit, die im Gegensatz zu seinem Vater zu Nüchternheit und Sparsamkeit neigte, der Hohenzollern-Monarchie und ihren Untertanen einen entscheidenden Stempel aufzuprägen.
Zahlenmäßig wuchs die preußische Armee während Friedrich Wilhelms Regierungszeit (1713–1740) auf nicht weniger als rund 83 000 Mann an, eine außerordentliche hohe Zahl von Soldaten, wenn man bedenkt, daß die Bevölkerung in den preußischen Landen sich auf schätzungsweise 2,25 Millionen Menschen belief. Die Vergrößerung der Armee wurde in erster Linie ermöglicht durch eine immer stärkere Heranziehung ausländischer Offiziere und Mannschaften, nicht zuletzt aber auch dank einer allumfassenden, dabei jedoch schnörkellos und straff ausgeübten Verwaltung durch das «General-Directorium», das von 1723 an sowohl die königlichen Domänen unter sich hatte als auch die zentrale und regionale Regierung ausübte.
Materielles und Symbolisches marschierten im neuen Preußen Seite an Seite. Der Alte Dessauer erfand die erfolgreiche Praktik des schrittweisen Vorrückens der Truppen auf dem Marsch und im Gefecht, den sogenannten Gleichschritt. Er sah bei Paraden eindrucksvoll aus und ermöglichte es den Preußen auf dem Schlachtfeld, mit schnell beweglichen und kompakten Formationen zu operieren. Der Lütticher Waffenfabrikant François Henoul unterstützte den Monarchen bei einer umfassenden Neubewaffnung der Armee. Im Rahmen dieser Umorganisation wurde 1718 der berühmt gewordene eiserne Ladestock für die Gewehre der preußischen Soldaten eingeführt, der schnelle und kraftvolle Handhabung erlaubte und ein sehr viel rascheres Laden der Musketen ermöglichte als die hölzernen Ladestöcke, wie sie bei den Heeren in anderen Ländern Europas wei-

terhin in Gebrauch waren. Im selben Jahr vollzog Friedrich Wilhelm einen, wie Bleckwenn es nennt, «Stilbruch» bei der preußischen Offiziersuniform, eine absichtliche Abkehr von den reichbestickten Waffenröcken, die in Westeuropa Tradition waren, und verordnete schlichtere Röcke in dunklem Indigoblau. Friedrich der Große sollte später diese Bewaffnungs- und Bekleidungsvorschriften aufheben, aber stillschweigend die damit zum Ausdruck gebrachten Wertvorstellungen beibehalten. Der neue Stil paßte trefflich zur geistigen Strömung des Pietismus, einer kirchlichen Reformbewegung, die weit verbreitet bei den Protestanten, sowohl Bürgern wie Adel, war und ihren Ursprung im reformierten Holland hatte. Sie predigte die Abkehr von der Welt und stellte Tugenden wie uneigennützige gegenseitige Hilfe, Ehrlichkeit und Fleiß als nachahmenswert heraus.
Ungeschliffen, rauh, aber herzlich, menschlich und zugänglich, wie er war, bot Friedrich Wilhelm eine ideale Zielscheibe für die Karikatur. In die Erinnerung seiner Untertanen ist er hauptsächlich wegen der tyrannischen Behandlung seiner Familie eingegangen, deren Ausmaß sich vergrößerte, je öfter seine Tochter Prinzessin Wilhelmine die Geschichte herumerzählte. Es ist wohl nicht nötig, hier zu wiederholen, was anderweitig mit solcher Ausführlichkeit über das sogenannte «Tabakscollegium» in Wusterhausen geschrieben worden ist, wo der König und seine Freunde sich zu ihren regelmäßigen Abendgesellschaften in einer Atmosphäre trafen, die den Geruch von Pfeifenqualm und Kohlsuppe ausströmte, oder sich über die «Langen Kerls» des Garde-Grenadierregiments ausließen, die ihren Lebensabend nutzlos in der von einer Mauer umgebenen Stadt Potsdam zubrachten. Weit weniger bekannt ist Friedrich Wilhelms «Politisches Testament», das nach dem Tode des «Soldatenkönigs» geöffnet wurde und diese Passage enthält:

> Mein ganzes Leben hindurch war ich gezwungen, um dem Neid des österreichischen Hauses zu entgehen, zwei Leidenschaften zur Schau zu tragen, die ich nicht hatte: ungereimten Geiz und übertriebene Vorliebe für lange Soldaten. Nur wegen dieser so sehr in die Augen fallenden Schwachheiten vergönnte man mir das Einsammeln eines großen Schatzes und die Errichtung einer starken Armee. Beide sind da, und mein Nachfolger bedarf nun keiner Maske ...
> (Bleckwenn, 1978, 65)

Es waren Männer mit Einfühlungsvermögen und Weitsicht, die dafür sorgten, daß Friedrich das beste Offizierskorps in ganz Europa sein eigen nennen konnte. Wenn ein junger preußischer Offizier als geistiges Rüstzeug über «das Allernötigste und Solideste aus allen Wissen-

schaften» (zitiert in: Tharau, 1968, 55) verfügen sollte, wie es von ihm erwartet wurde, dann umfaßte das namentlich die Fächer Politik, Geographie, Geschichte und Rechtswissenschaft.
Was den einfachen Soldaten anbetraf, so respektierte Friedrich Wilhelm die naturgegebenen Rechte der Männer, die zugegebenermaßen bescheidene Erwartungen an das Leben stellten (so, sinngemäß, Friedrich Wilhelm zu Oberst von Selchow, in: Ollech, 1883, 14). Stimmen aus den Mannschaftsgraden sind höchst selten in der entsprechenden Literatur des 18. Jahrhunderts, und es ist um so interessanter, wenn der aus dem Elsaß stammende J. F. Dreyer versichert, er habe sich als Ausländer zum preußischen Militärdienst hingezogen gefühlt wegen des hohen Ansehens, das die Soldaten unter Friedrich Wilhelm genossen. (Dreyer, 1810, 20)
Durch das Vorbild des Königs, der gesagt hatte: «Ein faules Volk – ein üppiges Volk!», wurde den Untertanen eine neue Identität anerzogen. (A. Schlözer, 1777, zitiert in: Volz, 1926–27, I., 91) Das ging tatsächlich so weit, daß schon kurz nach 1720 einem jungen Magdeburger Apotheker die Gewerbeerlaubnis in der habsburgfreundlich eingestellten Hansestadt Lübeck mit der Begründung verweigert wurde, er sehe zu «preußisch» aus. Das angenehme Leben in Talleyrands vorrevolutionärem Europa betraf zu keinem Zeitpunkt das hohenzollernsche Brandenburg-Preußen. *Commodité* (Bequemlichkeit) und *Plaisir* waren vom Hofe Friedrich Wilhelms völlig verbannt, und in den Provinzen fiel es immer schwer, sie zu entdecken. (Salmon, 1752–53, I., 469)
Für die Menschen des 18. Jahrhunderts schien ein nur allzu direkter Zusammenhang zwischen der Landschaft und dem unfreundlichen Wesen ihrer Bewohner zu bestehen. Der österreichische General Graf von Lascy, der im Jahre 1760 in Brandenburg einmarschierte, schrieb über die Dörfer um Berlin, sie hätten im flachen Land wie Infanteriebataillone gestanden. Der bloße Name Preußen, der in englischer Aussprache klanglich dem Wort «spruce» (Fichte/sauber) ähnelt, paßte in seiner doppelten Bedeutung auf die Nadelwälder in der märkischen Heide vor den Toren der Hauptstadt und auf das etwas gekünstelt wirkende saubere Erscheinungsbild der Ansiedlungen.
Ein Name, der sich dagegen später als völlig unpassend herausstellte, wurde einem Kind königlichen Geblüts verliehen, das am 24. Januar 1712 das Licht der Welt erblickte. Er lautete «Friedrich» und bedeutet in der etymologischen Ableitung «der an Frieden Reiche».

Rückblickend auf seine Kindheit hat Friedrich oft beklagt, daß viele Dinge den Forderungen seines Vaters geopfert werden mußten. Er äußerte indes niemals ein Wort des Bedauerns darüber, daß seine Erziehung in frühester Jugend der des ältesten Sohnes einer einfachen, streng bürgerlichen Familie entsprach. Seine Äußerungen und Reden als Monarch waren mit bildhaften Vergleichen aus der Bibel angereichert, was auf eine seiner Hauptlektüren in Kindertagen schließen ließ.

Als sechsjähriger Prinz begann Friedrich Außenstehende zu beeindrucken: «Er ist ein überaus munterer und lebhafter Prinz ... Die Frau von Sacetot, welche bisher die Aufsicht von dessen Erziehung gehabt hat, redet von ihm nicht anders als mit Entzücken: ‹C'est un esprit angélique!› (‹Er besitzt einen engelhaften Verstand!›)» (J. M. von Loen in: Volz, 1926–27, I., 6)

Der kleine Engel gehörte zu dieser Zeit bereits der *Compagnie de Cadets,* dem Kadettenkorps, an, das eigens für seine Ausbildung ins Leben gerufen worden war. Ein fröhlicher junger Offizier namens von Rentzell brachte ihm die Grundbegriffe des preußischen Exerzierreglements bei. Mit der Rechtschreibung und der Mathematik haperte es bei dem jungen Friedrich, aber seine angeborenen Talente eines Liebhabers der schönen Künste und eines Soldaten wurden von einer verständnisvollen Schar von Erziehern nach Kräften gefördert. Seine französische Ausdrucksweise prägte sein Lehrer und echter Freund, der Hugenotte Jacques Egide Duhan de Jandun. Die militärische Ausbildung des Prinzen besorgten zwei altgediente Soldaten aus ostpreußischem Adelsgeschlecht: Oberst Christoph Wilhelm von Kalckstein und der weitgereiste, feinsinnige Generalleutnant Reichsgraf Konrad Finck von Finckenstein. Diesen Offizieren wurde bedeutet, Friedrich die Überzeugung zu vermitteln, «daß nichts in der Welt einem Prinzen mehr Ruhm und Ehre zu geben vermag als der Degen ...» (Koser, 1921, I., 8)

Die berühmten Auseinandersetzungen zwischen dem heranwachsenden Kronprinzen und seinem Vater bilden einen wesentlichen Bestandteil aller Biographien über Friedrich den Großen. Gerechterweise muß die Schuld daran zu gleichen Teilen dem jeweiligen Sachverhalt und fast allen Personen angelastet werden, die mit den beiden in Verbindung kamen.

In absolutistischen Erbmonarchien, in denen für das Wohlergehen des Staates sehr viel von der Thronfolge abhing, war es für einen designierten Nachfolger des Herrschers – in der Regel sein ältester Sohn – nicht leicht, allen in ihn gesetzten Erwartungen gerecht zu werden. Im brandenburgisch-preußischen Staat, einem noch nicht sehr alten, künstlichen Gebilde, barg dieses Problem um so mehr Spannungen in sich. Dies sei festgestellt, bevor wir Friedrich bei-

pflichten, der die Anforderungen, die sein Vater an ihn stellte, übertrieben hoch nannte. Solch ein Verhalten hätte entschuldbar sein können im Falle eines ergrauten, kriegsgestählten Veteranen. Wenn wir auch versucht sind, uns Friedrich Wilhelm als solch einen alten Krieger vorzustellen, so gebietet doch die geschichtliche Wahrheit, dem entgegenzuhalten, daß er zum Zeitpunkt der Geburt seines Sohnes erst Mitte Zwanzig war. Seine Schilderungen des Feldzuges von Malplaquet mögen, wie Friedrich klagte, so unerschöpflich gewesen sein wie die Silberminen von Potosi, doch Friedrich Wilhelms Anteil an den Kämpfen hatte sich auf wenig mehr als die Rolle des Zuschauers beschränkt.
Das Verhalten des Königs hatte nicht einmal den Vorzug der Beständigkeit. Was letztendlich den Sohn zur Verzweiflung trieb, war nicht die unbeugsame Strenge seines Vaters, sondern dessen immer wiederkehrende Ausbrüche tränenreicher Gewissensbisse. Bei solchen Gelegenheiten pflegte Friedrich in der liebevollen und vertrauensseligen Art zu reagieren, die ihn als Kind ausgezeichnet hatte, und setzte sich damit schutzlos dem nächsten Schlag aus.
Die älteren weiblichen Mitglieder der königlichen Familie trugen nur dazu bei, die Kluft zwischen Vater und Sohn zu vertiefen. Das Blut der Stuarts und Welfen hatte sich in den Adern von Friedrichs Mutter, Königin Sophie Dorothea aus dem Hause Hannover, vermischt. Sie hatte Verständnis für seine Neigung zu den Künsten und förderte sie, zog ihn jedoch gleichzeitig in gefährliche Verwicklungen mit Hofkreisen hinein, die sich für eine dynastische Ehe Friedrichs mit einer Hannoveraner-Prinzessin aussprachen.
Friedrichs ältere Schwester Wilhelmine stand ihm näher als jeder andere Mensch. Drei Jahre älter als er, hatte sie ihn bereits geliebt, als er noch in der Wiege lag, und damit das Fundament für eine Beziehung hergestellt, bei der sie gleichzeitig seine Stiefmutter und seine Partnerin in einer geschwisterlichen Allianz gegen die Welt draußen wurde. Viele Jahre trennten Friedrich und Wilhelmine ihrerseits von ihren jüngeren Brüdern und Schwestern – August Wilhelm, Heinrich (dem Liebling des Vaters), dem schlichten Ferdinand, Ulrike und Amalie.
Es gab ohne Zweifel Zeiten, da Friedrich sich in die schiere Rolle eines Opfers gedrängt sah. Noch Jahre später brach ihm der kalte Schweiß aus, wenn er daran dachte, wie damals der König in sein Zimmer gestürmt war und Bücher, Papiere und die Flöte in den Kamin geworfen hatte. Gleichzeitig fand der Prinz aber auch eine fast perverse Freude daran, mit voller Absicht gerade das zu tun, was den Zorn seines Vaters hervorrufen mußte. Dazu gehörten seine Bril-

lantringe, seine bestickte Kleidung und sein «langes, schönes Haar, das in leichten Locken auf beiden Seiten herabhing.» (Hildebrandt, 1829–35, IV., 37)
Friedrichs Kenntnis von der Welt außerhalb der hohenzollernschen Schlösser erweiterte sich beträchtlich, als Friedrich Wilhelm im Januar 1728 gegen seinen Willen genötigt wurde, den Kronprinzen nach Dresden nachkommen zu lassen, wo er gerade dem Kurfürsten von Sachsen und König von Polen, August II., genannt «der Starke», einen Besuch abstattete. Es ist kaum möglich, den Kontrast zwischen den beiden königlichen Residenzen zu übertreiben. Potsdam glich eher einer holländischen Provinzstadt mit seinen bescheidenen, eng beieinanderstehenden roten Backsteinhäusern und seinem ringsum verlaufenden Fluß und Kanal. (Abb.13) In Dresden dagegen wurde die Silhouette durch die Zinnen und Kuppeln der im italienischen Stil erbauten Kirchen und Paläste geprägt. Anstelle der von Tabakschwaden verrußten Möbel und dunklen Kammern im Haushalt der Hohenzollern gab es bei August luftige Räumlichkeiten voll juwelenbesetzter Nippsachen, chinesischer Vasen und Adlern und Äffchen aus der heimischen sächsischen Porzellanmanufaktur in Meißen.
Hinsichtlich der moralischen Einstellung war der Hof Augusts vermutlich der sittenloseste in ganz Europa. Ein Beobachter hätte ebensogut den Versuch unternehmen können, die Wechselbeziehungen in einem Kaninchenstall festzustellen, wie die weitverzweigten Verbindungen von Liebhabern, Mätressen, Söhnen und Töchtern am Hof von Dresden auseinanderzuhalten.
Klatschbasen und Ärzte haben Vermutungen darüber angestellt, was im einzelnen dem sechzehnjährigen Friedrich in bezug auf die *chronica scandalosa* dieses Aufenthalts in Sachsen widerfuhr. Es steht zu vermuten, daß August dem jungen Mann dessen erste Geliebte zuführte. Es ist auch möglich, daß sich Friedrich bei dieser Gelegenheit oder einer späteren eine Infektion zuzog, die, wie Zimmermann behauptet (1790, I., 79), mittels eines äußerst drastischen chirurgischen Eingriffs geheilt wurde. Mutmaßungen muß man in der Geschichte einen notwendigen Platz gönnen, und man kann darüber Spekulationen anstellen, ob nicht irgendeine unerträgliche Demütigung in Verbindung mit dem Dresden-Besuch (die nicht notwendigerweise anläßlich eines von der offiziellen Geschichtsschreibung verzeichneten Ereignisses passiert sein muß) für die ungewöhnliche Rachsucht verantwortlich zu machen ist, die Friedrich in späteren Jahren als König und Feldherr gegenüber dem Kurfürstentum hegte. Der Engel, der die guten und bösen Taten der Menschen aufzeichnet und die Geschichte von Friedrichs Beziehungen zu Sachsen kennt,

besitzt höchstwahrscheinlich auch den Schlüssel zu seinem Charakter und seinen Ambitionen.
Ein blasser und mitgenommener Prinz kehrte nach Brandenburg zurück und wurde obendrein kurze Zeit darauf vollends aus dem Gleichgewicht gebracht durch seine heftige Liebe zur Gräfin Orselska, die er in Dresden auf einem Maskenball kennengelernt hatte und die zur Begleitung von August II. gehörte, als der Monarch im Mai 1728 einer Einladung Friedrich Wilhelms nach Berlin Folge leistete. Eine dritte, für Friedrich höchst unangenehme Episode in dieser Kette verwirrender Ereignisse spielte sich im Frühsommer 1730 anläßlich der von August dem Starken im sächsischen Mühlberg veranstalteten Manöver und Paraden ab. Friedrich war mit seinem Vater gekommen. Er war inzwischen achtzehn, zu alt für die Erniedrigungen, die Friedrich Wilhelm ihm noch immer in aller Öffentlichkeit zufügte. Viele Jahre später sollte er erklären, daß er «im Hinblick auf seinen Fluchtversuch . . . seit langer Zeit unglücklich war und in roher Weise von seinem Vater ausgenutzt wurde, daß jedoch der endgültige Entschluß in ihm reifte, als ihn der Vater eines Tages schlug und bei den Haaren zog und er in diesem zerzausten Zustand gezwungen wurde, die Parade abzunehmen. Von diesem Augenblick an sei er *coûte que coûte* willens gewesen, die Flucht zu wagen.» (Mitchell, 1850, I., 358)
Diese Flucht war Teil eines seit langem von Friedrich gehegten Plans, mit Hilfe zweier junger Offiziere die königliche Reisegesellschaft zu verlassen, die im August desselben Jahres zu einer Inspektionsfahrt durch Süd- und Westdeutschland aufbrach, und auf ausländischem Territorium um Asyl zu bitten. Die Verschwörung wurde jedoch ohne Mühe aufgedeckt, und es war nur zu offenkundig, daß Friedrich Wilhelm etwas Schreckliches mit dem Kronprinzen vorhatte, als er ihn in einer plombierten Kalesche heimwärts nach Osten bringen und ihn als Deserteur vor ein Kriegsgericht stellen ließ. Dieses erklärte sich für nicht zuständig, «über den Sohn des Königs ein Urteil zu sprechen». Friedrich saß derweil noch immer in strenger Haft in der Festung Küstrin an der Oder. Für seinen Freund und Mitverschwörer Leutnant Hans Hermann von Katte gab es jedoch keine Gnade. Er wurde am 6. November 1730 vor dem Fenster der Zelle des Kronprinzen enthauptet.
Am 19. November legte Friedrich einen unverbrüchlichen Treueid auf den König ab, der ihn daraufhin begnadigte und ihn zwei Tage später – den Sohn in Küstrin belassend – anwies, einen Posten in der dortigen Kriegs- und Domänenkammer anzutreten, der Provinzialvertretung des Berliner General-Directoriums (einer heutigen Oberfi-

nanzdirektion vergleichbar). Friedrich sollte lernen, Distanz zu schaffen zwischen seinen Verpflichtungen der Öffentlichkeit gegenüber und seinem Leben als Privatperson, und er kniete sich tatsächlich mit ungewohntem Eifer in diese bürokratische Fronarbeit. Mit der Zeit erwirkte er die Erlaubnis, Ausritte über Land in die umliegende Neumark zu unternehmen. Manchmal nutzte er dabei die Gelegenheit, auf dem benachbarten Gut Tamsel dem Obersten Adolf Friedrich von Wreech einen Besuch abzustatten, zu dessen Frau, die kaum älter war als er selbst, er eine romantische, aber rein platonische Liebesbeziehung angebahnt hatte. Tamsel bestand aus einer kleinen Ansammlung einstöckiger Fachwerkhäuser, die zwischen einer Reihe sandiger Hügel und dem flachen Ödland des Warthebruchs lagen. Zu Friedrichs beruflichen Aufgaben gehörte unter anderem die Errichtung von abgelegenen Vorwerken, vom Hauptgut räumlich getrennten Wohnhäusern mit eigenen Wirtschaftsgebäuden, in diesem Landstrich und die Rodung oder Entwässerung des Bodens, um landwirtschaftliche Nutzung zu ermöglichen. Die dabei gewonnenen Erfahrungen ließen Friedrich am eigenen Leibe die ungewöhnlich harten Anstrengungen spüren, die es kostete, in Brandenburg-Preußen fruchtbares Ackerland zu gewinnen. In späteren Jahren sollte er als Staatslenker seine vornehmste Pflicht darin sehen, sich der Menschen anzunehmen, die diese lebenswichtige Tätigkeit ausübten.
Ende November 1731 wurde Friedrich anläßlich der Hochzeit seiner Schwester Wilhelmine mit dem Erbprinzen Friedrich von Bayreuth eine Reise nach Berlin gestattet. Der Kronprinz war nach seiner gescheiterten Flucht im Jahr zuvor auf Geheiß des Vaters als Deserteur behandelt und des Rechtes verlustig gegangen, eine Uniform zu tragen; er solle fortan den «Fürstenberuf» erlernen, hatte Friedrich Wilhelm verfügt. Jetzt war es an der Zeit, daß er seine unterbrochene militärische Ausbildung fortsetzte. Der König hatte seinem Sohn einige Jahre zuvor den Ratschlag gegeben:

> Fritz, denke an das, was ich Dir sage! Halte immer eine gute und große Armee; Du kannst keinen besseren Freund finden und Dich ohne sie nicht halten! Unsere Nachbarn wünschen nichts mehr, als uns über den Haufen zu werfen. Ich kenne ihre Absichten – Du wirst sie auch noch kennenlernen. Glaube mir, denke nicht an die Eitelkeit, sondern halte Dich um das Reelle. Halte immer auf eine gute Armee und auf Geld; darin besteht die Ruhe und die Sicherheit eines Fürsten. (Koser, 1921, I., 8)

Er hatte diese Ermahnung mit einer Reihe von leichten Schlägen auf die Wange des Kronprinzen begleitet, die, immer heftiger werdend, schließlich Ohrfeigen glichen.
Es wäre übertrieben, das neue Verhältnis zwischen dem König und dem Prinzen unter die Überschrift «Versöhnung» zu stellen. Sie hatten wohl eher erkannt, daß dem beiderseitigen Glück am besten gedient war, wenn man nicht unter einem Dach lebte. Noch während des Aufenthalts Friedrichs bei Hofe reichten sämtliche in Berlin anwesenden Generäle, an der Spitze der Alte Dessauer, bei Friedrich Wilhelm eine Bittschrift ein, die die Wiedereinstellung Friedrichs in die Armee empfahl. Der Vater gewährte daraufhin Friedrich nicht nur das Recht, den Degen und das Offiziersportepee zu tragen, sondern machte ihn zum Obersten und schenkte ihm das in Nauen stationierte Infanterieregiment von Goltz. Am 4. April 1732 reiste Friedrich nach Nauen ab, um den neuen Kommandoposten zu übernehmen.

Friedrich begann den ernsthaften Teil seiner militärischen Laufbahn zu einer Zeit, als bei den Armeen Formvorschriften für die Ausbildung zum Offizier noch nicht existierten. Das preußische Heer verfügte wie eine Reihe von anderen Armeen über ein Kadettenkorps, doch diese Einrichtungen schulten nur einen geringen Teil der künftigen Offiziere und sahen ihre vornehmliche Aufgabe darin, ihren Zöglingen Fertigkeiten beizubringen, die ein junger Adliger beherrschen mußte, statt ihnen eine gründliche Ausbildung in militärischen Dingen angedeihen zu lassen. Kriegsakademien, an denen ein Offiziersaspirant die höheren Weihen für seinen Beruf hätte erhalten können, waren noch unbekannt.
Was gab es im 18. Jahrhundert statt dessen? Auf der unteren Ebene erlernte der bei einem Regiment stehende Offizier sein Handwerk einfach durch den tagtäglichen Dienst und die Beherrschung der Dienstvorschriften. Als nächstes kam für Männer mit Geist die Lektüre von geschichtlichen Werken über Kriege und Kriegszüge sowie von Standardtexten über Artilleriewesen und Festungsbau hinzu. Das war die Grenze dessen, was die meisten Offiziere zur Weiterbildung aus eigener Kraft tun konnten. Erfolgreiche Kriegführung wurde allgemein auf das besondere Talent begabter Befehlshaber zurückgeführt, eine Gabe, die auf die fähigsten Angehörigen der folgenden Generation nur durch einen fast sakrosankten Prozeß übertragen werden konnte, wobei das apostolische Handauflegen durch direkte Anleitung und das vorexerzierte Beispiel der großen Feldherrn ersetzt wurde. Friedrich machte diese gesamte Praxis in den Jahren 1732 bis 1740 durch.

Das preußische Heer war berühmt wegen des absoluten Vorrangs, den es der ersten Stufe dieser Laufbahn einräumte: dem Erwerb von Detailkenntnissen durch Dienst in einem Regiment. Friedrich kleidete es in seinem Buch *L'Art de la Guerre* («Die Kriegskunst»), das er 1751 verfaßte und das sich an ehrgeizige junge Offiziere wandte, elegant in Versform. Er erinnerte sie daran, daß sie lernen mußten, das fürchterliche Gewicht der Muskete zu tragen und sich sofortigen und widerspruchslosen Gehorsam gegenüber den Vorgesetzten anzueignen. Eine Armee verglich er im weiteren mit der «wunderbaren hydraulischen Maschinerie in Marly», bei der jedes Rädchen seine bestimmte Aufgabe habe und die trotzdem durch den Ausfall eines einzigen Teils zum Stillstand gebracht werden könne:

> Aimez donc ces détails, ils ne sont pas sans gloire,
> c'est là le premier pas qui mène à la victoire!
> (Habt Liebe zum Detail, es ist nicht ohne Ruhm –
> oft ist's der erste Schritt, den wir zum Siege tun!)

In den ersten Jahren nach 1730 wurde Friedrich noch ständig an seine vergleichsweise untergeordnete Stellung in dieser Hierarchie erinnert. Er schrieb knapp zwei Wochen nach Antritt als Regimentschef: «Morgen gehe ich nach Potsdam, um das Exercitium zu sehen und ob wir es hier richtig machen, wie es erforderlich ist. Neue Besen kehren gut; ich muß meinen neuen Charakter als Oberst verherrlichen und zeigen, daß ich ein tüchtiger Offizier bin und daß ich weiß, was man verlangt...» (Becher, 1892, 13) Selbst in seiner jetzigen Position mußte er seinen militärischen Mentoren, Oberstleutnant von Bredow in Nauen und Hauptmann Graf von Hacke in Potsdam, die dem König über die militärischen Leistungen und den Haushalt seines Sohnes zu berichten hatten, die nötige Ehrerbietung entgegenbringen.

Wie die anderen Regimenter zu Fuß setzte sich das Infanterieregiment Prinz von Preußen aus rund 1 700 Mann zusammen – Offiziere, Unteroffiziere, Gemeine und Troßsoldaten. Die beiden Bataillone des Regiments standen in Neu-Ruppin und Nauen, vierzig beziehungsweise fünfundsechzig Kilometer nordwestlich von Berlin gelegen. Dieses Gebiet sollte als militärisches Kernland der Mark Brandenburg berühmt werden, lagen doch hier im Havelland das historische Schlachtfeld von Fehrbellin, wo 1675 der Große Kurfürst die Schweden geschlagen hatte, das kleine Gut Wustrau der Familie von Friedrichs späterem Husarengeneral Hans Joachim von Zieten sowie der Wirkungsbereich des Kronprinzen als Oberst und Regimentskommandeur. Nach Süden war dieser Landstrich weithin offen. Flüsse mit sumpfigen Ufern, Torfmoore und riesige Felder wechselten einander ab. Wogende Pappeln bildeten hier und da die einzige Erhebung in dem flachen Land. Nach Westen hin stellte der schilfreiche Ruppiner See die Grenze dar. In Richtung Rheinsberg nach Norden hin bestand der Boden aus tiefem, ausgezeichnetem Sand, der dicht mit Kiefern bestanden war. Es war eine Landschaft, die im Winter einen recht trostlosen Eindruck machte, im Sommer hingegen in dunkles Grün gekleidet war und würzige Luft ausströmte.

Friedrich richtete seinen Stab mit dem ersten Bataillon seines Regimentes am Rande des Waldgebietes in Neu-Ruppin an der Nordseite des Ruppiner Sees ein. Es war ein ärmliches, trostloses Städtchen. Er bezog hier Quartier in zwei schlichten Häuschen, die man eilends in ein einziges Wohngebäude umgebaut hatte. Um seine Garnison zu verschönern, legte er auf dem schmalen Streifen verwilderten Landes zwischen der alten, mit Backstein hochgezogenen Stadtmauer und einem davorliegenden Erdwall einen Blumengarten an. Sein neuernannter Baumeister, Hans Georg Wenzeslaus von Knobelsdorff, schmückte die Szenerie mit einem zierlichen kleinen Apollo-Tempel.

Exerzieren und Schreibtischarbeit füllten für Friedrich die Vormittage von Tagesanbruch an aus, bis er sich an den Mittagstisch setzen konnte. Später gab er die «Parole», das militärische Kennwort, für die folgenden vierundzwanzig Stunden aus. Es war dies eine wichtige kleine Zeremonie, die dem Obersten regelmäßig Gelegenheit bot, seine Meinung über die Leistungsfähigkeit des Regiments zu äußern. Der Kronprinz erweckte gern den Eindruck, tagtäglich unablässig zu schuften, doch in Wirklichkeit gestattete er sich nachmittags und abends eine ausreichende Anzahl von Mußestunden. Wir erfahren aus seinen eigenen Aufzeichnungen und Briefen und aus der reichhaltigen biographischen Literatur, daß er Flöte spielte und las, sich zweimal wöchentlich im Kreise junger Offiziere seines Regiments an Austern und anderen Delikatessen delektierte, die körbeweise mit der Postkutsche aus Hamburg kamen, und auch von übermütigen Ausflügen über Land ist die Rede, wobei Friedrich und seine Begleiter sich in kleinen Dörfern wie Bechlin und Bienenwalde austobten, Fensterscheiben einwarfen und den Mädchen nachstiegen.

Daß man dabei auch vor Grausamkeiten nicht zurückschreckte, zeigt eine Episode, bei der Friedrich und mehrere Offiziere an dem ihrer Ansicht nach allzu engstirnigen Feldgeistlichen ihres Regiments ihr Mütchen kühlten. «Erst wurden ihm die Fenster in dem Schlafzimmer eingeschmissen, hernach Schwärmer in die Kammer geworfen, und

der Feldprediger mit seiner schwangeren Frau durch die letzten erst aus dem Bette, und in den Hof, und zuletzt in die Mistpfütze gejaget. Wenn der König im Alter über diese That im lustigen Ton erzählte, welches oft geschah, so sah er gern, daß die Gäste, und selbst die zur Aufwartung umherstehenden Pagen und Bedienten, laut darüber lachten.» (Büsching, 1788, 20)
Über die charakterliche Einstellung der Offiziere in Neu-Ruppin und Nauen besitzen wir die widersprüchlichsten Beurteilungen. Sie waren geistreich und weltmännisch, wenn man einer Reihe von Quellen glauben darf, oder stumm und unbedarft nach Darstellung anderer Kreise. Wie dem auch sei, der Typus von Offizier war eindeutig festgelegt: es war ein junger Mann, der aus dem verarmten Landadel stammte. Scharfsichtige Militärs schätzten diesen Menschenschlag besonders, der sich überall in Europa fand, jedoch bei der preußischen Armee die überwiegende Mehrheit im Offizierskorps bildete. Seine besonderen Eigenschaften bekräftigten die Behauptung, daß der Landadel als die geborene militärische Führungsschicht anzusehen sei, denn schließlich:

> ... ist die Gewohnheit des Adels, auf seinen Gütern zu herrschen, und die des Bauern, Adlichen zu gehorchen, ein Grund, warum die Subordination bey einer deutschen Armee am besten gesichert ist, wenn der Officier aus dem ersten, der Soldat aus dem letzten Stande genommen wird ... Die öftern Erzählungen der Ihrigen von den blutigsten Auftritten, denen sie allen Glauben beymessen; die Narben und verstümmelten Glieder, diese sichtbaren Zeichen und Beweise einer gesetzten Tapferkeit; die Art, wie aller dieser an sich fürchterlichen Dinge mit lachendem Muth erwehnet wird: dieses alles benimt bey den horchenden Jungen sehr vieles von seiner gräßlichen Einbildung. (Garve, 1798, 161)

Aus moderner Sicht betrachtet, widmete der Offizier des 18. Jahrhunderts einen außerordentlich großen Teil seiner Zeit dem Geschäft der Rekrutenanwerbung. Friedrich Wilhelm strebte an, daß ausländisches «Kanonenfutter» ungefähr das halbe Menschenmaterial seiner Regimenter ausmachte. Er wollte damit verhindern, daß die Heeresorganisation mit ihrem ständigen Bedarf an Nachwuchs eine unerträgliche Belastung für seine Untertanen darstellte. Hunderte von preußischen Offizieren und Werbern durchstreiften deshalb ganz Europa auf der Suche nach geeigneten jungen Männern. Ganz besonders hielten sie Ausschau nach solchen, die einen Meter fünfundsiebzig Länge oder mehr aufwiesen, denn diese sollten auf dem Schlachtfeld die vorderste Linie bilden. Die Rekrutierer schreckten nötigenfalls

nicht vor Gewalt oder arglistiger Täuschung zurück – ein Vorgehen, das 1729 beinahe einen Krieg zwischen Preußen und Hannover ausgelöst hätte, als preußische Werber hannoversche Bauernburschen gewaltsam verschleppt hatten und England dafür durchreisende preußische Soldaten als Geiseln festsetzte.
Friedrich entsandte seine Werber bis hinunter nach Neapel, und einer, der zu dreist vorgegangen war, wurde im französischen Lothringen festgenommen. In Holland trieb man für den König einen Mann auf, der ein Meter dreiundneunzig maß, eine für die damalige Zeit unerhörte Körpergröße, «ein Phänomen, welches ebenso selten und außerordentlich ist wie ein Komet mit seinem Schweife.» (Becher, 1892, 49) Ein Schäfer, der angeblich ebenso groß war, wurde in Mecklenburg gefunden. Friedrich berichtete seinem Vater darüber: «Mit Gutem ist nichts mit ihm auszurichten; aber wenn er die Schaafe hütet, so ist er allein auf dem Felde, und könnte man mit ein Paar Officiers und ein Paar tüchtige Unter-Officiers ihn schon kriegen . . .» (ebd. 44) Friedrich Wilhelm gab seinen Segen zu der Unternehmung, die ein doch recht eigenartiges Thema für den Briefwechsel zwischen einem Monarchen und seinem Thronfolger war.
Nachdem Friedrich sein Regiment bekommen hatte, machte sich der König kurze Zeit später daran, eine neue, solide Grundlage für die Aushebung im eigenen Land zu schaffen. Diese erfolgte künftig durch das sogenannte Kantonsystem, das in den Jahren 1732 und 1733 eingeführt wurde und die Kantonisten, d. h. die ausgehobenen Rekruten, jeweils nach Herkunft einem bestimmten Regiment zuteilte. Jedem Regiment wurde ein bestimmter Erfassungsbezirk – Kanton genannt – mit jeweils 5 000 Feuerstellen (und weiteren 1 800 für ein Reiterregiment) zugewiesen.
Das Kantonsystem weckte lebhaftes Interesse bei Nationalökonomen und Militärexperten, die ihm eine Unzahl tatsächlicher oder vermeintlicher Vorteile zuschrieben. Die Einberufung der Landeskinder wurde jetzt zu einer kontrollierbaren Prozedur – mehr ein Verwaltungsakt als ein Ergebnis razziaähnlicher Raubzüge, auf denen weiterhin fremde Untertanen in den preußischen Militärdienst gepreßt wurden. Das strenge Element der Dienstpflicht wurde durch zahlreiche Sonderregelungen wie Freistellung vom Wehrdienst und die Einführung des Prinzips gelockert, die Kantonisten alljährlich nur noch für zwei bis drei Monate zu Musterung und Drill heranzuziehen, und zwar zu Zeiten, da sie in der Landwirtschaft am besten entbehrt werden konnten. Die Beeinträchtigung von Feldbestellung und Ernte wurde damit auf ein Minimum reduziert, und die Wirtschaft profitierte sogar von der systematischen Weise, mit der die Regimenter –

das preußische Heer zählte 32 Infanterieregimenter mit je zwei Bataillonen; bei der Kavallerie waren es fünf Kürassier- und sieben Dragonerregimenter sowie zwei Husarenregimenter – auf die Provinzen verteilt waren. Die Hauptleute hatten am wenigsten gegen die periodische Beurlaubung von Soldaten einzuwenden, denn ein guter Brauch gestattete ihnen die Einbehaltung des Soldes derjenigen Männer ihrer Kompanie, die gerade «auf Heimaturlaub» waren. Schließlich ermöglichte das durch das Kantonsystem bedingte nahe Beieinander der Regimenter ein Kennenlernen und förderte die Kameradschaft auf Feldzügen. Die großen Reserveeinheiten mit ihren ausgebildeten Soldaten machten auch im Verlauf langer Kriege die Truppenverbände «unsterblich», um ein Wort Friedrichs zu zitieren.

Alljährlich im April wurden die Kantonisten einberufen. Friedrich unterzog sein Regiment in Neu-Ruppin hartem Drill, um es schließlich ebenso wie die anderer Obristen und Regimentskommandeure nach Berlin marschieren zu lassen und unter den Augen des Königs auf Herz und Nieren zu prüfen. Die Ausbildung endete mit einer großen Truppenparade auf dem Tempelhofer Feld, wo die Regimenter an Friedrich Wilhelm vorbeimarschierten und eine Reihe von aufreibenden gemeinsamen Formationsänderungen vollziehen mußten. Erschöpft und verschwitzt erfuhren die Offiziere schließlich bei der «Parole» am Nachmittag das Urteil des Monarchen.

Wir können davon ausgehen, daß Friedrich das Lob, das ihm der Vater nach diesen alljährlichen Manövern zollte, vollauf dank überragender Leistungen verdient hatte. 1735 wurde er zum Generalmajor befördert, was eine direkte Folge seines Abschneidens bei den vorangegangenen militärischen Übungen war, deren Beurteilung er, wie er später einmal gestand, stets mit Beklemmung engegensah.

Zu diesem Zeitpunkt hatte Friedrichs soldatische Begabung längst die Grenzen des Exerzierplatzes hinter sich gelassen. Seit Jahren hatte er immer den kurzen Abstecher von Neu-Ruppin südwärts zum Schlachtfeld von Fehrbellin unternommen, um in Begleitung von Veteranen, die den grandiosen Sieg des Großen Kurfürsten miterlebt hatten, das Gelände abzuschreiten und die damaligen Ereignisse zu rekonstruieren zu versuchen.

Noch mehr von Tradition und glorreicher Vergangenheit wurde dem Kronprinzen durch die Person Leopolds I., des Fürsten von Anhalt-Dessau, vermittelt. Der aktive Dienst des Alten Dessauers hatte 1695 beim preußischen Kontingent in den Niederlanden begonnen. Im Spanischen Erbfolgekrieg wurde er auf den Schlachtfeldern von Blenheim und Cassano Waffengefährte von Prinz Eugen von

Savoyen, und 1709 machte er sich den Kronprinzen Friedrich Wilhelm für alle Zeiten zum Schuldner, dem er beim Feldzug in Brabant zur Seite stand. Fürst Leopold wurde 1712 zum preußischen Feldmarschall ernannt und begann im Jahr darauf als tatkräftiger Chef des Generalstabs des neuen Königs mit der Reorganisation des Heeres nach seinen Vorstellungen. Er legte dabei das Hauptgewicht auf die Gefechts- und Schießausbildung. Die Veränderungen in den Jahren 1713 bis 1740, dem Jahr der Thronbesteigung Friedrichs, vollzogen sich weniger durch die Erfahrungen im Krieg als vielmehr durch die Einbringung neuer Ideen, die von Friedrich Wilhelm und dem Alten Dessauer gemeinsam erarbeitet wurden. Die Offiziere mußten hören, daß sie ihren militärischen Pflichten alle anderen Dinge im Leben unterzuordnen hatten, selbst in Friedenszeiten. Das war für das damalige Europa etwas unerhört Neues.

Fürst Leopold war ein unermüdlicher Verfasser von Schriften über Wehrfragen. Das Manuskript einer von ihm zusammengestellten Geschichte des Heeres zerriß er eines Tages in einem Wutanfall, aber seine auf historischen Untersuchungen basierende «Stammliste» galt beinahe ein Jahrhundert lang als autoritatives Kompendium der Entwicklung der preußischen Regimenter. Vermutlich ging von ihm auch der Anstoß für den Kronprinzen aus, sich intensiv mit der technischen Seite der Kriegführung zu beschäftigen. Bis gegen Ende der dreißiger Jahre des 18. Jahrhunderts waren Friedrichs militärtheoretische Kenntnisse ungewöhnlich dürftig gewesen. Seine hingekritzelten Lageskizzen strahlen zwar viel Vitalität aus, doch lernte er nie so gut zu zeichnen wie viele seiner Altersgenossen und machte kein Hehl aus seiner Abneigung gegen die Fächer Mathematik und Geometrie, die damals als Grundlage der militärischen Ausbildung galten.

Der Alte Dessauer war ein Experte in der Heranbildung von Kronprinzen. Eigens für Friedrich schrieb er seine «Deutliche und Ausführliche Beschreibung, wie eine Stadt soll belagert und nachher die Belagerung mit gutem Succès biß zur Übergabe geführt werden», die sich auf die Tagesbefehle stützte, die bei den Feldzügen gegen die Schweden in den Jahren 1715 bis 1720 ergangen waren. Der Text war mit einem Paket von sechzehn riesigen Lageplänen illustriert. Diese Papiermasse wurde Friedrich anläßlich seines sechsundzwanzigsten Geburtstages am 24. Januar 1738 überreicht.

Das Verhältnis zwischen dem Marschall und dem Kronprinzen und späteren König blieb vielgestaltig und war von beiderseitiger Achtung geprägt. Gegenüber anderen Militärs legte der Alte Dessauer einen rüden Ton an den Tag, den man schließlich als seinen ureige-

nen Stil anerkannte und hinnahm. Dieses selbstbewußte und energische «altpreußische» Auftreten des Fürsten wurde von seinen Söhnen und Neffen übernommen, aber auch von seinen Protegés und Bewunderern wie den Obersten Friedrich von Manstein und Graf Alexander Hermann von Wartensleben sowie den Generalen Hans Karl von Winterfeldt und Baron Heinrich August de La Motte Fouqué.
Eine andere Richtung der preußischen Militärtradition verkörperte die Person des Grafen Kurt Christoph von Schwerin (1684–1757), den Friedrich bereits in jungen Jahren zu seinen Idolen gezählt hatte und der ihm, von ihm zum Feldmarschall ernannt, bei seinem ersten Feldzug als König beratend zur Seite stand.
Schwerin, Sohn eines schwedischen Obersten, war im damals schwedischen Pommern geboren und später von einem Onkel aufgezogen worden, der als Oberst Kommandeur eines mecklenburgischen Regiments unter holländischer Fahne war. Von ihm bekam der junge Graf vermutlich den Hang zu internationalem Abenteuerleben als vagierender Offizier mit, denn er hatte sich nacheinander als Kornett und Offizier im holländischen und im schwedischen Heer bewährt, bevor er 1720, ein schlachterfahrener und hochgeschätzter Haudegen, narbenbedeckt im Range eines Generalmajors in die brandenburg-preußische Armee eintrat. Schwerins Lebensstil hob sich von dem seiner meisten Offizierskameraden enorm ab, besaß er doch kultivierte Umgangsformen, liebte gutes Essen, Wein und elegante Kleidung, war ein Bewunderer der französischen Kultur und zeigte sich stets bereit, gesellschaftlich auch mit ihm sympathischen Zivilpersonen zu verkehren. Friedrich gegenüber schlug er den nonchalanten Ton eines Mannes von Welt an. «Ich habe keinen Wein mehr», schrieb er dem König 1741 aus dem Feld, «und bin ganz auf miserables Bier angewiesen; erweisen Sie mir die Gnade, Sire, und schicken Sie mir ein Faß Rheinwein, von dem Sie ja so viel haben, ohne danach zu fragen. Ich werde ihn mit unseren braven Officieren auf Ihr Wohl trinken ...» (Schwerin, 1928, 105)
Graf Schwerins Anhängerschaft war noch langlebiger als die des Alten Dessauers und schloß Friedrichs jüngere Brüder ebenso ein wie die berühmten Generale Forcade und Prinz Ferdinand von Braunschweig-Lüneburg-Wolfenbüttel. Diejenigen, die Schwerins Lebensart mißbilligten, vergaßen dabei, daß sie sich auf eine Reihe feststehender preußischer Tugenden stützte. Schwerin sprach jeden Morgen, bevor er sich in den Sattel seines Pferdes schwang, in stiller Kammer ein Gebet. Er war dem Alten Dessauer hinsichtlich Robustheit, Kaltblütigkeit und Mut zumindest ebenbürtig. Zudem überstanden, wie

Bleckwenn herausgefunden hat, die nach Schwerins Vorstellungen ausgebildeten Regimenter die zahlreichen Schlachten des Siebenjährigen Krieges weitaus besser als die in der Tradition des Fürsten von Anhalt-Dessau herangezogenen und eingesetzten Truppeneinheiten. Bleckwenn erklärt den Unterschied mit einer großzügigeren Art und Weise, wie Schwerin und seine Nachfolger die Truppenführerrolle handhabten. Andererseits sollte man nicht vergessen, daß Schwerin selber bei seinen Zeitgenossen für die strenge Disziplin berühmt war, die er unter seinen Soldaten aufrechterhielt. Er verhängte Todesstrafen weitaus rascher, als es Friedrich tat, und die unter seinem Kommando stehenden Armeen wurden allgemein bewundert für die Zurückhaltung, die sie in Feindesland übten – auch dies in scharfem Kontrast zum Vorgehen Friedrichs. Insgesamt scheint der disziplinarische Kodex Schwerins wirkungsvoller, folgerichtiger und weniger gefühlsbetont gewesen zu sein als die bekanntere Manier des Alten Dessauers.

Im Sommer 1734 machte Friedrich die Bekanntschaft des damals berühmtesten Feldherrn der älteren Generation und lernte erstmals den Krieg bei eigenen Operationen kennen. Anlaß war der wegen eines Thronstreits entbrannte Polnische Erbfolgekrieg (1733–1738), bei dem sich nach einer strittigen Wahl Kurfürst August III. von Sachsen und Stanislaus Leszczynski um die polnische Königskrone auseinandersetzten. Am Rhein kam es im sogenannten Rheinfeldzug zu einer Konfrontation zwischen Frankreich und einer gemeinsamen Armee der Staaten des deutschen Kaiserreiches unter dem Oberbefehl des gefeierten alten österreichischen «Schlachtrosses» Prinz Eugen von Savoyen.

Als seinen Beitrag zum Reichsheer entsandte Friedrich Wilhelm ein preußisches Kontingent von 10 000 Mann, bestehend aus fünf Infanterie- und drei Dragonerregimentern. Das Korps verließ Berlin im April, und am 30. Juni machten sich Kronprinz Friedrich und eine kleine Gruppe Offiziere auf den Weg, um zu ihren am Rhein stehenden Soldaten zu stoßen, die der «Soldatenkönig» aufgrund des Wusterhauser Vertrages zwischen Preußen und Österreich Kaiser Karl VI. stellen mußte. Der König hatte seinem Sohn ausführliche schriftliche Instruktionen mitgegeben, in denen er die Hoffnung äußerte, Friedrich möge sich detaillierte militärische Kenntnisse aneignen, wie auch dem Wunsch Ausdruck verlieh, «Fritz» solle sich so aufführen, «wie es einem Prinzen aus altem Brandenburgischen Geblüthe und einem ehrlichen, braven und rechtschaffenen Soldaten gehöret und gebühret.»

Friedrich traf am 7. Juli bei seiner Truppe in Wiesental unweit von Speyer ein. Er begab sich sofort zum Hauptquartier der kaiserlichen Armee und stattete dem Kommandierenden General Prinz Eugen einen Höflichkeitsbesuch ab. Mittags speiste er mit General von Groesfeld und vernahm während des Essens zum ersten Mal in seinem Leben den Donner von Kanonen, die in der Absicht abgefeuert wurden, den Gegner zu töten. Er brachte verschiedene Trinksprüche aus und konstatierte mit Vergnügen, daß das Heben der Gläser zeitlich genau mit dem Lärm der französischen Artillerie zusammenfiel.
Friedrich war in einem nicht uninteressanten Stadium zu der deutschen Streitmacht gestoßen. Die Franzosen hielten die unweit gelegene kleine Rheinfestung Philippsburg belagert. Sie verfügten über insgesamt 95 000 Soldaten, doch das untätige Warten hatte sie bewogen, ihr Aufgebot in drei Teile aufzuteilen und lediglich 50 000 Mann auf dem «deutschen» Ufer des Stroms zu belassen. Prinz Eugen war mit einer stattlichen Entsatzarmee von 74 000 Mann auf dem Schauplatz erschienen. Er hatte in der Vergangenheit bei seinen berühmten Feldzügen gegen die Türken in Unterzahl weitaus ungünstigere Konstellationen wettgemacht, und man rechnete nun damit, daß er diesmal aus dem Übergewicht kräftig Kapital schlagen könne.
Am 8. Juli, dem Tag nach seiner Ankunft, orientierte sich Friedrich über den Verlauf der Kampfhandlungen, indem er einen Kirchturm in dem Ort Wachhäusel bestieg und von oben das Feldlager und die Geschützstellungen der Franzosen beobachtete. Er kehrte dann nach Wiesental zurück, um eine Inspektion der preußischen Infanterie vorzunehmen. Als er halbwegs mit dieser Aufgabe fertig war, begegnete er Prinz Eugen, der ihn sofort in sein Hauptquartier einlud und mit ihm das erste einer Reihe von Gesprächen unter vier Augen über strategische und taktische Fragen führte. Friedrich mußte bei dieser Gelegenheit die Feststellung machen, daß der betagte, beinahe siebzigjährige, leichenhaft aussehende Krieger nach Tisch gewöhnlich von Verdauungsbeschwerden geplagt und übellaunig wurde, weshalb es ratsam war, mit ihm zu diskutieren, bevor er sich zum Essen niedersetzte.
Der folgende Tag, der 9. Juli, war der ereignisreichste von Friedrichs Expedition. Er begann damit, daß der Kronprinz eine Gruppe Soldaten, die unter feindlichem Feuer zu fliehen versuchten, zur Umkehr und Wiederaufnahme des Kampfes bewegte. Später wurden er und einige Begleiter während eines Aufklärungsritts beim Durchqueren eines Waldstücks von der französischen Artillerie unter Beschuß genommen. Friedrich erwarb sich die Hochachtung der mit ihm reitenden preußischen Offiziere wegen der Kaltblütigkeit, mit der er die

Unterhaltung fortsetzte, während ringsum die Bäume unter den Kanonenkugeln zersplitterten. Am Abend suchten Prinz Eugen und der Herzog von Württemberg unseren jungen Helden in dessen Zelt auf. Sie unterhielten sich lange Zeit. Als die Gäste aufbrachen, gab Friedrich dem Herzog einen Kuß auf die Wange. Prinz Eugen drehte sich um und rief aus: «‹Nun, und wollen denn Ew. Hoheit meine alten Backen nicht auch küssen?› – ‹O, herzlich gern!› erwiderte der Kronprinz, küßte den Prinzen Eugen mit vieler Herzlichkeit verschiedenemale, und so schieden sie auseinander.» (Anon. 1787–89, XII., 9)
König Friedrich Wilhelm erschien dann höchstpersönlich am 13. Juli bei seiner Armee und begab sich unverzüglich zu Prinz Eugen. Während eines langen Gesprächs rückte der König zu guter Letzt mit der Frage heraus, ob Friedrich jemals einen guten Soldaten abgeben würde. Der greise Feldherr erwiderte, er könne ihn nicht nur in diesem Punkt beruhigen, sondern prophezeie auch, daß sein Sohn dereinst ein großer General sein würde.
Zum Ärger seiner Soldaten ließ Eugen die Franzosen ihre Belagerung ungehindert fortsetzen, und am 18. Juli war Friedrich vom Fenster seines Hauses in Wiesental Zeuge, wie die Garnison von Philippsburg nach Übergabe an die Franzosen unter Trommelwirbel aus der Festung herausmarschierte. Vier Tage später verbrannten die Truppen Prinz Eugens an Ort und Stelle die nicht transportierbare Ausrüstung und brachen ihre Zelte auf dem Schauplatz ihres Mißerfolgs ab. In einer von Hektik und Durcheinander geprägten Atmosphäre marschierten die deutschen Kontingente der Reichsarmee langsam auf den Neckar zu, und am 2. August mußte Friedrich erleben, wie infolge schlechter Generalstabsplanung die ursprünglichen sieben Marschsäulen zu vier verschmolzen.
Friedrich Wilhelm verließ die preußischen Regimenter am 15. August, als sich herausstellte, daß der Feldzug endgültig vorüber war und das Abrücken in die Winterquartiere bevorstand. Beobachter stellten fest: «Der Kronprinz von Preußen hat sich gleich nach der Abreise seines Papas ganz neu und über die Maßen equipirt, auch seit des Königs Abreise seiner Dienerschaft eine ganz andre, sehr reiche Livree gegeben ...» (Koser, 1891, 226) Bezeichnenderweise machten in Friedrichs Kriegstagebuch jetzt die Aufzeichnungen und topographischen Skizzen mit dem Lineal gezogenen Notenlinien und Kompositionsentwürfen Platz.
Inzwischen war das Reichsheer im Neckartal bei Heidelberg angelangt und überflutete die dortigen Ortschaften in voller Pracht. Da die Franzosen keine Anstalten machten, diese Ansammlung zu stören, wurden die Zeltlager in und um Heidelberg zum Treffpunkt der

Jeunesse dorée aus allen Teilen Deutschlands und Österreichs. Diese Episode machte Friedrich klar, wie wenig er mit seinen adeligen Altersgenossen gemein hatte, die dem Namen nach seine Landsleute waren. Er machte nie ein Hehl aus seiner Verachtung für die Duodezfürsten, von denen jeder danach trachtete, ein eigenes Versailles zu errichten, oder die, wie beispielsweise der Herzog von Sachsen-Weimar-Eisenach, eine Armee unterhielten, die kaum für eine Schlachtszene auf einer Theaterbühne ausreichte.

Friedrich legte während dieser ansonsten unbefriedigenden Zeit den Grundstein zu zwei Freundschaften, die ein Leben lang währen sollten. Prinz Joseph Wenzel von Liechtenstein war sechzehn Jahre älter als der Kronprinz, doch in jeder Hinsicht ein Mann, dessen Bekanntschaft es sich zu machen lohnte. Als feinsinniger Liebhaber und Förderer der Künste half er Friedrich dabei, eine eigene Gemäldesammlung anzulegen, und setzte eine freundschaftliche Korrespondenz sogar dann mit ihm fort, nachdem er sich als Reformer der österreichischen Artillerie einen Namen gemacht und im Siebenjährigen Krieg die besten Regimenter der preußischen Infanterie zerschlagen hatte.

Die weniger verantwortungsbewußte Seite seines Wesens ließ Friedrich die Freundschaft des jungen französischen Edelmanns François Edmond Comte de Chasot suchen. Dieser hatte im Rheinfeldzug auf französischer Seite gekämpft, aber nach einem Duell, bei dem sein Gegner ums Leben gekommen war, sein Vaterland verlassen und Zuflucht auf deutscher Seite gesucht. Er lebte weiterhin unbekümmert und gefährlich und fiel Friedrich auf, als er bei einem Kartenspiel die letzte Münze aus seiner Tasche als Einsatz hervorholte und am Ende die Bank sprengte. Friedrich wählte diesen unternehmungslustigen Offizier zu einem seiner Begleiter auf der Rückreise nach Berlin.

Die Preußen hatten Prinz Eugen wegen ihrer außergewöhnlichen Tüchtigkeit stark beeindruckt und seine Befürchtungen bestärkt, daß den Habsburgern an der nördlichen Flanke ihres Reiches ein Feind erwuchs, der potentiell gefährlicher war als die Türken oder die Franzosen.

Friedrich seinerseits hatte die Unordnung und Disziplinlosigkeit in der kaiserlichen Armee abstoßend gefunden und war gleichermaßen bestürzt gewesen, in dem berühmten Kriegshelden Prinz Eugen ein Beispiel für die erschreckende Altersschwäche kennenzulernen, die große Militärs befallen konnte. Friedrichs eigene Erfahrung als Truppenbefehlshaber milderte im Laufe der Jahre die Härte dieser Urteile. Er bemerkte 1758 dazu: «Si j'entends un peu mon métier, surtout dans ce qu'il y a de plus difficile, c'est au prince Eugène que je dois cet avantage-là. Ainsi je vois toujours aux grandes choses, j'emploie toutes mes forces!» («Wenn ich mein Handwerk ein wenig verstehe, vor allem in seinen schwierigeren Aspekten, dann verdanke ich diesen Gewinn dem Prinzen Eugen. So behalte ich stets die großen Ziele im Auge und wende alle meine Kräfte an sie!») (de Catt, 1884, 42; auch in: «Réflexions sur les Projets de Campagne», 1775, Œuvres, XXIX., 80) Der Begriff «Großstrategie» war damals noch nicht geprägt worden, aber es war eine Ahnung von dieser Dimension gewesen, die Prinz Eugens Vermächtnis an Friedrich bildete.

Um die Sommermitte des Jahres 1735 waren Friedrichs militärische Ambitionen aufs äußerste geweckt, denn er war zum Generalmajor befördert worden und hatte Aussicht, ein weiteres Mal zum Kriegsschauplatz am Rhein entsandt zu werden. Seine Enttäuschung war um so größer, als Anfang September Friedrich Wilhelm plötzlich seine Erlaubnis für diese Reise zurückzog. Offenbar war der König der Meinung, es sei eines preußischen Prinzen nicht würdig, mit einer abermals im Sande verlaufenden Kampagne in Zusammenhang gebracht zu werden (wie sich herausstellte, war es die letzte dieses Krieges). Insgeheim fürchtete Friedrich Wilhelm wohl, ein weiterer Waffengang an der Seite der Österreicher und ihrer Verbündeten könne dem Kronprinzen eine «kaiserliche» und unpreußische Perspektive der deutschen Angelegenheiten vermitteln.
Zur teilweisen Entschädigung wurde Friedrich dann im Herbst 1735 auf Inspektionsreise durch Ostpreußen geschickt. Seine kritische Beobachtungsgabe war durch die Erfahrungen im Heidelberger Winterquartier geschärft worden, so daß er eine sehr ungünstige Vorstellung von den Annehmlichkeiten, dem Klima und der Mentalität der Bewohner dieser isolierten Provinz erhielt. Auf dieser von seinem Vater als «Lustreise» bezeichneten Fahrt lernte Friedrich auch den schlampigen und chaotischen Hofstaat König Stanislaus Leszczynskis, des französischen Kandidaten für den polnischen Thron, kennen. Stanislaus hatte Zuflucht in der ostpreußischen Hauptstadt Königsberg gesucht. «Die Einblicke, die der König in das Treiben und die Bestechlichkeit der Polen hier gewann, sind zeit seines Lebens für ihn maßgebend geblieben.» (Koser, 1921, I., 99–100)
Es fällt schwer, uns vorzustellen, daß Friedrich inzwischen längst Ehemann war und diesen Status seit Mitte des Jahres 1733 innehatte. Seine unglückliche Partnerin war Prinzessin Elisabeth Christine von Braunschweig-Bevern, eine gutmütige, ungebildete, einigermaßen

attraktive Dame, die indes für Friedrich nie mehr bedeutet hatte als einen der Schlüssel für sein Entrinnen aus Küstrin.
Im Herbst 1736 erlangte Friedrich einen weiteren bedeutenden Grad an Unabhängigkeit, als er den nach seinen eigenen Plänen zu einem Schloß umgebauten Herrensitz Rheinsberg (Abb. 14) bezog. Rheinsberg lag nahe der Grenze nach Mecklenburg, rund zwanzig Kilometer nördlich von Ruppin. Hier endete ein breiter Streifen sandigen Bodens, der durch ein großes, nach Harz duftendes Kiefernwaldgebiet führte. Der ursprüngliche Besitz wurde von Friedrichs Architekten Knobelsdorff neu gestaltet. Er erweiterte den bestehenden Bau um einen neuen Flügel mit Rundturm und verband die beiden Komplexe durch eine Kolonnade. So entstand ein nach außen hin offener Hof, von dem aus man über den Grienericksee auf die prächtigen Eichen- und Buchenwälder am gegenüberliegenden Ufer blickte.
Der Rheinsberger Aufenthalt dauerte bis 1740 und wird zu Recht von den Biographen als die glücklichste Zeitspanne in Friedrichs Leben bezeichnet. Rheinsberg lag nahe genug bei seiner Garnison, um ihm die reibungslose Wahrnehmung seiner militärischen Aufgaben als Regimentschef zu ermöglichen. Andererseits gestattete ihm der traumhaft schöne Besitz, allen künstlerischen Neigungen zu frönen, die lange Zeit unterdrückt gewesen waren, und einige neue Passionen zu entdecken. Jetzt endlich konnte Friedrich sich voll und ganz seiner Privatbibliothek widmen, die 1730 bereits 3 775 Bände gezählt hatte. Er verschlang Caesars Aufzeichnungen über den Gallischen Krieg und den Bürgerkrieg, Rollins Schriften, die sich mit den Kriegen der Griechen und Römer beschäftigten, sowie die geschichtlichen Darstellungen der Feldzüge König Karls XII. von Schweden. Neben dieser «Fachlektüre» las er die Klassiker (in französischer Übersetzung), die von ihm so sehr geliebten französischen Dramatiker des 17. Jahrhunderts und die philosophischen Werke von Locke und Christian Wolff. Er beklagte jede Stunde, die ihn die Nachtruhe kostete, und trank eine Zeitlang bis zu vierzig Tassen Kaffee täglich, um herauszufinden, ob es möglich war, ganz ohne Schlaf auszukommen. Sein Magen brauchte anschließend beinahe drei Jahre, um sich von diesem Experiment zu erholen.
Friedrich entdeckte eine neue große Liebe für die Musik, einen Zeitvertreib, der ihm später auch über die trüben Stunden seines Soldatenlebens hinweghelfen sollte. Als Ausübender wußte er Cembalo und Geige zu spielen. Sein Paradeinstrument aber war die Querflöte. Die abendlichen Konzerte waren halb privater Natur. Friedrich und ein kleines Kammerorchester brachten gewöhnlich drei oder vier Musikstücke seines Lehrers Johann Joachim Quantz zum Vortrag.

Später spielte der Kronprinz dann eine Reihe von Flötensoli aus der wachsenden Zahl seiner eigenen Kompositionen.
Ein großer Teil des Lebens in Rheinsberg verlief in einer traumweltähnlichen Atmosphäre. Friedrich setzte es sich in den Kopf, das Schloß «Remusberg» zu nennen, und berief sich dabei auf den Anfang des 17. Jahrhunderts in Rostock wirkenden Professor Eilhardus Lubinus, der allen Ernstes behauptet hatte, Rheins- oder Remusberg – Mons Remi – verdanke seine Entstehung dem sagenhaften Remus, einem der Gründer Roms, der nicht von seinem Zwillingsbruder Romulus erschlagen worden sei, sondern habe entfliehen können und hier ein neues Reich gegründet habe. Im Einklang mit dem poetischen Geist dieser Jahre stiftete Friedrich einen Ritterorden, der nach dem Helden «ohne Furcht und Tadel» der französischen Geschichte «Ordre de Bayard» genannt wurde. In ihn wurden nicht nur Friedrichs junge Freunde aus dem Rheinsberger Kreis aufgenommen, sondern auch angesehene Angehörige der älteren Generation wie zum Beispiel der «alte Major», Friedrichs allzeit fröhlicher Lehrer für das Pionierwesen Johann Wilhelm von Senning, ein Veteran mit einem Holzbein. Der Großmeister des zwölf Mitglieder zählenden Ordens war Fouqué, der Sohn französischer Emigranten und einstige Page des Alten Dessauers. Der jugendlich wirkende Offizier sollte Jahre darauf während Friedrichs Feldzügen zu einem von dessen entschlossensten und verlässlichsten Hauptleuten werden.
Es besteht keine Notwendigkeit, eine Persönlichkeitsveränderung oder einen Umschlag der Zielsetzungen bei Friedrich zu suchen, um eine Erklärung dafür zu finden, warum der Kronprinz der Rheinsberg-Idylle sich in den Urheber des Angriffskrieges von 1740 verwandeln konnte. Der Drill der blauberockten Musketiere in Neu-Ruppin ging ohne Unterlaß weiter, und einem wirklichkeitsfremden Friedrich eröffnete Voltaire zum ersten Male im Jahre 1736 sein Herz, als er ihn in einem Brief als Archetypen eines «philosophischen Prinzen» begrüßte. Friedrich war ohne Zweifel von so viel Ehrerbietung geschmeichelt, besaß Voltaire doch bereits europäischen Ruf. Mit diesem Dichter, Philosophen und Historiker als Publikum und Kritiker fühlte er sich 1739 ermutigt, seine erste, eingehend durchdachte Darlegung der Verantwortung der Monarchie, die *Réfutation du Prince de Machiavel,* zu verfassen. Friedrich überarbeitete den ersten Entwurf mit Hilfe Voltaires, so daß im Jahr darauf das Werk in Buchform als *Antimachiavell* erscheinen konnte, von den Kritikern als abgeklärt und kraftvoll beurteilt.
Die Schrift trug ihren Titel, weil Friedrich mit ihr Kritik an dem florentinischen Staatsmann und Staatstheoretiker Niccolò Machiavelli

üben wollte, der über zweihundert Jahre zuvor in seinem Buch *Il Principe* («Der Fürst») das Idealbild des durch keine Moral gehemmten Alleinherrschers gezeichnet und die Auffassung vertreten hatte, ein Fürst müsse sich unterschiedliche Maßstäbe für sein öffentliches und sein privates Handeln zu eigen machen. Dem widersprach Friedrich und machte geltend, das eine sei untrennbar mit dem anderen verbunden, denn es sei für die Herrscher von Nutzen, wenn sie sich der Liebe ihrer Untertanen erfreuten. Friedrichs «Widerlegung» des alten Florentiners war jedoch nur einer der Leitgedanken seiner Argumente und zudem einer, der, für sich betrachtet, fälschlich Gegensätze zwischen dem Kronprinzen Friedrich und dem regierenden Monarchen Friedrich II. herausstellte. Tatsächlich blieb indes die Kontinuität in starkem Maße gewahrt.

Es gebe zwei Arten von Fürsten in der Welt, schrieb Friedrich: diejenigen, die alles selbst erkannten und bewältigten, und die, die sich von ihren Ministern gängeln ließen. Friedrich hatte die Absicht, zur ersten Kategorie gezählt zu werden. Seiner Meinung zufolge lenkte ein wirklich souveräner Fürst seine Armeen persönlich und sorgte für das friedvolle Wachstum des Staates durch Förderung des Gedeihens der Manufakturen, der Landwirtschaft und der Wissenschaft. Den Untertanen müsse die Wahl ihrer Religion freigestellt werden; sektiererischer Fanatismus habe bei der Kriegführung nichts zu suchen. Die Soldaten sollten in der Tat nicht durch irgendeinen altruistischen Zwang motiviert sein, und Friedrich war entschlossen, sie mit eiserner Disziplin an ihre Aufgaben heranzuführen.

Für das Wohlergehen seiner Untertanen war nach Friedrichs Auffassung ein Herrscher berechtigt, aus jedem der folgenden drei Hauptgründe Krieg zu führen: um einen bereits ins Land eingedrungenen Feind zurückzuwerfen, um legitime Rechte zu wahren oder – und das ist der aufschlußreichste Punkt – um einer drohenden Gefahr zuvorzukommen. In seinem Falle machte Friedrich vom zweiten Argument Gebrauch, als er im Dezember 1740 gegen Österreich ins Feld zog, um die Ansprüche des Hauses Brandenburg auf Schlesien mit kriegerischen Mitteln durchzusetzen, und schützte den dritten Grund vor, als er 1756 Sachsen überrannte.

Voltaire hatte vorerst noch nicht die persönliche Bekanntschaft des preußischen Kronprinzen gemacht; ihr Gedankenaustausch erfolgte über regen Briefwechsel. Viele, die Friedrich nahestanden, hegten allerdings keinen Zweifel daran, daß eines seiner Leitprinzipien die Erlangung von Kriegsruhm war. Der Arzt Dr. Zimmermann, der mehrfach lange Unterhaltungen mit dem König in den letzten Wochen vor dessen Tod am 17. August 1786 geführt hatte, lenkt unsere Aufmerksamkeit in besonderem Maße auf die Minderwertigkeitsgefühle, die Friedrich als junger Mann überkamen, als er von den Erfolgen las, die der russische Feldmarschall Graf Münnich im Türkenkrieg der Jahre 1735–1739 verzeichnete. (Zimmermann, 1788, 198)

Friedrich Wilhelm hatte bereits zu verstehen gegeben, daß das Militärpotential Preußens eines Tages berechtigterweise gegen Österreich eingesetzt werden könnte. Tatsächlich hatten die Habsburger seit den letzten Jahren des 17. Jahrhunderts die Rivalität Preußens innerhalb des deutschen Kaiserreiches gefürchtet. (Ingrao, 1982, 56) Daher stieß König Friedrich Wilhelm von seiten Wiens auf nichts als Widerstand und Verzögerung, als er nachdrücklich den wohlbegründeten preußischen Anspruch auf die Thronfolge in dem kleinen niederrheinischen Herzogtum Berg anmeldete. Kaiser Karl VI. akzeptierte die Hilfe Preußens im Rheinfeldzug mit offenkundigem Widerstreben und stellte 1735 die Feindseligkeiten mit Frankreich ein. Vom Friedensschluß erfuhr man in Berlin erst durch Diplomaten anderer Staaten. Friedrich Wilhelm hoffte wohl insgeheim, daß sein Sohn dereinst Rache nehmen würde, um so mehr, als er wußte, daß Friedrich unbelastet von seiner eigenen hinderlichen Hochachtung für die Institutionen des Heiligen Römischen Reiches Deutscher Nation war.

Die endgültige Aussöhnung Friedrichs mit seinem Vater vollzog sich am 28. Mai 1740, als der Kronprinz weinend den todkranken Monarchen umarmte. Der erst 51jährige König verfolgte, was Friedrich bewunderte, den Verlauf seiner Krankheit mit der nüchternen Sachlichkeit eines Arztes. Er verschied am frühen Morgen des 31. Mai. «Quel terrible homme, mais quel homme juste, intelligent et propre aux affaires . . .! Aussi est-ce par ses soins, par son travail infatigable que j'ai été en état de faire tout ce que j'ai fait jusqu'ici . . .» («Welch schrecklicher Mann, aber was für ein gerechter, intelligenter und in Staatsdingen unübertrefflicher Mann . . .! Dank seiner Bemühungen, dank seiner unermüdlichen Arbeit bin ich in die Lage versetzt worden, all das zu tun, was ich bisher erreicht habe . . .»), sollte Friedrich Jahre später gestehen. (de Catt, 1884, 34)

2. KAPITEL

DIE SCHLESISCHEN KRIEGE 1740–1745

Zwei Monate lang konnte man im Sommer 1740 die Erwartung hegen, Friedrich werde allen Hoffnungen seiner Untertanen und der *philosophes* gerecht. Der neue König schaffte binnen drei Tagen nach seiner Thronbesteigung die in der preußischen Justiz zulässige Folter ab. Das Korps seiner Generale tadelte er wegen ihrer Brutalität und hielt ihnen vor Augen, daß Humanität und Intelligenz für einen Soldaten ebenso erstrebenswerte Eigenschaften seien wie Tapferkeit und Draufgängertum. Er erließ ein (später rückgängig gemachtes) Verbot der körperlichen Züchtigung der Kadetten des Potsdamer Korps. Die «Langen Kerls», Symbol für alles, was unter der alten Ordnung erzwungen und unnatürlich war, wurden nach Hause geschickt, bis auf ein Bataillon Grenadiergarde, das in pietätvoller Erinnerung an den «Soldatenkönig» bestehen blieb. Statt dessen wurde ein neuer Truppenteil der Hofkavallerie, die *Garde du Corps,* ins Leben gerufen, um einen Eindruck von Glanz und Vornehmheit zu vermitteln.
Die Vision von einem philosophischen Fürsten, der darauf bedacht war, Gelehrte, Dichter und Ballettgruppen in seine Residenz zu holen, überlebte den Herbst nicht. Der französische Gesandte Oberst Louis Charles Antoine de Beauval stellte fest: «Der König von Preußen ... hat tatsächlich alle diese Dinge nur als Erholung oder als Trost in der Lebensweise, die er führen mußte, betrachtet. Seine wahre Neigung drängt ihn zu ernster Tätigkeit und zum Kriege.» (Volz, 1926–27, I., 153)
Der berühmte Einmarsch in Schlesien war in Wirklichkeit schon der zweite Paukenschlag, der die Idylle beendete. Mit dem Fürstbischof von Lüttich war es zu einer Kontroverse wegen der Souveränität der Baronie Herstal unweit der deutschen Grenze gekommen. Der Rechtsanspruch des geistlichen Würdenträgers war weitaus schwächer als der der Hohenzollern, und die örtliche Einwohnerschaft hatte sich ins Unrecht gesetzt, als sie 1738 eine preußische Werberkolonne arretierte. Statt seinen Anspruch mit friedlichen Mitteln durchzusetzen, sandte Friedrich dem Bischof ein höchst energisches Ultimatum, in dem er zu wissen begehrte, ob der Adressat weiterhin die «Meuterer» von Herstal unterstützen wolle. Der preußische Kabinettsminister Heinrich Graf Podewils, an normale diplomatische Gepflogenheiten gewöhnt, rief aus: «Ça est fort, ça est vive, c'est la

langue de Louis XIV!» («Das ist kraftvoll, das ist voller Leben, das ist die Sprache Ludwigs XIV!») (Schoenaich, 1908, 239)
Als Friedrich am 11. September 1740 das Schlößchen Moyland bei Kleve besuchte, geschah es nicht nur, um erstmals mit Voltaire zusammenzutreffen, sondern auch, um dem bewaffneten «Executionscorps» unter Generalmajor Graf Georg Heinrich von Borcke konkrete Anweisungen zu erteilen. Borcke eroberte die an der Maas gelegene niederländische Ortschaft Maseyck am 14. September, und die Preußen überließen die durch Erbschaft an das Haus Hohenzollern gefallene Herrschaft Herstal dem Fürstbischof erst nach Zahlung einer Entschädigung in Höhe von 180 000 Talern, nachdem sie bereits von den Herstalern selbst eine Kontribution von 20 000 Talern eingetrieben hatten. Es war ein schlechtes Geschäft für den Bischof, denn Herstal brachte ihm lediglich 2 000 Taler an jährlichen Steuereinnahmen. Der junge preußische Herrscher hatte mit geringem Kraftaufwand eine hübsche Summe verdient. «On ne peut comprendre l'influence que cette petite affaire a eue dans les partis vifs qui ont été pris dans la suite, et combien elle a allumé la présomption du Roi de Prusse . . .» («Man kann die Auswirkung dieser kleinen Begebenheit auf die später folgenden schweren Waffengänge nur ahnen und kaum ermessen, wie sehr sie den Dünkel des Königs von Preußen bestärkte . . .») (Valory, 1820, I., 93–94)
Um weitaus mehr ging es im Oktober desselben Jahres, als sich Friedrich plötzlich die Möglichkeit bot, das preußische Territorium mit einem energischen Schritt gewaltig nach Südosten auszudehnen. Kaiser Karl VI. war am 20. Oktober gestorben. Auf diese Nachricht hin begann Friedrich sofort große Mengen Getreide für seine Armee einzukaufen und ließ den Minister Graf Podewils und den Feldmarschall Graf von Schwerin, die sich in Berlin aufhielten, eilends zu Beratungen nach Rheinsberg kommen. Bereits am 28. Oktober, dem ersten Tag der Besprechung, war klar, daß Friedrich entschlossen war, die Verwirrung der Österreicher zu nutzen und sich deren Provinz Schlesien zu bemächtigen. Die Rheinsberger Gespräche betrafen daher lediglich die praktischen Einzelheiten der bevorstehenden militärischen Operation und deren Rechtfertigung gegenüber der Weltöffentlichkeit.
Podewils erhob schwere Bedenken gegen den Plan des Königs, der vorsah, preußische Truppen überraschend die Grenze nach Schlesien überschreiten und alle Städte besetzen zu lassen, bevor die österreichische Kaiserin Maria Theresia, Karls Tochter und Thronfolgerin, in der Lage sein würde, Truppen zusammenzuziehen und das Land zu verteidigen. Am 6. November jedoch erläuterte Friedrich seinem

Minister, warum er zum Waffengang entschlossen war. Schlesien sei vor allem «de toute la succession impériale le morceau sur lequel nous avons le plus de droit» («von der gesamten kaiserlichen Erbschaft derjenige Teil, auf den wir das größte Anrecht besitzen»). Ferner wies der junge König Podewils auf die Einsatzbereitschaft der preußischen Armee hin, «ce que nous donne, dans une occasion imprévue comme celle-ci, une supériorité infinie sur toutes les autres puissances de l'Europe» («was uns bei einer unvorhergesehenen Gelegenheit wie dieser eine unbegrenzte Überlegenheit über alle anderen Mächte in Europa verleiht»). Schließlich erfordere die internationale Lage sofortiges Handeln – um Friedrichs Raubgenossen zuvorzukommen (er selbst verwendete diesen Ausdruck natürlich nicht!) (PC 140)

Wie gut begründet und wohlbedacht waren diese Argumente? Die Betonung preußischer Rechte auf Schlesien war nie ins Gewicht gefallen, da die Ansprüche der Hohenzollern allerhöchstens ein Fünftel des schlesischen Territoriums betrafen und sich obendrein weitaus weniger auf bestehende Rechte stützen konnten als die auf Berg oder Herstal. Die Besitznahme dieses Gebietes bot indes klar auf der Hand liegende Vorteile. Unmittelbar lockte das Herzogtum Schlesien mit einer flächenmäßigen Ausdehnung von rund 22 500 Quadratkilometern und seiner direkten Angrenzung an das brandenburgische Kernland Friedrich ebenso wie die umschlagstarken Handelsplätze, eine blühende Leinenindustrie und die Bevölkerung von 1,5 Millionen Menschen, darunter viele Deutsche protestantischen Glaubens. Indirekt würde die Wegnahme Schlesiens für den preußischen Staat einen Zuwachs an Gewicht und Autorität bedeuten.

> Seine Offiziere wurden im Waffenhandwerk als bloße Abenteurer angesehen, seine Soldaten als gemeine Söldner, und wenn der Name «preußisch» fiel, geschah das selten, ohne daß in diesem Zusammenhang ein beleidigender Witz erzählt oder eine niederträchtige Bemerkung gemacht wurde. Das Land selbst bildete trotz seiner Benennung als Königreich eine unbeschriebene Gattung der Zwittermonarchie, die eher die Dürftigkeit eines Kurfürstentums als die Würde eines Königreiches an sich hatte ... (Gillies, 1789, 66–67)

Im Jahre 1740 lag die Bevölkerung Preußens vor der Eroberung Schlesiens bei knapp zweieinviertel Millionen. Ein einfaches Kalkül hätte ergeben, daß die Einnahme Schlesiens ein unmögliches Unterfangen war, doch Friedrich ahnte, daß ihm die einzigartige Kriegsbereitschaft seiner Armee übermäßige Kräfte verlieh, ähnlich denen einer Schlange, die dank der Fähigkeit, ihren Rachen besonders weit aufzureißen, eine unverhältnismäßig große Beute zu verschlingen vermag. Er hatte zur unmittelbaren Verfügung eine für unvorhergesehene Ausgaben bereitgestellte Summe von zehn Millionen Talern, ein Betrag, der, wie sich im Verlauf der Kampagne herausstellte, mehr als ausreichte, um die Kosten des gesamten Krieges zu bestreiten. Das preußische Heer zählte damals bereits respektable 83 000 Mann, die Friedrich um eine «Reservearmee» von 10 000 Mann verstärkte, wobei er die Zahl der Infanteriebataillone von 66 auf 83 heraufsetzte. Die Zeughäuser strotzten von Waffen, mit denen man doppelt so viele Soldaten hätte ausrüsten können. Friedrichs Denkweise rechtfertigte den Eroberungsfeldzug mit der günstigen Gelegenheit, die sich für ihn bot. (PC 125)

Wie der junge Monarch vorausgesehen hatte, fand er sich mit dem Problem konfrontiert, benachbarte Herrscher, die ebenso beutegierig waren wie er selbst, beiseite zu drängen, statt sich mit einer anderen Macht auseinandersetzen zu müssen, die Österreich zu Hilfe geeilt wäre. Sachsen, Spanier und Piemontesen meldeten sämtlich Ansprüche zu Lasten des österreichischen Staatswesens an, und die bayerischen Wittelsbacher gingen noch weiter und erhoben Anspruch auf den vakanten Kaisertitel selbst. Franzosen und Briten waren bereits in einen Krieg verstrickt. Mit den Russen, wenngleich lange Zeit mit den Österreichern verbündet, war nach dem Tode ihrer Zarin Anna Iwanowna am 28. Oktober nicht mehr zu rechnen. Schließlich stellte Friedrich eine, wie sich herausstellen sollte, exakte Einschätzung seines Gegners an. Das Haus Habsburg war durch den Tod des Kaisers in eine Krise geraten und sozusagen führerlos. Die österreichischen Finanzmittel waren erschöpft, die Armee zugrunde gewirtschaftet und viele Provinzen das Landes von Seuchen, Krieg und Hungersnot heimgesucht.

Friedrichs Ankündigungen an die Adresse des österreichischen Gesandten in Berlin und der europäischen Fürstenhöfe waren ausgesprochen zynischer Natur und sollen uns nicht sehr lange beschäftigen. Er gab vor, aus den lautersten Motiven zu handeln und den Österreichern gewissermaßen einen Gefallen zu tun, wenn er seine Regimenter in ihr Territorium einmarschieren lasse. Die Abtretung ganz Schlesiens sei eine angemessene Entlohnung für seine Dienste.

Die militärischen Vorbereitungen auf preußischer Seite begannen am 29. Oktober, einen Tag nach der ersten Unterredung des Königs mit Schwerin und Podewils. Getreide wurde in der Kornkammer Mecklenburg gekauft und mit Schiffen über die Spree und durch den Friedrich-Wilhelm-Kanal zum Hauptlauf der Oder gebracht. (Der Transport auf dem Wasserwege war um diese Jahreszeit von entschei-

dender Bedeutung, da die Straßen für schwerbeladene Wagen und Karren unpassierbar waren.) Friedrich wohnte in jenen Tagen dem Aufmarsch seiner Truppen bei und teilte später dem Alten Dessauer seine Eindrücke mit. Er hatte es verwunderlich gefunden, daß Tausende von Soldaten, von denen jeder einzelne kräftiger und besser bewaffnet war als er selbst, in seiner Gegenwart zu zittern begannen. So stark wirke sich die preußische Disziplin aus. (Hildebrandt, 1829–35, V., 46)
Friedrich verließ am 2. Dezember Rheinsberg, um sich nach Berlin zu begeben. Er traf die Hauptstädter in quälender Unruhe an. Einerseits gingen zwar die Maskeraden und Winterbälle unbeirrt weiter, andererseits rückten bereits die Regimenter mit versiegelten Befehlen in Richtung Osten ab. Am Sonntag, dem 4. Dezember, strömten die Gottesdienstbesucher aus den Kirchen, um auf der Berliner Hauptstraße Unter den Linden den Vorbeimarsch des Artillerietrains zu beobachten. Gerüchte und Spekulationen waren zuviel für Oberst von Kalckstein, Friedrichs einstigen «Untergouverneur» aus Kindertagen, der jetzt die Kühnheit besaß, seinen einstigen Schutzbefohlenen direkt zu fragen:

> Kalckstein: «Ew. Majestät, ich vermuthe, es wird Krieg geben ...»
> Friedrich: «Es kann seyn, es kann auch nicht seyn.»
> K.: «Die Deichsel scheint nach Schlesien gerichtet zu seyn ...»
> F.: «Kann Er schweigen, Kalckstein?» (ergreift seine Hand)
> K.: «O ja, Ew. Majestät!»
> F.: «Ich auch!»
> (Anon. 1788–89, III., 60)

Friedrich übernahm persönlich den Oberbefehl über das Korps, das Schlesien besetzen sollte. Der Alte Dessauer gehörte nicht zu den benannten Heerführern. Er beklagte sich bitter darüber und machte im Kreis der Generale aus seinem Herzen keine Mördergrube. Doch der junge König war entschlossen, sein Ziel zu verfolgen. Den alten Krieger bescheidend, der bevorstehende Feldzug sei eine bloße «Bagatelle», die eines so verdienstvollen Feldherrn gar nicht bedürfe, erklärte Friedrich: «Diese Expedition reservire ich mir alleine, auf daß die Welt nicht glaube, der König in Preußen marschire mit einem Hofmeister zu Felde!» (PC 178)
Nach Inspektion der letzten Vorbereitungen und einer patriotischen Rede an die Offiziere der ins Feld ziehenden Berliner Regimenter gestattete sich Friedrich noch einige Stunden der Entspannung und besuchte ein Kostümfest in den Räumlichkeiten seiner Gemahlin im Berliner Schloß. Am nächsten Morgen, dem 13. Dezember 1740,

erwartete er, umgeben von einer großen Menschenmenge, das Eintreffen seiner Reisekutsche und mußte sich der inständigen Bitten seiner jüngeren Brüder, des vierzehnjährigen Heinrich und des zehn Jahre alten Ferdinand, erwehren, die unbedingt mit in den Krieg ziehen wollten und sich an seine Rockschöße hängten. Um neun Uhr morgens bestieg dann Friedrich in Begleitung dreier Adjutanten die Karosse und trat über Frankfurt an der Oder die Fahrt zu seinen Truppen an, die an der schlesischen Grenze aufmarschiert waren.
Er hegte die Hoffnung, die Eroberung oder vielmehr die Besetzung der schlesischen Tiefebene vollziehen zu können, bevor die Österreicher Verstärkungen in diese ihre nördlichste Besitzung werfen konnten. Kein Habsburger hatte in den vergangenen 130 Jahren einen Fuß auf schlesisches Gebiet gesetzt. Widerstand konnte der Preußenkönig lediglich von den wenigen, auf sich gestellten österreichischen Garnisonen in den Festungsstädten erwarten, deren unmittelbar wichtigste Glogau in Niederschlesien war, weil sie den Zugang oderaufwärts nach Breslau, der schlesischen Hauptstadt, versperrte. Für die gesamte Operation hatte Friedrich knapp über 27 000 Soldaten aufgeboten, davon etwa 20 400 Infanteristen, 6 600 Kavalleristen und eine kleine Abteilung Artilleristen.
Um die Mittagsstunde des 14. Dezember erreichte der König Crossen, die letzte Stadt auf brandenburgischem Boden. Sie lag auf einer Anhöhe, von der aus sich ein weiter Blick auf die Oder bot, die sinnigerweise von Schlesien herkam. Die abergläubische Bevölkerung wurde in Unruhe versetzt, als durch Blitzschlag eine große Glocke in der Stadtkirche herabstürzte, doch Friedrich deutete den Zwischenfall als günstiges Omen, das den Sturz des Hauses Habsburg ankündige.

Am 16. Dezember durchquerten Friedrich und das Hauptkontingent seiner Truppen ein Waldgebiet und überschritten die schlesische Grenze. (Karte 1) Einer von Friedrichs Befehlshabern schwenkte mit seinem Regiment nach Grünberg ab und ließ sich den Schlüssel der Stadt von dem verdutzten Bürgermeister aushändigen, der gerade mit den Stadtvätern im Rathaus (Abb. 15) tagte. Der König selbst wurde kurz hinter der Grenze von zwei Gestalten in schwarzen Umhängen erwartet, die wie Krähen am Wegrand standen. Es waren protestantische Pastoren aus Glogau, die Friedrich bitten wollten, im Falle einer Beschießung ihrer Stadt die Kirchen zu verschonen. Der König begrüßte sie als seine ersten schlesischen Untertanen.
Friedrich verbrachte die erste Nacht auf dem Besitz eines Freiherrn in Schweinitz und schrieb nach Berlin: «Mon cher Podewils, J'ai passé le Rubicon, enseignés déployés et tambour battant. Mes troupes sont

pleines de bonne volonté, les officiers d'ambition, et nos généraux affamés de gloire. Tout ira selon mes souhaits, et j'ai lieu de présumer tout le bien possible de cette entreprise...» («Mein lieber Podewils, ich habe den Rubikon mit fliegenden Fahnen und unter Trommelklang überschritten. Meine Truppen sind voll guten Willens, die Offiziere voller Ehrgeiz und unsere Generale begierig nach Ruhm. Alles wird nach meinen Wünschen vonstatten gehen, und ich habe Grund, alles erdenklich Gute von diesem Unternehmen zu erwarten...») (PC 208)

Der weitere Vormarsch durch das Tiefland führte die Preußen nach Herrendorf unweit von Glogau. Am 18. Dezember setzte eine Schlechtwetterperiode ein. Troß und Artillerie fielen weit zurück, und die Soldaten mußten bis zu den Knien durch Schlamm und Wasser marschieren und ruinierten ihre weißen Gamaschen. Glogau war, wie sich herausstellte, weitaus besser befestigt als erwartet, und obwohl der österreichische Festungskommandant es ablehnte, die Initiative zu ergreifen und die Feindseligkeiten zu eröffnen, drohte der preußische Vormarsch wenige Meilen hinter der Grenze Schlesiens steckenzubleiben. Friedrich war um so mehr darauf bedacht, möglichst schnell nach Breslau zu gelangen, da er Informationen erhalten hatte, daß der Rat der Stadt Verhandlungen über die Errichtung einer österreichischen Garnison führte, weil die Befürworter Preußens in ihm nicht in genügender Zahl vertreten waren. Dementsprechend verließ der König am 28. Dezember Glogau, nachdem ein rasch zusammengestelltes «II. Corps» die Einschließung vollzogen hatte, und setzte mit der Spitze des Gros seiner Truppen den Marsch auf Breslau fort.

Am 31. Dezember erreichten Friedrich und seine Grenadiere die massiven äußeren Festungswerke der schlesischen Hauptstadt. Die Haupttore waren vor ihnen verschlossen worden, aber etliche Pforten blieben offen, und ein unablässiger Strom von Laufburschen der Breslauer Viktualienhändler ergoß sich zu den Reihen der messingbehelmten Preußen und verkaufte ihnen Wein, Brot, Fisch und Fleisch; auch Bierfässer wurden auf kleinen Schlitten herangefahren.

Durch seine Emissäre ließ Friedrich den Stadtvätern die Aufrechterhaltung aller städtischen Rechte garantieren und zugleich versichern, daß er nicht die Absicht hege, in Breslau eine Garnison einzurichten. Als Gegenleistung verlangte er lediglich, daß Breslau auch nicht Standort für österreichische Truppen werden dürfe. Der Stadtrat stimmt dieser Bedingung zu, und am Morgen des 3. Januar 1741 wurde ein entsprechender Vertrag unterzeichnet. Friedrich hatte seiner Einwilligung die Formel «bei den jetzigen Conjuncturen und so

lange solche dauern werden» vorangestellt, was seinerzeit als unwichtiges Detail abgetan wurde.
Friedrich und ein symbolisches kleines Gefolge erhielten dann die Erlaubnis, feierlich in die Stadt einzuziehen. Kurz vor der Mittagsstunde an diesem 3. Januar ritt der preußische König mit seinem Stab durch das Schweidnitzer Tor nach Breslau hinein. Friedrichs silbernes Tafelgeschirr hatte das Stadttor als erstes passiert. Es wurde von Packpferden transportiert, die blausamtene Schabracken trugen, prunkvoll verziert mit goldenen Quasten und Glöckchen. Friedrich saß auf einem feurigen Roß. Sein Umhang aus blauem Samt war mit Schneeflocken bedeckt, die an diesem kalten Tag unablässig vom Himmel fielen. Immer wieder entblößte der König sein Haupt, um sich für den Jubel der Menge erkenntlich zu zeigen. Er stieg im Hause des Grafen Schlangenberg in der Albrechtstraße ab und zeigte sich der begeisterten Bevölkerung zweimal vom Balkon des Palais.
Zurückblickend könnte man sagen, daß der Beginn der preußischen Präsenz in Breslau zugleich den Anfang der Ära moderner Kriege einläutete. Seltsam genug, daß damit das ganze Zeremoniell einer *joyeuse entrée* verbunden war, eines fröhlichen Einzugs, der so sehr ein Teil der Kriegführung des Mittelalters war, der Epoche, die langsam entschwand.
In militärischer Hinsicht hatte Friedrich jetzt die Möglichkeit, die österreichischen Garnisonen abzuschneiden und die verbleibenden Kampfverbände des Feindes aus Schlesien hinauszufegen. Zu diesem Zweck wurde das «I. Corps» in zwei Flügel aufgeteilt. Friedrich setzte mit dem linken Flügel den Marsch die Oder aufwärts fort und erzwang am Abend des 8. Januar die Kapitulation der kleinen Festung Ohlau. Überall begrüßten die protestantischen Schlesier Friedrich als Befreier, während die Katholiken sich passiv verhielten. Graf Schwerin führte unterdes den rechten Flügel der preußischen Streitmacht auf einem ungefähr parallel verlaufenden Kurs weiter westlich und durchkämmte die Ausläufer der Berge, die die Grenze nach den österreichischen Provinzen Böhmen und Mähren hin bildeten. Fünf erschöpften Grenadierkompanien gelang es nicht, sich rechtzeitig abzusetzen; sie wurden von Schwerin bei Ottmachau auf dem linken Ufer der Neiße eingeschlossen. Friedrich traf am 12. Januar auf der Szene der Miniaturbelagerung ein. Die Österreicher hatten sich in einer auf dem Gipfel eines steilen Bergrückens gelegenen Burg verschanzt. Dem preußischen König gelang es, sie dazu zu überreden, sich als Kriegsgefangene zu ergeben, und er wurde dann Zeuge, wie sie mit geschulterten Musketen und zu den

Klängen von Militärmusik den Berg hinuntermarschierten und auf dem Marktplatz des Städtchens ihre Waffen niederlegten. (Abb. 16) Aus unerfindlichen Gründen weigerte sich Oberst Wilhelm von Roth, obwohl er einer der wenigen Protestanten in österreichischen Kriegsdiensten war, die von ihm befehligte nahegelegene Festung Neisse in Oberschlesien an der Glatzer Neiße, eine Bastion beträchtlichen Ausmaßes, zu übergeben. Dadurch entstand für die Preußen ein unvorhergesehenes Hindernis, denn Neisse war unweit der Pässe nach Mähren gelegen und konnte möglicherweise für die Österreicher einen strategischen Brückenkopf bei einer eventuellen Gegenoffensive nach Schlesien hinein darstellen. Eine Belagerung nach den Regeln der Kriegskunst war angesichts des Winterwetters unmöglich, so daß für die Preußen feststand: «... das Eintzige, so damit ein Versuchen stehet, ist ein Bombardement, weil es ein Pfaffennest ist und nicht viel Trouppen darin sind!» (Gr. Gstb., 1890–93, I., 268) So nahm man den Beschuß der Festung auf, und Hartgußgeschosse, rotglühende Kanonenkugeln (die in den Öfen der außerhalb der Festung gelegenen Ziegeleien erhitzt worden waren) und Mörsergranaten regneten bis zum 22. Januar auf Neisse nieder, bis die Preußen das Unternehmen als nutzlos erkannten und abbrachen. Es sollte bei weitem nicht das letzte Mal sein, daß eine österreichische Festung einer Serie von preußischen Erfolgen ein Ende setzte. Darüber hinaus zeigte das vergebliche Anrennen gegen Neisse einen erheblichen Mangel an Durchschlagskraft bei der für so tüchtig geltenden Armee Friedrichs auf.

Es war höchste Zeit, daran zu denken, den Soldaten winterfeste Quartiere zu verschaffen und einige Ruhe zu gönnen. In seinen *Principes Généraux de la Guerre* (1748) verurteilte Friedrich Winterfeldzüge «comme étant de toutes les expéditions de guerre les plus pernicieuses» («als die verderblichsten aller kriegerischen Expeditionen»). Sie trugen in seinen Augen bei der Truppe zu Krankheiten bei und hinderten den Monarchen daran, seine Armee für den nächsten Waffengang aufzufrischen und neu auszurüsten. Friedrich sah jedoch seine schlesische Winterkampagne von 1740/41 später immer als voll gerechtfertigten Schritt an, denn hätte er bis zum Frühjahr gewartet, «j'aurais peut-être obtenu après trois ou quatre campagnes obstinées ce que je gagnais tout d'un coup alors par une marche toute simple») («hätte ich vielleicht nach drei oder vier hartumkämpften Kampagnen das erreicht, was ich durch einen ganz einfachen Marsch jetzt auf einen Schlag bekam») («Principes Généraux», Œuvres, XXVIII., 93).

Der Preußenkönig ließ Belagerungskräfte vor den österreichischen

Garnisonen in Glogau, Neisse und der am Oberlauf der Oder gelegenen Festung Brieg zurück. Er vertraute Schwerin den Oberbefehl in Schlesien an und erteilte ihm die Weisung, den kleinen Rest des österreichischen Feldheeres aus Troppau zu werfen und in die Berge an der schlesisch-mährischen Grenze zu treiben. Die übrigen preußischen Regimenter bezogen Winterquartiere in den schlesischen Städten und Dörfern, und Friedrich machte sich am 25. Januar auf die Rückreise nach Berlin.

Manche Historiker sind geneigt, die Frage zu stellen, ob die Wegnahme Schlesiens durch Friedrich ein besonders bedeutsamer oder tadelnswerter Vorgang war. Gerhard Ritter vertritt die Auffassung, die moralische Entrüstung über diese Aktion sei «mitbedingt durch viel spätere Erfahrungen, die Europa mit der kriegerischen Energie des Preußenstaates gemacht hat.» (Ritter, 1954, I., 31) Ebenso hat Bleckwenn in einem Briefwechsel mit dem Autor dieses Buches vorgeschlagen, das Kapitel Schlesien rangmäßig den kolonialen Angriffskriegen der Briten gleichzustellen, die im gleichen Zeitraum geführt wurden.

Ohne Zweifel läßt sich hinsichtlich der moralischen Rechtfertigung zwischen Friedrich und den anderen hochherzigen Herrschern, die in den vierziger Jahren des 18. Jahrhunderts darauf versessen waren, das Eigentum anderer Leute «umzugruppieren», kein großer Unterschied herausarbeiten. Was jedoch bereits zeitgenössische Beobachter verblüffte, war der einzigartige Stil, mit dem der schlesische Feldzug geführt wurde, der binnen weniger Tage festgelegt und innerhalb von sechs Wochen abgeschlossen war. Der dänische Gesandte in Berlin, Generalleutnant Andreas August von Praetorius, brachte sein Erstaunen über die Schnelligkeit, Tatkraft und Mühelosigkeit zum Ausdruck, die bei der ganzen Operation festzustellen gewesen sei. «Über die Zukunft erlaube ich mir keine Voraussagung,» schrieb er weiter, «aber sicherlich sinnt dieser Monarch auf eine große Unternehmung und wird sich nicht mit der Eroberung einer Provinz begnügen, sondern trachten, der Schiedsrichter des deutschen Reichs zu werden . . .» (Volz, 1926–27, I., 146–147. Vgl. die fast identischen Kommentare von Colonel de Beauval und Baron von Schwicheldt, ebd. 154, 180–181)

Für Friedrich war die Zeit noch nicht reif, irgendwelche brauchbaren Entscheidungen politischer und strategischer Art für den weiteren Verlauf des Jahres 1741 zu treffen. Bisher hatte er keine Verbündeten für sein Abenteuer gefunden, und es bereitete ihm immer noch einige Schwierigkeit, aus der Mentalität der österreichischen Führung klug

zu werden. Zwar war Wien tatsächlich unerwartet hartnäckig in seiner Weigerung, Schlesien preiszugeben, doch Friedrich führte den Ursprung dieser Weigerung noch nicht auf das neue Haupt des Hauses Habsburg, die junge und unerfahrene Maria Theresia, ihres Zeichens Erzherzogin von Österreich und Königin von Ungarn und Böhmen, zurück.
Unterdessen machte es der draufgängerische Oberst von Roth zu seiner Gewohnheit, unweit seiner Festung Neisse ansässige preußenfreundliche Adlige bei dreisten Kommandounternehmen zu entführen. Seine Gefangenen ließ er zu seinem Freund, dem österreichischen Feldmarschalleutnant Graf Ulysses Maximilian von Browne, bringen, der mit mehreren Verbänden im mährischen Bergland operierte. Diese Aktivitäten konnte er ungehindert entfalten, denn die auf preußischer Seite gegen ihn eingesetzten Husaren waren zu gering an Zahl und auch hinsichtlich ihrer Ausbildung nur ein schwacher Abklatsch der echten, in österreichischen Diensten stehenden ungarischen Husaren. Die Unterlegenheit der Preußen im sogenannten «Kleinen Krieg», bei dem Überfälle aus dem Hinterhalt und Überraschungsangriffe Trumpf waren, bekam Friedrich am eigenen Leib zu spüren, als er am 27. Februar bei Baumgarten beinahe von einer Schwadron österreichischer Husaren gefangengenommen wurde.
Unerwartete Freude wurde Friedrich am 9. März zuteil, als er erfuhr, daß der Erbprinz Leopold von Anhalt-Dessau (einer der Söhne des Alten Dessauers) mit dem wenige Wochen zuvor in der Mark aufgestellten Armeekorps von 20 000 Mann bei einem nächtlichen Überraschungsangriff die Festung Glogau genommen hatte. Die preußischen Soldaten hatten mit Hilfe von Leitern die Schutzwälle und Mauern erklommen. Fast das gesamte offene Land Schlesiens war seit Monaten in preußischem Besitz, doch der eroberte feste Platz Glogau bedeutete einen wertvollen Gewinn, weil er die ungehinderte Schiffahrt oderaufwärts bis in die Gegend von Breslau ermöglichte.
Friedrich hatte sich noch immer nicht für einen bestimmten Plan zur Sicherung seiner neuerrungenen Macht in Schlesien entschieden, als ihm Anfang April 1741 die Österreicher die Initiative entrissen. Rund 16 000 ihrer Soldaten waren in Mähren zusammengezogen worden. Feldmarschall Graf Wilhelm Reinhard von Neipperg führte sie nun von Olmütz in einem kühn geplanten Marsch durch das Bergland an der Grenze in der Absicht nach Schlesien hinein, die Festung Neisse zu entsetzen und das offene Land zurückzuerobern. Dieser Schritt kam für die Preußen völlig überraschend, die sich noch in ihren Winterquartieren am Fuß der grenznahen Bergketten entlang einer Frontlinie befanden, die von Troppau bis nach Schweidnitz reichte und im

Hinterland weit bis zur Oder zwischen Ratibor und Ohlau verlief. Friedrich hielt sich in Jägerndorf in den Sudeten auf, als ihm am 2. April sieben österreichische Deserteure die Nachricht von der Offensive brachten. Zugleich unterstrichen bereits von den Feldwachen her zu hörende Salven die Dringlichkeit dieser Information. In der Tat war Friedrichs Lage noch gefährlicher, als er annahm, denn die Österreicher waren bereits unbemerkt an seiner rechten oder westlichen Flanke vorbeimarschiert und befanden sich kurz vor Neisse.

Wie hatte es passieren können, daß Friedrich eine derart schlimme Überraschung erleben mußte? Teilweise ist die Antwort in der mangelnden Reaktionsfähigkeit der allzusehr durch strengen Drill gegangenen preußischen Armee zu suchen. Eine noch entscheidendere Rolle spielte die mangelnde Kriegserfahrung Friedrichs. Er mißtraute seinem eigenen unfehlbaren Instinkt, der ihm riet, seine im Bergland stationierten Einheiten abzuziehen und ihre Vorrats- und Munitionslager aufzulösen, nachdem ihm Berichte über eine Truppenmassierung auf der mährischen Seite der Berge zugegangen waren. Andererseits war Graf Schwerin vor allem darauf erpicht, die Futterversorgung der Kavalleriepferde zu sichern, und bestand deshalb auf der Stationierung vorgeschobener Abteilungen, um das fruchtbare Land zwischen Oder und Bergland zu behaupten. Friedrich war am 29. März mit seinem Feldmarschall zusammengetroffen, um über diesen Punkt zu diskutieren, hatte sich jedoch von dem erfahrenen Kriegsmann überstimmen lassen. Die Folgen lehrten ihn, künftig nie mehr so leicht der strategischen Beurteilung eines anderen zuzustimmen.

Die preußischen Truppen wurden nun eilends aus dem gemütlichen Mief ihrer Winterquartiere gejagt und stießen zu ihrem König, der durch das immer noch schneebedeckte Land nach Norden hastete, um die verlorene Zeit wettzumachen. Die Österreicher hatten jedoch einen ausreichenden Vorsprung. Am 5. April entsetzten sie die Festungsstadt Neisse und erzwangen den Übergang auf das jenseitige Ufer des Flusses gleichen Namens. Friedrich war lange Zeit im ungewissen über den Verbleib des Feindes. Er wußte jedoch, daß eine Schlacht über kurz oder lang unvermeidlich sein würde. Einem alten Freund und Gefährten aus Rheinsberger Tagen, dem aus einer Hugenottenfamilie stammenden Pastor Charles-Etienne Jordan, schrieb er:

> Mon cher Jordan, nous allons nous battre demain. Tu connais le sort des armes; la vie des rois n'est plus respectée que celle des particuliers. Je ne sais ce que je deviendrai. Si ma destinée est finie, souviens-toi d'un ami qui t'aime toujours!

(Mein lieber Jordan, morgen ziehen wir in die Schlacht. Du weißt um das Waffenglück; das Leben der Könige wird nicht mehr respektiert als das der Bürger. Ich weiß nicht, was aus mir wird. Wenn mein Schicksal sich erfüllt hat, erinnere Dich eines Freundes, der Dich immer liebt!) (Œuvres, XVII., 98)

Der 9. April brachte so heftigen Schneefall, daß es zuweilen unmöglich war, mehr als zwanzig Schritt weit zu sehen. Was über die Truppenbewegungen der Österreicher rekognosziert werden konnte, war die Tatsache, daß sie ihrer, von den Preußen belagerten Festung Brieg zustrebten. Solange Marschall Neipperg eine Nachschubverbindung mit der dortigen Garnison unterhielt, bestrichen seine Geschütze die Landstraßen nach Niederschlesien und Breslau (nur die spätere Schlacht bei Liegnitz im Jahre 1760 sah die Preußen in ähnlicher Gefahr und auch damals kontrollierte der Feind Friedrichs Nachschublinien).
Friedrich trat ebenso wie seine übrigen Heerführer die Planung der bevorstehenden Schlacht an den in hohem Maße erfahrenen Feldmarschall Schwerin ab.

Im Jahre 1741 waren die Preußen sechsundzwanzig Jahre abwesend vom Kriege; wenn nun bei der Parole von Colonnen gesprochen wurde und wie die Bataillone in denselben folgen sollten befohlen war, so traten die braven Idioten zusammen und fragten sich im Vertrauen: «Was is denn nur Kolunnige?» und das Resultat hieß: «Eh wat! Ik folge opp mien Voddermann, wo deh hinmarschiert, ik och!» (Berenhorst, zitiert bei: Koser, 1894, 302)

Friedrich und Schwerin hatten ungefähr 21 600 Soldaten gegen rund 19 000 Österreicher aufzubieten. Die Preußen besaßen allerdings den Vorteil, auf die Zuverlässigkeit ihrer 16 800 Mann Infanterie bauen zu können, die auf dem Exerzierplatz äußerst intensiv gedrillt worden waren. Die Österreicher konnten demgegenüber lediglich 10 000 Fußsoldaten aufstellen, darunter viele Rekruten, doch zum Ausgleich verlieh ihnen ihre 8 000 Mann starke Kavallerie eine gewaltige Angriffskapazität. Zudem verfügten ihre Generale und Offiziere über ein Höchstmaß an frischer Kriegserfahrung. Diese Leute erklärten, sie wollten «den nasenweisen Schneekönig und seine Putz-Soldaten jagen, woher sie gekommen, und aus seiner Haut Riemen schneiden . . .!» (Gr. Gstb., 1890–93, I., 392)
Die Sonne ging am 10. April 1741 über einem frostklaren Himmel auf. Sie lag gleißend auf der von einer dichten, aber hartgefrorenen Schneedecke eingehüllten Landschaft. Die Soldaten luden ihre Tor-

nister auf die Troßwagen ihrer Kompanien und formierten sich dann zu fünf Marschkolonnen. Vermutlich hegte Friedrich die gleichen Gefühle, die einer seiner Tamboure so wiedergab: «Ein Tor ist, wer behauptet, daß er in der ersten Schlacht so unverzagt gewesen als in der zehnten ... Er ist ein Prahlhans und weiter nichts. Genug, mir pochte das Herz, als ich am Morgen des denkwürdigen Tages die Reveille schlug.» (Dreyer, 1810, 16)
Es gab keine weiteren Meldungen über den Verbleib der Österreicher, als sich die preußischen Verbände um zehn Uhr vormittags in Richtung Ohlau in Marsch setzten. Kurz darauf gingen Friedrich Aussagen von Bauern und gefangenen Husaren zu, daß der Feind in den Dörfern Mollwitz, Grüningen und Hünern, in unmittelbarer Nähe der Festung Brieg also, Lager bezogen habe. Dementsprechend ließ er die Marschsäulen nach links schwenken. (vgl. Karte 2)
Von den Österreichern konnten Späher trotz der Waldlichtungen wenig entdecken. Die Preußen waren indes noch 3 500 Schritt von Mollwitz entfernt, als um die Mittagsstunde der Befehl zur Aufstellung in Schlachtformation kam. Der rechte Flügel sollte sich an dem auffällig gelegenen Dörfchen Hermsdorf oder einem links davon befindlichen Gehölz orientieren, während der linke Flügel nach dem Kirchturm von Pampitz Ausschau halten mußte. Friedrich machte sich später Selbstvorwürfe, weil er den Vormarsch nicht direkt bis nach Mollwitz hinein fortgesetzt hatte, wo er, wie er vermutete, die österreichische Infanterie vollständig angetroffen und überrascht hätte, wie es seinerzeit den französischen Truppen passierte, die 1704 im Dorf Blenheim (Höchstädt an der Donau) eingekesselt und aufgerieben wurden. Friedrich ging allerdings zu streng mit sich selbst ins Gericht, denn wie wir heute wissen, stand die österreichische Infanterie weit verstreut um Mollwitz herum und hätte auf diese Weise niemals eingeschlossen werden können. Die Entfaltung der Marschkolonnen zur Schlachtaufstellung war jedoch ohne Zweifel zu früh angeordnet worden und trug beträchtlich zu der fast anderthalbstündigen Verwirrung bei, die die Preußen beinahe ihr Überraschungsmoment kostete.
Ein solcher Frontalangriff auf die feindliche Streitmacht war ein Schritt, den Friedrich in seinen späteren Schlachten zu vermeiden suchte, denn er brachte den Vormarsch zum Stillstand, da die Kolonnen (die nicht als taktische Gliederung angesehen wurden) einen Schwenk nach rechts um neunzig Grad machen mußten, um sich in einem Abstand von zirka 250 Schritt in zwei Treffen aufzustellen. Erst wenn diese gebildet waren, konnte der Weitermarsch nach vorn erfolgen. Darüber hinaus schienen sich bei Mollwitz der ebene,

schneebedeckte Boden und die tiefstehende, grelle Sonne verschworen zu haben, bei den Preußen jegliches Gefühl für Entfernungen schwinden zu lassen. In der Annahme, weit näher an das Dorf herangekommen zu sein, als es in Wirklichkeit der Fall war, unterschätzten sie zugleich den Geländeraum, den sie für die Entfaltung ihrer Schlachtordnung brauchten, und sahen sich gezwungen, all ihre Kräfte in eine Frontbreite von ungefähr 2 600 Schritt zu stopfen, wo 800 Schritt mehr immer noch nicht übermäßig viel gewesen wären. Eine Reihe von Einheiten sah sich auf diese Weise um den im voraus festgelegten Platz in der Angriffsformation gebracht, vor allem ein Grenadierbataillon aus der zweiten Kolonne, zwei Regimenter und ein Bataillon Infanterie aus der vierten sowie sämtliche Bataillone, die in der fünften Marschsäule marschiert waren. Sie alle mußten aufs Geratewohl in die Schlachtreihen gepreßt oder dazwischen untergebracht werden. Die effektive Breite der Front war zudem noch weiter eingeengt durch zwei Gewässer: den Konradswaldauer Bach und einen ähnlichen Wasserlauf am Südrand des Schlachtfeldes, was zur Folge hatte, daß der linke Flügel der Kavallerie von der übrigen Armee isoliert war.
Nach Vollendung des Aufmarsches gab Friedrich den Befehl, um halb zwei mittags vorzurücken. Nun endlich wirkte sich die preußische Exerzierkunst in vollem Maße aus. «Ein gefangener österreicher Obristlieutnant hat selbst bekennen müssen, . . . es hätte nicht ausgesehen, als wenn Infanterie zu ihnen heranrückte, sondern als wenn sie Mauern vor sich stehen hätten.» (Hauptmann von Thiele, zitiert bei: Geuder, 1902, 115)
Der rechte oder nördliche Flügel rückte schräg auf den Gegner vor, während die preußische Artillerie in raschem Tempo nach vorn gebracht wurde, wobei Abprotzen, Feuer und Vorrücken in die nächste Feuerstellung ineinander übergingen. Die preußischen Kanonen konzentrierten den Beschuß auf eine Massierung österreichischer Kavallerie, die nordöstlich von Mollwitz beobachtet worden war. Einige Preußen sahen, wie das schwarze Erdreich an den Stellen zutage trat, wo Kanonenkugeln den Schnee hinwegfegten. Ein anderer Augenzeuge bemerkte, daß starker Wind die Oberfläche der Schneedecke zu einer dichten, schwadenähnlichen Wolke hochwirbelte, die die feindliche Reiterei einhüllte. (Geuder, 1902, 94) Aus diesem Dunst brach plötzlich der gesamte linke Flügel der österreichischen Kavallerie hervor.
Die feindliche Kavallerie auf dieser Seite des Kampfplatzes zählte 4 500 Mann unter dem Befehl von General Römer, der jetzt erkannte, daß er Zeit gewinnen mußte, um den anderen Verbänden der öster-

reichischen Armee Gelegenheit zum Aufmarsch zu verschaffen. Die 2 000 Reiter am rechten preußischen Flügel mußten den Angriff der Österreicher aus dem Stand hinnehmen und litten unter dem zusätzlichen Nachteil, daß ihnen eigene Grenadierbataillone, die sich plötzlich isoliert sahen, in die Quere gerieten. Die Schulenburg-Dragoner (D 3; Karte 2) waren aufgrund ihres Einsatzes bei einem Scharmützel in Baumgarten bereits arg mitgenommen und wandten sich nun ohne weitere Umstände zur Flucht. Friedrich hielt sich zu diesem Zeitpunkt beim Grenadierbataillon des Generals von Winterfeldt (5/21) auf, das in unmittelbarer Nachbarschaft der Dragoner ebenfalls in vorderster Linie kämpfte. Er jagte sofort mit den Leib-Karabiniers (C 11) los in der Hoffnung, den Einbruch aufhalten zu können. Doch der König kam bereits zu spät und wurde von der Masse der kämpfenden Kavallerie entlang der Front des ersten Treffens seiner Armee abgedrängt.
Diese Vorgänge entblößten die Winterfeldt- und Bolstern-Grenadiere (3/22) auf der äußersten rechten Flanke der Front, was sie veranlaßte, in wilder Verwirrung nach vorn und hinten auf Freund wie Feind zu feuern. Eine vermutlich wertvollere Waffentat vollbrachten die Kleistschen Grenadiere (1/25) sowie ein einzelnes Bataillon des Erbprinzen von Anhalt-Dessau (10), die aus der Tatsache Nutzen zogen, daß sie bei dem Durcheinander während des preußischen Aufmarsches zwischen die beiden Treffen der eigenen Seiten geraten waren und nun so gut postiert waren, daß sie die Österreicher daran hindern konnten, in die Lücke einzubrechen.
Was als nächstes geschah, läßt sich überzeugend schwer rekonstruieren, doch es steht fest, daß Römers Kavallerie mindestens zweimal eine neue Attacke ritt, obwohl sie inzwischen in Gruppen zersplittert war. Der Kampf war wirklich ungeheuer heftig. Römer und der preußische Reitergeneral Graf von der Schulenburg erlitten in diesem noch ungewissen Stadium des Gefechts den Soldatentod; verwundet wurden auf preußischer Seite die Generale von Schwerin, von Marwitz und von Kleist. Friedrichs Freund, Graf Chasot, war gerade dabei, einen österreichischen Offizier zu erdrosseln, doch bevor er siegreich aus dem Nahkampf hervorgehen konnte, traf ihn ein Säbelhieb eines anderen Österreichers am Kopf, und er und sein geplantes Opfer stürzten zu Boden.
Schwerin empfahl nun Friedrich dringend, sich aus dem Kampfgetümmel zurückzuziehen. Der Feldmarschall hatte bemerkt, daß die eigene Seite ohne Befehl das Feuer eröffnet hatte. Seine Erfahrung in taktischen Fragen sagte ihm, daß die Ereignisse außer Kontrolle zu geraten drohten. (Schwerin, 1928, 141) Friedrich ließ sich wahrschein-

lich nicht lange überreden, denn er war durch die schnelle Folge von Rückschlägen ziemlich besorgt. Gegen vier Uhr nachmittags entnahm der König daher seinem Gepäck einige wichtige Papiere und verließ dann im Galopp auf einem frischen, kräftigen Grauschimmel das Schlachtfeld in der Annahme, die Schlacht sei verloren.

Mit seiner Begleitung ritt er fast ohne Unterbrechung bis in die frühe Nacht hinein bis nach Oppeln, wo er sichere Zuflucht vermutete. Er fand jedoch die Stadttore verschlossen, und als Friedrich und sein kleines Gefolge sich durch Rufe als Preußen zu erkennen gaben, wurden sie von etwa fünfzig österreichischen Husaren unter Beschuß genommen, die kurz zuvor die Stadt erreicht hatten. Friedrich riß sein Pferd herum und war davongesprengt, bevor die Österreicher die Tore öffnen konnten. Friedrichs Freund, der Mathematiker und Physiker Pierre de Maupertuis, sowie andere, nicht so geschickte Reiter aus der königlichen Suite wurden von den Verfolgern rasch eingeholt, doch Friedrich selbst und einem Adjutanten gelang es, zu entkommen und das Dorf Löwen zu erreichen. «Dort schritt er unruhig im Zimmer auf und ab und machte seinem Herzen mit lauten Klagen Luft. ‹Mon Dieu, c'en est trop, ne me punissez pas si rigoureusement!› (‹Mein Gott, das ist zuviel, straf mich nicht derart unerbittlich!›)» (Valory, 1820, 104–105) Inzwischen war ein Offizier mit einer Botschaft von Graf Schwerin eingetroffen. Er berichtete dem König nicht, wie dieser befürchtete, über die Endphase eines Desasters, sondern schilderte, wie sein Marschall die versprengte Kavallerie wieder versammelt und in einem Gegenangriff mit Hilfe der Infanterie die Österreicher aus Mollwitz geworfen habe. Es hieß später, der König habe es «Schwerin nie verziehen, ihm einen schon an sich allzu großen Dienst erwiesen zu haben, der obendrein noch die Eitelkeit eines Monarchen vom Range Friedrichs verletzen mußte.» (Wraxall, 1806, I., 155)

Friedrich kehrte am 11. April zu seiner Armee zurück, ließ jedoch zu, daß die Österreicher mit ihren Verbänden ungestört den Rückzug antraten. Mollwitz war seine erste Schlacht gewesen. Der Preußenkönig, ein Neuling auf dem Gebiet der Kriegskunst, war zu froh, keine Niederlage erlitten zu haben, als daß er hätte daran denken können, Kapital aus dem Sieg zu schlagen. (Gisors, 1868, 106) Mit ihren 4 850 Toten, Verwundeten und Vermißten hatten die Preußen in Wirklichkeit 300 Soldaten mehr verloren als die Österreicher. Die Bedeutung des preußischen Erfolges läßt sich wohl in voller Höhe nur daran ermessen, wenn man sich vorstellt, was eingetreten wäre, wenn General Neipperg die Oberhand behalten hätte, weil dann «nicht allein ganz Schlesien in die Hände der Königin von Ungarn [Maria Theresia] wieder gekommen seyn würde, sondern der König in Preußen auch selbsten mit seiner ganzen Armee würde sich haben alsdann à discretion ergeben müssen.» (Geuder, 1902, 101)

Friedrichs taktisches Resümee der Schlacht von Mollwitz war eindringlich und exakt: «... Mein Glük, die Conservation der ungemein braven Armee und die Wohlfahrt des Landes habe ich allein unserer unschätzbaren Infanterie zu danken... Unsere Infanterie seindt lauter Cesars und die oficirs davon lauter Helden, aber die Cavalerie ist nicht wehrt das sie der Teufel holet, kein oficir gehet mit sie um ...» (Gr. Gstb., 1890–93), I., 419)

Bei der Betrachtung des gesamten Feldzuges ging Friedrich mit sich selbst unnötig scharf ins Gericht und zählte drei entscheidende Fehler auf:

1. Er hatte es zugelassen, daß seine Armee sich in heilloser Verwirrung beim Aufmarsch befand, als die Österreicher zum Angriff antraten.
2. Er hatte sich von seinen Streitkräften auf dem linken Neiße-Ufer abschneiden lassen und sich schließlich gezwungen gesehen, unter Bedingungen zu kämpfen, die eine Niederlage zur Katastrophe hätten werden lassen.
3. Er hatte wertvolle Zeit damit vergeudet, seine Armee in unmittelbarer Nähe des Dorfes Mollwitz aufmarschieren zu lassen. (Œuvres, II., 77)

Es ist ein schönes Zeichen, wenn wir festhalten können, daß Friedrich, der sich so undankbar gegenüber seinen Mitmenschen geben konnte, niemals vergaß, daß er tief in der Schuld des weit ausgreifenden Pferdes steckte, das ihn in Sicherheit getragen hatte. Der «Mollwitzer Schimmel», der noch König Friedrich Wilhelm I. gehört hatte, wurde in den folgenden Feldzügen in Potsdam zurückgelassen. Er sollte auf ausdrücklichen Befehl des Königs bis an sein Lebensende das Gnadenbrot erhalten. Friedrich ritt das Roß gelegentlich bei Manövern. Ansonsten hatte der Grauschimmel, der fast vierzig Jahre alt wurde, Auslauf im Lustgarten, wo er grasen und herumgaloppieren konnte.

> Wenn dies zur Exerzierzeit geschah und die Junker die Fahnen vom Schloß herunterholten, wo dann von sämtlichen Trommelschlägern Marsch geschlagen wurde, machte das alte Pferd aus eigenem Antrieb eine Kruppade und traversierte, bis Fahnen und Trommelschläger vorbei waren. (Nicolai, 1788–92, IV., 51)

Friedrich war nicht geneigt, die zusätzliche Anstrengung auf sich zu nehmen, die erforderlich war, um die Österreicher aus der Festung

Neisse und aus Oberschlesien zu vertreiben. Sein Heer bedurfte der Ruhe und Auffrischung, und er wollte sich auf keinen Fall auf einen neuen Feldzug einlassen, bevor die neuen Konstellationen der europäischen Bündnispolitik erkennbare Formen angenommen hatten.
Vom 20. April bis zum 25. Mai 1741 richtete Friedrich sein Hauptinteresse auf die Formung einer schlagkräftigen Armee in seinem Lager nördlich von Mollwitz. Der Marquis de Belle-Isle und Graf Törring, der französische und der bayerische Sondergesandte, mochten ihren Augen nicht trauen angesichts dessen, was sie selbst sahen. Friedrich stand jeden Morgen um vier Uhr auf und unternahm als erstes einen raschen Inspektionsritt durch das Lager und dessen Umgebung. Anschließend erteilte er den Generalen Instruktionen, diktierte seinen beiden überarbeiteten Sekretären Briefe und verhörte Spione, Überläufer und Gefangene. Der Kavallerie galt naturgemäß Friedrichs besondere Aufmerksamkeit nach den Vorgängen von Mollwitz, wie man sich vorstellen kann, doch behandelte er das gesamte Offizierskorps derart barsch, daß ein paar Hundert um die Entlassung einkamen. Die Gesuche wurden vom König abschlägig beschieden. Während all dieser Vorgänge fand Friedrich noch Muße, Abendgesellschaften für jeweils vierzig Offiziere in seinem Zelt zu geben und Gedichte für seinen Freund Charles-Etienne Jordan in Berlin, den Sekretär und Vertrauten aus Rheinsberger Hofstaat-Tagen, zu verfassen.
Während dieser Periode der Reorganisation war Friedrich natürlich empfänglich für die ergebene Hilfe des Hauses Anhalt-Dessau. Der Alte Dessauer drillte persönlich 26 000 weitere Soldaten in einem Feldlager in Göttin, und Friedrich suchte im Verlauf einer lebhaften Korrespondenz von den Erfahrungen des alten Kriegshelden zu zehren. Dessen ältester Sohn, Erbprinz Leopold Maximilian, hatte bereits seine Kaltblütigkeit und Entschlossenheit bei der Erstürmung Glogaus unter Beweis gestellt, und Friedrich vertraute ihm willig unterschiedliche Kommandoposten an. Freunschaftlich am engsten verbunden war der König jedoch mit dem dritten Dessauer-Sohn, dem liebenswürdigen und zuverlässigen Dietrich. Er machte ihn 1747 zum Feldmarschall, gab jedoch drei Jahre später seinem Drängen nach und erlaubte ihm den Abschied vom Soldatenleben.
Der vierte und jüngste Sohn des Alten Dessauers, Prinz Moritz, vereinte in seiner Person eine bizarre Mischung von praktischem Geschick und abstoßender Dummheit. Es hieß, daß der Vater an ihm ein Experiment versucht und ihn ohne jede Erziehung irgendwelcher Art habe aufwachsen lassen, so daß er im Erwachsenenalter noch ein fast vollkommener «Naturmensch» war. Nur zu verständlich, daß

Zeitgenossen ihn für einen völlig ungebildeten Menschen hielten, während er sich in Wirklichkeit nur den Anschein gab, Analphabet zu sein. Friedrich stellte jedenfalls fest, daß Moritz Briefe lesen und verstehen konnte, die in einfacher Sprache geschrieben waren und aus kurzen Sätzen bestanden.

Moritz und seine Brüder traten sozusagen als Vermächtnis des Alten Dessauers in Friedrichs Dienste. Jedoch bereits im Frühjar 1741 können wir den Aufstieg des ersten Offiziers verfolgen, der einer neuen Generation von Truppenführern angehörte und der wie später andere von Friedrich persönlich aus den Reihen des Offizierskorps ausgewählt worden war. Es war dies der Husarenoberst Hans Joachim von Zieten, der am 17. Mai eine entscheidende Rolle bei Rothschloß spielte, als es galt, eine österreichische Kavallerieeinheit aufzureiben.

Zieten stand schon im dreiundvierzigsten Lebensjahr. Seine langsame Beförderung war sowohl seinen schlechten Leistungen als Soldat in Friedenszeiten wie auch der Tatsache zuzuschreiben, daß das Aufrükken in höhere Ränge von alten kriegserfahrenen Offizieren versperrt wurde, die an ihren Posten klebten. Zieten war als Kind einer verarmten Landjunkerfamilie in Wustrau in der Mark Brandenburg zur Welt gekommen. Als er neun Jahre alt geworden war, reiste er jeden Sonntag ins nahegelegene Ruppin, um sich von einem Musketier gegen Bezahlung die Haare nach Soldatenart kämmen und pudern zu lassen. Er strebte zielbewußt eine militärische Laufbahn an, obwohl ihr eine Reihe von auffälligen Hindernissen entgegenstand, die in seiner Person und seinem Charakter begründet waren. Er war von schmächtiger Gestalt, besaß eine schwache Stimme, die auf dem Exerzierplatz kaum zu hören war, versäumte es, seine Soldaten zur Disziplin anzuhalten und trank gerne Alkohol. Seine Reizbarkeit und sein streitsüchtiges Temperament ließen ihn in zwei Duelle verwickelt werden, die ihm eine Festungshaft sowie die vorübergehende Entlassung aus dem Heer eintrugen.

1741 jedoch wurde der Leistung Zietens und seiner sechs Husarenschwadronen ausdrückliches Lob von dem geschlagenen österreichischen Heerführer General Baranyay zuteil. Im Jahr darauf sollte Zieten den Vormarsch der preußischen Armee ins südliche Mähren als Angriffsspitze anführen, wobei sich seine Männer in Scharmützeln bis in Sichtweite der Wiener Kirchturmspitzen vorkämpfen sollten. Die Husaren waren unter Zieten zu einer schlagkräftigen Truppe auf dem Schlachtfeld geworden. Ihre Tapferkeit wurde das auslösende Moment für die Erneuerung der gesamten preußischen Kavallerie.

In den Wochen nach der Schlacht von Mollwitz stellte Friedrich mit

Befriedigung fest, daß andere Mächte die Freundschaft mit Preußen als erstrebenswert erachteten. Dieses Gefühl war um so wohltuender, als die Österreicher sich hartnäckig weigerten, die preußischen Landgewinne in Schlesien anzuerkennen. Am 4. Juni unterzeichneten Sondergesandte Friedrichs und Ludwigs XV. in Breslau ein auf fünfzehn Jahre befristetes Geheimbündnis und traten damit in eine antiösterreichische Koalition ein. Die Franzosen garantierten darin Friedrich uneingeschränktes Besitzrecht über Breslau und Niederschlesien, während Friedrich seinerseits seine Stimme dem Kurfürsten von Bayern, Karl Albert, oder einem anderen Kandidaten der Franzosen für den deutschen Kaiserthron versprach. Die Hauptlast der militärischen Operationen sollte vereinbarungsgemäß den Franzosen und Bayern zufallen, die, so hoffte Friedrich, baldigst geradenwegs die Donau abwärts auf Wien marschieren würden.
Die Scharmützel in Schlesien zogen sich bis in den August 1741 hin. Währenddessen verstärkten und drillten Friedrich und Neipperg ihre jeweiligen Streitkräfte. Vom Wunsche beseelt, freie Hand für einen möglichen gemeinsamen Waffengang mit seinen Verbündeten zu haben, brach Friedrich den bereits unwesentlich gewordenen Neutralitätsvertrag mit dem Breslauer Magistrat. In der Frühe des 10. August erstürmten 4 500 preußische Soldaten die Stadttore, und innerhalb weniger Stunden gelang es Graf Schwerin, die Loyalitätseide zu erzwingen, die Breslau zu einer preußischen Stadt machten.
Genauso wie im Frühjahr waren Feldmarschall Neipperg und die Österreicher die ersten, die ihre Karten auf den Tisch legten, als die Kampfhandlungen zur Sommermitte 1741 wiederaufgenommen wurden. (vgl. Karte 3) Am 23. August blockierte Friedrich erfolgreich den ersten Schritt seines Gegners, einen Ausfall von der Festung Neisse gegen das preußische Heeresdepot im niederschlesischen Schweidnitz. Jetzt, da beide Armeen wieder in Bewegung waren, heckte Friedrich einen Plan aus, der vorsah, um Neippergs rechte Flanke herum durchzubrechen mit dem Ziel, Neisse zu nehmen, was für die Preußen politisch und militärisch von außerordentlichem Vorteil vor Einstellung der Operationen bei Wintereinbruch gewesen wäre. Die preußische Vorhut und der Brückentrain brachen am Abend des 7. September von Friedrichs Feldlager in Reichenbach im Eulengebirge aus auf, doch infolge des Herbstnebels marschierten die Soldaten im Kreise und fanden sich mit einemmal hinter dem Gros ihrer eigenen Armee wieder, ein Schachzug, der nun wirklich nicht vorgesehen war und vertane Zeit bedeutete.
Die verlorene Zeit wurde nicht wieder eingeholt. Neipperg war, wenn es um kurze Entfernungen ging, sehr beweglich und konnte zweimal

Friedrichs Versuch abwehren, mit seinen Verbänden kampflos die Neiße bei Woitz, flußabwärts von der Stadt Neisse, zu überqueren. Das war am 11. und am 14. September. Friedrich fluchte darüber nicht schlecht und beschrieb in seinen 1748 verfaßten *Principes Généraux* die Enttäuschungen dieser Zeit in einem «Des Hasards et des Cas fortuits qui arrivent à la Guerre» («Von den Glücks- und Zufällen, wie sie im Krieg vorkommen») überschriebenen Abschnitt.

Im Spätherbst stellte Friedrich fest, daß die von der Auflösung ihrer Monarchie bedrohten Österreicher willens waren, ihm einen höchst angemessenen Preis für die Möglichkeit zu zahlen, ihre Streitkräfte abzudrehen und gegen die Franzosen und Bayern an der Donau und in Böhmen einzusetzen. Friedrich war ein schlechter Partner in jedwedem gemeinsamen Unternehmen, gleichgültig, ob Ehe oder Bündnis, und zögerte jetzt keinen Augenblick, seine Verpflichtungen gegenüber Frankreich aufzukündigen und am 9. Oktober auf Schloß Klein-Schnellendorf bei Neisse mit dem Feind einen Waffenstillstand zu schließen. Neipperg setzte die ersten Truppen bereits am Tag darauf in Marsch, ein Zeichen, wie dringend die Österreicher diese Kontingente auf dem weiter westlich gelegenen Kriegsschauplatz benötigten.

Eine unmittelbare Folge des Abkommens von Klein-Schnellendorf war, daß es die Eroberung Schlesiens von 1740 erweiterte und legalisierte. Niederschlesien wurde Preußen ohne Vorbehalt überlassen. Ferner wurde es Friedrich gestattet, seine Truppen in Oberschlesien einzuquartieren. Die Festung Neisse sollte kapitulieren, nachdem sie von preußischen Einheiten eine Zeitlang zum Schein belagert worden war. Diese merkwürdige Klausel wurde für notwendig erachtet, um nach außen hin den Anschein von kriegerischen Auseinandersetzungen zwischen Preußen und Österreichern zu wahren und Friedrichs Treuebruch vor den Franzosen und Bayern geheimzuhalten.

Neisse streckte am 31. Oktober die Waffen, etwas früher, als ausgemacht worden war. Der Kommandeur des Belagerungskorps, Erbprinz Leopold, war in die Geheimnisse von Klein-Schnellendorf nicht eingeweiht worden und hatte daher die Einkreisung der Festungsstadt mit äußerster Energie betrieben. Er rückte anschließend mit seinen Truppen westwärts ab und schloß die Zitadelle der Stadt Glatz ein, der Hauptstadt der seit 1534 böhmischen Grafschaft gleichen Namens.

Die südlichen Grenzen Schlesiens waren jetzt gesichert. Wenn Neisse für die Preußen ein Festungsdepot in bequemer Reichweite von Mähren darstellte, so bot ihnen die Grafschaft Glatz ein ausgezeichnetes Sprungbrett nach dem westlich angrenzenden, ebensogroßen Böhmen. Ein weitaus größerer Siegespreis war jedoch in Friedrichs Reichweite gewesen: «Eine Gelegenheit, wie er sie im Herbst 1741 aus der Hand gab, indem er Neippergs Heer, das einzige Feldheer Österreichs, ohne Schlacht, ohne Verfolgung, ganz unbehelligt abziehen ließ, sollte ihm nie wieder zulachen. Der Knoten seiner Geschicke war jetzt geschürzt . . .» (Koser, 1921, I., 367)

Verpflichtungen einem Gegner gegenüber belasteten Friedrichs Gewissen allerdings noch weniger als eingegangene Abmachungen mit befreundeten Mächten. Der König hatte am 9. November die Rückreise nach Berlin angetreten und plante, die ersten Wochen des neuen Jahres in seinem geliebten Rheinsberg zuzubringen. Anfang Januar 1742 trafen indessen Nachrichten über das erstaunliche Wiedererstarken der Österreicher ein, die an der Donau entlang gegen Bayern vorstießen und ihre eigene Provinz Böhmen zurückzuerobern drohten, die von französischen, bayerischen und sächsischen Truppen der Antihabsburg-Koalition wimmelte. Friedrich beschloß aufgrund dieser Tatsache, den Krieg wiederaufzunehmen.

Schwerin hatte schon das Gebiet des preußischen Winterquartiers weit in die nahezu unverteidigte österreichische Provinz Mähren hinein verlegt. Daher hoffte Friedrich, durch einen kurzen Vormarsch von diesem Stützpunkt aus in Richtung Wien ein wirkungsvolles Täuschungsmanöver im Interesse seiner Verbündeten vollziehen zu können, ohne Gefahr zu laufen, plötzlich das Hauptkontingent der österreichischen Armee am Halse zu haben. Er brach am 18. Januar von Berlin aus auf, und zwei Tage später stimmten in Dresden die Sachsen seinem Vorschlag zu, ihr bestens ausgerüstetes und gedrilltes Heer seinem Oberbefehl zu unterstellen. Der preußische König war somit in der Lage, eine unverhältnismäßig große Kontrolle über die Streitkräfte der Verbündeten zu erlangen, was den sächsischen Minister und späteren Premierminister, Heinrich Graf von Brühl, bewog, seinem Landesherrn, Kurfürst August III., der seit 1736 auch König von Polen war, die lakonische Mitteilung zukommen zu lassen: «Sire, Ihr habt keine Armee mehr!»

Friedrich setzte dann seine Reise ostwärts fort, um zu seiner Armee in Mittelmähren zu stoßen. Er kam dabei durch Prag und die Grafschaft Glatz und gelangte schließlich über eine schneebedeckte Bergkette hinab in die Ebene um die mährische Stadt Olmütz an der March. Das flache, fruchtbare Land erinnerte Friedrich und seine Begleitung an die vertraute Landschaft in der Gegend von Magdeburg. Die Stadt Olmütz blieb ebenfalls nicht ohne Eindruck auf die preußischen Gäste. Die massiven, mit Stuck verzierten Mauern der Kirchen und

Hochschulen waren von freien Flächen unterbrochen, die durch Springbrunnen verschönert wurden. Einer der kleineren Plätze wurde an seiner Kopfseite von der Renaissancefassade des erzbischöflichen Palais gesäumt, in dem Friedrich und die meisten Mitglieder seiner Suite als Gäste willkommen geheißen wurden. Der Erzbischof, der körperlich kleine Graf Lichtenstein, war ein jovialer Herr und freundlicher Gastgeber. «Une grande partie de la noblesse de Moravie s'était établie dans cette ville, et le carnaval y était sur un bon pied, avec comédie, bals masqués et assemblées ...» («Ein Großteil des mährischen Adels hatte sich in dieser Stadt niedergelassen, und den Karneval wußte man dort zu feiern mit Komödienaufführungen, Maskenbällen und Abendgesellschaften ...») (Stille, 1764, 9)
Friedrich, der wenige Tage zuvor seinen dreißigsten Geburtstag begangen hatte, blieb nur eine Woche lang, vom 28. Januar bis zum 4. Februar, in Olmütz. Während dieser Zeit erreichten ihn Meldungen, daß die Österreicher ihren Vormarsch donauaufwärts fortsetzten. Friedrich entschied sich daraufhin, seine eigene Streitmacht auf der Nordflanke der feindlichen Nachschublinien durch Niederösterreich zu versammeln. Insgesamt hatte er etwa 34 000 Soldaten zur Verfügung, davon 14 900 Preußen, über 16 000 Sachsen und Generalleutnant Polastrons Kontingent von 2 870 Franzosen.
Sorge tragend, einen weiten Bogen um die Festungsstadt Brünn zu machen, die von einer waffenfreudigen österreichischen Garnison gehalten wurde, bahnte sich Friedrich seinen Weg in südwestlicher Richtung durch eine der schönsten Landschaften Mitteleuropas. Die schmalen Pfade führten zunächst durch düstere Wälder und Schluchten. Mit der Zivilisation kamen König und Gefolge zwischendurch in Namiest in Berührung, als man die Oslawa auf einer modernen Brücke überquerte, die geschmackvoll von Heiligenstatuen gesäumt war. (Abb. 18) Zur Rechten erhob sich das Schloß eines Landedelmannes über dem Tal. Der Anblick erinnerte ein Mitglied der königlichen Reisegesellschaft an das Titelbild der damaligen deutschen Buchausgabe von Shakespeares *Sturm* (Stille, 1764, 16–17; Stille siedelt fälschlicherweise dieses Schloß in Budischau an). Schließlich marschierten in der zweiten Februarwoche die verbündeten Armeen auf einem unebenen Plateau zwischen Budischau, Groß-Bitesch und Groß-Meseritsch auf. Es war ein Gelände, das mit kleinen Nadelgehölzen, zutage tretenden Felsbrocken und unzähligen Seen und Weihern übersät war. Von hier aus schwenkte die Armee südwärts über einen Bergrücken mit dichtem Kiefernbestand hinunter in eine weite, sich wellenförmig ausbreitende Ebene, die zur Donau führte.
Friedrich ließ seine Truppen ein Feldlager an der Thaya, dem das

niederösterreichisch-mährische Grenzgebiet durchfließenden rechten Nebenfluß der March, beziehen. Der Strom schlängelte sich durch eine tiefe und breite Schlucht unterhalb des schäbigen südwestmährischen Städtchens Znaim, in dem der König vom 20. Februar bis zum 8. März sein Hauptquartier einrichtete. Er entsandte dann ein aus preußischen und sächsischen Einheiten bestehendes Korps zur Donau unmittelbar vor Wien, das dafür nur die verhältnismäßig kurze Distanz in südlicher Richtung durch Niederösterreich zurücklegen mußte. Jedoch waren alle Schritte Friedrichs recht schwach, wenn man die Größe der ihm unterstellten Armee bedenkt und sich vorstellt, wie nahe er an die feindliche Hauptstadt herangekommen war. Er wußte allerdings nicht, wo die österreichischen Kräfte standen, und war noch immer nicht willens, mehr als einen geringfügigen Druck auf Maria Theresia zugunsten der in Böhmen stehenden Franzosen und Bayern auszuüben.
Im Laufe des Monats März 1742 verlegte Friedrich seine Truppen etwas weiter nach Norden, um einerseits die Blockade der mährischen Hauptstadt Brünn wirksamer fortzusetzen und um andererseits seine Nachschublinien nach Schlesien gegen aus dem ungarischen Aufstand resultierende Plünderungszüge von Freischärlern zu sichern. Friedrich bezog nun ein königliches Quartier in dem großen, jedoch nicht fertig gebauten Schloß Seelowitz (Abb. 17), «un endroit charmant et digne de loger un grand prince» («einem zauberhaften Ort, der würdig war, einen großen Herrscher zu beherbergen») (Stille, 1764, 32). Das Flüßchen Svratka trennte diesen Besitz von einem großen, kahlen Bergrücken, von dem aus sich ein Rundblick auf die Ebene ringsum und das knapp zwanzig Kilometer im Norden gelegene Brünn bot. In Seelowitz residierte der Preußenkönig vom 13. März bis zum 4. April. Wie es seine Gepflogenheit war, wenn er eine geräumige Unterkunft während einer kurzen Verschnaufpause seiner Feldzüge zur Verfügung hatte, nutzte er die Zeit und entwarf taktische Richtlinien für seine Armee. Auf diese Weise entstanden die drei sogenannten «Seelowitzer Instruktionen» – je eine für die schweren Reiter oder Kürassiere, die Husaren und die Infanterie.
Friedrich war in dem festen Glauben, daß es sich nicht vermeiden ließ, binnen kurzem den Österreichern eine Schlacht zu liefern. Er suchte deshalb ein geeignetes Gelände und fand es bei Pohrlitz. Tatsächlich sollten bis zu dieser Auseinandersetzung noch zwei Monate vergehen. In der Zwischenzeit trug der halbherzige mährische Feldzug in keiner Weise zu Friedrichs Ruf als Staatsmann, Heerführer oder Landesherr bei.
Seine Forderungen an die Österreicher waren derart maßlos, daß er

alle englischen Vermittlungsversuche zunichte machte. Er verlangte nicht länger Oberschlesien, das er für unfruchtbar, abgelegen und feindselig erachtete, sondern bestand jetzt auf der Abtretung der Kreise Pardubitz und Königgrätz, die, beide von der Elbe durchquert, zu den vom Klima am meisten begünstigsten Landschaften Böhmens gehörten und zudem die fettesten Böden aufwiesen. Das Hinterland dieser Regionen war leicht von der Grafschaft Glatz her zu erreichen, während ein paar Tagesmärsche nach vorn den Preußen ermöglichten, die österreichischen Verbindungswege nach Prag zu unterbrechen. Mit anderen Worten heißt das, daß Friedrich, wenn er einmal legal in diesem Teil der Welt Fuß gefaßt hätte, Böhmen für die Österreicher unhaltbar gemacht und praktisch die Einkreisung des Kurfürstentums Sachsen vollzogen hätte. Ähnlich wie der Herstal-Episode von 1740 haben die Historiker Friedrichs Forderungen vom Frühjahr 1742 wenig Aufmerksamkeit geschenkt, die aber schon für sich allein eine Menge über die politischen Ambitionen unseres Helden verraten.

Inzwischen wurde es mehr und mehr offenbar, daß einer der Hauptgründe Friedrichs, seine Armee untätig in Mähren kampieren zu lassen, die Absicht war, die Provinz gewissermaßen in eine strategische Wüste zu verwandeln. Seelowitz selbst wurde geplündert, und auf dem Land wurden die Bauern gezwungen, die Verstecke all ihrer Getreidevorräte anzugeben, die dann verbrannt oder abtransportiert wurden. «En un mot ce marquisat qui naguère était regardé comme le plus beau et le plus riche de l'Allemagne, n'était plus qu'un pays désolé et un sujet de compassion . . .») («Mit einem Wort: diese Markgrafschaft, die einst als schönste und reichste ganz Deutschlands galt, war nur noch ein ödes Land und ein Gegenstand des Mitleids . . ») (Mauvillon, 1756, II., 64)

Friedrichs unerbittliche Strenge schloß auch die eigenen Verbündeten nicht aus. Sächsische Offiziere fanden sich in Seelowitz ein und protestierten gegen die Art und Weise, wie sie vom König bei der Belagerung Brünns stets die schwierigsten Aufgaben zugeteilt bekämen, andererseits aber nicht angemessene Verpflegung und Quartiere erhielten. Friedrichs jüngerer Bruder Heinrich stellte ihn später zur Rede: «Vous leur donniez les plus mauvais quartiers; les représentations que les généraux vous firent n'eurent aucun accès auprès de vous – en un mot, les troupes retournèrent en Saxe à moitié fondues, délabrés et sans équipages!» («Sie teilten ihnen die schlechtesten Quartiere zu; die Vorhaltungen, die die Generale Ihnen machten, stießen bei Ihnen auf taube Ohren – mit einem Wort: die Truppen kehrten halb aufgelöst, ruiniert und ohne Ausrüstung nach Sachsen zurück!») (Herrmann, 1922, 253) Wir können nur vermuten, daß Friedrich bereits insgeheim dabei war, die militärische Macht Sachsens zu zerstören.

Der Preußenkönig verließ die unwirtliche Umgebung von Seelowitz am 5. April. Er hatte seine Aufgabe in Mähren erfüllt und entschloß sich jetzt endlich, nach Böhmen hinein weiterzumarschieren (vgl. Karte 4) und dort den Franzosen, die sich, wie man ihm fälschlich berichtet hatte, einem unmittelbar bevorstehenden österreichischen Gegenangriff ausgesetzt sahen, eine direkte Form der Hilfe zuteil werden zu lassen. Friedrich und seine Armee beschrieben einen Kreis im entgegengesetzten Uhrzeigersinn, um nördlich von Brünn in Stellung zu gehen. Die Vorausabteilungen ließ er besonders rasch durch das Bergland im Grenzgebiet nach Nordostböhmen einmarschieren. Am 17. April errichtete er sein Hauptquartier in dem kleinen, von einer Stadtmauer umgebenen Ort Chrudim, der in einem fruchtbaren Tal lag. Diese Ortsveränderung läßt sich besser als abermalige «Dislocation der Quartiere» bezeichnen, um einen Ausdruck aus damaliger Zeit zu gebrauchen, denn als echter Vormarsch, weil die parasitäre preußische Armee noch über ein weites Areal verstreut war.

Friedrich brauchte geraume Zeit, um zu erkennen, daß er selbst das Ziel der Angriffsvorbereitungen des Feindes war. Die Österreicher, oft genug von Historikern des mangelnden Unternehmungsgeistes geziehen, hatten sich ausgerechnet, daß der preußische König ihr gefährlichster Gegner war, und unter Eingehen beträchtlicher Risiken sollten sie fast bis zum Ende des bevorstehenden Waffengangs die strategische Initiative behaupten. Sie verringerten die Zahl ihrer Truppen in Böhmen auf bloß 10 000 Mann und vertrauten dem Prinzen Karl von Lothringen, dem Schwager Maria Theresias, die Aufgabe an, eine Streitmacht von rund 30 000 Soldaten in Mähren zu versammeln und mit ihr die Preußen von rückwärts anzugreifen.

Von all diesen Vorgängen erfuhr Friedrich nichts. Seine Husareneskadronen waren gering an Zahl und besaßen keine Erfahrung auf dem Gebiet der Aufklärung. Das Ergebnis war: «Während des Feldzuges war man genöthiget, sich bey jedem Reisenden oder Bauern zu erkundigen, um Nachrichten von den Bewegungen des Feindes einzuziehen.» (Schmettau, 1806, II., 283) Solche Informationen waren nicht leicht zu bekommen, und es war obendrein von besonderem Vorteil für die geheimen Truppenbewegungen, daß Böhmen von Mähren durch eine als eine Art Schutzwall wirkende niedrige, felsige und dichtbewaldete Bergkette, die Böhmisch-Mährische Höhe, getrennt war, bewohnt von «einem rauhen, eigenwilligen Menschenschlag.» (Marshall, 1772, II., 313) Die ungarischen Freischärler unter-

stützten das Verhalten und die Aktionen dieser draufgängerischen Leute, so daß die Preußen in diesem Gebiet nur mit größeren Truppeneinheiten operieren konnten.
Endlich ließ eine zunehmende Anzahl von Kundschafterberichten Friedrich am 10. Mai zu der Überzeugung gelangen, daß österreichische Kräfte in ansehnlicher Zahl von Mähren aus in westlicher Richtung heranrückten und ein feindliches Korps aus Südböhmen unterwegs war mit dem Ziel, zu dieser Armee zu stoßen. Friedrich erließ deshalb den Befehl an seine Truppen, ihre Quartiere zu verlassen und sich im Bereitstellungsraum Chrudim zu sammeln. Der König steckte in eigener Person die Begrenzungen des Feldlagers ab. Am Morgen des 13. Mai brach er um acht Uhr von Chrudim mit zwei Gardebataillonen auf und machte halt auf dem Gipfel eines westlich gelegenen Berges.

> Le temps était le plus beau du monde, et le coup d'œil sur les plaines et sur les montagnes qu'on découvre de dessus de cette hauteur, est aussi agréable qu'il se puisse. Cela était déjà rejouissant en soi-même, mais ce qui rendit le spectacle plus brillant, c'était qu'on apercevait de toute part des colonnes d'infanterie ou de cavallerie, lesquelles comme des lignes, parties de différents point, allaient se réunir à un seul centre. Vous connaissez la beauté de notre monde et les attirails de guerre; cependant j'ose vous dire que vous pouvez à peine vous en former ... un tableau assez achevé!
> (Das Wetter war das herrlichste der Welt, und der Rundblick auf die Täler und Berge ist aus einer solchen Höhe so wunderschön wie nur irgend etwas. Das war schon an sich etwas Ergötzliches, aber was das Spektakel noch glänzender machte, war, daß man von überall her Marschsäulen der Infanterie und Kavallerie heranmarschieren sah, die sich wie von verschiedenen Punkten ausgehende Linien in einem einzigen Zentrum zu vereinigen strebten. Sie kennen die Schönheit unserer Welt und das Drum und Dran des Krieges; trotzdem wage ich Ihnen zu sagen, daß sie sich wohl kaum ... ein solch vollendetes Gemälde vorstellen können!) (Stille, 1764, 68)

Dieser Truppenaufmarsch setzte sich aus fünfunddreißig Infanteriebataillonen, zwei Grenadierkompanien und siebzig Reiterschwadronen zusammen.
Das sonnige Wetter weckte keine Wärme in Friedrichs Herz. Der französische Botschafter Marquis de Valory suchte ihn in Chrudim auf und fand ihn in einem panikähnlichen Zustand. «L'état du roi de Prusse était affreux, son regard en était devenu farouche. Tous ses propos étaient durs, son rire forcé et sardonique et ses plaisanteries pleines d'amertume ...» («Das Befinden des Königs von Preußen

war schlimm. Sein Blick war davon ganz schreckenerregend geworden. All seine Äußerungen waren unfreundlich, sein Lachen gekünstelt und höhnisch und seine Scherzworte voll Bitterkeit . . .») (Valory, 1820, I., 154)

Selbst jetzt war sich Friedrich noch nicht voll der Gefahr bewußt, in der er schwebte. Die Österreicher schlüpften bereits an seiner südlichen Flanke vorbei, doch er nahm an, daß es Prinz Karl lediglich darum zu tun war, einige Schritte näher an Prag heranzukommen. Friedrich setzte seine Armee in Marsch, ohne das Gefühl besonderer Eile zu haben. Er selbst schloß sich am 15. Mai den Vorausabteilungen an und überließ es dem Erbprinzen Leopold Maximilian von Anhalt-Dessau, am folgenden Tage mit zwei Dritteln der Truppen zu folgen.

Das Plateau westlich Chrudim endete in einer Bergkuppe oberhalb von Podhorschan. Die Landstraße beschrieb dort einen Bogen nach links und führte dann durch ein Waldgebiet steil in die Ebene um das Städtchen Tschaslau (Czaslau) hinunter. Auf einem gewaltigen Findling stehend, der später «Friedrichstein» genannt wurde, hatte der König eine gute Fernsicht nach Westen auf die schlanke Kirchturmspitze des rund zwölf Kilometer entfernten, von den Österreichern besetzten Ortes. Friedrich wußte zu diesem Zeitpunkt nichts über die Position des Feindes. Das Gelände war menschenleer, doch plötzlich erspähte Friedrich durch sein Fernrohr in der hügeligen Landschaft weiter nach Süden hin bei Wilimow ein österreichisches Heerlager. Er schätzte die Stärke des Gegners auf sieben- bis achttausend Mann in der irrigen Annahme, es handle sich um das Korps des Generals Fürst Lobkowitz, der auf dem Anmarsch aus Südböhmen war. In Wirklichkeit handelte es sich jedoch um die Verbände des Prinzen Karl von Lothringen, zusammen nicht weniger als 28 000 Soldaten. Friedrich setzte zunächst den Marsch bis Kuttenberg fort und ließ seine Truppen in die Quartiere einrücken.

Prinz Leopold folgte am 16. Mai wie vorgesehen dem preußischen König auf derselben Wegstrecke. Als er den Aussichtspunkt bei Podhorschan betrat, war er bestürzt angesichts des österreichischen Lagers, das sich inzwischen zwischen Schleb und Ronow erstreckte. Die Zeltreihen zählend, nahm er eine genaue Schätzung der feindlichen Streitmacht vor und kam zu dem Schluß, daß es sich um das Hauptkontingent der österreichischen Armee handeln müsse, das nun die Marschrouten der weit voneinander getrennten Truppenteile der preußischen Armee kontrollierte. Leopolds Soldaten waren zwar von langem Marsch durch Hitze und Staub bereits erschöpft, doch Leopold trieb sie zu weiteren Anstrengungen an. Am späten Abend

erreichten sie nach achtzehnstündigem Marsch ein rasch als Biwak ausersehenes Gelände im Norden von Tschaslau. Leopold ließ Friedrich eine entsprechende Nachricht überbringen und erhielt die Antwort, der König treffe zu seiner Unterstützung am 17. Mai ein.
Die österreichische Armee marschierte indes die sternenklare Nacht vom 16. zum 17. Mai hindurch, um Prinz Leopold zur Schlacht zu stellen, bevor Friedrich mit seinen Einheiten heran war. Numerisch entsprach die Stärke der Österreicher der gesamten preußischen Armee, doch hatten sie weniger reguläre Kavallerie zur Verfügung. Zahlenmäßig noch weiter unterlegen waren sie bei Artillerie und Füsilieren.
Friedrich brach am 17. Mai um fünf Uhr früh in Kuttenberg auf und trieb seine Soldaten im Eilmarsch in Richtung Hauptarmee. Unterwegs sammelte er die Truppen auf, die die Vorhut gebildet hatten. Die Dragoner jagten der Infanterie voraus, doch Friedrich legte eine kurze Rast an der im romanischen Baustil errichteten Kirche im Dorf St. Jacob ein. (vgl. Karte 5) Ein steinerner Kruzifixus sah auf den freidenkerischen Monarchen herab, als dieser durch das Kirchenportal trat, doch der verschwendete keinen Blick auf das Innere des Gotteshauses und stürmte die enge Treppe zur Spitze des Turmes empor. Von oben beobachtete er, daß die Österreicher schon die ihm zugewandte Seite von Tschaslau erreicht hatten und weiter nach Norden zogen. Nach dieser schnellen Orientierung setzte Friedrich in seiner Kutsche die Fahrt zum Gros seiner Armee fort, wobei sich ihm die Infanterie der Vorhut anschloß. Friedrich traf gegen halb acht mit Leopold zusammen und übertrug ihm das Kommando über die linke Flanke.
In militärischer Fachsprache ausgedrückt, bahnte sich eine «Zusammenstoßschlacht» («encounter battle») an, ein Treffen, bei dem nacheinander frische Kräfte in der Reihenfolge ihres Eintreffens auf dem Kampfplatz unmittelbar in die Schlachtreihe gestellt werden und in den Kampf eingreifen. Es war ein Ding der Unmöglichkeit, ein taktisches Konzept aufzustellen, aber es scheint, daß Friedrich die Absicht hatte, den Österreichern seine Kavallerie entgegenzuwerfen, um auf diese Weise Zeit für den Aufmarsch seiner Infanterie zu gewinnen. Der großflächige Cirkwitzer Weiher bildete den willkommenen Abschluß der rechten oder westlichen Flanke der sich versammelnden preußischen Kräfte, und in der Nähe dieses Gewässers zog deshalb auch Generalleutnant von Buddenbrock die fünfunddreißig Schwadronen der Kavallerie des rechten preußischen Flügels zusammen. Links davon ließ Friedrich persönlich schrittweise ganze dreiundzwanzig Infanteriebataillone in einem tiefliegenden Gelände-

abschnitt antreten, wo sie der feindlichen Sicht und dem Feuer entzogen waren. Daraus hat ein Historiker den Schluß gezogen, daß dieser Flügel dazu bestimmt war, den Hauptgegenangriff gegen die Österreicher vorzutragen. (Herrmann, 1894, 340–346)

Der entsprechende linke oder östliche Flügel der preußischen Infanterie wurde von Generalleutnant Jeetze befehligt, der, vielleicht entgegen Friedrichs Wunsch, sein Dutzend Bataillone in eine exponierte Stellung auf dem offenen Plateau vor dem Dorf Chotusitz vorrücken ließ. Dieses Nest, das der Schlacht ihren Namen gab, bestand aus einem bunt zusammengewürfelten Haufen leichtgebauter, nicht zur Verteidigung geeigneter Häuser. Der linke Flügel der Reitertruppen unter seinem Kommandeur Generalleutnant von Waldow entsprach an Größe ungefähr dem Aufgebot Buddenbrocks, war indes in einer nachteiligen Stellung jenseits des von ziemlich steilen Böschungen eingefaßten Baches Brslenka und hatte daher einige Mühe, dies Hindernis zu überschreiten und in die Ebene von Chotusitz zu gelangen.

Sowohl Leopold als auch Friedrich ließen Buddenbrock den Befehl überbringen, ohne weitere Verzögerung zum Angriff überzugehen. Von seinem Standort in der Niederung bemerkte Friedrich vermutlich nichts von den unmittelbar folgenden Kampfhandlungen außer den Staubwolken, aber er hörte später, wie das erste preußische Treffen mit seinen zwanzig Schwadronen Kürassieren mit lobenswerter Geschwindigkeit auf den linken Flügel der österreichischen Kavallerie prallte und die vorderen Reihen «comme des maisons de cartes» («wie Kartenhäuser») über den Haufen rannte. (Stille, 1764, 77)

Buddenbrock büßte dann den Vorteil des Angriffsschwungs ein, als er haltmachen ließ, um seine Schwadronen wieder zu sammeln, wie es tatsächlich die Vorschriften verlangten. In diesen kritischen Augenblicken erhielt er keinerlei Unterstützung durch seine zehn Dragonerschwadronen, die sein zweites Treffen darstellten, denn diese Truppe schwenkte, durch die Staubwolken ohne Sicht, zu weit nach links und wurde vom linken Flügel der vorrückenden österreichischen Infanterie schwer zusammengeschlagen. Buddenbrock sah sich jetzt einem Gegenangriff zweier Kürassierregimenter und eines Dragonerregiments des Feindes ausgesetzt, und die preußischen Reiter gerieten allmählich in Verwirrung und wichen zurück, als österreichische Husaren über sie herfielen. Gegen halb zehn hatte die Kavallerie auf dem rechten Flügel mit dem weiteren Verlauf der Schlacht nichts mehr zu tun.

Inzwischen kämpften sich die Österreicher im Zentrum und auf der Ostseite des Schlachtfeldes unerschütterlich über das Plateau voran.

Um ihren Angriff zu stoppen, warf Waldow in äußerst unerschrockener Manier die drei Kürassierregimenter des ersten Treffens auf der linken Flanke gegen die vorrückenden Weißröcke. Die Historiker sind sich nicht einig darüber, ob der erste Zusammenprall der beiden feindlichen Reitertruppen auf dem östlichen oder dem westlichen Ufer der Brslenka erfolgte. Fest steht jedenfalls, daß sich die drei preußischen Regimenter bravourös einen Weg durch die österreichischen Kavallerie- und Fußtruppen bis ins offene Gelände jenseits des Schlachtgetümmels bahnten und hinter dem Rücken der österreichischen Armee einen weiten Bogen bis zum Schauplatz der fehlschlagenden Buddenbrockschen Kavallerieaktion am westlichen Rand des Schlachtfeldes schlugen. Sie stellten fest, daß es für sie in diesem Abschnitt des Kampfplatzes wenig zu tun gab, und die Kürassiere des Regiments Prinz August Wilhelm (C 2; Karte 5) wendeten und jagten zurück in Richtung Chotusitz, abermals dem Feuer der österreichischen Infanterie trotzend. Einer der Schwadronschefs, Major Georg Wilhelm von Driesen, wurde von der gegnerischen Kavallerie gefangengenommen, konnte jedoch in einem Augenblick allgemeiner Verwirrung die Flucht ergreifen und den Weg zu den eigenen Linien zurückfinden.
Die Schlacht war jetzt auf ein Gefecht um das Dorf Chotusitz herum reduziert, wo Prinz Leopold inzwischen einen durcheinandergewürfelten Haufen von zwölf Infanteriebataillonen und fünfzehn Dragonerschwadronen versammelt hatte. Hier wurde der Feldprediger Joachim Seegebart aus dem Infanterieregiment des Prinzen Leopold (27) zum unbestrittenen Helden. Er ermunterte zunächst seine Kameraden mit anfeuernden Zurufen, die österreichischen Grenadiere und Reiter, die in die preußischen Linien eingedrungen waren, zurückzuwerfen: «Als ich dies that, flogen mir die Kugeln um den Kopf, so dicke, als ob man in einem Schwarm sausender Mücken stände, doch hat mich, Gottlob! keine, auch nicht einmal den Rock, verletzt. Ein Soldat hat mein Pferd in diesem Lärmen mit dem Bajonet todtstecken wollen, aber ein andrer hat es abgewendet ...» (Berenhorst, 1845–47, I., 99–100) Seegebart brachte dann einigermaßen Ordnung in einen versprengten Teil der preußischen Kavallerie, aller Wahrscheinlichkeit nach einiger Dragoner des zweiten Treffens. Die österreichischen Angriffe wurden jedoch durch eine wirksame Massierung der Artillerie unterstützt, und etwa gegen neun Uhr vormittags sahen sich die Preußen gezwungen, Chotusitz aufzugeben, nachdem der Feind die Häuser über ihren Köpfen in Brand geschossen hatte. Leopold gliederte seine Truppen auf der Nordseite des Dorfes neu, doch Friedrich machte ihm

später den Vorwurf, überhaupt den Versuch unternommen zu haben, die unbedeutende Ortschaft zu halten.
Das größte Geheimnis dieses verworrenen Vormittags birgt die anhaltende Untätigkeit des preußischen Königs und des leistungsfähigen rechten Flügels seiner Infanterie, die sich während all dieser Zeit in dem tiefer gelegenen Gelände verborgen hielt. Als Friedrich schließlich zum Angriff vorging, brachte das Ergebnis die Entscheidung. Gegen 10.30 Uhr hatten die preußischen Linien aus der Deckung heraus die Attacke aufgenommen. Sie marschierten gut sechshundert Schritt über die Ebene und vollzogen dann eine weite Schwenkung nach links. Von diesem Standort im Gelände aus eröffneten sie ein weitreichendes Musketenfeuer auf die linke Flanke der österreichischen Streitmacht um Chotusitz herum. Die Österreicher witterten sofort, daß ihr Rückzugsweg nach Tschaslau bedroht war. In Minutenschnelle lösten sich ihre Regimenter in wilder Flucht über die Felder auf.
Die Schlacht war um 11 Uhr zu Ende. Der Erste Stabsoffizier Karl von Schmettau ersuchte Friedrich, sofort die Verfolgung des fliehenden Feindes aufzunehmen, und erhielt die interessante Antwort: «Er hat Recht, aber ich will sie nicht so weit herunterbringen!» (Schmettau, 1806, II., 222) Auf jeden Fall, so erwähnte Friedrich Jahre später in einem Gespräch, war seine eigene Kavallerie damals vom Kampf mitgenommen und dezimiert, so daß er seine Infanterie nicht zu weit nach vorn werfen konnte, ohne sie Gefahr laufen zu lassen, in denselben Zustand zu geraten. (Gisors, 1868, 106)
Die Schlacht hatte auf beiden Seiten erhebliche Opfer gekostet. Friedrich hatte 4 800 Mann durch Tod, Verwundung oder Gefangenschaft verloren, Prinz Karl 6 330 Soldaten. Einen Großteil der österreichischen Verluste machten jedoch die in preußische Gefangenschaft geratenen Offiziere und Mannschaften aus. Tatsächlich hatten die Preußen auf dem Schlachtfeld mehr als tausend Mann mehr eingebüßt, eine Tatsache, die den allgemeinen Eindruck verstärkte, daß ihr Sieg mehr der Disziplin und Moral entsprang als der Taktik.
Friedrich gab Leopold die Schuld daran, daß die Armee noch nicht kampfbereit gewesen war, als die Österreicher am frühen Morgen des 17. Mai angegriffen hatten. Größere Gerechtigkeit widerfuhr Buddenbrock, den er zum General der Kavallerie machte. Driesen wurde Oberstleutnant, und Friedrichs Busenfreund Graf Chasot, der den königlichen Troß gegen österreichische Husaren verteidigt hatte, bekam den Pour-le-Mérite-Orden um den Hals gehängt. Seegebarts Heldentaten kamen sogar Voltaire zu Ohren. Friedrich belohnte die-

sen tapferen Kirchenmann, indem er ihm eine einträgliche Pfründe verschaffte.
Friedrich sann während seiner Mußestunden über die taktischen Lektionen nach, die er bei Chotusitz erhalten hatte, und machte sie erst im Juli 1744 zum Bestandteil verständlicher Instruktionen. Indessen war es offenbar geworden, daß die preußische Infanterie grundsätzlich so solide wie eh und je war und die Kavallerie, obwohl sie ein Zusammengehörigkeitsgefühl hatte vermissen lassen, mit weitaus mehr Mut und Schwung gekämpft hatte als in Mollwitz.
Friedrich war erfreut über die gute Figur, die er seiner Meinung zufolge in der öffentlichen Meinung Europas abgeben mußte. So schrieb er an Jordan: «Voilà ton ami vainqueur pour la seconde fois dans l'espace de treize mois. Qui aurait dit, il y a quelques années, que ton écolier en philosophie ... jouerait un rôle militaire dans le monde?» («Jetzt ist Dein Freund zum zweiten Mal binnen dreizehn Monaten Sieger geblieben. Wer hätte vor einigen Jahren vorausgesagt, daß Dein Schüler in Philosophie ... eine militärische Rolle in der Welt spielen würde?») (undatiert, Œuvres, XVII., 213–214) Voltaire beklagte insgeheim das Blutvergießen, beglückwünschte jedoch Friedrich zu der Schlichtheit seiner offiziellen Darstellung von der Schlacht, warf ihm allerdings zugleich vor, die Österreicher nicht an einem Schauplatz mit einem wohlklingenderen Namen als Chotusitz besiegt zu haben. Friedrich erwiderte, Voltaire werde feststellen, daß sich der Ort ganz gut auf einen anderen mit Namen Mollwitz reime.
Mit der ganzen Zähigkeit, wie sie im österreichischen Heer Tradition war, sammelte Prinz Karl seine Truppen und führte sie bis auf eine Entfernung von wenigen Marschtagen an die Preußen heran. Am 21. Mai setzte Friedrich seinen Vormarsch gemächlich nach Brscheschi fort und ließ seine Soldaten dort Lager beziehen. Er blieb dort, bis feststand, daß die Österreicher nach Westen gegen die Franzosen vorrückten. Um für alle Eventualitäten gerüstet zu sein, errichtete der Preußenkönig dann am 1. Juni das berühmte Feldlager von Kuttenberg. Diese Stellung lag nach Südosten hin und erstreckte sich über fünf Kilometer weit über ein niedriges Plateau, von dem aus man einen Blick auf die weite, fruchtbare Ebene am Oberlauf der Elbe genoß. Friedrich bezog sein Hauptquartier in dem Ort Maleschau, unweit der rechten Flanke seiner Armee. Genauer Standort der königlichen Suite war die kleine Ansiedlung Bykan, wo ein System von Feldschanzen oberhalb eines kahlen Berghanges angelegt worden war, an dessen Fuß ein Bach vorbeifloß. Die linke Flanke lagerte bis nach Neschkareditz, einem Flecken unweit der alten, bedeutenden Bergbaustadt Kuttenberg, deren berühmtestes Bauwerk die

St. Barbara-Kirche (Abb. 19) war, ein kastenähnliches Bauwerk, aus dem drei schlanke Turmspitzen heraussprossen. Die Rückseite des Lagers sicherte eine beim Silberbergbau in früherer Zeit entstandene tiefe Schlucht. Friedrich war froh über diese natürliche Sperre, verhinderte sie doch eine Desertion seiner Soldaten. Er ging ohne Zögern das Risiko ein, daß seine Armee damit keine Möglichkeit zum Rückzug hatte, falls Prinz Karl sich zum abermaligen Angriff entschloß.

In Maleschau erfuhr der König, daß es den Österreichern geglückt war, ihre Armeen aus Böhmen und von der Donau zusammenzuführen, und daß dieses vereinte Aufgebot die Franzosen nach Prag zurückzuwerfen drohte. Friedrich mochte von sich sagen, mehr als genug für die Sache seiner Verbündeten getan zu haben. Zudem befürchtete er wohl, die Franzosen könnten über kurz oder lang genötigt sein, einen Separatfrieden abzuschließen. Jedenfalls beschloß er, ihnen zuvorzukommen und sich mit den Österreichern vorteilhaft zu arrangieren.

Die Friedensverhandlungen fanden in Breslau unter Vermittlung des britischen Sondergesandten am preußischen Hof, Lord Hyndford, statt. Gemäß Friedrichs Anweisungen handelnd, erreichte der preußische Minister Graf Podewils am 11. Juni den Abschluß eines Friedensvertrages, sogenannter Präliminarien, mit den Österreichern. Das endgültige Abkommen wurde Ende Juli in Berlin unterzeichnet, ging aber als Frieden von Breslau in die Geschichte ein. Er setzte den Schlußpunkt unter den preußisch-österreichischen Konflikt, der als Erster Schlesischer Krieg bekannt ist.

Wien überließ Friedrich ganz Niederschlesien mit Breslau sowie den größten Teil Oberschlesiens mit Ausnahme einiger Grenzstädte und Pässe, ferner die Grafschaft Glatz. Der preußische König bedauerte zwar, nicht auch Königgrätz und Pardubitz in Böhmen vereinnahmt zu haben, doch gratulierte er Podewils zu «un grand et heureux événement qui met ma maison en possession d'une des plus florissantes provinces de l'Allemagne, au sortir d'une guerre la plus glorieuse du monde . . .» («einem großen und glücklichen Ereignis, das mein Haus am Ende eines Krieges, des ruhmreichsten der Welt, in den Besitz einer der blühendsten Provinzen Deutschlands gebracht hat . . .») (PC 888)

Friedrich fühlte sich offenbar verpflichtet, sein Verhalten gegenüber sich und anderen zu rechtfertigen. In einem ausführlichen Brief an Jordan stellte er die fragwürdige These auf, er sei von seinen Verbündeten im Stich gelassen worden, und machte geltend, daß er nach hinreichenden Eroberungen, dem Erwerb von Ruhm und der Gewin-

nung militärischer Erfahrung Armee und Staat Schaden zugefügt hätte, wenn er den Feldzug weiter ausgedehnt hätte. Schließlich suchte er Jordan davon zu überzeugen, daß ein moderner Herrscher wie eine Art Märtyrer zu verehren sei, müsse er doch zum Wohle des Volkes bereit sein, sich über sein Gewissen und seine Verpflichtungen hinwegzusetzen. (13. Juni 1742, Œuvres, XVII., 226–227)
Der König arbeitete später diese Gedanken für den ersten in Druck gehenden Band seiner *Histoire de Mon Temps* («Geschichte meiner Zeit») aus. Eine positivere, verständnisvollere Motivation verrät das 1743 verfaßte Vorwort zum ersten Entwurf dieser Schrift, wo es heißt: «Vom kleinsten Staat bis zum größten kann man darauf rechnen, daß das Prinzip der Vergrößerung das Grundgesetz der Regierung ist ... Die Leidenschaften der Fürsten kennen keinen anderen Zaum als das Ziel, an dem ihre Kräfte sich ohnmächtig finden. Das sind die feststehenden Gesetze der europäischen Politik, denen jeder Staatsmann sich fügen muß.» (Koser, 1921, I., 401–402)
Friedrichs Vorgehen stand in klarem Widerspruch zu jenen wenigen, vermutlich nicht charakteristischen Abschnitten des *Antimachiavell*, in denen er knapp drei Jahre zuvor die Behauptung aufgestellt hatte, öffentlicher und privater Sittenkodex seien untrennbar. Voltaire war wohl zu sehr durch die Gefälligkeiten eines großen Mannes geschmeichelt, um seine Beziehungen zum König von Preußen abzubrechen, doch sein Vertrauen in Friedrich als die Verkörperung von persönlichen und staatsbürgerlichen Tugenden war nie mehr das alte.

Friedrich war nun anerkanntermaßen gesetzlicher Herrscher über das Herzogtum Schlesien und die Grafschaft Glatz. Diese Territorien stellten für die preußische Monarchie einen gewaltigen Wertzuwachs dar. Im Jahre 1752 sollte Schlesien allein mehr als ein Viertel der Staatseinnahmen Preußens aufbringen und von allen preußischen Provinzen den bei weitem größten Einzelbeitrag (18 von 43 Millionen Talern) zu den Kosten des Siebenjährigen Krieges beisteuern.
Der englische Generalmajor Joseph Yorke bereiste Schlesien 1758 und schrieb darüber:

> Die Berge sind gut bebaut und besiedelt, und große Fabriken bestehen überall in diesem Gebiet; in der Tat ist das ganze Herzogtum Schlesien ein prächtiges Land, wie jedermann sehen kann, ein Land, für das es sich zu kämpfen lohnt. Seine Einwohner sind schöne Menschen. Außerhalb Englands bin ich noch nie einem so gutaussehenden Volk begegnet wie den Schlesiern, ganz im Gegensatz zu ihren Nachbarn in Brandenburg und Böhmen, die sehr reizlos sind.
> (Yorke, 1913, III., 210)

Die Leinenweberei war ein blühender Industriezweig. Sie war, um mit Friedrich zu sprechen, «die Seele von Schlesien». (Volz, 1926–27, II., 260) Die reichen Bodenschätze Oberschlesiens und des Waldenburger Berglandes, später Mittelpunkt des niederschlesischen Kohlenreviers, wurden seinerzeit noch wenig gewürdigt und spielten daher keine Rolle im Kalkül der Staatsmänner zur Zeit der Schlesischen Kriege. Nach 1777 ließ jedoch ein neuer Minister für das Bergbauwesen, Freiherr Friedrich Anton von Heinitz, die Kohlevorkommen auf breiter Basis abbauen, und binnen sechs Jahren war die Luft mit Abgasen von mehr als fünftausend mit Kohle geheizten Schmelzöfen verpestet.

Friedrich erachtete stets die Verwaltung Schlesiens als Gegenstand, der seiner persönlichen Aufsicht bedurfte. Das sonst so mächtige «General-Directorium» war von der Administration dieser Region ausgeschlossen. Statt dessen ernannte der König den Grafen Ludwig Wilhelm von Münchow als ersten einer Reihe von ebenso fähigen Nachfolgern zum Minister für Schlesien. Offiziell trug er den Titel «Oberpräsident der schlesischen Domänenkammer». Er war Friedrich unmittelbar verantwortlich, eine Lösung, welche die Operationen der Armee in Schlesien in hohem Maße erleichterte. Münchow erzielte eine Reihe von vernünftigen Kompromissen mit lokalen Interessen, und Friedrichs Kandidat für das Amt des neuen katholischen Bischofs von Breslau, der leichtlebige junge Kanonikus Philipp Gotthard Graf von Schaffgotsch, suchte – allerdings ohne großen Erfolg – ein gutes Verhältnis zwischen der preußischen Obrigkeit und der katholischen Bevölkerung Oberschlesiens herzustellen.

Diese nachsichtige Politik traf indes nicht auf die im Grenzgebiet nach Böhmen gelegene Grafschaft Glatz zu. Hier übte Friedrichs Jugendfreund Baron Heinrich August de la Motte Fouqué buchstäblich vizekönigliche Gewalt von 1742 bis 1760 aus. Als verbitterter Hugenotte behandelte Fouqué die Katholiken nicht gerade sanft und brachte es schließlich sogar fertig, einen echten religiösen Märtyrer in der Person des Priesters Andreas Faulhaber zu schaffen, der am 30. Dezember 1757 lieber den Weg zum Galgen antrat als das Beichtgeheimnis preiszugeben. (Bach, 1885, passim)

Die Eroberung Schlesiens sorgte nachdrücklich für eine schwere Verstimmung zwischen Berlin und Wien, die fast anderthalb Jahrhunderte lang anhalten sollte. Ein zeitgenössischer Kritiker schrieb 1756:

> Qui ne sait que la Silésie et le Comté de Glatz sont d'une toute autre importance à la Reine de Hongrie que ni les Pays-Bas ni la Lombardie? Ce sont deux des plus riches pays de l'Allemagne; les clés de la

Bohême, de la Moravie, de l'Autriche et de la Hongrie. Leur possession donne au Roi de Prusse un crédit et une influence dans l'Empire que ses prédécesseurs n'ont jamais eue auparavant ...
(Wer weiß nicht, daß Schlesien und die Grafschaft Glatz für die Königin von Ungarn von völlig anderer Bedeutung sind als sowohl die Niederlande als auch die Lombardei. Dies sind zwei der reichsten Länder Deutschlands und die Schlüssel zu Böhmen, Mähren, Österreich und Ungarn. Ihr Besitz verleiht dem preußischen König Ansehen und Einfluß im Kaiserreich, wie es seinen Vorgängern zu keiner Zeit vergönnt war ...) (Mauvillon, 1756, III., 142)

Die Schlesischen Kriege und der Siebenjährige Krieg, der ebensogut als Dritter Schlesischer Krieg im Buch der Geschichte Aufnahme hätte finden können, brachten auf beiden Seiten eine Erkenntnis der grundsätzlichen Unterschiede zwischen den zwei Monarchien mit sich. Bereits 1741 versuchte Friedrich den preußischen Truppen Haßgefühle gegen die Österreicher einzuimpfen. Auf der Ebene persönlicher Begegnungen in Friedenszeiten fiel der österreichische Reisende in preußischen Territorien durch seine Religion, seinen Akzent und seine reiche, kostbare Kleidung auf. Wie Graf Ernst Friedrich Giannini mochte er einen Anflug von Feindseligkeit bei der ansonsten höflichen Behandlung entdecken, die ihm als Ausländer zuteil wurde. (Thadden, 1967, 194)
Unterschiedliche Sprache und Ausdrucksweise waren tatsächlich von einiger Wichtigkeit. Die *Politische Correspondenz* wird in einem ihrer Bände durch den Versuch Friedrichs und seiner Minister im Jahre 1758 belebt, einen überzeugenden «Brief eines Secretärs von Graf Kaunitz an den Grafen Cobenzl» zu fälschen. Es war nicht schwer, schlechtes Papier aufzutreiben und ein wackeliges altes Schriftbild zu fabrizieren, um den Eindruck zu erwecken, das Dokument sei irgendwo in Deutschland außerhalb Preußens erstellt worden. Was den Urhebern der Fälschung jedoch eine Zeitlang Kopfzerbrechen bereitete, war Friedrichs Forderung, den Text «in österreichisch Deutsch» abzufassen, worunter er nicht die Sprache der Bauern verstand, sondern etwas in der Art, das «nach der Wienerischen Art zu schreiben und in dem gewöhnlichen österreichischen hochtrabenden und guindirten und compliquirten Stil gemacht werden soll, in welchem, so oft der Name der Kaiserin und des Kaunitz vorkommet, allemal solchen die gebräuchliche Wienerische Epitheta beigeleget» wird. (PC 10363) Friedrichs Kabinettssekretär Eichel gab den Versuch nach drei oder vier Anläufen auf, aber schließlich verfertigte ein Ministerialbeamter eine glaubwürdige Urkunde.
Die preußischen Offiziere blickten mit Verachtung auf den fehlenden

kameradschaftlichen Zusammenhalt bei ihren österreichischen Kollegen sowie das alle privaten Gefühle ausschaltende Festhalten an Rang und Etikette, das bei ihnen auch in der dienstfreien Zeit maßgebend war. Friedrichs Offizieren stand dagegen der Zugang zu allen Schichten der Gesellschaft offen. Ein preußischer Leutnant erkundigte sich einmal bei einem Österreicher, wie er als Militärperson in Wien aufgenommen werden würde. Die Antwort lautete: «(Sie) würden zwar höflich begegnet, aber ebensowenig wie der österreichische Officier zur Tafel der Großen gezogen werden ...» (Friedel, 1782, 42)
Die nachdrückliche Betonung dieser Standesunterschiede hatte ihren Ursprung in der nicht homogenen Beschaffenheit der österreichischen Armee, der Vertreter aller gesellschaftlichen Klassen angehörten, von den Söhnen kleiner Ladenbesitzer bis hinauf zu den Vertretern großer Namen wie der Fürstenhäuser Liechtenstein und Esterhazy. Friedrich beschrieb einmal das in Prag 1757 eingeschlossene österreichische Heer als «cette race de princes et de gueux d'Autrichiens.» («diese österreichische Sippschaft von Fürsten und Bettlern.») (PC 8983)
Umgekehrt mokierten sich die Österreicher über den scheinbar unverständigen Gehorsam der preußischen Offiziere und ihr pflichtbewußtes Tragen der vorschriftsmäßigen Uniform, die in ihren Augen den Eindruck einer Dienerlivree hatte. (Mansel, 1982, 110) Staatskanzler Fürst Kaunitz beklagte die Unmenschlichkeit des preußischen Zwangsrekrutierungssystems, und ein anonymer zeitgenössischer Publizist stieß in das gleiche Horn, als er schrieb:

> Der preußische Soldat ist in allem Betracht ein armes Geschöpf, für das man zu wenig sagt, wenn man es einen Sklaven nennt ... Der Offizier ist dessen unumschränkter Despot ... Sie haben ja unter andern den General Lettow in Berlin, den ich einst, als er noch Obrister zu Frankenstein war, einem alten Grenadier mit eigener Hand sechs Zähne in den Hals hinein prügeln sah, weil dieser den Kopf nicht so grade halten konnte, als der Herr Obriste wollte!
> (Anonym. Verfasser, «Zehn Briefe», 1784c, 60–62)

Der Streit erhielt Kohärenz und persönliche Note durch die verschiedenartigen Charaktere der rivalisierenden Herrscher. Im Laufe des Jahres 1742 setzte sich bei Friedrich endlich die Einschätzung durch, daß er es bei der Auseinandersetzung mit dem Hause Habsburg nicht länger mit dem Leichnam des zwei Jahre zuvor verstorbenen Kaisers Karl VI. zu tun hatte, sondern mit der sehr lebendigen neuen Chefin, der Königin und Erzherzogin Maria Theresia. Die 1717 geborene Monarchin entstammte derselben Generation und demselben Geist wie Friedrich, ähnelte ihm jedoch sonst in keinem wesentlichen Punkte. Während «Fritz» seine Territorien als Grundlage seiner Macht schützte und erweiterte, betrachtete Maria Theresia ihr Erbe als heiliges und unveräußerliches Treuhandvermögen. Wo Friedrich sich den Anschein gab, energisch und kühl zu sein, war Maria Theresia intuitiv, beinahe «biologisch», und bemüht, die Härten der Aufklärungsbewegung mit Hilfe normaler menschlicher Überlegungen zu mildern. An die Stelle des Bildes von Friedrich, des selbstproklamierten «ersten Mannes im Staate», rückte die Österreicherin ihre eigene Vorstellung des Hauptes einer weitverzweigten Familie, der «Mutter ihres Herrschaftsbereiches».

Friedrich wußte, daß sich Preußen nicht sehr lange aus dem Krieg heraushalten konnte. Seine Ambitionen waren ungestillt, seine Ahnungen so lebhaft, wie sie es immer gewesen waren. Inzwischen gewann die österreichische Gegenoffensive gegen seine früheren Verbündeten ständig an Schwung. Sie säuberte Böhmen, schaltete Bayern von der strategischen Landkarte aus und bedrohte schließlich die Grenzen Frankreichs.

Einstweilen gab das Friedensintermezzo Friedrich Gelegenheit, seine Armee aufzufrischen und zu reorganisieren. In Mollwitz und Chotusitz hatte die Infanterie ihn vor den Folgen seiner eigenen Fehlkalkulationen bewahrt und das Versagen der anderen Waffengattungen mehr als kompensiert. Hier waren keine großen Änderungen nötig. Das «Infanterie-Reglement» vom 1. Juni 1743 war daher wenig mehr als eine vereinfachte Neuauflage des Regelwerks Friedrich Wilhelms I. aus dem Jahre 1726. Unter Einschluß späterer stellenweiser Neufassungen in den Jahren 1750 und 1757 bestimmte die Dienstvorschrift von 1743 den Tagesablauf der preußischen Infanterie in Krieg und Frieden für die restliche Dauer der Regentschaft Friedrichs. Zum Zwecke taktischer Führung verwies der König seine Offiziere auf die ad hoc-Erläuterungen, die er im Laufe der Jahre, wann immer er sich inspiriert fühlte, in den Text einfügte.

Die aus den jüngsten Feldzügen gelernten Lektionen spiegelten sich wahrscheinlich direkter in der «Neuen Instruktion» wider, die Friedrich speziell für die Kavallerie verfaßte. Die Reiterführer wurden darin ermutigt, ohne einen Befehl abzuwarten, zum Angriff vorzugehen, wenn sie annahmen, daß sich damit ein Vorteil bot. Andererseits drohte ihnen Kassation für den Fall, daß sie dem Feind erlaubten, als erster zu attackieren.

Die Morgenfrühe von Chotusitz hatte die Preußen gespalten und unvorbereitet angetroffen und sie darüber hinaus vor die Notwendig-

keit gestellt, in einem Gelände zu kämpfen, von dem sie wenig wußten. Friedrich wies nun die Husaren an, sich in großen Trupps von jeweils zwei- oder viertausend Mann ins Feld hinauszuwagen und sich zu verhalten «wie eine Spinne in der Spinnwebe, welche man nicht anrühren kann, ohne daß sie es nicht sogleich fühlet.» («Husaren-Reglement» vom 1. Dezember 1743) Die Verantwortlichkeiten der Kommandeure waren nicht damit abgeschlossen, daß sie dafür sorgten, daß die Truppe befehlsgemäß eine neue Stellung bezog: «Nachdem müssen die Generale, absonderlich von der Cavallerie, wenn sie außer Dienst sind, das Terrain um das Lager herum recognisciren und alle Bagatelles dabei bemerken!» («Ordres für die sämmtlichen Generale», 23. Juli 1744, Œuvres, XXX., 121)
Die Lehren aus den verpatzten Aktionen während der Feldzüge wurden der Armee während der Frühjahrsparaden und der Herbstmanöver des Jahres 1743 eingebleut. Zusätzlich wurden Offiziere von in der Provinz stationierten Regimentern nach Berlin gerufen, um hier den größeren und instruktiveren Truppenaufmärschen beizuwohnen oder am Beispiel von Eliteeinheiten, wie den Reitern des Königlichen Regiments «Gens d'Armes» (Kürassier-Regiment Nr. 10), den Leibkorps-Husaren, Zieten oder Roten Husaren (Husaren-Regiment Nr. 2) oder dem mit zehn Eskadronen zahlenmäßig besonders starken Dragoner-Regiment Nr. 5, den Bayreuther Dragonern, Erfahrungen zu sammeln.
Die Truppenübungen vom September 1743 waren von besonderer Bedeutung für den Lernprozeß. Bei zwei Gelegenheiten inszenierte Friedrich nämlich Kampfhandlungen en miniature unter kombiniertem Einsatz von Infanterie und Kavallerie. Dies war der Grundstein für die späteren großen Herbstmanöver der größtenteils aus Konskribierten zusammengesetzten Massenheere der Kontinentalmächte im 19. und frühen 20. Jahrhundert.
1744 fanden keine Manöver statt, weil die Preußen sich erneut im Krieg befanden. In einer Hinsicht handelte Friedrich in Übereinstimmung mit einem Abschnitt im *Antimachiavell,* in dem er die These aufgestellt hatte, daß ein Fürst das Recht besaß, Kriegshandlungen zu eröffnen, wenn es darum ging, einem bevorstehenden feindlichen Angriff zuvorzukommen. Der Krieg zwischen Maria Theresia und ihren Gegnern schien, wie wir gesehen haben, mit Sicherheit zugunsten der Habsburger auszugehen. Die österreichische Monarchin erfreute sich inzwischen der Unterstützung einer sich aus britischen, holländischen und deutschen Kontingenten zusammensetzenden «Pragmatischen Armee». Als in seinen Augen nützliche Sicherheitsvorkehrung schloß Friedrich am 5. Juni 1744 mit den Franzosen

einen neuen Vertrag, aufgrund dessen er sich das Recht vorbehalten konnte, in die Auseinandersetzung zwischen Frankreich und Österreich nur dann einzugreifen, wenn er den Zeitpunkt für günstig hielt. Diese Absprache wurde jedoch schon sehr bald durch den Gang der Ereignisse überholt: Ende Juni überschritt Prinz Karl von Lothringen mit der österreichischen Armee den Rhein oberhalb von Germersheim und drohte ins Elsaß einzumarschieren. Am 12. Juli übermittelte Friedrich Ludwig XV. eine feste Zusage, in Bälde mit den Operationen zu beginnen, und einen Monat später, am 17. August 1744, durchquerten die ersten preußischen Heereskolonnen sächsisches Gebiet und passierten die böhmische Grenze. Der Zweite Schlesische Krieg hatte begonnen.
Friedrich zog nicht nur in den Krieg im Interesse der Bewahrung des europäischen Gleichgewichts oder seiner eigenen Sicherheit. Für Preußen war dies auch eine Periode realer und potentieller Expansion. Im Mai 1744 war das Reichsfürstentum Ostfriesland, auf das das Haus Brandenburg schon aus der Zeit des Großen Kurfürsten legitime Erbansprüche besaß, nach dem plötzlichen Tod des kinderlosen Regenten in legitimer Erbfolge an die Hohenzollern gefallen. Zwar lag die neue preußische Provinz isoliert an der Nordseeküste und war ohne erkennbare strategische Bedeutung, doch Friedrich hatte damit auch Zugang zur Nordsee gewonnen. Ohne strategischen Wert waren allerdings keineswegs die nordböhmischen Gebiete, die 1742 Friedrichs Zugriff entglitten waren. Vier Monate vor Aufbruch zum neuen Feldzug hatte der König schon auf einer Karte von Böhmen die Territorien markiert, die er Preußen einzuverleiben gedachte. Diese umfaßten den Bezirk Königgrätz an der Elbe, ferner die auf dem westlichen Elbufer gelegenen «Brückenköpfe» Pardubitz und Kolin sowie alles auf dem Ostufer des Stromes gelegene Land – Sudetenland bis hinauf nach Sachsen (PC 1390) – ein reiches und (wie Friedrich glaubte) hervorragend zu verteidigendes kleines Reich. (vgl. Karte 6)

Friedrichs Planung für diesen eben angelaufenen Feldzug sah einen direkten Vorstoß bis Prag vor, die Einnahme der böhmischen Hauptstadt und ein anschließendes Festsetzen im Westteil Böhmens, bevor Prinz Karl und das österreichische Feldheer vom Rhein her heranrükken konnten. Böhmen war einstweilen fast vollständig von österreichischen Truppen entblößt, und die Preußen führten auf Geheiß des Königs nur Proviant und anderen Nachschub für wenige Wochen in ihren Trossen mit, weil mit einem überzeugenden Sieg vor Ablauf dieser Frist gerechnet wurde.

Friedrich hatte seine Streitkräfte für den Einmarsch in Böhmen in drei Heereskolonnen eingeteilt. Das Hauptkontingent, eine 40 000 Mann starke Armee, trat den Marsch von Berlin aus durch das neutrale Sachsen an und stieß auf dem linken Ufer der Elbe in Richtung Prag vor. In Böhmen schloß sich Friedrich dem Erbprinzen Leopold von Anhalt-Dessau an, der 15 000 Mann aus den preußischen Nordostprovinzen über Zittau und das Tal der Iser, eines rechten Nebenflusses der Elbe in Nordböhmen, heranführte. Feldmarschall Schwerin kam mit weiteren 16 000 Soldaten aus Schlesien und wählte die Route über Glatz.

Die Mobilmachung war reibungslos und ohne Aufsehen verlaufen. Zwischen dem 12. und 23. August hatten die Preußen Sachsen durchzogen. Zieten und seine 1 300 Husaren führten den Vormarsch vom bergigen Grenzland nach Böhmen hinein an. Die langsamer vorankommende Infanterie der drei großen preußischen Heeressäulen sammelte sich in der ersten Septemberwoche um Prag herum.

Prag war zwar eine große, doch nur schwach befestigte Stadt. Über zwei Drittel der 18 000 Mann starken österreichischen Garnison waren kampfungewohnte und unzuverlässige Milizsoldaten und Angehörige der Bürgerwehr. Die preußischen Artilleristen machten sich daran, eine breite Bresche in die Verteidigungswälle der Prager Neustadt zu schießen. Am 16. September willigte der österreichische Kommandant in die bedingungslose Übergabe der Stadt ein.

In einer Nachbetrachtung zu den damaligen Geschehnissen und seinen Entscheidungen wurde sich Friedrich klar, daß er sich nun in Prag hätte festsetzen müssen, indem er dort eine zahlenmäßig starke preußische Garnison einrichtete, und daß es außerdem nötig gewesen wäre, abzuwarten, daß die preußische Flottille, die auf der Elbe Mehl und weitere Lebensmittel herantransportierte, in Leitmeritz, dem Ausgangspunkt der Schiffahrt auf diesem Strom, entladen und die Vorräte über Land zur Armee transportiert wurden. Friedrich gelangte zur Überzeugung, daß es besser gewesen wäre, nach Errichtung eines festen Standortes in Prag in südwestlicher Richtung vorzustoßen, um den einzigen in Böhmen verbleibenden österreichischen Verband, nämlich die 18 000 Mann unter dem Kommando des ungarischen Grafen Karl von Batthyány, zu zerschlagen und Prinz Karl daran zu hindern, von Süddeutschland her wieder böhmischen Boden zu betreten.

In Wirklichkeit war nichts von diesen Dingen geschehen. Statt dessen hatten die Franzosen und Bayern Friedrich gedrängt, in die unwirtliche Landschaft des äußersten Südens Böhmens vorzustoßen und dort die Burgen und kleinen, von Mauern umschlossenen Städte einzunehmen, die 1742 beim Feldzug der Franzosen eine so bedeutende Rolle gespielt hatten. Dieser Schritt würde, so hofften sie, von Norden her einen Zugang zum Donautal öffnen und Prinz Karls Verbindungswege nach Österreich bedrohen. Friedrich gab nach, bekannte aber später: «Il n'est permis de pousser la condescendance aussi loin.» («Man darf sein Entgegenkommen nicht so weit treiben.») (Œuvres, III., 76)

Die preußische Armee sammelte sich also südwestlich von Prag in unmittelbarer Nähe der Stadt. Am 19. September brach Generalleutnant Nassau mit einer starken Vorausabteilung auf und zwang nacheinander die Festungsstädte Tabor (23. September) und Budweis (30. September) sowie die Festung Frauenberg (1. Oktober) zur Übergabe. Friedrich verließ Prag mit dem Gros seines Heeres am 21. September und bahnte sich etappenweise den Weg durch eine fast skandinavische Landschaft mit mächtigen Bergen und dunklen Tannenwäldern. Am 27. September wurde er endlich mit dem Anblick der Mauern des alten Hussitenstädtchens Tabor an der Luschnitz belohnt, das auf einem Felsengrat hoch über einer fruchtbaren Ebene lag. Bei strömendem Regen umging das preußische Heer die Stadt und den «Taborer Weiher» und bezog in nächster Nähe südöstlich davon ein Lager. Der Vormarsch wurde am 1. Oktober fortgesetzt und führte die preußischen Regimenter nach Südwesten bis Moldauthein, wo die obere Moldau auf einer Pontonbrücke überschritten wurde.

Friedrich hatte insgesamt 62 000 Soldaten unter seinem Kommando, und verständlicherweise mußte es ihn verwirren und verärgern, so wenig darüber in Erfahrung bringen zu können, wo der Feind stand. Am 25. September erfuhr er, daß die sächsische Armee ihre Neutralität aufgegeben hatte und sich anschickte, zur Unterstützung der Österreicher heranzurücken. Am 2. Oktober trafen Berichte ein, wonach Prinz Karl mit dem österreichischen Feldheer bereits beträchtlich weit nach Böhmen hineinmarschiert war. Wie es hieß, marschierte er auf Budweis, aber Genaues wußte niemand.

Aufgrund seiner mangelnden Erfahrung nahm Friedrich an, daß nach Anlauf eines Feldzuges – so auch diesmal – sehr bald eine Schlacht folgen müsse. Am 4. Oktober und am Tag darauf noch einmal unternahm er einen Ausritt zu der kleinen Siedlung Zaborsch. Er kam dabei durch die stille Weite einer aus weiten Seen, dichten Nadelgehölzen und riesigen abgeernteten Feldern bestehenden Landschaft. Die Berge des Böhmerwaldes hoben sich klarer als gewöhnlich vom Horizont ab und unterstrichen noch die Abgeschiedenheit dieses Fleckchens Erde in einem verlassenen Winkel Böhmens, doch von der gegnerischen Hauptarmee war nichts zu sehen. In Wirklichkeit stand Prinz Karl mit seinen Truppen bereits 25 Meilen entfernt bei Mirotitz. Er hatte seine Armee bereits mit der von Batthyány vereinigt und verfügte jetzt über ein Aufgebot von 50 000 Mann, doch hielt er (oder vielmehr sein Berater, der alte Feldmarschall-Leutnant Graf Traun) seine Formationen in weiser Voraussicht von weiteren Operationen zurück, weil er erst auf das Eintreffen der sächsischen Armee warten wollte.

Friedrich hatte den Gipfelpunkt der Kampagne des Jahres 1744 bereits überschritten. Seine Nachschubverbindungen waren ständig in Gefahr, von ungarischen und kroatischen Husarenkommandos abgeschnitten zu werden. Daher begann er am 9. Oktober mit dem allmählichen Rückzug in Richtung Tabor und Prag, die ganze Zeit über in der Hoffnung, Gelegenheit zu erhalten, die Österreicher zur Schlacht zu stellen. Der Feind ließ sich indes nicht auf das geringste Gefecht ein. Dadurch, daß seine Trains Heu und Stroh requirierten und ein Magazin in Beneschau anlegten, gab er zu verstehen, daß er möglicherweise die Absicht hatte, Friedrichs Verbindung nach Prag abzuschneiden. Am 17. Oktober wendeten Nassau und Schwerin die unmittelbare Gefahr durch Eroberung des österreichischen Depots in Beneschau ab. Der Preußenkönig erschien am darauffolgenden Tag auf dem Schauplatz des Geschehens und ließ seine Armee hinter einer Seenkette zwischen Konopischt und Bistritz Lager beziehen. Die Temperaturen waren inzwischen bitter kalt, und die preußischen Soldaten suchten auf alle erdenkliche Weise Schutz vor dem Frost, indem sie primitive Hütten errichteten oder ihre Zelte mit Stroh bedeckten.

Am 22. Oktober bekamen die feindlichen Streitkräfte ein zahlenmäßiges Übergewicht, nachdem das sächsische Kontingent zu Prinz Karls Armee gestoßen war und er damit über rund 10 000 Mann mehr verfügte. Karl und Traun erkannten, daß der Zeitpunkt für eine Kraftprobe günstig war. In der Nacht vom 23. zum 24. Oktober rückten sie in Stellungen vor, die nur noch sechs Meilen von Friedrichs Feldlager entfernt waren. Am 24. Oktober verlegten Friedrichs Verbände nach einem kurzen, aber anstrengenden Marsch ihr Lager bis auf die Höhenzüge zwischen Sajetschi und Lang-Lohta und damit unwissentlich so dicht an den Feind heran, daß dieser die preußischen Lagerfeuer in der folgenden kalten, mondklaren Nacht deutlich ausmachen konnte. Friedrich wärmte sich gerade an einem Feuer auf, als sein Quartiermeister, Graf Karl Christoph von Schmettau, von einem Patrouillenritt zurückkehrte und ihm die nahen feindlichen Stellungen meldete mit der Bemerkung, die Position der Verbündeten sei

unangreifbar. Friedrich, der selten unwillkommenen Nachrichten Glauben schenkte, ritt am 25. Oktober persönlich an der Spitze eines aus Grenadieren und Husaren bestehenden Trupps auf Erkundung aus, während die gesamte Armee ihm langsam folgte.
Die Stellung der verbündeten Heere ging später als Lager von Marschowitz (Karte 7) in die Geschichte ein. Es lag inmitten Böhmens in einer typischen Landschaft: kugelförmige, mit Buschwerk bewachsene Bergrücken und weite, wellenförmige Felder, dazwischen Flüßchen und immer wieder kleine Seen und Waldstücke. Das gegnerische Lager bildete einen ausgeprägten Keil nach Norden hin, wo die Begrenzungen auf beiden Seiten nach hinten in steilem Winkel abfielen, eine Tatsache, die es Friedrich unmöglich machte, die Größe des Lagers von einem einzigen Beobachtungspunkt aus abzuschätzen.
Die Längsseite in südöstlicher Richtung bot sich als erste Friedrichs Blicken. Er konnte beobachten, daß der Feind sein Lager bis zum Kamm eines mächtigen Bergrückens vorgeschoben hatte, von wo aus das Gelände in einen ungeschützten, glatten Hang überging, der in einer dunstigen Niederung endete, einem natürlichen Kampfgelände. Friedrich wußte aus der Lektüre von Standardwerken über die Befestigung eines Lagers, daß normalerweise der Keil einer Verteidigungsstellung den wundesten Punkt für einen Angriff bot. Am Punkt 525 in Marschowitz hatten jedoch die sächsischen Sappeure ein Hindernis aus gefällten Bäumen angelegt. Zudem wurden die Zugänge von zwei einander gegenüberliegenden Bergen blockiert, die sichtlich für die preußischen Truppen und Geschütze unzugänglich waren.
Die Preußen bahnten sich einen Weg rechts an dem Frontvorsprung vorbei, und aus Richtung Neweklau konnte der König erstmals den linken Flügel der Verbündeten in Augenschein nehmen, der in südwestlicher Richtung gruppiert war. Hier versperrten drei große Seen einem möglichen Angreifer den Weg. Friedrich hatte nun ein umfassendes Bild vom Marschowitzer Lager gewonnen und verspürte keine Lust mehr, den Feind anzugreifen. Proviant und Pferdefutter wurden bereits knapp, und noch im Laufe dieses 25. Oktober begann das preußische Heer in Richtung Prag zurückzugehen.
Ende des 19. Jahrhunderts erklärten die Historiker des deutschen Generalstabs rundweg: «Der Friedrich, welcher Prag, Leuthen und Torgau schlug, würde nicht zurückgeschreckt sein!» (Gr. Gstb., 1895, III, 254) Dieser Feststellung darf man zu Recht entgegenhalten, daß Friedrich, wenn er das Marschowitzer Lager angegriffen hätte, womöglich genauso empfangen worden wäre wie später bei Kolin oder Kunersdorf. Seine Vorsicht war hinreichend begründet, wenn

wir die natürliche und künstliche Befestigung des Lagers, die zahlenmäßige Überlegenheit des Gegners und den Zustand der frierenden, erschöpften und hungrigen preußischen Truppen in Betracht ziehen. Die Konfrontation von Marschowitz vom 25. Oktober 1744 war in Wirklichkeit eine Episode von einiger Bedeutung in der Geschichte des Feldherrn Friedrich, denn sie stellte ihn zum ersten Mal vor ein taktisches Dilemma von der Art, wie sie seine operative Führung in den letzten Schlachten des Siebenjährigen Krieges bestimmen sollte.
Zurück nach Böhmen, wo im Spätherbst 1744 Friedrich inzwischen überall die Initiative an den Feind abgegeben hatte. Seine strategischen Entscheidungen waren fraglos «linkisch», verglichen mit den kompromißlosen Entscheidungen, die er im Siebenjährigen Krieg traf. Zu spät kam ihm zum Bewußtsein, daß er die in Südböhmen zurückgelassenen preußischen Garnisonen hätte räumen sollen. Am Abend des 23. Oktober waren die festen Plätze Budweis, Frauenberg und Tabor alle von den Österreichern eingenommen, wobei die Verluste auf preußischer Seite an die 3 000 Mann betrugen.
Friedrich übertrieb seine Selbstkritik, als er später seine Geschichte dieses Feldzuges niederschrieb und seine eigenen Fehlurteile Revue passieren ließ. Er irrte sich aber vermutlich nicht, als er den Schluß zog, das, was die Preußen in Böhmen habe scheitern lassen, sei die zögernde Strategie von Prinz Karl und Feldmarschall Traun sowie die «gänzliche Feindseligkeit» des Geländes gewesen. Es war den Preußen einfach nicht möglich gewesen, Getreide und Futtermittel zu beschaffen, wie es eigentlich in den landwirtschaftlich genutzten Teilen Böhmens zu erhoffen gewesen war. Friedrich ersuchte seine Leser, sich vor Augen zu halten, «qu'en Bohème la grande noblesse, les prêtres et les baillis sont très affectionnés à la maison d'Autriche; que la différence de religion inspirait une aversion invincible à ce peuple aussi stupide que superstitieux . . .» («daß in Böhmen Hochadel, Klerus und das Beamtentum dem Hause Österreich wohlgesonnen sind; daß die unterschiedliche Religion eine unüberwindliche Abneigung bei diesem ebenso dummen wie abergläubischen Volk hervorrief . . .») (Œuvres, III., 60) Die österreichischen Husaren und Kroaten durchstreiften das Land bis dicht vor die preußischen Feldlager, und die zur Futtersuche ausgesandten Furagiertrupps der preußischen Trosse konnten sich nur unter dem Schutz von jeweils mehreren tausend Soldaten bewegen, ohne Gefahr zu laufen, in Gefangenschaft zu geraten.
Sachsen war inzwischen zum feindlichen Territorium geworden, und Friedrich konnte für den Rückmarsch nicht denselben Weg einschlagen, auf dem er nach Böhmen eingedrungen war. Wenn er seine

Kolonnen antrieb, mochte es jedoch noch glücken, preußisches Land über eine gute Verbindung zu erreichen, die über die niedrigen Bergpässe von Nordostböhmen hinüber nach Glatz und Schlesien führte. Der König drehte dementsprechend seine Armee halbrechts in Richtung Oberlauf der Elbe und entsandte Generalleutnant Nassau an der Spitze der Avantgarde mit dem Auftrag, die Städte Neu-Kolin und Pardubitz zu besetzen. Auf ihrem Marsch durch Sturm und Regen gab es bei den Preußen unzählige Ausfälle durch Desertion, Typhus und Ruhr. Am 7. November kam es beinahe in der Nähe von Kuttenberg zu einer Schlacht, doch die Verbündeten ließen sich dann doch nicht auf Kampfhandlungen ein, und Friedrich hatte jetzt nur noch das Ziel, das jenseitige Ufer der oberen Elbe zu erreichen und seinen Truppen etwas Ruhe zu gönnen. Der Übergang über den Strom glückte den Preußen schließlich am 8. und 9. November bei Neu-Kolin.

Es war kein Zufall, daß der Lauf der oberen Elbe mit der Südgrenze jenes Teils von Böhmen übereinstimmte, den Friedrich bei Friedensschluß für Preußen beanspruchen wollte. Er war der Auffassung, daß alle größeren Operationen abgeschlossen seien, und ließ seine Truppen Quartiere beziehen in der Absicht, sie den Winter über in Böhmen zu belassen. Bei all diesen Überlegungen setzte er allerdings zuviel Vertrauen in die Elbe als natürliches Hindernis, die in diesem Abschnitt eine träge dahinfließende Wassermasse von nicht allzugroßer Tiefe bei einer Flußbreite von nur neunzig Schritt war.

Am Morgen des 19. November überschritten Österreicher und Sachsen die Elbe unweit Teltschitz und rieben bei einem Gefecht das Grenadier-Bataillon von Wedell fast völlig auf, das die einzige preußische Einheit gewesen war, die an dieser Stelle den Verbündeten Widerstand leisten konnte. Friedrich erkannte sofort, daß sein Hauptquartier nördlich der Elbe nicht zu halten war. Am 20. November sandte er Kranke und entbehrliche Trosse in Richtung schlesische Grenze voraus. Gleichzeitig jagten mehrere Feldjägerstafetten in westlicher Richtung auf Prag zu. Ihr jeweiliger identischer Auftrag lautete, dem preußischen Kommandanten Generalleutnant Graf Einsiedel den Befehl des Königs zu überbringen, mit den sechs in der böhmischen Hauptstadt in Garnison liegenden Bataillonen schleunigst abzurücken und sich nach Schlesien durchzuschlagen.

Friedrich holte nun seine Truppen zusammen, und nach kurzer Ruhepause für die gesamte Armee in Königgrätz brach er zu den Pässen nach Schlesien und der Grafschaft Glatz auf. Starker Wind sorgte für heftiges Schneetreiben. Die bereits von zusammengebrochenen Pferdewagen und -karren sowie den Kadavern von Zugpferden ver-

stopften schmalen Überlandstraßen waren kaum noch passierbar. Am 27. November holten ungarische und kroatische Husaren die sich mühsam voranarbeitenden Preußen ein. Die Nachhut wurde bei Pleß in schwere Kämpfe verwickelt, während sich die rückwärtigen Elemente der preußischen Hauptarmee auf dem Marsch nach Trautenau von der feindlichen Reiterei angegriffen sahen. Die Verluste auf preußischer Seite betrugen rund zweihundert Mann.
Für die königlich preußische Armee war der Feldzug endgültig am 8. Dezember zu Ende, als die Grenze bei Braunau mit Baumhindernissen verbarrikadiert war und die letzten Einheiten schlesischen Boden unter den Füßen hatten. Noch nicht beendet war der Rückzug der Prager Garnisonstruppen. General Einsiedel und seine Soldaten hatten die Stadt am 26. November aufgegeben. Ihnen glückte auf einer schwierigen Route, die durch Deutsch-Gabel und Friedland führte, das Entkommen nach Niederschlesien in die Oberlausitz.
Die preußischen Gesamtverluste für 1744 lassen sich nur anhand einiger weniger Zahlenangaben schätzen, die einen anderen Bezug hatten. So gaben die Österreicher an, fast 17 000 preußische Soldaten seien zu ihnen übergelaufen. Andere Quellen veranschlagen die Zahl der nach Schlesien zurückgeführten preußischen Truppen auf 36 000 Mann, von denen ungefähr die Hälfte an Dysenterie starb. (Mamlock, 1907, 12) Mögen all diese Zahlen auch übertrieben sein, so können wir doch davon ausgehen, daß die preußische Armee erheblich dezimiert und angeschlagen war. Die Überlebenden durchstreiften führerlos in kleinen Trupps Schlesien, die Offiziere waren demoralisiert, und das Vertrauen der Generale in Friedrichs Führungsqualitäten war, zumindest zeitweilig, dahin. Was den König anbetraf, so: «Il eut moins de présomption, il écoutait; ses réponses étaient plus douces et moins tranchantes. Il n'y eut personne qui ne s'aperçut de ce changement. Il venait d'essayer ses premières traverses.» («Er war jetzt weniger dünkelhaft, er hörte zu; seine Antworten waren sanfter und weniger schneidend. Es gab niemanden, dem diese Veränderung nicht aufgefallen wäre. Er war zum ersten Mal auf große Schwierigkeiten gestoßen.») (Valory, 1820, I., 204)
Es ist etwas Eindrucksvolles an der Offenheit, mit der Friedrich zugab, daß die Kampagne in gleichem Maße von den Österreichern gewonnen wie durch seine eigenen Fehler verloren wurde. Er machte in seiner *Geschichte meiner Zeit* Feldmarschall Traun artige Komplimente, und viele Jahre später ließ er sich, als er bei gesellschaftlichen Anlässen in Neisse und bald darauf in Mährisch-Ostrau mit österreichischen Offizieren zusammentraf, auf besonderen Wunsch Veteranen vorstellen, die 1744 unter dem alten Feldmarschall Traun gedient

hatten. Den Fürsten von Ligne, der ihm im Siebenjährigen Krieg als österreichischer Feldherr gegenübergestanden hatte, fragte er in späteren Jahren: «Savez-vous qui m'a appris le peu que je sais? C'est votre ancien maréchal Traun: voilà un homme, cela!» («Wissen Sie, wer mir das Wenige beigebracht hat, was ich weiß? Das ist Ihr alter Marschall Traun gewesen: das ist ein Mann [gewesen], glauben Sie mir!») (Ligne, 1923, 158)

Friedrich stellte tiefsinnige Überlegungen über die einer Züchtigung gleichkommenden, aber insgesamt lehrreichen Erfahrungen des Jahres 1744 an. Er gelobte, künftig stets der besonders widrigen Bedingungen der Kriegführung in Böhmen zu gedenken. Er hatte auch einiges über Truppenkonzentration gelernt und festgestellt, daß es ratsamer war, Stellungen an Flüssen von vorn statt von hinten zu verteidigen. Er war sich klar darüber, daß die preußische Armee nie mehr Situationen ausgesetzt werden durfte, in denen die eingedrillte Disziplin verlorenging, denn wenn dieser Zusammenhalt sich einmal lockerte, kannte die Auflösung kaum noch Grenzen.

Friedrichs Suche nach der richtigen taktischen Entscheidung ging unvermindert trotz des Fehlschlags von Marschowitz weiter, denn sein Ruf als Feldherr war weiterhin von der Kampfkraft seiner Armee und ganz besonders der Infanterie auf dem Schlachtfeld abhängig. Was die strategische Dimension betraf, so waren seine bisherigen Leistungen auf diesem Gebiet von fast ununterbrochenem Mißerfolg gekennzeichnet. Seine schnellen Vormärsche im Dezember 1740, Februar 1742 und September 1744 sahen auf der Landkarte eindrucksvoll aus, doch sie kamen in Wirklichkeit sozusagen eher Spaziergängen in einer menschenleeren Landschaft gleich. Denn sobald jeweils die österreichische Feldarmee auf dem Schauplatz erschienen war, hatte sich Friedrich stets gezwungen gesehen, auf die strategischen Initiativen des Gegners einzugehen.

Die negativen Auswirkungen des Feldzuges von 1744 waren den ganzen Winter über bis hinein ins folgende Frühjahr zu spüren, und die Aufgabe, die erschütterte Armee wieder zu einer Einheit zusammenzufügen, wurde durch eine Reihe von Grenzscharmützeln in der Grafschaft Glatz und in Oberschlesien erschwert.

Der König ergriff energische Maßnahmen, um Rekruten aus den Kantonen zu erfassen und auch im Ausland Freiwillige anzuwerben. Die Feldzugsaison des Jahres 1745 (vgl. Karte 8) kam heran, und noch immer fehlten ihm rund 8 000 Infanteristen und 700 Reiter. Auch die Finanzierung der Armee bereitete ihm Kopfzerbrechen. Es herrschte Ebbe in der preußischen Staatskasse, denn die von Friedrich Wilhelm ererbten Reserven waren inzwischen aufgebraucht, und Friedrich mußte noch für Reservetruppen sorgen und die innere Gliederung schaffen, Maßnahmen, die ihm so wirkungsvoll während des Siebenjährigen Krieges zugute kommen sollten. Es gelang ihm nicht, eine Anleihe auf dem holländischen Geldmarkt aufzunehmen, und die brandenburgischen Stände, die Vertretungen des Adels, konnten ihm nur anderthalb Millionen Taler vorschießen, kaum mehr als ein Fünftel der von Friedrich für das kommende Kriegsjahr veranschlagten Summe.

Der König verfiel auf die Idee, mit Hilfe von Beförderungen, finanziellen Beihilfen und weisem Tadel, wo er früher barsche Zurechtweisung angebracht hätte, zu versuchen, neuen Enthusiasmus und Verständnis für seine Zielsetzungen in der Armee wachzurufen. «Ist jetzt der Augenblick, Euren Abschied zu verlangen?» beschied er den Generalleutnant von Kalckstein. «Ich habe Euch immer dem Staate so ergeben geglaubt, daß mir nie der Gedanke gekommen ist, Ihr könntet Euch zurückziehen wollen, wenn es um unsere Angelegenheiten schlecht bestellt ist . . .» (Gr. Gstb., 1895, II., 124) Friedrich hielt sich andererseits auch ständig vor Augen, daß das Vertrauen seiner Soldaten nur durch Erfolge auf dem Schlachtfeld wiederzugewinnen war.

Er entschied sich dafür, ein solches Gefecht auf preußischem Boden stattfinden zu lassen. Zum ersten Mal in seiner Karriere als Feldherr verzichtete er darauf, den Krieg in feindliches Land zu tragen. Es fiel ihm gewiß schwer, doch er wußte, daß seine Truppen und seine Finanzen einer solchen Belastung nicht gewachsen waren. Er ließ daher die Franzosen wissen, daß sie im neuen Jahr einen aktiven Part in der Auseinandersetzung mit den Österreichern zu übernehmen hätten. Dazu gehöre, daß sie eine 60 000 Mann starke Armee im westlichen Deutschland aufstellten und ein weiteres 60 000 Mann-Heer die Donau entlang auf Wien marschieren ließen. (PC 1738) Was den Kriegsschauplatz im eigenen Land anbetraf, so verkündete Friedrich an die Adresse der Österreicher: «S'ils viennent, je les laisserai passer tranquillement les montagnes, après quoi je leur marcherai droit sur le corps . . . Le prince Charles n'aura point d'adlatéré, cette campagne; ainsi, il faut espérer qu'il fera des sottises!» («Wenn sie kommen, lasse ich sie seelenruhig die Berge überqueren und rücke ihnen dann direkt auf den Pelz . . . Prinz Karl hat bei dieser Kampagne keinen Berater [d. h. Marschall Traun] zur Seite; daher steht zu hoffen, daß er Dummheiten begeht!») (PC 1781, 1796)

Auch die verwickelte Lage in Europa erforderte Vorsicht. Friedrichs Verbündete schienen den Erwartungen nicht zu entsprechen oder von

ihm abzufallen. Noch immer hoffte er, daß die britischen Unterhändler einen für ihn annehmbaren Frieden zustande bringen konnten. Erst im Frühsommer 1745 machte eine Kette von sich überschlagenden Ereignissen deutlich, daß Österreich und Preußen nicht für Dritte oder um Entschädigungen oder Gegenwerte stritten, sondern um den Besitz von Schlesien und die eigentliche Existenz des preußischen Staates. Die Natur dieser neuen Auseinandersetzung unterschied sich in ihrem Wesen nicht vom späteren Siebenjährigen Krieg.
Zunächst hatte Maria Theresia in einer Rede am 1. Dezember 1744 den Fehdehandschuh geworfen, als sie die Schlesier von ihrer Treuepflicht gegen das Haus Brandenburg entband. Dann starb am 20. Januar 1745 der deutsche Kaiser Karl VII., und sein bayerisches Stammland wurde kurz darauf von den Österreichern besetzt. Damit entfiel eine nützliche Ausrede, mit der sich Friedrich bisher in einer gewissen Distanz vom Kriegsgeschehen hatte halten können: er hatte die Preußen nicht als selbständig kriegführend deklariert, sondern als Reichstruppen. Hilfstruppen, die zugunsten des Kaisers ins Geschehen eingriffen. Nun war er Hauptbeteiligter in dem Konflikt geworden.
In der zweiten Märzwoche 1745 erreichte Friedrich die Nachricht von einer ihm feindlich gesinnten Quadrupelallianz zwischen Großbritannien, Holland, Sachsen und Österreich. Für die beiden letztgenannten Mächte «war es nicht genug, ihn zu demütigen, indem man ihm Schlesien wegnahm, sondern man wollte ihn auch zu einem unbedeutenden Niemand machen» . . . «Das bedeutet nichts anderes als seine Vernichtung, und (sie) würden die Menschenrechte dafür hergeben, um ihr Ziel durchzusetzen . . .» (Valory, 1820, I., 211; Thomas Villiers, 3. September, PRO SP 88/66)
Am 14. März hatte Friedrich den Grundstein für ein «Sommerhaus auf dem Gipfel des Weinbergs bei Potsdam» gelegt – für das künftige Lustschloß Sanssouci. Er reiste am Tag darauf nach Schlesien ab und richtete nach kurzen Aufenthalten in Breslau und Neisse am 29. April sein Hauptquartier im Zisterzienserkloster Kamenz im Flachland der oberen Neiße unterhalb von Glatz ein. Friedrich bebte innerlich vor Ungeduld in Erwartung darauf, daß der Feind die Kampfhandlungen eröffnete. Einstweilen geschah nichts, doch der Monat Mai war warm und sonnig, und Abt Tobias Stusche sorgte für heitere Tafelmusik, wenn sich der König des Mittags an der Essenstafel unter den großen Bäumen im Klostergarten niederließ.
In Kamenz erhielt Friedrich auch nach langer Zeit die erste erfreuliche Nachricht. Sie betraf ein Gefecht bei Bratsch in Oberschlesien am 22. Mai, wo der Onkel des Königs, Markgraf Karl von Brandenburg-

Schwedt-Sonnenburg, mit einem Korps von 6 000 Mann den Angriff von zahlenmäßig überlegenen österreichischen Verbänden auf einen preußischen Train erfolgreich abgewehrt hatte. Friedrich war des Lobes voll über die von dem Markgrafen befehligten Württemberger Dragoner (Dragoner-Regiment Nr. 12) und führte später den neuen Geist in der gesamten preußischen Kavallerie auf diese Episode zurück. Er zog aus ihr die Lehre, wie Soldaten sich selbst zu übertreffen vermochten, wenn sie einem klug abgewogenen Prozeß aus Tadel und Ermunterung unterzogen wurden und einige heldenhafte Führer ihnen ein nachahmenswertes Beispiel gaben.

Währenddessen vereinigten die Verbündeten in Böhmen ihre Streitkräfte. Das österreichische Feldheer unter dem Oberbefehl Prinz Karls von Lothringen bestand jetzt aus 40 000 österreichischen Fußsoldaten und Reitern und einem sächsischen Kontingent von 19 000 Mann. Am 26. Mai ging bei Friedrich die Meldung seines Generals von Winterfeldt ein, daß der Feind sich in Marsch gesetzt habe, um in Schlesien einzufallen. Friedrich verzichtete darauf, die Gebirgspässe sperren zu lassen, befahl jedoch eine strenge Bewachung der von den Bergen nach Niederschlesien hinabführenden Straßen und Wege. In seinem neuen Feldlager in Frankenstein versammelte der König 42 000 Infanteristen, 14 500 Kürassiere und Dragoner, 2 300 Husaren sowie einen Troß mit 54 schweren Geschützen und kam damit auf eine Gesamtstärke von zirka 59 000 Mann. Er hatte dabei auch alle Truppen von den Nebenschauplätzen anrücken lassen, denn der Feldzug von 1744 hatte ihn die Erkenntnis gewinnen lassen, «qui conserve tout ne conserve rien. La partie essentielle où il faut s'attacher, c'est à l'armée de l'ennemi.» («Wer alles zurückbehalten will, behält nichts zurück. Der entscheidende Teil, auf den es das Augenmerk zu richten gilt, ist die Armee des Feindes.») («Principes Généraux», 1748, Œuvres, XXVIII., 37–38)

Friedrichs unmittelbares Problem bestand darin, die Armee der Verbündeten aus den Bergen ins Flachland zu locken. Er hatte einen Doppelagenten, einen Italiener, in Karls Hauptquartier, der den Österreichern berichtete, Friedrich habe die Absicht, sich nach Breslau zurückzuziehen. Die berittenen Aufklärungsabteilungen Winterfeldts und Du Moulins erhielten Befehl, dasselbe Gerücht bei der Bevölkerung auszustreuen. Sie verliehen ihrer Geschichte Glaubwürdigkeit dadurch, daß sie sich, in Sichtweite der Österreicher gekommen, plötzlich nach Schweidnitz zurückzogen.

Am 1. Juni versammelte Friedrich seine Truppen zwischen Schweidnitz und Alt-Jauernick. (vgl. Karte 9) An diesem Tag und an den beiden folgenden Vormittagen ritt er mit kleiner Begleitung zu den Hängen der Ritterberge südlich Striegau. Von hier oben hatte er einen Ausblick über eine weite Ebene hinweg bis zu den bewaldeten Ausläufern des Riesengebirges um die Orte Freiberg, Hohenfriedberg und Kauder.

Die Vorhut des österreichischen Heeres zeigte sich am 2. Juni. Am selben Abend suchten sich Prinz Karl und der Herzog von Weißenfels, der sächsische Befehlshaber, von der Kuppe des Galgenbergs westlich von Hohenfriedberg einen Überblick zu verschaffen. Die beiden Feldherren konnten wenig Interessantes erspähen, denn Friedrich hatte die Mehrzahl seiner Regimenter geschickt hinter einem Waldstück namens Nonnenbusch und in Bodenwellen im Striegauer Talgrund verborgen, so daß der lothringische Oberbefehlshaber nicht sehen konnte, daß die preußische Armee buchstäblich zu seinen Füßen lag. Die Verbündeten fühlten sich deshalb ermutigt, ihre Truppen am nächsten Tag in acht großen Kolonnen aus den Gebirgspässen nordöstlich von Landeshut in die Ebene hinuntermarschieren zu lassen.

Am 3. Juni in der Frühe unternahm Friedrich erneut einen Ausritt in die Ritterberge und beobachtete, daß die feindlichen Soldaten bereits ihre Lagerfeuer entzündet hatten, über denen sie ihre Mahlzeiten zubereiteten. Der König schloß daraus, daß die Alliierten bald aufbrechen und zum Angriff antreten würden. Er kehrte kurz ins preußische Feldlager zurück und begab sich am frühen Nachmittag abermals zu seinem Aussichtspunkt. Gegen vier Uhr

> il vit une nuée de poussière qui s'élevait dans les montagnes, qui avancait et descendait dans la pleine et qui allait en serpentant de Cauder à Fehebeutel et Rohnstock; la poussière tomba ensuite, et l'on aperçut distinctement l'armée des Autrichiens qui était sortie des montagnes sur huit grandes colonnes . . . au bruit des tambours, des trompettes et de tous les autres instruments militaires dont les Allemands sont fort curieux, et qui faisait sans doute une harmonie male qui, jointe à l'éclat et aux hennissements des chevaux, formait un concert propre à faire naître l'ardeur du combat. Tout cela était encore relevé par l'éclat des armes, par mille drapeaux ou étandarts flottants en l'air, par la marche grave de tant de corps disciplinés, et par la vitesse des troupes légères qui précédaient l'armée. Enfin tout cela étalé par le plus beau temps du monde formait un spectacle ravissant et terrible, un coup d'œil qui excitait l'étonnement et la terreur . . .
>
> (sah er eine Staubwolke, die in den Bergen aufstieg, in der Ebene auf- und niederhüpfte und in Schlangenlinien von Kauder nach Fehebeutel und Rohnstock verlief; dann senkte sich der Staub, und man erkannte klar und deutlich die österreichische Armee, die in acht

großen Marschsäulen aus den Bergen herabgekommen war ... unter dem Lärm der Trommeln, Trompeten und all der anderen Militärmusikinstrumente, die von den Deutschen so sehr geschätzt werden, was ohne Zweifel eine schlechte Harmonie ergab, die zusammen mit dem Marschtritt und dem Wiehern der Pferde ein Konzert ausmachte, geeignet, die Kampfeslust zu wecken. All dies wurde noch unterstrichen von dem Scheppern der Waffen, den tausend im Winde flatternden Fahnen oder Standarten, durch den gesetzten Marschrhythmus der vielen disziplinierten Korps und die Schnelligkeit der leichten Truppen, die der Armee voraneilten. Schließlich kam durch alle diese beim schönsten Wetter der Welt ausgebreiteten Dinge ein hinreißendes und zugleich schreckliches Schauspiel zustande, ein Anblick, der Erstaunen und Schrecken hervorrief ...)
(Œuvres, III., 111; Mauvillon, 1756, 261)

Gegen Abend formierten sich die Verbündeten zu einer lockeren Schlachtreihe, die sich nur gut vier Meilen lang zwischen Kauder und Hohenfriedberg erstreckte. Die Österreicher und Sachsen waren sorglos und allzu selbstsicher. Sie trafen keine Anstalten, irgendwelche Punkte von taktischer Bedeutung zu besetzen.
Friedrich ritt im Galopp davon und traf gegen sechs Uhr abends in seinem Hauptquartier in Alt-Jauernick ein, wo er nur wenige eilige Anordnungen traf. Als königlicher Feldherr war er nicht verpflichtet, einen Kriegsrat einzuberufen, und konnte jetzt in der Dunkelheit seines Zeltes etwas Ruhe genießen. Sein Freund Chasot suchte ihn um acht Uhr auf, und Friedrich erklärte ihm freudestrahlend: «Endlich ist mein längst ersehnter Wunsch in Erfüllung gegangen. Ich habe die feindliche Armee von den Höhen herabsteigen und sich in die Ebene ausbreiten sehen. Der morgende Tag wird ein wichtiger Tag für mich sein ... !» (Kröger, 1893, 34–35)
Friedrichs Plan für die bevorstehende «Schlacht von Hohenfriedberg» sah so aus, daß die preußische Armee einen Nachtmarsch in nordwestlicher Richtung von Jauernick nach Striegau antrat, ungesehen das Striegauer Wasser, einen Nebenfluß der Weistritz, überquerte und schließlich den Feind von Osten her in der Flanke packte und warf.
Die Preußen brachen gegen neun Uhr abends an diesem 3. Juni auf. Die Straßen waren der Artillerie vorbehalten, und «les soldats marchaient à droite et à gauche, la plupart du temps dans l'eau jusqu'à mi-jambe sans quitter leur rang ...» («die Soldaten marschierten rechts und links von der Straße, die meiste Zeit bis zum Knie im Wasser, ohne Reih und Glied zu verlassen ...») (Valory, 1820, I., 228)
Die Füsiliere, Dragoner, Kürassiere und Artilleristen wußten, um was es ging, und gehorchten gewissenhaft den Befehlen, die ihnen jegli-

chen Lärm und sogar das Rauchen verboten. In gespenstischer Stille bewegten sich die vielen tausend Soldaten voran. Den Pferden waren die Hufe umwickelt worden, und Österreicher und Sachsen, deren Patrouillen noch wenige Stunden zuvor von den brennenden Lagerfeuern der Preußen im Striegauer Tal berichtet hatten, schliefen ahnungslos in den neuen Tag hinein. Die preußischen Regimenter und Bataillone verhielten am frühen Morgen ein kurzes Stück vor dem Striegauer Wasser. Friedrich ließ seine Truppen während der Dunkelheit bis Tagesanbruch unter Waffen verharren. Der König verbrachte einige Zeit mitten unter seinen Soldaten, zum Schutz gegen die Kühle dieser sternenklaren Nacht in seinen Uniformmantel gehüllt.

Gegen halb drei – es war jetzt der 4. Juni – entwickelte Friedrich seinen Generalen und Kommandeuren am Fuß des Gräbener Fuchsberges den genauen Angriffsplan. Die preußischen Verbände erhielten Befehl, das Striegauer Wasser in den Ortsbereichen Striegau, Gräben und Teichau zu überschreiten und weiter nordwärts in Generalrichtung auf Pilgramshain vorzurücken, bis sie genug Raum hatten, um sich zu einer Schlachtreihe zu entfalten. Anschließend sollte ein Vormarsch nach Westen erfolgen, wobei der rechte Flügel mit einer gestaffelten Angriffswelle die Führung zu übernehmen hatte.

Hohenfriedberg sollte die episodenhafteste und zugleich vielfächerigste aller Schlachten Friedrichs werden. Im Rahmen des vorliegenden Buches ist es allerdings kaum möglich, dieser Schlacht mehr Raum zu widmen als eine Beschreibung des zeitlichen Ablaufs der Ereignisse zu versuchen. (vgl. Karte 10)

Eine erste Verwirrung auf seiten der Preußen rührte aus der Tatsache her, daß die verbündeten Heere sich auf dem jenseitigen Ufer des Striegauer Wassers viel weiter nach Osten entfaltet hatten, als dies Friedrich gemutmaßt hatte. Nur das Hauptheer der Österreicher hatte während der Nacht Lagerfeuer entzündet, während ohne Wissen Friedrichs die Sachsen und eine Reihe von Schwadronen der österreichischen Kavallerie sowie auch Grenadiereinheiten in der Dunkelheit direkt auf die preußischen Linien zumarschierten. Statt sich eines ungestörten Vorgehens auf Pilgramshain erfreuen zu können, fanden sich die preußischen Avantgarden plötzlich in eine Art private Schlacht verwickelt, an der schließlich die gesamte Kavallerie von Friedrichs rechtem Flügel beteiligt war.

Generalleutnant Du Moulin stieß als erster mit einer Vorhut von sechs Grenadierbataillonen und 28 Husarenschwadronen über das Striegauer Wasser. Sein Abstand zur Hauptmasse der preußischen Armee war beträchtlich. Er hatte den Auftrag, die freistehenden Bergrücken hinter Striegau zu besetzen. Dieser Abschnitt war jedoch bereits ohne sein Wissen von einer gemischten Abteilung sächsischer und österreichischer Grenadiere, insgesamt vier Kompanien, eingenommen worden. Eine zeitgenössische Darstellung lautet, gegen zwei Uhr früh «sey ein Preußischer Hussar zu besagtem Commando gekommen und sie befraget: ‹ob sie Österreicher oder Preußen seyen?› und er sey sogleich auf die Antwort, daß sie Österreicher wären, mit Abnehmung seiner Mütze unter dem Wort: ‹und ich bin ein Preußischer Hussar!› zum Berg hinauf geritten ...» (Karl Egidius Große, zitiert bei: Hoffmann, 1903, 32–33)

Du Moulins Meldung von der Präsenz des Feindes erreichte Friedrich gegen vier Uhr morgens zu einem Zeitpunkt, als sich die Kolonnen des Hauptheeres seit einer halben Stunde auf dem Marsch befanden und die Sonne sich anschickte, ihre ersten Strahlen über den Horizont auszustrecken. Friedrich entsandte eine Batterie von sechs 24-Pfünder-Geschützen zur Unterstützung der Vorhut und beschleunigte das Übersetzen der Spitzen seiner Kavallerie und Infanterie über das Striegauer Wasser. An die Bildung einer ordnungsgemäßen Schlachtformation war gar nicht zu denken. Tatsächlich fand sich das zweite Treffen mit einem Male vor die Aufgabe gestellt, an der Spitze in den Kampf zu gehen.

Zwischen vier und fünf Uhr früh gelang es dem Herzog von Weißenfels, die sächsischen Reiter und die Kavallerie des linken österreichischen Flügels südöstlich Pilgramshain ausschwärmen zu lassen. Dementsprechend waren in die ersten Kampfhandlungen Du Moulins Husaren und die Kavallerie auf dem rechten preußischen Flügel verwickelt. Bei seiner Befehlsausgabe an die Kommandeure hatte Friedrich für die Kavallerie angeordnet, in der Hitze des Gefechts kein Pardon zu geben, was zu einer blutrünstigen Erregung bei den Reitern führte.

Die preußische Kavallerie genoß den Vorteil der zahlenmäßigen Überlegenheit, des abschüssigen Geländes und der Unterstützung durch zwei Artilleriebatterien, aber Graf Rothenburg, der die 26 Kürassierschwadronen befehligte, die das erste Treffen bildeten, hatte bald Hilfe von den hinter ihm stehenden Dragonern und Husaren nötig. Die Preußen brachen in ihrem Bestreben, rasch dem Gegner zu Leibe zu rücken, aus dem Glied aus, und binnen weniger Minuten waren Dragoner, Husaren, Kürassiere und berittene Grenadiere des Feindes in einen turbulenten Kampf Mann gegen Mann verwickelt und wirbelten durcheinander wie ein Bienenschwarm. Zwei Bataillone sächsischer Grenadiere zu Fuß wurden in diesem blutigen Ringen aufgerieben, und mehr als ein preußischer Offizier war bestürzt, wenn er aus nächster Nähe miterleben mußte, wie diese prächtigen Kerle gnadenlos niedergemetzelt wurden. Der sächsische General Schlichting hatte wirklich Glück, daß er unverletzt in preußische Gefangenschaft geriet.

Während die Kavallerieschlacht im Norden des großen Aufmarschgebietes tobte, hatte die preußische Infanterie begonnen, das Striegauer Wasser auf den Brücken in und bei Gräben zu überqueren. Erbprinz Leopold von Anhalt-Dessau stellte die ersten neun von ihm befehligten Bataillone in improvisierter Schlachtordnung auf und ging ohne weiteren Zeitverlust gegen die sich sammelnde sächsische Infanterie vor. Weitere preußische Bataillone eilten heran, um die Schlachtreihe nach rechts und links zu verlängern, so daß eine Streitmacht von 21 Bataillonen mit geschulterten Musketen, fliegenden Fahnen und unter Trompetenklang gegen den Feind vorstürmte, der unbeweglich in einem von Gräben, Sümpfen und Buschwerk durchzogenen Gelände stand. Die Preußen trotzten dem sächsischen Kartätschenfeuer, das aus einer Entfernung von vierhundert Schritt abgegeben wurde, und drangen tief in die Reichweite der gegnerischen Musketen ein, bevor sie selbst die ersten Schüsse auf den Feind abgaben: «Da ging es nun an ein Niedermetzeln, daß in wenig Stunden das gantze Schlacht-Feld mit Blut und Leichen angefüllet wurde.» (zitiert bei: Hoffmann, 1912, 28)

Die Zerschlagung der sächsischen Regimenter war gegen sieben Uhr früh abgeschlossen. Friedrich hatte die Aufstellung seiner Armee auf dem Schlachtfeld überwacht. Als er die Nachricht von dem triumphalen Sieg über die Sachsen vernahm, rief er begeistert aus: «Die Schlacht ist gewonnen!» Es war unzweifelhaft richtig, daß der Lauf der Ereignisse in keiner Weise mit seinem ursprünglichen Angriffsplan übereinstimmte, doch die Österreicher setzten sich erst jetzt in Bewegung – viel zu spät, um helfend für die Sachsen einzugreifen –, und Friedrich war bereits auf dem besten Wege, die Verbündeten völlig aufzureiben.

Nachdem nun die Sachsen in Friedrichs Abrechnung gestrichen werden konnten, wandte er seine ganze Aufmerksamkeit dem Problem zu, rasch genügend Kräfte gegen die Österreicher werfen zu können. Er unterband den Vormarsch von Verstärkungen nach Norden und ließ alle verfügbaren Bataillone nach links schwenken. Infolge unklarer Befehlsweitergabe stand plötzlich der junge Prinz Ferdinand von Braunschweig mit den fünf Regimentern seiner Brigade ohne Unterstützung mitten im freien Gelände ungefähr tausend Schritt östlich des Dorfes Günthersdorf. Prinz Karl ließ die Gelegenheit ungenutzt verstreichen, die linke Flanke der Preußen, die zu diesem Zeitpunkt noch in der Aufstellung begriffen war, zu umgehen. Es ist tatsächlich wahr: «Tant le sort des états et la réputation des généraux tient à peu de choses. Un seul instant décide de la fortune . . .» («So sehr hängt zuweilen das Schicksal von Staaten und das Ansehen von Generalen von Kleinigkeiten ab. Ein einziger Augenblick entscheidet über ihr Los . . .») (Œuvres, III., 117) Friedrich konnte schließlich den Österreichern ein Aufgebot von ungefähr 10 400 Infanteristen, verteilt auf 13 Musketierbataillone, sowie die fünf unter dem Kommando von Infanteriegeneral Polentz stehenden Grenadierbataillone entgegenwerfen.

Der entsprechende linke Flügel der preußischen Kavallerie war jedoch noch immer in einer gefährdeten Lage, denn zur zahlenmäßigen Unterlegenheit gegen die österreichischen Reiter (6 000 Mann gegen 7 000) kamen noch die Schwierigkeiten, die die Preußen bei der Überquerung des Striegauer Wassers hatten. Generalmajor von Kyau passierte den Fluß mit zehn Kürassierschwadronen auf der Brücke von Teichau und sprengte in sorgloser Zuversicht über das flache Land zwischen Thomaswaldau und Halbendorf, nicht ahnend, daß die wackelige Holzkonstruktion hinter dem letzten Reiter eingestürzt war und er ohne Rückzugsmöglichkeit abgeschnitten war. Schon stürzte sich die österreichische Kavallerie auf sie, und die isolierten preußischen Eskadrons wären vermutlich aufgerieben worden, wenn Generalmajor von Zieten nicht zwischen Teichenau und Gräben eine Furt im Fluß entdeckt und mit seinen Roten Husaren (H 2; siehe Karte 10) und den Dragonern des Regiments Alt-Württemberg (D 12) blitzschnell ans jenseitige Ufer gelangt wäre. Zieten fiel sofort über das zweite Treffen der Österreicher her, bevor dieses gegen Kyau zum Zuge kommen konnte.

Generalleutnant Nassau führte 25 weitere preußische Schwadronen durch Zietens Furt in die Schlacht. (vgl. Abb. 20) Darüber hinaus geriet der linke Flügel der österreichischen Kavallerie unter wirksames Musketenfeuer aus dem Dorf Thomaswaldau, das mittlerweile von den Polentzschen Grenadieren eingenommen worden war. Gegen acht Uhr wichen die Österreicher in wilder Flucht. Viele Reiter blieben in dem morastigen Gelände stecken, und um ein Haar wäre Prinz Karl von Lothringen von den Preußen gefangengenommen worden.

Nachdem somit die Sachsen und die österreichischen Reitertruppen ausgeschaltet waren, setzten nur noch die rund 19 500 Mann der österreichischen Infanterie den Kampf fort, wobei sie in östlicher Richtung über die offenen Felder zu beiden Seiten Günthersdorfs zurückwichen. An manchen Stellen verteidigten sie ihre Stellung erbittert, «wodurch denn ein entsetzliches Feuer entstund, so zwar dem Mollwitz'schen, weil es nicht so lange gewähret, nicht zu vergleichen, jedennoch aber an Donnern weit übertroffen, weil es sich fügte, daß beyde Flügel fast immer zugleich schossen, worunter wohl, wie leicht zu erachten, die unserigen einige male mehr, der Fertigkeit im Laden wegen, ihre Gewehre los feuerten; wozu dann auch das unaufhörliche Feuer beyderseitiger Kanonen kam ... Also man kann sich nicht genug vorstellen, welch ein erschreckliches Getöse dieses in der Luft verursachte ...» (Offizier des Infanterie-Regiments Nr. 19 des Markgrafen Karl, zitiert bei: Hoffmann, 1903, 21–22)

Friedrichs Verbleib während dieser Zeit ist mit absoluter Gewißheit schwer festzustellen, obwohl sächsische Gefangene seiner hinter der Front ansichtig wurden, wie er, mit einem alten Mantel und einem ebensolchen Hut bekleidet, von Zeit zu Zeit den Offizieren in seiner Nähe Anweisungen gab und fast ständig seine Augen am Teleskop hatte.

Weder der König noch einer seiner ranghohen Offiziere hatte bemerkt, daß das zehn Schwadronen starke Eliteregiment der Bayreuther Dragoner (D 5) bis dato noch keinen nennenswerten Auftrag erhalten hatte. Beim ersten Tageslicht hatte das Regiment befehlsgemäß eine Wachfunktion unweit des Nonnenbuschs innegehabt, um zu verhindern, daß die leichten Truppen des Feindes aus dem Wald hervorbrachen und die preußische Flanke störten. Von diesem Standort im Gelände waren die leichten Reiter den Spuren der Infanterie gefolgt, hatten bei Teichau das Striegauer Wasser überquert und schließlich südlich Günthersdorf bei der Infanterie des zweiten Treffens Aufstellung genommen. Oberleutnant Chasot, Friedrichs alter Freund, kommandierte die drei rechtsstehenden Schwadronen. Er hielt das vorrückende Regiment direkt hinter einer bedrohlich aussehenden Lücke an, die im ersten Treffen der Infanterie zwischen dem Regiment Bevern (7) und der Brigade des Prinzen Ferdinand von Braunschweig klaffte. Dieser hieß Chasot natürlich freudig willkommen und richtete dessen Augenmerk auf eine Kette österreichischer Grenadiere, die sich drei- bis vierhundert Schritt von der preußischen Front aufgestellt hatten und die Masse der feindlichen Infanterie abschirmten.

Ein Sieg hat viele Väter, wie Moltke zu Recht bemerkt hat, und von wem der Befehl für den nun folgenden vernichtenden Sturmritt der Bayreuther Dragoner, die wohl berühmteste Attacke in den Schlesischen Kriegen, ausging, wird unterschiedlich dargestellt. Manche Historiker schreiben Chasot selbst das Verdienst zu, andere bezeichnen den Regimentschef Generalleutnant Geßler oder den eigentli-

chen Regimentskommandeur, den trinkfesten, jovialen Oberst Otto Martin von Schwerin als Initiator.
Genau wissen wir dagegen, daß das Dragoner-Regiment Bayreuth durch die Lücken und Zwischenräume des linken Flügels der preußischen Infanterie nach vorne stieß und gegen 8.15 Uhr auf einer Frontbreite von gut sechshundert Schritt urplötzlich zum Angriff überging.
Chasot schildert das so:

> Gleich setzte ich die Escadrons des rechten Flügels in Bewegung und zwar zuerst im Schritt. Nachdem wir aber über einige Gräben gliederweis gesetzt waren, wobei ich so verfuhr, daß das erste Glied, sobald es jenseits des Grabens war, Halt machen mußte, um beiden letzteren Zeit zu lassen, sich an das erstere wieder anzuschließen, ging's im Trott und endlich im vollen Galopp und mit vorwärts gebeugtem Kopf auf die österreichischen Grenadiere zu, die, ungeachtet sie sich brav hielten und in einer Entfernung von zwanzig Schritten eine Salve gaben, geworfen und größtentheils niedergehauen wurden ...
> (Kröger, 1983, 38)

Nach Ausschaltung der gegnerischen Grenadiere stießen die Bayreuther Dragoner auf die Masse der österreichischen Infanterie. Als der Pulverdampf sich verzog, konnte man beobachten, wie die Reiter mit geschwungenem Säbel in die fliehenden Österreicher hineinsprengten und sie niedermachten. Binnen zwanzig Minuten erbeutete das Regiment fünf Geschütze und 67 Feldzeichen und Standarten und machte etwa 2 500 Gefangene bei eigenen Verlusten von nur 94 Mann.
Lediglich drei österreichische Infanterieregimenter waren dank geringer Ausfälle noch in der Lage, den Rückzug zu decken:

> Les Prussiens avancèrent, mais avec autant de lenteur et d'ordre que s'ils eussent été à ce qu'ils appellent une grande revue; ils depassèrent le champ de bataille environ de 2 000 pas. Pas un soldat ne se baissa pour fouiller un mort ou un blessé, chose admirable, mais ordinaire chez nos troupes.
> (Die Preußen rückten weiter vor, doch derart langsam und in Reih und Glied, als befänden sie sich bei einer, wie sie es nennen, großen Revue; sie ließen das Schlachtfeld ungefähr 2 000 Schritt hinter sich und machten halt. Kein einziger Soldat beugte sich nieder, um einen Toten oder Verwundeten zu plündern, ein bewundernswerter Vorgang, der aber bei unseren Truppen normal ist.) (Valory, 1820, I., 234)

Um genau neun Uhr vormittags war die Schlacht vorüber. In strahlender Siegerlaune schrieb Friedrich an den Alten Dessauer: «Diese

Sache ist die beste, die ich gesehen habe, und die Armee sich surpassiret hat ...» (PC 1869) Selbst wenn die militärische Ausbildung des Königs und seiner Soldaten noch nicht abgeschlossen war, so hatten sie doch zum ersten Mal einen eindrucksvollen Beweis ihrer Fähigkeit und Ausdauer in nahezu allen Sparten der Kriegskunst geliefert. Die Vorbereitungen für die Schlacht erwiesen sich als persönlicher Triumph für Friedrich, denn der Aufmarsch seiner Armee, die erfolgreich gestellte Falle und der Nachtmarsch hatten zusammen den ersten strategischen Vorteil ausgemacht, den er je gegenüber den schlauen Österreichern errungen hatte. Friedrich war es auch gelungen, den Angriffsschwung jenseits des Striegauer Wassers beizubehalten, obwohl es sich herausgestellt hatte, daß der Feind an viel mehr Stellen postiert war, als zu vermuten gewesen war. Der König war deshalb in der Lage gewesen, die Verbündeten «in solch einer Position zu attackieren, daß sie nur Bataillon neben Bataillon zu kämpfen vermochten und nicht im Stande waren, sich gleichzeitig mit ihrer ganzen Armee zum Kampf zu stellen» (Villiers, 7. Juni, PRO SP 88/65). Im weiteren Verlauf der Schlacht wurden alle Waffengattungen dem Ideal des «Immer vorwärts!» gerecht: die beiden Artilleriebatterien, die Du Moulins Vorausabteilung unterstützten, die Kommandeure der Infanteriebrigaden, die sich ohne Zögern der Herausforderung der beweglichen Kampfführung stellten, und schließlich die Kavallerie, die zweimal in offener Feldschlacht die Oberhand über die österreichische Reiterei behalten hatte.
Den Paukenschlag, der die ganze Schlacht beendete, kommentierte Friedrich mit dem Ausruf: «Diese Dragoner vom Regiment Baireuth sind veritable Cäsars! Welche Bildsäulen würde man ihnen nicht in Rom errichtet haben ... !» (Koser, 1921, I., 500) Interessanterweise entsprach ihr Eingreifen in keiner Weise der Rolle, die den Dragonern in der «Cavallerie-Disposition» des Jahres 1744 zugeteilt worden war. Nach dieser Dienstanweisung lautete ihre Aufgabe, das zweite Treffen der preußischen Kavallerie zu bilden und der feindlichen Infanterie erst dann in die Flanken zu fallen, wenn diese geschlagen war. Schon die Größe des Bayreuther Regiments – mit seinen zehn Schwadronen entsprach es einer kleinen Brigade – verschaffte ihm eine Sonderstellung bei der Reitertruppe. Bei Hohenfriedberg entging es aus irgendeinem Grunde der Aufstellung in der Schlachtordnung der Kavallerie und blieb deshalb frei von Aufgaben, bis es seinen unabhängigen Frontalangriff gegen die wankenden, aber noch kampfkräftigen Regimenter der österreichischen Infanterie vortrug. Diese Art der Kampfführung entsprach viel mehr dem Einsatz der napoleonischen Kavalleriereserve auf dem Schlachtfeld als jeder

anderen, um die Mitte des 18. Jahrhunderts bekannten Taktik, und es ist enttäuschend, festzustellen, daß Friedrich sich nicht intuitiv veranlaßt sah, darüber weitere Überlegungen anzustellen, außer vielleicht bei einem der Schlachtentwürfe in den *Principes Généraux* im Jahre 1748. (Œuvres, XXVIII., 79)

Nach der Schlacht richtete Friedrich sein Hauptquartier in dem gewaltigen, aber ziemlich unfreundlich wirkenden Schloß Rohnstock ein, das ein beliebter Zufluchtsort für ihn werden sollte, als er später in diesem Teil Mitteleuropas neue Feldzüge führte. Am Vormittag des 5. Juni 1745 hielt Friedrich auf dem Schloß eine Truppenschau seiner siegreichen Bayreuth-Dragoner ab. Unter dem rhythmischen Hämmern der Kesselpauken zogen zwei Reiterkolonnen in den Schloßhof ein, die fünfzig erbeutete Fahnen und Standarten trugen. Sie senkten die Flaggen und Feldzeichen vor dem König, der vor sich auch eine große Zahl der erbeuteten Trophäen, darunter 20 feindliche Geschütze, sah. Jeder Truppenteil hatte Ehrenposten vor seinen Beutestücken aufziehen lassen. General Graf Geßler meldete dem König das Regiment angetreten. Viele Soldaten waren verwundet und verbunden. Friedrich verlieh sämtlichen Stabsoffizieren und Kapitäns des Regiments den Orden Pour le mérite. Das Bayreuther Regiment selbst erhielt von Friedrich ein «Diploma wegen seiner in dieser glориösen Bataille erworbenen Lorbeeren» und die Befugnis, die eroberten Beutestücke wie Kanonen und Fahnen in seinem Regimentssiegel zu führen. (vgl. Abb. 21)

Die Preußen gewannen erst einen vollständigen Überblick über ihren Sieg, nachdem die Verwundeten zusammengeholt, die Gefallenen bestattet und die unzähligen Gefangenen gezählt worden waren. In den meisten Schlachten, die Friedrich schlug, hatten die Preußen höhere Verluste als die Gegner, gleichgültig, welche Seite den Sieg davontrug, doch in Hohenfriedberg waren auf den Listen der Toten und Verwundeten die Zahlen bei den Österreichern beinahe dreimal so hoch. Die Gesamtverluste bei den verbündeten Armeen der Österreicher und Sachsen beliefen sich auf rund 13 800 Mann, darunter 3 120 Gefallene. Die Preußen hatten ihren Sieg mit 4 751 eigenen Verlusten, davon 905 Toten, erkauft. (Keibel, 1899, 438)

Wir wissen natürlich nicht, ob all dies dereinst in einer anderen Welt als Meriten verbucht wird. Fest steht mit Sicherheit, daß Hohenfriedberg den Preußen wenig Freunde in dieser Welt eintrug. Die Österreicher waren entschlossen, den Waffengang bei günstiger Gelegenheit zu wiederholen, denn «les plus légers succès ont de tout temps enflé la cour de Vienne, et les revers ne l'ont jamais abattue» («die leichtesten Erfolge haben zu allen Zeiten den Wiener Hof hochmütig gemacht und Fehlschläge ihn nie entmutigt»). (Valory, 1820, I., 211) Die Sachsen bewahrten ihre Verbitterung bis zum nächsten Krieg mit den Preußen. Ihr Schlachtruf «Dies ist für Striegau!» war nicht nur eine Erinnerung an das Massaker von Hohenfriedberg, sondern auch an die Leidenszeit der überlebenden sächsischen Soldaten in den Wochen danach, als sie ausgehungert waren und geprügelt wurden, wenn sie sich nicht bereit erklärten, die preußische Uniform anzuziehen. Der Dragoner Nikolaus Stephan vom Maffeischen Regiment gehörte zu denen, denen die Flucht gelang. Ein sächsischer Kompanieschreiber trug dementsprechend in eine Liste ein: «Gedachter Carabinier ist zu Leistung fernerer Dienste willig, und will lieber Ihro Königl. Majesta in Pohlen 20 Jahre als dem Könige von Preußen 1 Jahr dienen . . .» (Hoffmann, 1903, 45)

Unmittelbar nach der Schlacht von Hohenfriedberg konnten sich Österreicher und Sachsen ungehindert nach Böhmen zurückziehen. Nicht einen einzigen vernünftigen Grund vermochten bis heute die Historiker dafür anzuführen, daß Friedrich auf eine wirksame Verfolgung des fliehenden Feindes verzichtete. Lediglich einige wenige Stunden lang waren preußische Husaren befehlsgemäß dem in Auflösung begriffenen Gegner nachgesetzt, hatten ihn über die nahen Pässe ins Sudetengebirge hinein gejagt und waren dann umgekehrt. Friedrich selbst verwies im Laufe der späteren Jahre bei verschiedener Gelegenheit im Gespräch oder in Briefen und Aufzeichnungen auf seine Unerfahrenheit in der Abwicklung solch einer Operation oder auf das Problem, seine Armee ausreichend mit Proviant und Munition zu versorgen angesichts eines Versorgungstrains, der sich noch nicht von den Verlusten des Jahres 1744 erholt hatte. «La bataille de Friedberg avait sauvé la Silésie: l'ennemi était battu, mais il n'était pas détruit; cette bataille n'avait pas applani les montagnes de la Bohême par lesquelles étaient obligés de passer les vivres pour l'armée.» («Die Schlacht von Friedberg hatte Schlesien gerettet. Der Feind war geschlagen, aber er war nicht vernichtet; diese Schlacht hatte nämlich nicht die Berge Böhmens abgetragen, über die die Verpflegung für die Armee gelangen mußte.») (Œuvres, III., 120) Glaubwürdiger ist vielleicht die Möglichkeit, daß Friedrich die Widerstandskraft der Österreicher zu gering einschätzte und auch den Wandel verkannte, der in der Art und Weise der Kriegführung seit 1742 eingetreten war, als eine einzige Schlacht – die von Chotusitz – genügt hatte, um den Feind in die Knie zu zwingen.
In den Wochen nach Hohenfriedberg konzentrierte sich Friedrich sehr gründlich auf ein einziges militärisches Ziel. «L'intention de ce

prince dans cette campagne était de vivre aux dépens de l'ennemi, de manger et de consumer totalement les vivres et les fourrages qui se trouvent dans cette partie de la Bohême limitrophe de notre pays, et de se retirer ensuite, toujours en consumant, par de petites marches sur sa frontière, pour les couvrir.» («Die Absicht dieses Herrschers bei diesem Feldzug war es, auf Kosten des Feindes zu leben, die in diesem an unser Land angrenzenden Teil Böhmens befindlichen Lebens- und Futtermittel zu verzehren und zu verbrauchen und sich dann, immer noch alles konsumierend, in stufenweisen Märschen bis zur eigenen Grenze zurückzuziehen, um sie zu schützen.» (PC 2004) Die betreffende Region war der Teil Nordostböhmens, der sich von den nach Schlesien und Glatz führenden Pässen hinab bis in die Umgebung von Königgrätz erstreckt. Der bloße Verzehr von Getreide und Pferdefutter mag aus heutiger Sicht merkwürdig scheinen, doch ein Landstrich, der auf diese Weise «kahlgefressen» war, bereitete damals einem nachrückenden Feind schwere Probleme für Nachschub und Kavallerie und stellte gewissermaßen ein Gegenstück zu einem erfolgreichen Luftangriff in unserer Zeit auf das Treibstofflager einer modernen Armee dar.

In Übereinstimmung mit diesem Gesamtplan für die Operationen der nächsten Zeit bewegte sich die preußische Armee in den drei Monaten zwischen Mitte Juli und Mitte September 1745 ganz langsam im Uhrzeigersinn durch den genannten Teil Böhmens.

Der erste, nirgendwo auf Widerstand stoßende Vormarsch brachte Friedrich durch das wellige, wenig bewaldete Gebiet östlich des Oberlaufs der Elbe bis in Sichtweite der österreichischen und sächsischen Stellungen, die sich von der Adler bis zur ansehnlichen, aber unbefestigten Stadt Königgrätz erstreckten.

Nachdem die preußischen Pferde sich nördlich des Flusses bei Gras und Hafer durchgefressen hatten, drehte Friedrich sein Heer westwärts und überquerte am 20. Juli mit der Masse seiner Soldaten die obere Elbe über vier Brücken. Auf dem anderen Ufer ließ er sich zuerst mit seinen Truppen behaglich in der Tiefebene von Chlum (Chlumec) nieder (dem Schauplatz der österreichischen Niederlage im Jahre 1866, die als Schlacht bei Königgrätz in die Geschichte einging) und ging am 24. August ein kurzes Stück stromaufwärts zurück, um direkt an der Elbe zwischen Semonitz (Smirice) und Jaromiersch (Jaromer) ein Feldlager von beträchtlicher Ausdehnung aufzuschlagen. Während dieser ganzen Zeit hielt Prinz Karl seitlich folgend, mühsam Schritt mit den Preußen. Friedrich berichtet uns darüber: «Le roi, de sa tente, qui était sur une hauteur, voyait tous les jours les généraux ennemis venir reconnaître sa position: on les aurait pris

pour des astronomes, car ils observaient les Prussiens avec de grands tubes; ensuite ils délibéraient ensemble ...» («Der König erblickte von seinem Zelt aus, das auf einer Anhöhe lag, tagtäglich die feindlichen Generale, die sich einfanden, um seine Stellung zu rekognoszieren: man hätte sie für Astronomen halten können, denn sie beobachteten die Preußen durch lange Fernrohre und beratschlagten anschließend untereinander ...») (Œuvres, III., 131)
Die Lage der Preußen wurde indes von Tag zu Tag unhaltbarer. Prinz Karl, ein guter Taktiker, aber schlechter Stratege, brannte seit Monaten darauf, die Schande von Hohenfriedberg zu tilgen. Die Verbindungen der preußischen Armee nach Schlesien konnten nur unter Mühen mit Hilfe zahlenmäßig starker Detachements gesichert werden, und die feindlichen Kroaten und Husaren hielten das preußische Lager so gut wie belagert. Eines Nachts drang ein solches, sechzig Mann starkes «Partisanen»-Kommando in eine Randgemeinde von Jaromiersch ein und plünderte das Haus, in dem der Marquis de Valory, der ständige französische Gesandte am preußischen Hof, logierte. Die Angreifer schleppten statt des Diplomaten irrtümlich dessen Sekretär davon, während der Marquis in seinem Zimmer unentdeckt blieb.

> Le roi de Prusse ne fit que rire de cette aventure, mais réfléchir à l'espèce d'affront qu'il y avait a voir pénétrer un détachement ennemi au milieu de son armée. Une observation à faire sur le service prussien, c'est qu'il n'y a point d'armée plus mal gardée; la crainte de la désertion empêchant que l'on ne place des gardes en avant. Il n'y a jamais de poste plus loin qu'à cent pas du front du camp, et l'on ne sait ce que c'est que de faire des patrouilles d'un poste à l'autre.
> (Der König von Preußen lachte nur über dieses Abenteuer, aber man stelle sich nur die Schmach vor, daß ein feindliches Kommando mitten in die Reihen seiner Armee eindrang. Eine Beobachtung, die man beim preußischen Militär machen kann, lautet, daß es wohl keine schlechter bewachte Armee gibt. Aus Furcht vor Desertion wagt man nicht, Posten weit draußen (vor dem Lager) aufzustellen. Keine Wache steht weiter als hundert Schritt von der Vorderseite des Lagers entfernt, und man weiß gar, daß man von einem Posten zum nächsten patrouillieren kann.) (Valory, 1820, I., 244–245)

Um fünf Uhr früh überquerte am nebelverhangenen Morgen des 18. September die preußische Armee erneut die Elbe bei Jaromiersch und nahm auf dem linken Ufer wieder ihren Marsch nach Norden auf. Zwei Tage später erkletterten die Regimenter und Bataillone einen baumbestandenen Berghang und traten auf ein wellenförmiges

Plateau hinaus. Sie hatten den Königreichwald links hinter sich gelassen, dessen Birken und mächtige Nadelbäume einen malerischen Kontrast zu den offenen Feldern mit ihrer roten Erde bildeten. Vor ihnen stieg das Gelände leicht weiter an, bevor es hinabging in ein weites Tal um das Städtchen Trautenau, hinter dem sich die blaue Wand des Rabengebirges abzeichnete, das die Grenze nach Schlesien bildete. Hier war ein guter Platz für das letzte Lager der Preußen, bevor sie den Sprung zurück nach Schlesien taten.
Die zu Kornrequisition und Futtersuche ausgesandten Fourageure und Troßknechte dieses «Lagers von Staudenz» hatten wieder ihre liebe Not mit den Überfällen durch feindliche Reitertrupps. Die Verpflegung des preußischen Heeres stieß auf immer größere Schwierigkeiten. Friedrich begann zum ersten Mal erwartungsvoll seiner Rückkehr nach Potsdam entgegenzusehen, wo Schloß Sanssouci im Entstehen begriffen war. Am 24. September ließ er brieflich seinen Kammerdiener Michael Gabriel Fredersdorf wissen:

> Der Schirm mus nach Potzdam, auch ein Tisch, 2 Statuen und 4 portreten von Wato, so Rohtenburg aus Paris hat komen lassen. Solche sollen nur in einer meiner Cameren verwahret werden, bis ich werde dahin komen können. ich habe vielle Sorgen und Chagrin, ich werde froh seindt, Knobelstorf zu sehen ... (Friedrich d. Gr., 1926, 51; Hans Georg Wenzeslaus von Knobelsdorff war der Architekt des neuen Schlosses)

Die Österreicher hatten etwas anderes mit Friedrich im Sinn. Am selben Tag inspizierte Prinz Karl heimlich das preußische Lager von der Kuppe eines Hügels und erkannte die Möglichkeit für einen Überraschungsangriff. Nicht nur bot der Königreichwald einen undurchdringlichen Schutzwall für einen Umgehungsmarsch auf der linken Flanke zur Westseite des Lagers, sondern ein kurzer Vorstoß aus dem Schutz der Bäume würde auch genügen, die Verbände der Verbündeten zum Gipfel der Granerkoppe gelangen zu lassen, einer großen, sanft ansteigenden Erhebung, die nach Osten und Westen das offene Land beherrschte. Infolge eines unverzeihlichen Versehens des preußischen Königs war die rechte Längsseite des Staudenzer Lagers zu einer sumpfigen Talsenke hin angelegt, tausend Schritt vom Fuß des Berges entfernt.
Im Verlauf des 29. September und in den frühen Stunden der darauffolgenden Nacht schafften die Österreicher und Sachsen die schwierige, weil notwendigerweise geräuschlose Durchquerung des Königreichwaldes und begannen auf breiter Front auf die freie Fläche hinauszutreten. Die Hauptmasse der Verbündetenarmee war südlich

der Granerkoppe aufgestellt, während der Berghang selbst mit einem riesigen Aufgebot von zehn Musketierbataillonen, 15 Grenadierkompanien, 30 Schwadronen Kürassieren und Dragonern, 15 Kompanien einer Elitetruppe von Karabiniers sowie 16 schweren Geschützen mit ostwärts auf das preußische Lager gerichteten Mündungen buchstäblich übersät war. Nur dichter Nebel und einige Umstellungen in der sechstausend Schritt breiten Schlachtformation der Alliierten hielten diese davon ab, am 30. September bei Tagesanbruch zum Angriff zu blasen.

Unterdessen waren die Preußen in einen durch die Gleichgültigkeit gegenüber dem sie umgebenden Gelände und durch Friedrichs Verkennen der österreichischen Absichten erzeugten geistigen Nebel gehüllt. Die Gedanken des Königs beschäftigten sich zu diesem Zeitpunkt einzig und allein mit dem geruhsamen Aufbruch zum Marsch nach Trautenau, der für zehn Uhr vormittags vorgesehen war. Die Abkommandierung vieler Einheiten zur Sicherung der Proviant- und Futtertransporte hatte die preußische Armee auf eine Stärke von 22 000 Mann reduziert, knapp die Hälfte des Aufgebots, das der Feind heranführte. In seinen *General-Principia* sollte Friedrich 1753 seine Truppenführer vor der Wiederholung eines solchen Fehlers warnen.

Bereits um fünf Uhr früh konferierte Friedrich am 30. September 1745 in seinem Zelt mit seinen Generalen, als ihn eine erste Meldung erreichte, die besagte, daß feindliche Kräfte zur Rechten gesichtet worden seien. Der Solotrommler der Hauptquartiersgarde schlug rasselnd den Takt des «Generalmarsches», und Friedrich und Erbprinz Leopold von Anhalt-Dessau galoppierten zu den Vorposten, um persönlich die Gefahr einzuschätzen. Derweil hatte der Marquis de Valory Gelegenheit, die Schnelligkeit zu bewundern, mit der sich die preußischen Bataillone und Schwadrone schlachtmäßig formierten, ohne einen besonderen Befehl von oben bekommen zu haben.

Die eilends in Marsch gesetzten preußischen Verbände verließen das Lager und schwenkten nach rechts. Weil diese Position ungefähr eine von West nach Ost verlaufende Senkrechte zum Feind hin bildete, ließ Friedrich die Kolonnen südostwärts des Dorfes Burkersdorf mehrfach nach rechts schwenken und sie dann nach Norden weiterstoßen, bis die Spitzen am Fuß der Granerkoppe eintrafen und er imstande war, ein erstes Treffen parallel zur ersten Angriffsreihe der Verbündeten aufzustellen. Friedrichs Absicht war, Zentrum und linken Flügel seines Aufmarsches als Reserve zurückzuhalten und sich auf seine rechte oder nördliche Flanke im Abschnitt der Granerkoppe zu konzentrieren. (Stille, 1764, 181) Er hoffte dadurch die große

Gefahr für seine Nachschubverbindungen abzuwenden, die durch Trautenau nach Schlesien führten. Dieses einleitende Manöver war nahezu abgeschlossen, als sich gegen acht Uhr der Nebel auflöste und ein warmer, sonniger Herbsttag heraufzog.
Die Schlacht bei Soor (vgl. Karte 11), benannt nach einem Dorf in der Nähe von Trautenau, wurde mit einer österreichischen Kanonade gegen die preußische Reiterei auf dem rechten Flügel eröffnet, die unterhalb der Granerkoppe vorrückte.

> Unsere Cavallerie aber hielt eine ungemeine Contenance, welches um soviel mehr zu bewundern, da der Feind öfters Bomben mitten in die Escadrone warf, so 8 bis 10 Pferde mit einem Male wegriß. Sie recolligirte sich aber allemal wieder und machte die Öffnungen wieder zu, blieb auch l'épée à la main im Marsch . . .
> (Henckel von Donnersmarck, 1858, I., Teil I, 127–128)

Friedrich dirigierte seine Kavallerie um den Berg herum auf dessen Nordseite, wo sie die feindlichen Schwadronen niederreiten und dadurch den Weg für den direkten Infanterieangriff frei machen sollte. Die Reiter des königlichen Regiments «Gens d'armes» (Kürassier-Regiment Nr. 10) (C 10; Karte 11) und die Buddenbrockschen Kürassiere (Regiment Nr. 1) (C 1) bildeten die erste Angriffsreihe; drei weitere Regimenter und die Schwadron der «Garde du Corps» (Kürassier-Regiment Nr. 13) schlossen sich zur Unterstützung an.
Die Schwenkung nach rechts um die Granerkoppe brachte die preußische Kavallerie aus der Reichweite der gegnerischen Geschütze. Zugleich jedoch ließ sie die Schwadronen über abschüssige Pfade in ein kleines Tal geraten, das, mit ziemlicher Sicherheit ohne Wissen Friedrichs, den Zugang zum Berg vom Norden her bildete. (vgl. Abb. 22) Nur strenge Disziplin kann verhindert haben, daß sich die preußischen Reiter am Fuß des Berges zu einer unordentlichen Masse zusammenballten, und nur kräftige und gut gefütterte Pferde vermochten die Kavalleristen bergan zu tragen. Pferdekenner haben seit damals gerätselt, wie die Preußen es an der Granerkoppe anstellten.
Die 45 Schwadronen des linken Flügels der verbündeten Armeen verpaßten ihre Gelegenheit zum Eingreifen und empfingen die Preußen aus dem Stand mit Karabiner- und Pistolenfeuer. In dem Kampfgetümmel, das folgte, behielten die 26 preußischen Schwadronen genügend Angriffsschwung, um den Großteil der feindlichen Reiter in den Wald zurückzuwerfen, jedoch war jetzt die österreichische Infanterie, da ihre Front entblößt war, endlich in der Lage, das Feuer zu eröff-

nen, und die Attacke löste sich in eine Vielzahl von kleineren Gefechten auf.

Inzwischen war die Granerkoppe Ziel eines Frontalangriffs durch den rechten Flügel der preußischen Infanterie. Das erste Treffen setzte sich aus einigen der besten Truppenteile zusammen, die die Armee zu bieten hatte, darunter drei Grenadierbataillonen und drei weiteren Bataillonen des großen Infanterie-Regiments Nr. 3 Alt-Anhalt (3), einer Truppe, die der Alte Dessauer 1740 in Halle selbst aufgestellt hatte. Diesen Einheiten war die Aufgabe gestellt, sechshundert Schritt weit durch offenes Gelände bis unmittelbar vor die Mündungen der österreichischen Geschütze vorzustürmen – «jamais nous n'avons essuyé pareille cannonade ... («Niemals haben wir unter einer derartigen Kanonade gelegen ...») (PC 2002) Die Verluste bei Offizieren und Mannschaften waren schrecklich. Der junge Prinz Albrecht von Braunschweig-Bevern, ein Bruder der preußischen Königin, wurde an der Spitze seiner Grenadiere tödlich getroffen, und das Bataillon von Wedell (15/18), das bereits 1744 schwere Verluste erlitten hatte, verlor diesmal dreiviertel seiner Ist-Stärke. Der Ansturm wurde schließlich 150 Schritt vor dem Ziel durch fünf Kompanien österreichischer Grenadiere abgeschlagen, die von der Granerkoppe mit dem Ruf hinunterstürmten: «Es lebe Maria Theresia!»

Friedrich warf nun die fünf Bataillone seines zweiten Treffens in die Schlacht, deren Ausgang damit von den Grenadieren des Bataillons Geist (13/37) und zwei Musketiereinheiten – dem Infanterie-Regiment Nr. 23 Blanckensee (23) mit dem Standort Berlin und dem Infanterie-Regiment Nr. 17 La Motte (17) aus Köslin und Rügenwalde in Pommern – abhing. Die Angehörigen des letzteren Regiments betrachtete Friedrich als Niederdeutsche der primitivsten Art. «Ihr seyd Schweine», pflegte er ihnen zu erklären, «wenn ich im Lager zu euch komme, so stinkt es, denn ihr Thut nichts als essen und ... !» (Anon., 1788–89, II., 23–24)

Die Überreste des ersten Treffens zogen sich durch die Lücken des zweiten zurück und sammelten sich hinter der Front, wodurch Friedrich eine weitere aus elf Bataillonen bestehende Truppe zur Verfügung stand. Das Feuer der österreichischen Geschütze ließ nach, weil ihre eigenen Grenadiere gefährdet waren, und diesmal schafften es die Preußen, ihren Angriff bis hinauf auf die Granerkoppe vorzutragen. Auf dem Gipfel entwickelte sich ein zäher Nahkampf, und die Masse der Blauröcke und der weißuniformierten österreichischen Grenadiere wogte hin und her, nachdem die todbringende Batterie in preußischer Hand war.

Während der Kampf auf dem Berg noch nicht entschieden war,

stürmten Zentrum und linker Flügel der preußischen Schlachtordnung, die sich eigentlich als Reserve hinten halten sollten, auf breiter Front vorwärts. Vermutlich mißdeuteten sie die Aktion, die das zweite Bataillon des Regiments Kalckstein (25) in Erfüllung seiner Aufgabe, das Dorf Burkersdorf vom Feind zu säubern, vorrücken ließ. Dieser spontane Angriff drohte indes im Schußbereich einer starken österreichischen Batterie steckenzubleiben, die südwestlich des Dorfes in Stellung gegangen war. Erst als Prinz Ferdinand von Braunschweig kurz entschlossen absaß und persönlich an der Spitze des zweiten Bataillons des Regiments Garde (15) einen Bajonettangriff anführte, konnten sich die Preußen im Zentrum des Schlachtfelds Raum verschaffen. Die Kavallerie auf dem rechten Flügel der Österreicher machte keine Anstalten, einzugreifen, was den Kürassieren der Regimenter Bornstedt und Rochow (C 9, C 8) die Möglichkeit verschaffte, 850 österreichische Infanteristen als Gefangene aufzugreifen.
Kurz nach der Mittagsstunde zog sich der Feind in die bewaldeten Hänge zurück, aus denen er nach oben gedrungen war, und Friedrich bemühte sich, die Verfolgung der Österreicher in die Wege zu leiten:

> Meine Kavallerie machte nicht weit von der feindlichen Nachhut Halt; ich eilte hin und rief: «Marsch, vorwärts, drauf!» Ich wurde mit «Vivat Victoria» und unaufhörlichen Rufen empfangen. Aber ich rief immer: «Marsch!» und niemand wollte marschieren. Ich ärgerte mich, ich prügelte, ich schlug, ich schalt, und ich denke, ich verstehe zu schelten, wenn ich ärgerlich bin; aber ich konnte diese Kavallerie keinen Schritt vorwärts bringen. Sie waren trunken vor Freude und hörten mich nicht ... (Gr. Gstb., 1895, III., 84)

Wenn die Schlacht von Soor mit weitaus weniger Worten zu schildern ist als die von Hohenfriedberg, so liegt das daran, daß die Aktionen einfacher waren – im wesentlichen war es ein fulminanter Gegenangriff –, und ist nicht etwa darauf zurückzuführen, daß weniger erbittert gekämpft wurde oder weniger auf dem Spiele stand. Die preußischen Verluste beliefen sich auf 3 911 Mann, davon 856 Tote. Das war in nackten Zahlen weniger, als der Schlachtengott in Hohenfriedberg an Opfern gefordert hatte, in Wirklichkeit jedoch sehr viel mehr im Verhältnis zur geringeren Stärke des preußischen Aufgebots. Friedrich vertrat die Auffassung, die Schlacht von Soor «c'est des quatres batailles que j'ai vues celle où il y a eu le plus d'acharnement!» («ist von den vier Schlachten, die ich erlebt habe, diejenige, in der es die erbittertste Auseinandersetzung gab!») (PC 2002) In den *Principes Généraux* von 1748 stufte er Soor unter die Waffengänge ein, die sich unerwünscht ergeben hatten, denn er war gezwungen gewesen, den Kampf aufzunehmen, um sich die Verbindungswege nach Trautenau und weiter nach Schlesien freizuhalten. «Es hat bei Sohr schärfer gegangen als niemalen, und ich bin in der Suppe gewest bis über die Ohren», schrieb er an seinen Kammerdiener Fredersdorf in Berlin. «Sistu wohl, mir thut keine Kugel was . . .» (Friedrich d. Gr., 1926, 58) Gegenüber Valory drückte er es eleganter aus: in Hohenfriedberg habe er um Schlesien gekämpft, in Soor um sein Leben.

Friedrich war voller Bewunderung für die strategische Überraschung, die die Österreicher fertiggebracht hatten, und erklärte seinen Sieg nicht mit irgendwelchen überlegenen Schachzügen, die sein eigenes Feldherrentalent ihm eingegeben hatte, sondern gestand, der Triumph der preußischen Armee sei errungen worden dank «la plus brave, la plus valeureuse armée qui ait été jamais au monde» («der tapfersten, der heldenmütigsten Armee, die es je auf der Welt gegeben hat.») (PC 2206) Friedrichs Vertrauen in seine Truppen sollte nie grenzenloser sein. Er behauptete, sie seien durchaus fähig, feindliche Batterien von vorn zu stürmen, wenn es auf die gleiche Art und Weise zu bewerkstelligen sei wie der zweite Sturm auf die Granerkoppe. («Principes Généraux», 1748, Œuvres, XXVIII., 75) Allgemein führte er das Beispiel der Schlacht von Soor als Beweis für seine Überzeugung an, daß Offensivangriffe dem militärischen Genie der Preußen lägen und sie eine angeborene Überlegenheit besäßen, selbst wenn der Feind zahlenmäßig weit überlegen sei. (PC 2068, 8770)

Friedrichs persönlicher Besitz, sein Leibarzt, die Schreiber seiner Kriegskanzlei und eine Bedeckungsmannschaft waren bei einem Zwischenfall während der siegreichen Schlacht allerdings dem Feind in die Hände gefallen, als ein Husarenkorps unter dem Kommando des kroatischen Generals Nadasdy den königlichen Train abfing. Angesichts der reichen Beute – Pferde, Zelte, die (allerdings recht leere) Kriegskasse, Tafelsilber, Kleidungsstücke und Flöten – vergaßen die Husaren ihren Kampfauftrag, der gelautet hatte, den Preußen in den Rücken zu fallen, und machten sich mit dem Raubgut davon. Der König hatte buchstäblich nur noch ein Hemd am Leibe, das er sein eigen nennen konnte, und mußte sich für die abendliche Tafel Bestecke seiner Offiziere ausleihen. Er ersuchte sofort Fredersdorf, ihm unverzüglich ein Silberservice ins Feld zu senden, und schrieb dazu: «Quantz sol mihr 2 neue Flöhten machen, aber recht extraordinaire, eine mit den starken Thon, und eine die sich leichte blaset und eine douce Höhe hat, und sol sie behalten bis zu meiner Retour.» (Friedrich d. Gr., 1926, 56) Er mußte auch den Verlust seines gelieb-

ten Windspiels «Biche» beklagen. Es hieß, daß das zierliche Tier von den Husaren mit Säbelhieben zerstückelt worden sei.
Die preußische Armee bezog für fünf Tage ein Feldlager südwestlich des Kampfplatzes von Soor, «der Ehre halber», und nahm dann den gemächlichen Weitermarsch am 6. Oktober wieder auf. Die Grenze nach Schlesien wurde am 19. Oktober überquert, und Ende des Monats trat Friedrich die Rückreise nach Berlin an. Er war der festen Annahme, daß dieser Krieg endgültig vorbei war.

Der König genoß den Frieden in seiner Hauptstadt, wo ihn die Bevölkerung begeistert gefeiert und der Hof ihm einen triumphalen Empfang bereitet hatte, nur eine gute Woche lang, bevor er von einem schwedischen Diplomaten erfuhr, daß die Österreicher und Sachsen zu einem Winterfeldzug rüsteten und den Krieg bis vor die Tore Berlins tragen wollten. Im Gegensatz zum Einmarsch vom Juni, der Schlesien gegolten hatte, wollte diesmal Prinz Karl mit einer aus 20 000 österreichischen und sächsischen Truppeneinheiten bestehenden Armee aus der zu Sachsen gehörenden Oberlausitz vorstoßen, die mehr als fünfzig Meilen weiter nach Westen lag und einen direkten Zugang zum brandenburgischen Kernland bot.
Friedrich entschloß sich, einen zangenförmigen Gegenangriff zu führen. Die westliche Backe der Zange sollte eine sogenannte «Elbe-Armee», bestehend aus 25 000 Mann, bilden, die der Alte Dessauer in den vergangenen Monaten aufgestellt hatte. Sie war dazu ausersehen, von Halle aus in den nördlichen und den mittleren Teil Sachsens einzufallen. Friedrich selbst reiste am 16. November nach Schlesien ab, um die siegreichen Truppen von Soor für den zweiten Offensivstoß aufzustellen, der als östlicher Zangenteil in die Lausitz zielte, um den Feind daran zu hindern, sich zu einer Schlacht zu versammeln.
Friedrich hielt seine königliche Armee einige wenige Tage lang kurz vor der schlesisch-sächsischen Grenze an, bis eindeutig feststand, daß die Sachsen österreichischen Truppen das Betreten ihres Territoriums gestattet hatten und dadurch zur voll kriegführenden Macht geworden waren. Am 23. November 1745 überschritten die vier Kolonnen der preußischen Armee den Queis über Brücken und durch Furten bei Naumburg am Queis und rückten in die Lausitz ein, und am sonnigen Nachmittag desselben Tages erwischten Zietens Husaren ein sächsisches Korps in dessen Quartier in Katholisch-Hennersdorf, zwei Meilen östlich von Görlitz. Friedrich entsandte eine Kavallerietruppe zur Unterstützung, und gegen Abend hatten nach erbittertem Kampf die Preußen über 900 Gefangene gemacht. Ihre rasch vorankommenden Vorausabteilungen eroberten am 25. November das

wichtige Nachschubdepot der Verbündeten in Görlitz fast unter den Augen von Prinz Karl, und zwei Tage darauf, als die Österreicher sich bereits auf der Flucht nach Böhmen befanden, wurde ihre Nachhut in Zittau zum Gefecht gestellt und zerschlagen.
Diese fünftägige Kampagne in der Lausitz, mit der man dem gegnerischen Schlag zuvorgekommen war, hatte bei geringen Kosten und Verlusten eine unmittelbare Bedrohung für Brandenburg abgewendet und den Feind 5 000 Mann und wertvolle Proviantreserven und Fahrzeuge gekostet. Der Marquis de Valory vertrat sogar die Meinung, Friedrichs Sieg bei Hennersdorf sei eine noch höher zu bewertende militärische Leistung als die Erfolge von Hohenfriedberg und Soor gewesen:

> Il est vrai qu'il y fut forcé; mais sa conduite n'en fut pas moins admirable. Il opéra audacieusement, au-delà de ce qu'on pouvait imaginer de praticable, avec une armée fatiguée et diminuée d'un grand tiers, et dans une saison rigoureuse . . .
> (Es stimmt, daß er gezwungenermaßen handelte, aber sein Verhalten war nichtsdestoweniger bewundernswert. Er operierte kühn, erreichte mehr, als man für durchführbar gehalten hätte, mit einer erschöpften und um ein gutes Drittel dezimierten Armee und dazu noch in einer rauhen Jahreszeit . . .) (Valory, 1820, I., 260)

Friedrich hielt sich noch mehrere Tage in Görlitz auf in der vergeblichen Hoffnung, daß die Sachsen einlenken und sich mit ihm verständigen würden. Gleichzeitig entsandte er Generalleutnant von Lehwaldt an der Spitze eines 8 500 Mann starken Korps mit dem Auftrag, Dresden von Osten her zu bedrohen und sich mit dem Heer des Alten Dessauers zu vereinigen.
Friedrichs Geduld, mit der er es hinnahm, daß ihm die Österreicher mit ihrer Zähigkeit immer neue Überraschungen bereiteten, schien grenzenlos zu sein. Am 5. Dezember erhielt er die Nachricht, daß Prinz Karl hinter den Bergen untergetaucht war und den böhmischen Teil der Elbe hinabmarschierte, um den Sachsen zu Hilfe zu kommen. Eine Armeeabteilung von 6 000 Mann unter dem Kommando des Generals von Grünne hatte tatsächlich bereits unweit Dresden Zusammenschluß mit sächsischen Verbänden gefunden. Es war abzusehen, daß es noch eine Weile dauern würde, bis Friedrichs Armee an diesem Schauplatz eintreffen konnte; zudem hatte es den Anschein, als rückten der Alte Dessauer und seine «Elbe-Armee» mit unerträglicher Langsamkeit aus dem nördlichen Sachsen heran.
Schließlich erhielt Friedrich am 13. Dezember Meldung, daß der Alte Dessauer mit seinem Heer soeben Meißen erreicht und das Korps

Lehwald sich mit ihm auf dem Westufer der Elbe vereinigt habe. Von dort aus brach die vereinigte Streitmacht dann sofort südwärts auf, um die Sachsen und Grünne bei Dresden zum Kampf zu stellen.
Am 15. Dezember passierte die Armee des Königs Meißen. Am frühen Nachmittag wurde Friedrich berichtet, «daß gegen Dresden zu die ganze Atmosphäre in Feuer zu stehen schiene». (Berenhorst, 1845–47, I., 128) Um fünf Uhr nachmittags überbrachte ein preußischer Offizier dem König die Kunde von einem großen Sieg bei Kesselsdorf: der Alte Dessauer hatte hier in einem blutigen Frontalangriff die 25 000 Sachsen und 6 000 Österreicher entscheidend geschlagen.
Am Vormittag des 17. Dezember traf der König mit seinem alten Feldmarschall im Lerchenbusch am Stadtrand von Dresden zusammen. Friedrich stieg vom Pferd, nahm seinen Hut ab und umarmte den Fürsten zum Zeichen der Aussöhnung.
Österreicher und Sachsen waren jetzt endlich gewillt, die mit der verlorenen Schlacht gefallene Entscheidung anzuerkennen. In den Tagen der Muße, die dem Eintreffen des mit den Friedensverhandlungen beauftragten österreichischen Unterhändlers vorausgingen, kaufte Friedrich ganze Wagenladungen Meißner Porzellans für sein Charlottenburger Schloß und besuchte in der sächsischen Metropole Bälle und Opernvorstellungen, darunter eine Aufführung der italienischsprachigen Oper *Arminio* des Dresdner Hofkapellmeisters und Komponisten Hasse, der zu seinen Lieblingskomponisten zählte. Am Weihnachtstag 1745 besiegelte ein Vertrag den Frieden zwischen Preußen und Österreich. Der Zweite Schlesische Krieg war zu Ende. Maria Theresia bestätigte Friedrich den Besitz Schlesiens und der Grafschaft Glatz und erhielt ihrerseits die Zustimmung des preußischen Königs zur bereits erfolgten Wahl und Krönung ihres Gemahls, des Großherzogs Franz Stephan, zum römisch-deutschen Kaiser Franz I.
Friedrich war der ehrlichen Überzeugung, daß dieser Friede von Dauer sein würde. Mit Befriedigung blickte er auf die Waffentaten seiner Armee im Feldzug des zu Ende gehenden Jahres zurück. Er hatte Grund, auf alle Waffengattungen stolz zu sein, denn die preußische Kavallerie hatte in erheblichem Maße zum jüngsten Sieg in Kesselsdorf ebenso wie zu den Triumphen in Hohenfriedberg und Soor beigetragen, und die Historiker des deutschen Generalstabs urteilten Ende des 19. Jahrhunderts: «König Friedrich II. hat niemals eine Infanterie befehligt, welche besser war als die des Zweiten Schlesischen Krieges. Nur die des ersten Jahres (1756–57) des Dritten Schlesischen Krieges ist ihr ebenbürtig . . .» (Gr. Gstb., 1895, III., 253)

Friedrich kehrte kurz vor Jahresende, am 29. Dezember, im Triumphzug nach Berlin zurück. Er sah jetzt bedeutend älter aus als dreiunddreißig Jahre, die er zählte. Von dem rundlichen Prinzen und jungen König des Jahres 1740 mit dem üppigen, kastanienbraunen Haar war nichts geblieben. Der preußische Herrscher hatte nun ein wettergebräuntes Gesicht, eingefallene Wangen und tiefe Falten um die Mundwinkel. Sein Haar war ergraut. Er stand trotzdem auf der Höhe seines Lebens. (Koser, 1921, I., 538) Valory traf die Feststellung: «C'est dans cette dernière campagne qu'il a déployé les talents d'un grand général. Il croit les avoir tous, ainsi que celui du roi et d'auteur. Il court après une réputation universelle.» («In dieser letzten Kampagne hat er in besonderem Maße die Talente eines großen Generals entfaltet. Er glaubt fest daran, sie alle zu haben, ebenso wie die eines Königs und eines Schriftstellers. Er ist um einen universalen Ruf bemüht.») (Valory, 1820, I., 226)

Es gab noch einen Anlaß zum Feiern. Das Windspiel «Biche» hatte, wie sich herausstellte, die Schlacht bei Soor überlebt und war sozusagen in österreichische Gefangenschaft geraten. Es befand sich in der Obhut der Frau des Husarengenerals Nadasdy, die das Tier zunächst nicht herausgeben wollte, doch «sa restitution fut presque un article du traité.» («seine Rückgabe war beinahe ein Artikel des Friedensvertrages.») (Valory, 1820, I., 248)

«Biche» wurde von Friedrichs Freund Generalleutnant Graf Rothenburg in Empfang genommen. «Er ließ sie leise, ohne daß es der König bemerkte, in die Thür hinein, und mit einem mal stand sie auf dem Tische vor dem König und legte die Vorderpfötchen um seinen Hals. Der König freute sich so sehr, daß ihm die Thränen in die Augen traten.» (Anon., 1787–89, I., 21)

3. KAPITEL

DIE JAHRE DER AUFRÜSTUNG 1745–1756

«Il est beau d'avoir acquis la gloire; mais, bien loin de s'endormir dans une sécurité blâmable, il faut preparer de loin les moyens dont le temps ou l'événement nous mettra en état de nous servir.» («Es ist schön, wenn man Ruhm erworben hat; aber weit entfernt, sich in einer tadelnswerten Sicherheit zu wiegen, muß man auf lange Sicht die Mittel vorbereiten, die eines Tages anzuwenden uns Zeit oder Anlaß zwingen.») («Principes Généraux», 1748, Œuvres, XXVIII., 4)

Die materiellen Mittel für die Kriegführung mehrten sich während der Friedensjahre in eindrucksvoller Weise. Friedrich machte die Verluste an Menschenmaterial, die seine Armeen während der Feldzüge erlitten hatten, durch einen brutalen Notbehelf wett: er hielt einfach die im jüngsten Krieg gefangengenommenen österreichischen und sächsischen Soldaten zurück und zwang sie in preußische Dienste. Er veränderte die strategische Geographie Schlesiens, indem er die Festungsanlagen in Neisse, dem Tor nach Mähren, erweiterte und eine neue Festung in Schweidnitz unweit der Grenzpässe nach Böhmen errichten ließ. Die Arsenale wurden mit neuen Musketen, Geschützen und Munitionsvorräten aufgefüllt. Die Regimenter lagerten große Mengen an Uniformen in Kirchen und anderen geeigneten großen Gebäuden.

Ebenso rasch überwand Friedrich die finanziellen Schwierigkeiten des Jahres 1745. «Les fourmis amassent en été ce qu'elles consomment en hiver, et le prince doit menager durant la paix les sommes qu'il faut dépenser dans la guerre.» («Die Ameisen sammeln im Sommer ein, was sie im Winter verzehren, und ein Herrscher hat im Frieden die Summen zusammenzutragen, die im Krieg ausgegeben werden müssen.») (Œuvres, IV., 7) Zum Zeitpunkt der Mobilmachung im Jahre 1756 hatte der König 13,5 Millionen Taler zur Verfügung, nach seiner Auffassung genug, um davon mit Leichtigkeit drei Feldzüge zu bestreiten.

Wenn schon die Armee von 1745 eine Streitmacht von nicht unerheblicher Schlagkraft gewesen war, so war «das preußische Heer, das 1756 ins Feld zog, die vollkommenste Schöpfung, die das Zeitalter des geworbenen Heeres hervorgebracht hat. Mit Recht durfte es auf seinen ruhmreichen Fahnen die Inschrift tragen: ‹Pro Gloria et Patria!›» (Osten-Sacken, 1911, I., 205)

Zum Teil war diese Meisterleistung Friedrichs auf die Sorgfalt zurückzuführen, mit der er die theoretische Ausbildung seiner Offiziere betrieb. Am 2. April 1748 schloß er die Arbeit am letzten der fünf Notizbücher mit goldenen Beschlägen ab, die das Manuskript für sein Werk *Les Principes Généraux de la Guerre appliqués à la Tactique et à la Discipline des Troupes Prussiennes* bildeten. Er zeigte dieses Buch zunächst seinem jüngeren Bruder, Prinz August Wilhelm, und überwachte nach einem zeitlichen Abstand von mehreren Jahren persönlich die deutsche Übersetzung und den Druck dieses Leitfadens, der unter dem Titel *Die General-Principia vom Kriege* 1753 an die Generale verteilt wurde.

Die *Principes Généraux* stellen Friedrichs umfassendsten und ausführlichsten Grundsätze über die Kriegführung dar. Sie lassen sich unmittelbar herleiten aus den *Mémoires sur la Guerre* des Marquis de Feuquières (1727 u.ö.), einem Werk, das Friedrich sehr bewunderte. Es ist deshalb von einigem Interesse zu erfahren, daß er zunächst nicht der Taktik oder Strategie seine Aufmerksamkeit zuwendete, sondern auf die besonderen Probleme der Aufrechterhaltung guter Disziplin in der preußischen Armee einging. Er betonte die einzigartige Eigenschaft der preußischen Truppe, die als einzige Armee der Neuzeit noch eine echt römische Disziplin aufrechterhielt, die aber auch eine Streitmacht war, die sich als besonders anfällig für Fehlschläge erwies, weil eine sehr große Anzahl ausländischer Söldner in ihren Reihen kämpfte. Aus diesem Grunde erhob er die Forderung: «L'institution de nos troupes exige de ceux qui les commandent une application infinie.» («Die Einrichtung unserer Truppen erfordert von denen, die sie kommandieren, unendliche Aufmerksamkeit.») (Œuvres, XXVIII., 4) Friedrich zählte nicht weniger als vierzehn Vorsichtsmaßnahmen gegen Desertion im ersten, mit «Des Troupes Prussiens, de leurs Défauts et de leurs Avantages» («Von den preußischen Truppen, ihren Fehlern und ihren Vorzügen») überschriebenen Abschnitt des Handbuches auf. All diese Ausführungen waren dazu bestimmt, künftig Auflösungserscheinungen der Art unmöglich zu machen, wie sie 1744 bei der Armee eingetreten waren.

Die Abschnitte II bis X enthielten nützliche Anregungen, die aber mehr Routinecharakter besaßen, wie beispielsweise die Ausarbeitung von Feldzugsplänen (die in den *General-Principia* ausgelassen war) und die Versorgung und lagermäßige Unterbringung der Armee. Artikel XI, wenig verheißungsvoll «Quand et pourquoi il faut faire des Détachements» («Wann und warum Truppenabteilungen abkommandiert werden müssen») benannt, enthielt eine wichtige Feststellung zum Prinzip der Kräftekonzentration: «Les petits génies veulent tout conserver, les hommes sensés ne voient que l'objet principal ... Qui conserve tout ne conserve rien ...» («Die kleinen Geister möchten alles behalten, während vernünftige Männer nur das wesentliche Ziel im Auge behalten ... derjenige, der alles zurückhält, hält schließlich gar nichts mehr in Händen ...») (Œuvres, XXVIII., 37; siehe auch Seite 92)

Das Kapitel XII – «Des Talents qu'il faut à un Général» («Die Talente, die ein General besitzen muß») – gehörte zu den Passagen, die nicht in der deutschen Ausgabe enthalten waren, denn sie enthüllten zuviel über Friedrichs Methoden der Menschenführung.

Die folgenden vierzehn Abschnitte des Handbuches waren der Kunst der Durchschaubarkeit der Absichten des Feindes und der Durchführung aktiver militärischer Operationen gewidmet. Nach eingehender Erörterung der unzähligen Varianten des Vormarsches, der zu treffenden Vorsichtsmaßnahmen gegen die leichte Kavallerie der Österreicher und der Möglichkeiten der Flußüberquerung und -verteidigung kam Friedrich auf den Kern seiner Überlegungen, nämlich die Schlacht im allgemeinen, zu sprechen. Die Armee, so forderte der König, solle niemals vor einem Treffen mit einem zahlenmäßig überlegenen Feind zurückschrecken, denn «c'est dans ces occasions que mon ordre de bataille oblique peut être employé très utilement. On refuse une aile à l'ennemi et l'on fortifie celle qui doit attaquer. Avec celle-là vous faites tous vos efforts sur une aile de l'ennemi, que vous prenez en flanc. Une armée de cent mille hommes, prise en flanc, peut être battue par trente mille hommes, car l'affaire se décide alors bien vite.» («bei solchen Gelegenheiten kann meine schiefe Schlachtordnung sehr vorteilhaft angewendet werden. Man hält einen Flügel vor dem Feind zurück und verstärkt den, der angreifen soll. Mit diesem attackiert man mit voller Kraft einen feindlichen Flügel, ihn in der Flanke fassend. Eine in der Flanke gefaßte Armee von hunderttausend Mann wird möglicherweise von dreißigtausend Mann besiegt werden können, denn die Angelegenheit entscheidet sich dann sehr schnell.») (Œuvres, XXVIII., 74)

Als oberster Befehlshaber einer Armee mit einer ununterbrochenen Serie von fünf Siegen auf ihrem Konto vermochte Friedrich mit einigem Enthusiasmus zu verkünden: «Les batailles décident du sort des états. Lorsqu'on fait la guerre, il faut bien en venir à des moments décisifs, ou pour se tirer d'embarras, ou pour y mettre son ennemi, ou pour terminer des querelles qui ne finiraient jamais ...» («Die Schlachten entscheiden über das Schicksal der Staaten. Wenn man Krieg führt, muß man unter allen Umständen eine schnelle Entscheidung herbeizuführen suchen, entweder, um sich aus einer mißlichen

Lage zu befreien oder um den Feind in eine solche zu bringen oder um Auseinandersetzungen zu beenden, die sonst niemals zum Abschluß kommen würden ...» (Œuvres, XXVIII, 83) Diese Grundsätze auf die strategische Ebene übertragend, fügte Friedrich hinzu: «Nos guerres doivent être courtes et vives. Il ne nous convient pas du tout de traîner les choses en longueur. Une guerre de durée détruirait insensiblement notre admirable discipline; elle dépeuplerait le pays et épuiserait nos ressources.» («Unsere Kriege müssen kurz und schwungvoll sein. Es ist überhaupt nicht gut für uns, wenn wir die Dinge in die Länge ziehen. Ein Krieg von Dauer würde unmerklich unsere bewundernswerte Disziplin untergraben, das Land entvölkern und unsere finanziellen Mittel erschöpfen.») (ebd., 84)

In den abschließenden Teilen seiner Direktiven ging Friedrich in interessanter Weise auf das Element des Kriegsglücks, die Nachteile der Einberufung von Kriegsräten und die Kosten eines Winterfeldzugs ein, um im XXIX. Abschnitt noch einmal auf seine neue Schlachttaktik zu sprechen zu kommen, ein System, «fondé sur la promptitude de tous les mouvements et sur la nécessité de l'attaque.» («das auf der Schnelligkeit jeder Bewegung und der Notwendigkeit des Angriffs basiert.») (ebd., 88)

Ab Januar 1753 wurden die *General-Principia* den preußischen Generalen als hochheiliges Dokument ausgehändigt und ihrer sorgfältigen Verwahrung anvertraut. Friedrich fügte der Dienstanweisung – denn um eine solche handelte es sich im weiteren Sinne – persönliche Schreiben an die Empfänger bei, in denen er sie davor warnte, das Buch offen herumliegen zu lassen oder es auch nur in Gegenwart von Dienstboten – eigenen oder fremden – zu studieren. Wörtlich hieß es, der Offizier solle «nicht einmal selbst in jemandes anderen oder Eurer Domestiquen Gegenwart darin lesen, sondern wann Ihr solches thun wollet, allemal ganz allein sein, auch sobald nur Ihr ausgelesen habt, solches sogleich wiederum versiegeln und wohl verwahrlich weglegen und verschließen sollet ...» (Brief an Generalmajor von Schmettau vom 2. Dezember 1754, zitiert bei: Preuß, 1832–34, I., 238) Das große Geheimnis wurde bis zum 20. Februar 1760 bewahrt, als ein Exemplar des Buches bei der Gefangennahme des Generalmajors von Czettritz bei Coßdorf von den Österreichern erbeutet wurde. Bis Ende 1762 wurden eine Reihe von Ausgaben in Leipzig, Frankfurt und London und selbst in so weit entfernten Ländern wie Spanien und Portugal nachgedruckt. Der Sicherheitsverlust war aus preußischer Sicht bedauerlich, doch alle Welt bewunderte jetzt Sinn und Zweck, die, wie man erkennen konnte, Friedrichs Kriegskunst innewohnten. Auf österreichischer Seite mußte Feldmarschall Daun sich

selbst gestehen, daß er fast allem, was der preußische König dargelegt hatte, zustimmen konnte, obwohl der XXIII. Abschnitt seine Auffassung bestärkte, «daß er offt geschlagen hat ohne Ursach, mein Meinung ist, daß wann man find, daß d. Nüzen, so ein gewonnene bataille verschaffet, größer ist als der Schaden, der entstehet, wann man sich retiriret oder selbe verliehret, so ist die bataille zu lieffern ...» (Kriegsarchiv, Wien, «Kriegswissenschaftliche Mémoires», 1760, II., 27) Fürst de Ligne bezeichnete Friedrichs Werk einfach als das beste ihm bekannte Buch über Kriegführung.
Seit 1748 waren die preußischen Generale bereits im Besitz zweier in ihrer Thematik enger begrenzter Direktiven gewesen, der *Instruction für die Major-Generals von der Infanterie* und der entsprechenden *Instruction für die Major-Generals von der Cavallerie*. Friedrichs Kabinettsrat Eichel hatte die Schlußfassung für die Drucklegung redigiert (eine sehr mühevolle Arbeit, da Friedrichs deutsche Rechtschreibung äußerst mangelhaft war). Die beiden Handbücher wurden dann den Generalen mit den üblichen Sicherheitsauflagen übergeben. In den einleitenden Bemerkungen gab Friedrich sich selbst die Schuld, die Offiziere derart lang ohne Empfehlungen für ihre Pflichten als Kommandeure ihrer Brigaden gelassen zu haben. Wie aus heutiger Sicht zu erwarten, führte er dann an erster Stelle eine Liste von Maßregeln auf, die zur Verhinderung von Fahnenflucht bestimmt waren. In der Schlacht sollten beide Waffengattungen auf ihre spezielle Weise das Gesetz des Handelns an sich bringen und behaupten: die Infanterie durch Vorgehen mit geschulterten Musketen und die Kavallerie durch spontane Attacke. Diese beiden Dienstanweisungen für preußische Stabsoffiziere fielen den Österreichern in die Hand, als am 23. Juni 1760 General de la Motte Fouqués Korps bei Landeshut von den Österreichern aufgerieben wurde und der General selbst in Gefangenschaft geriet und nach Wien gebracht wurde.
Das gleiche Vertrauen in die Wirksamkeit offensiven Vorgehens kam auch in Friedrichs Gedicht *L'Art de la Guerre* («Die Kriegskunst») zum Ausdruck, das 1751 entstand. Es hieß darin:

> Attaquez donc toujours! Bellone vous annonce
> Des destins fortunés, des exploits éclatants,
> Tandis que vos guerriers seront les assaillants!
> (Greift stets nur an! Bellona kündet Euch
> glückhaftes Schicksal, ruhmreiche Waffentaten,
> solange Euren Kriegern Attacken gut geraten!)

Angeregt durch die *Rêveries* («Träumereien») des französischen Marschalls Graf Moritz von Sachsen («le Maréchal de Saxe») war dies umfangreiche Poem von Anfang an zur Veröffentlichung bestimmt. Tatsächlich übersandte Friedrich dem schwatzhaften Voltaire einen Entwurf. *L'Art de la Guerre* bestand aus sechs «Gesängen», die sich auf die unabdingbaren Grundlagen von Drill und Disziplin, Aufmarsch einer Armee und Truppenbewegung, die wünschenswerten Eigenschaften eines Befehlshabers, die Technik des Festungskrieges, Quartiermachen und Nachschub sowie auf die gewichtige und nachhaltige Kampferfahrung bezogen. Dies Werk Friedrichs sollte einen bleibenden Eindruck auf die hohen Militärs seiner Zeit machen, denn es schien ihnen die Hintergründe ihres Berufsstandes auf dichterische und doch zwingende Weise nahezubringen.

1752 legte Friedrich die vertraulichsten Staatsangelegenheiten in seinem ersten *Testament Politique* nieder, einem so sakrosankten Dokument, daß es mehr als ein Jahrhundert lang nach Friedrichs Tod als eines der höchsten Geheimnisse der preußischen Monarchie unter Verschluß aufbewahrt wurde. In vorliegendem Buch wird noch öfter von diesem Papier die Rede sein und ebenso von seinem Gegenstück, dem *Testament* von 1768.

In groben Zügen zusammengefaßt, legte das Politische Testament des Jahres 1752 die Grundlagen des preußischen Staates offen: sein Finanzsystem, den Charakter der verschiedenen Bevölkerungsteile, die gesellschaftliche Struktur und die Richtlinien hinsichtlich einer wünschenswerten territorialen Expansion. Des weiteren ging Friedrich sehr gründlich auf die innerdienstliche Organisation seiner Armee ein, wobei er sich besonders über das Kantonsystem für die Rekrutierung ausließ, das sein Vater eingeführt hatte. Schließlich kam er noch einmal auf die außerordentliche Bedeutung von Zucht und Ordnung zu sprechen: «Un régiment bien discipliné doit être plus sage qu'aucun couvent de moines.» («Ein Regiment, in dem gute Disziplin herrscht, muß besonnener sein als ein Mönchskonvent.») (Friedrich d. Gr., 1920, 87)

Als letzte dieser ungemein aufschlußreichen Serie von schriftstellerischen Arbeiten Friedrichs wären die *Pensées et Règles Générales pour la Guerre* («Gedanken und allgemeingültige Regeln zum Krieg») aus dem Jahre 1755 zu nennen. Es war dies eine diskursive, private Abhandlung, gerichtet an die Adresse seines Freundes und Beraters, des Generals von Winterfeldt. Wir finden hier eine Reihe von Punkten wiederholt, die Friedrich bereits in den *Principes Généraux* erläuterte. Im weitaus interessantesten Abschnitt jedoch, der die Überschrift «Des grandes Parties de la Guerre» («Von den großen kriegführenden Parteien») trug, brachte der König geschickt seine Abscheu vor den

Kosten eines Krieges mit seinem Streben nach Erweiterung seines Territoriums in Einklang:

> Je crois qu'un homme raisonnable, dans le calme des passions, ne commence jamais une guerre où il est obligé dès le commencement d'agir défensivement; on a beau étaler de grands sentiments, toute guerre qui ne mène pas à des conquêtes affaiblit le victorieux et énerve l'état. Il ne faut donc jamais en venir aux hostilités, à moins que d'avoir les plus belles apparences à faire des conquêtes, ce qui d'abord détermine l'état de la guerre et la rend offensive ...
> (Ich bin der Auffassung, daß ein vernünftiger Mann, wenn er die Dinge gelassen betrachtet, nie einen Krieg beginnt, in dem er von Beginn an gezwungen ist, defensiv zu agieren; man hat gut von großen Gefühlen reden, jeder Krieg, der nicht zu Eroberungen führt, schwächt den Sieger und unterminiert die Staatsmacht. Es ist daher ratsam, sich nie auf Feindseligkeiten einzulassen, es sei denn, man habe die besten Aussichten, Eroberungen zu machen, was von vornherein die Natur des Krieges bestimmt und ihm einen offensiven Charakter verleiht ...)
> (Œuvres, XXVIII., 124–125)

Friedrich war sich im klaren darüber, daß bei Ausbruch eines neuen Krieges Europa unweigerlich in zwei rivalisierende Allianzsysteme gespalten würde, die dazu neigten, ein «bestimmtes Gleichgewicht» zwischen den Mächten zu schaffen. Um entscheidende und positive Resultate zu erzielen, mußten die Kriegsanstrengungen auf einen einzigen Feind konzentriert werden, und jeder nur denkbare Vorteil mußte in der Anfangsoffensive gesucht werden, mit der man imstande war, «décider de toute la guerre, si l'on sait bien prendre tous les avantages sur l'ennemi que vous donnent ou vos forces, ou le temps, ou un poste dont vous vous rendez maître le premier ...» («den ganzen Krieg zu entscheiden, wenn man sich darauf versteht, jede Überlegenheit gegenüber dem Feind zu nutzen, die einem die eigene Stärke oder die Zeit oder eine Stellung verleiht, derer man sich als erster bemächtigt ...» (Œuvres, XXVIII., 124–125)

Trotz aller Lektüre der Welt wäre die preußische Armee nicht zu der physisch und geistig beweglichen Truppe von 1756 geformt worden ohne die Erfahrung, die sie in Friedenszeiten bei anstrengenden Paraden und Manövern sammelte.
Die Zeit der Truppenschauen im Frühjahr und Frühsommer diente demselben Zweck wie zu Zeiten Friedrich Wilhelms I., nämlich den Soldaten und jungen Offizieren die nötige Praxis auf dem Übungs-

platz zu verschaffen, dem König Gelegenheit zu bieten, seine Regimenter genau zu beobachten und es diesen zu ermöglichen, den König kennenzulernen.
Die Herbstmanöver waren eine Erfindung Friedrichs. Sie waren aus der ersten Feldübung dieser Art, die 1743 in Spandau stattgefunden hatte, weiterentwickelt worden. Tag für Tag setzte Friedrich große, aus unterschiedlichen Waffengattungen zusammengestellte Verbände in kriegsmäßigen Übungen ein, bei denen echte Gefechte, wiederholte Attacken, Rückzüge, Futterbeschaffungsaktionen, die Verteidigung von Stellungen und ähnliche Kampfhandlungen simuliert wurden. Die «feindlichen» Stellungen wurden im Anfang lediglich durch Flaggen oder Tuchstreifen markiert, die die angenommenen Positionen kennzeichneten. In späteren Jahren wurden jedoch die Streitkräfte oft halbiert und trugen während des Manövers wirkliche Stellungskämpfe aus. Das Ergebnis verhalf Friedrich zu Erkenntnissen über die Einsatzmöglichkeiten unterschiedlicher Truppenformationen, wobei diese Übungen auch zuweilen über die künftige Karriere von Generalen entschieden oder ihre Unbrauchbarkeit an den Tag brachten. Bei den Manövern der Regimenter aus Magdeburg und der Altmark im Jahre 1748 beobachtete der König die Vorgänge von einem Hügel aus. Er verfolgte dabei, wie eine Brigade sich in seine Richtung durch ein sumpfiges Wiesengelände vorarbeitete. Das Durcheinander wurde

> noch dadurch vergrößert, daß der Generallieutenant Graf von Haake ... gleich in Feuer und Flammen gerathen, und mit Geschrei, Flüchen und Scheltenworten – ja auch mit Schlagen – alles redressieren wollte, damit aber nur das Übel ärger machte ... Der König kam, wie ein Blitz, von seiner Anhöhe heruntergesprengt, hieß den Schreier Haake sich zurückscheeren, und stellte in wenigen Minuten die Ordnung bei der Infanterie wieder her, worauf sie die übrigen Manöver mit der größten Genauigkeit beendigte. (Haller, 1796, 13–14)

Die größte und bedeutendste dieser Übungen wurde zwischen Spandau und Gatow vom 2. bis zum 13. September 1753 abgehalten. Nicht weniger als 49 Bataillone und 61 Schwadronen, insgesamt 44 000 Soldaten, nahmen daran teil. Friedrich erteilte dem Oberstleutnant von Balbi den Auftrag, einen Bericht darüber anzufertigen, der die Vorgänge auf dem Übungsgelände völlig irreführend wiedergab. Den Husaren gestattete er, alle unbefugten Zuschauer auszuplündern.

Gelegentlich hinterließ die den Herbstmanövern eigene Unwirklichkeit bei Friedrich aber auch einen völlig falschen Eindruck vom Können einiger seiner Befehlshaber. Er räumte später ein, er habe anfangs die Fähigkeiten des späteren Kavalleriegenerals von Zieten falsch eingeschätzt, dessen Talente nicht von der Art waren, in Friedenszeiten damit zu brillieren.

Feldmarschall Graf Schwerin gab ein besseres Bild bei diesen Kriegsspielen ab. Am zweiten Tag der berühmten Spandauer Manöver bewerkstelligte er es als Kommandeur einer feindlichen Truppe, Friedrich aus einer schwer einnehmbaren Stellung herauszulocken. Mit dem linken Flügel seiner Reiterei ritt er dann eine Attacke, die die Kavallerie des Königs in eine ungünstige Lage brachte. «Sofort ließ man halt machen, der Übungsverlauf wurde geprüft und seine Majestät umarmte ihren Feind.» (Ernst Friedrich Giannini, zitiert bei: Thadden, 1967, 198)

Schwerin war Doyen des preußischen Offizierskorps geworden, als der Alte Dessauer 1747 starb. Doch trotz der herzlichen Geste in Spandau hatte Friedrich seit langem keine engen freundschaftlichen Beziehungen mehr zu seinem alten Mentor. Es scheint, daß der Bruch zwischen beiden in das Jahr 1744 zurückreicht, als Schwerin am 4. November in Böhmen die in die Klemme geratene preußische Armee, Krankheit vorschützend, im Stich gelassen hatte.

Feldmarschall James Keith war als Neuling in den kleinen Kreis von Friedrichs Freunden aufgenommen worden. Der gebürtige Schotte, der als General in russischen Diensten gestanden hatte, gefiel dem König wegen seiner Erfahrung, seiner Unerschrockenheit und seiner Findigkeit im Schlachtgetümmel. Als Freund zog Keith den König an, weil er, ein Mann von Welt, über ausgezeichnetes Benehmen und kosmopolitische Bildung verfügte. Die Soldaten mochten und respektierten ihn, während bei seinen Offizierskameraden unterschwellig ein Gefühl der Abneigung gegen den Außenseiter herrschte, über dessen sklavische Ergebenheit seiner Mätresse Eva Merthens gegenüber, einer stattlichen Finnin, man sich mokierte.

Doch nicht einmal Keith vermochte Friedrichs Vertrauen in dem Maße zu erlangen, wie der König es der korpulenten und doch irgendwie verschwommenen Gestalt seines Generals Hans Karl von Winterfeldt entgegenbrachte. «Es giebt nicht leicht einen Mann von großem Ruf, so wie dieser es ist, über den die Meinungen so getheilt und einander so gerad zu widersprechend waren als über diesen ...» (Kaltenborn, 1790–91, II., 36) Winterfeldts Feinde räumten allerdings bereitwillig ein, daß er ein Mann war, der etwas Eindrucksvolles und Anziehendes ausstrahlte. Er hatte eine rauhe, aber herzliche und gewinnende Art, sich zu geben, erteilte seine Befehle klar und selbstsicher und war imstande, die verschiedensten Dinge in seinem Kopf zu wälzen. Zur gleichen Zeit erfahren wir, daß Winterfeldt nachtra-

gend und ein Unruhestifter war und leicht undurchsichtigen Ambitionen und trüben Gedanken nachhing. Er war in der ländlichen Schlichtheit Pommerns aufgewachsen und kam nicht darüber hinweg, daß es ihm nicht gelungen war, nach dem Zweiten Schlesischen Krieg im französisierten gesellschaftlichen Leben Berlins Fuß zu fassen. «Berlin war damals sehr brillant; die Frauen waren ausgezeichnet liebenswürdig und sagten laut, daß ein militärischer Ruf ihnen völlig unbeachtenswerth sei, wenn die Militärs nicht liebenswürdig waren ...» (Kalkreuth, 1840, II., 12)
Dies war der Mann, den Friedrich sich zum Vertrauten in den Geheimnissen der Staatskunst erkor, zu seinem Spionagechef und tatkräftigen Stabschef machte und als Zuträger oder persönlichen Bevollmächtigten benutzte, der ihm hinterbrachte, was in Kreisen der Feldherren und Marschälle wie Schwerin, Keith, Prinz August Wilhelm und des Herzogs von Braunschweig-Bevern besprochen wurde.

Zeitgenossen Winterfeldts verbanden dessen Namen mit den Vorgängen, die Preußen in den Siebenjährigen Krieg hineinzogen, mit jenem Geschehen, das den Staat bis hart an die Grenze des Zerfalls führte. Die wesentlichen Ereignisse lassen sich schnell aufzählen.
Anfang der fünfziger Jahre des 18. Jahrhunderts hatten die Österreicher, immer noch darauf bedacht, Schlesien zurückzugewinnen, die alte Verbindung mit Großbritannien aufgelöst und begonnen, sich mit den Franzosen, ihren früheren Gegnern, zu arrangieren. Diese waren allerdings zu diesem Zeitpunkt nicht willens, sich durch ein tatsächliches Bündnis zu binden oder in den Krieg zu ziehen.
Die österreichischen Beziehungen zu Rußland waren sehr viel älteren Datums. Hier waren die Probleme für den Wiener Staatskanzler Fürst Kaunitz anderer Natur, denn 1753 hatten Zarin Elisabeth von Rußland und ihre Berater grundsätzlich beschlossen, Krieg gegen Preußen zu führen, und die Österreicher befürchteten, die Russen könnten sie in die Kampfhandlungen hineinziehen, bevor sich die Franzosen engagierten. «Wahrlich eine der stolzesten Erinnerungen der preußischen Geschichte, daß 36 Millionen Menschen nicht für ausreichend befunden wurden, 4 Millionen zu bezwingen!» (Lehmann, 1894, 29; tatsächlich waren es ungefähr viereinhalb Millionen Preußen – Anm. d. Autors)
Friedrich spielte dann unbewußt den Österreichern einen Trumpf in die Hand. Er befürchtete ein Übergreifen des englisch-französischen Kolonialkrieges von Nordamerika auf Europa und argwöhnte völlig zu Recht, daß Rußland Böses gegen ihn im Schilde führte. Da er damit rechnen mußte, eines Tages völlig ohne Verbündete dazuste-

hen, wandte er sich an die Briten, mit denen er am 16. Januar 1756 in der sogenannten Westminster-Konvention ein Neutralitätsabkommen traf, das von Historikern unterschiedlich beurteilt wird. Der Vertrag, «dieser schwerste Fehler seiner Laufbahn» (Augstein, 1968, 175), umfaßte vier Artikel und stellte kein Militärbündnis dar, sondern bedeutete nur eine gegenseitige Sicherung; seine Geltungsdauer beschränkte sich auf die Austragung des seinerzeitigen Konflikts in Nordamerika, und Preußen und Großbritannien garantierten sich darin, untereinander den Frieden zu wahren sowie die beiderseitigen Verbündeten von kriegerischen Unternehmungen gegen ihre Gebiete zurückzuhalten. Friedrich hatte jedoch die Rechnung ohne die Franzosen gemacht, die sich trotz Friedrichs Treuebruch in den Jahren 1742 und 1745 noch immer als Preußens Verbündete betrachtet hatten. Gröblich vor den Kopf gestoßen durch Friedrichs Schritt, verständigten sich die Franzosen mit den Österreichern und schlossen mit ihnen am 1. Mai 1756 den Ersten Vertrag von Versailles, in dem sie ihre Garantie für den preußischen Besitz Schlesien annullierten. Friedrich traf im Juni Anstalten für einen Feldzug und landete am 29. August einen Präventivschlag: die Avantgarde seiner Armee marschierte in das neutrale Kurfürstentum Sachsen ein, dessen Grenze nur wenige Meilen südlich Berlins verlief.

Nachdem somit die Feindseligkeiten eröffnet waren, rundeten die Österreicher den Wirkungskreis ihrer Bündnisse ab. Am 2. Februar 1757 verständigten sich Wien und St. Petersburg auf eine militärische Zusammenarbeit, und am 1. Mai unterzeichneten die Franzosen den Zweiten Vertrag von Versailles, der sie zu einem aktiven Mitglied der Allianz machte, die dann noch erweitert wurde, um auch die Schweden und Sachsen einzuschließen. Schließlich ließ der Ruf von Maria Theresias Gemahl Franz Stephan, der ja seit 1745 als Franz I. deutscher Kaiser war, viele Staaten im südlichen und westlichen Deutschland der Liga beitreten. Bereits am 25. Januar 1757 hatte der Reichstag den Reichskrieg gegen Preußen beschlossen. Im Sommer 1757 befand sich damit Preußen mit dem größeren Teil Europas im Krieg. Die Franzosen konnten keine Hoffnung hegen, aus dem Bündnis einen direkten Nutzen zu ziehen, aber Österreich, Rußland, Sachsen und Schweden erhoben territoriale Forderungen, die im Falle ihrer Durchsetzung Preußen auf den Status eines kleinen norddeutschen Fürstentums reduziert und für immer die Ansprüche des Hauses Brandenburg aufgehoben hätten.

Die Zuweisung der «Kriegsschuld» ist eine Frage, die seit Generationen die Historiker in zwei Lager aufgeteilt hat. 1894 war die Kontroverse neu entfacht worden, als Max Lehmann argumentierte, auch

Friedrich habe um die Mitte der fünfziger Jahre aggressive Absichten gehabt: «Zwei Offensiven also waren es, die 1756 aufeinander trafen: die der Maria Theresia, gerichtet auf den Wiedergewinn von Schlesien, die von Friedrich auf die Eroberung von Westpreußen und Sachsen.» (Lehmann, 1894, 85) Die Komplexität der sich daraus entwickelnden Debatte droht die Grenzen menschlichen Verständnisses zu übersteigen, denn sie umfaßt eine Reihe von Konflikten, die auf so weit voneinander entfernten Schauplätzen wie dem dichtbegrünten Ohio-Tal und der kalten Ostseeküste ausgetragen wurden. Herbert Butterfield (1955), Winfried Baumgart (1972) und Theodor Schieder (1983) haben heroische Anstrengungen unternommen, den Stand der Diskussion kurz zusammenzufassen, doch uns fehlt noch immer der Schlüssel zum Verständnis, den nur die Kenntnis von Friedrichs Absichten beibringen kann. Diese Ambitionen müssen naturgemäß Gegenstand bloßer Vermutung bleiben.

Es ist behauptet worden, daß Friedrich sich der Gefahr einer Einkreisung ausgesetzt fühlte, die noch realer war, als er ahnte, und auch: «Das Wort Friedrichs des Großen: ‹Besser praevenire als praeveniri!› ist durch die Offenlegung der russischen Kriegsabsichten in einem Grade begründet worden, wie ihn nicht einmal der preußische König selbst zeit seines Lebens für möglich gehalten hat...» (Baumgart, 1972, 158) Diese Darstellung läßt möglicherweise die Kluft zwischen Absichten und Durchführbarkeit außer acht. Tatsächlich hinkte die Rüstung der russischen Armee erheblich hinter der kriegerischen Politik der Minister in St. Petersburg her, und die Russen waren erst im August 1757 imstande, einen Offensivkrieg zu führen, und selbst dann nur in beschränktem Maße. Ohne den Anreiz durch bereits laufende Kampfhandlungen wären die Russen vermutlich erst viel später ins Feld gezogen. (Duffy, 1981, 73–75)

Ebenso wurden die ersten, verspäteten Mobilmachungsbefehle für die österreichischen Regimenter am 16. Juli 1756 als Reaktion auf die preußischen Rüstungsvorkehrungen erteilt. Der 29. August sah die österreichischen Truppen in Böhmen und Mähren ohne ein einziges bespanntes Artilleriegeschütz. Es paßte überhaupt nicht in Friedrichs politisches Konzept, festzustellen, daß die Österreicher derart unvorbereitet waren. Der König hatte Generalleutnant von Schmettau, Feldmarschall Keith und den Kommandeur des ersten Bataillons des Regiments Garde Ende Juli aus der «Kur» im böhmischen Karlsbad zurückgerufen und war wütend geworden, als er von ihnen erfuhr, daß sie unterwegs keinerlei Anzeichen einer militärischen Aktivität der Österreicher hatten beobachten können. (Schmettau, 1806, I., 306)

Die Beweise für eine aktive Komplizenschaft Sachsens waren ebenfalls dürftig. Freiherr von Hertzberg, einer von Friedrichs Ministern, hatte den Auftrag erhalten, anhand der beim Einmarsch in Dresden erbeuteten diplomatischen Dokumente antisächsische Propaganda zu machen, doch mußte er Jahre später einräumen, daß seine eigenen Argumente nicht überzeugend gewesen waren. Hertzberg hatte drei Jahre lang von der Existenz eines 1746 geschlossenen Dreierpaktes zwischen Österreich, Rußland und Sachsen gewußt, der im Kriegsfall eine Teilung Preußens vorsah, doch war ihm auch bekannt, daß dieser Plan nur dann zur Ausführung kommen sollte, falls Friedrich die Initiative ergriff und die Feindseligkeiten eröffnete. Die Frage bleibt offen, ob es wirklich für Friedrich gefährlicher gewesen wäre, seine Zeit abzuwarten als die Dinge zu überstürzen.

Interessanterweise sind Friedrichs Protagonisten geneigt, zur Verteidigung des Königs von unbeschränkt aufschiebbaren Ambitionen zu sprechen, wenn es darum geht, einige der besonders aggressiv formulierten Passagen des *Testament* von 1752 zu interpretieren. Friedrich hatte unter anderem geschrieben:

> Notre état manque encore de force intrinsèque. Toutes nos provinces ne contiennent que 5 millions d'âmes. Le militaire est respectable, mais il n'est pas assez nombreux pour résister aux ennemis qui nous environnent... De toutes les provinces de l'Europe il n'en est aucune qui convienne mieux à l'Etat que la Saxe, la Prusse polonaise et la Poméranie Suédoise, à cause que toutes trois l'arrondissent...
> (Unserem Staat mangelt es noch an innerer Kraft. All unsere Provinzen werden von nicht mehr als 5 Millionen Seelen bewohnt. Das Militär ist respektabel, aber es ist zahlenmäßig nicht stark genug, um den Feinden Widerstand zu leisten, die uns umgeben... Von allen Provinzen Europas gibt es keine, die zu unserem Staat besser passen als Sachsen, das polnische Preußen und das schwedische Pommern, weil alle drei seine Grenzen abrunden würden...)

Friedrich vertrat auch die Auffassung, daß die Eroberung Sachsens dadurch leichter gemacht werden könne, wenn das Kurfürstentum zufälligerweise Bündnispartner Maria Theresias zu einem Zeitpunkt sei, an dem sie oder ihre Nachfolger mit Preußen zu brechen drohten, denn es gäbe den Preußen jede denkbare Entschuldigung, um nach Sachsen einzumarschieren. Friedrich war offenbar geneigt, diese Aufgabe seinen Erben zu hinterlassen, weil er in seinem hypochondrischen Zustand vermutete, er werde nicht mehr lange zu leben haben.

Hatte Friedrich wirklich die Absicht, Sachsen im Siebenjährigen Krieg zu annektieren? War das der Grund, warum die gefangengenommenen sächsischen Truppen in Pirna 1756 als vollständige Regimenter übernommen wurden und den Eid auf die preußische Fahne leisteten, statt wie im Zweiten Schlesischen Krieg stückweise auf preußische Einheiten verteilt zu werden? Ist das die Erklärung dafür, daß Friedrich verfügte, daß die Stadtväter in Sachsen einen Treueid auf ihn leisteten? (PC 9789) War es bezeichnend, daß die preußische Verwaltung Sachsens in außergewöhnlicher Weise dem in Schlesien eingeführten Regierungsstil Berlins glich? Es gibt keine schlüssigen Beweise für diese Thesen. Es ist jedoch angebracht, zur Verteidigung Friedrichs als Befürworter des territorialen Status quo darauf hinzuweisen, daß es nicht notwendigerweise seinen Interessen diente, trotz der gegenteiligen Beteuerung im *Testament* von 1752, wenn er Sachsen der preußischen Monarchie einverleibte.

1756 war Friedrich nur zu erfreut, Sachsen sofort wehrlos und denkbar feindlich vorzufinden, denn so hatte er freie Hand, das Kurfürstentum auszuplündern und sich Geld, Pferdefutter und Soldaten anzueignen; als preußische Provinz hätte Sachsen sehr viel milder behandelt werden müssen. Noch lange Zeit nach dem Siebenjährigen Krieg pflegte Friedrich seinen Finanzplan weiter unter der Voraussetzung aufzustellen, daß im Falle von Kriegshandlungen Sachsen erobert werden könne und ihm dann zur Verfügung stehe. Es war daher ziemlich peinlich für ihn, als sich 1778 gute Beziehungen zu Sachsen ergaben und er gezwungen war, Überlegungen anzustellen, wie er die preußischen Finanzen auf eine neue Grundlage stellen konnte. («Réflexions sur l'Administration des Finances pour le Gouvernement prussien» vom 20. Oktober 1784) Wahrscheinlich bedauerte Friedrich es auch, daß ihm von nun an jede weitere Gelegenheit verwehrt war, sein Mütchen an sächsischen Angelegenheiten zu kühlen. Er hatte seinem Bruder August Wilhelm vor dem Siebenjährigen Krieg vom «plaisir d'humilier ou, pour mieux dire, d'anéantir la Saxe» («Vergnügen, Sachsen zu demütigen oder, besser gesagt, zugrunde zu richten») geschrieben – ein Gefühl, das nur sehr unzutreffend von einem von Friedrichs Bewunderern übersetzt wurde mit «Sachsen politisch auf Null zu bringen». (Herrmann, 1895, 245)

Die feindselige Bestätigung dieser Einstellung durch Friedrichs Offiziere ist in ihrer Häufung eindrucksvoll, selbst wenn wir verständlicherweise ihre Eifersucht auf Winterfeldt berücksichtigen müssen und die Tatsache, daß sie von den geheimsten Denkprozessen des Königs ausgeschlossen blieben. Der Höfling Graf Lehndorff, der kleine Graf Podewils, Minister für Auswärtiges, die Veteranen Gaudi, von Kalkreuth, von Retzow und Warnery sowie Friedrichs Bruder, Prinz Heinrich, hielten samt und sonders den Siebenjährigen Krieg für unnötig. Die meisten der Genannten schrieben ihn dem unheil-

vollen Einfluß Winterfeldts zu. (Warnery, 1788, 214; Retzow, 1802, I., 53–54; Kalkreuth, 1840, II., 120; Naude, 1888, 235; Jany, 1901, I., Heft 3, 21; Lehndorff, 1907, 336; Lehndorff, 1910–13, I., 249) In der Tat gingen Winterfeldts Bestrebungen weit über die Grenzen Sachsens hinaus. Ihm schwebte die Errichtung eines neuen, protestantischen deutschen Kaiserreiches vor, ein Traum, der im Juni 1757 sein Ende fand. «Ich bin überzeugt», schrieb Warnery, «daß der König von Preußen, hätte er die Bataille bey Kolin für sich entschieden, darnach gestrebt hätte, sich die Erbländer der Maria Theresia unterwürfig zu machen.» (Warnery, 1785–91, II., 310; vgl. auch Warnery, 1788, 12; Bleckwenn, 1978, 190)
Letzten Endes ist die Frage nach der «Schuld» am Siebenjährigen Krieg eines jener schwer zu klärenden Probleme, deren Lösung davon abhängt, wie weit man die Nachforschungen ausdehnt. Ganz unmittelbar war Friedrich aufgrund der ihn aus Den Haag erreichenden Berichte im Recht, wenn er handelte, hatte es doch geheißen, Österreicher, Russen und Franzosen trügen sich mit der Absicht, ihn im folgenden Frühjahr anzugreifen. Ein erweiterter Blickwinkel bringt etwas mehr von den Ambitionen und Haßgefühlen Friedrichs und seines Vertrauten Winterfeldts ans Licht und macht deutlich, daß es der König dadurch, daß er die militärische Initiative ergriff, Österreich erst möglich machte, das Bündnis zu vervollständigen.
Staatsmänner auf seiten der Verbündeten wie der russische Kanzler Graf Bestuschew-Rjumin vermuteten zu Recht, daß Friedrich in dem Glauben handelte, die Ära der preußischen Expansion sei noch nicht zu Ende. Wenn wir Friedrichs Karriere als Ganzes betrachten, sollten wir uns nicht nur die Ereignisse des Jahres 1756 vor Augen halten, sondern auch die Besetzungen Herstals und Schlesiens 1740 sowie die Ansprüche in Erinnerung rufen, die er 1742 und 1744 auf das nordöstliche Böhmen erhob. Mit anderen Worten: unser Held tritt als Haupturheber von Gewalt in Mitteleuropa zur Mitte des 18. Jahrhunderts in Erscheinung.

Militärisch gesehen waren die Argumente, die für einen Präventivangriff auf Sachsen sprachen, unwiderlegbar. Der Übertritt der Sachsen 1744 ins feindliche Lager hatte Friedrich gezeigt, wie gefährlich es war, eine feindliche oder auch nur neutrale Macht in unmittelbarer Nähe auf beiden Ufern des mittleren Laufs der Elbe sitzen zu haben. «Il fût en même temps résolu de gagner dans cette première campagne le plus de terrain qu'on pourrait, pour mieux couvrir les états du roi, en éloigner la guerre autant qu'il serait possible, et la porter en Bohême, pour peu que cela parut faisable . . .» («Er war zugleich entschlossen, in dieser ersten Kampagne soviel Terrain als möglich zu gewinnen, um die Territorien des Königs besser zu schützen, den Krieg von ihnen soweit wie möglich fernzuhalten und ihn nach Böhmen hineinzutragen, sofern dies möglich schien ...») (Œuvres, IV., 39)

Nicht ganz unabhängig von solchen Überlegungen lockte Sachsen auch mit einer blühenden Landwirtschaft, gesundem Handel und Gewerbe – und Männern im wehrfähigen Alter, und von den Sachsen wurde ein Ausspruch Friedrichs übelgenommen, nämlich «... daß Seine Preußische Majestät oft erkläret hat, daß die Sache in der Welt, die er am meisten bereue, die gewesen sey, daß er als Herr dieses Landes nicht alle Truppen weggenommen habe!» (Lord Stormont, Dresden, 11. August 1756, PRO SP 88/78)

Seit einer Reihe von Jahren hatte Winterfeldt nun schon über die Details einer Invasion nachgesonnen. Bei zwei Gelegenheiten hatte er es als ratsam und instruktiv erachtet, für die Reise zu einer Kur in Karlsbad den Weg durch Sachsen zu nehmen. Er erkundete die böhmischen Pässe (wobei er entschied, daß die Route nach Aussig die geeignetste war) und inspizierte unauffällig in aller Ruhe die berühmten Elbfestungen Pirna im Elbsandsteingebirge und Königstein in der Sächsischen Schweiz, beide im Raum Dresden gelegen und als Aufmarschgebiet der sächsischen Armee bekannt. Aus seinen Eindrükken zog er den Schluß, daß der Standort taktisch geschickt gewählt war, daß aber die sächsischen Truppen, die hier eingekesselt würden, bald kein Futter mehr für ihre Pferde hätten.

Daher geschah es auf der Basis wohlerwogener Pläne für den Eventualfall, als Friedrich und Winterfeldt Vorbereitungen trafen, um 62 000 Soldaten für den Einmarsch zusammenzuziehen und in drei Hauptsäulen die sächsische Grenze zu überschreiten. Sie hofften, wenn möglich, die gegnerischen Streitkräfte überraschen zu können, bevor diese sich versammelten, und dann die preußischen Truppen Winterquartiere in Nordwestböhmen bis hinunter zur Eger, dem linken Nebenfluß der Elbe, beziehen zu lassen. Feldmarschall Schwerin sollte derweil mit einem Aufgebot von rund 24 000 Mann in Schlesien in Bereitschaft stehen.

Friedrichs Absichten hinsichtlich der Weiterführung des Krieges waren bemerkenswert vage. Im Grunde seines Herzens teilte er die Zuversicht einiger seiner jüngeren Kommandeure wie des Dichters Ewald von Kleist, der die Auffassung vertrat, die preußische Armee sei fähig, sich in jeder Lage zu behaupten. (Brief Kleists an Gleim vom 20. Juli 1756, zitiert bei: Volz, 1926–27, II., 3) Friedrich hatte tatsächlich keine Ahnung vom Ausmaß der Gegenoffensive, die nach

1756 über ihn hereinbrechen sollte. Durch falsche Annahmen blind gegenüber Warnzeichen aller Art geworden, zogen der König und Winterfeldt es vor, Berichte von Spionen zu ignorieren, die darauf hinwiesen, daß Österreicher und Russen beträchtliche Fortschritte in der Kriegskunst und besonders auf artilleristischem Gebiet gemacht hätten. Friedrich tat die Russen als «Horde unwissender Barbaren» ab, obwohl ihm Keith energisch widersprach. (Retzow, 1802, I., 182–183) Er machte sich lustig über das, was man ihm über die für Friedenszeiten gewaltigen Manöver der Österreicher 1754 im Feldlager von Kolin zutrug (Gisors, 1868, 103) und erklärte rundweg: «L'Impératrice n'a point d'argent!» («Die Kaiserin hat überhaupt kein Geld!») (gegenüber Schwerin am 12. März 1757, PC 14367), wobei er nicht ins Kalkül zog, daß die Franzosen ihren österreichischen Verbündeten finanzielle Hilfe zuteil werden lassen und dazu auch Belagerungsexperten stellen konnten, Artillerieoffiziere, die als sogenannte «Bombardiers» den Einsatz von Haubitzen und Belagerungsmörsern leiteten, um im Direktschuß, mit Steilfeuer und mit Kartätschen, die nur leicht gebauten preußischen Festungsanlagen in Schlesien in Trümmer zu legen.

Winterfeldt führte die Mobilmachung mit unbestrittenem technischem Geschick durch. Die notwendigen Reserven an Kleidung, Munition, Mehl und Hafer waren seit 1752 eingelagert worden, und in der zweiten Junihälfte 1756 ergingen Befehle zum Ankauf von Pferden für den Troß der Armee. Zur gleichen Zeit wurden die ersten Einheiten aus der Beurlaubung zurück in die Kasernen gerufen. Friedrich, Winterfeldt und Heeresintendant Oberst Wolf Friedrich von Retzow, der sein Amt von 1747 bis 1758 versah, waren vermutlich die einzigen, die wußten, was hinter all diesen Vorbereitungen steckte.

Friedrich traf wohl die politische Entscheidung, die Kampfhandlungen zu eröffnen, am 20. oder 21. Juli, nachdem er sorgsam die Berichte abgewogen hatte, die ihm sein Gesandter in Den Haag, von der Hellen, hatte zukommen lassen und in denen die kriegerischen Pläne der Verbündeten für das Jahr 1757 erläutert wurden.

Im August stellte Friedrich dann Wien zwei Ultimaten, auf die er beidemal eine unbefriedigende Antwort erhielt. Am 26. August sandte er eine dritte Botschaft an Maria Theresia und bedeutete ihr, er sehe sich genötigt, die notwendigen Maßnahmen zur Erhaltung der Sicherheit Preußens zu ergreifen, sei indes willens, seine Truppen zurückzuhalten, falls die Kaiserin das Versprechen abgebe, ihn weder im laufenden noch im nächsten Jahr anzugreifen. Am Morgen des 28. August 1756 schwang sich Friedrich vor dem Potsdamer Schloß in den Sattel, nahm eine kurze Übung der Garnisonstruppen auf dem Exerzierplatz ab und trat anschließend, an der Spitze reitend, mit ihnen über die Havelbrücke den Marsch in Richtung Sachsen an.

4. KAPITEL

DER KRIEGSSCHAUPLATZ

Eingeschlossen in das Herz von Mitteleuropa, erwärmte sich der Schauplatz von Friedrichs Feldzügen nur langsam unter der Frühlingssonne. Der Schnee türmte sich in den Gebirgszügen auf, bis er alljährlich im Februar seine größte Dichte erreichte. Ungefähr zweihundert Tage lang im Jahr bedeckte er in einer Höhe von 1 200 Metern und darüber den Boden und verschwand in manchen Sommern überhaupt nicht von den höchsten Erhebungen des Riesengebirges. Immer wieder wurden im Frühjahr vielversprechende Tauwetterperioden von einer neuen Rückkehr des Winters unterbrochen, einer klimatischen Besonderheit, die es den militärischen Befehlshabern nahezu unmöglich machte, die Eröffnung einer Feldzugsaison vor Ende April einzuplanen.

Das Gras begann erst in der ersten Maihälfte zu sprießen, eine Tatsache, die von lebenswichtiger Bedeutung für die Versorgung der Pferde war. In den meisten Jahren wurde dann die anschließende Folge von sonnigem Frühlingswetter und kalten Regentagen endlich vom Hochsommer mit wolkenlosem Himmel und hohen Temperaturen abgelöst, die bis in den Herbst andauerten. Die Soldaten litten immens unter diesen Hitzegraden, denn dies war die Saison der Gewaltmärsche und großen Schlachten (ein junger Offizier gab nach der Schlacht von Zorndorf das ganze Geld, das er bei sich hatte, für eine Mütze voll Wasser her). Schließlich brachen mit unvorhersehbarer Heftigkeit Kälte, Regen und Schnee über den Kriegsschauplatz herein. 1761 begann diese Jahreszeit in Schlesien Anfang Oktober und 1778 in Nordostböhmen bereits im August.

Geographisch erstreckte sich die Szene der Feldzüge des Preußenkönigs über drei große Gebiete:

a) *Das nördliche Flachland in Brandenburg, Sachsen und Schlesien*
Zwei große Ströme – die Elbe im Westen und die Oder im Osten – durchquerten dieses Tiefland von Südosten nach Nordwesten. Sie waren gut schiffbar, boten auf einem Ufer oder auf beiden offenes, fruchtbares Land und wurden aus diesem Grunde zu wichtigen Durchgangsstraßen für die Operationen. Eine gewaltige, aus Heide und Wäldern bestehende Fläche erstreckte sich jedoch vom brandenburgisch-sächsischen Grenzgebiet in die Neumark und das nordwest-

liche Schlesien hinein und erschwerte die Versorgung von Truppe und Tier inmitten dieses Kriegsschauplatzes.

b) *Die Berge im Grenzgebiet*
Dies waren mehr oder weniger durchgehende Höhenzüge, die sich über eine große Entfernung vom östlichen Deutschland bis nach Ungarn hinunter hinzogen und die höchstgelegene Landschaft zwischen dem Flachland im Norden und dem Wiener Becken bildeten. «Die Leute, welche aus dem niederigen und ebenen Lande herauf kommen und hier zum erstenmal ein Gebirge erblicken, welches dieses Namens würdig ist, erheben ein großes Geschrey und glauben, die Grundsäulen des Himmels gesehen zu haben.» (Riesebeck, 1784, II., 4) Zwar waren diese Berge, gemessen an den Pyrenäen oder gar den Alpen, nicht besonders hoch, aber im operativen Sinne bildeten sie bedeutsame Hindernisse. Die Pässe wurden zur Winterzeit unpassierbar, so daß ein Feldherr sich auf der anderen Seite des Gebirges in Feindesland mit seinen Truppen dauerhaft und gründlich festsetzen mußte, wollte er sich nicht gezwungen sehen, vor dem Ende der Kampagnezeit den Rückzug anzutreten. Darüber hinaus begünstigte das Gebirge zu jeder Jahreszeit die österreichischen Husaren und die Kroaten bei ihren Blitzüberfällen auf die preußischen Trosse.

c) *Die österreichischen Provinzen Böhmen und Mähren*
Diese beiden Territorien lagen südlich der Bergkette. Die Geländebeschaffenheit wies hier eine große Vielfalt auf, von der im einzelnen noch die Rede sein wird.

Um einigermaßen verständlich zu machen, was während Friedrichs Feldzügen passierte, erscheint es notwendig, unsere allgemeine physikalische Geographie dieser Landschaft in einzelne strategische Zonen zu untergliedern, die den Einfluß solcher Faktoren wie Politik, Strategien, Landwirtschaft und des Erbes der Vergangenheit in Form von Brücken und Festungen widerspiegeln. Drei solcher geopolitischen Systeme zeichnen sich Mitte des 18. Jahrhunderts ab: Berlin und seine Zugänge von Osten her: Magdeburg, Dresden, Prag und der Lauf der Elbe sowie der schlesische Oder-Abschnitt und die Zugangsstraßen nach Mähren und Nordostböhmen.

Friedrichs Kriegführung war in großem Maße durch die Verwundbarkeit des brandenburgischen Kernlandes geprägt. Berlin war eine offene Stadt, die kaum mit weniger als 20 000 Soldaten zu verteidigen war, denn die nicht sehr dicke Stadtmauer spielte als Abwehrbollwerk keine nennenswerte Rolle. Die königliche Residenz Potsdam war verteidigungsmäßig völlig unhaltbar, und auch Spandau, die Waffenschmiede des preußischen Staates, stand Invasoren offen. Zwar war die dortige Zitadelle taktisch günstig gelegen und wurde durch die Sümpfe von Spree und Havel geschützt, doch war sie zu klein, um von strategischer Bedeutung zu sein.

Im Siebenjährigen Krieg hielten es die Russen für opportun, die Schiffahrt auf Netze und Warthe an sich zu bringen und ihr Hauptmagazin in Posen im westlichen Teil Polens anzulegen. Das gab ihnen die Möglichkeit, entweder nach Süden abzudrehen und in Schlesien einzufallen oder genau westwärts durch die brandenburgische Neumark auf Berlin vorzustoßen. Im letzteren Fall war das einzige natürliche Hindernis auf ihrem Wege der Flußlauf der Oder, auf die sie bei der kleinen Festungsstadt Küstrin oder in der Universitätsstadt Frankfurt stießen, je nachdem ob sie den Warthebruch, ein Sumpfgebiet riesigen Ausmaßes, das Friedrich später urbar machen und besiedeln ließ, im Norden oder im Süden umgingen. Nach Überschreitung der Oder trennte die Russen dann nur noch ein rund hundert Kilometer breiter Streifen ebenen, zuweilen von Feldern durchzogenen Ödlandes, auf dem «hier und da Weizen-, Roggen-, Gerste- und Haferbüschel wuchsen, die aus dem sandigen Boden emporragten wie Haare auf einem fast kahlen Kopf ...» (Adams, 1804, 3)

Magdeburg, Dresden, Prag und Elbstrom

Dem brandenburgischen Kernland fehlte jedweder befestigte Punkt, der gegen einen von Süden her vordringenden Feind hätte behauptet werden können. Einem Raidkommando wäre es möglich gewesen, vom nächstgelegenen sächsischen Grenzpfahl in Mittenwalde aus in knapp zehn Stunden Berlin zu erreichen. Eine größere Armee hätte aus der Bereitstellung in Wittenberg an der Elbe die fünfundachtzig Meilen bis zur Hauptstadt in sechs Marschtagen zurücklegen können, strategisch gesehen immer noch eine gefährlich knappe Entfernung. Friedrich folgerte daraus: «La meilleure défensive que l'on puisse faire, c'est de marcher en Saxe, comme nous le fîmes l'hiver de 1745. Se retirer derrière la Spree ou la Havel, c'est perdre le pays!» («Die beste Verteidigung, die denkbar ist, ist der Einmarsch in Sachsen, wie wir ihn im Winter 1745 vollzogen. Ein Zurückgehen hinter Spree oder Havel hieße das Land verlieren!») («Principes Généraux», 1748, Œuvres, XXVIII., 16)

Nun wurde offenbar, daß das strategische Zentrum der preußischen Monarchie nicht in Berlin lag, sondern in Magdeburg, der als Nachschublager dienenden Festung. Es war eine große und ziemlich häßliche, in Verteidigungsanlagen aus der Zeit Friedrich Wilhelms I. eingebettete Stadt. Hierher kamen nur selten ausländische Reisende, und in den Aufzeichnungen über die preußischen Feldzüge wurde sie nie erwähnt. Doch lag die 1680 zu Brandenburg gekommene Stadt an einer der wichtigsten Straßenkreuzungen und Flußübergänge im Bereich der unteren Elbe und beherrschte die Region Magdeburg-Halberstadt, die reichste im Staate Preußen. Sie erstreckte sich als fruchtbare und offene Ebene vom Harz im Westen bis zum brandenburgischen Kernland im Osten.

In Zeiten kriegerischer Auseinandersetzungen diente Magdeburg als «Aufbewahrungsort für alle Dinge, die er [Friedrich] dem Zugriff plötzlicher Verunglimpfung entziehen zu müssen glaubte.» (Moore, 1779, II., 111) So nahm Magdeburg während des Siebenjährigen Krieges die preußische Staatskasse und den Hofstaat der Königin auf. Im Falle offensiver Truppenbewegungen war es möglich, von Magdeburg aus auf der Elbe Nahrungsmittel, Munition und schwere Artillerie per Schiff die ganze Strecke quer durch Sachsen ins nördliche Böhmen zu transportieren. (PC 9007)

Sachsen und auch Böhmen bis hinunter nach Prag können daher als Verlängerung der «Gliederung» des brandenburgischen Kernlandes angesehen werden. Die direkte Route von Berlin nach Dresden führte durch einen kargen Landstrich. Friedrich zog es vor, den Zugang nach Sachsen vom Nordwesten her zu suchen, nachdem er sein Hauptquartier in Magdeburg eingerichtet und seine Truppen in der Gegend von Halle hatte aufmarschieren lassen.

Ein zweitägiger Marsch brachte die preußischen Regimenter und Bataillone von Halle nach Leipzig (das damals etwa 130 000 Einwohner zählte), dem Handelszentrum des Kurfürstentums. Danach stieß die Armee auf dem westlichen (linken) Elbufer durch die offene Ebene nordwärts bis zur schwach befestigten Stadt Wittenberg: «Cela vous rend maître du cours de l'Elbe, qui doit vous donner vos vivres.» («Das trägt einem die Herrschaft über den Elbstrom ein, der einem den Proviant liefern muß.») («Principes Généraux», 1748,

Œuvres, XXVIII., 9; ebenso PC 10725) Die nächste Stadt von strategischer Bedeutung war Torgau, die einen ständigen Stromübergang besaß und große Bedeutung für die preußischen Querverbindungen durch die norddeutsche Tiefebene erlangen sollte. Friedrich ließ die alte Stadt während des Siebenjährigen Krieges mit Erdwällen und Palisaden verschanzen und schuf damit einen ausgezeichneten festen Platz auf dem nach Nordwesten offenen Höhenzug.
Wenn Friedrich oder seine Korpsbefehlshaber Dresden bedrohen wollten, ohne das Risiko einzugehen, allzuweit nach Sachsen einzudringen, stellten sie ihre Grenadiere in einer Breite von sieben oder acht Meilen auf den Bergrücken auf, die sich vom Katzenhäuser, Krögis und Schletta bis zu dem Ausläufer erstreckten, der an der Stelle oberhalb von Meißen endete, wo ein Schloß auf die Elbe hinunterblickte. Die vordere Begrenzung dieser Stellung bildete die Triebisch: «Dieses Flüßchen ist an sich völlig unbedeutend, doch sind seine Ufer auf beiden Seiten sehr hoch und an den meisten Stellen unpassierbar. Das Hinterland ist zwei deutsche Meilen weit äußerst uneben und weist tiefe Einschnitte in Form von Hohlwegen, Schluchten und kleinen Bächen, die in den benachbarten Bergen entspringen, auf.» (Mitchell, 24. Mai 1760, PRO SP 90/76)
So sah das berühmte «Lager von Meißen» aus, das die Bewunderung zeitgenössischer Kommentatoren wie des piemontesischen Stabsoffiziers de Silva erregte. Er bemerkte 1760, daß die Form eines Feldzuges oder eines ganzen Krieges durch die richtige Wahl einer Verteidigungsstellung bestimmt werden konnte: «Quelles ressources ne fournit point au roi de Prusse celui de Meissen, dont il s'est d'abord emparé et dont vraisemblablement on ne le délogera jamais! Ce camp lui assure la possession de la Saxe, et la Saxe lui fournit tout ce qui est nécessaire pour la continuation de la guerre . . .» («Welche Ressourcen bietet nicht dem preußischen König das Lager von Meißen, dessen er sich gleich zu Anfang bemächtigt hat und aus dem man ihn wahrscheinlich niemals vertreiben wird! Dieses Lager sichert ihm den Besitz Sachsens, und Sachsen liefert ihm alles, was für die Fortsetzung des Krieges notwendig ist . . .») (Silva, 1778, 254)
Die Überlandstraße von Meißen nach Dresden lief 15 Meilen weit an der Elbe entlang. Der Fluß beschrieb in diesem Abschnitt eine Reihe sanfter Krümmungen durch eine schöne Landschaft, in der Wälder, Weinberge, Wiesen und kleinere Berge aus Sandstein sich abwechselten. Im Gebiet um Dresden (vgl. Karte 12) fanden die Österreicher nach ihrem Eintreffen in Sachsen im Verlauf des Siebenjährigen Krieges die Möglichkeit, sich auf einen hinhaltenden Stellungskrieg einzulassen. Die Stadt Dresden selbst besaß größte politische und strate-

gische Bedeutung, denn sie war zugleich Hauptstadt des Kurfürstentums und eine mächtige Festung im eigentlichen Sinn, deren Bollwerke auf beiden Ufern der Elbe lagen. Von der großen steinernen Brücke mit ihren neunzehn Bogen bot sich ein verführerisches Panorama: «Der Fluß, welcher bis auf einige Entfernung von der Stadt sehr eingeschränkt war, fängt an, sich merklich auszubreiten, und ist hier schon ein mächtiger Strom, welcher der Pracht der Stadt und der Landschaft entspricht. Das Gebürge gegen die Lausitz zu bietet einen majestätischen Anblick dar . . .» (Riesebeck, 1784, II., 5)
Dresden war als Festung geräumig genug, um eine Garnison von beträchtlicher Stärke aufzunehmen. Darüber hinaus verbanden im Verlauf des Siebenjährigen Krieges die Österreicher die Dresdner Verteidigungsanlagen listigerweise mit denen des angrenzenden Plauenschen Grundes, eines weiten Tals, das auf der Ostseite durch eine Reihe nebeneinander aufragender, einer riesigen Mauer ähnelnden Bergwände beherrscht wurde. Friedrich befand, daß diese Anlage zu stark war, um sie im Direktangriff einzunehmen. (Ligne, 1923, 170) Zusätzlich erschwerte ein ausgedehntes Waldgebiet, der Tharandter Wald, die preußischen Truppenbewegungen um die Flanke herum.
Hinter Dresden stieg die Landschaft allmählich wieder an und ging in das Bergland der Sächsischen Schweiz über, die einen Teil des Elbsandsteingebirges darstellte. Das Erscheinungsbild dieser Gegend war äußerst bizarr. Einsam in die Höhe ragende Sandsteinfelsen, die im Wilden Westen nicht fehl am Platze gewesen wären, wuchsen hier unvermutet aus grünen Feldern und Buchenwäldern empor. Die Elbe war in diesem Teil ihres Laufs zu einem Abbild des Colorado geworden, das heißt zu einem schmalen braunen Band, das sich in Schleifen um den Fuß der ansehnlichen Berge wand.
Die Österreicher stellten fest, daß der Zugang zu diesem Gebiet und damit zur Grenze nach Böhmen versperrt werden konnte, wenn man im Besitz der Höhenzüge oberhalb der Müglitz war, eines im Erzgebirge entspringenden Flusses, der durch ein sehr abschüssiges, dichtbewaldetes Tal bis kurz hinter das Städtchen Dohna floß und von dort seinen Lauf durch eine enge Flußebene bis zu seiner Mündung in die Elbe nahm. Auf dem gegenüberliegenden, östlichen Ufer der Elbe hatte der österreichische Feldmarschall Daun ein ähnlich vorteilhaftes Gelände für sein Feldlager gefunden: inmitten der Basaltfelsen um den im Bergland liegenden Ort Stolpen.
Hinter der von der Müglitz gebildeten Linie war die letzte zusammenhängende und verteidigungsfähige Stellung auf sächsischem Boden das bereits erwähnte «Lager von Pirna» auf dem kaum angreifbaren Hochplateau zwischen Pirna und Königstein, von dem

in Kürze noch einmal die Rede sein soll. Es war jedoch zu sehr einem jede Bewegung einschränkenden Gefängnis für die hier versammelten Truppen ähnlich und empfahl sich deswegen weder Preußen noch Österreichern. Strategische Bedeutung erlangte dieses Lager nur angesichts der besonderen Gegebenheiten im Herbst 1756. Für Friedrichs Zwecke waren die einzig brauchbare Stellung in diesem Teil Sachsens die Höhenzüge um Cotta an der unteren Gottleuba, wo er unweit der böhmischen Grenze ein Korps stationieren konnte.

Friedrich hatte nicht nötig, so weit vorzurücken, daß er Pirna, die Müglitz oder auch nur den Plauenschen Grund erreichte, um die quer durch Sachsen verlaufenden Transportwege auszunutzen. Wie Tempelhoff betont hat, war das Wirtschaftsleben und damit auch das Netz der Verkehrsstraßen im Nordwestteil Böhmens schwach entwikkelt. Es war «. . . gerade der entgegengesetzte (Fall) in Sachsen. Denn hier sind die Städte Zwickau, Chemnitz, Freiberg auf der einen und auf der anderen Seite der Elbe Kamenz, Bautzen, Löbau, Zittau lauter wichtige Handlungsplätze. Daher sind die Wege von einer zur andern auch so gut, als sie in einem gebürgichten Lande seyn können; und eine Armee kann daher ihre Bewegungen längst der Grenze ohne Mühe fortsetzen und die verschiedene Korps unterstützen, die zur Vertheidigung derselben angestellt worden . . .» (Tempelhoff, 1783–1801, I., 132)

Ein türkischer Gesandter beschrieb einmal Böhmen. In seinen Augen war es «eigentlich der Stolz und das Rückenmark der österreichischen Macht.» (Achmed Effendi, 1762, zitiert bei: Volz, 1908, II., 207) Böhmen war seit dem Mittelalter berühmt wegen seiner reichen Bodenschätze an Eisenerz, Zinn und Silber, und im 18. Jahrhundert bewirkte die erblühende Wollindustrie im nordöstlichen Bergland und entlang der böhmisch-mährischen Grenze, daß das Königreich als Kriegsbeute noch verlockender wurde. Die männliche Bevölkerung bildete die Stütze der habsburgischen Artillerie und das Rückgrat ihrer Infanterie: «Sie sind ohne Vergleich von allen kaiserlichen Unterthanen die besten Soldaten. Sie können alle Mühseligkeiten des Soldatenlebens am längsten aushalten, ohne stützig zu werden.» (Riesebeck, 1784, II., 412) Die Eroberung Böhmens blieb das primäre Ziel aller Pläne Friedrichs für einen Angriffskrieg gegen die Österreicher. Welche Zugänge boten sich ihm dafür für eine direkte Invasion von Sachsen her?

Friedrich führte nie die preußische Hauptarmee über die Grenze östlich der Elbe. Das Land in unmittelbarer Nähe des Stroms war zerklüftet und nahezu weglos und eignete sich nur für strategische Überraschungsversuche, wie sie Feldmarschall Browne 1756 unternahm oder Prinz Heinrich im Jahre 1778. Kaum attraktiver war die endlose und leicht angreifbare Überlandstraße, die von Zittau in der Oberlausitz in Richtung böhmische Grenze führte, oder die aus dem angrenzenden Zipfel Schlesiens zwischen Isergebirge und Riesengebirge ins Tal der Iser verlaufende Fernstraße. Die Ausgangsstellungen für eine solche Offensive lagen gleichermaßen entfernt von den Versorgungslinien an Elbe und Oder, und die Erfolgschancen in Böhmen hingen davon ab, inwieweit sich die Österreicher durch einen plötzlichen Einmarsch überraschen ließen.

Der preußische König wählte für den Einfall in Böhmen viel lieber die Marschroute auf dem westlichen Elbufer. Es war zwar erforderlich, den Frachtschiffschleppzug mit dem Nachschub durch die Sandsteinschlucht an der sächsisch-böhmischen Grenze militärisch zu eskortieren, doch die Masse der preußischen Armee kam stets rasch genug voran, um in der Lage zu sein, quer durch das Land über das niedrige Elbsandsteingebirge zu marschieren, in das Tal der Biela hinabzusteigen und anschließend das für sich stehende Mittelgebirge in Böhmen zu durchqueren, bevor die Österreicher Zeit hatten, eine wirksame Antwort zu finden (so geschehen 1744, 1756 und 1757).

Abgesehen von den Bergen an der Grenze verfügten die Österreicher in Nordböhmen über keine Verteidigungsstellungen mit Ausnahme des schmalen Flußbetts der Eger, des linken Nebenflusses der Elbe, und einer niedrigen Bergkette bei Budin auf der Südseite des Mittelgebirges. Hier konnten sie von einem preußischen Korps umgangen werden, das egerabwärts von Westen her vorstieß (Prinz Moritz von Anhalt-Dessau 1757). Das ganze Land lag daher für die Preußen offen. «Au-delà de Lobositz, pays ouvert, belles plaines, riche culture; c'est le cercle de Leitmeritz, appelé dans le pays ‹le jardin de la Bohême› . . .» («Hinter Lobositz [stoßen wir auf] offenes Land, schöne Ebenen, fruchtbares Ackerland. Dies ist der Kreis Leitmeritz, den die Einheimischen den ‹Garten Böhmens› nennen . . .») (Guibert, 1803, I., 251) Die Stadt Leitmeritz bot den Preußen einen geeigneten Übergang über die Elbe (vergleichbar mit Torgau am sächsischen Abschnitt des Stroms) und war bestens geeignet als Landeplatz für schwere Artillerie und Proviant, obwohl sich der eigentliche Endpunkt der Schiffahrt für die größeren Frachtkähne zwanzig Meilen stromaufwärts in Melnik befand, wo die Moldau in die Elbe mündet.

Von Leitmeritz aus konnten die Preußen die böhmische Hauptstadt Prag in drei Tagesmärschen erreichen. Als Festung war Prag zwar von beträchtlicher Ausdehnung, doch nicht besonders stark armiert und kaum zu verteidigen von einer Besatzung, die an Kopfzahl nicht einer großen Armee gleichkam. Selbst als Friedrich den festen Platz 1744 eroberte, hatte er seine liebe Not damit. Andererseits waren alle anderen böhmischen Städte zu klein, um als Magazin für die Invasionsarmee zu fungieren, und es stieß, wie sich herausstellte, auf Schwierigkeiten, in Mittelböhmen an Proviant, Futtermittel und Informationen über den Gegner zu kommen, weil hier die Verkehrswege rudimentär waren und die Bevölkerung eine unversöhnlich feindselige Haltung gegen die preußischen Eindringlinge einnahm. Nach den Erfahrungen von 1744 widerstand Friedrich der Versuchung, weiter nach Süden vorzustoßen. Mehr und mehr befreundete er sich mit dem Gedanken, den Lockungen des breiten, fruchtbaren und heiteren Tales der oberen Elbe nachzugeben, das sich an Kolin vorbei nach Osten bis Pardubitz und Königgrätz ausdehnte.

Die Oder in Schlesien und die Zugänge nach Mähren und Nordostböhmen

Es ist nun an der Zeit, wieder auf die Nordseite der Berge zurückzukehren und sich mit dem Lauf der Oder und der strategischen Lage Schlesiens zu befassen. Dies war Land, das die Preußen beherrschten. Der kurze und einfache Zugang von Brandenburg nach Schlesien führte über Crossen, «ein sehr hübsches, schmuckes Städtchen, recht solide angelegt, mit einer Holzbrücke über die Oder; die Straße angenehm, durch Wiesen und Eichenwälder am Oderufer entlang . . .» (Mitchell, 1850, II., 40) Nächste größere Stadt oderaufwärts war dann Glogau in Schlesien, ebenfalls ein freundlicher Ort. Hier legte Friedrich ein wichtiges Artilleriedepot an und große Magazine zur Lagerung von Brotgetreide (das Gegenstück zu Magdeburg an der Elbe). Schiffskonvois, beladen mit militärischer Ausrüstung aller Art, bahnten sich langsam ihren Weg stromaufwärts zu den Armeen und Garnisonen in Schlesien. Friedrich machte 1758 eine Aufzeichnung, aus der hervorgeht, daß die Uniformen für die Rekruten nicht rechtzeitig eingetroffen waren. «Es hat das frühjahrige Wasser viel davon schult, dan es ist so klein gewesen, daß die Schife nur die Hälfte Ladung nehmen können, und worauf sie sonsten 5 Wochen gefahren, haben sie dieses Jahr 6 gebraucht . . .» (Orlich, 1842, 123) Als Friedrich im August 1759 den Vormarsch zur Auseinandersetzung mit den Russen antrat, war es seiner Kavallerie tatsächlich möglich, die Oder unterhalb der Stadt Frankfurt im Sattel zu durchwaten.

Eine gut ausgebaute, feste Straße folgte auf dem westlichen (linken) Ufer der Oder dem Stromlauf bis nach Breslau, der als Festung angelegten Hauptstadt Schlesiens. Hier erwarb Friedrich noch vor Ausbruch des Siebenjährigen Krieges das ehemalige Palais Spaetgen und ließ es in einem Stil ausbauen, der einer königlichen Residenz würdig gewesen wäre. Dieses Domizil sollte sich als höchst nützlich für ihn erweisen, denn Breslau war das strategische Herz ganz Schlesiens.

Weizen, Roggen und Gerste wurden in unmittelbarer Nähe der Hauptstadt in großem Maße angebaut, und Niederschlesien als Ganzes war fruchtbares Land, das nach dem zeitgenössischen Schönheitsideal als malerisch galt. Mit Ausnahme des flachen und offenen Gebietes um Orte wie Hohenfriedberg, Leuthen und Reichenbach bot sich die Provinz als grüne Hügellandschaft dar, für das Auge angenehm durchsetzt mit üppigen Mischwäldern, in denen Fichten, Buchen, Eschen, Birken und die allgegenwärtige Eiche ihren Platz hatten. Dieses ertragreiche Land war äußerlich sofort als Teil Nordeuropas zu erkennen und bildete einen krassen Gegensatz zum Erscheinungsbild Böhmens und Mährens, wo kahle Landstriche, grelles Licht und eine Atmosphäre der Armut und Knechtschaft bereits an den Orient erinnerten.

Die westliche Flanke des schlesischen Flußsystems wurde durch eine Reihe kleiner Flüsse durchquert, die in den Sudeten entsprangen und nach Norden flossen. Diese Gewässer waren normalerweise ohne große Umstände zu durch- oder überqueren, stellten jedoch Hindernisse besonderer Art dar, wenn sie infolge schwerer Regenfälle oder nach der Schneeschmelze angeschwollen oder der Feind auf dem anderen Ufer bereitstand, um die Überschreitung zu verwehren. Der Bober, ein linker Nebenfluß der Oder aus dem Riesengebirge oberhalb von Hirschberg, floß über Sagan weiter bis zu seiner Mündung in den Strom bei Crossen. Sein Pendant, die Katzbach, verlief, im Katzbachgebirge östlich von Hirschberg entspringend, nur ein Dutzend Meilen weiter östlich zunächst parallel und bog dann nach Osten ab, um über Liegnitz der Oder zuzustreben. Dieser kleine Fluß war von solch strategischer Bedeutung, daß Friedrich ihm nach dem Siebenjährigen Krieg eigens ein Memorandum widmete: «On a vu dans la dernière guerre, que le projet auquel les Autrichiens avaient le plus de confiance était de se mettre derrière la Katzbach pour couper les Prussiens des forteresses de la Silésie et en faire les sièges à leur commodité en nous empêchant d'y porter des secours.» («Im letzten Krieg hat man gesehen, daß der Plan, in den die Österreicher das meiste Vertrauen setzten, darin bestand, ihr Heer hinter der Katzbach zu versammeln, um die Preußen von den Festungen in Schlesien abzuschneiden und diese nach Belieben zu belagern, uns daran hindernd, sie zu entsetzen.») Er wies dabei darauf hin, daß der österrei-

chische Feldmarschall Graf Daun den Versuch unternommen hatte, die Katzbach auf diese Weise gegen den preußischen Feldherrn Herzog August Wilhelm von Braunschweig-Bevern im Jahre 1757 zu nutzen und abermals 1760 gegen die königliche Armee in der Schlacht bei Liegnitz. (Taysen, 1882, 129)
Die entsprechende östliche Seite des Gewässernetzes in Schlesien prägten Flüsse im Grenzgebiet zwischen Oberschlesien und Ungarn sowie Mähren. Die Grenze nach Ungarn bereitete den Preußen ständig Verdruß, denn sie vermochten sie nie wirksam gegen Husarenkommandos abzuriegeln, die über den Jablunkapaß in den Karpaten eindrangen. Dennoch übte der Zugang nach Mähren auf Friedrich während seiner gesamten soldatischen Karriere eine starke Anziehungskraft aus.
Die Festungsstadt Neisse als Operationsbasis benützend, konnte Friedrich ohne Schwierigkeit die Stadt Troppau im Mährischen Gesenke einnehmen, sie als vorgeschobenes Magazin nutzen und dann, durch eine Tiefebene vordringend, ins Herz Mährens vorstoßen, das Wien viel näher lag als Böhmen:

> Je connais trop ce royaume pour ne pas savoir les difficultés qu'on trouve à s'y établir; mais pour le prendre, il faut que ce soit par diversion, et la Moravie seule en peut fournir le théâtre. C'est là que les grandes familles ont leurs terres, et c'est là qu'on peut donner des jalousies sur Vienne, dont la conservation importe bien autrement à la maison d'Autriche que celle de Prague ...
> (Ich kenne dieses Königreich [Böhmen] zu gut, um nicht die Schwierigkeiten zu kennen, auf die man stößt, wenn man sich dort festsetzen will; doch um es zu erobern, bedarf es eines Ablenkungsangriffs, für den nur Mähren den Schauplatz bilden kann. Dort nämlich haben die großen Familien ihre Besitzungen, und von dort aus kann man bewirken, daß um Wien gezittert wird, an dessen Besitzerhaltung dem Hause Österreich weitaus mehr gelegen ist als an der Prags ...) (Brief Friedrichs an seinen Bruder Heinrich vom 2. Juni 1778, PC 26422)

Innerhalb Mährens stellten sich den Preußen lediglich künstliche Hindernisse entgegen, vor allem die alte Festungsstadt Brünn und die Stadt Olmütz mit ihren vor dem Siebenjährigen Krieg erbauten Festungsanlagen.
Auf diese Weise reichten die von der Geographie Schlesiens ausgehenden strategischen Überlegungen weit nach Mähren hinein. Sie trafen auch auf das nordöstliche Böhmen zu. In dieser Region bildete die Grafschaft Glatz einen strategischen Wurmfortsatz, sozusagen

einen Unterbau. Seine Ränder im Süden und Osten bildeten hohe, fast unzugängliche Gebirgszüge. Die entsprechende Nordseite war von Niederschlesien durch das Eulengebirge abgeschirmt, das zwar keine hohen Gipfel aufwies, aber sehr steile, dichtbewaldete Hänge. Dieses Gebirge sollte für Friedrich bei seinen späteren Feldzügen Probleme aufwerfen, denn wenn er nicht wachsam war, konnten sich die Österreicher zu jeder Zeit in ein paar Marschtagen von der schlesischen Grenze in den Besitz der Pässe bei Wartha und Silberberg bringen und so den Zugang zur schlesischen Tiefebene erzwingen. Aus diesem Grunde baute Friedrich nach dem Siebenjährigen Krieg in Silberberg eine Festung.

In offensiver Hinsicht bot die Grafschaft Glatz Friedrich eine Reihe von Pforten nach Nordostböhmen, entweder solche Routen, die nach Westen über schroffe Pfade ins Nachbarland führten und im Städtchen Nachod endeten, oder bequemere Wege, die, durch ein weites Tal verlaufend, jenseits der Grenze in Braunau herauskamen.

Zwischen den beiden genannten Zugängen erstreckte sich der bei weitem wichtigste Korridor zwischen dem preußischen und dem habsburgischen Staat. An seinem nördlichen Ende verschaffte er den Österreichern den Griff ins Herz Schlesiens, die Gegend um Breslau. Daher Friedrichs Feststellung: «La Basse Silésie est la partie essentielle de ce duché qu'il faut conserver!» («Niederschlesien ist der lebenswichtige Teil dieses Herzogtums, den es zu behaupten gilt!») (Brief an Schwerin vom 2. August 1756, PC 7796) An seiner Südkante gab der Korridor den Zugang nach Nordostböhmen über Königgrätz und Pardubitz frei.

Friedrich besaß in Niederschlesien zwei strategische Bollwerke gegen Angriffe aus dem Grenzgebirge. Schweidnitz (seit 1747 befestigt) lag in einer fruchtbaren Region. Von der Oder dorthin war es nur ein Marsch von fünfundzwanzig Meilen. «Es [Schweidnitz] hat den höchsten Kirchturm von ganz Schlesien (Abb. 23), von dem aus man einen weitreichenden, herrlichen Ausblick über die weite Ebene ringsum bis zu den entfernten Bergen genießt, die wie eine den Horizont säumende Mauer aussehen . . .» (Adams, 1804, 185)

Im Jahre 1745 und in beinahe jeder Feldzugsaison des Siebenjährigen Krieges kämpften die feindlichen Armeen um das Gebirgsvorland oberhalb von Schweidnitz und Hohenfriedberg, wo die sanft abfallenden, bewaldeten Ausläufer des Riesengebirges in die Ebene hinunterreichten und sich mit den Tälern vereinigten, die ihre grünen Finger den Bergen entgegenstreckten. Es war schwer, die Österreicher wieder zu vertreiben, wenn sie sich einmal unmittelbar oberhalb von Schweidnitz im Gebiet von Waldenburg festgesetzt hatten, wie es ihnen 1760 und 1762 gelang. Zum teilweisen Ausgleich konnten die Preußen gewöhnlich auf einen zweiten festen Platz zurückgreifen: den wichtigen Verkehrsknotenpunkt Landeshut, etwa fünfzehn Meilen südwestlich von Schweidnitz. Landeshut lag in einer Senke, doch 1758 errichtete Fouqué zehn Forts auf den umliegenden Bergen und ließ dadurch den Ort strategisch einer Festung gleich werden. Vor Landeshut verfügten die Preußen dann noch über eine bedeutende Verteidigungsstellung zwischen Liebau und Schömberg, in unmittelbarer Nähe der Grenze zum Feindesland also.

Auf über zwanzig Meilen Breite war die schlesisch-böhmische Grenze durch die Barriere des Riesengebirges für strategische Bewegungen jeder Art ein totes Gelände. Es gehörte zu den höchstgelegenen Landstrichen Mitteleuropas. Patrouillen mußten einen mühsamen Aufstieg von schätzungsweise 1700 Meter in Kauf nehmen, um den Grat zu erreichen. Der Weg führte sie durch hohe Fichtenwälder, die mit Felsbrocken durchsetzt waren, anschließend durch eine Zone mit hüfthohen Bergkiefern (Pinus mugo) und schließlich über Geröllfelder voll dunkelgrauer Steine. Die Späher wurden durch eine Aussicht belohnt, die sie an klaren Tagen weit nach Sachsen, Schlesien und Böhmen hineinblicken ließ. Von hier oben bot sich ein Panorama, das beinahe zwei Drittel der Szene von Friedrichs Feldzügen einschloß.

Die der Ostflanke des Riesengebirges am nächsten liegende Route für eine Invasion führte vom Lager in Liebau hinüber nach Schatzlar und Trautenau in Böhmen. Es war ein sich emporschlängelnder, steiler Pfad, der die Preußen durch das Rabengebirge in die Tiefen des Königreich-Waldes hinunterführte. Sie fanden es gewöhnlich bequemer, den Zugang nach Braunau und Nachod zu benutzen, der, wie erwähnt, keine natürlichen Hindernisse aufwies, «d'ailleurs celui de Braunau vaut mieux, en ce que, en toutes les guerres qu'on fait en Silésie, il faut regarder l'Oder comme sa mère nourricière...» («außerdem ist die [Route] nach Braunau insofern vorzuziehen, als man bei allen Kriegszügen in Schlesien die Oder als Nährmutter ansehen muß...») («Principes Généraux», 1748, Œuvres, XXVIII., 10) Friedrich dachte dabei an problemlose Heranschaffung des Nachschubes vom Strom in Breslau her.

Die tatsächliche strategische Grenze Nordostböhmens verlief ungefähr fünfzehn Meilen tief innerhalb der politischen Grenze. Es war für die rivalisierenden Armeen nicht allzu schwer, durch Nachod und Braunau vorzustoßen, doch im Gebiet von Jaromiersch und Königgrätz an der Elbe bahnte sich dann eine Konfrontation von längerer Dauer an. Hier stießen die dunklen Massen von Königreich-Wald und Königgrätzer Wald zusammen, hier mündeten die drei Flüsse Aupa, Mettau und Adler fast parallel in den Oberlauf der Elbe – eine Anhäufung von natürlichen Hindernissen, die die bedeutendste Hemmschwelle auf dem Schauplatz von Friedrichs Kriegszügen darstellten. Der König wählte diese Route 1744, 1745, 1758 und noch einmal im Alter, zwanzig Jahre später. Es war kein Zufall, daß die letzte Schlacht zwischen Preußen und Österreich, die von Königgrätz, 1866 auf demselben Kampfplatz ausgetragen wurde.

Eigenheiten von Landschaft und Gelände

Wie wir noch Gelegenheit haben werden, festzustellen, entsprachen die Landstraßen Mitteleuropas durchweg den Ansprüchen der Armeen jener Zeit zu voller Zufriedenheit. Was ihnen an Härte und Festigkeit des Belags fehlte, machten sie durch ihre großartige Breite wett, und das Fehlen jeder seitlichen Abgrenzung ermöglichte es Truppen wie Fahrzeugen, tiefen Wagenspuren und morastigen Stellen auszuweichen.

Das Getreide gehörte damals der alten, langhalmigen Gattung an, wie wir sie noch heute in Schlesien finden, Korn, das bis zu zwei Meter hoch werden kann. Dieser üppige Wuchs bot im Bedarfsfall den Infanteristen eine gute Deckung. Nach sommerlichen Regenschauern entstiegen den Feldern unter der warmen Sonne dichte Dunstwolken.

Das Material, das üblicherweise zum Hausbau in den Dörfern verwendet wurde, war Fachwerk, entweder gestützt durch solide Querbalken wie in den Siedlungen der Neumark oder in schmucklosere Balken eingefügt wie in Böhmen und Mähren. Backsteinhäuser und aus Ziegelsteinen errichtete Scheunen gab es auch, und zwar in der Umgebung von Breslau. Einfache Hütten wurden auf der schlesischen wie auf der böhmischen Seite des Riesengebirges aus horizontal aufeinandergelegten, quaderförmig zugehauenen Baumstämmen gebaut. Stroh fand gewöhnlich zum Dachdecken auf österreichischem Gebiet Verwendung, während in Schlesien fast überall rote Dachziegel vorherrschten.

Überall auf den Schauplätzen der friderizianischen Feldzüge war der äußere Eindruck der Dörfer von erstaunlicher Gleichförmigkeit. Die Wohngebäude waren rechteckig und bestanden nur aus einem Stockwerk. Ihre Länge betrug ungefähr fünfzehn Meter. Zur vorbeiführenden staubigen Straße standen sie entweder parallel oder in rechtem Winkel. Scheunen und Verbindungsmauern aus Lehm mochten dem

Ortskern der kleinen Städte und Dörfer vielleicht fälschlich einen Anflug von Beständigkeit und Solidität verleihen; häufiger jedoch standen die Häuser für sich nebeneinander auf kleinen Fleckchen Erde, vom Nachbarn abgegrenzt durch niedrige Pfahlzäune, ein Brauch, der bewirkte, daß sich in den Dörfern die Häuschen und Hütten zu beiden Seiten der Hauptstraße schier endlos aneinanderreihten und das aus einer einzigen Straße bestehende Örtchen vergrößerten. In manchen tiefen Tälern in Schlesien dehnte sich solch ein Dorf meilenweit den Hang hinauf aus. Diese drei Fakten – die leichte Bauweise, die offene Anlage und das Fehlen eines Ortskerns – machten die meisten Dörfer, Flecken und Weiler Zentraleuropas völlig ungeeignet für Verteidigungszwecke. Gewöhnlich war das einzige Charakteristikum von taktischer Bedeutung die an einer auffälligen Stelle hinter einer dicken Friedhofmauer stehende Dorfkirche.
Umgekehrt gab es viele Seen und Teiche von beträchtlichen Ausmaßen, denn sie dienten der Aufzucht von jagdbaren Wasservögeln und Karpfen, wichtigen Eiweißlieferanten also. Oft waren solche Teiche künstlich angelegt, beispielsweise als abgeteilte Gevierte entlang des Betts eines kleinen Flusses. Selbst wenn im Frühjahr die aus Erde bestehenden Staudämme geöffnet wurden, um Gras in den Beeten wachsen zu lassen, bildeten diese Teichanlagen schlammige, tiefe Hindernisse. Feldmarschall Schwerin mußte 1757 diese Erfahrung vor Prag machen. Größere stehende Gewässer dieser Art wie der Dorfsee in Kunersdorf vermochten eine ganze Armee zur Änderung ihrer Marschrichtung zu zwingen.

5. KAPITEL

DER SIEBENJÄHRIGE KRIEG 1756–1763

Die preußische Armee überschritt die sächsische Grenze am 29. August 1756 auf breiter Front. Auf der rechten Flanke strömten die Regimenter des Prinzen Ferdinand von Braunschweig zum Erstaunen der Leipziger Bevölkerung durch die alte Universitäts- und Messestadt. Die Masse des preußischen Feldheeres stieß direkt nach Dresden vor, war indes nicht schnell genug, um die sächsische Armee von 19 000 Mann zum Kampf zu stellen. Die Kontingente unter dem Kommando des Grafen Rutowski, eines Halbbruders des Kurfürsten August III., retirierten blitzschnell vor Friedrichs Zugriff und bezogen Lager auf dem bereits beschriebenen, nahezu unangreifbaren Hochplateau zwischen Pirna und Königstein, das sogenannte Lager von Pirna.

Friedrich zog am 9. September kampflos in die Stadt Dresden ein und ritt am nächsten Tag nach Südosten weiter, um den Verbleib der sächsischen Streitkräfte zu erforschen. Er fand sie auf dem linken Elbufer in einer der taktisch stärksten Stellungen Mitteleuropas verschanzt. Die Westecke des Lagers von Pirna bildeten die alten Wälle und neuangelegten, mit Kasematten versehenen Bastionen der Burg Sonnenschein, die auf den Marktplatz des Städtchens Pirna hinunterblickte. Die entsprechende östliche Schutzwehr des Lagers stellte die mächtige Festung Königstein (Abb. 24) dar, die einst von Generationen von Sachsen direkt aus den Felsen herausgehauen worden war, um als letzte Zufluchtstätte des Kurfürstentums zu dienen. Der gewundene Lauf der Elbe, die unterhalb der Festung eine Schlucht durchfloß, machte die Längsseite des Lagers völlig unzugänglich. Auf der südlichen, der Elbe abgewandten Seite hatten die Sachsen Baumsperren und Verhaue in dem unübersichtlichen Gelände zwischen Königstein und dem benachbarten Neuendorf angelegt. Ihre Fortführung nach Sonnenstein grenzte an die nahe liegende Seite des breiten Gottleubaer Tals. Entlang diesen offenen Sektoren hatten die Sachsen ihre Truppen konzentriert und Erdwälle aufgeworfen.

Friedrich wählte zu seinem Hauptquartier das barocke Herrenhaus von Groß-Sedlitz, von dem aus er einen uneingeschränkten Blick auf die Südseite des sächsischen Lagers jenseits des Flusses Gottleuba genoß. Das steil abfallende Plateau von Königstein lag zu seiner Rechten, und dahinter erhob sich der massige Kegel des Liliensteins,

eines rund 400 Meter hohen Bergrückens, der allerdings auf dem anderen Ufer der Elbe gelegen war. Friedrich unternahm am 11. und am 16. September weitere Erkundungsritte, fand aber auch Zeit, die Abgrenzungen des preußischen Lagers zu inspizieren: «Er ist so gelassen und vergnügt, als wenn er in der größten Ruhe wäre. Bei seinen großen und unendlich vielen Geschäften ist er niemals mürrisch; er spricht mit jedem und fertigt jeden leutselig ab und gehet mit seinen Soldaten um wie mit Kindern . . .» (Ewald von Kleist an Gleim, zitiert bei: Volz, 1926–27,II., 4)
Beide Armeen waren darauf bedacht, nicht die Initiative zu ergreifen und die Kampfhandlungen zu eröffnen. Tatsächlich fiel der erste preußische Soldat erst am 12. September als Opfer eines unbedeutenden Scharmützels. Historiker haben sich seit damals gewundert, warum Friedrich, nachdem er so viele Strapazen auf sich genommen hatte, um den Feind strategisch zu überraschen, nun vergessen zu haben schien, wie die Zeit verrann. Mag sein, daß er von einem Tag zum anderen mehr darauf hoffte, daß Hunger die eingeschlossenen Sachsen zur Übergabe zwingen werde und ihm damit ein reicher Preis in Gestalt hungriger, aber unverletzter Soldaten in die Hand fiele.
Friedrich ließ dann am 13. September die ersten Bataillone über die Grenze ins benachbarte Böhmen einmarschieren. Seine Absicht war, neue Futtergründe für seine Kavalleriepferde suchen zu lassen und in Erfahrung zu bringen, wo genau der aus Schottland gebürtige österreichische Feldmarschall Browne stand, der früheren Berichten zufolge seine Truppen irgendwo in Nordböhmen zusammenziehen sollte. Friedrich wurde allmählich unzufrieden angesichts der kärglichen Meldungen seines Feldmarschalls Keith, der die zahlenmäßig ständig wachsende preußische Streitmacht in Böhmen befehligte. Daher verfügte er sich am 28. September persönlich in das preußische Feldlager bei Johnsdorf auf böhmischer Seite am Südhang des Elbsandsteingebirges und übernahm selbst den Oberbefehl.

Am 30. September führte der Preußenkönig eine 28 500 Mann-Armee in einem Gewaltmarsch über die steinigen Straßen des Böhmischen Mittelgebirges und über den Paschkopole-Paß hinunter nach Wellemin, das knapp oberhalb des Beginns der Ebene beiderseits der Elbe lag. Der Aufbruch hatte sich durch dichten Herbstnebel verzögert, wie er in dieser Gegend nichts Ungewöhnliches ist. Um diese Verspätung wettzumachen, mußten die Truppen ein hohes Tempo vorlegen und den ganzen Nachmittag und frühen Abend bis zum Einbruch der Dunkelheit gegen sieben Uhr stramm marschieren.
Friedrich war angenehm berührt durch die Ähnlichkeit zwischen dem

Ortsnamen und dem Namen seiner Lieblingsschwester Wilhelmine und fühlte sich glänzend aufgelegt, als er sich für die Nacht in seine vergleichsweise komfortable Reisekutsche zurückzog. Seine Generale und Stabsoffiziere nächtigten ringsum unter freiem Himmel: «Sie machten gleichsam die Bedeckung des theuersten Geschenks aus, das die Vorsicht in unserm Weltalter den Menschen verliehen ...» (Pauli, 1758–64, V., 55)

Um fünf Uhr dreißig brachen am Morgen des 1. Oktober bei leichtem Nebel Friedrich und seine Generale auf, um zu den sechs Bataillonen der Vorausabteilung zu stoßen, die am Südausgang des letzten Tales des Mittelgebirges kampierten. Auf dem Weg dorthin kam dem König ein Offizier entgegengesprengt, der die Meldung überbrachte, daß sich die österreichische Armee, soweit das im Nebel zu erkennen sei, in der Ebene unten zur Schlacht zu entfalten beginne. Friedrich ritt ein Stückchen weiter, um sich selbst ein Bild von der Lage zu machen, gab aber dann seinem Roß die Sporen und jagte zu seiner Hauptarmee zurück. Um sechs Uhr ließ er die Infanterie in zwei Kolonnen talabwärts vorrücken und schickte die Kavallerie in dichtem Abstand in drei auseinandergezogenen, gestaffelten Reihen, die fast die gesamte Breite des Talbodens einnahmen, hinterher.

Trotz seiner relativ geringen Abmessung wies das Schlachtfeld von Lobositz (Karte 13) nahezu jede denkbare Geländebeschaffenheit auf. An der Nordseite lehnte es sich an eine Biegung der Elbe an. Südlich des Kampffeldes erhob sich das Städtchen Lobositz, vor dem sich die Wassergräben, Teiche und morastigen Ufer des Morellenbachs erstreckten. Weiter westlich verschmälerte sich in der Richtung, aus der die Preußen heranrückten, die Ebene von Lobositz und bildete an der Stelle ein Tal, wo eine merkwürdige, von einer frei stehenden Kette erloschener Vulkane geprägte Landschaft begann. Linker Hand, von den Preußen aus gesehen, erhob sich der gespenstische Kegel des Loboschberges, der eine Höhe von 420 Meter über der Talsohle erreichte. Den Gipfel bildete ein Basaltblock. Auf den abschüssigen Hängen war der fruchtbare Boden terrassenförmig in Weingärten unterteilt, voneinander getrennt durch Mauern aus grauem Vulkangestein.

Auf der rechten oder südlichen Seite des Talausgangs stieg das Gelände allmählich bis zu dem niedrigeren, aber immer noch beachtlich hohen Homolkaberg an, von dessen flacher Kuppe aus sich ein beherrschender Überblick bot. Es war eine Art älterer Bruder der Graner Koppe in Soor, und da dieser Berg nicht von den Österreichern besetzt worden war, ließ Oberstleutnant Möller dort oben eine der schweren Batterien der Preußen in Stellung gehen. Eine solche Batte-

rie bestand gewöhnlich aus vier 24-Pfünder-Kanonen, fünf 12-Pfünder-Geschützen sowie einer oder mehreren Haubitzen.
Friedrich folgte dem rechten Flügel seiner Infanterie, die sich an die Besteigung des Homolkaberges machte. Die Kuppe war ins Sonnenlicht getaucht, aber unten in der Ebene war in östlicher Richtung die Stadt Lobositz nur auszumachen «comme au travers d'un crêpe» («wie durch einen Trauerflor») (PC 8378). Es sei eine bedauerliche, aber nicht zu ändernde Tatsache, vermerkte er: «Le brouillard était épais et tout ce que l'on pouvait distinguer, c'était un espèce d'arriere-garde de l'ennemi qui ne demandait qu'être attaquée pour se replier sur ses derrières. Comme j'ai la vue mauvaise, j'ai consulté des meilleurs yeux que les miens pur me rendre compte de ce qui se passait, qui ont vu tout comme moi.» («Der Nebel war so dicht, daß alles, was man ausmachen konnte, eine Art Nachhut des Feindes zu sein schien, die geradezu nach einem Angriff verlangte, um sich zum hinteren Teil des Heeres verfügen zu können. Da ich schlecht sehen kann, habe ich bessere Augen als die meinen hinzugezogen, um mir darüber klarzuwerden, wie die Dinge lagen, und sie haben alles genauso gesehen wie ich.») (PC 8144)
Diese «Nachhut» war in Wahrheit die österreichische Hauptarmee mit ihren rund 34 000 Soldaten, die Feldmarschall Browne geschickt auf gutgetarnte Stellungen über die ganze Gegend verteilt hatte. Seine kroatische leichte Infanterie auf dem Loboschberg wurde unterstützt durch die Angehörigen des Korps von General Graf von Lascy, die hinter dem Berg in Bereitstellung waren. Die Masse der österreichischen Reiter und Fußsoldaten stand im Süden hinter dem Morellenbach bereit, und zwischen diesen Verbänden und Lascys Truppe hielt sich eine von Grenadieren und Kroaten gebildete Angriffswelle in einem Hohlweg versteckt. Viele Bataillone der österreichischen Infanterie lagen flach auf den Boden hingestreckt, und mindestens eine von Brownes Batterien mit schweren Geschützen stand in Deckung hinter einigen Schwadronen Kavallerie. Brownes Absicht war, einen begrenzten Fesselungsangriff bei Lobositz zu inszenieren, um später unbemerkt auf das rechte Elbufer zu schlüpfen und mit einem Korps in Eilmärschen zum Entsatz der im Pirnaer Lager eingeschlossenen sächsischen Armee zu kommen.
Die Österreicher eröffneten die Schlacht mit einer Kanonade aus ihrer vor Lobositz aufgefahrenen schweren Batterie. Das preußische Infanterie-Regiment Nr. 21 von Hülsen (21; siehe Karte 13) war am Fuß des Loboschberges aufgestellt und bildete ein leichtes Ziel für die österreichischen Geschütze. Der Musketier Franz Reiß erinnerte sich später: «Mit den ersten Kanonenschüssen wurde unser Krump-

holtz mit der Kanonenkugel durch den Kopf den halben Kopf hinweg geschossen, welcher dicht neben mir stand, und Boden, das Gehirn und Hirnschale von Krumpholtzen [mir] in das Gesicht und das Gewehr von der Schulter in tausend Stücken entzwei, aber doch Gottlob [bin ich] unbeschädigt geblieben . . .!» (Urkundliche Beiträge, I., Heft 2, 30)
Das Trommelfeuer hielt mit einer Heftigkeit an, wie sie die Preußen noch nie erlebt hatten, reihenweise wurden ihre Soldaten niedergemäht.
Friedrich und seine Begleiter standen auf dem Homolkaberg genau in der Schußlinie der zu hoch gezielten Kugeln, die über das direkt vor ihnen zum Angriff postierte Regiment Alt-Anhalt (3) hinweggingen. Zu Beginn des lang anhaltenden Feuers war der preußische Generalmajor Quadt vom Splitter eines zerschossenen Felsbrockens tödlich getroffen worden und rücklings vom Pferd gestürzt. Man ersuchte Friedrich, vor den feindlichen Geschossen in Deckung zu gehen, doch er erwiderte: «Je ne suis pas ici pour les éviter!» («Ich bin nicht hier, um ihnen aus dem Wege zu gehen!») (Braunschweig, 1902, I., Heft 4, 36)
Die preußische Batterie auf dem Homolkaberg übte Vergeltung an den Verbänden der österreichischen Kavallerie, die durch den Nebel nur verschwommen zu beobachten waren, wie sie in der Ebene in Schachbrettformation in Gefechtsaufstellung gingen. Die Österreicher verloren einen ihrer populärsten Feldherren, den Generalleutnant Radicati (dessen Denkmal aus rotem Marmor in der Kathedrale von Leitmeritz steht), aber ihre Schwadronen setzten unbeirrt ihre Entfaltung fort, um den preußischen Kanonieren nicht länger als Zielscheibe zu dienen. Die Preußen setzten im Verlauf des Gefechts noch zwei weitere Artillerieeinheiten ein, eine auf dem Talboden, die andere am unteren Hang des Loboschberges in Stellung gebracht, erhielten indes keine Atempause, denn die österreichische Kanonade ging weiter.
Kurz vor sieben Uhr früh erteilte Friedrich dem Herzog von Braunschweig-Bevern, einem seiner zuverlässigsten und genialsten Heerführer, den Befehl, mit dem linken Flügel der Infanterie den Lobosch vom Feind zu säubern. Bevern ließ drei Regimenter zum Sturm antreten und die Hänge erklettern und übermittelte bereits nach kurzer Zeit die Meldung, daß er sich in schwerem Gefecht mit dem Gegner befände.
Ungefähr um die gleiche Zeit ließ Friedrich sich von seinem Bruder August Wilhelm dazu überreden, einen zahlenmäßig starken Aufklärungstrupp auszusenden, um sich Klarheit über die Lage in der

Ebene zu verschaffen. Acht Kavallerieschwadronen wurden für diese Aufgabe bestimmt. Während sie noch dabei waren, sich durch die Infanteriebataillone und um sie herum unauffällig den Weg zum Fuß des Homolkaberges zu bahnen, ließ ihr Kommandeur Generalleutnant Kyau Friedrich die Nachricht überbringen, er glaube, beobachtet zu haben, daß sich österreichische Grenadiereinheiten in unbekannter Zahl in einer für die Preußen gefährlichen Position auf der Flanke bei dem kleinen Dorf Sullowitz befänden, hinter der noch zwei Linien feindlicher Kavallerie bereitständen. «Le Roi qui s'impatienta lui fit dire d'attaquer ni plus ni moins . . .» («Der König, der die Geduld verlor, gab ihm den Befehl zum unverzüglichen Angriff . . .») (Braunschweig, 1902, I., Heft 4, 35)
Die prächtigen Reiter der Kürassier-Regimenter Garde du Corps (C 13) und Gens d'Armes (C 10) sowie zweier Schwadronen des Regiments Prinz von Preußen (C 2) entdeckten schon bald selbst die Präsenz der Österreicher. Beim Vorrücken schwenkte die Garde du Corps scharf nach links, um dem aus Sullowitz kommenden Musketenfeuer auszuweichen. Durch diese Bewegung wurde indes die rechte Flanke der preußischen Hauptmacht entblößt, die sich binnen kurzem einem Gegenangriff durch die österreichischen Erzherzog-Joseph-Dragoner (D 1) ausgesetzt sah. Friedrich hatte sich im Sattel aufgerichtet, und als der erste Zusammenstoß erfolgte, lehnte er sich zurück und rief aus: «Jetzt sind sie weg!» (Westphalen, 1859–72, I., 157) Auf preußischer Seite schalteten sich inzwischen die Bayreuther Dragoner (D 5) in den Kampf ein und hieben die Kürassierkameraden heraus, woraufhin sich die österreichischen Reitersoldaten schnell und geschickt hinter ihre Batterien zurückzogen und dadurch die Preußen einem verheerenden Feuer von Kanonenkugeln und Kartätschen aussetzten.
Die versprengten preußischen Schwadronen jagten quer durcheinander in Richtung Homolka zurück, als Friedrich einen Reiter seiner Garde du Corps bemerkte, der, blutend und ohne Hut, sein Pferd wendete und im Begriff war, wieder gegen die österreichischen Stellungen loszureiten. «‹Wart Er noch einen Augenblick!› sagte der König, zog sein Schnupftuch aus der Tasche und gab es dem Adjudanten, der ihm den Kopf damit verbinden mußte. ‹Ich bedanke mich!› war des Gardesducorps Antwort, ‹das Schnupftuch bekommen Sie nicht wieder, ich will es aber bezahlt machen und mich rächen!›» (Anon. 1787–89, XI., 19) Sprach's und gab seinem Pferd die Sporen.
Weitaus weniger Mitgefühl verspürte Friedrich mit den übriggebliebenen Verbänden Kyaus und forderte die Alt-Anhalt-Musketiere auf:

«Gebet acht, was die Offiziere kommandieren, laßt die Kavallerie nicht durch, schießt sie nieder!» (Urkundliche Beiträge, 1901, I., Heft 2, 3) Im weiteren Verlauf gliederten sich die Reste der zerschlagenen Bataillone neu und schlossen sich den Restbeständen der preußischen Kavallerie (43 Schwadronen) an, die mittlerweile durch die bei der Infanterie entstandenen Lücken nach vorn gestoßen war und sich zu zwei ungeordneten Treffen formiert hatte. Diese rund 10 000 Reiter wurden angesichts der österreichischen Beschießung ungeduldig und preschten, ohne einen Befehl abzuwarten, plötzlich den österreichischen Stellungen entgegen. «Mais, mon Dieu, que fait ma cavallerie, voilà qu'elle attaque une seconde fois, et qui est-ce qui l'a ordonné?» («Aber, mein Gott, was macht meine Kavallerie? Jetzt greift sie zum zweiten Male an. Wer hat ihr bloß den Befehl gegeben?») rief Friedrich aus. (Braunschweig, 1902, I., Heft 4, 37)

Der Angriff der Preußen wurde von zwei großen Kontingenten vorgetragen. Die österreichischen Grenadiere und Kroaten verlegten ihre Positionen blitzschnell auf beide Seiten des Hohlwegs, als die linker Hand vorstürmende Masse der Preußen diesen Weg zu erobern suchte. Die Angreifer wurden durch Artillerie- und Musketenfeuer schlimm dezimiert und sahen sich außerdem einem Gegenangriff dreier österreichischer Kürassierregimenter ausgesetzt.

Rechter Hand gerieten zahlreiche preußische Reiterregimenter in den Morellenbach und das umliegende Sumpfgelände. Kalkreuth schreibt: «Vielen Pferden mangelten die Kräfte, von der sumpfigen Tiefe zum hohen Ufer zu setzen; ich sah einen Husaren von Schönaich todt in der Linie der österreichischen Infanterie; ein großer Theil der Cürassiere blieb im Kothe des jenseitigen Ufers stecken, und der Verlust dieser Cavallerie an Todten und Verwundeten war sehr beträchtlich ...» (1840, II., 129) Oberst Seydlitz von den Rochow-Kürassieren (C 8) gehörte zu denen, die aus dem Schlamm gerettet werden konnten.

Die in Auflösung geratene preußische Kavallerie war jetzt in der Schlacht zu nichts mehr zu verwenden, außer daß sie helfen konnte, die einzige Infanterielinie zu verstärken, die quer durch das Tal aufgestellt war. Alle Überreste zerschlagener Bataillone wurden in die Schlacht auf dem Lobosch geworfen – die Jung-Billerbeck-Grenadiere (5/20), das zweite Bataillon Itzenplitz (13), die Kleistschen Grenadiere (3/6) und schließlich das erste Bataillon von Münchow (36) und das zweite Bataillon von Hülsen (21). Friedrich wies Herzog Ferdinand von Braunschweig an, dafür zu sorgen, daß jeder Soldat der nicht im Einsatz stehenden Bataillone auf dem rechten Flügel dreißig

Patronen abgab, die eingesammelt und eilends der kämpfenden Truppe auf dem Lobosch überbracht werden sollten.
Der Widerstand der Kroaten auf dem Berg hatte sich inzwischen verstärkt, nachdem drei Bataillone und drei Grenadierkompanien der österreichischen Armee aus ihren Stellungen hinter dem Berg von General Lascy ins Gefecht beordert worden waren. In der Ebene klang unterdes das schmerzliche Dröhnen der österreichischen Trommeln zu den Preußen herüber, und ein Trupp österreichische Infanterie (Kavallerie, wenn man anderen Darstellungen glauben will) schien zu einem Gegenangriff von Sullowitz her zu rüsten. Doch der Feind wurde durch Artilleriefeuer vom Homolkaberg am Vorgehen gehindert. Zudem setzten einige gutplazierte Haubitzengeschosse die Häuser von Sullowitz in Brand, was bewirkte, daß die Österreicher das Dorf nicht länger halten konnten.
Gegen ein Uhr mittags wurde eine Reihe von Friedrichs Generalen auf dem Homolka von Panik ergriffen. Die schweren Batterien hatten fast keine Munition mehr, und auch die Infanterie war bei den letzen Patronen angelangt. Die Kavalleriepferde konnten sich kaum voranschleppen. Ihre Kräfte waren nicht nur durch die beiden Angriffe überstrapaziert worden, sondern auch durch den langen Vormarsch der vergangenen Tage und das ungenügende Futter. Überall schien die Initiative an die Österreicher überzugehen, wenn man von ihrer Schlappe in Sullowitz absieht. Der Nebel über der Ebene hatte sich seit langem gelichtet und den Blick auf die bisher noch gar nicht zur Schlacht angetretenen Kerntruppen des österreichischen Heeres freigegeben, die in zwei Treffen hinter dem Morellenbach bereitstanden.
Friedrich verließ nun das Kampfgelände, nachdem er dem Herzog von Bevern den Befehl hatte übermitteln lassen, einen letzten Angriff auf den Lobosch zu unternehmen. Der König war noch nicht ganz vom Schlachtfeld geritten, als Beverns Bataillone einen Bajonettangriff vortrugen und die Österreicher hinter ihren Mauern vertrieben und aus ihren Gräben warfen. Prinz Ferdinand ließ Keith fragen, ob die Infanterie des rechten Flügels zur Unterstützung vorwärts stürmen solle, und erhielt die Antwort: «Oui, que cela se fasse!» («Ja, das soll geschehen!») (Braunschweig, 1902, I., Heft 4, 41)
Die Schlacht flammte erneut außerhalb der Stadt Lobositz auf, wo die Österreicher sich sammelten und aus Fenstern und Dachluken das Feuer eröffneten. Ferdinand brachte ein paar Haubitzen in Stellung, die von Nutzen waren, schossen sie doch eine ganze Anzahl Häuser in Brand, so daß die Jung-Billerbeck- und Kleist-Grenadiere im Verein mit mehreren Musketierkompanien des Regiments Arnim

einen erfolgreichen Angriff auf die Stadt unternehmen und den Feind werfen konnten. Die österreichischen Gefallenen und Verwundeten fielen zum Teil den Flammen zum Opfer. Die Aktion kam zwischen drei und vier Uhr nachmittags zum Erliegen, als das frische und intakte österreichische Hauptheer einen gleichzeitigen Schwenk nach rechts vollzog und von Browne nach Norden an die Elbe hinter Lobositz beordert wurde, wo es eine für Verfolger unüberwindliche Barriere bildete.

Major Ölsnitz fand den König im Dorf Bilinka und vermochte ihn nur mit Mühe davon zu überzeugen, daß die Österreicher vertrieben worden waren. Friedrich bat seine Generale zu einer Lagebesprechung in Wchinitz, direkt unterhalb des Homolkaberges. Hier fand eine Art Kriegsrat statt, in dessen Verlauf es Ferdinand von Braunschweig glückte, sich gegen die Heerführer durchzusetzen, die einen Rückzug empfahlen. Die Nerven der Preußen waren jedoch noch angespannt, und eine einzige Salve aus einem schweren Geschütz der Österreicher genügte, um einen feindlichen Gegenangriff zu befürchten. Tatsächlich war es aber Brownes Signal für die österreichische Armee, sich aus der Riegelstellung hinter Lobositz zurückzuziehen. Das Gelände wurde kampflos den Preußen überlassen.

Am späten Nachmittag schlugen sie ihre Zelte mitten unter den Toten und Verwundeten auf, und wie es so oft nach Schlachten der Fall ist, stimmten die Himmel mit Donnergetöse und strömendem Regen ein. Die preußischen Verluste bezifferten sich auf ungefähr 2900 Mann und lagen damit um ein Geringes höher als die des Gegners. Der tapfere Garde-du-Corps-Kürassier, dem Friedrich sein Taschentuch gegeben hatte, war nirgendwo in den Reihen seines Regiments zu entdecken. «Nach vielem Suchen fand man ihn endlich auf dem Schlachtfeldte, von vielen Hiben und Schüssen todt und in der rechten Hand sein abgeschossenes Pistol. Des Königs Tuch hat er noch um den Kopf gehabt . . .» (Anon., 1787–89, X., 19–20)

Den unmittelbaren taktischen Sieg hatten unzweifelhaft die Preußen errungen. Wie Friedrich am 2. Oktober dem Prinzen Moritz von Anhalt-Dessau schrieb: «Sie haben geglaubt, Sie kennten meine Armee; aber nach der gestrigen Probe können Sie glauben, daß nichts mehr in der Welt ihr unmöglich ist.» (PC 8146) Zugegebenermaßen hatte die Kavallerie bewiesen, daß aggressiver Instinkt allein nichts fruchtete, wenn er nicht durch Disziplin und Befehl gezügelt wurde, doch hatte andererseits wieder einmal die unvergleichliche Infanterie die Kastanien aus dem Feuer holen können.

Was die Gesamtleitung des Einsatzes der preußischen Armee anbetraf, so gab Friedrich zu, daß ihm am frühen Morgen bei der Inspizierung des Kampfgeländes wegen des Nebels ein Irrtum unterlaufen sei; er sei auf das Hauptkontingent der österreichischen Armee gestoßen in der Annahme, er verfolge eine Nachhutabteilung. Nachdem der zweite Kavallerieangriff der eigenen Truppen abgeschlagen worden sei, habe er die Reitereinheiten ins Zentrum der Schlachtreihe beordert, «und durch dieses neue und vielleicht nicht ganz erlaubte Manöver habe ich mit meiner schwachen Infanterie dem Feind seinen rechten Flügel überflügeln können, die Stadt Lobositz genommen, ihn deposiret und ihn zur Retraite gezwungen . . .» (PC 8146) Er erwähnte dabei nicht, daß die letztgenannten Erfolge einen Zeitraum betrafen, als er das Schlachtfeld bereits verlassen hatte und so gar nicht in der Lage war, auf die entscheidende Phase des Kampfes Einfluß zu nehmen.

Es fällt nicht gerade leicht, eine Begründung für den moralischen Sieg zu finden. Dies war die verworrendste Aktion gewesen, die Friedrich bislang bei Kampfhandlungen kennengelernt hatte. Es war auch diejenige, die sich am meisten in die Länge gezogen hatte, und als sie vorüber war, waren die Preußen mit ihren Kräften am Ende, während die Masse der österreichischen Armee noch intakt war. Es hatte den Anschein gehabt, als sei der Feind mit dem Gelände verschmolzen gewesen. Seine Infanterie hatte eine Widerstandskraft bewiesen wie nie zuvor, und seine Artillerie vermochte nun offenbar auf einem Schlachtfeld den Ton anzugeben. Friedrich begriff sofort die Tragweite dieser Erkenntnisse. Er erklärte gegenüber Schwerin: «Il faut bien se garder de les attaquer à l'hussarde. Ils sont plus pétris de ruses que par le passé, et croyez m'en sur ma parole que, sans beaucoup de canons pour les opposer, il en coûterait un monde infini pour les battre . . .» («Man muß sich hüten, sie in Husarenmanier anzugreifen. Sie sind mehr als früher voller List, und glauben Sie mir aufs Wort: wenn man ihnen nicht viele Kanonen engegenstellen kann, würde es unzählige Männer das Leben kosten, sie zu schlagen . . .») (PC 8144)

In seinen *Principes Généraux* hatte Friedrich unnachgiebig auf der Notwendigkeit beharrt, alle verfügbaren Kräfte für eine Schlacht zusammenzuziehen. Trotzdem war er bei Lobositz an der Spitze von weniger als der Hälfte der Truppen, mit denen er in Sachsen eingezogen war, ins Gefecht gegangen. Die Mehrzahl der Abwesenden belagerte noch immer das Pirnaer Lager. Den Österreichern war es nicht unlieb, daß Friedrich so tief in Böhmen auf dem Westufer der Elbe gebunden war. Das gab Feldmarschall Browne die Gelegenheit, nach der er gesucht hatte: ein fliegendes Korps von 8 800 Mann auf der Ostseite des Stroms bereitzustellen und zum Marsch durch das

Gebirge aufzubrechen mit der Absicht, den Durchbruch zu schaffen und die eingeschlossenen Sachsen zu entsetzen.

Am 13. Oktober verließ der König Lobositz und trat die Rückreise nach Sachsen an. Den größten Teil der Armee, die bei Lobositz im Einsatz gewesen war, ließ er zunächst in einem befestigten Lager zurück, erteilte aber Feldmarschall von Keith den Befehl, Anstalten zu treffen, um die preußischen Verbände vor Wintereinbruch aus Böhmen herauszuführen, weil es der Kavallerie nicht länger möglich war, in diesem vom Krieg heimgesuchten Landstrich sich und ihre Pferde zu ernähren. Friedrich setzte seine Reise nach Norden beschleunigt fort, als er vom unerwarteten Auftauchen des österreichischen Entsatzkorps auf dem rechten Elbufer fast genau gegenüber dem Lager von Pirna erfuhr. Er traf am frühen Nachmittag des 14. Oktober in dem Ort Struppen zwischen Pirna und Königstein ein und mußte vernehmen, daß die ausgehungerten sächsischen Verbände am Vortag den Strom überschritten hatten. Die armen Kerle hatten vergeblich versucht, Fühlung mit Browne aufzunehmen, und harrten nun, demoralisiert und bestürzt, am Fuß des Liliensteins jenseits der Elbe gegenüber von Königstein in qualvoller Enge der Ereignisse.
Graf Rutowski, der sächsische Oberkommandierende, erklärte sich am Spätnachmittag dieses 14. Oktober zu Verhandlungen bereit, und bald war man sich über harte Kapitulationsbedingungen einig. Die sächsischen Offiziere wurden auf freiem Fuß belassen, und ihnen wurde freigestellt, in wessen Dienste sie treten wollten, die Gemeinen dagegen wurden übergeben unter der Klausel, mit ihnen «nach Belieben» zu verfahren – was mit anderen Worten bedeutete, daß sie der Willkür der Preußen ausgeliefert waren. Ein Angehöriger der Garde du Corps hatte Gelegenheit, Friedrich beim Diner mit den sächsischen Generalen zu beobachten, nachdem die Übergabeurkunde unterzeichnet war: «Der respectable Feldmarschall Rutowski, welcher sie commandirt hat, saß dem Könige gegenüber; gewiß in einer ebenso traurigen als demüthigenden Lage. Der König sprach mit ihm von dem Hofnarren des Königs von Polen, von Joseph, und ecstasirte sich vorzüglich über das Verdienst Petrinis in diesem Genre ...» (Kalkreuth, 1840, II., 131)
Am 17. Oktober strömten die sächsischen Bataillone über eine von den preußischen Pontonieren gebaute Brücke über die Elbe zurück auf die Pirnaer Seite. Friedrich hatte sich schon seit langem mit dem Gedanken getragen, die sächsischen Soldaten seiner Armee einzuverleiben. Das geschah jetzt. Die abscheuliche Verpflichtungsprozedur dauerte bis zum 19. Oktober:

Der König war selbst gegenwärtig, als man die Soldaten genöthigt, ihm den Eid zu leisten ... Gegen Diejenigen, welche den sogenannten Eid der Treue, den ihnen ein Auditeur vormurmelte, nicht nachsprechen wollten, brauchten die Preußischen Soldaten ihre Fäuste ... Der König hat sich selbst so weit vergessen, einen jungen Edelmann, der als Fähnrich im Regimente Crousatz gestanden, eigenhändig mit dem Stocke zu schlagen und ihm dabei zu sagen: er habe weder Ehrgeiz, noch Ehre im Leibe, da er nicht in den Preußischen Dienst treten wolle ...
(Generalleutnant Vitzthum, in: Vitzthum, 1866, 251–52)

Die preußische Armee war es gewöhnt, mit unfreiwilligen Rekruten fertig zu werden, doch Friedrich war schlecht beraten, als er von der üblichen Methode abwich, die Gefangenen auf bestehende preußische Einheiten zu verteilen, und statt dessen aus den rund 18 500 überlebenden Sachsen zehn komplette neue Regimenter aufstellte, die von zweitklassigen preußischen Offizieren befehligt wurden. Das Resultat war, daß während des Frühjahrs 1757 die Sachsen gleich bataillons- und sogar regimentsweise desertierten. Viele von ihnen wurden in der österreichischen Armee zu Hilfseinheiten zusammengestellt und erhielten auf diese Weise Gelegenheit, ihre seit langer Zeit bestehende offene Fehde gegen die Preußen weiter auszutragen.
Im November 1756 wurde die preußische Armee auf Winterquartiere in Sachsen verteilt, und Soldaten und Offiziere machten es sich in dem überheizten, tabakgeschwängerten Mief ihrer Unterkünfte bequem, der zur Winterszeit offenbar das Lebenselixier der Preußen bildete. Friedrich selbst etablierte sich für das Winterhalbjahr in Dresden im Palais des Grafen Brühl, des sächsischen Premierministers, und stellte fest, daß dieser Herr in seiner Garderobe 304 Hosen zurückgelassen hatte. Der König spielte den Flötenpart bei abendlichen Konzerten und verbrachte viele Stunden angenehmer Entspannung in Oratorienkonzerten unter der Leitung des Komponisten Johann Adolf Hasse oder bei feierlichen, musikalisch umrahmten Messen in katholischen Kirchen. Häufig besuchte er auch die berühmte königliche Gemäldegalerie und betrachtete einmal minutenlang Correggios Gemälde «Heilige Nacht».
Das Kurfürstentum Sachsen war jetzt ganz den Preußen auf Gnade oder Ungnade ausgeliefert. Der britische Gesandte am Dresdner Hof hatte bereits am 12. September nach London berichtet:

Ich glaube, es wird von Tag zu Tag augenscheinlicher, daß die Absicht Seiner Preußischen Majestät dahin geht, dies Land während des Krieges als Pfand zu benutzen und selbst die ganze Leitung der

1 Friedrich II., der Große
(Ziesenis, 1763. Archiv für Kunst und Geschichte Berlin)

2 Fürst Leopold I. von Anhalt-Dessau – Der Alte Dessauer (Menzel)

3 Hans Joachim von Zieten

4 Prinz Moritz von Anhalt-Dessau

5 Otto Ferdinand Graf von Abensperg und Traun

6 Friedrich Wilhelm Freiherr von Seydlitz

7 Leopold Graf von Daun

8 Kurt Christoph Graf von Schwerin
(Menzel)

9 Hans Carl von Winterfeldt
(Menzel)

10 Prinz Heinrich von Preußen
(Menzel)

11 Prinz August Wilhelm von Preußen

12 Der Alte Fritz
(Chodowiecki)

13 Friedrich Wilhelms Potsdam – Das Holländische Viertel
Die Giebelzimmer wurden eigens gebaut, um Soldaten unterzubringen.

14 Schloß Rheinsberg

15 Friedrichs erste Eroberung – Das Rathaus in Grünberg/Schlesien

16 Friedrichs erster Triumph – Der Hauptplatz von Ottmachau, wo die Besatzung des Schlosses am 12. Januar 1741 ihre Waffen niederlegte.

17 Schloß Seelowitz – Friedrichs Hauptquartier im März und April 1742

18 Die Brücke über die Oslawa in Namiest

19 Kuttenberg – Die Kirche St. Barbara und (ganz links) die große Schlucht

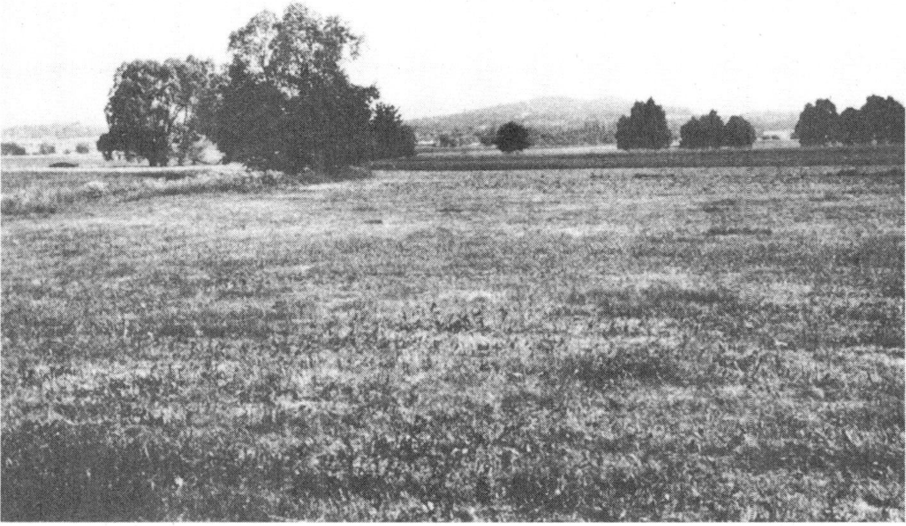

20 Hohenfriedberg – Der Schauplatz der Schlacht zwischen preußischer und österreichischer Kavallerie. Blick in Richtung Nordost gegen die Spitz-Berge.

21 Schloß Rohnstock – eines von Friedrichs bevorzugten Quartieren in Niederschlesien und Szene des triumphalen Einzugs der Bayreuther Dragoner nach dem Sieg bei Hohenfriedberg

22 Soor – Das Tal nördlich der Graner Koppe. Blick nach Westen in den Königreich-Wald

23 Die Kirche von Schweidnitz – Der Wachtturm von Niederschlesien

24 Die Festung Königstein

25 Roßbach – Das Herrenhaus

26 Leuthen – Die Kirchhofmauer. Das neue Mauerwerk hinter dem Gedenkkreuz zeigt die Bresche, die die preußische Armee geschlagen hat.

27 Leuthen – Die Stellung des rechten österreichischen Flügels. Blick von Frobelwitz in Richtung Zettelbusch

28 Das Schloß von Lissa – Friedrich verbrachte hier die Nacht nach seinem Sieg bei Leuthen. Hier bewirtete er 1762 die russischen Generale.

29 Zorndorf – Blick von Groß-Cammin nach Nordwesten über die Aufmarschroute der Preußen hinweg. Zwischen dem Standort der Aufnahme und dem Wald rechts oben schwenken die Aufmarschkolonnen nach Südwest

30 Zorndorf – Blick nach Osten. Die Regimenter Alt-Bevern (7) und Bülow (46) hatten diese Sicht unmittelbar zu ihrer Rechten, als sie durch das Dorf zum Schlachtfeld marschierten.

31 Die Kirche von Hochkirch, von Süden her gesehen

32 Hochkirch – Der Kuppritzer Berg, von Hochkirch aus gesehen

33 Hochkirch – Langens Tor an der Rückseite der Kirchhofmauer. Auf diesen wenigen Quadratmetern wurden die Überlebenden des Infanterie-Regiments Markgraf Karl niedergemacht.

34 Maxen – Das Plateau, aufgenommen aus Südsüdost entlang der Vorstoßachse der österreichischen Hauptarmee

35 Torgau – Möllendorffs Damm und der Untere Schafsteich

36 Torgau – Die Kirche von Elsnig

37 Bunzelwitz – Die Kirche von Wickendorf, von Süden her gesehen. Die Erhebung am Horizont entspricht den preußischen Erdarbeiten von 1761.

38 Bunzelwitz – Die Kirche von Alt-Jauernick, von Westen her gesehen

39 Burkersdorf – Der Blick nach Südsüdwest aus der Position der preußischen Artillerie zeigt die große Distanz zu den österreichischen Stellungen auf den Hügeln. Oben rechts das Tal der Weistritz

40 Reichenbach – Blick in nordöstlicher Richtung auf den Költschenberg. Dies ist die klassische offene Landschaft Schlesiens, wo die Österreicher größte Risiken eingingen. Am 15. August 1762 ritt Friedrichs Kavallerie ihren Sturmangriff von links nach rechts durch unser Blickfeld.

41 Das Friderizianische Potsdam

42 Schloss Sanssouci

43 Sanssouci – Das Musikzimmer

44 Das Kloster der Barmherzigen Brüder in Kukus, vom preußischen Ufer der Elbe aus gesehen

45 Zietens Haus in Wustrau, mit Blick auf den Ruppiner See – Schauplatz der letzten Begegnungen zwischen Friedrich und seinem alten Waffengefährten

> Angelegenheiten Sachsens in die Hand zu nehmen. Alle königlichen Kassen und, kurz gesagt, die gesamte Finanzverwaltung haben die Preußen bereits beschlagnahmt und sämtliche Beamten in den verschiedenen Steuerämtern entlassen ...
> (Lord Stormont, PRO SP 88/79)

Die Abwicklung dieser unerfreulichen Vorgänge erfolgte durch eine Sonderabteilung der preußischen Intendantur, die ihre Anweisungen direkt vom König empfing und diesem allein verantwortlich war. Zwischen Herbst 1756 und Februar 1763 stellten die sächsischen Rekruten sowie die Getreide- und Futterlieferungen aus Sachsen einen wichtigen, direkten Beitrag zur Bestandsauffrischung und Versorgung der preußischen Armee während des Siebenjährigen Krieges dar. Zur gleichen Zeit beliefen sich die erpreßten Bargaben auf die ungeheure Summe von 48 Millionen Talern, die weitaus größer war als die Friedrich von den Briten gezahlten Subsidien von 27,5 Millionen Talern und mehr als ein Drittel der Gesamtkosten des Krieges deckte. (Hubatsch, 1973, 120; Johnson, 1975, 170)
Friedrich zögerte nicht, Geiselnahme anzuwenden und mit Androhung von Eigentumspfändungen durch das Militär zu operieren, um die nötigen Gelder von Leipzig und anderen Handelszentren einzutreiben. (PC 9789, 10352, 10546, 10555, 15572, 10617) Selbst der britische Gesandte Mitchell, der mit dem König befreundet war, war bestürzt, als die Preußen am 5. Januar 1761 in Leipzig zwischen fünfzig und sechzig Kaufleute verhafteten und sie im Rathaus einsperrten, bis die verlangte Summe gezahlt war.
All dies wäre noch vom Standpunkt militärischer Notwendigkeit zu vertreten gewesen. Jedoch war dabei ein Element von Vandalismus im Spiel, für das es schwerlich eine Erklärung gibt, so daß man unweigerlich zu dem Schluß kommt, daß es sich um einen persönlichen Racheakt Friedrichs handelte. Viele preußische Offiziere wurden durch das, was sie miterlebten, abgeschreckt. Besonders zwei Episoden lösten heftige Diskussionen aus und erregten viel böses Blut. Im Oktober 1757 plünderte die Garde auf Geheiß Friedrichs, wie es hieß, das Schloß Groschwitz, das dem Grafen Brühl, einem der mutmaßlichen Initiatoren des gegen Friedrich gerichteten Bündnisses, gehörte. Eindeutiger war die Urheberschaft des preußischen Königs 1761 bei der Ausraubung des Jagdschlosses Hubertusburg, von dem Friedrich wußte, daß es dem König und Kurfürsten August besonders ans Herz gewachsen war. Der rechtschaffene Saldern weigerte sich glattweg, Friedrichs Befehl auszuführen und das Schloß zu plündern. «Das Frey-Battalion von Quintus Icilius erhielt diesen Auf-

trag. In wenig Stunden war das Geschäft geendigt, und zwar mit solchem Eifer, daß bloß die nackten Mauern übrig blieben . . .» (Archenholtz, 1840, II., 99)

Beim Herbstfeldzug von 1756 hatte Friedrich die sächsische Armee als festen Verband aus dem potentiellen feindlichen Gesamtaufgebot herausgebrochen und dazu eine äußerst wichtige strategische und materielle Ausgangsbasis für die Fortsetzung des Krieges gewonnen. Trotzdem fragten sich die alten Militärs und Kommentatoren oft, ob Gewinne selbst dieser Größenordnung die Aufgabe beträchtlicher Vorteile aufwogen, die nach Lage der Dinge Friedrich nicht wiedererlangen konnte, vor allem die einzigartige Kriegsbereitschaft der preußischen Armee in Friedenszeiten und die Initiative bei der Eröffnung von Kampfhandlungen.
Der Kavallerist Kalkreuth war bei den ersten Einheiten, die im Siebenjährigen Krieg böhmischen Boden betraten. Er vermittelt uns eine interessante zeitgenössische Darstellung. «Die Meinung der geschicktesten Preußischen Officiere war, die Sachsen verhältnismäßig blokirt zu lassen, und gerade auf Prag und Wien zu marschiren. Der König wäre vielleicht mit dieser Campagne zu Ende gewesen: so langsam rückten die Österreichischen Truppen heran.» (Kalkreuth, 1840, II., 126) Der Historiker Delbrück vertritt die Auffassung, falls Friedrich nicht gezögert hätte, hätte er bereits Mitte August (1756) zwischen 70 000 und 80 000 Mann in Böhmen stehen haben und weitere 30 000 oder 40 000 Soldaten entsenden können, nachdem das Pirnaer Lager gefallen war. (Delbrück, 1890, 32–36; Delbrück, 1892, 10–11; Lehmann, 1894, 80–82)
Jetzt standen die Österreicher mit ihren kompletten Streitkräften im Krieg und waren in der Lage, den Friedensbruch der Preußen auszunutzen und ihre Offensivbündnisse mit den Russen und Franzosen abzuschließen. Friedrich bezeichnete den Feldzug von 1756 als «l'entablement au jeu d'échecs» («Aufstellung beim Schachspiel») (PC 8255). Er glich eher dem Öffnen eines Löwenkäfigs.

«A lire les nouvelles publiques, on dirait qu'une meute de rois et de princes veulent me donner la chasse, comme à un cerf, et ils invitent de leurs amis pour assister à la curée . . .» («Wenn man die Zeitungen liest, möchte man meinen, daß eine aus Königen und Fürsten bestehende Meute auf mich wie auf einen Hirsch Jagd machen will, und sie laden dazu noch Freunde ein, um der Hetzjagd beizuwohnen . . .») Mit diesen Worten beschrieb Friedrich die politische Lage in einem Brief an seine Schwester Wilhelmine vom 7. Februar 1757, zu einem

Zeitpunkt also, da die Verbündeten Pläne für neue militärische Operationen gegen Preußen schmiedeten. Der König fügte nichtsdestoweniger hinzu: «Pour moi, je ne suis point du tout résolu à les laisser faire, et je me flatte même fort de faire leur curée.» («Was mich betrifft, bin ich ganz und gar nicht willens, sie tun zu lassen, was sie wollen, und ich mache mir sehr große Hoffnung, die Jagd auf *sie* zu eröffnen.» (PC 8580)

Die Absicht, die Friedrich mit seinem Beutezug in Böhmen im Frühjahr 1757 verfolgte, sollte auf deutsche Historiker Ende des 19. Jahrhunderts eine besondere Faszination ausüben. Eine Reihe von ihnen sahen den Geist Napoleons und des älteren Moltke in der Art und Weise, wie Friedrich Deckungstruppen zusammenzog, um tief in Feindesland eine starke Truppenkonzentration zu erreichen, und dann den Gegner zu einer Entscheidungsschlacht herausforderte. (z. B. Caemmerer, 1883, 4–6; Malachowski, 1892, 348–49; Gr. Gstb. 1901–14, II., 150–54; Koser, 1904 a, 248; Koser, 1904 b, 71–74) Die heroisierenden Vereinfachungen dieser Interpretation wurden jedoch von Hans Delbrück und seiner Schule in Zweifel gezogen, die auf Friedrichs häufigen Sinneswandel aufmerksam machten und auf das Ausmaß hinwiesen, in dem seine Strategie hinter dem Wunschbild einer «Niederlage» [für den Gegner] zurückblieb. (Delbrück, 1892, 9–41; Delbrück, 1904 a, 69)

Vermutlich erst in der zweiten Märzhälfte des Jahres 1757 konnte Friedrich berechtigterweise darauf vertrauen, daß die Franzosen noch nicht genügend vorbereitet waren, um unmittelbar in kriegerische Operationen einzugreifen, und daß er daher mehrere Wochen zur Verfügung hatte, in denen er seine fast ungeteilte Aufmerksamkeit den Österreichern widmen konnte. In der Zwischenzeit erwog er eine Reihe von Möglichkeiten für die neue Feldzugsaison, die von Vorschlägen für einen energischen Vorstoß nach Böhmen hinein bis zu verschiedenen Plänen, wonach man den Feind am besten diesseits der Berge an der Grenze erwarten solle, reichten.

Über die Brauchbarkeit der in Frage kommenden strategischen Schritte diskutierte Friedrich mit Generalleutnant von Winterfeldt und dem mittlerweile zweiundsiebzigjährigen Feldmarschall Graf Schwerin. Am 19. März wies Winterfeldt den König auf das zentrale Problem hin: die Gefahr, daß man den Österreichern zuviel Zeit ließ und diese ihre Kräfte in Böhmen verstärken konnten, bis die Franzosen auf dem Schauplatz erschienen. Er schlug deshalb einen Schlag gegen die wichtigen Magazine in Königgrätz und Pardubitz vor. Grundsätzlich wurde ein neuer Präventivschlag gutgeheißen, als am 30. März Schwerin, Winterfeldt und Friedrichs Beauftragter General-

major von der Goltz in Frankenstein (Schlesien) zu Beratungen zusammenkamen.
Ein Bericht über dieses Treffen erreichte den König in seinem neuen Hauptquartier in Lockwitz bei Dresden am 3. April. Er verschmolz nun die Vorschläge Winterfeldts und Schwerins mit den Ergebnissen seiner eigenen Überlegungen und skizzierte rasch in groben Zügen etwas weitaus Ehrgeizigeres, als es der ursprüngliche Plan mit seinem Griff nach den Depots an der Oberelbe war. Die 116 000 Mann des bereitstehenden Feldheeres (einschließlich der Kanoniere) sollten von Sachsen und Schlesien her die böhmische Grenze auf einer anfänglichen Frontbreite von etwa 130 Meilen überschreiten. (vgl. Karte 14) Der Einbruch würde durch vier weit voneinander entfernt vorstoßende Heeressäulen vollzogen, die sich später jeweils zu zweit zusammenschließen und zwei Armeen, eine auf jeder Seite der Elbe, bilden würden. Von Westen nach Osten sah die Gliederung wie folgt aus:

A) Westufer der Elbe:
1. Prinz Moritz von Anhalt-Dessau (19 300 Mann) rückt aus dem westlichen Sachsen durch das Egertal vor.
2. Die Armee des Königs (39 600 Mann) marschiert entlang des linken Elbufers.

B) Ostufer der Elbe:
1. Der Herzog von Braunschweig-Bevern (20 300 Mann) überquert die böhmische Grenze von der Lausitz her und folgt dem Lauf der Iser, des rechten Nebenflusses der Elbe, in Richtung auf das große Magazin in Jungbunzlau.
2. Feldmarschall Schwerin führt die schlesische Armee (34 000 Mann) bei Trautenau nach Böhmen hinein und stößt scharf nach Westen vor, um sich mit Bevern zu vereinigen.

Dem ursprünglichen Angriffskonzept zufolge sollten sich die beiden Armeen innerhalb Böhmens in der Gegend von Leitmeritz verbinden, «da die Schiffahrt auf der Elbe äußerst wichtig ist und unter allen Umständen aufrechterhalten werden muß». (Mitchell, 19. April 1757, zitiert bei: Mitchell, 1850, I., 239) Die Trosse, die auch Trockenfutter für die Kavalleriepferde mit sich führten, sorgten, so erwartete man, während der ersten Vormarschtage für die Verpflegung für Mensch und Tier, während anschließend die Vorräte in den eroberten österreichischen Magazinen herangezogen werden sollten.
Da er den Einmarsch in Böhmen für eine Jahreszeit plante, wo das

Gras noch nicht wieder sproß, konnte Friedrich hoffen, den Feind in einer mißlichen Lage von großer Tragweite zu überraschen. Der österreichische Oberbefehlshaber Feldmarschall Browne war inzwischen an Tuberkulose erkrankt und vermochte in seinem vom Fieberwahn genährten allzugroßen Optimismus nur die eigenen, für eine mögliche österreichische Offensive vorbereiteten Pläne im Auge zu haben. Unterdessen verblieben die österreichischen Truppen in vier räumlich weit voneinander entfernten Verbänden in ihren Quartieren. Es waren dies (ebenfalls von Westen nach Osten): der Herzog von Arenberg mit 24 000 Mann in der Umgebung von Plan in Westböhmen südlich von Marienbad; Brownes eigenes, 30 000 Mann starkes Korps zwischen Prag und der Eger; Graf Königsegg (28 000 Mann) in Reichenberg (Nordböhmen) am Oberlauf der Görlitzer Neiße unweit der Grenze zur Lausitz sowie der träge und unentschlossene Feldherr Serbelloni mit 27 000 Soldaten weit im Osten in der Gegend von Königgrätz.
Niemand hat bislang überzeugend klären können, ob Friedrich von Anfang an die Hoffnung hegte, durch eine Art Entscheidungskampf in Nordböhmen den gesamten Krieg mit Österreich zu beenden, oder ob er nur einen raschen Vorteil auf Kosten der Österreicher zu ergattern suchte, um dann seine Truppen eine Drehung vollziehen zu lassen und sich den Franzosen entgegenzustellen. Keine geringere Autorität als der im Ruhestand befindliche Generaloberst Graf Schlieffen äußerte sich kurz vor dem Ersten Weltkrieg zu diesem Thema. Er vertrat die Auffassung, Friedrich hätte, um die Österreicher wirklich entscheidend zu besiegen, nicht weniger als 150 000 Soldaten aufbieten müssen, die er durch verschärfte Rekrutierung in Ostpreußen, Pommern und dem preußischen Rheinland unter seiner Fahne hätte versammeln können. Schlieffen mutmaßte, Friedrich sei davor zurückgeschreckt, sich allzusehr in Böhmen zu engagieren, weil er willens war, seine Kräfte für die Schlacht gegen die Franzosen zu schonen, deren militärische Qualitäten er überschätzte. (Böhm-Tettelbach, 1934, 23–24, 27)
Während seine Truppen im Aufmarsch begriffen waren, wahrte Friedrich strikte Geheimhaltung über seine Angriffspläne, wie er es auch vor dem Einmarsch in Sachsen im Jahr zuvor getan hatte, und weihte nur zehn Personen in seine Absichten ein. (PC 8834) Der Herzog von Bevern und Prinz Moritz erhielten den Befehl, begrenzte Raids entlang den Grenzen zu unternehmen, um die Österreicher in Verwirrung zu bringen und sie zu zwingen, örtliche Defensivmaßnahmen zu ergreifen. Am 18. April 1757 und den folgenden Tagen überschritten dann die Preußen die Berge an den Grenzen Böhmens in

voller Stärke. Die Überraschung war vollständig; der Feind war völlig fassungslos. (siehe Karte 14)
Die königliche Armee überquerte das Böhmische Mittelgebirge, ohne auf Widerstand zu stoßen, und traf am 25. April in der Ebene von Lobositz ein, über der noch immer der Verwesungsgestank der Gefallenen aus der Schlacht des Vorjahres hing. Am selben Tag vollzog Friedrich die Vereinigung seiner Regimenter und Bataillone mit dem von Prinz Moritz befehligten Armeekorps und hatte damit eine Gesamtarmee von nahezu 60 000 Mann zur Verfügung. Weit jenseits der Elbe warf am 21. April der Herzog von Bevern das österreichische Korps in Reichenberg aus seinen Stellungen und nahm vier Tage später an der Iser Fühlung mit Schwerins Armee auf.
Unter Aufgabe des ursprünglichen Plans, der vorgesehen hatte, zu warten, bis alle preußischen Kräfte im Raum Leitmeritz an der Elbe versammelt waren, stieß Friedrich in südlicher Richtung auf die Flußlinie der Eger vor, wo Browne und die hastig zum Wiederaufmarsch kommandierten Verbände der österreichischen Armee vermutlich zunächst haltmachten. Die Preußen marschierten die ganze Nacht zum 26. April durch und überschritten morgens zwischen vier und acht Uhr die Eger bei Koschtitz mit Hilfe zweier Pontonbrücken. Sie trafen auf keinerlei Widerstand, denn Prinz Moritz hatte für den Flußübergang eine Stelle gewählt, die stromaufwärts in angemessener Entfernung vom österreichischen Feldlager in Budin lag.
Die preußischen Truppen durchquerten im Eilmarsch die Wiesen auf dem jenseitigen Ufer der Eger und erstiegen ebensoschnell die langgestreckte, hinter Budin beginnende waldbedeckte Hügelkette, die den Österreichern eine ausgezeichnete Riegelstellung hätte bieten können. Jenseits der Hügel fiel das Gelände zunächst ab und stieg dann wieder an bis zur kahlen Hochebene von Charwatetz, von der aus man eine ausgezeichnete Fernsicht nach Osten und Süden bis zum Horizont hatte. Staubwolken stiegen aus der Flußebene auf und ließen Friedrich zunächst befürchten, daß die Österreicher möglicherweise den Übergang bei Koschtitz angriffen, doch gegen Mittag war deutlich zu erkennen, daß der Feind sich nach Südosten auf Welwarn zurückzog.
Friedrich verlegte am 28. April sein Hauptquartier nach Charwatetz und erhielt an diesem Tag auch die Meldung, daß Bevern und Schwerin ihre Korps an der Iser zusammengeschlossen hatten. Seine eigene Armee hatte in Budin genügend Proviant und Futter erbeutet, um damit bis Prag auszukommen. Am 30. April brachen die Preußen, in Gefechtsgliederung aufgestellt, wieder auf. Der britische Gesandte Mitchell schrieb darüber:

Die Landschaft ist eine offene und fruchtbare Ebene, manchmal von Schluchten durchschnitten, aber mit sehr wenig Bäumen. Auf der Straße war meilenweit eine große Menge Hafer verschüttet, was wohl auf den überstürzten Abmarsch der Österreicher von Budin nach Welwarn zurückzuführen ist. Auf dem Marktplatz in Welwarn bemerkte ich ungefähr achtzig riesige Fässer mit Mehl, die zu vernichten sie offenbar keine Zeit gehabt hatten. Sie hatten sich damit begnügt, Deckel und Böden der Fässer herauszuschlagen ...
(PRO SP 90/69)

Am 1. Mai stieß Friedrichs Armee so weit vor, daß sie nur noch einen Tagesmarsch von Prag entfernt war. Friedrich hielt sich bei den Voraustruppen auf, die den Österreichern dicht auf den Fersen blieben, und wählte als Quartier für die darauffolgende Nacht das Jesuitenkloster von Tuchomirschitz, das auf einem Hügel stand, der den Blick über eine bis Prag reichende dichtbewaldete Talsenke freigab. Bis zur böhmischen Hauptstadt waren es nur noch sechs Meilen. Der König erfuhr, daß Browne und der neueingetroffene Prinz Karl von Lothringen bis vor kurzem ihr Domizil unter demselben Dach gehabt und sich derart heftig gestritten hatten, daß es beinahe zu Handgreiflichkeiten zwischen den beiden Feldherren gekommen war.
Friedrich hatte gehofft, den Gegner auf dem westlichen, also diesseitigen Ufer der Moldau zur Schlacht stellen zu können, doch die Österreicher waren zu diesem Zeitpunkt bereits dabei, sich auf die gegenüberliegende Seite des Flusses in Richtung Prag zurückzuziehen. Sie standen nun in dem vom Zusammenfluß von Moldau und Elbe gebildeten strategischen Dreieck (Vgl. Karte 15) und hätten unter energischer Führung ihren zentralen Standort ausnutzen und über Friedrichs oder Schwerins Kräfte herfallen können, solange die beiden preußischen Armeen noch nicht vereinigt waren. Feldmarschall Schwerin hatte tatsächlich eine Reihe gefährlicher Tage lang die Verbindung mit Friedrich verloren und überquerte die Elbe bei Brandeis erst am 4. Mai, rund vier Tage später, als von Friedrich errechnet, und stieß in das besagte Dreieck vor.
Friedrich selbst tauchte am 2. Mai mit starken Vorausverbänden vor Prag auf und mußte feststellen, daß ihm die Österreicher ausgewichen waren. Die Hauptarmee traf am Abend ein, durchnäßt vom Regen und in ziemlicher Unordnung. Am 3. Mai gestattete der König seinen Truppen wohlverdiente Ruhe. An diesem Tag fielen heftige Schauer, doch zwischendurch schien die Sonne, und herrliche Regenbogen bildeten sich. In der klaren Luft konnten die Preußen kroatische Husaren, erkennbar an ihren roten Uniformjacken, auf den Wällen Prags paradieren sehen. Bedeutenderes enthüllte Friedrichs Tele-

skop: es zeigte die Linien der österreichischen Armee, die jenseits der Moldau auf dem sich unmittelbar östlich an die Stadt anlehnenden Plateau in Stellung gegangen war. Prinz Karls Generale hatten sich geweigert, sich weiter bis nach Mittelböhmen zurückzuziehen (was zu verhindern Schwerin zu diesem Zeitpunkt nicht in der Lage gewesen wäre). Sie entschieden sich statt dessen dafür, sich außerhalb Prags den Preußen zu stellen. Friedrich sollte also doch noch seine Schlacht bekommen.

Mitchell speiste am 4. Mai mit dem König. «Er war sehr leutselig und sehr vergnügt und bedeutete mir, in ein oder zwei Tagen werde zwischen den Häusern Österreich und Brandenburg die Schlacht von Pharsalus geschlagen . . .» (Mitchell, 1850, I., 325; zu Friedrichs politischen Ambitionen vgl. auch Henckel von Donnersmarck, 1858, I., Teil 2, 192)

Friedrichs Plan sah vor, mit seiner Armee geradewegs in das Moldau-Elbe-Dreieck hineinzumarschieren, sich dort vor den Augen der Österreicher mit den von Schwerin herangeführten Kräften zusammenzuschließen und unverzüglich zum Angriff überzugehen. 32 000 Mann sollten unter dem Kommando von Feldmarschall Keith auf dem linken Ufer der Moldau gegenüber von Prag in Stellung gehen (offensichtlich, um die Österreicher am Ausbrechen nach Westen zu hindern). Friedrichs und Schwerins vereinte Armeen hatten dann immer noch rund 64 000 Soldaten zur Verfügung, etwa 4 000 Mann mehr, als der Gegner aufbieten konnte.

Am 5. Mai wechselte die Armee des Königs mittels einer bei Seltz, vier Meilen unterhalb von Prag, errichteten Schiffsbrücke auf das rechte Ufer der Moldau über. Von Schwerin lag keine Nachricht vor. Daher entsandte Friedrich einen Adjutanten zu seinem alten Marschall und ließ ihn ersuchen, mit seiner Armee am frühen Morgen des nächsten Tages auf dem Plateau von Prosek anzutreten, ungefähr drei Meilen nördlich des österreichischen Lagers.

Um fünf Uhr früh war Friedrichs Aufgebot am 6. Mai wieder in Bewegung, und eine gute Stunde später reihten sich Schwerins Marschkolonnen in das Aufgebot Friedrichs ein und bildeten den linken oder östlichen Flügel der vereinten Streitmacht. Friedrich freute sich, Schwerin und Winterfeldt wiederzusehen:

> Mit seiner gewöhnlichen Heiterkeit rief er aus: «Guten Morgen, Messieurs!» Jetzt ritt er mit ihnen und einigen Adjutanten die Brositzer Anhöhe hinauf und sah nun das ganze feindliche Lager vor sich. «Guten Morgen!» rief er in einer scherzenden Laune den Österreichern zu, als diese, denen das Erscheinen der Begleitung des Königs

auffiel, mit einigen Kanonen nach dieser Anhöhe schossen. Eine Kugel schlug dicht neben dem Könige in die Erde ...
(Hildebrandt, 1829–35, III., 175–76)

Winterfeldt beraumte für sechs Uhr dreißig früh eine Kommandeursbesprechung an und notierte über deren Ergebnis: «Der König war gleich determinirt, den Feind anzugreifen, wie der Feldmarschall Schwerin nebst meiner Wenigkeit, nur kam es darauf an, erst ein Loch ausfindig zu machen ...» (Volz, 1926–27, II., 18) Mehrere Minuten lang verharrten Friedrich und seine Begleitung auf dem höchsten Punkt der Hochebene von Prosek, um sich ein Bild von den österreichischen Stellungen zu machen. Viele Offiziere und Mannschaften der preußischen Armee konnten beobachten, wie dort oben über ihr Schicksal entschieden wurde. Ihre hinterher geäußerten Spekulationen lösten eine Flut von detaillierten, aber widersprüchlichen Berichten darüber aus, was auf dem Hügel zur Sprache gekommen war.

Friedrich kam schließlich zu dem Ergebnis, ein Frontalangriff biete wenig Aussicht auf Erfolg, denn das österreichische Lager war entlang der abschüssigen Seite der Ebene angelegt worden, die sich über dem schwer zugänglichen Tal erhob, durch das der Unterlauf des Roketnitzer Baches floß. Er ließ demzufolge Schwerin und Winterfeldt weiter an den östlichen Rand des Plateaus reiten, um zu erkunden, ob die Möglichkeit bestand, die Österreicher zu umgehen und ihrem rechten Flügel in den Rücken zu fallen. Friedrich begleitete den Felmarschall und den General nicht, da ihn eine heftige Magenverstimmung befallen hatte. Die beiden Offiziere unternahmen eine rasche Rekognoszierung und erkannten, daß die Ostseite des Plateaus sanft in einen grasbewachsenen Hang abfiel, der tatsächlich den Preußen leichten Zugang in den Rücken der feindlichen Stellung gewähren konnte.

Die preußische Armee schwenkte gegen sieben Uhr früh an diesem wunderschönen Morgen in drei Marschsäulen nach links. Es hatte den Anschein, als sei das gesamte Gelände beiderseits des Tals von gegnerischen Truppen besetzt. (siehe Karte 16) Die Regimenter an der Spitze vollzogen in der Umgebung des Dorfes Hlaupetin einen Rechtsschwenk und stießen dann eilends in südlicher Richtung vor, um eine ausreichende Frontlinie für ihren Angriff zu erlangen.

Eine Zeitlang verloren die Österreicher die dunklen Kolonnen aus den Augen, als diese westlich von Chwala vorbeizogen, doch gegen zehn Uhr vormittags bestand kein Zweifel mehr an der Stoßrichtung der Preußen, und die österreichischen Befehlshaber begannen Detachements aus der Masse ihres Heeres abzuziehen und an die offene östliche Flanke zu werfen. Vierzig Grenadierkompanien gehörten zu den Infanterieverbänden, die Feldmarschall Browne für diesen Zweck einsetzte. Hinzu kam ein großes Aufgebot österreichischer Kavallerie (zwölf Kürassier- und Dragonerregimenter sowie fünf nicht ganz komplette Husarenregimenter), die eine Riegelstellung zwischen dem Dorf Sterbohol und einem südlich davon gelegenen großen See bezog.

Die Charakteristik der Eröffnungsphase der Schlacht wurde von Schwerin geprägt, der entschlossen war, alle verfügbaren Truppen ohne Rücksicht auf die Reihenfolge nach vorn zu werfen, um die östlichen Hänge vor den Österreichern zu besetzen. Auf diese Weise geriet Generalleutnant von Schönaich mit den zwanzig im ersten Treffen stehenden Schwadronen der preußischen Reitertruppen nolens volens bei Sterbohol in ein Gefecht mit der tiefgestaffelten österreichischen Kavallerie. Dabei entwickelte sich eine zähe und lange, auf des Messers Schneide stehende Auseinandersetzung, bei der Kürassiere und Dragoner von Freund und Feind hin- und herwogten und die Husaren jeweils die südliche Flanke des Feindes einzudrücken suchten.

Die ersten Kanonen der schweren Artillerie hatten eine Zeitlang der Kavallerie folgen können, doch in Unter-Poczernitz blieben die Gespanne in den engen Gassen stecken. Diese Blockierung war schuld daran, daß die Preußen auf Artillerieunterstützung verzichten mußten, die sie in diesem Abschnitt des Schlachtfeldes so dringend benötigt hätten. Sie zwang auch die Regimenter des ersten Treffens des linken Infanterieflügels, quer durch das Wiesengelände vorzustoßen. Erst jetzt stellten die Preußen fest, daß einige der sattgrünen Flächen auf beiden Ufern des oberen Roketnitzer Bachs in Wirklichkeit ausgetrocknete Fischteiche waren und die daraus hervorsprießenden Haferschößlinge (die den Karpfen als Futter dienten, wenn die Teiche wieder aufgefüllt wurden) aus weichem, schwarzem Schlick kamen. An den schlimmsten Stellen sanken die Soldaten bis zur Hüfte ein.

Die Österreicher bildeten bereits eine zusammenhängende Infanterielinie auf den Osthängen der Hochfläche, als Winterfeldt und Schwerin ihre ersten vierzehn Bataillone antreten ließen, um über die Wiesen zum Angriff vorzugehen. Friedrich war inzwischen in der Nähe von Sterbohol eingetroffen und wollte von Schwerin wissen, ob es weise gewesen wäre, diese Attacke ohne Unterstützung durch andere Verbände zu befehlen. Der greise Feldmarschall erwiderte lakonisch: «Frische Eier, gute Eier!» (Gr. Gstb., 1901–14, II.,

131) und sprengte hoch zu Roß davon, um persönlich das Kommando zu übernehmen.
Gemäß der erstmals mit Beginn des Siebenjährigen Krieges zur Anwendung gelangten taktischen Doktrin der preußischen Armee erwartete man von der Infanterie, daß sie durch bloßes Vorgehen mit geschulterten Musketen den Feind derart erschreckte, daß er fluchtartig seine Stellung verließ. In diesem Falle eröffneten jedoch die Österreicher weitreichendes Feuer durch eine schwere Batterie auf dem nicht sehr hohen Homoleberg (ein tschechischer Betonbunker aus den dreißiger Jahren steht heute an derselben Stelle), schossen dann mit Kartätschen aus ihren Bataillonsgeschützen und griffen schließlich mit ihren Musketieren an. Ganze Reihen der Preußen wurden buchstäblich niedergemäht. Angesichts dieses Desasters ergriff das Infanterie-Regiment Nr. 37 Kursell (37; Karte 17) unter den empörten Augen des Königs die Flucht, und das Regiment La Motte (33) wich in völliger Unordnung vor dem Feind, wobei viele Musketiere ihre Waffen wegwarfen. Einige allerdings, aus Schlesien stammende Katholiken, blieben zurück und luden ihre Musketen für die Österreicher.
Zu diesem kritischen Zeitpunkt verloren die Preußen rasch hintereinander zwei ihrer Befehlshaber. Kurz vor elf Uhr vormittags wurde General von Winterfeldt, der an der Spitze des Regiments Schwerin (24) ritt, von einer Kugel am Hals getroffen. Er stürzte bewußtlos aus dem Sattel. Feldmarschall Graf Schwerin jagte auf einem kleinen polnischen Fuchswallach heran und ließ den blutenden Winterfeldt auf ein reiterloses Pferd heben. Als der alte Haudegen gewahr wurde, daß die Soldaten seines Regiments unschlüssig waren, ob sie weiterkämpfen sollten, entriß er einem verwundeten Hauptmann die längst zerfetzte seidene Fahne des zweiten Bataillons und ritt allen voran mit wehender Flagge dem Feind entgegen, um seinen Soldaten ein Beispiel zu geben. Er war noch nicht weit gekommen, als ihm ein Kartätschengeschoß den halben Kopf wegriß und Bleikugeln in Herz und Magen eindringen ließ. Als er tot zu Boden fiel, breitete sich das grüne Fahnentuch über ihm aus. Es war, um es mit den Worten eines preußischen Archivars auszudrücken, «der schönste Schlachtentod, von dem die preußische Kriegsgeschichte zu erzählen weiß.» (Augstein, 1968, 279)
Die Hiobsbotschaft wurde Friedrich überbracht. «Der große Held war erschüttert, eine Thräne drängte sich hervor. Wenige bemerkten sie; er suchte sie zu verbergen und sprach laut: ‹Das ist weiter nichts – eine Folge seines Eigensinns; marsch, marsch!›» (Dreyer, 1810, 35)
Gegen elf Uhr stürmte die siegreiche österreichische Infanterie die

Hänge des Plateaus hinab und begann die zwölf Bataillone der zweiten Linie Schwerins zurückzuwerfen. Die Dinge hätten sich für Friedrich katastrophal entwickelt, hätte nicht die in der Mitte seiner Schlachtordnung stehende Infanterie eine Gelegenheit genutzt, die sich weiter nördlich entlang der Achse der «Kaiser-Straße» bot. Hier klaffte eine breite Lücke im Winkel der österreichischen Front zwischen dem von der Masse der immer noch nach Norden angreifenden Armee behaupteten Terrain und den detachierten Regimentern, die eilig nach Südosten geworfen worden waren und bereits Schwerins Flügel zum Zurückgehen zwangen.

Insgesamt 22 preußische Bataillone marschierten durch diesen von Seen und Ackerland durchzogenen Geländeabschnitt, voran Generalleutnant Hautcharmoy mit seinem eigenen Regiment (28) und den Regimentern Tresckow (32) und Meyerinck (26). Der Herzog von Braunschweig-Bevern führte dem Namen nach den Befehl über das restliche Aufgebot, doch bahnten sich viele Regimentskommandeure mit ihren Bataillonen auf eigene Faust den Weg durch die österreichischen Linien. Oberst Hertzberg setzte sich an die Spitze einer kleinen Brigade und trug einen Angriff vor, der, wie sich später herausstellte, die entscheidende Attacke auf die ungeschützte Nordflanke des abkommandierten österreichischen Flügels war. Er ließ das ihm unmittelbar unterstehende erste Bataillon des Infanterie-Regiments Alt-Darmstadt (12) zwischen den beiden großen Teichen bei Kej hindurch das Plateau erstürmen, «und die Schlacht [war] so still, daß man auf dem ganzen Marsche durch das verlassene Kavallerielager keinen Schuß mehr hörte». Von hier aus entdeckte Hertzberg den entblößten Flügel der österreichischen Infanterie in Richtung Süden und ließ daraufhin seine Soldaten sofort eine Linksschwenkung machen. Die nachfolgenden Regimenter Prinz von Preußen (18) und Kannacher (30) vollzogen ebenfalls diesen Richtungswechsel, und diese improvisierte preußische Truppe begann nacheinander die feindlichen Einheiten aufzurollen, wobei die Regimenter Wied (41) und die der Mainzer Hilfstruppen den Anfang machten. «Jetzt findet er [Friedrich] besagtes Manöver dem Könige zugeschrieben, der es nicht anordnen konnte, weil er sich weit von hier auf dem linken Flügel befand . . .» (Berenhorst, 1845–47, I., 102)

Ungefähr zur selben Zeit führte Generalleutnant Zieten in der Kavallerieschlacht bei Sterbohol eine Wende zugunsten der Preußen herbei, indem er fünfundzwanzig frische Schwadronen zur Südseite des Teiches beorderte, die sich dort den Husaren der Regimenter Puttkamer und Werner (H 4, H 6) zu einem Angriff gegen den rechten Flügel der österreichischen Kavallerie anschlossen. «Werft den Feind,

wo er sich zeigt!» lautete Zietens simpler Befehl, und die Schwadronen befolgten ihn aufs Wort.
Der österreichische rechte Flügel sah sich somit zweifacher Bedrohung an den Flanken und im Rücken ausgesetzt – durch Hertzbergs Kräfte aus nördlicher Richtung und durch die rund fünfundvierzig preußischen Kavallerieschwadronen im Süden. Der Gegenangriff gegen Schwerins Infanterie brach daraufhin zusammen, und zu guter Letzt sahen sich zahlreiche österreichische Einheiten auf diesem Flügel völlig von der Masse ihrer Armee abgeschnitten und mußten ihr Heil in der Flucht in Richtung Beneschau suchen.
Um die Mittagszeit bewirkte der preußische Durchbruch nach Norden, daß die Hauptstellung der Österreicher von ihrer rechten Flanke her aufgerollt wurde. «Der so schöne und angenehme Tag wurde in eine große Finsterniß verwandelt, weil sowohl der Rauch des Pulvers als der Staub von soviel Menschen und Pferden die ganze Luft verdunkelte, so daß man fast keine Menschen erkennen konnte, und war nicht anders, als wenn die Welt an diesem Tag ihr Ende erreichen sollte . . .» (Brief eines Anhalter Musketiers, zitiert in: Urkundliche Beiträge, 1901, I., Heft 2, 51) Aus eigener Initiative schaltete sich zusätzlich Generalmajor Manstein von Norden her mit vier Grenadierbataillonen des rechten Flügels der preußischen Infanterie in das Kampfgeschehen ein und verjagte die Österreicher aus ihren Feldschanzen auf dem Erdwall zwischen den Teichen in Kej und Hlaupetin. In den frühen Nachmittagsstunden wurden dann die Österreicher auch aus ihren weiteren Stellungen entlang des Nordrandes des Plateaus geworfen.
General Kheul sammelte das Hauptkontingent der Österreicher aus einer Stellung hinter einem von steilen Felswänden eingeschlossenen kleinen Tal wieder, das sich nördlich von Maleschitz bis zur Biegung des Roketnitzer Bachs bei Hrdlorzez erstreckte. Dieses neue Gefecht brachte die erbittertsten Kampfhandlungen des Tages. Das Winterfeldt-Regiment (1) erlitt schwerste Verluste, als es versuchte, aus der Sohle der Schlucht die Berghänge zu erklimmen.
Ein weiteres Mal sollten die Österreicher nur durch eine doppelte Bedrohung ihrer Flanken in die Flucht geschlagen werden. Zuerst sahen sie sich gezwungen, ihren rechten oder südlichen Flügel zurückzubeordern, als der Vorstoß Zietens und Friedrichs von Sterbohol her in Richtung auf Neu-Straschnitz seine Fortsetzung fand. Die im Norden stehenden österreichischen Verbände blieben jedoch in Unkenntis der Lage und verteidigten zäh ihre Stellungen, bis ihre linke Flanke vom Regiment Itzenplitz aufgerieben wurde, das Prinz Heinrich von Preußen persönlich über den Roketnitzer Bach geführt

hatte. Die Grenadiere waren zunächst davor zurückgeschreckt, das Gewässer zu durchwaten. Ihre Befürchtungen schienen sich dann zu bewahrheiten, als der körperlich kleine Bruder des Königs mit dem Ruf: «Mir nach! Hoch die Knarre und die Patronen!» sich ins Wasser stürzte und beinahe nicht mehr zu sehen war, als er den ziemlich breiten Bach durchquerte. Doch sein Beispiel ermutigte sie, und der Erfolg beim anschließenden Gefecht war der schönste Lohn.
Gegen drei Uhr nachmittags begann sich die Masse der österreichischen Armee auf Prag zurückzuziehen, abgeschirmt durch die fast selbstmörderisch zu nennenden Gegenattacken ihrer Kavallerie. Friedrich selbst geriet beinahe in Gefangenschaft, als die Stechow-Dragoner (D 11) von drei österreichischen Kürassierregimentern überrannt wurden.
Verläßliche Nachrichten über den Verbleib des Königs an diesem denkwürdigen Tag sind bemerkenswert dürftig. Zweimal wurde von Offizieren seiner Armee die Anwesenheit Friedrichs während und nach der Schlacht bezeugt. Der Chef des Husaren-Regiments Nr. 3, Warnery, berichtet uns, daß Friedrich dicht unterhalb der Zitadelle von Wischehrad am südlichen Ende der Prager Festungswerke zu ihm stieß und mit seinen Truppen eine halbe Stunde lang unter Artilleriebeschuß lag. «Il tenait sa lunette devant ses yeux, et se riait de notre inquiétude. J'en étais bien mortifié, car j'étais la cause qu'il était venu là. Le boulets labouraient autour de lui de sorte que son cheval était dans un mouvement continuel, mais il semblait s'amuser . . .» («Er hielt das Fernrohr ans Auge und machte sich über unsere Besorgnis lustig. Ich fühlte mich sehr gedemütigt, denn ich war der Grund, daß er hierher gekommen war. Die Kanonenkugeln rissen um ihn herum den Boden auf, so daß sein Pferd sich in ständiger Bewegung befand, doch er schien sich darüber zu amüsieren . . .») (Warnery, 1788, 118–19) Die folgende Szene stammt von dem Garde-du-Corps-Offizier Kalkreuth. Er schildert ebenfalls eine Episode mit dem König, die sich allerdings nach der Schlacht abspielte:

> Ich weiß nicht, wo der König während der Schlacht gestanden hat, aber zwischen 4 und 5 Uhr kam er gerade auf den Prinzen Heinrich zu, in einem jammervollen Zustande. Er stieg vom Pferde und setzte sich auf die Rasenmauer, welche die Felder umgab. Da begann er zum Prinzen seine schmerzlichsten Klagen: «Wir haben außerordentlich verloren; der Feldmarschall Schwerin ist todt!» Dann zählte er die Andern auf. Fast erstickte der Schmerze seine Rede . . .
> (Kalkreuth, 1840, II., 155)

Friedrich versicherte Jahre später im Gespräch mit seinem Vorleser de Catt: «Jamais il ne s'est donné de bataille plus fameuse et plus sanglante que celle que j'ai livrée à Prague!» («Es hat nie eine berühmtere und blutigere Schlacht gegeben als die, die ich in Prag geschlagen habe!») (de Catt, 1844, 236) Er hatte die bei weitem stärkste Truppenkonzentration besiegt, die ihm die Österreicher bis dahin entgegengestellt hatten, und allem Anschein nach hatte er ihnen keine Möglichkeit der Erholung belassen. Die gegnerischen Verluste beliefen sich auf beinahe 14 000 Mann, wovon 5 000 in Gefangenschaft gerieten. Feldmarschall Browne war beim Gegenangriff in Sterbohol tödlich verwundet worden.

Im nachhinein wurde den Preußen klar, daß sie noch besser hätten abschneiden können. Man erkannte jetzt, daß Schwerins Infanterie vor eine unmögliche Aufgabe gestellt worden war: mit geschulterten Musketen gegen schwere Geschütze und Grenadiere anzustürmen. Friedrich vermerkte zudem, daß die Flankensicherung für Schwerin durch andere Verbände um mindestens zweitausend Schritt hätte verlängert werden müssen. (Warnery, 1788, 121) Zieten hatte sich zweifelsohne mit der Kavallerie des linken Flügels glänzend geschlagen, aber während der Kampfhandlungen war die auf der äußersten Rechten stehende preußische Kavallerie zur Untätigkeit verurteilt gewesen, weil sie sich der Nordseite des österreichischen Feldlagers gegenübersah, von dem sie durch das Flußbett des Roketnitzer Baches getrennt war.

Einige Kommentatoren die die preußische Seite wegen ihrer ungenutzten Reserven kritisierten, taten dies besonders in bezug auf das 32 000 Mann starke Korps von Feldmarschall Keith, das auf dem Westufer der Moldau zurückgeblieben war. Als Antwort auf einen Befehl Friedrichs hatte Keith am Morgen der Schlacht Prinz Moritz mit vier Bataillonen und dreißig Schwadronen entsandt, die die Moldau oberhalb von Prag überschreiten sollten. Wenn diese Einheiten auf der Szene erschienen wären, hätten sie sicher verhindern können, daß auch nur ein einziger Österreicher nach Beneschau entkommen konnte. Tatsächlich blieb jedoch der Pioniertrain eine Zeitlang in einem Hohlweg stecken, und als dann die Wagen am frühen Nachmittag den Fluß erreichten, stellte Moritz fest, daß nicht genug Pontons vorhanden waren, um das jenseitige Ufer zu erreichen. Niemand hatte Lust, dem Beispiel des Obersten Seydlitz zu folgen, der den Versuch unternahm, zu Pferde die Moldau zu durchwaten. Er blieb im Schwemmsand stecken. Das Tier sank bis zu den Satteltaschen ein, und Seydlitz mußte mit Hilfe eines Seils herausgezogen werden.

Welchen Einfluß hatte Friedrich auf den Ablauf der Ereignisse am 6. Mai genommen? Er sagte darüber zu de Catt: «Je fus mal toute cette journée; je randais tout ce que j'avais mangé la veille, mais il ne s'agissait pas de s'écouter, il fallait agir et nous agîmes bien ...» («Ich fühlte mich den ganzen Tag über krank; ich gab alles von mir, was ich am Abend zuvor gegessen hatte, doch es blieb keine Zeit, sich darum zu kümmern. Es mußte gehandelt werden, und wir handelten gut ...») (de Catt, 1884, 236) Er hatte die wichtige Aufklärung Schwerin und Winterfeldt überlassen und scheint auch Schwerin recht gegeben zu haben, als der Feldmarschall es als entscheidende Notwendigkeit bezeichnete, unverzüglich bei Sterbohol anzugreifen. Zwar stimmt es, wenn von Hoen, der Verfasser der detailliertesten und kompetentesten Beschreibung der Schlacht von Prag, die entscheidenden Waffentaten auf der «Kaiser-Straße» unmittelbar auf Befehle Friedrichs zurückführt (Hoen, 1909, 391), doch mindestens einige dort im Gefecht stehende Kommandeure erfuhren nichts von diesen Anweisungen (siehe Seite 169), und die spärlichen, von Zeugen registrierten Auftritte des Königs lassen vermuten, daß er sich die meiste, wenn nicht die ganze Zeit während der Kampfhandlungen im südlichen Abschnitt des Geländes aufhielt.

Friedrich ritt am Tag nach der Schlacht in Begleitung von Zieten und Prinz Heinrich über das Gelände. Nur wenige Gefallene waren von ihren Kameraden bestattet worden, die die Gräber mit Brettern oder primitiven Kreuzen mit den Namen der Toten gekennzeichnet hatten. Die Mehrzahl der Toten lag noch unbestattet über das Schlachtfeld verstreut.

Der König beklagte den Tod der Generalmajore Schöning und Blanckensee, seines Freundes Generalleutnant Hautcharmoy und vor allem des trefflichen Feldmarschalls Schwerin, «un des plus grands généraux de ce siècle» («eines der größten Generale dieses Jahrhunderts») (Friedrich in einem Brief an Georg II., PC 8908). Schlimmer noch war der Verlust zahlreicher kampferprobter Offiziere und Soldaten, die Friedrich als «Pfeiler der preußischen Infanterie» bezeichnete, und die Tragweite der Flucht von Schwerins Verbänden bei Sterbohol. Es war das erste Mal gewesen, daß ihn diese Waffengattung bei einer Schlacht im Stich gelassen hatte. Die preußischen Gesamtverluste beliefen sich auf 14 287 Offiziere und Mannschaften (Hoen, 1909, 413), was in absoluten Zahlen bedeutete, daß sie etwas höher lagen als die des Gegners und einen sehr viel größeren Prozentsatz an Gefallenen und Verwundeten ausmachten als die Verluste von annähernd 14 000 Mann bei den Österreichern.

Henckel von Donnersmarck notierte in seinem Tagebuch: «Fast noch nie war eine Schlacht mörderischer gewesen. Wehe über uns, daß wir gezwungen sind, unsere Lorbeeren mit dem Blute so vieler Braven, mit Thränen und ewigem Kummer zu erkaufen ...» (1858, I., 2. Teil, 201)

Eine Reihe von Tagen lang nach dem Sieg von Prag hegte Friedrich das Gefühl, daß es in seiner Macht stand, den Krieg mit den Österreichern zum Abschluß zu bringen und dadurch freie Hand zu bekommen, nach Westen zu marschieren und mit den Franzosen abzurechnen. Mitchell merkte dazu an:

> Seine Angelegenheiten lassen keine langen Kriege zu, und es liegt in seinem Interesse, mitten in der Siegesfreude an einen Frieden zu denken. Seine Feinde sind zahlreich und mächtig und haben große Reserven, während die Überlegenheit des Königs von Preußen sich ganz und gar auf ihn allein stützt ... Da er eine sehr rasche Auffassungsgabe besitzt, sieht er zweifellos voraus, daß er am Ende den verbündeten Mächten Österreich, Frankreich und Rußland unterliegen muß ... (17. Mai 1757, PRO SP 90/69)

Friedrich war erfreut, als er hörte, daß sich der größere Teil der geschlagenen österreichischen Armee nicht zur Flucht ins offene Land gewandt hatte, sondern nach Prag hinein zurückgezogen hatte. Zwar besaß er nicht die Möglichkeit, eine richtige Belagerung einzuleiten, doch war er zuversichtlich, daß angesichts der nun in der Stadt Prag zusammengedrängten Menschenmenge – nach seinen Schätzungen rund 70 000 Bürger und 50 000 (tatsächlich 46 000) Soldaten – über kurz oder lang Versorgungsengpässe eintreten würden. Außerdem hoffte er, diese Entwicklung durch Beschießung der Stadt und Inbrandsetzen einiger österreichischer Proviantmagazine beschleunigen zu können.

Der erforderliche Belagerungstroß wurde mit Schiffen elbaufwärts von Magdeburg nach Leitmeritz transportiert, von wo aus er auf dem Landwege zu den Batterien um Prag herum rollte. Schließlich stieg am 29. Mai um Mitternacht eine Rakete vom Ziskaberg in den nächtlichen Himmel, ein Zeichen für die Preußen, ein Trommelfeuer aus den Rohren von beinahe 60 Mörsern und schweren Kanonen, sogenannten Batteriegeschützen, zu eröffnen. Am 31. Mai und 1. Juni konnte man dicke schwarze Rauchwolken von verschiedenen Punkten der Stadt aufsteigen sehen, was Friedrich zu der Annahme ermutigte, daß tatsächlich eine Reihe von Depots in Flammen aufgegangen waren.

Am 4. Juni begann sich jedoch beim König immer mehr der Verdacht zu verstärken, daß der Beschuß in Wirklichkeit nur Schäden von geringem Ausmaß anrichtete und die Stadt besser mit Lebensmittelvorräten versehen war als angenommen. Er erfuhr zudem, daß die Österreicher, zäh und unverwüstlich wie immer, eine große Entsatzarmee in Ostböhmen aufstellten. Das Kommando war dem Feldmarschall Graf Daun anvertraut worden, von dem Friedrich wenig wußte, außer daß Überläufer ihm versichert hatten, Daun wäre kein Mann, der das Risiko einer Schlacht einginge mit dem einzigen Ziel, Prag zu befreien. Friedrich hatte seinem Generalleutnant Herzog von Braunschweig-Bevern die Verantwortung dafür übertragen, zu verhindern, daß Dauns Aufgebot in die Nähe von Prag kam. Beverns Truppen wurden zu diesem Zweck nach und nach auf eine Stärke von 24 600 Mann aufgestockt. Gemäß Friedrichs Anweisungen ging der fürstliche Feldherr gegen Daun zur Offensive über und drängte die österreichischen Verbände ein Stück von der «Kaiser-Straße» weg.

Als Vorsichtsmaßnahme brach Friedrich selbst am 13. Juni an der Spitze einer Verstärkungstruppe, bestehend aus vier Bataillonen, 16 Kavallerieschwadronen und bespannter Artillerie mit 15 «Brummern», d. h. schweren Kanonen, auf, um zum Herzog von Bevern zu stoßen. Er hatte unterwegs kaum sein Nachtquartier in einem Gasthaus mit dem sinnigen Namen «Zum letzten Pfennig» bezogen, als gegen elf Uhr abends ein von Bevern entsandter Offizier herangesprengt kam und dem König die völlig unerwartete Kunde überbrachte, daß sich die gesamte österreichische Armee auf dem Anmarsch befinde.

Am 14. Juni setzte Friedrichs kleines Korps den Weitermarsch durch die Ortschaft Schwarz-Kosteletz und über eine Hochfläche fort und machte auf einer bewaldeten Bergkuppe oberhalb des Dörfchens Zdanitz halt. Der König suchte mit dem Fernrohr die weite, aber noch menschenleere Ebene von Kolin ab und folgte dann seinen Husaren in das Flachland hinunter. Kurz darauf mußte er sich jedoch eiligst zurückziehen, als starke österreichische Kavalleriekräfte hinter Zdanitz ausgemacht wurden. Im Laufe des Tages nahm er dann den Marsch wieder auf. Bei Malotitz stießen Beverns Armee sowie vier detachierte Bataillone unter dem Befehl von Generalleutnant von Tresckow zu ihm. Um seine Truppenkonzentration zu vervollständigen, ließ Friedrich Prinz Moritz den Befehl übermitteln, mit sämtlichen verfügbaren Truppen aus der Umgebung von Prag heranzurükken.

Die wieder vereinigte preußische Armee legte am 15. Juni in Malotitz einen Ruhetag ein. Friedrich wollte noch immer nicht glauben, daß Dauns Hauptstreitmacht in unmittelbarer Nachbarschaft stand. Die Landschaft ringsum war ein großräumiges, von kleinen Hügeln und steil abfallenden, buschbestandenen Tälern durchzogenes Gebiet. Als der Kommandeur der zum rechten preußischen Flügel zählenden Bataillone, Gaudi, aus diesem Grunde den Kirchturm von Ober-Krut bestieg und von dort oben aus in der Nachmittagssonne einen ausgezeichneten Überblick über die weißen Zelte der Einheiten hatte, die einen Teil des linken Flügels der österreichischen Armee bildeten, konnte er dem König melden, daß der Feind nur drei Meilen entfernt ein Lager aufgeschlagen habe. Auch diesmal schenkte Friedrich dem Bericht zunächst keinen Glauben.

In einer Atmosphäre zunehmender Spannung verblieb die preußische Armee auch noch am 16. Juni im Feldlager von Malotitz. Inzwischen war kaum noch daran zu zweifeln, daß Dauns Armee in Sicht war und daß man sich knapp sechs Wochen nach dem Gemetzel am 6. Mai auf einen neuen Waffengang mit den Österreichern einstellen mußte. Friedrichs Vorleser de Catt erfuhr Jahre später aus dem Munde von «personnes sûres» («zuverlässigen Personen»), daß der Herzog von Bevern, bekanntlich ein Schwager Friedrichs, diesem von einem neuen Angriff gegen die Österreicher abgeraten hatte. Der König hatte daraufhin den Prinzen Moritz von Anhalt-Dessau zur Beratung hinzugezogen. Dieser intelligente Ignorant rief aus: «Sire, là ou vous êtes, cela fait 50 mille hommes, il faut attaquer l'ennemi!» («Majestät, Eure Gegenwart allein bedeutet 50 000 Mann! Ihr müßt den Feind angreifen!») (de Catt, 1884, 237) Grob geschätzt, hatte Friedrich wahrscheinlich nur etwas mehr als 35 000 Mann unter seinem Befehl, mit denen er gegen rund 53 000 Österreicher in die Schlacht ziehen wollte. (Hoen, 1911, 28) Die feindliche Infanterie allein war vermutlich zahlenmäßig ebenso stark wie die gesamte preußische Armee.

Ein Konvoi von Troßfuhrwerken traf am Morgen des 17. Juni aus Nimburg, einem Ort an der Elbe, bei den Preußen ein und brachte Brotvorräte für sechs Tage. Am Nachmittag brach die Armee dann mit einem Linksschwenk in zwei Kolonnen in Richtung «Kaiser-Straße» auf. Dies war die beste Heerstraße in Mitteleuropa. Sie bot die Möglichkeit, die österreichische Armee von Norden her zu umgehen. Auf dem Marsch fiel Friedrichs Blick jedoch auf die Landschaft östlich des Teichs von Swojschitz, und er glaubte seinen Augen nicht zu trauen, als er dort in der Ferne die Österreicher gewahrte, die auf den Bergkuppen aufmarschiert waren. Mit anderen Worten: General Daun hatte die Absicht des Preußenkönigs erkannt und während der Nacht seine Truppen nach Norden geworfen. Die Preußen lagerten bei Kaurschim, und gegen acht Uhr abends beobachteten ihre Vorposten, wie große Staubwolken über dem österreichischen Lager aufstiegen. Dauns Streitmacht hatte sich wieder in Bewegung gesetzt. Der

österreichische Feldherr hatte die meisten seiner ursprünglich nach Westen gerichteten Stellungen aufgegeben und war dabei, seinen Truppen ein neues Gesichtsfeld zu schaffen, das in Richtung Norden über die «Kaiser-Straße» reichte.
Für Friedrich war vermutlich keine noch so starke feindliche Stellung mehr von entscheidender Bedeutung:

> Die Ursache für unser Unglück liegt zur Hauptsache in den großen Erfolgen begründet, die die Truppen des Königs von Preußen in acht aufeinanderfolgenden Schlachten gegen die Österreicher errungen haben, ganz besonders aber in dem am 6. Mai vor Prag errungenen Sieg, der Seiner Preußischen Majestät das Gefühl gab, er könne sie [künftig] aus den günstigsten Stellungen hinauswerfen.
> (Mitchell, 29. Juni, PRO SP 90/69)

Die preußische Armee verließ ihr Lager in der Nähe von Kaurschim am 18. Juni um sechs Uhr früh. Dichter Nebel hing noch über den Niederungen, doch die heraufziehende Sonne kündigte bereits einen glutheißen Tag an. Die anfängliche Marschrichtung verlief in nördlicher Richtung bis in die Nähe von Planian. (vgl. Karte 18) Dort erfolgte ein Rechtsschwenk nach Osten entlang der «Kaiser-Straße». Friedrich kletterte in den Hauptturm der düsteren Kirche in Planian hinauf, mußte indes feststellen, daß der Ort so niedrig lag, daß ihm ein Ausblick auf die neuen österreichischen Stellungen verwehrt blieb. Er schloß sich wieder seiner Armee an, deren Avantgarde bereits ein gutes Stück auf der «Kaiser-Straße» vorgestoßen war.
Der kurze Anstieg aus dem tiefliegenden Gelände um Planian brachte Friedrich in eine Landschaft, die weitaus grandioser war als das begrenzte Stück Erde, das die Preußen in den vergangenen Tagen kennengelernt hatten. Die Elbebene erstreckte sich linker Hand bis zum Horizont, und ein paar tausend Schritt weiter rechts stieg das offene Gelände sanft, aber eindrucksvoll bis zu einem langgestreckten, zylindrischen Bergrücken an. Zu einer Linie auseinandergezogen, hielten österreichische Verbände die Kuppen der nächstgelegenen Berge besetzt.
Friedrich ließ seine Armee haltmachen, die von dem Gewaltmarsch über zehn Meilen bei ständig steigender Hitze bereits erschöpft war. Kroatenpatrouillen durchstreiften die Getreidefelder südlich der «Kaiser-Straße», was eine genauere Inspizierung des Bergrückens verhinderte. Friedrich stieg deshalb ins oberste Stockwerk eines am Wege liegenden Wirtshauses mit Namen «Zlaté Slunce» («Die Goldene Sonne») hinauf, begutachtete das Gelände ringsum sehr genau durch sein Fernrohr und mußte feststellen, daß die Österreicher ihre

Kavallerie geschickt dort, wo das Gelände jeweils ihren Einsatz zuließ, postiert und nicht lehrbuchmäßig an die Flanken beordert hatten. Bevern und Zieten versuchten vergeblich, den König davon zu überzeugen, daß er sich erdrückender feindlicher Übermacht gegenübersah. Der Pionierhauptmann Friedrich Giese soll Friedrich versichert haben, daß der Angriff erfolgversprechend war, während Prinz Moritz, der bei jeder Schlacht hinter Friedrich zweiter Oberbefehlshaber war, den königlichen Rocksaum küßte und versicherte: «Wo Ew. Majestät sich befinden, muß es gut gehen!» (Henckel von Donnersmarck, 1858, I., Teil 2, 230)

In welche Richtung sollte der Angriff erfolgen? Die beiden höchsten Erhebungen des Bergrückens, der Friedrich zugewandte Przerovsky-Berg und der Krzeczhorz weiter nach Osten, waren für einen aus der Dachluke der «Goldenen Sonne» Ausschau haltenden Beobachter nicht sehr deutlich auszumachen. Von dort oben aus schien der Bergrücken weniger parallel zur «Kaiser-Straße» zu laufen als vielmehr schräg zu dieser Überlandstraße hin abzufallen und erst ein paar Meilen weiter nach Osten auf sie zu stoßen. Dies war auf den trügerischen Eindruck zurückzuführen, den die niedrigen Gebirgsausläufer machten, die nach Norden zu um den Krzeczhorz vorsprangen. Nichts konnte für die Preußen natürlicher sein, als den Marsch auf der ausgezeichneten Heerstraße quer durch die Front der österreichischen Stellung fortzusetzen, um dann die Höhen zu gewinnen und auf der rechten oder östlichen Flanke den Feind zu stellen.

Der wackere Generalmajor von Hülsen sollte als erster mit der Infanterie der Vorhut und den Stechow-Dragonern (D 11; Karte 18) vorstoßen, die «Kaiser-Straße» nach Passieren in Höhe des Krzeczhorz verlassen und sich um dieses Dorf herum und dahinter durchkämpfen, um auf dem Bergrücken eine nach Westen gekehrte Linie zu bilden. Generalleutnant Zieten erhielt den Befehl, seine linke Flanke mit fünfzig Schwadronen leichter Reiterei zu sichern; hundert weitere Kavallerieschwadronen sollten sich in der Nähe der an der Spitze vorstoßenden Infanteriedivisionen, die Hülsens Marschweg folgten, zur Verfügung halten. Die rückwärtigen oder rechter Hand stehenden Divisionen der preußischen Armee sollten nach dem klassischen Muster der «schiefen Schlachtordnung» des griechischen Feldherrn Epaminondas zurückgenommen werden. Die den Schluß bildende Kavallerie setzte sich lediglich aus einer Handvoll Regimenter zusammen im Gegensatz zu dem großen Aufgebot, das in Prag nutzlos bereitgestanden hatte.

Friedrich gab seinen Generalen auf dem Dachboden des erwähnten Wirtshauses mündlich Anweisungen, wobei er ihnen durch die Luken

bestimmte Merkmale des Geländes zeigte. In einem Nebenraum diktierte er dann den Adjudanten seiner Befehlshaber Einzelheiten in die Feder und erklärte dabei, er werde zum ersten Mal in einer Schlacht die Kavallerie in Reserve halten, damit sie frisch genug sei, um auf dem Erfolg der Infanterie aufzubauen. Der König verließ das Gasthaus am frühen Nachmittag, «bestieg sein Pferd und nahm den Degen in die Hand, was er bis dahin noch nie getan hatte . . .» (Warnery, 1788, 151)
Die außergewöhnlich komplizierten Aspekte der Schlacht von Kolin wurden anderthalb Jahrhunderte lang von keinem Historiker überzeugend dargelegt, bis Hoen 1911 das Thema aufgriff. In groben Zügen sollen hier vor allem zwei Phasen der Auseinandersetzung beschrieben werden, nämlich die Situation:

a) als der beabsichtigte Flankenangriff der Preußen aufgrund von Friedrichs Meinungsänderung in letzter Minute in einen Frontalangriff umgewandelt wurde und
b) als die Preußen mehrfach potentielle Lücken in der feindlichen Front aufrissen, um dann angesichts der Zähigkeit und zahlenmäßigen Überlegenheit der Österreicher zu scheitern.

Die Preußen rückten gegen ein Uhr mittags in Linien nach links vor. Zietens Husaren und Hülsens Bataillone befanden sich auf der Höhe des Krzeczhorz, als sie ins Feuer leichter Geschütze eines Kroatentrupps gerieten – ein Zwischenfall, der Friedrich anzeigte, daß entgegen seiner Annahme dieses Dorf vom Feind besetzt war. Der König entschloß sich, Meldungen von Hülsens Vorankommen abzuwarten, und ließ seine Armee auf der «Kaiser-Straße» eine Marschpause einlegen. «On ne verra jamais un plus beau jour et un plus beau spectacle . . .» («Man wird nie einen schöneren Tag und ein schöneres Schauspiel erleben . . .») (Ligne, 1795–1811, XIV., 19) Friedrichs Plan zeigte bereits seine ersten Risse.
Gegen zwei Uhr rückte Hülsen mit seinen Kräften unter dem klingenden Spiel der Trommler und Pfeifer der Bataillone bergan gegen den Krzeczhorz vor. Die Preußen warfen die Banater Kroaten aus dem von einer Mauer umgebenen Kirchhof und einer alten, nach Westen hin liegenden Aufschüttung. Binnen einer halben Stunde hatten sie das Dorf vom Feind gesäubert und den berühmten Eichwald dahinter erreicht. Nach diesem anfänglichen Erfolg mußte Hülsen feststellen, daß er, statt einen leeren Bergrücken in Besitz genommen zu haben, sich der österreichischen Division Wied gegenübersah, die Daun von der Seite her aus seiner Reserve nach vorn hatte antreten

lassen. Hülsen war froh, als von der Masse der preußischen Armee drei Grenadierbataillone für ihn abgestellt wurden. Er verwendete die Verstärkung, um seine Front nach rechts zu verlängern.
Zieten hatte unterdessen mit seiner Reiterei einen weiten Bogen nach Osten beschrieben und dabei ungefähr Schritt mit Hülsens linkem Flügel gehalten. Im Verlauf dieses Manövers hatte er die 4 000 Mann starke Truppe des Kroatenkommandeurs Nádasdy sowie zirka 6 700 Mann leichte Kavallerie der Österreicher und Sachsen zurückgeworfen. Zieten hielt dann seine Truppe östlich des Eichwaldes in Linie an, in voller Übereinstimmung mit dem Geist der Instruktionen Friedrichs handelnd.
Unten auf der «Kaiser-Straße» hatte die preußische Armee in Zugkolonnen gewartet, bereit, der Vorhut zu Hilfe zu kommen. Friedrich gab den entsprechenden Befehl kurz vor drei Uhr nachmittags. Als die Infanterie auf ein Kommando ihre Musketen schulterte, ließen die das Sonnenlicht reflektierenden Waffen einen gleißenden Blitz über die Marschkolonnen hinweg fahren. Friedrich schien durch das Fehlen nennenswerten Widerstandes gegen Hülsens Bataillone (denn der Aufmarsch der Division Wieds blieb ihm wahrscheinlich wegen des Bergkamms verborgen) ermutigt zu sein, und statt, wie ursprünglich vorgesehen, Hülsens Marschroute in voller Länge zu folgen, suchte er nun dadurch Zeit zu sparen, daß er seiner Armee den Befehl erteilte, dem Eichwald auf direktem Wege zuzustreben.
Die Kolonnen hatten kaum begonnen, von der «Kaiser-Straße» her die Hänge zu ersteigen, als Friedrich den Verwunderung hervorrufenden Befehl ausgab, den linken Flügel zu teilen, die einzelnen Züge zu einer Linie zu entfalten und dann auf breiter Schlachtfront zum Sturm auf den Bergrücken anzusetzen. Prinz Moritz war allerdings entschlossen, am ursprünglichen Plan festzuhalten und die gesamte Strecke bis hinauf auf den Berg in Kolonnen vorzurücken. Trotz Friedrichs lautstarken Protests wies er seine Truppen an, den Vormarsch gemäß seiner Weisung fortzusetzen:

> Zum dritten Male rief der König: «Prinz Moritz, machen Sie Front!» Und der Prinz wiederum: «Vorwärts, vorwärts!» Da sprengte der König sein Pferd gegen die Schabracke des Fürsten und rief: «Bei allen Teufeln, machen Sie Front, wenn ich es befehle!» Nun kommandierte der Prinz mit trauriger Stimme Front und sagte zum gegenwärtigen Herzog von Anhalt, der bei ihm war: «Die Schlacht ist verloren!»
> (zitiert bei: Duncker, 1876, 76)

Warum hatte Friedrich abermals seine Absicht geändert und das langwierige Attachieren an den linken Flügel zugunsten eines Frontalangriffs aufgegeben? Hoen vermutet (1911, 380–86), daß der König erst ziemlich spät die Staubwolken gewahr wurde, die anzeigten, daß die Österreicher Reserven nach Osten warfen. Er habe sich aus diesem Grunde entschlossen, nicht der Avantgarde zu folgen, sondern die an der Spitze stehenden Bataillone der Hauptarmee Hülsens rechtem Flügel beizugeben und den Berg bei Krzeczhorz mit einem vereinten Stoß dieser Kräfte zu säubern.

Neun Bataillone unterstanden dem direkten Befehl von Prinz Moritz, doch sechzehn schwere Kanonen der Österreicher warteten auf die Angreifer, und bald mußten die Preußen über haufenweise herumliegende eigene Tote und Verwundete hinwegklettern. Moritz wurde das Pferd buchstäblich unter dem Hintern weggeschossen, «wobei die gegen ihn aufgebrachten Soldaten schrieen, es wäre besser gewesen, das Tier oben wäre tot geblieben als das darunter!» (Lehndorff, 1910–13, I., 115)

Der Frontalangriff erfuhr eine Ausdehnung nach Westen, die von entscheidender Bedeutung werden sollte. Die fünf Bataillone der Division des Generalmajors von Manstein griffen nämlich direkt von der «Kaiser-Straße» den Feind auf dem beherrschenden Przerovsky-Berg an. Ausgelöst worden war dieser Schritt durch eines von Mansteins Bataillonen, das bei der Verfolgung kroatischer Heckenschützen, die die auf der Heerstraße rastenden preußischen Verbände belästigten, durch hohe Getreidefelder hindurch mußte. Es scheint, daß zu diesem Zeitpunkt ein Offizier aus dem Stab des Königs, der Marquis de Varenne, mit dem Befehl Friedrichs eintraf, die gesamte Truppe für den Angriff einzusetzen, worauf Manstein das Dorf Choczenitz von den Kroaten unter Oberst Kleefeld säuberte und gegen den dahinter liegenden Przerovsky-Berg vorstieß. Friedrich begab sich persönlich zum Schauplatz des Geschehens, ein Anzeichen für die Bedeutung, die er dem Unternehmen beimaß. Zwischen halb vier und halb fünf nachmittags unternahm der tatkräftige Manstein drei Angriffe gegen die österreichischen Stellungen.

Zwar scheiterte sein Vorhaben, den Feind zu werfen, aber seine Hartnäckigkeit hielt die österreichische Division Andlau an den Berg gefesselt. Dies schwächte in gefährlicher Weise die österreichischen Linien in Richtung Krzeczhorz, wo die preußische Division von Generalleutnant Tresckow inzwischen an die Seite der Truppen des Prinzen Moritz gerückt und Hülsen endlich die Eroberung des Eichwaldes geglückt war. Um die Mitte des Nachmittags hatte sich daher das Kampfgeschehen ausgeweitet, und der größere Teil der preußischen Armee war in einen Frontalangriff auf den Bergrücken verwikkelt.

Südlich Krzeczhorz veränderte sich das Gefecht zunehmend zugunsten der Österreicher, denn deren von Graf Starhemberg und Sincère befehligte Divisionen waren zur Unterstützung Wieds herangerückt, und Generalleutnant Starhemberg verfügte über genügend Kräfte, um eine Gegenattacke einzuleiten. Die Österreicher eroberten den Eichwald zurück, doch als sie weiter in Richtung Krzeczhorz vorstießen, wurden sie in ihrer rechten bzw. Ostflanke von dem erstaunlich kraftvollen Angriff einer preußischen Kavalleriebrigade unter dem Befehl von Generalmajor Christian Siegfried von Krosigk überrascht. Der stämmig gebaute Kommandeur führte die Attacke persönlich an der Spitze der Normann-Dragoner (D 1; Karte 18):

> Zwei schwere, am Kopfe durch Säbelhiebe empfangene Wunden konnten seinen Muth und Diensteifer nicht erkaltend machen. Aber eine mörderische Kartätschenkugel, die unter dem Cüras den Unterleib verwundete, warf ihn vom Pferde ... Ein bei seinem Fall gegenwärtiger Dragoner bezeugt, daß gleich, nachdem er vom Pferde gestürzt, er noch ausgerufen: «Kinder, ich kann nicht mehr! Ihr müßt das übrige thun!» (Pauli, 1758–64, II., 125)

Die Order wurde von Friedrich Wilhelm von Seydlitz, dem sechsunddreißigjährigen Oberst von den Rochow-Kürassieren (C 8), ausgeführt. Gemeinsam mit den zu Hilfe kommenden Kürassieren des Regiments Prinz von Preußen (C 2), des dritten Regiments der Brigade, stürmten die preußischen Reiter unaufhaltsam nach Westen, brachten den auf österreichischer Seite kämpfenden Württembergischen Dragonern und sächsischen Carabiniers schwere Verluste bei, ritten das ungarische Infanterieregiment Haller in Grund und Boden und warfen die «deutschen» Infanterieregimenter Baden und Deutschmeister zurück. Nur das Regiment Botta am äußersten linken Flügel der Division Sincère leistete erfolgreich Widerstand.

Während der folgenden beiden Stunden warf Friedrich immer wieder neue Kräfte in die Schlacht, bemüht, die durch Krosigks Initiative zustande gekommene günstige Gelegenheit zu nutzen. Das Schlachtgeschehen tobte beinahe ununterbrochen auf voller Frontbreite. Daran beteiligt waren auf preußischer Seite die Regimenter und Bataillone Hülsens, Tresckows und Mansteins sowie die erschöpften Überlebenden von Krosigks Brigade. Die meisten Anekdoten, die sich um Friedrichs Verhalten während der Schlacht von Kolin ranken, stammen aus diesem Zeitraum. Der berühmte, von Sentimentalität und Spottlust zugleich geprägte Ausspruch «Ihr Racker, wollt ihr ewig leben?» erfolgte – wenn er überhaupt je getan wurde – an die Adresse von Mansteins Truppen gegen halb sieben Uhr abends. Um

diese Stunde begannen die Preußen angesichts der Beschießung durch vier schwere Kanonen der Österreicher und vier auf dem Przerovsky-Berg zum Einsatz kommenden frischen Grenadierkompanien des Feindes mutlos zu werden und nachzulassen, und Friedrich selbst gab dem ersten Bataillon des Regiments Anhalt ein leuchtendes Beispiel: er zog sein Schwert und ritt als erster hinter der Bataillonsfahne den feindlichen Linien entgegen. Doch hinter ihm gaben sich immer mehr Preußen geschlagen, zumal ihre Reihen durch Tod und Verwundung bereits stark gelichtet waren. Friedrich, der furchtlos den feindlichen Batterien entgegengeritten war, mußte umkehren.
Diese Kampfhandlungen brachten beinahe die gesamten Reserven der preußischen Armee zum Einsatz. Gegen sechs Uhr abends arbeitete sich ein großes Aufgebot preußischer Kavallerie zum Kamm des Bergrückens von der Seite, die südwestlich Krzeczhorz lag, hinauf. Dies war ein langsamer vorankommendes Unternehmen als die brillante Offensive Krosigks. Kommandeur dieser Brigade war dem Namen nach der über achtzigjährige Generalleutnant von Penavaire. Ihm unterstanden für das erste Treffen zwanzig Kürassierschwadronen. Unterstützung sollte ihm zuteil werden durch das zweite Treffen der Zieten-Husaren und mögiicherweise noch von seiten weiterer Kavallerieeinheiten des rechten Flügels. Der Angriff – Sturmangriff wäre dafür eine zu dramatische Bezeichnung – wurde durch den steilen Anstieg am Hang sowie dichtbestandene Roggenfelder verlangsamt. Knapp zehn Schwadronen scheinen den Kamm des Bergrükkens erreicht zu haben. Die österreichische Kavalleriedivision Serbelloni zog sich seitwärts zurück, doch Starhembergs Infanterie hielt dahinter unerschütterlich ihre Stellungen und schlug die Preußen zurück.
Inzwischen war der Herzog von Bevern dabei, acht Bataillone quer durch die rückwärtigen Stellungen der preußischen Armee von der «Kaiser-Straße» zum linken Zentrum der Schlachtlinie zu verlegen. Diese Einheiten stellten die letzte bisher noch nicht zum Einsatz gekommene Infanterietruppe der Preußen dar. Sie erlitt schwere Verluste durch Kartätschenbeschuß, bevor sie ungefähr den angewiesenen Platz an der Front einnahm. Das erste Bataillon des Regiments Garde (15), das die Nachhut der Kolonne bildete, wurde durch die Darmstädter Dragoner übel zusammengehauen und verlor seine Bataillonsgeschütze.
Beverns Verbände waren dann an einem letzten, mit vereinten Kräften unternommenen energischen Vorstoß über den Kamm des Krzeczhorz-Berges beteiligt – einem Angriff, für den der König auch die verbleibenden Bataillone von Tresckows Division, eine Reihe der

Hülsenschen Bataillone sowie alle verfügbaren Schwadronen Penavaires und der Kavalleriereserve aufbot. Gegen sieben Uhr abends gelang den Preußen der Durchbruch über den Bergrücken. Sie rissen damit eine Bresche in der feindlichen Front auf und sorgten dafür, daß die Entscheidung über den Ausgang der Schlacht in der Schwebe blieb. (siehe Karte 19)

Der österreichische Oberst Prinz Kinsky ersparte seinem Feldmarschall Daun einige kostbare Minuten, als er das Regiment Botta (12), die einzige noch vollständige Einheit der Division Sincère, zur Herstellung einer zusammenhängenden Flanke auf der westlichen Seite des preußischen Durchbruchs beorderte. Verstärkungen durch Teile der Division Andlau verlängerten die Schlachtlinie nach beiden Seiten, und bald schon sah sich die Masse der preußischen Infanterie nach einem Rechtsschwenk in ein Feuergefecht auf dem Bergrücken verwickelt. In diesem kritischen Augenblick brachen starke österreichische Kavalleriekräfte aus Richtung Eichwald über die rückwärtigen Stellungen der preußischen Infanterie herein.

Die Initiative für diesen verheerenden Überfall ging von den jungen niederländischen Reitern der de Ligne-Dragoner (D 31) aus, die sich der Legende zufolge durch eine abfällige Bemerkung Dauns herausgefordert fühlten und ihren Mut besonders beweisen wollten. Insgesamt ritten über achtzig österreichische und sächsische Schwadronen einen Sturmangriff gegen die erschöpften preußischen Verbände. Besonders die Sachsen hatten sich geschworen, mit den Preußen noch ein Hühnchen zu rupfen, und ihr Schlachtruf: «Dies ist für Striegau!» (d. h. Hohenfriedberg) klang bitter in den Ohren wehrloser Sterbender wie der Fähnriche der preußischen Infanterie.

Die Schlacht war unwiderruflich verloren, und zwischen acht und neun Uhr abends zogen sich die Preußen auf die «Kaiser-Straße» in Gruppen von jeweils dreißig oder vierzig Mann zurück. Hülsen unternahm einen letzten Versuch, Widerstand zu leisten, indem er eine Verteidigungslinie in Krzeczhorz aufbaute, die dazu beitrug, daß die Österreicher von der Verfolgung der geschlagenen preußischen Verbände absehen mußten. Zu den letzten, die das Kampfgelände verließen, gehörten die Husaren aus Zietens erstem Treffen, die in ihrer Enttäuschung kräftige Flüche ausstießen.

Friedrich war längst mit einer aus dreißig Husaren und einer Schwadron des Kürassier-Regiments Garde du Corps bestehenden Eskorte davongeritten. Er zog sich nach Nimburg, also auf das jenseitige (Ost-)Ufer der Elbe zurück. Als er, dort angekommen, vom Pferd stieg, setzte er sich auf eine hölzerne Brunnenröhre, «heftete unverwandt seine Blicke auf den Boden und zirkelte mit dem Stock Figu-

ren in den Sand ...» (Archenholtz, 1840, I., 67–68) Er hatte Prinz Moritz den Befehl über die Armee übertragen. Nach kurzer Rast setzte der König mit seiner Begleitung die Reise fort und traf am frühen Nachmittag des 19. Juni in seinem alten Hauptquartier in Klein-Michele vor den Toren von Prag ein.
Hier suchten ihn sein Bruder Prinz Heinrich und eine kleine Gruppe hoher Offiziere auf. Sie trafen ihn an, wie er voll Verzweiflung auf einem Strohbund hockte. Er überließ Heinrich die Aufgabe, die nötigen Befehle für den Rückzug der Armee auszufertigen, «ihm versichernd, daß er jetzt zu Allem unfähig sei und daß er der Ruhe bedürfe ...» (Henckel von Donnersmarck, 1858, I., Teil 2, 236)

Die Verluste der preußischen Armee sind auf rund 13 000 Mann beziffert worden. Diese Toten und Verwundeten hatte fast alle die Infanterie zu verzeichnen, deren Ist-Stärke damit gewaltsam um ungefähr 65 Prozent verringert wurde. Der Schock und der Verlust der Kampfmoral erreichten ein Ausmaß, wie es nur einer Armee widerfahren konnte, die zuvor achtmal siegreich geblieben war, «und man müßte in der Tat übermenschlich sein, um nach einer solchen Serie von Erfolgen völlig frei von Überheblichkeit zu bleiben.» (Mitchell, 29. Juni, PRO SP 90/69) Für den König war die Niederlage von Kolin – die erste Schlacht, die er verloren hatte und die ihn den Nimbus der Unbesiegbarkeit kostete – um so schmerzlicher, wenn er sich vor Augen führte, was durch einen Sieg alles hätte erreicht werden können: «Si j'avais réussi, comme cela devait être, après avoir mis les Autrichiens hors d'état de rien entreprendre, mon plan était d'aller au Rhin, d'attaquer les Français et de pousser en France. Ainsi ne l'a pas voulue la fortune ennemie.» («Wenn ich Erfolg gehabt hätte, wie es hätte sein müssen, nachdem ich es den Österreichern unmöglich gemacht hatte, noch etwas zu unternehmen, hätte mein Plan darin bestanden, zum Rhein zu marschieren, die Franzosen anzugreifen und nach Frankreich hinein vorzurücken. So hat es indes das feindlich gesonnene Schicksal nicht gewollt.») (de Catt, 1884, 237)
Keine andere Episode in Friedrichs militärischer Karriere hat mehr Vermutungen und Diskussionen ausgelöst. Kolin war für die preußische Armee, was im 19. Jahrhundert für die Briten der berühmte Angriff der Leichten Brigade bei Balaclava war. Zum ersten Male war es möglich, ernste Zweifel an der Feldherrnkunst Friedrichs zu hegen und die Frage zu stellen, ob es von ihm klug war, diesen Krieg zu beginnen, und wie wohl dessen Ende aussehen mochte.
Beteiligte, Kritiker und Historiker haben eine Fülle von Erklärungen gefunden für das, was schiefgegangen war:

a) Unmittelbar nach der Schlacht von Prag hatte es Friedrich versäumt, die flüchtenden Österreicher zu versprengen und Daun nach Mähren hineinzutreiben (Mitchell, 1850, I., 353 bis 354; Henckel von Donnersmarck, 1858, I., Teil 2, 216;)
b) Friedrich hätte die Schlacht, wenn überhaupt, sehr viel näher bei Prag liefern sollen, wo er zusätzlich noch das Belagerungskorps hätte einsetzen können, wie Napoleon und Clausewitz zu bedenken gaben;
c) Friedrich war arrogant und ungeduldig und unterschätzte die zahlenmäßige Stärke und Kampfkraft der Österreicher.
d) Der ursprünglich beabsichtigte Flankenangriff wurde in einen äußerst verlustreichen Frontalangriff umgewandelt, bei dem die österreichische Überlegenheit hinsichtlich Zahl der Soldaten und Anordnung ihrer Stellungen voll zum Tragen kam. In seinen Briefen und geschichtlichen Darstellungen machte Friedrich dafür den allzugroßen Enthusiasmus seiner Truppen und die Fehler einiger Generale, besonders Mansteins, verantwortlich. Der Historiker von Hoen schreibt die Änderung des Schlachtplans jedoch einzig und allein dem König selbst zu.
e) Die Kavallerie erwies sich mit Ausnahme der Brigade Krosigk als träge und wenig reaktionsschnell. «Wenn man unserer Kavallerie einen Befehl erteilte, war es, als hätte man zu Bäumen gesprochen . . .» (Warnery, 1788, 170)
f) Die österreichischen Stellungen waren hervorragend ausgewählt. Sie lagen in einem von der Beschaffenheit her für den Angreifer tödlichen Gelände. Feldmarschall Daun verstand sich bestens auf eine Abwehrschlacht dieser Art, und seine Kanoniere, seine Grenadiere und die Mehrzahl seiner Musketier- und Kavallerieregimenter kämpften geschickt und zäh.

Angesichts all dieser Vorwürfe sollte man die Dinge unbedingt aus dem nötigen Abstand betrachten. Wenn an Friedrich eine derart herbe Kritik geübt wurde, so geschah das, weil sein Name bisher stets gleichbedeutend mit Sieg genannt worden war. Auch am 18. Juni hatte es im Verlauf der Schlacht vielfach Anlaß gegeben, zu vermuten, daß Kolin gleichfalls zu den militärischen Triumphen des preußischen Königs gezählt werden konnte.

Am 20. Juni wurde die Belagerung Prags in großer Eile und unter nicht geringer Verwirrung aufgehoben. Am folgenden Tag stieß

Friedrich zu seiner bei Kolin geschlagenen Armee und begann mit klarem Kopf seine Lage zu überdenken. Für die allernächste Zukunft begnügte er sich damit, eine abwartende Strategie zu verfolgen. Wenn er sich in den meisten in Nordböhmen eroberten Gebieten halten konnte, konnte er zugleich die Österreicher auf der Südseite des Grenzgebirges in Schach halten, Lebensmittel und Futter requirieren, die sonst dem Feind bei der Vorbereitung einer Gegenoffensive in die Hände fielen, und Zeit gewinnen, um sich angesichts der rasch wechselnden politischen und strategischen Situation in Europa zu orientieren.

Friedrich traute den Österreichern noch immer, selbst nach der bitteren Erfahrung von Kolin, wenig Fähigkeit zu, die Initiative zu ergreifen, und ging aus logistischen Gründen das außerordentliche Risiko ein, seine Streitkräfte in zwei annähernd gleiche Teile zu gliedern. Auf dem linken (West-)Ufer der Elbe übernahm der König persönlich den Befehl über ein Korps von 34 000 Mann, dessen Versorgung durch das Magazin in Leitmeritz erfolgte. Östlich der Elbe betraute Friedrich seinen ältesten Bruder, Prinz August Wilhelm, mit dem Oberbefehl über rund 33 800 Soldaten. Für diese Verbände kam der Nachschub über eine lange Versorgungslinie, die durch unwegsames Gebiet bis zurück zu den Depots in Zittau in der Oberlausitz verlief.

Friedrich traf am 27. Juni in Leitmeritz an der Elbe ein. Er bezog Quartier in dem geräumigen Bischofspalais, das zwischen Stadt und Strom gelegen war. Die langen, kühlen Bogengänge führten zu einer Vielzahl von Zimmerfluchten, die Friedrich und seiner Suite ausreichend Platz boten. Besonders prächtig war die Eingangshalle gestaltet. Ein Deckenfresko zeigte Moses, wie er Wasser aus dem Felsen schlägt, und in Nischen eingebettete Fenster gaben den Blick auf die Elbe frei.

In dieser idyllischen Umgebung verbrachte Friedrich einige der unglücklichsten Tage seines Lebens. Mit den bösen Erfahrungen von Kolin noch allzu frisch in seinem Gedächtnis, diktierte er dem Ingenieurleutnant Johann Anton Freund einige Überlegungen in die Feder, wie er künftig in seinen Schlachten bestimmte Dinge anders machen wollte. Vielleicht war es ratsam, für die große Verluste erfordernden Eröffnungsgeplänkel die schlechtesten Einheiten einzusetzen, statt wie bisher die besten zu opfern. Möglicherweise war er auch imstande, den Feind aus seinen Stellungen durch den Einsatz von Haubitzen zu vertreiben, die ihre Granaten mit Steilfeuer verschießen konnten. («Instruction, so des Königs Majestät Friedrich II. uns allen, die wir Quartiermeister-Dienste gethan haben, selbsten gegeben haben», zusammengefaßt unter dem Titel «Aphorismen des Königs über die Befestigungs-, Lager-, und Gefechtkunst», Œuvres, XXX.) Nachdem nun der erste Schlag gegen Österreich fehlgeschlagen war, wurde es offenkundig, daß «ganz Europa gegen ihn in Marsch war.» (Henckel von Donnersmarck, 1858, I., Teil 2, 238) Die Franzosen hatten zwei Armeen bereitstehen, um quer durch Deutschland vorzustoßen. Zwanzigtausend Schweden standen abrufbereit an der Ostseeküste vor den Grenzen des preußischen Pommern, des östlichen Hinter-Pommern also, und die russische Armee wartete darauf, ins abgelegene Ostpreußen einzufallen. Diese Krisensituation rief in Friedrich jene außergewöhnliche, aus Selbstmitleid, eiserner Entschlossenheit und philosophischer Gelassenheit zusammengesetzte Reaktion hervor, wie wir sie noch oft bei ihm während des Siebenjährigen Krieges erleben werden.

Friedrich beklagte sich bei seiner Schwester Wilhelmine darüber, daß Staaten wie Frankreich, Rußland und Schweden ohne Grund die Frechheit besaßen, mit ihm Streit vom Zaun zu brechen. (PC 9198) Wo jedoch schlichtere Gemüter sich wahrscheinlich in eine ängstliche Defensive geflüchtet hätten, verhielt er sich genau konträr: «Mon sentiment est de tâcher d'en venir quelque part à une décision par une bataille. Si nous n'en venons pas là, l'un et l'autre, avant la fin de la campagne, nous sommes perdus . . .» («Meine Absicht ist, zu versuchen, irgendwie eine Entscheidung durch eine Schlacht herbeizuführen. Wenn uns beides nicht gelingt, bevor der Feldzug zu Ende ist, sind wir verloren . . .») (Brief an August Wilhelm vom 13. Juli 1757, PC 9197)

Gleichfalls charakteristisch für Friedrich war die Zuflucht zur Feder, die er wahrscheinlich zu keinem Zeitpunkt seines Lebens intensiver über das Papier gleiten ließ als im Sommer und Herbst des Jahres 1757. Zur Begründung führte er an, das Mißgeschick habe seine Liebe zur Dichtkunst wiedererweckt.

Keine Dichtung und keine Philosophie konnte Friedrich gegen einen weiteren Schicksalsschlag wappnen, der ihn, wie sein Erster Kabinettsrat Eichel schrieb, «völlig geradeheraus» traf. (PC 9151) Eichel hatte als erster in Berlin erfahren, daß Friedrichs Mutter, Königin Sophie Dorothea, am 28. Juni siebzigjährig verstorben war. Eichel wollte dem König die Nachricht persönlich überbringen und schonend mitteilen, doch trotz seiner Bemühungen wurde Friedrich anderweitig durch ein Schreiben unterrichtet. Sein Schmerz war ungeheuer. Er schrieb an Wilhelmine:

> Nous n'avons plus de mère. Cette perte met le comble à ma douleur. Je suis obligé d'agir, et je n'ai pas le temps de donner une libre

course à mes larmes ... Toutes les pertes du monde peuvent se redresser, mais celles que la mort cause, sont sans espoir ...
(Wir haben keine Mutter mehr. Dieser Verlust macht das Maß meines Leidens voll. Ich bin gezwungen zu handeln und habe keine Zeit, um meinen Tränen freien Lauf zu lassen ... Alle Verluste der Welt können wieder in Ordnung gebracht werden, doch diejenigen, die der Tod verursacht, sind hoffnungslos ...) (PC 9163)

Diese Gefühlsäußerungen wirken ergreifend auf uns über eine Zeitspanne von mehr als zweihundert Jahren hinweg, und doch brachte es unser leidender Held kurz darauf mit unbegründeter Herzlosigkeit fertig, ein Mitglied des rasch kleiner werdenden Kreises seiner Familie in den Ruin zu treiben. Wir verließen Prinz August Wilhelm als Befehlshaber eines Teils der preußischen Armee auf dem östlichen Elbufer. Die Österreicher führten entgegen den Erwartungen Friedrichs ihren Hauptstoß in diese Richtung und lösten bei den Preußen Bestürzung aus. Winterfeldt lag sich mit den anderen Generalen dieses Korps in den Haaren, und August Wilhelm wartete vergeblich auf hilfreiche Anweisungen des Königs. Die rasch vorrückenden Österreicher setzten sich am 15. Juli in den Besitz des festen Platzes Gabel, eines wichtigen Verkehrsknotenpunktes, und drangen am 23. Juli in die sächsische Stadt Zittau ein, wo sie den Preußen ihre Magazine wegnahmen, in denen Verpflegungs- und Futtervorräte lagerten, die für eine Armee von 40 000 Mann drei Wochen lang gereicht hätten.
Der Verlust von Gabel überzeugte Friedrich davon, daß seine Präsenz in Sachsen erforderlich war. Die Rückführung der königlichen Armee aus Böhmen überließ er Feldmarschall Keith und brach am 21. Juli von Leitmeritz auf. Zur Armee seines Bruders stieß er am 29. Juli in Bautzen und stellte am folgenden Tage den erschöpften und mutlosen August Wilhelm persönlich zur Rede. Der Prinz von Preußen verließ diese Unterredung unter vier Augen mit tränenüberströmtem Gesicht. Friedrich ließ ihm kurz darauf noch ein Schreiben überbringen, das die Demütigung des zehn Jahre jüngeren Bruders vollends besiegelte. Niemals wieder, so schrieb der König, werde er ihm den Oberbefehl über eine Armee anvertrauen, damit er nicht auch diese ruiniere: « ... Je n'ai regardé ce beau voyage que comme un caprice d'un vieil enfant gâté à qui on ôte un couteau avec lequel il se serait blessé et aurait fait tort aux autres ...» (« ... In meinen Augen war dieser schöne Marsch nichts weiter als die Launenhaftigkeit eines ziemlich großen, verwöhnten Kindes, dem man ein Messer wegnimmt, mit dem es sich schneiden und andere verletzen würde ...») (26. August, PC 9291)
Der gebrochene August Wilhelm verließ tags darauf die Armee für

immer. Seiner Schwägerin, der Gemahlin des Prinzen Heinrich, schrieb er: «Unser großer Mann ist so eingenommen von sich, fragt niemand um Rat, überstürzt in seiner Unbesonnenheit alles, und bei seiner Launenhaftigkeit glaubt er den wahrheitsgemäßen Berichten nicht. Schlägt dann das Glück um, so zieht er die Finger aus dem Spiel und wirft die Schuld auf die Unschuldigen.» (Volz, 1926–27, II., 33)

August Wilhelm starb im Juni des darauffolgenden Jahres an einer Gehirnblutung. Die Generale mochten ihn wegen seiner Zugänglichkeit, und «man trauerte in der Armee um ihn, doch nach zwei, drei Tagen war er vergessen, wie es auch Marschall Schwerin ergangen war, als er auf dem Schlachtfeld den Tod gefunden hatte ...» (Warnery, 1788, 200)

Jetzt im Hochsommer 1757 war Friedrich entschlossen, eine Konfrontation mit den Österreichern zu suchen, die so dreist in die Lausitz eingedrungen waren. Seine wiedervereinigte Streitmacht zählte 50 600 Soldaten und 72 schwere Kanonen. Der Husarenkommandeur Warnery hatte zwar den Eindruck, die Truppen seien «durch die galvanisierende Präsenz ihres Herrn und Meister zu neuem Leben erweckt worden» (Warnery, 1788, 185), doch der britische Gesandte Mitchell spricht von einer Armee, die nach der Niederlage von Kolin immer noch stark demoralisiert war und der die Entbehrungen des Feldzuges weiterhin anzumerken waren. (11. August, PRO SP 90/69)

Am 16. August weilte Friedrich in unmittelbarer Nachbarschaft des österreichischen 100 000 Mann-Heeres, das auf dem Plateau von Eckartsberg nördlich von Zittau Stellungen bezogen hatte. «Man sah ihn von unserem Lager, wie er in dem seinen auf einem großen Grauschimmel spazierenritt, überall Anordnungen erteilend», schrieb einer der österreichischen Marschälle. (Ligne, 1795–1811, XIV., 36)

Friedrich war entschlossen, die rechte Flanke der österreichischen Stellungen anzugreifen. Sein Bruder Prinz Heinrich war ebenso fest davon überzeugt, daß ein solches Unternehmen selbstmörderisch war. Am Abend begab er sich daher persönlich in das königliche Hauptquartier in Tittelsdorf:

> Der König soupierte bereits unter einem Baume, von mehreren Officieren umstanden, die auf Befehle warteten und entzückt waren, sich in seiner Nähe zu befinden und ihn sprechen zu hören. Nur der König sprach; von hier war es, wo er seine stolzen Pläne entwickelte, ganz laut sagend, daß er diese Bougres morgen schlagen würde ... (Henckel von Donnersmarck, 1858, I., Teil 2, 275)

Die königlichen Brüder betraten eine im Hintergrund stehende primitive Hütte, während draußen eine große Menge Offiziere zurückblieb und einem warmen Sprühregen trotzte.

> Von außen konnte man Beide sehen, den Prinzen sehr lebhaft, aber man konnte nicht verstehen, was gesprochen wurde. Diese Scene dauerte anderthalb Stunden. Da trat der Prinz heraus, um die Parole zu geben, welche lautete: «Morgen Ruhetag!» Allgemeine Freude brach aus. (Kalkreuth, 1840, III., 165)

Prinz Heinrich verdiente sich mit diesem Ausspruch die fortwährende Dankbarkeit der Armee und profilierte sich in den Augen vieler Offiziere als bremsende Kraft gegenüber der in ihren Augen blutgierigen Verantwortungslosigkeit seines Bruders.
Am 20. August zogen sich die Preußen noch weiter zurück, um in die Reichweite ihrer Magazine in Bautzen zu kommen. «Diese Bewegung vollzog sich in solcher Ordnung und mit einer derartig guten Haltung, daß sie in einer demütigenden Situation dank ihrer ausgezeichneten Erfahrung und Tüchtigkeit beim Aufmarsch einen Ausdruck der Überlegenheit beibehielten . . .» (Ligne, 1795–1811, XIV., 58)

Die Operationsphase im Zusammenhang mit Prag und Kolin war damit endgültig abgeschlossen, und Friedrich war gezwungen, bei seinen weitreichenden strategischen Kalkulationen neue Prioritäten zu setzen angesichts der Tatsache, daß er nun mit der Möglichkeit eines abgestimmten gemeinsamen Angriffs der Verbündeten rechnen mußte. (siehe Karte 20)
An der äußersten östlichen Flanke Preußens hatte Feldmarschall Hans von Lehwaldt den Auftrag erhalten, Ostpreußen gegen die Russen zu behaupten. Er war als tapferer Offizier bekannt, doch auch als einer, der an selbständige Befehlsgewalt nicht gewöhnt war.
Unmittelbarer war die Bedrohung von Westen her für sein Kernland, die Friedrich ins Kalkül ziehen mußte. Seine einzigen Verbündeten in Europa, eine aus hannoverischen Verbänden und den Hilfstruppen anderer protestantischer deutscher Staaten gebildete Streitmacht unter dem Befehl von Herzog Wilhelm August von Cumberland, wurden am 26. Juli von einer nach Westfalen eingefallenen französischen Armee bei Hastenbeck unweit von Hameln geschlagen und gegen den Unterlauf der Elbe zurückgedrängt. Friedrich und seine Armee waren das Ziel einer zweiten französischen Armee, die Marschall Prinz von Soubise von Straßburg heranführte. In Mitteldeutschland wollte er sich mit einem dritten feindlichen Heer, der

«Reichsexekutionsarmee» oder kurz Reichsarmee, vereinigen, der von einer Vielzahl deutscher Staaten Soldaten zur Verfügung gestellt worden waren in der Hoffnung, die «Exekution» der Preußen durch die kaiserlichen Truppen zu beschleunigen.
Weil die Österreicher sich nicht bereitgefunden hatten, sich zu – für ihn – günstigen Bedingungen in der hügeligen Oberlausitz zur Schlacht zu stellen, traf Friedrich die verhängnisvolle Entscheidung, zum zweiten Mal binnen zwei Monaten seine Armee zu teilen. Er ließ den größeren Teil der Armee – rund 41 000 Mann – unter dem Oberbefehl des Herzogs von Bevern in der Lausitz zurück, um Schlesien und Brandenburg gegen die Österreicher zu decken, und setzte sich selbst an die Spitze der von Leitmeritz herangerückten Truppen, die südlich von Dresden Lager bezogen hatten. Von hier aus brach er auf, um persönlich gegen die Franzosen und die kaiserlichen Truppen zu Felde zu ziehen.
Mit dem Vorteil, den ein Blick in die Vergangenheit aufgrund des Wissens um die weitere Entwicklung der Dinge stets bietet, können wir heute feststellen, daß Friedrich mit seiner Entscheidung den Franzosen und den Deutschen allzuviel zutraute. Die französischen Truppen, die sich in den niederländischen Feldzügen zwischen 1745 und 1748 so eindrucksvoll geschlagen hatten, waren undiszipliniert und bequem geworden. Die 30 500 Mann starke Reichsarmee war aufgrund alter Vereinbarungen innerhalb des locker gefügten deutschen Kaiserreichs zusammengetrommelt worden und setzte sich aus nicht weniger als 231 Kontingenten ebenso vieler Kleinstaaten zusammen. Ihr Oberbefehlshaber war dem Namen nach der tüchtige Feldmarschall des Heiligen Römischen Reiches, Prinz Joseph Friedrich von Sachsen-Hildburghausen. Dieser entdeckte zu spät, daß seine Autorität stark untergraben wurde durch eine Vielzahl älterer Generale, die von verschiedenen Fürsten der zur Streitmacht beitragenden Staaten delegiert waren und dazu neigten, ohne Vorankündigung im Hauptquartier aufzutauchen. Die Soldaten dieser Armee waren insgesamt ordentlich, still und friedlich. Es war ein unglücklicher Zufall, daß eine Reihe der bestausgebildeten Truppen wie zum Beispiel die aus Württemberg protestantischen Glaubens waren und aus diesem Grunde eher Friedrich als Maria Theresia zuneigten. «Seydlitz, der es in der Folgezeit oft mit dieser Armee zu tun bekam, die zahlenmäßig nicht besonders stark war, erklärte, daß man diese Truppen nicht zum Kampf zwingen dürfe; weil sie es wohl täten, aber nur widerwillig vorgingen, ohne Interesse am Krieg aufzubringen, müsse man sich damit begnügen, Bewegungen zu vollziehen, die sie zwängen, sich zurückzuziehen, ohne ihre Ehre preiszugeben . . .» (Warnery, 1788, 332)
Derselbe Seydlitz war es gewesen, der bei Kolin Krosigks Reiterangriff

angeführt hatte, und Friedrich, der in dem verhältnismäßig jungen Kavallerieobristen den ersten Kommandeur entdeckt zu haben glaubte, der es verstand, diese Waffengattung im Kampf richtig einzusetzen, bestimmte ihn zum Oberkommandierenden der Kavallerie für den bevorstehenden Feldzug im Westen. Friedrich Wilhelm von Seydlitz war 1721 in Kalkar im Herzogtum Kleve als Sohn eines Dragoneroffiziers zur Welt gekommen. Im Alter von vierzehn Jahren war er Page des «verrückten» Markgrafen Friedrich von Brandenburg-Schwedt geworden und hatte so die wichtigen Jugendjahre in einer Umgebung verbracht, die nicht gerade zuträglich für seine Moral war. Allerdings wurde er dank tüchtiger Lehrer ein hervorragender Reiter. Unter dem Einfluß seines Brotherrn gewann er Interesse am Rauchen, am Umgang mit dem schönen Geschlecht und an tollkühnen Reiterkunststücken wie beispielsweise dem blitzschnellen Ritt unter den Flügeln einer Windmühle hinweg. Er trat in die Armee ein und erlernte sein Handwerk während der beiden ersten Schlesischen Kriege und danach bei allen drei Sparten der Kavallerie: als Husar (Rittmeister bei den Natzmer-Husaren 1743), als Dragoner (Kommandeur des Württembergischen Regiments 1752) und schließlich als Kürassier (Kommandeur des Regiments Rochow 1753). Für seine Leistungen in der Schlacht von Kolin verlieh ihm Friedrich den Pour-le-mérite-Orden, die von ihm 1740 gestiftete höchste preußische Kriegsauszeichnung, und machte ihn, wie erwähnt, zum Generalmajor. Noch im selben Jahr wurde er Generalleutnant und bekam die orangefarbene Schärpe des Schwarzen Adlerordens umgelegt. Ein solcher Aufstieg war ohne Beispiel in der preußischen Armee, doch Friedrich kamen nie Zweifel, ob er das Richtige getan hatte, als er diesen Mann über die Köpfe von Offizieren mit weitaus höherem Dienstalter hinweg beförderte.

Seydlitz' notorische Promiskuität, ein Erbe seiner Schwedter Jahre, ruinierte seine Gesundheit derart, daß die geringste Verwundung in der Schlacht ihn auf Monate hinaus infolge nervlichen Schocks und Infektion aufs Krankenlager zu werfen drohte. Abgesehen von diesem Gebrechen genoß Seydlitz wegen seiner charakterlichen Vorzüge und soldatischen Tugenden allgemein hohes Ansehen. Er blieb trotz seiner Beförderung in die höchsten Befehlsränge derart bescheiden, daß seine Neider praktisch entwaffnet wurden. Seydlitz war weder ein Intellektueller noch ein Zelot und hegte dennoch größte Hochachtung vor Bildung und Religion. Er war ein Feind der Prügelstrafe, nahm jedoch seine Soldaten beim Drill hart heran und war ein hartnäckiger Verfechter auch der Nebensächlichkeiten der militärischen Disziplin. «Seine Figur war kriegerisch schön; er war schlank gewachsen und von ansehnlicher Größe. Er liebte den militärischen

Putz und war immer in seinen Anzug gleichsam hineingegossen, und selbst dieses trug zu der Wirkung, welche er als Soldat und auf den Soldaten [sic] machte, vieles bei.» (Blankenburg, zitiert bei: Volz, 1926–27; II., 275)
Im Gefecht besaß Seydlitz in höchstem Maße eine Eigenschaft, die man im 18. Jahrhundert *coup d'œil,* Augenmaß, nannte. Friedrich drückte das so aus: «C'est le seul que j'ai vu encore qui peut tirer de sa cavallerie tout le parti qu'on tire.» («Er ist der einzige, den ich je gesehen habe, der aus seiner Kavallerie den größtmöglichen Nutzen ziehen kann.») (de Catt, 1884, 83) Das Verhältnis zwischen dem Offizier und dem König ist in der Tat von einigem Interesse, gab es doch außer Seydlitz keinen preußischen General, der in der Lage war, dem «Alten Fritz» Respekt einzuflößen. Er pflegte mit amüsierter und gleichgültiger Miene zuzuhören, wenn Friedrich sich in einer seiner extravaganten rhetorischen Tiraden verlor, und hatte keine Hemmungen, gegen die Meinung des Königs in taktischen Dingen, Fragen der Reitkunst und in bezug auf die von Friedrich gewöhnlich gering eingeschätzten Qualitäten ausländischer Söldner Einwände zu erheben.
Seydlitz kommandierte die Garde du Corps, das Kürassier-Regiment Nr. 13 also, an der Spitze von Friedrichs Truppenaufgebot, mit dem dieser am 25. August von Zittau aufbrach. Das Wetter war an den ersten Marschtagen ausgezeichnet. «Der König ritt beständig an unserer Spitze, bald allein mit diesem oder jenem, sehr gnädig gegen Alle, welche sich ihm näherten; war es Seydlitz, weil dieser leidenschaftlich rauchte, so verlangte der König, daß er die Pfeife im Munde behielt.» (Kalkreuth, 1840, III., 177) In Dresden stieß der König am 30. August zu seiner Armee, die sich westlich der Elbe aus Böhmen zurückgezogen hatte. Damit verfügte er über eine Streitmacht von rund 25 000 Mann, mit denen er den Franzosen und der Reichsarmee entgegentreten konnte.
Der weitere Vormarsch nach Westen quer durch Sachsen (Karte 20) war dann keineswegs mehr so angenehm. «Die Soldaten sind in großem Maße erschöpft, da es beständig geregnet hat, seit wir Dresden verlassen haben, und die Straßen befinden sich in äußerst schlechtem Zustand; viele der in preußische Dienste gepreßten Sachsen sind desertiert, doch das ist kein wirklicher Verlust ...» (Mitchell, 6. September, PRO SP 90/70) Wie gewöhnlich hielt sich Friedrich bei Seydlitz und der starken Avantgarde auf. Mehrmals kam es zu Scharmützeln mit der österreichischen Husarenbrigade Szecheny, die sich ihnen in den Weg stellte. Seydlitz sprengte am 7. September mit seiner Kavallerie durch das südlich von Leipzig gelegene Städtchen Pegau an der Weißen Elster, und am 13. September bahnten er und

Friedrich sich den Weg nach Erfurt hinein, wo die Einwohnerschaft sich um den König drängte, um ihm Hände und Rockschöße zu küssen. Sogar sein Pferd erhielt Küsse. Am 6. September hatte eine neue Schönwetterperiode eingesetzt. Die Fahnenflucht bei den Regimentern war inzwischen erheblich zurückgegangen, und «da sie die Hoffnung hegen, ins Elsaß zu ziehen, um die Franzosen zu schlagen, nehmen sie die Strapazen der Dauermärsche mit großer Bereitwilligkeit und in heiterer Stimmung hin . . .» (Mitchell, 17. September, PRO SP 90/70)

Am 15. September überrannte Seydlitz die feindlichen Vorposten bei Gotha, und Friedrich zog an der Spitze der Meinecke-Dragoner (Dragoner-Regiment Nr. 3) in die Stadt ein. Auch hier stellten seine Bewunderer unter der Bevölkerung befriedigt fest, daß alle Charakterzüge, für die der König berühmt war, erfreulicherweise in seinen durchdringenden Blicken, seiner geraden Nase und seinen markanten Gesichtszügen zum Ausdruck kamen. «Seine Gesichtsfarbe und die Beschaffenheit seiner Kleidung und Wäsche bestätigten, was der Ruf von ihm sagte: daß er im Felde sich im geringsten nicht mehr Bequemlichkeiten macht als der niedrigste seiner Offiziere.» (zitiert bei: Wiltsch, 1858, 15)

Friedrich verließ Gotha am 16. September, und am darauffolgenden Tage trafen hier die Befehlshaber der um ein französisches Hilfskorps vergrößerten Reichsarmee, die Prinzen Soubise und Sachsen-Hildburghausen, zu gewaltsamer Aufklärung mit einer neun- bis zehntausend Mann starken Truppe ein. Seydlitz postierte seine etwa 1 500 Reiter außerhalb der Stadt in einer dünnen, aber eindrucksvoll aussehenden Schlachtreihe und entsandte einen «Überläufer» und mehrere Bauern in die Stadt, die verkünden sollten, Friedrich befinde sich mit der Hauptarmee auf dem Anmarsch. Die Verbündeten räumten eiligst Gotha. Achtzig ihrer Soldaten wurden von den preußischen Husaren gefangengenommen und dazu ein großer Troß mit Schreibern, Lakaien, Köchen und Konkubinen samt deren Parfümfläschchen, Schlafröcken und Papageien erbeutet.

Friedrichs nach außen zur Schau getragene Fröhlichkeit und der Spaß, den seine Soldaten an der skurrilen Beute in Gotha hatten, gab keinen Hinweis auf eine Reihe von Rückschlägen für die weiterreichende Strategie Preußens. Zunächst erfuhr der König am 10. September, daß sein Feldmarschall Lehwaldt mit seinem Korps am 30. August bei Groß-Jägersdorf in Ostpreußen von einem russischen Heer unter Generalfeldmarschall Apraxin besiegt worden war. Am 14. September schrieb Friedrich einen Brief an seinen Vertrauten General von Winterfeldt, den er bei der Armee des Herzogs von

Bevern zurückgelassen hatte, die den Österreichern gegenüberstand: «Hier geht alles nach Wunsch, es ist aber eine verflogene Zeitung aus der Lausitz gekommen, die mir in großen Sorgen setzt. Ich weiß nicht, was ich davon glauben soll. Aus Dresden schreibt man mir, Er wäre todt, und aus Berlin, Er hätte einen Hieb über das Schulter . . .» (PC 9336) Innerhalb von Stunden kam dann die Bestätigung, daß Winterfeldt und viele seiner Offiziere und Soldaten bereits seit einer Woche tot waren, nachdem eine von ihm selbst geführte Truppenabteilung von den Österreichern bei Moys niedergemacht worden war. Friedrich nahm sich Winterfeldts Tod weitaus mehr zu Herzen als den von Schwerin. Gegen Ende seines Lebens unterhielt er sich mit einem jungen Offizier, als das Gespräch auf das Gefecht von Moys kam. Friedrich rief mit bebender Stimme aus: «‹Da blieb Winterfeldt. Er war ein guter Mensch – ein Seelenmensch, er war mein Freund!› und seine großen, feuchtwerdenden Augen gegen das Fenster wendend, öffnete er es und blieb lange davor stehen, bis er, wieder zu Rüchel gewandt, diesen mit sichtbarer Erweichung durch die Worte entließ: ‹Gute Nacht! Ich bin sein Diener!›» (Varnhagen von Ense, 1836, 233)

Am 17. September, dem Tag also, an dem Seydlitz der brillante Coup in Gotha gelang, erhielt Friedrich die Nachricht, daß das klägliche Kapitel des hannoverschen Feldzuges mit der Kapitulation des Herzogs von Cumberland vor den Franzosen beendet worden war. In der sogenannten Konvention von Kloster Zeven hatte sich Cumberland verpflichtet, seine hauptsächlich aus Hannoveranern, Hessen und Braunschweigern zusammengesetzte Armee aufzulösen. Das Heer des Herzogs von Richelieu war somit in der Lage, Soubise und Hildburghausen in Mitteldeutschland zu Hilfe zu kommen. Als Vorsichtsmaßnahme gegen den heranrückenden Richelieu hatte Friedrich bereits am 14. September den Prinzen Ferdinand von Braunschweig mit sechs Bataillonen und elf Schwadronen zum Schutz der Stadt Halle entsandt. Prinz Moritz von Anhalt-Dessau war zur gleichen Zeit mit zehn Bataillonen und zehn Schwadronen in Richtung Elbe abkommandiert worden, um Brandenburg vor einem möglichen Einfall der Österreicher zu schützen und zunächst die wichtige Brücke von Torgau gegen den Feind zu verteidigen.

Zu Friedrichs Verärgerung brachten es die Franzosen und die Verbände der Reichsarmee in Thüringen weiterhin fertig, sich ständig aus seiner Reichweite zu halten. Der König zog sich am 27. September von Erfurt nach Buttelstädt nördlich von Weimar zurück, vermochte indes die Alliierten nicht zu bewegen, weiter westlich als bis Gotha vorzurücken. Am 11. Oktober zog sich die preußische Armee noch weiter in nordöstlicher Richtung zurück und kampierte bei der kleinen Stadt Eckartsberga unweit von Naumburg an der Saale. Der Regen verwandelte die Landstraße in eine Schlammwüste, und Friedrichs Stimmung besserte sich natürlich nicht durch Berichte, wonach die Österreicher von Schlesien aus ein Expeditionskorps zum Überfall auf Berlin entsandt hatten. Friedrich reagierte prompt mit der Entsendung zweier starker Detachements unter dem Befehl der Prinzen Ferdinand und Moritz, um dem Feind den Weg zu verstellen, und schickte zusätzlich am 12. Oktober Seydlitz und die Székely-Husaren (Preußisches Husaren-Korps oder Grüne Husaren; Regiment Nr. 1) auf den Weg mit dem Auftrag, die Verteidigung der preußischen Hauptstadt zu verstärken. Friedrichs Gelassenheit war inzwischen völlig geschwunden. Am Abend nahm er Racines Tragödie *Mithridates* zur Hand, und seine Begleitung konnte durch die Fenster seines Quartiers beobachten, wie er mit dramatischen Gesten die Verse des französischen Tragödiendichters deklamierte.

Der König ließ Feldmarschall Keith mit einem kleinen Truppenverband zur Verteidigung der Saale-Linie gegen die Verbündeten zurück und rückte in Eilmärschen mit der Vorhut nordostwärts über Leipzig und Torgau Berlin entgegen. Am 19. Oktober erfuhr er, daß die Österreicher am 16. Oktober Berlin nahezu kampflos besetzt hatten, um es am Tag darauf auf die Nachricht von den sich nähernden preußischen Verbänden unter Prinz Moritz hin wieder zu verlassen. Das österreichische Raidkommando hatte sich als verhältnismäßig kleine Truppe (3 400 ungarische Husaren und Kroaten unter Generalleutnant Graf von Hadik) herausgestellt. Am 20. Oktober stand fest, daß dem Feind der Rückzug geglückt war. Damit erübrigte sich der Weitermarsch Friedrichs nach Schlesien, der den österreichischen Reitern den Weg hätte abschneiden sollen.

Der 24. Oktober sah Friedrich wieder in Torgau, wo er die äußerst frohe Kunde erhielt, daß der Gegner im Westen die Saale überschritten habe und ihm vermutlich Gelegenheit biete, ihn zur Schlacht zu stellen, wie er es so sehr ersehnte. Friedrich rief seine über den gesamten sächsischen Raum zwischen Elbe und Saale verstreuten Truppenabteilungen mit der Anweisung zurück, sich auf schnellstem Wege nach Leipzig zu verfügen, wo er seine Kräfte vor der entscheidenden Auseinandersetzung mit dem Verbündetenheer sammeln wollte. Bis zum 28. Oktober erreichte Friedrich auf diese Weise eine Truppenkonzentration von 31 Bataillonen und 45 Schwadronen. Das Korps von Prinz Moritz hatte den Anmarsch von Berlin her in nur fünfeinhalb Tagen geschafft, und Prinz Ferdinands Aufgebot benötigte lediglich drei Tage, um aus Magdeburg heranzurücken, «doch was das Erstaunlichste und zugleich Erfreulichste ist, ist der Geist, den die Soldaten bei diesen Gewaltmärschen an den Tag legten: sie waren an fünf bzw. drei aufeinanderfolgenden Tagen täglich mehr als 25 englische Meilen [rund 40 Kilometer; Anm. d. Ü.] marschiert und brachten dennoch bei ihrem Eintreffen den Wunsch zum Ausdruck, sofort gegen den Feind geführt zu werden.» (Mitchell, 27. Oktober, PRO SP 90/70)

Da die Unterstützung von Soubise ausblieb, überschritt die Reichsarmee am 30. Oktober erneut die Saale. Jedoch lagerten die Verbündeten unentschlossen auf dem Westufer des Flusses, was Friedrichs Absichten durchaus entgegenkam, so daß er sich entschloß, seinerseits die Saale zu überqueren und den Feind anzugreifen.

Friedrich entschied sich dafür, den Übergang an zwei Stellen gleichzeitig zu vollziehen: stromaufwärts mit der Hauptarmee bei Weißenfels und stromabwärts mit Marschall Keiths Truppenkontingent bei Merseburg. (siehe Karte 21) Getreu seinem raschen Handeln in diesem Feldzug traf Friedrich bereits am 31. Oktober bei Tagesanbruch mit seiner Vorhut vor Weißenfels ein und entsandte sofort die Grenadiere und das Freibataillon Mayr (Nr. 2) voraus, um die Tore des Städtchens aufzusprengen. Dreihundert deutsche Soldaten wurden dann in dem Ort abgeschnitten und gefangengenommen, und als die Masse seiner Armee eintraf, ließ der König die schweren Kanonen auf einem Steilhang neben dem gewaltigen Herzogspalast in Stellung bringen und die französischen Grenadiere, die abermals über die Saale gingen, unter Beschuß nehmen.

Friedrich stand persönlich am Ufer und mußte zu seinem nicht geringen Ärger mit ansehen, wie die Franzosen jenseits des Stroms die überdachte Holzbrücke hinter sich verbrannten. Die Rebstöcke und Pappeln entlang dieses schönen Flußabschnitts hatten bereits ihre Blätter verloren, doch Weiden und Espen prangten noch in vollem herbstlichem Laubschmuck. Zwei feindliche Offiziere beobachteten unterdes von einer verborgenen Stelle auf einer in Musketenschußweite liegenden Insel aus den König und sein Gefolge. Einer von ihnen eilte sofort zum Herzog von Crillon zurück und meldete, daß es für einen guten Schützen ein leichtes sei, einen hohen preußischen Offizier niederzuschießen, bei dem es sich vermutlich um den König selbst handele, nach der Ehrerbietung zu urteilen, die man ihm entgegenbringe. «Crillon reichte seinem treuen Brunet ein Glas Wein und schickte ihn auf seinen Posten zurück mit dem Bemerken, daß er ihn und seine Kameraden dorthin gestellt habe, Acht zu geben, ob die Brücke gehörig abbrenne, nicht um einen General zu tödten, der allein vorkomme, zu recognosciren, vielweniger die geheiligte Person eines Königs, die stets verehrt werden müsse ...» (de Crillon, 1791, 166)

Friedrich blieb es erspart, auf dem rechten Saaleufer hin und her zu manövrieren, denn bald entdeckten seine Pioniere eine geeignete Übergangsstelle stromabwärts von Weißenfels, die den Bau einer Pontonbrücke erlaubte. Die Infanterie ging dort am Morgen des 3. November ohne feindliche Berührung über den Fluß, während die Kavallerie durch eine nahe gelegene Furt ans andere Ufer watete. Am Nachmittag desselben Tages erreichten Friedrich und die Vorausabteilungen seiner Armee Braunsdorf, wo sich herausstellte, daß die Verbündeten nahe Mücheln ein Feldlager errichtet hatten. In der hereinbrechenden Dunkelheit konnte der König durch sein Fernrohr wenig erkennen, entdeckte jedoch, daß der Gegner seine Befestigungen nach Norden hin angelegt hatte in der Annahme, die Preußen würden aus Richtung Halle angreifen. Eine Attacke gegen den feindlichen rechten Flügel bot demnach, so glaubte Friedrich, gute Erfolgsaussichten. Moritz und Keith hatten unterdes mit dem Rest der Armee die Saale in Merseburg überschritten, und nach kurzem Umherirren in der Dunkelheit waren die preußischen Regimenter und Bataillone gegen sieben Uhr abends wieder vereinigt.

Am frühen Morgen des 4. November begleitete Friedrich zu Pferde, während der Mond noch am Himmel stand, die zusammengefaßte Kavallerie seiner Armee bis an die nach Nordosten liegenden Hänge der Höhenzüge um Schortau. Während er das Hauptkontingent seiner Reiter in Deckung gehen ließ, erklomm er selbst mit einem Husarenkommando den höchsten Punkt und konnte feststellen, daß der Feind über Nacht auf den Flußübergang der Preußen reagiert und sein Lager nunmehr nach Osten hin ausgerichtet hatte. Die Alliierten hatten sich ausgezeichnete Stellungen ausgesucht, und Kundschafterberichte bezifferten ihre Truppenstärke auf rund 60 000 Soldaten, das Dreifache des preußischen Aufgebots. Friedrich brach daraufhin den Vormarsch seiner Hauptarmee ab und brachte sie hinter dem Leiha-Bach so in Stellung, daß sich die rechte oder nördliche Flanke bis Bedra erstreckte und die linke bis an sein Hauptquartier in Roßbach reichte. Er hatte die von ihm ersehnte Schlacht nur vertagt und keineswegs auf sie verzichtet, wußte er doch, daß besonders die Reichsarmee Nachschubprobleme hatte und die Verbündeten vor der Wahl standen, entweder aktiv zu werden und ihn anzugreifen oder einen gefährlichen Rückzug auf die Unstrut einzuleiten. Die französischen und deutschen Truppen waren bereits seit sieben Tagen ohne feste Quartiere und reguläre Verpflegung, doch sie jubilierten angesichts des vermeintlichen Mangels an Tatkraft bei Friedrich. «Tout ce qu'ils avaient de musiciens et de trompettes, leurs tambours et leurs fifres se faisaient entendre, comme s'ils avaient gagné une victoire . . .» («Alles, was sie an Musikern und Trompetern hatten, ihre Tambours und Pfeifer ließen sich vernehmen, als hätten sie einen Sieg errungen . . .») (Œuvres, IV., 151) Die erste Einschätzung der alliierten Truppenstärke hatte sich als zu hoch erwiesen, doch die vereinigte Armee zählte immer noch stolze 41 000 Mann, von denen ungefähr 10 900 auf die Kontingente der Kaiserlichen Reichstruppen entfielen. Die Franzosen, seit kurzem verstärkt durch Richelieus Heer, stellten mit 30 200 Soldaten die Masse des Friedrich gegenüberstehenden Aufgebots. Der König hatte lediglich 21 000 Mann unter seinem Kommando, was eine noch stärkere numerische Unterlegenheit bedeutete als 1745 bei Soor.

Am 5. November kurz nach Tagesanbruch stellten Kundschafter des Freibataillons Mayr fest, daß das Lager der Verbündeten vom Korps Saint-Germain (acht Bataillone und dreizehn Schwadronen) abgeschirmt wurde, das die Schortauer Höhen besetzt hatte. Hinter dieser Deckung benötigte die Armee der Verbündeten mehrere Stunden, um drei Marschkolonnen zu bilden, eine Maßnahme, von der man auf preußischer Seite erwartete, daß der Gegner einen großangelegten Plan zur Umgehung von Friedrichs linker Flanke in Szene setzen wollte. Dieses Aufgebot setzte sich gegen Mittag langsam in Bewegung und stieß zunächst auf Zeuchfeld vor, als wolle es sich, südwärts marschierend, Friedrichs Zugriff entziehen. Am frühen Nachmittag vollzogen die Verbündeten ihre Schwenkung nach links und nahmen trotz etlicher Verzögerungen und erheblichen Durcheinanders, was ungewollt zur Bildung einer vierten Marschsäule führte, den Marsch über eine breite, frei stehende Hügelkette auf, die an der preußischen linken Flanke vorbeiführte.
Diese interessante Entwicklung vollzog sich, während die Preußen noch seelenruhig ihr Mittagsmahl einnahmen. Friedrich hatte sein Hauptquartier im Herrenhaus (Abb. 25) am Südrand des Dorfes Roßbach eingerichtet, das wie eine Insel aus der offenen, als Ackerland genutzten Ebene herausragte. Während der Truppenbewegungen der Verbündeten speiste Friedrich unbekümmert mit einigen seiner Offiziere in einem Saal im oberen Stockwerk des Gebäudes. Unterdessen hatte sich der junge *Capitaine de Guides* Friedrich Wilhelm Gaudi auf dem darüberliegenden Dachboden postiert, wo man eine Anzahl Ziegelsteine aus der nach Westen zu liegenden Außenwand gebrochen hatte, so daß sich ein ungehinderter Ausblick auf die Hügelkette bot. Von hier oben aus konnte Gaudi beobachten, daß eine Reihe feindli-

cher Generale die preußische Stellung begutachteten und daß die Verbündeten ihre Marschrichtung geändert hatten. Gaudi begab sich eiligst nach unten, um der Tafelrunde seine Erkenntnisse mitzuteilen. Der König schalt ihn zuerst einen Schwarzseher und schickte ihn ungnädig weg, doch bald schon trafen Berichte ein, die Gaudis Meldung bestätigten.

Hellwach geworden, setzte Friedrich nun alles daran, den Vormarsch der Alliierten zum Stillstand zu bringen und sie anzugreifen, während sie sich noch auf dem Marsch befanden. Er machte sich zu diesem Zweck sofort die Möglichkeit zunutze, hinter dem langgestreckten niedrigen Kamm des Janus-Berges unbemerkt vom Feinde eine Bewegung seiner Armee im Uhrzeigersinn zunächst nach Nordosten zu vollziehen und dann mittels eines breiten Schwenks nach Süden und nach Westen die Marschkolonnen der Verbündeten einzuschließen. Die Kavallerie hatte dabei den weitesten Weg zurückzulegen, und Friedrich gab dem jüngst zum Generalmajor beförderten Seydlitz volle Befehlsgewalt über die zur Verfügung stehenden 38 Schwadronen. Seydlitz rief dementsprechend die Reitergenerale zusammen und verkündete: «Meine Herren, ich gehorche dem König, und Sie gehorchen mir!» (Gr. Gstb., 1901–14, V., 211)

Die preußische Kavallerie machte sich nach links auf den Weg. Fünf Schwadronen der Székely-Husaren (H 1; siehe Karte 22) preschten am Janus-Berg vorbei in gleicher Höhe südwärts, um dem Feind keinen Aufschluß über die Bewegung der preußischen Reitertruppen zu geben. Die langamer vorankommende preußische Infanterie begann die westlichen Hänge des Bergrückens zu erklimmen, und als die Spitzen der Kolonnen nur noch wenige hundert Meter vom Kamm entfernt waren, beorderte Friedrich den Obristen Möller mit einer Batterie von achtzehn schweren Kanonen zum Gipfel.

Die Verbündeten wurden kurz nach zwei Uhr nachmittags gewahr, daß die Armee des Königs aufbrach: «In weniger als 2 Minuten aber lagen alle Zelte, als wenn sie auf dem Theater mit einer Schnur gezogen wären, auf der Erde und seine Armee war im vollen Marsche.» (Gr. Gstb., 1901–14, VII., 212) Man nahm an, daß Friedrich mit seinem Heer zu entkommen suchte und machte sich daher ohne Zögern an die Verfolgung, wobei die österreichische Kavallerie, die der Vorhut beigegeben war, rund 2 000 Schritt vor den Hauptkontingenten der Infanterie vorstieß.

Möllers Kanonen nahmen um 15.15 Uhr den Beschuß auf. Kilometerweit erzitterte die Erde infolge der Erschütterungen. Beim ersten Geschützdonner entfaltete Seydlitz seine Schwadronen zur Schlachtformation und setzte den Marsch in dieser Aufstellung fort, bis die preußische Kavallerie eine günstige Angriffsposition hinter dem Ostausläufer des Janus-Berggrats einnehmen konnte. Gegen 15.30 Uhr erreichten die an der Spitze reitenden alliierten Schwadronen einen Punkt, der ungefähr tausend Schritt vom Kamm des Berges entfernt war. Jetzt befahl Seydlitz den Trompetern, das Signal «Marsch! Marsch!» zu blasen. In Minutenschnelle waren seine Reiter auf der anderen Seite in ein erbittertes Gefecht mit den beiden österreichischen Kürassierregimentern Bretlach und Trautmannsdorff verwikkelt, die sich vor dem Zusammenstoß noch rasch zu einer passablen Kampfaufstellung hatten auseinanderziehen können. Zusätzlich griffen auf alliierter Seite noch die österreichischen Szecheny-Husaren sowie drei Reiterregimenter der Reichsarmee in das Geschehen ein, so daß minutenlang die Verbündeten dem Sturmangriff des ersten Seydlitzschen Treffens standzuhalten vermochten.

Seydlitz setzte nun die achtzehn Schwadronen seines zweiten Treffens zu einem doppelten Flankenangriff ein, durch den nicht allein die österreichische und die deutsche Kavallerie eingeschlossen wurden, sondern auch die 24 französischen Schwadronen, die inzwischen auf dem Kampfplatz eingetroffen waren. Der niederdeutsche Schlachtruf «Gah to!» [wörtlich: «Geh zu» = «Vorwärts!»], den auf preußischer Seite die Brandenburger und Pommern unter den Kürassieren ausstießen, setzte die Franzosen in Verwunderung, die sich fragten, was für Soldaten ihnen da gegenüberstanden, die mit dem Schrei: «Kuchen!» [«Gah to» klang wie «Gâteau»] ins Gefecht stürmten.

Die unübersichtliche Masse der Reitertruppen der Verbündeten staute sich auf dem Rückzug bis weit nach hinten zu dem tiefliegenden Hohlweg, der die Ortschaften Reichardtswerben und Tagewerben miteinander verband. Dieses Hindernis machte die vernichtende Niederlage der feindlichen Kavallerie vollständig. Seydlitz gehört zu den wenigen Kavalleriekommandeuren in der Militärgeschichte, die es dank ihrer Selbstdisziplin und der Zucht ihrer Soldaten fertigbrachten, während einer Schlacht an einem einzigen Tage zwei gewaltige Schläge auszuteilen. Er war sich bewußt, daß noch weitere große Aufgaben vor ihm lagen, und statt die Verfolgung der bereits entscheidend geschlagenen feindlichen Reiterei über Reichardtswerben hinaus aufzunehmen, sammelte er seine Schwadronen in einem Gelände im Nordosten dieses Dorfes und führte sie in eine neue Stellung im Tal von Tagewerben, wo für sie ein ausgezeichneter Standort war, um gegen die südliche Flanke der Infanterie der Verbündeten eingesetzt zu werden.

Inzwischen tauchte die vorstürmende preußische Infanterie auf dem

Bergrücken auf. Sie ging linker Hand in nach Bataillonen gestaffelten Angriffswellen vor, zwischen denen jeweils fünfzig Schritt frei blieben. Auf diese Weise machte sie erhebliche Bodengewinne nach Süden zu. Kurz vor Tagewerben schwenkten die Truppen ein und bezogen ihre Schlachtaufstellung. Das erste Treffen wurde an der Südseite durch Bataillone verlängert, die man aus der zweiten Linie vorzog, bis fast die gesamte preußische Infanterie bogenförmig mit dem Gesicht ungefähr nach Südwesten zum Gefecht bereitstand, während die alliierten Infanteriekolonnen sich dem einspringenden Winkel näherten. Zu ihrem Empfang standen dort nicht nur die preußischen Infanteristen bereit, sondern auch die schwere Batterie von Oberst Möller, die inzwischen vom Janus-Berg heruntergebracht worden war.

Nur wenige Einzelheiten sind über das anschließende Infanteriegefecht überliefert worden. Es dauerte nur wenige Minuten, und lediglich sieben preußische Bataillone waren daran beteiligt. Die vornweg marschierenden französischen Infanterieregimenter Piémont und Mailly trotzten dem Artilleriefeuer und kamen bis auf vierzig Schritt an die erste preußische Linie heran, bevor sie durch die Salven der Regimenter Jung-Kleist (9) und Alt-Braunschweig (5) zerfetzt und in die Flucht geschlagen wurden. Zu diesem Zeitpunkt oder kurz danach geriet Friedrich bei der Beobachtung des Kampfgeschehens versehentlich in die Schußlinie der eigenen Musketen, und die zu Alt-Braunschweig gehörenden Magdeburger riefen ihm zu: «Vater, aus dem Wege, daß wir schießen können!»

Seydlitz führte zu diesem Zeitpunkt seine Reiter aus der Senke um Tagewerben in zwei Treffen heraus, drang auf die französische Kavallerie ein, die noch immer an seiner Front vorbeiströmte, und machte auch vor der dahinter marschierenden feindlichen Infanterie nicht halt. Ein Franzose berichtete: «Alles vermengte sich, und es war unmöglich, eine Ordnung wiederherzustellen oder Einhalt zu thun, obgleich Soubise und alle Generale und Offiziere thaten, was thunlich war. Die preußische Infanterie folgte der unsern, und schoß in stetem Marsch, ohne daß ein einziger Mann aus Reih und Glied kam. Die Artillerie zielte ununterbrochen auf uns ...» (Koser, 1921, II., 542)

Die Schlacht endete mit mehreren Einzelgefechten westlich des Ortes Pettstädt, als die Sicherungsabteilungen der Regimenter Saint-Germain und Laudon südwärts stießen, um den Rückzug ihrer Verbände zu decken. Ein französischer Soldat trat auf Friedrich zu, der an diesem Tage einen einfachen Militärmantel trug, und redete ihn an: «‹Mon Brigadier, je viens vous demander d'aller en Auvergne, d'ou je

suis!› . . .Tout en causant, il voit un de nos bas-officiers rassembler tous les prisonniers et les ranger à trois rangs de hauteur. ‹Voyez, mon Brigadier, voyez ce bougre, il veut nous dresser à la façon prussienne, et il n'y a qu'un instant que nous sommes ici!›» («‹Herr Gefreiter, ich möchte Sie um die Erlaubnis ersuchen, in die Auvergne zurückzukehren, wo ich herstamme!› . . . Während er so redet, sieht er einen von unseren Unteroffizieren alle Gefangenen zusammenholen und sie in Linie zu drei Gliedern aufstellen. ‹Sehen Sie nur, Herr Gefreiter, sehen Sie sich diesen Schuft an. Er will uns nach preußischer Manier drillen, kaum daß wir hier angelangt sind!›») (Friedrich, zitiert bei: de Catt, 1844, 90–91)
Gegen fünf Uhr nachmittags senkte sich die Dunkelheit über das Schlachtfeld. Friedrich hatte vorgehabt, für die Nacht Quartier im Schloß von Burgwerben zu nehmen, fand jedoch alle Räume mit verwundeten französischen Offizieren überfüllt. Statt diese Herren aus einem der Zimmer zu vertreiben, zog der König es vor, sein Nachtlager in einem Dienstbotenzimmer eines in der Nähe liegenden Gebäudes aufzuschlagen.

Am Abend noch schrieb Friedrich an seine Schwester Wilhelmine über die gewonnene Schlacht: «A présent je descendrai en paix dans la tombe, depuis que la réputation et l'honneur de ma nation est sauvé. Nous pouvons être malheureux, mais nous ne serons déshonorés . . .» («Jetzt werde ich ruhig sterben, denn das Ansehen und die Ehre meiner Nation sind gerettet. Wir mögen unglücklich, doch wir werden nicht entehrt sein . . .») (PC 9489)
Der große Unterschied hinsichtlich der Verluste in der Schlacht von Roßbach auf preußischer und auf alliierter Seite war um so erstaunlicher, wenn man bedenkt, daß sich Friedrich einer fast doppelten Übermacht gegenübersah. Die Verbündeten verloren über 10 000 Mann, von denen vermutlich die meisten in Gefangenschaft gerieten, während bei den Preußen die Ausfälle infolge Tod, Verwundung oder Gefangennahme knapp 550 Mann betrugen. Seydlitz wurde zwar nur leicht am Arm verletzt, konnte aber seinen Dienst vier Monate lang nicht versehen. Er wurde getröstet durch eine liebenswürdige Dame in Leipzig, die ihn gesund pflegte, und durch eine neuerliche Beförderung, die zum «Generallieutenant».
Wie schätzten Zeitgenossen Friedrichs Sieg ein? Es war offenkundig, daß Friedrich, nachdem er sich von der ersten Überraschung erholt hatte, Initiative und Führung ergriffen und bis zum Ende der Schlacht behauptet hatte. Gaudi trug dem König die barschen Worte im Roßbacher Herrenhaus nicht nach und schrieb später:

> Seinem großen Talente hatte er es wirklich zu danken, daß die Lage der Sachsen so vortrefflich geändert wurde und er den gefährlichsten Vorhaben des Feindes so geschickt und geschwind zu begegnen wußte; er ließ sich, alle anwesenden Kenner des Handwerks mußten dieses bekräftigen, an dem Tage der Bataille in seiner wahren Größe sehen ... (Gaudi, zitiert bei: Jany, 1901, 10)

Kardinal de Bernis, der französische Minister für Auswärtiges, schätzte Roßbach auch als Triumph der Staatskunst der Hohenzollern ein: «Wir dürfen nicht vergessen, daß wir es mit einem Fürsten zu tun haben, der sein eigener Feldherr, sein Staatslenker, Armeeintendant und nötigenfalls auch sein Generalprofoß ist. Diese ... Vorteile wiegen mehr als alle unsere schlecht angewandten und schlecht kombinierten Hilfsmittel!» (Brief an Choiseul-Stainville, zitiert bei: Volz, 1926–27, II., 196)
Friedrich war zu sehr Kosmopolit, um sich angesichts irgendeines Aspektes seines großen Erfolges in Jubel zu ergehen. Ebenso wie Prinz Heinrich war er aufrichtig bekümmert über das Leid, das er über seine Brüder im Geiste im französischen Offizierskorps gebracht hatte: «Ich kann mich nicht daran gewöhnen, die Franzosen als meine Feinde zu betrachten.» (Archenholtz, 1840, I., 116) Diese Gefühle wurden von dem aus Preußen stammenden gemeinen Soldaten nicht geteilt:

> Ein anderer Umstand, der uns an diesem Tage sehr zu statten kam, war der natürliche Haß, den der gemeine Mann in Deutschland, vorzüglich aber die Magdeburger, Märker und Pommern, gegen Alles, was nur den Namen eines Franzosen führet, in ihrem Herzen fühlen ... Es fiel einem jeden, der Achtung darauf gab, in die Augen, daß sie mit rechter Erbitterung fochten, welches man am meisten aus dem Betragen der Cavallerie sehen konnte, als sie in die Feindliche Infanterie einhieb, denn die Officiers hatten alle Mühe, den gemeinen Mann dazu zu bringen, daß er Pardon gab ...
> (Gaudi, zitiert bei: Wiltsch, 1858, 256)

Der Sieg bei Roßbach war von entscheidender Bedeutung für die Sicherung von Friedrichs westlicher strategischer Flanke. König Georg II. von England, der Bundesgenosse Preußens, wurde dadurch ermutigt, die schändliche Konvention von Kloster Zeven einseitig aufzukündigen. Am 16. November begann dann ein neues Kapitel in der Geschichte des Siebenjährigen Krieges, als Herzog Ferdinand von Braunschweig den Oberbefehl über die Armee der Hannoveraner und ihrer Verbündeten übernahm. In den folgenden Jahren sollte

seine vereinte Streitmacht aus hannoverschen Truppen, britischen Soldaten, Verbänden der auf der Seite Preußens stehenden deutschen Kleinstaaten sowie preußischer Kavallerie alle weiteren französischen Eroberungszüge auf deutschem Boden abweisen. Die preußischen Westgrenzen blieben damit gesichert.
Unterdes vermochte Friedrich an nichts anderes zu denken als an die Rechnung, die er im Osten seines Landes noch mit den Österreichern zu begleichen hatte, denn: «La bataille de Roßbach ne procura proprement au roi que la liberté d'aller chercher de nouveaux dangers en Silésie.» («Die Schlacht von Roßbach verschaffte genaugenommen dem König lediglich die Freiheit, sich auf die Suche nach neuen Gefahren in Schlesien zu begeben.») (Œuvres, IV., 156) Die Armee des Königs verfolgte daher die Franzosen und die Reichsarmee nur zwei Tage lang. Friedrich wandte dann seine ganze Aufmerksamkeit der Planung des Rückmarsches in die Lausitz und weiter nach Schlesien hinein zu, wo die Österreicher alles zu erobern schienen. Friedrich hatte vor, der Truppe nach jeweils vier Marschtagen nur einen Ruhetag zu gönnen, und wies die Heeresintendantur an, die Soldaten bei Aufenthalten in Städten und Dörfern Lebensmittel und Futter requirieren zu lassen, um so einen Großteil der Versorgungsprobleme zu lösen. Der Spätherbst war zwar eine ungünstige Jahreszeit für den Beginn eines neuen Feldzuges, doch kam Friedrich das außergewöhnlich milde Wetter zu Hilfe, das von Mitte Oktober bis Anfang Dezember 1757 in diesem Teil Deutschlands herrschte. (Mitchell, 1850, II., 305)
Am 13. November brach der König von Leipzig aus mit 18 Bataillonen und 23 Schwadronen zum Marsch nach Osten auf. Ein Heer von ungefähr derselben Stärke hatte er Feldmarschall Keith anvertraut, der damit als Täuschungsmanöver einen Einmarsch nach Nordböhmen unternahm. Dies mag ein aufwendiges Kommandounternehmen gewesen sein, doch brachte es den gewünschten Erfolg, indem es das österreichische Korps Marschall von der Lausitz abzog. Am 21. November wurde Friedrich gemeldet, daß der Weg nach Schlesien über Görlitz jetzt frei sei.
Jeder Bericht aus Schlesien machte Friedrichs Eintreffen dringlicher. Er hatte bereits erfahren, daß die Schlüsselfestung Schweidnitz gefallen war. Am 24. November traf er in Naumburg am Queis (Niederschlesien) an den Toren zur Provinz Schlesien ein. Zwei Tage zuvor war schon unheilverkündender Kanonendonner von Osten her durch das Flachland an sein Ohr gedrungen. Jetzt wurde ihm gemeldet, daß die österreichische Hauptarmee das befestigte Feldlager des Herzogs von Bevern vor Breslau, der Festungshauptstadt Schlesiens, gestürmt

und die Preußen sich über die Oder zurückgezogen hätten. Friedrich war entschlossen, diese Armee wieder zur Verfügung zu erhalten und entsandte Generalleutnant Kyau (der später von Zieten ersetzt wurde), um die Truppen über den Strom zurückzuführen und mit ihnen an der Mündung der Katzbach in die Oder bei Parchwitz nordöstlich von Liegnitz zu ihm zu stoßen. Friedrich nahm am 26. November den Weitermarsch auf. Tags darauf erhielt er in Lobedau die Nachricht, daß die eingeschlossene Breslauer Garnison vor den Österreichern kapituliert hatte. Somit war ihm kein erreichbarer Stützpunkt in Schlesien verblieben.

Der König kam am 28. November in Parchwitz an und hielt sich dort bis zum 4. Dezember auf, um die verstreuten preußischen Verbände zu sammeln und die physischen und psychologischen Vorbereitungen für den großen Gegenschlag zu treffen, mit dem er Schlesien zu befreien trachtete. Er sorgte dafür, daß sein *Politisches Testament* von 1752 nötigenfalls seinem Bruder August ausgehändigt wurde, und verfaßte eine von Todesahnungen geprägte *Disposition de ce que doit se faire après la bataille, en cas que je sois tué* («Verfügung, was nach der Schlacht zu geschehen hat für den Fall, daß ich getötet werde») (PC 9559).

Am 2. Dezember rückte Zieten mit den entmutigten Überlebenden der Armee Beverns in Parchwitz an. Der Herzog selbst war den Österreichern in die Hände gefallen, wobei Friedrich argwöhnte, er habe sich möglicherweise absichtlich gefangennehmen lassen. Die Offiziere der geschlagenen Armee hatten sich vor der Begegnung mit ihrem König gefürchtet «wie der Verbrecher, der vor dem Blick seines Henkers zurückschreckt» (Lojewsky, 1843, II., 123), doch Friedrich ging es nur darum, sie auf die nächste Schlacht einzustimmen. Er bewirtete sie mit Wein und erinnerte sie an ihre Glanztaten in der Vergangenheit. Die Soldaten wurden durch die kostenlose Ausgabe doppelter Rationen aufgemuntert und, was noch entscheidender war, durch ihre Kameraden aus dem königlichen Lager, die grandiose Dinge über den Erfolg von Roßbach zu berichten wußten.

Friedrich war seinen Soldaten nie näher als in diesem Lager in Parchwitz.

> In diesen Wintertagen lagerte sich der König wie ein gemeiner Soldat unter freiem Himmel, wärmte sich am Feuer und machte hernach den herumstehenden Soldaten Platz, sich an demselben Feuer zu wärmen. Er ging mit den Soldaten wie seinesgleichen um, redete mit ihnen von ihren ausgestandenen Ermüdungen und ermunterte sie auf die freundschaftlichste Art, noch einmal den Mut zu zeigen ...
> (Professor Johann Georg Sulzer, zitiert bei: Volz, 1926–27, II., 120)

Niemals mehr sollte das preußische Heer später derartig den Charakter einer Nationalarmee tragen, denn die Sachsen und viele der ausländischen Söldner waren in den Gefechten und auf den Gewaltmärschen der vergangenen drei Monate arg dezimiert worden, so daß Friedrich eine kleine, aber ausgezeichnete Truppe von 35 000 Mann verblieb, die sich in der Mehrzahl aus gebürtigen Brandenburgern, Pommern und Magdeburgern zusammensetzte. Große Reserven an Musketenmunition (die während der Schlacht mit Karren von hinten zu den Bataillonen transportiert wurden) waren vorhanden, und der unverhältnismäßig große Schwere Artillerie-Train von 78 Geschützen schloß zehn der riesigen «Brummer» ein, 12-Pfünder-Festungsgeschütze mit einem Rohrgewicht von siebeneinhalb Zentnern, die Zieten aus der Festung Glogau mitgebracht hatte.
Am 3. Dezember rüstete Friedrich zum Angriff gegen die Österreicher, die er in Beverns altem Lager zwischen Breslau und dem Fluß Lohe bis zu den Zähnen verschanzt vermutete. Er ließ große Mengen Brückenbaumaterial zusammentragen und stellte eine Truppe von 800 Freiwilligen in zwei Bataillonen auf, die als Stoßkeil den Angriff gegen die linke Flanke des Feindes eröffnen sollten. Unter allen Umständen wollte er seiner Armee die Bedeutung dessen vor Augen führen, was auf dem Spiele stand, und beorderte deshalb die Generale sowie die Regiments- und Bataillonskommandeure für den nächsten Morgen in sein Hauptquartier in Parchwitz. Gemessen an der schmucklosen Tradition des preußischen Heeres war dies eine melodramatische Inszenierung, und Friedrichs Mattheit, seine schwache Stimme und seine schäbige Uniform trugen das ihrige dazu bei, daß alles gespannt den Worten des Königs lauschte.
Die «Rede von Parchwitz» hielt Friedrich in deutscher Sprache (was ungewöhnlich war, da er im allgemeinen nur französisch sprach. Eine wortgetreue Zusammenfassung stammt von Friedrichs jüngstem Bruder, Prinz Ferdinand von Preußen:

> L'ennemi occupe le camp rétranché de Breslau que mes troupes ont défendu avec honneur; je marche demain pour l'attaquer. Je ne suis pas dans le cas de rendre compte de ma conduite ni des motifs qui m'engagent à prendre ce parti. Je sais et je connais les difficultés attachées à cette entreprise, mais dans la situation ou je me trouve, il s'agit de vaincre ou de mourir! Tout est perdu, si nous succombons! Songez, messieurs, que dans cette occasion nous allons combattre pour notre gloire, la conservation de nos foyers, pour nos femmes et nos enfants! Ceux de vous qui pensent comme moi peuvent se tenir assurés que, s'ils sont tués, je prendrais soin de leurs femmes et de leurs enfants, mais ceux qui préféreraient d'avoir leur congé, l'obtien-

draient tout de suite, mail ils doivent renoncer à tout bienfait quelconque de ma part . . .

(Der Feind hält das befestigte Lager von Breslau besetzt, das meine Truppen ehrenvoll verteidigt haben; ich breche morgen auf, um ihn anzugreifen. Ich bin nicht imstande, über meine Kriegführung, geschweige denn über die Motive, die mich veranlassen, diesen Entschluß zu fassen, Aufschluß zu geben. Ich kenne die Schwierigkeiten, die mit diesem Unternehmen verbunden sind, und bin mir ihrer wohl bewußt, aber in der Situation, in der ich mich befinde, handelt es sich um Sieg oder Tod! Alles ist verloren, wenn wir unterliegen! Denken Sie daran, meine Herren, daß wir bei diesem Anlaß für unseren Ruhm, für den Erhalt unserer Heime, für unsere Frauen und unsere Kinder kämpfen werden! Diejenigen unter Ihnen, die wie ich denken, können versichert sein, daß ich, falls sie getötet werden, für ihre Frauen und Kinder sorgen werde, doch diejenigen, die es vorziehen, ihren Abschied zu erhalten, werden ihn auf der Stelle erhalten, müssen sich jedoch im klaren darüber sein, daß sie auf keinerlei Wohltaten meinerseits zählen können . . .)

(zitiert nach Prinz Ferdinand, bei: Herrmann, 1918, 101–102)

Eine heilige Stille trat nach diesen Worten des Königs ein, die erst gebrochen wurde, als ein Major Billerbeck ausrief: «Ja, das müßte ein infamer Hundsfott sein, nun wäre es Zeit!» (Gr. Gstb., 1901–14, VI., 10)

In der Frühe des 4. Dezember brach die Armee von Parchwitz in vier Marschsäulen und mit einer Vorausabteilung nach Südosten in Richtung Breslau auf. Friedrich ritt mit der Kavallerie des Vortrabes, die von den Husaren der Regimenter Puttkamer und Zieten gebildet wurde, seiner Armee voran. Kurz vor Erreichen des Städtchens Neumarkt überbrachten ihm Bauern, die ihm im Sonntagsstaat entgegenkamen, die unglaubliche Nachricht, daß sich in dem Ort noch die feindliche Feldbäckerei samt ihren Vorräten an Brot und Mehl befand. Friedrich schloß daraus, daß österreichische Verbände von erheblicher Stärke in der Nähe sein mußten, und erkannte, daß es für ihn unbedingt erforderlich war, sich in den Besitz dieser unerwarteten Beute zu setzen und den Feind dann auf dem hinter Neumarkt liegenden niedrigen Pfaffendorfer Berg zu erwarten. Seine Husaren erhielten den Befehl, die Stadt ohne weitere Verzögerung einzunehmen, weil die Grenadiere der Vorhut noch nicht herangekommen waren. Einige Schwadronen ritten um das Städtchen herum. Die übrigen saßen ab, brachen die Stadttore mit Äxten auf, die sie sich in den Bauernhäusern der Umgebung geholt hatten, und säuberten Haus für Haus mit Karabinerfeuer. Zwei österreichischen Husarenregimentern gelang die Flucht, aber die Preußen töteten an die hundert Kroaten

und nahmen weitere fünfhundert gefangen. Dies war eine höchst unorthodoxe Art und Weise, einen festen Platz zu erobern, doch Friedrich hatte bereits auf ähnliche Weise bei der Einnahme von Pegau auf dem Marsch nach Roßbach Husaren absitzen lassen und als Fußsoldaten eingesetzt. Eine österreichische Armee war weit und breit noch nicht auszumachen. Auf dem verlassen liegenden Pfaffendorfer Berg entdeckte der König jedoch ein paar Pflöcke, die von feindlichen Pionieren dort in die Erde gesteckt worden waren, als sie das Gelände für ein Feldlager vermaßen. Dies verlieh einer Reihe von ermutigenden Berichten zusätzliche Glaubwürdigkeit, in denen es hieß, die Österreicher schickten sich allem Anschein nach an, ihre befestigte Stellung vor Breslau zu verlassen.
Am Abend zog sich Friedrich in sein Quartier in einem Eckhaus am Marktplatz von Neumarkt zurück. Hier traf ihn ein Meldereiter an, der die Nachricht brachte, daß die Österreicher tatsächlich aufgebrochen seien, bereits Lohe und Striegauer Wasser überschritten hätten und jetzt in einem offenen Gelände diesseits des letztgenannten Flusses biwakierten. Einer Darstellung zufolge handelte es sich bei dem Melder um einen Leutnant Hohenstock, der in Sichtweite des Stroms Posten gestanden hatte und jetzt in der Lage war, genaue Angaben über die Zusammensetzung der Kavallerie auf dem rechten österreichischen Flügel zu machen, die vor seinen Augen das Gewässer durchquert hatte. (Kalkreuth, 1840, IV., 118–19)
Friedrichs Überlegungen gingen nun dahin, den Feind am nächsten Morgen möglichst früh anzugreifen, um ihn zu einem Zeitpunkt zu stellen, da er noch unter allen Nachteilen einer Verteidigungsstellung litt und sie noch nicht durch Stellungsausbau und Truppenauffrischungen hatte kompensieren können. In einer Hinsicht war das Risiko allerdings größer, als Friedrich ahnte, denn sein Gegenspieler, Prinz Karl von Lothringen, hatte nicht weniger als 65 000 Soldaten unter seinem Kommando, während der König die Stärke der Österreicher nach dem harten schlesischen Feldzug auf 39 000 Mann geschätzt hatte. (PC 9553)

Dieser 5. Dezember 1757 sollte der glorreichste Tag in Friedrichs militärischer Laufbahn werden. Bereits vor Tagesanbruch ritt er vom rechten Flügel der Kavallerie zum Kürassier-Regiment Garde du Corps hinüber.

> Das Wetter war schön, aber sehr kalt. Die Reiter standen bei ihren Pferden und klopften in die Hände, um sich zu erwärmen. «Guten Morgen, Gardekorps!» rief ihnen der König zu. «Wiederum so viel,

> Ihre Majestät!» antwortete ein alter Reiter. «Wie geht's?» fragte Friedrich weiter. – «Ganz gut. Aber es ist eine Hundekälte!» – «Habt nur Geduld, Kinder, es wird heute mehr als zu warm werden!» (Hildebrandt, 1829–35, II., 39)

Die Armee erhob sich um vier Uhr früh in aller Stille von ihren Nachtlagern, und gegen fünf oder sechs befand sie sich auf dem Marsch in Kolonnenformation, wobei zwei großen Flügeln Infanterie jeweils zur Seite ein Flügel Kavallerie beigegeben war. Eine starke Avantgarde marschierte der Masse des Heeres voraus, und vor dieser wiederum ritt Friedrich inmitten dreier Feldbataillone, des Jäger-Corps und sämtlicher Husareneinheiten seiner Armee. Die Sonne stieg inzwischen aus dem Dunst an einem wolkenlosen Himmel empor und enthüllte das weite, flache Land ringsum. Der Boden lag unter einer leichten Schneedecke, doch Friedrich und vielen seiner Generale war jeder winzige Buckel und jede Niederung in diesem Gelände vertraut, war es doch Schauplatz der alljährlichen großen Herbstmanöver in Friedenszeiten.

Unmittelbar vor den verstreut liegenden, bescheidenen Häuschen des Dorfes Borne ließ der König seine Husaren Attacke gegen eine feindliche Kavallerielinie reiten, die plötzlich aus dem Frühnebel auftauchte. Es handelte sich um einen Trupp österreichischer Husaren und sächsicher Chevaulegers, der prompt geworfen wurde und die Flucht ergriff. 600 Gefangene konnten gemacht werden, und Friedrich ordnete an, sie an den Marschkolonnen vorbei nach hinten zu führen, um die Kampfmoral seiner Soldaten zu steigern.

Friedrich ließ nun die drei Bataillone und die Jäger zurück, um Borne zu halten, und begab sich in Begleitung von Prinz Moritz von Dessau und seiner Bedeckung auf die Kuppe des nicht sehr hohen Schönberges. Von oben aus konnte er feststellen, daß er sich genau gegenüber dem Zentrum der nordsüdlich verlaufenden Feindstellung befand. Die Frontbreite schätzte er auf etwa vier Meilen. (vgl. Karte 23) Obwohl der König in die Sonne blickte, konnte er mit seinem Fernrohr alle Einzelheiten klar ausmachen, und möglicherweise erfuhr er in diesen Augenblicken durch zurückkehrende Spähtrupps, daß die rechte österreichische Flanke, die Nordflanke, sich im dichten Eichwaldunterholz des Zettelbusches, des einzigen ausgedehnten Waldgebietes auf dem Kampfgelände, festgesetzt hatte (vgl. Abb. 27), während der linke, südliche Flügel schlecht an das Striegauer Wasser angelehnt war, dessen Deckung ihm damit nicht ausreichte. Noch entscheidender war das, was Friedrich wahrnahm, als er nach rechts blickte: die Struktur zweier Hügel, des Schleierberges und des

Sophienberges, bot ihm die Möglichkeit, unbemerkt vom Feind mehrere Meilen weit in südlicher Richtung vorzurücken und dann durch einen Schwenk nach Osten möglicherweise die Armee in eine Angriffsposition zu bringen, die senkrecht zu dem entblößten linken Flügel der Österreicher bei dem Dorf Sagschütz lag. Friedrich kannte beinahe alle Dörfer und Weiler, die er von seinem Aussichtspunkt im Blickfeld hatte, mit Namen, ein Umstand, der zu gegebener Zeit seinen Befehlen ein Maximum an Klarheit und Präzision verleihen konnte.

Inzwischen empfahl es sich als nützlich, den Feind im Glauben zu lassen, daß die Preußen den ursprünglichen Vormarsch nach Osten über Borne hinaus fortzusetzen beabsichtigten. Friedrich entfaltete deshalb die Kavallerie der Voraustruppen eine Zeitlang etwa tausend Schritt östlich von Borne in Sichtweite der Österreicher, und gegen elf Uhr vormittags wurden auch einige Verbände des Hauptheeres vorübergehend so aufgestellt, als wollten sie in Linie direkt gegen die österreichischen Stellungen vorgehen. Prinz Karl von Lothringen beobachtete diese Truppenbewegungen der Preußen mit größter Aufmerksamkeit und ließ sich nicht von der Auffassung abbringen, daß der Gegner seine rechte Flanke zwischen Frobelwitz und Nippern angreifen wolle. Er zog daher neun Bataillone aus der Reserve nach vorn und brachte sie um das Dorf Nippern herum in Stellung, das mehr als eine Eilmarschstunde vom tatsächlichen Punkt des Aufeinanderpralls beider Heere südlich von Sagschütz lag.

Am späten Vormittag schwenkten die preußischen Kolonnen nach Süden, zogen durch Borne und an dem Ort vorbei, und mittels einer komplizierten Serie von Vor- und Rückwärtsbewegungen wurden die Flügel zu Linien entfaltet. Aus Gründen, die niemals ganz geklärt wurden, blieben Herzog Karl von Bevern und sechs der neun Bataillone der Avantgarde bei Zieten und dem rechten Flügel der Kavallerie stehen – ein Durcheinander von Reiter- und Fußtruppen, das an Mollwitz sechzehn Jahre zuvor erinnerte.

Das Gelände in der Mitte und im Süden des Schlachtfelds von Leuthen gehörte zum offensten und flachsten ganz Schlesiens. Trotzdem entschwanden die preußischen Kolonnen, kaum daß sie ein paar hundert Schritt weit marschiert waren, den aufmerksamen Augen der Offiziere des österreichischen Oberkommandos, das außerhalb von Leuthen nach Norden hin seinen Gefechtsstand eingerichtet hatte. Dieses Zauberkunststück war der genauen Geländekenntnis Friedrichs zu verdanken. Der König wollte unter allen Umständen sichergehen, daß die Bewegungen seiner Truppen in angemessenem Abstand von der feindlichen Flanke erfolgte und somit die Verwir-

rung vermieden wurde, die bei Prag und Kolin den Zeitplan für die Schlacht durcheinandergebracht hatte. Daher befahl er der Armee, deren Befehlshaber sich angesichts dieser Order den Kopf über deren Sinn zerbrachen, den Marsch in Richtung auf die in der Ferne aufragenden grauen Pyramiden des Zobten, eines dreißig Meilen südlich gelegenen Berges, fortzusetzen.
Kurz nach der Mittagsstunde trafen die Spitzen der preußischen Kolonnen in Lobetinz ein, wo Friedrich eine Richtungsänderung für den Weitermarsch anordnete, die halblinks nach Ostsüdost verlief und auf diese Weise an der österreichischen Flanke vorbeiführte. Die Kolonnen kamen zum Halt, als Zieten und die Bataillone Karls von Bevern hinter Schriegwitz einschwenkten und Schlachtformation bezogen.
Während das Zentrum und der linke Flügel der preußischen Armee noch im Anmarsch auf die ihnen für den Angriff zugewiesenen Positionen waren, begab sich Friedrich zu Pferde mit einer kleinen Begleitung zu einem gefährlichen Aussichtspunkt inmitten eines Tannenwäldchens in der Nähe von Radaxdorf. Dieses Gehölz lag mitten im Schußfeld von mehreren österreichischen Geschützen und einer Reihe von Kanonen der preußischen Bataillonsartillerie, die ausgerechnet in diesem Augenblick begannen, sich ein Feuergefecht zu liefern. Die Kanonenkugeln sausten von beiden Seiten durch die Bäume. Ein paar Augenblicke später raste Friedrichs Adjutant Hauptmann Dyhern im Galopp aus dem Wäldchen auf die eigenen Batterien zu, mit dem Hut das Zeichen zur Einstellung des Feuers gebend, und ersuchte den Prinzen Ferdinand, den Befehlshaber der in der Mitte der Schlachtordnung stehenden Division, das Leben seines königlichen Bruders nicht zu gefährden. (Herrmann, 1918, 103; die Geschichte des Generalstabs – Gr. Gstb,. 1901–14, VI., 34 – verlegt diesen Zwischenfall auf den Zeitpunkt des Angriffes auf das Dorf Leuthen.)
Der erste Durchbruch sollte von Generalmajor Wedell mit den drei verbleibenden Bataillonen der Vorhut, nämlich dem Regiment Meyerinck (26; Karte 23) und dem zweiten Bataillon des Regiments Itzenplitz (13), erfolgen. Rechts hinter ihnen stand eine Kolonne von vier Bataillonen, in der Mehrzahl Grenadieren, sowie eine Batterie von 12-Pfündern, die auf dem niedrigen Glanzberg in Stellung gebracht wurde. Schließlich kam das Gros der Infanterie, dessen Bataillone mit fünfzig Schritt Abstand, linksrückwärts gestaffelt, einander folgten. Die ganze Aufstellung der preußischen Armee war ein Musterbeispiel der Schiefen Schlachtordnung.
Friedrich stimmte die einzelnen Phasen des Angriffs sorgfältig mit

den beteiligten Verbänden ab. Er instruierte eingehend die betreffenden Kommandeure und hielt eigens sein Pferd an, um das Wort an den «Freikorporal» von Barsewisch zu richten, der die Fahne des vorausrückenden Regiments des Obersten von Meyerinck trug:

> «Junker von der Leib Compagnie, siehet Er wohl; auf den Verhack soll Er zu marschiren. Er muß aber nicht zu stark avanciren, damit die Armee folgen kann.» Und nun richteten Se. Majestät unsere Bataillons selber nach der Stellung der feindlichen Linie und sagten zu denen Soldaten: «Burschen, sehet Ihr dortten wohl die Weißröcke? Die sollt Ihr aus der Schanze wegjagen. Ihr müßt nur stark auf sie anmarschiren und sie mit dem Bayonet daraus vertreiben. Ich will Euch alsdann mit 5 Grenadier Bataillons und der ganzen Armee unterstützen. Hier heißt es siegen oder sterben. Vor Euch habt Ihr die Feinde und hinter Euch die ganze Armee, daß Ihr also auf keine Seite zurück oder vorwärts anders als siegend Platz findet . . .» (Barsewisch, 1863, 32; tatsächlich trug der Feind in diesem Abschnitt blaue Uniformröcke wie die preußische Infanterie.)

Prinz Moritz von Dessau kam unterdes mit der Taschenuhr in der Hand zu Friedrich gesprengt und erinnerte den König leicht beunruhigt daran, daß der kurze Wintertag bereits weit fortgeschritten und nur noch mit knapp vier Stunden Helligkeit zu rechnen sei. Schließlich gingen kurz nach ein Uhr mittags die preußischen Linien zum Angriff vor. Selbst jetzt entsandte Friedrich einen Adjutanten nach dem anderen nach vorn, um den Führern der an der Spitze marschierenden Bataillone zu bedeuten, ihr Tempo zu drosseln.

Die ersten feindlichen Truppen, die mit den Preußen in Berührung kamen, waren Regimenter der Verbündeten der Kaiserlichen Armee, darunter viele aus protestantischen Württembergern zusammengesetzte Bataillone. Sie leisteten einige Minuten lang überraschend starken Widerstand aus der Deckung hinter einer Weidenkette hervor, die einen schmalen Wasserabzugsgraben – Friedrichs «Feldschanze» – säumte. Die Kaiserlichen ergriffen allerdings die Flucht, als das Regiment Meyerinck unerbittlich auf sie eindrang; die übrigen württembergischen Bataillone, die nach Osten hin aufgestellt waren, lösten sich daraufhin auf, ohne zu irgendeinem Zeitpunkt angegriffen worden zu sein. Die preußische Infanterie stürmte nach Norden in Richtung auf das Dorf Leuthen vor, wirkungsvoll unterstützt durch die außergewöhnlich beweglichen Batterien mit schweren Kanonen. Die Geschütze auf dem rechten Flügel und im Zentrum eröffneten zunächst das Feuer vom Judenberg nordwestlich von Sagschütz und bezogen dann Stellung auf dem breiten Kirchberg, wo bereits die Geschütze der Vorhut aufgefahren waren.

Inzwischen sah sich Zieten auf dem äußersten rechten Flügel gezwungen, seine gesamten 53 Schwadronen gegen seinen alten Erzfeind Graf Nádasty ins Gefecht zu führen, der mit der Reiterei des linken österreichischen Flügels angerückt kam. Die sich daraus entwickelnde harte Auseinandersetzung endete damit, daß die Österreicher geschlagen wurden und sich zur Flucht wandten. Im Verlauf dieser Reiterschlacht erbeutete die preußische Kavalleriebrigade unter Oberst Lentulus fünfzehn feindliche Geschütze und vernichtete die Jung-Modena-Dragoner fast vollständig.
Zunächst versuchte Prinz Karl von Lothringen das Kräftegleichgewicht südlich von Leuthen dadurch wiederherzustellen, daß er einzelne Bataillone aus seinem zweiten Treffen abzog und nach vorn warf, doch sehr bald schon mußte die gesamte österreichische Armee eine so weite Schwenkung vollziehen, daß sie eine neue, nach Süden gerichtete Front bildete, die sich durch Leuthen und mehrere hundert Schritt weit beiderseits der Ortschaft erstreckte. An manchen Stellen standen bis zu dreißig Österreicher hintereinander gestaffelt und boten ein ausgezeichnetes Ziel für Flankenfeuer durch die preußischen Geschütze, die auf die sanft ansteigenden Hänge des Butterberges geschafft worden waren.
Die zweite Phase der Schlacht begann gegen halb vier mit dem Angriff der Preußen auf die neue österreichische Front und besonders auf den Kern des Widerstandes im Dorf Leuthen selbst. Die Attacken des Regiments Garde wurden wiederholt vom Feind abgeschlagen, der einen Verteidigungsgürtel um die niedrigen Backsteingebäude, Bauernhäuser wie Scheunen, gelegt hatte. Schließlich wurde jedoch der Zugang zum Ort durch das dritte Bataillon Garde unter seinem Hauptmann von Möllendorff erzwungen, der sich an der Spitze seiner Infanteristen von Süden her durch eine hintereinander liegende Reihe von Ställen den Weg nach Leuthen hinein freikämpfte. (Hoffmann, 1912, 87) Auch jetzt noch leistete von den deutschen Hilfstruppen das Würzburger Regiment von Roth energisch Gegenwehr. Es hatte sich auf den in der Ortsmitte liegenden Kirchhof zurückgezogen, dessen dicke Umfriedungsmauern mit ihren vier runden Ecktürmen hinreichend Deckung boten. Eines der Bataillone des Infanterieregiments Pannwitz (10) wurde beim ersten Angriff von den österreichischen Verteidigern zurückgeschlagen, und die Preußen sahen sich schließlich genötigt, mit ihrer Artillerie im direkten Schuß eine Bresche in die Friedhofsmauer zu sprengen. (Abb. 26)
Leuthen wurde nach gut halbstündigem Kampf von den Preußen gestürmt. Hinter dem Dorf setzten sich die Österreicher erneut fest und behaupteten ihre Stellung. Außerdem preschten die Reitergene-

rale Lucchese und Serbelloni vom rechten Flügel der Österreicher mit einer Truppe von rund 70 Schwadronen heran. Hätte die Masse der österreichischen Infanterie die offene linke Flanke der preußischen Infanterie erreicht, hätte sich durchaus noch das Kriegsglück an diesem Tag gegen Friedrich wenden können.
Diese gefährliche Bewegung des Feindes wurde jedoch rechtzeitig von Generalleutnant Georg Wilhelm von Driesen, dem Kommandeur des linken preußischen Kavallerieflügels, erkannt, der uns zuletzt im Schlachtgetümmel von Chotusitz begegnete. Hier bei Leuthen unterstanden ihm die 40 im toten Winkel bei Radaxdorf in Reserve gehaltenen Schwadronen, mit denen er nun aus eigener Initiative Attacke gegen die an ihm vorbeistürmende rechte Flanke der feindlichen Kavallerie reiten ließ. Die schlachterprobten Bayreuther Dragoner (D 5) eröffneten den Angriff unter den Augen der Kürassiere von Beverns alter Armee, die noch immer in Ungnade standen. Sie empfanden keineswegs Bedauern, als sie mit ansehen mußten, wie die berühmten Dragoner beim ersten Zusammenstoß mit den Österreichern Prügel bezogen. «Die Cürassiere in der zweiten Linie konnten sie sogleich unterstützen, aber ihre besten Officiere sagten: ‹Laßt nur die Favoritdragoner etwas zappeln!› Endlich, als die Gefahr zu groß wurde, kamen sie herzu und retteten sie . . .» (Kalkreuth, 1840, IV., 128)
Die Weißen Husaren des Regiments Puttkamer (H 4) kamen unterdes von hinten heran, stießen mit den gegnerischen Kollowrath-Dragonern zu einem Zeitpunkt zusammen, als die Österreicher noch im Aufmarsch begriffen waren, und fügten ihnen schwere Verluste zu. Tausende von kämpfenden Reitersoldaten beider Lager gerieten mitten unter die nördlich von Leuthen stehende österreichische Infanterie, was zur Folge hatte, daß ganze feindliche Bataillone ihre Musketen wegwarfen und die Flucht ergriffen. Truppenteile, die versuchten, ihre Stellung zu behaupten, wurden vom Strom der Flüchtenden mitgerissen.
In diesem minutenlangen Durcheinander ging es Friedrich angesichts der rasch hereinbrechenden Dunkelheit nur darum, Kräfte zusammenzustellen, um eine fünf Meilen hinter dem Schlachtfeld bei Lissa liegende Brücke in die Hand zu bekommen und dadurch den Feind daran zu hindern, sich hinter dem Striegauer Wasser, kurz hinter der Mündung der Weistritz in diesen Fluß, in Schlachtordnung aufzustellen. Die Kürassiere des Regiments Seydlitz sowie drei Grenadierbataillone folgten dem Befehl des Königs und sprengten mit diesem bei leichtem Schneefall in die Nacht, dem genannten Ziel entgegen. Auf der Landstraße nach Breslau schloß sich der alte Zieten mit einem

Dutzend Husaren Friedrich an. In der abgelegenen Ortschaft Saara ließ er einen ihm von Manövern her bekannten Gastwirt herausrufen, nahm den guten Mann, der seine Laterne mitgebracht hatte und bekannt für seine Redseligkeit war, auf den Steigbügeln ein Stück mit und ließ sich währenddessen über den Durchzug der fliehenden Österreicher berichten. Die Husaren schlossen dicht auf, um die Unterhaltung zwischen König und Schankwirt, der Friedrich nicht erkannt hatte und ihn für einen preußischen General hielt, mit anzuhören. Etwa dreihundert Schritt vor dem Ortseingang von Lissa zogen der König und seine Begleitung plötzlich feindliches Feuer auf sich – fünfzig bis sechzig Musketenschüsse aus nächster Nähe. Die Preußen verließen fluchtartig die Straße und suchten links und rechts Deckung hinter den Weiden, die den Fahrweg säumten. Friedrich war der erste, der seine Stimme wiederfand: «Aber mein Gott, lieber Zieten, dies konnte uns unmöglich begegnen, wenn die Husaren, wie ich es befohlen hatte, immer dreißig Schritt vorgeritten wären!» (Nicolai, 1788–92, III., 236)

Friedrich wartete ungefähr eine halbe Stunde, bis seine Grenadiere herangekommen waren. Gemeinsam ritt man dann in Lissa ein, nachdem ein Erkundungstrupp der Husaren gemeldet hatte, in dem Städtchen sei nichts vom Feind zu entdecken. Trotzdem kam es bald zu einem Schußwechsel mit feindlichen Einheiten, die sich auf das gegenüberliegende Ufer des Striegauer Wassers zurückgezogen hatten, und mit vereinzelten österreichischen Kompanien, die sich in Häusern am Marktplatz versteckt hielten. Die Säuberung des Stadtkerns war natürlich nicht Sache eines Königs, und so begab sich Friedrich sofort zum Schloß von Lissa, einem auf einem befestigten Fundament stehenden schönen Rokokogebäude. (Abb. 28) Der Schloßherr, Baron von Mudrach, war nicht wenig erstaunt, seinen Landesfürsten vor sich zu sehen, hieß ihn herzlich willkommen und erzählte dem König, daß noch bis vor kurzem ein österreichischer Divisionsstab in seinem Schloß gelegen habe.

Friedrich war nicht Zeuge des letzten großen Erlebnisses seiner Soldaten – einer Episode mit religiösem Charakter – in dieser ereignisreichen ersten Dezemberwoche des Jahres 1757. Erst später erfuhr er, daß die abrückende Armee auf ihrem Nachtmarsch den Choral «Nun danket alle Gott ...» angestimmt hatte. Das gemeinsam gesungene Kirchenlied belebte die Soldaten neu, die fast gelähmt vor Kälte und Erschöpfung dahinzogen, und einige Veteranen sollten sich bis an ihr Lebensende an dieses Dankgebet als das eindrucksvollste Geschehnis des gesamten Feldzuges erinnern.

Am Morgen nach der Schlacht bildeten die Leichen der Gefallenen und die liegengebliebenen Verwundeten beider Seiten zahllose kleine Schneehügel. Die preußischen Verluste beliefen sich auf 6 382 Offiziere und Mannschaften, von denen die Mehrzahl vermutlich nur leicht verwundet war. Die Österreicher verloren insgesamt rund 22 000 Mann, darunter 12 000, die in preußische Gefangenschaft gerieten. Ihre Verluste beliefen sich somit auf ungefähr ein Drittel der Ist-Stärke ihrer zahlenmäßig so großen Armee.

Es ist niemals ernsthaft der These widersprochen worden, daß Leuthen den größten Sieg innerhalb einer Generation, vielleicht sogar des gesamten 18. Jahrhunderts, darstellte und daß allein dieser Tag Friedrichs Anspruch auf einen Platz unter den berühmtesten Feldherren der Geschichte begründet hätte. Fast jeder zeitgeschichtliche und militärhistorische Kommentator hat auf die hohe Kampfmoral der preußischen Truppen hingewiesen, ferner auf Friedrichs Kenntnis und Ausnutzung des Geländes zu seinen Gunsten, das bedächtige Vorgehen beim Angriff, die Beweglichkeit und das Vernichtungsfeuer der Artillerie, die großartige Reaktion der Infanterie, die verheerende Wirkung des Eingreifens der Kavallerie des linken Flügels sowie die auf allen Ebenen von Generalleutnant Driesen bis Hauptmann Möllendorff bewiesene Initiative. Der Erfolg war von anderer Qualität als der von Roßbach, denn bei Leuthen hatten die Preußen einen sich erbittert zur Wehr setzenden, noch kurz zuvor siegreichen Feind bezwungen.

Nach der Schlacht traf der englische Gesandte Mitchell den König «vergnügt und glücklich, aber nicht begeistert, angesichts des großen und beinahe unglaublichen Erfolges seiner Waffen» an. «Er spricht vom Kampfgeschehen am 5. Dezember ... mit der Bescheidenheit, wie sie einem Helden ansteht, dessen Großmut sich weder durch das Lächeln noch durch das Strinrunzeln des Schicksals beeinflussen läßt ...» (11. Januar 1758, PRO SP 90/71)

Am 6. Dezember überquerten die preußischen Verbände bei der Verfolgung der Österreicher Striegauer Wasser und Weistritz in vier Kolonnen, erbeuteten an die vierhundert Brot- und Bagagewagen und machten eine beträchtliche Anzahl Gefangener. Die eigentliche, ernsthafte Verfolgung des geschlagenen Gegners wurde erst am 7. Dezember aufgenommen (unerklärlich spät, wie einige Kritiker Friedrichs bemängeln – Gr. Gstb., 1901–14, VI., 67–68), als der König Zieten mit einem Korps von 63 Eskadrons und elfeinhalb Bataillonen hinter den Österreichern herschickte. Zu diesem Zeitpunkt bewegte sich die feindliche Hauptarmee in südöstlicher Richtung an der Weistritz entlang auf Schweidnitz und die böhmische Grenze zu.

Tausende hatten aber auch, sich buchstäblich durch die Stadttore ergießend, Zuflucht in Breslau gesucht:

> Wie ein durch Donner und Blitz getrennter Wolkenbruch sich von den Gebürgen herab wälzt, und die an den Füßen der Berge herabhängenden Thäler füllet..., so flossen vor unseren Augen die unzählbaren Völcker, so erst gestern von uns weggerückt ... Jede Straße war ein Strom, jeder Fußsteg ein Bach von Menschen ... (Belach, 1758, 127)

Am 8. Dezember wurde Zieten an dem Flüßchen Kleine Lohe von einer starken österreichischen Nachhut aufgehalten und in ein Gefecht verwickelt. Friedrich ließ ihm daraufhin am nächsten Tag eine eilige Mitteilung überbringen, in der es hieß: «Ein Tag fatigue in diesen Umständen, mein lieber Zieten, bringt uns in der Folge 100 Ruhetage!» (PC 9573) Generalleutnant Fouqué wurde entsandt, um Zieten als Befehlshaber der zur Verfolgung eingesetzten Kräfte abzulösen, und jagte am 22. und 23. Dezember die letzten Einheiten der österreichischen Hauptarmee über die Grenze nach Böhmen hinein.
Die Österreicher hatten allerdings noch eine Reihe von Verbänden in Schlesien zurücklassen müssen, nämlich die Garnisonen der festen Plätze Schweidnitz, Liegnitz und Breslau samt den dorthin geflüchteten Truppenteilen. Die Belagerung von Schweidnitz war eine schwierige Aufgabe, deren Lösung Friedrich im Winter nicht möglich zu sein schien, weshalb er sie auf das kommende Jahr verschob. Die Landeshauptstadt Breslau dagegen wurde von den Preußen unter heftigen Beschuß mit schweren 12-Pfünder-Festungsgeschützen genommen. Die entmutigte österreichische Besatzung übergab daraufhin am 20. Dezember die Stadt und ging in Gefangenschaft. «Le ciel soit loué que je me suis tiré cette terrible épine du pied!» («Dem Himmel sei Dank, daß ich mir diesen schrecklichen Dorn aus dem Fuß gezogen habe!») stellte Friedrich erleichtert fest. (PC 9612)
Am 21. Dezember zogen die Österreicher in einer scheinbar endlosen Marschsäule durch das Schweidnitzer Tor aus Breslau aus. Es waren insgesamt mehr als 17 000 Soldaten, eine weitaus größere Zahl, als manche preußische Offiziere geschätzt hatten. Friedrich beobachtete, nur von einer kleinen Suite umgeben, den Abmarsch der Gefangenen, und es schien fast ein Wunder zu sein, daß keiner der Österreicher die Gelegenheit nutzte, ihn niederzuschießen. (Hildebrandt, 1829–35, V., 127) Liegnitz kapitulierte nach kurzer Belagerung, bei der ebenfalls schwere Kanonen eingesetzt wurden, am 28. Dezember.

Die preußische Armee bezog dann endlich Winterquartiere, die über den mittleren Teil Niederschlesiens und das südliche Sachsen verstreut lagen. Hier traf sie ein schreckliches Unglück: in den beengten Unterkünften brach eine Epidemie aus und raffte mehr Soldaten weg, als durch die Kugeln der Franzosen und Österreicher gefallen waren.

Die Ereignisse von 1757 blieben in Erinnerung als «jene ungewöhnliche Campagne, die fruchtbarste an Schlachten, Rückschlägen und Begebenheiten von allen, die die Geschichte der Neuzeit bietet . . .» (Wraxall, 1806, I., 161) Friedrich selbst sprach von «une campagne qui en vaut trois» («einem Feldzug, der seiner drei werth ist») (PC 9636).

Der Feldzug gliederte sich in zwei deutlich voneinander unterscheidbare Teile:

a) die Realisierung des letzten Kapitels des von Friedrich gemeinsam mit Winterfeldt erstellten Angriffsplans, das in Kolin endete, wo der König die letzten Vorteile verspielte, die er in Händen hielt, seit er 1756 bei der Eröffnung der Feindseligkeiten die Initiative ergriffen hatte, und
b) den Beginn des langwierigen Überlebenskampfes im nördlichen Tiefland nebst den unerwarteten Atempausen, die Friedrich bei Roßbach und Leuthen für sich herausschlug.

Die Franzosen erschienen nie wieder an seiner Hintertür, und die Österreicher wurden nach Böhmen zurückgeworfen mit einem knappen Viertel der 90 000 Mann, die im Sommer die Grenze überschritten hatten.

Friedrich erwarteten in den folgenden Jahren noch brennendere Krisen als die, die er 1757 durchgemacht hatte, doch sollte er nie mehr Kampagnen von derartiger Intensität erleben. F. A. von Retzow vertritt die Auffassung, daß die Armeen von 1757 infolge der langen Friedensjahre ein Maximum an Drill mitbekommen hatten und daß die Kommandeure von Ehrgeiz strotzten: « . . . Über allen diesen ein Friedrich der Große im Glanze eines Helden an der Spitze rüstiger, durch Widerwärtigkeiten noch nicht muthlos gewordener Krieger, . . . ward eine Schlacht über die andre geliefert und Menschenblut ohne Barmherzigkeit vergossen . . .» (Retzow, 1802, I., 433–44)

Sein Winterquartier nahm Friedrich am 21. Dezember im Breslauer Stadtschloß. Dort hielt er sich, abgesehen von einigen wenigen kurzen Aufenthalten in Berlin – so anläßlich seines sechsundvierzigsten

Geburtstages am 24. Januar 1758 –, fast drei Monate lang auf. Er verglich sich gern mit einem Seemann auf Landurlaub von hoher See, der dringend der Erholung auf festem Boden bedurfte, und verbrachte viele Tage für sich allein in der Abgeschiedenheit seiner Gemächer.

Mit dem Beginn des neuen Jahres 1758 setzte sich bei Friedrich die Zuversicht durch, daß die Österreicher nach ihrem Debakel in Schlesien gewillt waren, Frieden zu schließen, doch allzubald stellte sich heraus, daß sowohl Wien wie auch Paris den Krieg fortzusetzen beabsichtigten. Österreicher und Reichsarmee allein waren in der Lage, 150 000 Soldaten auf die Beine zu stellen, und Russen und Schweden konnten weitere 98 000 Mann aufbieten. Friedrich vermochte knapp 135 000 Kämpfer ins Feld zu führen, von denen noch ein Gutteil feindliche Gefangene waren, die man zwangsweise in preußische Uniformen gesteckt hatte.

Angesichts dieses Kräfteverhältnisses entwickelte der König ein Operationsschema, das er während der folgenden vier Jahre beibehalten sollte. An der im äußersten Westen liegenden Flanke seines Staates verließ er sich ganz und gar auf Prinz Ferdinand von Braunschweig, der sich bereits als genialer Feldherr auszuweisen begann, der auf eigene Initiative operieren konnte – eine Eigenschaft, die den Franzosen den Zugang zum westlichen Deutschland für den Rest des Krieges versperren sollte. Mit seinen hannoverschen und den verbündeten Truppen aus anderen protestantischen deutschen Kleinstaaten eröffnete Ferdinand bereits im Februar und Anfang März 1758 eine tatkräftige Offensive gegen die Franzosen. Es gelang ihm dabei, Hannover und Braunschweig zu befreien und die französische Armee zum Rückzug über die Weser zu zwingen. Ferdinand verfügte schließlich über rund 100 000 unter seinem Kommando stehende britische und deutsche Soldaten und brachte es fertig, trotz aller Launenhaftigkeit der Glücksgöttin Fortuna die hannoverschen Lande erfolgreich zu verteidigen und die Franzosen eine gute Armlänge von der so wichtigen Festung Magdeburg fernzuhalten, die als Nachschubbasis für die preußische Kriegführung in Sachsen diente.

Prinz August Wilhelm war todkrank, und Friedrich wollte ihm keinen Oberbefehl mehr anvertrauen. Gewissermaßen zum Ausgleich hatte sich inzwischen der nächstfolgende in der Reihe der Brüder des Königs, der knapp zweiunddreißigjährige Prinz Heinrich, Friedrich als einsichtiger und sachverständiger, wenn auch besonders vorsichtiger Offizier empfohlen, der sich offenbar sehr gut dazu eignete, größere Truppenteile auf dem Hauptkriegsschauplatz zu befehligen. Wir werden in der Folgezeit Heinrich oft als Truppenführer eines in Sach-

sen oder an der Oder postierten Detachements erleben, der Friedrichs Flanken und Rücken vom Feinde freihält, während unser Held hierhin und dorthin jagt in der Absicht, mit der königlichen Armee zu einem großen Schlag auszuholen.
Friedrich wußte sehr wohl, daß seine Hauptaufgabe im neuen Jahr die Zurückwerfung der Russen sein würde, die Ostpreußen im Januar überrannt hatten und mit Sicherheit in Richtung Oder vorrücken würden. Um seine Hände frei zu haben und sich der Moskowiter annehmen zu können, beabsichtigte Friedrich, den Feldzug sehr früh für die Jahreszeit zu eröffnen und die Österreicher durch einen großangelegten strategischen Ablenkungsangriff zu fesseln. Dieser sollte in Gestalt einer Offensive von Oberschlesien nach Mähren hinein erfolgen, wo eine Belagerung der Festung Olmütz an der March viele interessante Möglichkeiten eröffnen würde. Die Stadt mit der stärksten feindlichen Garnison lag am direkten Wege nach Wien, und die Österreicher, dessen war Friedrich gewiß, würden auf dramatische Weise auf die Belagerung reagieren. Vielleicht stellten sie sich sogar zu für ihn günstigen Bedingungen zur Schlacht. Zumindest aber würde sein Schritt sie zwingen, Kräfte an einen Kriegsschauplatz zu entsenden, wo sie für die Russen keine erdenkliche Hilfe darstellten.
Am 17. März 1758 errichtete Friedrich sein Hauptquartier im Kloster Grüssau in Niederschlesien am Fuße des Riesengebirges. Der Ort, unweit von Landeshut gelegen, war ringsum von Bergen umgeben. Von hier aus konnte er den Verlauf der Belagerung von Schweidnitz verfolgen und die allmähliche Bereitstellung seiner Truppen und des Versorgungstrains überwachen. Er hütete sich, Gerüchten zu widersprechen, wonach mehrere tausend Pferdewagen benötigt wurden, um die Magazine von Neisse weiter westlich nach der Stadt Glatz zu verlagern und damit den Rückhalt für einen Vorstoß nach Böhmen hinein zu gewinnen.
Die Preußen hatten normalerweise bei der Belagerung von Festungen keine glückliche Hand, doch Friedrich kürzte am 18. April die Operation gegen Schweidnitz dadurch entscheidend ab, daß er das Risiko einging, das besonders stark befestigte sogenannte Galgenfort bei Nacht stürmen zu lassen. Nach dem Fall dieses Festungswerks kapitulierte dann der Kommandant des gesamten Befestigungskomplexes unverzüglich. Dieses erfreuliche Postskriptum zum Feldzug von 1757 brachte Friedrich beinahe 5 000 Gefangene ein, große Mengen an Musketen und anderen Waffen sowie verschiedenen Ausrüstungsgegenständen, die er in seiner eigenen Armee verteilen ließ. Was noch wichtiger war: der König hatte zehn volle Tage für den bevorstehen-

den Feldzug gewonnen, «... und die Zeit wäre mir anjetzo sehr edel!» (PC 9939)
Die Truppenkonzentration in Neisse konnte nun mit Elan weitergehen. Der neue Vorleser Friedrichs, der bereits erwähnte Schweizer Henri de Catt, der am 13. März in Breslau eingetroffen, sofort vom König empfangen worden und mit nach Grüssau gereist war, notierte Worte Friedrichs aus diesen Tagen:

> Me voici au commencement de ma campagne. Dieu sait ce qui en sera d'elle et de moi. Rien de si cruel que de devoir guerroyer sans cesse, et le peuple hébeté me croit un heureux mortel! ... Voyez quel régal j'y ai: chaque matin, quarante lettres à lire; la moitié ne disent rien, le quart sont très indifferentes ou très épineuses, et le reste contient des nouvelles les plus désagréables ...
> (Da stehe ich also am Beginn meines Feldzuges. Gott weiß, was von ihm und von mir zu halten sein wird. Es gibt nichts Grausameres, als unaufhörlich Krieg führen zu müssen, und das stumpfsinnige Volk hält mich für einen glücklichen Sterblichen! ... Sehen Sie hier mein Festmahl: An jedem Morgen sind vierzig Briefe zu lesen; die Hälfte davon ist nichtssagend; ein Viertel ist sehr gleichgültig oder mißlich, und der Rest enthält die unangenehmsten Nachrichten ...)
> (de Catt, 1884, 25)

Friedrich weilte mit seinen Gedanken oft in Sanssouci, und eines Nachts erschien ihm in einem Alptraum sein lange verstorbener Vater und befahl mit ihm gekommenen Soldaten, den Kronprinzen – also ihn – zu fesseln und auf die Festung Magdeburg zu schaffen. Dieser Traum wiederholte sich mehrfach, und Friedrich wachte jedesmal schweißgebadet auf.
Am 24. April unternahm Friedrich eine ostentative Erkundungsfahrt nach Glatz und interessierte sich auffällig für das dortige Straßennetz und die Landschaft ringsum. Am 25. April kehrte er eiligst nach Neisse zurück. Am selben Tag erfolgte dort der Aufmarsch der preußischen Armee «in solch kleinen Gruppen und über so viele verschiedene Anmarschstraßen, daß jemand, der nicht vorher unterrichtet war, sich unmöglich vorstellen konnte, daß eine derart gewaltige Streitmacht in dieser Stadt und um sie herum zusammengezogen werden konnte ... Die Kavallerie ist hier und dort in einem Talgrund gelagert, damit man sie von den Bergen auf der anderen Seite des Flusses [Glatzer Neiße – Anm. d. Ü.] nicht erspähen kann, und die gesamte Infanterie hat man in die Stadt hineingestopft. ...» (Generalmajor Joseph Yorke, 26. April, PRO SP 90/71) Tatsächlich wollte der König mit wenig mehr als 55 000 Mann nach Mähren einmar-

schieren. (vgl. Karte 24) Die übrigen verfügbaren preußischen Truppen waren bei Prinz Heinrich in Sachsen verblieben beziehungsweise unterstanden Generalleutnant Zieten, der in Landeshut nördlich von Grüssau die niederschlesische Grenze sicherte und gegebenfalls auch eingreifen konnte, falls sich die Russen der Oder näherten.
Der König und seine Armee überschritten am 29. April die österreichische Grenze und zogen, ohne auf Widerstand zu stoßen, in Troppau ein, einer ansehnlichen, doch nicht zu verteidigenden Stadt, die auf der schlesischen Seite des Grenzgebirges lag. Der 1. Mai brachte einen strapaziösen Marsch durch das mächtige Tal der herabstürzenden Mohra und hinauf durch dunkle Wälder bis zum düsteren Bergort Alt-Zeschdorf. Den ganzen Tag über schneite es, und die rutschigen Straßen trugen noch zu Friedrichs sichtbarer Erschöpfung bei. Am darauffolgenden Tag marschierte die Armee rasch über ein offenes, leicht hügeliges Tafelland. Schließlich gelangten die preußischen Regimenter und Bataillone am 3. Mai an den Rand des Plateaus und stiegen durch ein dichtes, steil abfallendes Waldgebiet in die Ebene um Olmütz hinunter. (siehe Karte 25)
Das österreichische Feldheer war noch immer nicht in Sicht, und Friedrich rechnete sich aus, daß er ganze sechs Tagesmärsche Vorsprung vor Daun herausgeholt hatte, der vermutlich noch runde hundert Meilen weiter westlich in Böhmen stand und die Einfallstore von Glatz her im Auge behielt. Am 4. Mai passierte Friedrichs Armee unter viel Mühe die Sümpfe und zahlreichen Kanäle der Morava oder March, eines linken Nebenflusses der Donau. Friedrich ließ dann ein Feldlager auf dem gegenüberliegenden Ufer bei Littau errichten. Dies war ein bedeutender strategischer Erfolg, denn jetzt saß er mit seinen Truppen zwischen Olmütz und der Straße, über die der Entsatz aus Böhmen heranrücken mußte, und das Geländehindernis, das die March darstellte, war für ihn jetzt von Vorteil.
Am 5. Mai nahm sich Friedrich Zeit, die Gegend zu erkunden. Die Landschaft erschien ihm wie eine nach Mitteleuropa verlegte Lombardei, denn hier wie dort gab es eine Unzahl von Wassergräben, Dämmen und Pappelreihen, und die Kirchtürme von Olmütz sahen denen von Mailand oder Parma täuschend ähnlich. Friedrich war bereits 1742 durch dieses Gebiet gezogen, doch Olmütz war nicht mehr das freundliche Städtchen von damals. Man hatte einen Gürtel von massiven Befestigungen um die Stadt gezogen, und die Sonne, die jetzt durch die dunklen Wolken brach, spiegelte sich in weiten, nach Süden und Norden hin ausbreitenden, unter Wasser gesetzten Flächen wider. Die österreichische Garnison bestand aus 8 500 Soldaten, die bestens ausgerüstet und versorgt waren und unter dem

Befehl des rüstigen alten Generals Ernst Dietrich von Marschall standen.

Friedrich ließ seine Truppen eine Reihe von Feldlagern rund um Olmütz beziehen, deren wichtigste das von Feldmarschall Keith (der die Belagerungstruppen von Nordwesten her deckte) und das von Friedrich selbst errichtete waren. Der König hatte für sein Lager einen weiter südlich bei Schmirschitz liegenden Standort gewählt, weil es dort einen niedrigen Bergrücken gab, der eine gute Fernsicht über die Ebene hinweg nach Osten und nach Süden bot. Von hier konnte er auch die Ausläufer der langgezogenen Kette sanft ansteigender, bewaldeter und felsiger Hügel kontrollieren, die sich westwärts nach Böhmen hinein hinzog.

Am 20. Mai traf Generalleutnant Fouqué, der alte Freund und Waffengefährte des Königs, in der Gegend von Olmütz mit den gesamten Abteilungen des Belagerungsartillerietrains ein. Es war eine bemerkenswerte technische Leistung, die möglicherweise Friedrich in der Annahme bestärkte, daß es keine großen Schwierigkeiten bereiten würde, seine Verbindungswege nach Oberschlesien offenzuhalten. Jetzt konnte die Einschließung von Olmütz mit Nachdruck betrieben werden. In der Nacht vom 27. auf den 28. Mai wurde der erste Laufgraben in Richtung der Festung ausgehoben, und am 31. Mai eröffneten die Preußen aus 43 Geschützen das Feuer auf die belagerte Stadt.

Allmählich setzte sich jedoch bei Friedrich das Gefühl durch, daß das Geschehen seiner Kontrolle entglitt. Daun hatte tatsächlich seine Armee in den sich nach Westen zu ausbreitenden Wäldern zusammengezogen, doch statt kühn in die Ebene hinauszumarschieren und das Risiko einzugehen, eine Schlacht zu verlieren, machte er die Umgebung der preußischen Lager durch Störangriffe unsicher, ließ die Vorposten durch seine Husaren und Kroaten überfallen und schleuste Kundschafter und Rekrutengruppen durch die Lücken im schwachen preußischen Kordon nach Olmütz ein. «Die Belagerungstruppen waren so schwach, die Einschließung war so wenig geschlossen, daß viele Officiere des Belagerungscorps ihr Mittagsessen in der Stadt holen ließen . . .» (Kalkreuth, 1840, IV., 132)

Die Belagerung selbst verlief ganz und gar nicht nach Friedrichs Wunsch. Zwar hatte man die Richtung der Anmarschwege gut gewählt, nämlich aus südwestlicher Richtung über den hochgelegenen, festen Untergrund des Tafelberges, doch lag sich der König mit seinem Genieobersten Balbi, dem Kommandeur des militärischen Ingenieurkorps, in den Haaren, weil die Auffassung beider Männer über die Anlage der Gräben und Feuerstellungen auseinanderging.

Der Belagerungsexperte Balbi hatte mit den entsprechenden Erdarbeiten in einer übermäßigen Entfernung von der Festung beginnen lassen, und die Pioniere gerieten nun unter Flankenfeuer aus einem der Vorwerke der Bastion. Schließlich machten es Ende Juni zwei Gegenschläge der Österreicher an anderer Stelle für die Preußen unmöglich, weiter ihre Zeit vor Olmütz zu vergeuden.
Friedrich war sich sehr wohl bewußt, daß Fortsetzung und Erfolg der Einschließung vom sicheren Eintreffen eines gewaltigen Transportzuges von über 3 000 Wagen abhingen, der Artilleriemunition, Mehl, Ausrüstung, Marketenderwaren sowie eine Million Taler in Bargeld heranbringen sollte. Eine große Anzahl von Rekruten begleitete den Konvoi. Die während des Marsches als Geleitschutz fungierenden jungen Soldaten sollten nach der Ankunft die Regimenter im Raum Olmütz auffüllen.
Einen ersten österreichischen Angriff wehrte die Kolonne am 28. Juni bei Unter-Gundersdorf ab. Am gleichen Tage gelangte, aus Schlesien kommend, Zieten mit zwei Grenadierbataillonen, zwei Kürassierregimentern und 600 Husaren an den Schauplatz des Gefechts und verstärkte das Geleit. Am 29. Juni, einem Rasttag, ließ er die Fuhrwerke südwestlich von Altliebe als Verteidigungsmaßnahme zu einer Wagenburg auffahren. (Er wurde später deswegen kritisiert; man warf ihm vor, nicht schnurstracks nach Olmütz durchmarschiert zu sein.)
Am regenverhangenen Morgen des 30. Juni setzte sich der verstärkte Konvoi um acht Uhr auf der nach Domstädtl (vgl. Karte 26) führenden Landstraße wieder in Bewegung. Die Landschaft ringsum war geprägt von kleinen runden Hügeln mit Tälern dazwischen und vereinzelten Gruppen von Koniferen. Sie war nicht öde im eigentlichen Sinne, doch geradezu ideal für einen Überfall aus dem Hinterhalt. Wenig oder gar nichts war von den Österreichern zu sehen, bis die Vorausabteilungen Domstädtl passiert hatten. Dann wurde fast der gesamte Streckenabschnitt bis zurück nach Altliebe aus Richtung Südosten von einem Detachement unter dem Kommando von Generalmajor Siskovics angegriffen. Zieten setzte die ihm unterstehende Infanterie zu zwei Gegenangriffen ein, je einen von seinem rechten und seinem linken Flügel, aber die Reihen der Grenadiere gerieten bei den Gefechten in Waldstücken in Unordnung, und die Österreicher waren in der Lage, sie wieder auf die Straße zurückzutreiben. Am späten Vormittag stieß eine weitere feindliche Streitmacht von Westen her zu den Kämpfenden. Das von Generalmajor Laudon befehligte Korps griff schließlich gemeinsam mit den Truppen des Generals Siskovics die Wagenburg bei Altliebe an, in der sich noch zwei Drittel der Wagen befanden.
Am späten Nachmittag hatten sich die preußischen Verbände in zwei

Hälften geteilt. Während Zieten und etwa 4 200 Mann den Rückmarsch in Richtung Troppau antraten, mühte sich Generalmajor Krockow, mit acht stark angeschlagenen Bataillonen, einem halben Dutzend Kürassierschwadronen, an die 550 Husaren und einem kümmerlichen Train von rund 100 Wagen zur Armee durchzustoßen. Zwischen Altliebe und Domstädtl hatten die Preußen 2 386 Mann durch Tod, Verwundung oder Gefangenschaft eingebüßt und ferner dem Feind zwölf Kanonen sowie an die 3 000 Fahrzeuge überlassen müssen.
Mitchell merkte dazu an: «Der König von Preußen war entweder nicht unterrichtet über Geheimdienstmeldungen, oder er schenkte den Berichten keinen Glauben, die die genaue Stärke der dem Konvoi entgegengeschickten österreichischen Detachements angegeben hatten. Vielleicht spielte unglücklicherweise die Tatsache eine Rolle, daß der erste Konvoi unbehelligt durchgekommen war, obwohl die Eskorte wesentlich schwächer war als die dem letzten Transport beigegebene, und dadurch dies fatale Gefühl der Sorglosigkeit ausgelöst wurde . . .» (8. Juli, PRO SP 90/72)
Dauns Hauptheer hatte sich unterdessen seinen Weg durch die Wälder gebahnt und trat bei Dobramillitz, zwanzig Meilen südlich vom Schmirschitzer Lager Friedrichs entfernt, in das offene Land hinaus. Am 27. Juni marschierten die Österreicher nordostwärts weiter bis Klenowitz und erweckten dadurch den Anschein, als wollten sie die Preußen zur Schlacht herausfordern. Friedrich traf auch entsprechende Vorbereitungen. In der Nacht vom 30. Juni auf den 1. Juli wich Daun jedoch den Preußen geschickt aus, indem er fast unter ihren Augen die March in drei Kolonnen überschritt und am folgenden Tage auf dem Ostufer des Flusses eilends nach Norden marschierte, wo er direkte Verbindung zur in Olmütz eingeschlossenen österreichischen Garnison herstellte. Friedrich hatte vermutet, daß die Österreicher für den Fall, daß sie die March überquerten, dies weiter stromabwärts in der Nähe von Kremsier tun würden, wo das Wasser durch ein einziges Flußbett floß.
Die Nachricht von dem Überfall aus dem Hinterhalt bei Domstädtl erreichte Friedrich am Vormittag des 1. Juli. Noch bevor er erfuhr, daß inzwischen auch Olmütz entsetzt war, beschloß er, die Belagerung der Festung aufzuheben, «ohne einen Augenblick zu verlieren und ohne im mindesten aus der Fassung gebracht zu erscheinen . . .» (Mitchell, 8. Juli, PRO SP 90/72) Der Gegensatz zu den widerwillig verfügten, halbherzigen Maßnahmen des Jahres 1744, als die Garnisonen in Tabor, Budweis und Frauenberg zurückgelassen wurden, spricht für Friedrichs Weiterentwicklung als Heerführer. Er bemerkte darüber zu Keith: «Il vaut mieux prendre un parti désagréable que de

n'en prendre point ou d'attendre les extrémités . . .» («Es ist besser, eine unangenehme Entscheidung zu treffen als gar keine oder als abzuwarten, daß sich die Dinge zuspitzen . . .») (PC 10104)
Friedrich scheint aus der strategischen Niederlage, die ihm die Österreicher zufügten, neue Kräfte gewonnen zu haben. Seine Energie und Erfindungsgabe kehrten zurück, und während der folgenden fünf Wochen leitete er einen Rückzug seiner Truppen ein, der seinen interessantesten Leistungen zugezählt werden muß. Die Preußen waren durch zirka 5 000 Troßwagen behindert, die mitgeführt werden mußten, ganz zu schweigen von dem Belagerungstrain, und der König befürchtete, bei einem Rückzug nach Norden über die vertraute, durch Troppau führende Strecke Gefahr zu laufen, ein neues Domstädtl in noch größerem Ausmaß zu erleben. Dementsprechend beschloß er auch, seine bisherige Versorgungslinie aufzugeben und sich in nordwestlicher Richtung über die Berge nach Böhmen abzusetzen, wo die Möglichkeit bestand, sich in den Besitz des österreichischen Magazins in Königgrätz zu bringen und die Zugänge nach Glatz und Niederschlesien zu öffnen.
Die Preußen traten ihren Rückzug am 2. Juli an. Friedrich übernahm die Führung mit einer ersten Kolonne, Keith folgte mit der zweiten. Der König zog rasch durch Mährisch-Trubau und Zwittau und marschierte nach einer Ruhepause von zwei Tagen und zwei Nächten, die er selbst in dem großen Renaissanceschloß von Leitomischl zubrachte, über Hohenmauth weiter und traf am 13. Juli in Königgrätz ein. Der österreichische Feldmarschall-Leutnant Fürst de Ligne, der später ein enger Freund Friedrichs wurde und ihn in Sanssouci besuchte, schrieb, daß die Österreicher unter normalen Umständen zahlreiche Überläufer von der preußischen Armee zu verzeichnen gehabt hätten, nämlich Gefangene, die zum Dienst in Friedrichs Heer gepreßt worden waren. «Aber man hat mir gesagt, daß er die Regimenter, denen er ein wenig mißtraute, so gut mit Pommern und Brandenburgern durchsetzt hatte, daß beinahe niemand ihm davonlaufen konnte.» (Ligne, 1795–1811, XIV., 212)
Friedrich mußte zu seiner Enttäuschung feststellen, daß der Feind die meisten seiner Nachschubdepots in Königgrätz bereits geleert und anschließend zerstört hatte. Jedoch stieß Marschall Keith, ebenfalls unbehelligt, mit seinen Truppen am 14. Juli zu ihm, und die Preußen konnten sich gratulieren, daß sie die erste und gefährlichste Etappe ihres Rückzuges unbeschadet hinter sich gebracht hatten. Die schwere Artillerie und die Verwundeten und Kranken wurden am 17. Juli vorausgeschickt und erreichten bald in der Grafschaft Glatz preußischen Boden.

Daun hatte gezögert, zur Unterstützung seines unter dem Kommando Laudons stehenden leichten Korps anzurücken, doch am 22. Juli bezog er ein riesiges Feldlager westlich von Königgrätz zwischen den Ortschaften Urbanitz, Stösser und Stresetitz, nachdem er mit seinem Heer die Elbe weiter stromabwärts überquert hatte. Friedrich suchte vergebens nach einem schwachen Punkt beim Gegner, der ihm vielleicht doch noch Gelegenheit bot, ihn zur Schlacht zu stellen. Inzwischen rückten jedoch die Russen bedrohlich der Oder näher, so daß es Friedrich für ratsam hielt, am 26. Juli ohne Hast den Rückzug seiner Kolonnen in Richtung auf die Grenzpässe zwischen Böhmen und Niederschlesien fortzusetzen. Er vermied es dabei sorgfältig, den Österreichern die Möglichkeit zu eröffnen, über die preußischen Marschsäulen herzufallen, wie sie es im November 1744, fast vierzehn Jahre zuvor, in derselben Gegend getan hatten.
Am 4. August traf Friedrich mit seiner Armee in Nachod ein, und kurz darauf zogen sich die Preußen über die Grenzen in die Grafschaft Glatz zurück. «Er ging zurück, doch es war das Zurückweichen eines Löwen, der sich plötzlich wieder gegen seine Verfolger wendet. Enttäuscht, doch nicht bezwungen, prachtvoll selbst bei einem Rückzug, all seine Artillerie und Bagage mit sich führend, überließ er Daun wenig mehr als einen negativen Triumph . . .» (Wraxall, 1806, I., 180)

Friedrich hatte zwar den Feldzug nach Olmütz hinreichend elegant zu Ende gebracht, doch sah er sich nun gezwungen, die Auswahl unter einer begrenzten Anzahl wenig attraktiver strategischer Möglichkeiten zu treffen. Er gestand im Gespräch mit de Catt:

> Ich weiß nicht, mein Freund, ob Sie sich eine ganz richtige Vorstellung machen von meiner Lage und von der Notwendigkeit, unter diesen unglücklichen Umständen oft gegen die Regeln zu handeln, die ich für gut befinde, sei es, um mich aus einer gefährlichen Lage zu befreien, sei es, um mich gegen einen Feind zu wehren, den ich vor mir habe, damit ich einem andern entgegenzueilen vermag, der mich bedroht. Ich muß fast stets mit einer Schnelligkeit und einer Kühnheit handeln, wie sie die Vorsicht und die Klugheit nicht zulassen würden . . .» (de Catt, 1884, 148)

In der Erwartung, daß Dauns Armee jeden Augenblick in das nördliche Tiefland einfallen konnte, und angesichts der Tatsache, daß Prinz Heinrich Sachsen mit nur 20 000 Mann behauptete, führte sich Friedrich vor Augen, daß ihm nur rund drei Wochen Zeit blieben, um irgendeinen entscheidenden Schlag gegen die Russen zu führen. Es

ist nicht leicht, aus der Rückschau zu ermitteln, einen wie ernsthaften Zusammenstoß Friedrich erwartete. Er unterhielt sich mit Feldmarschall Keith, der früher einmal in russischen Diensten gestanden hatte, über die soldatischen Leistungen der Moskowiter und äußerte sich abfällig über sie, traf aber dann die gleichen persönlichen Vorkehrungen wie vor der Schlacht von Leuthen: «Ich will, daß nach meinem Tode keine Umstände mit mir gemachet werden. Man soll mir nicht öffnen, sondern stille nach Sans-Souci bringen und in meinem Garten begraben lassen . . .» («Ordre», 22. August, PC 10230)
Am 11. August ließ Friedrich den Markgrafen Karl von Brandenburg-Schwedt als Befehlshaber der preußischen Truppen in Schlesien zurück und brach persönlich mit einem Korps von lediglich vierzehn Bataillonen und achtunddreißig Schwadronen, insgesamt rund 11 000 Mann, zur Oder auf. (vgl. Karte 27) Er konnte keine größere Streitmacht mitnehmen, weil er sonst Daun seine Absichten kundgetan hätte. Auf dem östlichen Kriegsschauplatz wollte er zu der 26 000 Mann starken Armee seines Generalleutnants Dohna stoßen, der im März das Kommando von Feldmarschall Lehwaldt übernommen hatte. Friedrich wußte, daß er es über kurz oder lang mit einer Armee von 45 000 Russen zu tun bekommen würde, die unter ihrem General Fermor nach Westen auf die Oder zu marschierten.
Das russische Hauptheer eröffnete am 15. August die Beschießung der kleinen Festungsstadt Küstrin auf dem rechten, östlichen Oderufer. Sie hofften, durch Einnahme dieses festen Platzes eine sichere Überschreitung der Oder in einem Abschnitt bewerkstelligen zu können, der nur fünfzig Meilen von der preußischen Hauptstadt Berlin entfernt war. Von einem Aufhalten der Russen irgendwo jenseits des Stroms, wie es Friedrich ursprünglich vorgeschwebt hatte, konnte nicht länger die Rede sein. Sein Plan sah daher jetzt vor, sich Dohna anzuschließen, Küstrin zu entsetzen und die Russen in der Nähe dieser Stadt zum Kampf zu stellen.
Friedrich trieb seine Marschkolonnen unerbittlich zur Eile an. Der Marsch erfolgte in nordwestlicher Richtung bis nach Crossen an der Oder und führte dann auf dem linken Flußufer weiter bis zur reizvollen Universitätsstadt Frankfurt, in der er am 20. August anlangte. Er nahm Quartier im Haus einer Pastorenwitwe, und als er vor die Tür trat, vernahm er deutlich von Norden her das Donnern der russischen Festungsgeschütze, die Küstrin unter Feuer nahmen. Einer seiner Offiziere berichtete darüber: «In der Zeit, da die Truppen vor dem Könige vorbei defilirten, hörte man jeden feindlichen Schuß auf Cüstrin. Ich bemerkte, daß der König bei jedem Schusse eine Prise Tabak nahm, und man sah selbst durch die seltne Standhaftigkeit,

welche den Karakter dieses unbegreiflichen Helden auszeichnet, die Empfindungen des Mitleidens über das Schicksal der unglücklichen Stadt und bange Ungeduld, ihr zu helfen, hervorschimmern ...» (Anon., 1787–89, II., 13)

Der König brach in der darauffolgenden Nacht mit einer kleinen Begleitung zu Pferde auf und gelangte ohne Zwischenfälle zu Graf Dohna und seinem Korps. Die preußischen Truppen hatten ein Feldlager beim Dorfe Gorgast unmittelbar vor Küstrin bezogen. Sie wirkten äußerlich in bester Verfassung, hatten Zeit gefunden, ihr Haar zu pudern, und verrieten durch ihr Auftreten gute Moral und Zuversicht. Friedrich machte indes kein Hehl aus seiner Unzufriedenheit mit ihrem Befehlshaber. Sein eigenes Korps legte in Frankfurt nach Gewaltmärschen über sandigen Boden und bei großer Hitze einen Ruhetag ein.

Die Russen, die vom Eintreffen des preußischen Königs mit weiteren Verbänden erfahren hatten, brachen sofort die Belagerung Küstrins ab und entfalteten sich in der Nähe der Festung auf dem Ostufer der Oder. Friedrich betrat Küstrin, den Ort, an den ihn Erinnerungen banden, die zu den traurigsten seiner an Zwischenfällen reichen Jugendjahre zählten – hier war 1730 sein Freund und «Fluchthelfer» Hans Hermann von Katte vor seinen Augen enthauptet worden –, mit schwerem Herzen. Die vielen Zerstörungen, die der russische Artilleriebeschuß verursacht hatte, taten ein übriges, um den König zu bestürzen. «Hie und da stand etwa noch ein Theil einer Wand, ein Theil einer Stube oder Stall, alles aber ausgebrannt und hingerichtet, alles von Schutt überfüllt, doch ohne Decke, worin inwendig das Feuer noch glimmete ...» (Ortmann, 1759, 417)

Die Streitkräfte Friedrichs und Dohnas vereinigten sich am 22. August bei Manschnow südwestlich von Küstrin auf der westlichen Seite der Oder. Zusammen bildeten sie eine Armee mit ungefähr 37 000 Soldaten. «Nie war wohl der Durst nach einem Treffen größer als in diesem Moment bei den Preußen. Der Dämon des Krieges schien das ganze Heer begeistert zu haben, und bei jedem Einzelnen regte sich Thatendrang.» (Hülsen, 1890, 86)

Friedrich ließ seine Batterien das Feuer auf die russischen Regimenter auf dem jenseitigen Oderufer bei Küstrin eröffnen, traf inzwischen aber auch Anstalten, mit seiner Armee den Fluß knapp zwanzig Meilen stromabwärts in der Nähe von Alt-Güstebiese zu überschreiten. Generalleutnant Kanitz marschierte mit dem Brückentrain unter Bedeckung von zwei Regimentern Infanterie voraus und brachte es in der Nacht zum 23. August fertig, unbemerkt von den Russen eine Brücke zu bauen. Gleichzeitig schickte Friedrich einige Infanterie-

und Husareneinheiten der Vorausabteilung mit Booten hinüber, um auf dem Ostufer einen Brückenkopf zu errichten. Im Laufe des Tages rückte die Armee im Eilmarsch von Küstrin herauf an. Die ersten Regimenter überquerten die Brücke um die Mittagsstunde und marschierten sogleich weiter, um ein vorbereitetes Feldlager zwischen Zellin und Klossow zu beziehen. Es war der Jahreszeit entsprechend heiß, und die tagelange Belastung durch ein tägliches Marschpensum von ungefähr fünfzehn Meilen hatte enorm an den Kräften der Truppe gezehrt. «Daher dem Hungrigen nichts anderes übrig blieb, als sich von seinem Brot im Marsch zu nähren und seinen Durst aus irgend einer Pfütze zu stillen, die er unterwegs antraf, weshalb man auch mit Grund behaupten kann, daß wohl ein Drittel der Armee marode wurde und dahinsank . . .» (Prittwitz, 1935, 213) Dieser letzte Vorstoß über die Oder war von besonderem Nutzen für Friedrich, denn er ermöglichte ihm, einen Keil zwischen Fermors Hauptheer weiter südlich und das fast 12 000 Mann starke russische Korps unter General Rumjanzow zu treiben, das damit stromabwärts bei Schwedt abgeschnitten war.

Der 24. August brachte erneut große Hitze, und Friedrich gestattete seinen Soldaten eine kurze Verschnaufpause, bevor man um zwei Uhr mittags in vier Kolonnen auf der Suche nach dem Feind aufbrach. Ein Junge verfolgte den Vormarsch der Preußen, der querfeldein führte, mit seinen Spielkameraden von einem Kirchturm aus. Er berichtete später von seinen Beobachtungen, daß er den Weitermarsch in der Ferne nur noch hatte ahnen können, denn « . . . wir schlossen dies aus den im Strahle der Sonne blitzenden Gewehren. Bald aber entzog uns der aufsteigende Staub diesen Anblick; auch sagte man, der König hatte auf diesem Marsche nochmals der Infanterie befohlen, die Gewehre umzukehren und die Kolben oben zu tragen, um dem etwas recognoscirenden Feinde den Marsch seiner Truppen zu entziehen . . .» (Jakob Wilhelm Bertuch, zitiert bei: Kalisch, 1828, 48)

Am späten Nachmittag entdeckte Friedrich dann, daß die russische Armee südlich des Flüßchens Mietzel ein befestigtes Lager bezogen hatte. Der Wasserlauf selbst war nicht gesichert, was Friedrich veranlaßte, sofort die Avantgarde über die intakt gebliebene Brücke an der Neudammer Mühle vorstürmen zu lassen. Am jenseitigen Ufer errichtete sie befehlsgemäß eine Brückenkopfverteidigung, während die Masse der preußischen Verbände auf der nördlichen Seite verblieb. Eine zusätzliche Brücke wurde konstruiert, um die Verbindung zwischen den beiden Elementen der Armee aufrechtzuerhalten. Es war ein großer Erfolg für Friedrich, daß er derart leicht auf dem jen-

seitigen Ufer der Mietzel hatte Fuß fassen können, das versumpft war, dichtes Buschwerk aufwies und an ein ausgedehntes Waldgebiet mit morastigem Untergrund grenzte.
Der Wald hinderte Friedrich daran, Einzelheiten über die Lage der russischen Stellungen auszumachen. So konnte er bei der abendlichen Parole seinen Generalen den Schlachtplan für den nächsten Tag nur in groben Umrissen mitteilen. Es ist wenig wahrscheinlich, daß er tatsächlich anordnete, die Russen ohne Pardon niederzumetzeln, wie es dann und wann behauptet worden ist, doch die Armee ging in den Kampf in der Annahme, daß dies der Wille des Königs sei. Das gleiche war schon bei Hohenfriedberg passiert. Friedrich zog sich dann für einige wenige Stunden Schlaf in eine winzige Kammer der Neudammer Mühle zurück. Dort suchte ihn de Catt gegen Mitternacht auf und erfuhr, daß der König bereits seinen Kaffee trank. «Ich fragte den Diener, der die Wache hatte, ob Seine Majestät ein wenig geruht habe. ‹Geruht, mein Herr? Er hat so fest geschlafen, daß ich Mühe hatte, ihn aufzuwecken!›» (de Catt, 1884, 158)
Inzwischen waren zwei Forstbeamte zur Mühle gekommen, die sich mit ihrer Ortskenntnis dem König zur Verfügung stellten. Der eine erhielt den Auftrag, der Kavallerie eine ihm bekannte Furt durch die Mietzel zu zeigen, die sich flußaufwärts bei Kerstenbrück befand. Den zweiten Förster, einen Mann namens Zöllner, wählte Friedrich zum persönlichen Begleiter, als er mitten in der Nacht, an der Spitze der Vorhut reitend, seine Armee durch die Wälder der Zicherer Heide in einem weiten Bogen um die Ostflanke der russischen Stellungen herumführte. Nachdem ihm ein Kundschafter einen Bericht geliefert hatte, der Friedrich die Lage klarmachte, zögerte dieser keinen Augenblick: «Der König setzt seinen Hut auf, steckt den Degen an und geht zum Hause hinaus, vor welchem Ihn schon die Generalität und die Adjutanten erwarten. Er grüßt sie: ‹Guten Morgen, Messieurs! Ich gratulire; die Schlacht ist gewonnen!› Er steigt zu Pferde, und Zöllner weist Ihm den gewählten Pfad ...» (Kalisch, 1828, 50–51) Die Kolonnen der Masse der Armee folgten der Vorausabteilung in einigem Abstand. Es war drei Uhr früh am 25. August.
Bei Tagesanbruch gelangten die Regimenter und Bataillone in das offene bebaute Ackerland um Batzlow. (vgl. Karte 27) Von der russischen Armee war nichts zu sehen, obwohl aus den Nachbardörfern aufsteigende Rauchwolken davon kündeten, daß dort die Kosaken brandschatzten. Plötzlich gewahrte Friedrich durch sein Fernrohr linker Hand den gewaltigen Versorgungstrain der Russen, der am Rande der den Warthebruch bei Klein-Cammin überragenden sandigen Hügel stand und sich gegen den Horizont abzeichnete. Retzow war

einer der ersten von vielen Kommentatoren, die die Frage aufgeworfen haben, ob der König in diesem Augenblick nicht besser seinen geplanten Angriff auf die russische Armee hätte aufgeben sollen, um statt dessen fast ohne Blutvergießen einen Erfolg zu erringen, indem er diese nur schwach verteidigte Wagenburg erbeutete, was Fermors Stellung unhaltbar gemacht hätte. Friedrich versuchte erst nach der Schlacht, sich in den Besitz des russischen Trosses zu setzen (PC 10254), als er sich ein Bild von der Tapferkeit des Feindes gemacht hatte, doch am Morgen des 25. August war er auf dem Vormarsch gegen die rückwärtigen Linien der Russen bereits derart weit vorangekommen, daß er nicht willens war, sein großes Unternehmen abzublasen.

Die preußischen Kolonnen vollzogen südlich Batzlow einen scharfen Rechtsschwenk (vgl. Abb. 29) und gingen in leichte Schrägstellung, als sie durch Wilkersdorf und an diesem Ort vorbei marschierten. Noch konnte Friedrich erst einen Teil der russischen Stellung erkennen. Deshalb ließ er seine Truppen den Marsch genau nach Westen fortsetzen. Erst südlich des Dorfes Zorndorf befahl er den Marschkolonnen Halt und ließ sie zur Linie einschwenken. General Fermor war zu diesem Zeitpunkt dabei, als Antwort auf das Auftauchen der Preußen in seinem Rücken seine ganze Armee eine drastische Kehrtwendung vollziehen zu lassen, wobei seine stark besetzten Flanken und die mehrfach in die Tiefe gestaffelten Linien seiner Reserven dem Aufmarschbild das Aussehen eines gigantischen Quadrats gaben.

Friedrich hatte sich unterdes bereits entschlossen, seinen linken Flügel in «schiefer Schlachtordnung» angreifen zu lassen. Dem unbewaffneten Auge erschien das Kampfgelände als «weite, offene Ebene, von Wäldern gesäumt». (Mitchell, 1850, I., 428) In Wirklichkeit gliederte sich das Gelände in verschiedenartige Abschnitte, die eine Reihe von interessanten Besonderheiten aufwiesen. Friedrich erwählte sich den ungedeckten rechten oder westlichen Flügel der Russen zum Ziel, der unvorsichtigerweise vor der ganzen übrigen russischen Armee aufgestellt worden war und zwischen den Teichen und sumpfigen Wiesen des tiefliegenden Zaberngrundes und dem langen, flachen Einschnitt des Galgengrundes stand, eines der merkwürdigen kleinen Täler, die das Zentrum des Schlachtfeldes streifenartig von Südosten nach Nordwesten durchschnitten.

Der Zaberngrund sollte sich als nützliche linksseitige Deckung für den nach Norden gerichteten Vorstoß der beiden Infanteriedivisionen erweisen, die als Eingreiftruppe eingesetzt wurde. Generalleutnant von Manteuffel übernahm die Spitze mit den acht Bataillonen der Avantgarde. Infanterieunterstützung sollte diesen Einheiten vom linken Flügel des Hauptheeres unter Generalleutnant Kanitz zuteil werden, der neun Bataillone in seinem ersten Treffen stehen hatte sowie sechs weitere an seiner Flanke und als rückwärtige Linien. Generalleutnant Marschall von Biberstein folgte als Reserve mit zwanzig Schwadronen, und die sechsunddreißig Schwadronen von Generalleutnant Seydlitz erhielten den Befehl, an der Westseite des Zaberngrundes vorzustoßen und mit dem Hauptangriff Schritt zu halten. Die übrigen Infanterieeinheiten wurden von Graf Dohna befehligt und stellten den «zurückgehaltenen» Flügel auf der rechten Seite dar.

Oberst Möller mit seiner Artillerie erhielt Order, den rechten Flügel der Russen durch längeren Beschuß zu zermürben. Zu diesem Zweck stellte er nordwestlich von Zorndorf eine Batterie von zwanzig Geschützen vor dem linken Flügel der Bataillone auf, die für den ersten Angriff bestimmt waren; weitere vierzig Geschütze wurden unmittelbar nördlich des Dorfes aufgefahren und von einem Bataillon geschützt.

Die Kanonade begann um neun Uhr vormittags, doch die Geschützbedienungen stellten das Feuer ein, als sie merkten, daß die Schußentfernung nicht ausreichte. Die Batterien wurden daraufhin etwa sechshundert Schritt vorgezogen und eröffneten dann erneut heftiges Dauerfeuer. Die russische Artillerie versuchte ihrerseits einen Beschuß der preußischen Linien, aber ihre Geschütze standen in einem leicht ansteigenden Geländeabschnitt, Die Kanoniere blickten genau in die Sonne und wurden obendrein durch Staub und Rauch geblendet, der ihnen in die Augen wehte. Zivilisten, die Meilen entfernt waren, erlebten ein unvergeßliches Spektakel: «Ein ununterbrochener Donner schütterte die Erde; die Fenster in den Häusern klirrten; ein dicker Rauch, von dem Feuer der Schlacht und von den brennenden Dörfern aufsteigend, verdunkelte den Himmel . . .» (Bertuch, zitiert bei: Kalisch, 1828, 51–52) Die Granaten zogen tiefe Furchen durch die tiefgestaffelten Reihen der russischen Infanterie, und manches Geschoß fand seinen Weg bis zu den Troßfuhrwerken und führte zu Panik bei Mannschaft und Pferden. «Was den Horror dieses Schauspiels noch vergrößerte, war der Umstand, daß die Kosaken und Kalmücken die Dörfer ringsum in Brand gesteckt hatten und eine große Anzahl von russischen Pulverwagen in den Wäldern in die Luft flog, die das Schlachtfeld umgaben.» (Mitchell, 1850, I., 429)

Die preußische Armee begann mit der Aufstellung.

Bei dem Aufmarsche der Regimenter in die Schlachtordnung bemerkte Friedrich, daß das Musikcorps des einen Regiments einen etwas auffallenden, aber äußerst feierlichen Marsch blies. «Was ist

das?» fragte Friedrich einen der neben ihm haltenden Generale, der in ernsthafter Rührung die Musik des vorbeimarschirenden Regiments anhörte. «Es ist die Melodie des Gesangs ‹Ich bin ja, Herr, in deiner Macht!›» erwiderte der General. Gerührt wiederholte Friedrich diese Worte und hörte mit der gespanntesten Aufmerksamkeit der sich immer mehr entfernenden und verhallenden Musik zu . . .»
(Hildebrandt, 1829–35, II., 15)

Der Fähnrich Prittwitz vom Regiment Alt-Bevern (7; Karte 27) notierte in sein Tagebuch, daß die Musiker sich «rar machten, sobald sie der Vormarsch des linken Flügels durch das brennende Zorndorf und daran vorbei führte». (vgl. Abb. 30)
Hinter Zorndorf waren die Rauchschwaden und Staubwolken so dicht, daß die Vorhut bereits bis auf vierzig Schritt an die russischen Linien herangekommen war, bevor die feindliche Infanterie sie bemerkte und ein wildes Feuergefecht eröffnete. Es war inzwischen 11.15 Uhr geworden. Manteuffel kommandierte mehrere Eliteeinheiten der Armee, vor allem sechs Grenadierbataillone und das ostpreußische Infanterie-Regiment Nr. 2 Kanitz (2), das hohes Ansehen genoß. Diese Truppen erlitten jedoch schwerste Verluste durch die aus allernächster Nähe auf sie abgegebenen Musketenschüsse und Kartätschen. Noch schlimmer war, daß ihr linker Flügel die Anlehnung an den Zaberngrund verlor, ein schlimmer Fehler, der der russischen Kavallerie eine Lücke öffnete, in die sie mit vierzehn Schwadronen hineinstieß und die Flanke der Avantgarde attackierte. Das Regiment Kanitz verlor bei dieser Auseinandersetzung über sechzig Prozent seiner Ist-Stärke. Die Überlebenden sowie die übrigen Einheiten der Vorhut gerieten in Panik und wandten sich zur Flucht.
Der linke Flügel der Hauptarmee hielt ebenfalls seine angewiesene Position nicht ein und mußte dafür büßen. Friedrich hatte es versäumt, Generalleutnant Kanitz die ureigenste Bedeutung seiner Aufgabe klarzumachen, die darin bestand, in enger Anlehnung an die Vorhut diese im Gefecht zu unterstützen. Kanitz hatte statt dessen verstanden, er müsse zu Dohna auf dem rechten Flügel Kontakt halten, und statt den Verbänden Manteuffels auf den Fersen zu folgen, schwenkte er seine Division halbrechts aus der gedachten Vormarschachse heraus. Seine Regimenter gerieten etwas durcheinander beim Passieren der Birken- und Fichtengruppen im Steinbusch, und auf der anderen Seite stießen sie überdies sofort mit den tief gestaffelten Linien des feindlichen Zentrums zusammen, das weitestgehend der Aufmerksamkeit der preußischen Artillerie entgangen war. Die Russen umfaßten den rechten Flügel der Division Kanitz und durchbrachen das Zentrum an der empfindlichen Nahtstelle zwischen den

Grenadierbataillonen und dem ostpreußischen Regiment Below (11).
Friedrich war inzwischen zu Prinz Moritz geritten, der Bibersteins Kavallerie (D 6, D 7, D 8) übernommen und eine schwere Batterie zurückerobert hatte, die den Russen in die Hände gefallen war. Der englische Gesandte Mitchell traf mit dem König in diesem Augenblick zusammen. «Ich hielt dies für eine hinreichende Gelegenheit, ihm die Freude des Sieges zu wünschen, was ich dann auch tat. Er nahm meine Komplimente freundlich entgegen und flüsterte mir, während ich neben ihm ritt, mit großer Gelassenheit zu: ‹Mon ami, les affaires vont bien mal à ma gauche, je vais y mettre ordre, mais ne me suivez point!›» (‹Mein Freund, die Dinge stehen schlecht auf meiner Linken, ich werde dort für Ordnung sorgen, aber folgen Sie mir keinesfalls!›) (Mitchell, 1850, II., 60) Friedrich stieg vom Pferd und ergriff eine Fahne des Regiments Below, um zu versuchen, die Flüchtenden zu sammeln. Doch seine Aktion war vergebliche Liebesmüh: man sah ihn kaum bei all dem Staub und Qualm, und seine Stimme ging im Schlachtgetöse unter. Der Tag hatte alle Aussichten, zu einem zweiten Kolin zu werden, denn der beabsichtigte degenstoßähnliche Durchbruch war zu einem breiten Frontalangriff verkümmert, der Friedrich beinahe zwei Drittel seiner Infanterie gekostet hatte.
Wenn die Kampfhandlungen im Zentrum und auf dem linken Flügel nun doch noch in eine Art Sieg verwandelt wurden, so war dies einzig und allein den bislang nicht zum Einsatz gekommenen sechsunddreißig Schwadronen von General Seydlitz zu verdanken. Eine Zeitlang hatte Seydlitz seine Kavallerie auf der entgegengesetzten Seite des Zaberngrundes zurückgehalten und sich aus der Ferne das Infanteriegefecht auf der Ostseite des Tales betrachtet, ohne einzugreifen. Einer Darstellung zufolge, die erstmals Blanckenburg 1797 wiedergab, sah Seydlitz trotz der Drohungen und wiederholten Befehle Friedrichs, die ihm überbracht wurden und ihn aufforderten, unverzüglich mit seinen Reitern der Fußtruppe zu Hilfe zu kommen, weiter gelassen dem Geschehen zu. Einen seiner Adjutanten sandte er mit der Antwort: «Sagen Sie dem Könige, nach der Schlacht stehe ihm mein Kopf zu Befehl; in der Schlacht aber möge er mir noch erlauben, daß ich davon für seinen Dienst guten Gebrauch mache!»
Als Manteuffels und Kanitz' Truppen jedoch geschlagen waren, konnte sich Seydlitz nicht länger zurückhalten. Er führte seine Schwadronen an drei Stellen quer durch den Zaberngrund und ließ sie dann diagonal die Steilhänge jenseits des Tals erklimmen und gegen die siegreiche Infanterie und Kavallerie des rechten Flügels der

Russen Attacke reiten. Die physischen Hindernisse, die es bei dieser komplizierten Bewegung zu überwinden galt, waren noch größer als die, denen sich die preußische Kavallerie bei Soor gegenübergesehen hatte. Wie es scheint, behielt Seydlitz drei der Regimenter (C 8, H 2 und H 3) unter seinem persönlichen Befehl und stellte sie in Regimentskolonnen mit jeweils drei Schwadronen im ersten Treffen auf, die gleichzeitig und mit verheerender Wirkung in die russische Infanterie hineinsprengten. (Immich, 1839 a, 147–48) «Dieser ganze Flügel [der rechte Flügel der Russen] wurde derart übel zugerichtet, daß er auseinanderbrach und in die Wälder von Quartschen und auf die Mietzel zu floh. Unglücklicherweise hatten dort die Bauern die Brükken in Brand gesteckt, sonst wäre vermutlich dort die Schlacht entschieden gewesen. Die Russen, die ihren Rückzugsweg versperrt sahen, blieben nun jedoch in den Wäldern und begannen wieder zu schießen ...» (Mitchell, «Notes on the Campaign 1758», British Library, Add. Mss. 6867)
Die außergewöhnliche Schlacht erwachte mittags gegen halb zwei zu neuem Leben, nachdem Friedrich sich auf den rechten Flügel begeben hatte, wo Dohna sich mit den verbleibenden fünfzehn Bataillonen der preußischen Armee behauptete. Der König war bedrückt und seine Stimmung am Nullpunkt angesichts der verschiedenen Fehlschläge auf der linken Flanke. Er jagte jetzt in vollem Lauf heran, hielt sein Pferd vor dem Regiment Prinz von Preußen (18) an und machte seinem Unmut und seiner Enttäuschung Luft:

> «Daß sich Gott im Himmel erbarme!» rief er mit ziemlich lauter Stimme. Aber der Prinz Moritz, der das geschehene Unglück erkannte und seine Folgen voraussah, vielleicht auch mit dem Ausrufe des Königs nicht ganz zufrieden war, nahm seinen Hut, warf ihn in die Luft und schrie mit entschlossener Miene und weittönender Stimme: «Es lebe der König! Die Schlacht ist gewonnen!» Seine Majestät schien einen Augenblick zu lächeln. Der Prinz Moritz und der General Bülow sagten: «Kameraden, die Leute, die ihr dort weggehen seht, das sind russische Gefangene, die man abführt. Vorwärts! Es lebe der König! Marsch!» (de Catt, 1884, 159–60)

Der Angriff hatte kaum begonnen, da stürzte sich der tollkühne russische Generalmajor Démicoud mit den sechsunddreißig Schwadronen der russischen Linken auf Dohnas Infanterie. Innerhalb von Minuten geriet das gesamte zweite Bataillon des Regiments Alt-Kreytzen (40) in Gefangenschaft, und der Feind erbeutete außerdem die schwere Batterie, der die Musketiere zur Verteidigung beigegeben gewesen waren. Einige preußische Regimenter drohten sich in panischem

Schrecken aufzulösen, als sie unter den Bäumen auf der Südseite des Steinbuschs eine große Staubwolke aufsteigen sahen und weitere feindliche Kavallerie im Anrücken wähnten. Die Ankömmlinge stellten sich jedoch als Dragoner der Regimenter Plettenberg und Alt-Platen (D 7, D 8) heraus, die Friedrich vom linken Flügel herüberbeordert (oder Seydlitz entsandt) hatte. Die Hoffnungen der Männer vom Alt-Kreytzen-Regiment, das in Schweidnitz beheimatet war, wurden neu genährt. Einer aus ihren Reihen beschrieb später, was er in den nächsten Minuten erlebte:

> Unsere Dragoner griffen mit gelockerten Zügeln derart ungestüm an, daß die Erde unter uns erbebte. Sie umzingelten uns ebenso wie die feindliche Kavallerie und sorgten für eine derartig dicke Staubwolke, daß sie auch uns für Russen hielten und auch wir bald ihre wütenden Hiebe zu spüren bekamen. Wir Infanteristen ergriffen nun wieder unsere Musketen, gaben tapfer Feuer und schrien: «Victoria! Lang lebe der König von Preußen!» In diesem Augenblick kam der König selbst herangeritten und sagte: «Kerls, brüllt noch nicht Sieg – ich werde euch sagen, wenn die rechte Zeit gekommen ist!» Die russische Kavallerie war vollständig niedergemäht, und das Blut floß in Strömen. Der König hatte zwei Infanterieregimenter zu unserer Unterstützung mitgebracht, allein ihnen blieb nichts mehr zu tun ...
> (Musketier Hoppe, 1983, 9)

Weitere Regimenter der preußischen Kavallerie wurden ins Gefecht geworfen, und zwischen sechs und sieben Uhr abends setzte Dohnas Flügel zu einem abschließenden Stoß an, der in einem hartnäckigen und verworrenen Kampf im Galgengrund endete.

> Man schlug und stieß nun mit Flintenkolben, Bajonetten und Säbeln auf einander los. Die Erbitterung beider Theile war unaussprechlich. Schwer verwundete Preußen vergaßen ihre eigene Erhaltung und waren immer noch auf das Morden ihrer Feinde bedacht. So auch die Russen. Man fand einen von diesen, der tödtlich verwundet auf einem sterbenden Preußen lag und ihn mit seinen Zähnen zerfleischte ... (Archenholtz, 1840, I., 169)

Auf beiden Seiten ging jegliche Disziplin verloren. Die Schwarzen Husaren (H 5) gelangten hinter die russischen Linien in das sumpfige Tal von Quartschen und machten sich daran, aus den dort abgestellten Troßwagen des Feindes die Geldtruhen zu holen und die Kriegskasse zu plündern. Soldaten vom Aufklärungskorps auf dem russischen linken Flügel durchwühlten das Gepäck ihrer Offiziere nach Schnaps, leerten die gefundenen Fäßchen und tranken sich mit dem scharfen Gebräu neuen Mut an. Inmitten dieses Durcheinanders beobachtete ein Offizier von Dohnas Flügel Friedrich, «der ganz gelassen zwischen beiden Treffen hinritt und sein Perspektiv ungeachtet der um ihn her fliegenden Kugeln und Granaten ganz ruhig gebrauchte ...» (Prittwitz, 1935, 227)

Das Feuer wurde beiderseits am Abend gegen halb neun eingestellt, und Preußen und Russen zogen sich zurück, auf dem Schlachtfeld nur die Toten, Verwundeten und weggeworfenen Musketen zurücklassend. Die völlige Konzentration der übriggebliebenen russischen Einheiten an ihrer westlichen Flanke hatte zusammen mit dem Bodengewinn der Preußen durch Dohnas Schlußangriff das kuriose Ergebnis, daß beide Armeen im entgegengesetzten Uhrzeigersinne eine Drehung um 180 Grad vollzogen, so daß jede am Ende dieses Kampftages ungefähr die Stellungen einnahm, die der Feind am Morgen innegehabt hatte. Die Preußen standen nun in der Gegend von Quartschen und im Langen Grund, die Russen waren südlich davon in Richtung Zorndorf auf verhältnismäßig engem Raum zusammengedrängt. Friedrichs kleines Zelt stand inmitten des Biwaks seiner Soldaten. Bevor sich der König für die Nacht zurückzog, schlang er heißhungrig mehrere Butterbrote hinunter und unterhielt sich mit de Catt über die erregenden Geschehnisse des Tages.

An den darauffolgenden Tagen, als Zorn und Erregung abgeklungen waren, erinnerte das Schlachtfeld, das mit seinen Überbleibseln an Gefallenen und Material den vermutlich erschütterndsten Anblick des gesamten Siebenjährigen Krieges bot, an das blutige Gemetzel an diesem 25. August. Ein junger Offizier schrieb darüber:

> Ich sah Stellen, wo die Kavallerie dreingeschlagen hatte und Menschen und Pferde untereinander lagen, wobei mir die Wut, die in den Gesichtern der Gebliebenen noch zu bemerken war, am meisten auffiel ... Übrigens konnte ich mich mit meinem Pferde durch die Leichen und Armaturen kaum durchwinden, denn da lagen Flinten, Pistolen, Säbel, Patronentaschen, Grenadiermützen, besonders aber viele messingne russische kleine Coupellen [Pulverladeschaufeln – Anm. d. Ü.] in solcher Menge, daß man die größten Transporte hätte machen können, um alles wegzubringen ...
> (Prittwitz, 1935, 235–36)

Die neunstündige Schlacht hatte die Russen 18 000 Mann gekostet. Die preußischen Verluste beliefen sich auf 12 800 Gefallene, Verwundete und in Gefangenschaft geratene, praktisch ein Drittel von Friedrichs gesamter Armee.

Zahlen dieser Größenordung hatten längst aufgehört, in das Bewußtsein einzudringen. Sie waren einfach unbegreiflich. Ganz besonders schmerzte Friedrich der Tod seines bevorzugten Flügeladjutanten Hauptmann von Oppen von der Garde du Corps, der sich stets in seiner Nähe, ein paar Schritte links hinter ihm aufgehalten hatte. Er war bei Zorndorf vom König mit einer Botschaft zu Seydlitz entsandt worden und dann nicht zurückgekehrt. Bei einer Suche nach der Schlacht fand man ihn unter den Gefallenen. Sein Körper wies siebenundvierzig Wunden auf. Die Leiche wurde, in eine Decke gehüllt, ins königliche Zelt gebracht, und Friedrich mußte sich abwenden, um seine Tränen zu verbergen. In einem Brief an seine Schwester Wilhelmine, die Markgräfin von Bayreuth, die ernstlich erkrankt war, gestand er, ob des Verlustes seines getreuen Adjutanten geweint zu haben:

> Je vous confie toutes mes peines et mes chagrins intérieurs. Pensez donc ce que je deviendrais, si j'avais le malheur irréparable de vous perdre. O ma chère, ma divine sœur! Daignez faire l'impossible pour vous rétablir. Ma vie, mon bonheur, mon existence est entre vos mains!
> (Ich vertraue Ihnen all meinen Kummer und meine Betrübnisse an. Denken Sie doch daran, was aus mir würde, wenn mir das nicht wiedergutzumachende Unglück widerführe, Sie zu verlieren. O meine liebe, meine göttliche Schwester! Geruhen Sie das Unmögliche zu tun, um wieder zu gesunden. Mein Leben, mein Glück, mein Dasein liegen in Ihren Händen!) (PC 10257)

Nicht der geringste der Schrecken von Zorndorf war die Vermutung, daß eine weitere Schlacht binnen kurzem unumgänglich sei. Am Morgen des 26. August unternahm Friedrich einen Erkundungsritt in Richtung auf die Ortschaft Zorndorf. Dank eines starken Husarenaufgebots wurden die russischen Husaren und Kosaken auf Distanz gehalten, doch in der Nähe des Dorfes geriet der König unter Artilleriebeschuß. Kartätschensalven wühlten rings um ihn den Boden auf. Die Russen ließen ihre Geschütze für den Rest des Tages sprechen, was Friedrich an die hundert weitere Tote und Blessierte kostete.
Der König zog zunächst seine Kavallerie auf die Nordseite des Langen Grundes zurück, um ihr die zur unangenehmen Gewohnheit gewordenen Scharmützel mit den Kosaken zu ersparen, gab jedoch, ohne es zu wissen, durch diese Maßnahme Fermor die Möglichkeit, wieder Zugang zur Klein-Camminer Wagenburg, dem russischen Troß, zu gewinnen. Erst am 27. August um fünf Uhr früh wurden die Preußen gewahr, daß sich der Gegner in Bewegung gesetzt hatte. Zu diesem Zeitpunkt waren die Russen längst an der preußischen Flanke

vorbeigeschlüpft und hatten ein gutes Stück auf dem Marsch nach Klein-Cammin zurückgelegt, wo sie sich verschanzten.

Für die nächsten fünf Tage bezog Friedrich nun sein Hauptquartier in Tamsel südöstlich von Zorndorf am Nordrande des Warthebruchs. Auf Schloß Tamsel bei der Familie von Wreech war er bekanntlich mehr als ein Vierteljahrhundert zuvor während seiner Küstriner Zeit als Kronprinz oft zu Gast gewesen und hatte die junge Hausherrin in Gedichten angehimmelt. Diese angenehmen Erinnerungen vermochten den König jedoch nicht über das unbehagliche Gefühl hinwegzutrösten, daß er hier jenseits der Oder weit weg von den übrigen Kriegsschauplätzen festsaß. Er wußte, daß seine Anwesenheit dringend in Sachsen notwendig war, wo Prinz Heinrich sich den vereinten Kräften von Daun und der Reichsarmee gegenübersah. Es war ärgerlich, die Russen nicht losgeworden zu sein, nicht einmal nach dem Blutvergießen am 25. August. Der 31. August brachte eine weitere Enttäuschung: der Versuch eines Raidkommandos unter Rittmeister Wendessen, das große russische Magazin in Landsberg an der Warthe zu zerstören, schlug fehl.

Schließlich erfuhr Friedrich am 1. September, daß Fermor mit dem Rückzug begonnen hatte. Zwar gingen die Russen nur bis auf Landsberg zurück, setzten sich in geordneten Verbänden ab und waren jederzeit in der Lage, ihren Vormarsch in Richtung Oder wiederaufzunehmen, doch Friedrich konnte seine Abreise nach Schlesien und Sachsen nicht länger hinauszögern. Er setzte Graf Dohna mit 17 000 Mann zur Verfolgung der Russen an, die sich erst im November in ihre Winterquartiere jenseits der Weichsel zurückzogen. Er selbst brach am 2. September mit einem Großteil der Armee auf und zog in elftägigem Gewaltmarsch über Manschnow auf dem linken Oderufer, Müllrose, Lübben (Spreewald), Doberlug, Elsterwerda, Großenhain, Großdöberitz und Hoflößnitz bis nach Dresden, wo er in dem Ort Schönfeld östlich der sächsischen Hauptstadt sein Hauptquartier aufschlug und Verbindung mit der Armee seines Bruders Prinz Heinrich suchte, der mit seinen Truppen gegenüber von Pillnitz auf dem linken Elbufer stand.

Die Bedeutung der Schlacht von Zorndorf lag nicht in ihrem Ausgang, denn die Bilanz ließ keine Seite im Vorteil erscheinen, und auch nicht in ihren sehr begrenzten strategischen Ergebnissen. Weitaus wichtiger war das, was sie an Änderungen in der Art und Weise der Kriegführung zutage treten ließ. Erstmals hatten sich russische Truppen in die Hauptauseinandersetzung dieses Krieges eingeschaltet, und der erste Zusammenstoß mit den Kriegern dieses Volkes hatte einen Kampf von einer Brutalität ausgelöst, die jeden überlebenden Teilnehmer bestürzte. Auf einen derart hartnäckigen Gegner war Friedrich bei seinen bisherigen Feldzügen noch nicht gestoßen, und de Catt vermutete, daß sich der König nun seiner vor dem Treffen geäußerten abfälligen Bemerkungen über die Moskowiter schämte. Ein preußischer Beobachter schrieb dazu: «Die Angst und der Schrecken, die der Feind bei unserem Heere ausgelöst hat, ist unbeschreiblich. Auf Ehre, die meisten der Unsren sprechen ohne Zurückhaltung von dieser Furcht...» (Goltz, zitiert bei: Immich, 1893 a, 143)

Die preußische Artillerie hatte sich in der Schlacht wacker gehalten, und die Leistungen der Kavallerie machten Zorndorf zur «letzten großen Ruhmestat der preußischen Reiterei» (Dette, 1914, 71). Friedrich gestand de Catt, was er besonders einigen seiner Offiziere und Regimenter verdankte:

> Er ist schrecklich gewesen, dieser Tag, und ich habe den Augenblick vor Augen gesehen, wo alles zum Teufel ging. Das wäre auch geschehen, mein Freund, ohne meinen tapferen Seydlitz und ohne den Mut meines rechten Flügels und besonders des Regimentes meines teuren Bruders [Prinz von Preußen, 18] und des Regimentes Forcade [23]. Ich sage Ihnen: sie haben den Staat und mich gerettet! So wird auch meine Dankbarkeit ebenso lebendig bleiben wie der Ruhm, den sie an diesem Tage erworben haben, wie andererseits meine Entrüstung nicht enden wird über jene Regimenter, auf die ich zählte. Diese Eselsköpfe sind ausgerissen wie alte Huren und haben mir Augenblicke grausamen Schmerzes verursacht... (de Catt, 1884, 161)

Dem Mut und Draufgängertum einiger Regimenter stand entgegen, daß die scharfsinnig ausgeklügelte Formierung der Armee zum sogenannten «Schrägangriff», den Friedrich, wie wir bereits gesehen haben, aus der «Schiefen Schlachtordnung» des griechischen Altertums entwickelt hatte, in der Schlacht bei Zorndorf zu große Ansprüche an Urteilsvermögen und geistige Wendigkeit der Generale und an die Strapazierfähigkeit der Infanterie gestellt hatte. Die Truppen waren bereits von tagelangen Gewaltmärschen ermüdet, als sie in die Schlacht gingen, und trafen auf einen hartnäckigen Feind an einem glühendheißen Tag. Besonders die ostpreußischen Regimenter von Dohnas ehemaligem Korps hatten angesichts dieser widrigen Umstände den Mut verloren und waren zurückgewichen. Die Tatsache, daß inzwischen ihre Heimat von den Russen erobert war, stellte ihre Zuverlässigkeit noch mehr in Frage. In der Tat hatte das Versagen des linken Flügels nicht nur Friedrich an den Rand einer Niederlage gebracht, sondern auch die Frage nach der Standfestigkeit der preußi-

schen Armee bei der Wiederkehr einer solchen Feuerprobe aufgeworfen.
Es war daher verständlich, daß Friedrich seinem Bruder Prinz Heinrich dringende Vorstellungen machte und ihm schrieb: «Par ce que j'ai vu ici le 25, je me crois obligé de vous dire de tenir votre infanterie sous une sévère discipline, de leur fair N.B. respecter le baton et de prendre dans votre armée tous les canons, de tout calibre, que le temps vous permettra d'assembler...» («Aufgrund dessen, was ich hier am 25. [August] gesehen habe, glaube ich mich gezwungen, Ihnen zu empfehlen, Ihrer Infanterie strenge Disziplin aufzuerlegen, sie vor allem den Knüppel fürchten zu lehren und außerdem in Ihrer Armee alle Geschütze jeglichen Kalibers mitzuführen, derer Sie in der Ihnen zur Verfügung stehenden Zeit habhaft werden können.») (PC 10265)

Während Friedrichs Auseinandersetzung mit den Russen in der Neumark hatten Daun und die Reichsarmee in Sachsen Truppen in einer Stärke von nicht weniger als 100 000 Mann, Österreicher und Deutsche, zusammengezogen, ein Aufgebot, das nicht nur Dresden zu überrennen drohte, sondern auch das brandenburgische Kernland und Berlin.
Auf dem sächsischen Kriegsschauplatz hatten die Preußen lediglich an die 45 000 Soldaten stehen, nämlich das Korps von Prinz Heinrich an der Elbe sowie die rund 24 000 Mann unter Markgraf Karl von Brandenburg-Schwedt, der in die Lausitz eingerückt war. Friedrich war, wie erwähnt, mit größtmöglicher Geschwindigkeit mit dem Kern seiner Zorndorf-Armee – zwischen 15 000 und 16 000 Mann – südwärts, genauer gesagt, südwestwärts, marschiert. (vgl. Karte 29) «Die Schnelligkeit, mit der die Märsche durchgeführt wurden, grenzt beinahe ans Unglaubwürdige. In fünfmal vierundzwanzig Stunden marschierte die vom König von Preußen geführte Armee zwanzig Meilen [etwa 160 Kilometer in heutigem Längenmaß – Anm. d. Ü.]...» (Mitchell, 7. September, zitiert bei: Mitchell, 1850, I., 445)
Am 11. September stieß Friedrich zu seinen Truppen in Sachsen und betrat Dresden unter den Augen des feindlichen Heeres. Er konnte jenseits der Elbe nach Westen hin die Zeltreihen der Reichsarmee erblicken. Sein Hauptquartier nahm er auf dem rechten, also östlichen Elbufer, um die Stellungen von Dauns Armee unter Kontrolle zu behalten, die um den östlich von Dresden gelegenen Ort Stolpen herum in der Sächsischen Schweiz lagen. Friedrich und sein österreichischer Gegenspieler hatten sich tatsächlich so zueinander postiert, wie sie es, abgesehen von einer Reihe von Zeitspannen, in denen es

zu kämpferischen Auseinandersetzungen zwischen beiden kam, für den Rest des Siebenjährigen Krieges immer wieder tun sollten. «Der König ergriff Besitz von der Ebene und Daun von den Bergen, die ihm in diesem Krieg als Zufluchtsort dienten . . .» (Warnery, 1788, 278–79) Von einer Vertreibung Dauns aus seinem Lager durch einen direkten Angriff konnte keine Rede sein, und in diesem unebenen Gelände waren die Preußen zu unbeweglich, um General Laudon einzuschließen, der die Gegend mit einem österreichischen fliegenden Korps durchstreifte. Friedrich plante deshalb, indirekten Druck auf Daun dadurch auszuüben, daß er dessen östliche Nachschublinien bedrohte, die aus Böhmen über Zittau und aus Niederschlesien via Bautzen heranmarschierten.

Die preußische Armee brach am 26. September ihr Lager ab. Am darauffolgenden Tag entsandte Friedrich den Generalleutnant Retzow mit einem Detachement von ungefähr 9 000 Mann, um in Eilmärschen in Richtung Bautzen und Weißenberg vorzustoßen. Daun erkannte rechtzeitig die Gefahr und beantwortete sie damit, daß er seinerseits am 5. Oktober die Stellungen um Stolpen aufgab. Doch statt sich nach Böhmen zurückzuziehen, wie es Friedrich erhofft hatte, bewegte er sich nur seitwärts und errichtete am 7. Oktober ein neues befestigtes Lager bei Kittlitz. Mit anderen Worten: die Szene der Konfrontation war lediglich um dreißig Meilen nach Osten verlagert worden.

Jetzt war es an der Zeit, einen neuen Versuch zu unternehmen, an den stark gesicherten österreichischen Nachschubwegen nach Schlesien vorbeizukommen. Zur Vorbereitung dieser Operation beauftragte Friedrich Retzow, dessen Truppenabteilung auf eine Stärke von 10 000 Mann erhöht worden war, sich in den Besitz des weithin sichtbaren Strohmberges zu setzen, der in Reichweite der Artillerie der rechten Seite des österreichischen Feldlagers lag. Retzow marschierte befehlsgemäß am frühen Morgen des 10. Oktober bei nebligem Wetter in Richtung auf den Berg, mußte jedoch, als sich der Nebel lichtete, die Feststellung machen, daß die Österreicher ihm zuvorgekommen waren und ihn auf dem Berg mit schwerer Artillerie und vier Grenadierkompanien empfingen. Retzow war nicht bereit, unter solchen Bedingungen das Leben seiner Soldaten aufs Spiel zu setzen und den Berg zu erstürmen. Er wurde deshalb von Friedrich seines Postens enthoben und unter Arrest gestellt.

Zur gleichen Zeit führte die erste Etappe des Vormarsches die rund 30 000 Mann starke königliche Armee nach Hochkirch, einem Dorf südöstlich von Bautzen. Dort gedachte Friedrich lediglich so lange zu bleiben, bis Proviant, Munition und Futtermittel aus Bautzen einge-

troffen waren und ihm ermöglichten, den Marsch in Richtung Osten fortzusetzen. Für die Wartezeit ließ er seine Truppen ein provisorisches, in seiner Ausdehnung weit verstreutes Lager beziehen, das, insgesamt nach Osten gewandt, die Form eines flachen «S» hatte. (siehe Karte 30) Das Zentrum erstreckte sich von Rodewitz bis hart an Hochkirch heran und lag gut eingebettet oberhalb der Niederung, die sich zwischen den Dörfern Zschorna und Kohlwesa hinzog. Die neun Bataillone des linken Flügels wurden zwar durch eine schwere Geschützbatterie verstärkt, die in einer Feldschanze postiert war, doch ihre Stellung war recht isoliert, da Friedrich sie zur Deckung seiner Verbindungswege von und nach Retzows Lager in Weißenberg benutzte.
Es war indes die Aufstellung des südlichen oder rechten Flügels um Hochkirch, die später bei Militärhistorikern am meisten Erstaunen auslöste. Elf Bataillone regulärer Infanterie und 28 Schwadronen hatten in diesem Areal Stellung bezogen, wobei drei Bataillone und 15 Schwadronen unter dem Befehl Zietens einen nach Westen ragenden Keil bildeten. Hochkirch war ein Dorf mit engen Gassen, doch seine schöne neue Kirche (Abb. 31) glich der Größe nach einer kleinen Kathedrale. Die massive Kirchhofmauer war zusätzlich von einer Palisade umgeben. Südlich davon stand in einer niedrigen Schanze eine Geschützbatterie (zwanzig 12-Pfünder sowie sechs leichtere Kanonen). Drei Grenadierbataillone waren der Batterie sowie zwei benachbarten Schanzbauten zum Schutz beigegeben, und hinter diesen wiederum waren die Freibataillone Angelelli und Du Verger jenseits eines Birkenwäldchens postiert.
All diese Verbände und Verteidigungsanlagen wären ohne Schwierigkeiten gegen einen angreifenden Feind zu halten gewesen, hätten sie nicht ausgerechnet so dicht unterhalb der das Gelände beherrschenden Kuppe des Kuppritzer Berges (Abb. 32) gelegen, die von feindlichen Kroaten wimmelte. Immer wieder galten die Blicke der besorgten preußischen Offiziere dem dunklen Bergmassiv mit seiner gezackten Silhouette gewaltiger Koniferen.
Wenn auch die Österreicher nicht die angeborene Grausamkeit der Russen besaßen, so resultierte doch ihre Gefährlichkeit aus einer im Laufe der Kriegsjahre erworbenen ungemein großen technischen Sachkenntnis ihrer Heerführer und Ingenieuroffiziere. Graf Daun hatte 80 000 Mann unter seinem Kommando, also mehr als doppelt so viele Soldaten, wie ihm die Preußen unmittelbar entgegenstellen konnten, und sein hochbegabter Chef des Stabes, Generalleutnant Graf Franz Moritz von Lascy, empfahl ihm eindringlich, diese zahlenmäßige Überlegenheit durch einen Angriff aus mehreren offenen

Zugkolonnen heraus zu nutzen. Der gewaltigste Schlag sollte dabei gegen Hochkirch selbst geführt werden (vgl. Karte 31): das Hauptheer sollte den Anmarsch mit zwei starken Kolonnen über den Kuppritzer Berg bewerkstelligen, während die Generale Laudon und O'Donnell gleichzeitig zwei weitere Marschsäulen, größtenteils aus Kavallerie bestehend, gegen die Flanke beziehungsweise die Rückseite des Dorfes führten. Die eng gestaffelten Regimentskolonnen waren dazu bestimmt, für kurze Zeit eine große Kräftekonzentration auf ein bestimmtes Ziel zu bewirken. Der Angriff der Hauptarmee versprach besonders erfolgreich zu werden, da die Österreicher auf dieser Seite die Deckung nutzen konnten, die ihnen die in die Wuischke-Schlucht hineinragenden bewaldeten Landzungen boten. Wo die Waldstücke endeten, brauchten die Österreicher nur noch ein kurzes Stück über offene Felder vorzustoßen, bevor sie einen toten Winkel erreichten, denn weitere Berghänge schirmten dieses Gelände gegen den Einblick der um Hochkirch lagernden Preußen ab. Die Stellungen der genannten beiden preußischen Freibataillone waren zu schlecht, um diese Vorgänge zu beobachten. Zudem waren sie von jeder Unterstützung abgeschnitten.

Die Nacht vom 13. zum 14. Oktober war neblig und feucht. Kein Stern war am Himmel zu sehen. Um fünf Uhr in der Frühe zischte ein halbes Dutzend Signalraketen durch die Finsternis, das Zeichen für die Österreicher, die preußischen Feldwachen zu überrennen. Friedrich ruhte um diese Stunde noch in seinem Hauptquartier in Rodewitz, und die Schlacht um Hochkirch herum war bereits in vollem Gange, als der König gewahr wurde, daß etwas nicht in Ordnung war. Er war zu sehr an den Lärm der fast allmorgendlich zu früher Stunde außerhalb seiner Feldlager stattfindenden Gefechte mit feindlichen Kommandotrupps gewöhnt, und obwohl er die Nacht fast angekleidet verbracht hatte, waren seine Adjutanten nicht in der Lage gewesen, ihn wachzurütteln. Erst als eine Reihe von Musketenkugeln gegen die Mauern seiner Unterkunft prallten, wachte er fluchend auf und zerschlug schlechtgelaunt mit seinem Stock eine Scheibe seines Schlafzimmerfensters. Im Freien schritt er die Front seiner Truppen ab und wiederholte stereotyp den Satz: «Das seind Panduren!»

Beschießung und Kanonendonner nahmen zu. Hauptmann von Troschke kam mit der Meldung herangesprengt, daß die Österreicher die Feldschanze südlich von Hochkirch erobert hatten.

> «Wie kann Er das glauben?» erwiderte der Monarch. «Ja», sagte Troschke, «es wird nicht lange dauern, so feuern sie mit unseren eigenen Canonen auf uns!» Wie diese Rede eben geendet, so fing der

Feind an, mit den zwölfpfündigen Canonen aus unserer Redoute auf dem Kirchhof zu Hochkirch auf das Lager zu feuern, daß die Kugeln über unsere Köpfe weg brausten. Nun sagte Sr. Maj.: «Troschke, Er hat recht, Bursche, nehmt das Gewehr in der Hand. Wo ist mein Pferd?» (Barsewisch, 1863, 72)

Inzwischen führten die preußischen Generale ihre jeweiligen Verbände, so gut sie es vermochten, ins Gefecht. Der rechte Kavallerieflügel kämpfte verzweifelt bei dem Versuch, die Kolonnen Laudons und O'Donnells an der Entfaltung und damit am Eingreifen in das Schlachtgeschehen zu hindern, und griff gleichzeitig die linke Flanke der österreichischen Infanterie an, die das Dorf zu nehmen drohte. Die Schönaich-Kürassiere (C 6, Karte 31) waren ins rückwärtige Gebiet nach Pommritz gelegt worden, weil für sie in der ersten Linie des Lagers kein Platz mehr gewesen war. Sie unterstanden jetzt dem Befehl von Generalmajor von Krockow, der sich in diesem Regiment bis zum Range eines Majors hochgedient hatte. Krockow zeigte keine Furcht, als Zieten herangeritten kam und ihm den überraschenden Befehl erteilte: «Herr General, machen Sie eine Rechtsschwenkung und attaquiren Sie die Österreichische Armee!› Schnell rief er alle Officiere zu sich heran. ‹Meine Herren›, sprach er, ‹wir kennen uns von alter Zeit, zeigen wir heute, was wir sind!›» (Kalkreuth, 1840, IV., 167) Die Reiter formierten sich zur Schwadronskolonne und griffen, nachdem sie an der eigenen Infanterie vorbei waren, die österreichischen Grenadiere südlich Hochkirch ungestüm an. Krockow wurde dabei tödlich verwundet, doch das Regiment kehrte mit einer erbeuteten Fahne und einer ansehnlichen Anzahl von Gefangenen zurück.
Die preußische Infanterie um Hochkirch existierte mit einer einzigen Ausnahme nicht mehr als die Truppenformation, die in die Schlacht gegangen war. Die erwähnte Ausnahme war das zweite Bataillon des Infanterie-Regiments Markgraf Karl (19), das sich unter Führung von Major Simon Moritz von Langen hinter der Kirchhofmauer verschanzt hatte. (Abb. 33) Unterdessen wurde ein Bataillon nach dem anderen aus dem nicht zum Einsatz gekommenen Zentrum abgezogen und eiligst südwärts in Marsch gesetzt, um den Zusammenbruch des rechten Flügels aufzuhalten, und Feldmarschall Keith entsandte einen Offizier mit dem Auftrag zu Friedrich: «‹Sagen Sie dem Könige, daß ich diesen Punkt, damit das Heer sich sammeln könne, bis auf den letzten Mann halten werde! Gott befohlen, wir sehen uns nicht wieder !›» (Paczynski-Tenczyn, 1896, 47)
Keith leitete einen Gegenangriff des Regiments Prinz von Preußen (18) ein, als er einen Musketenschuß in den Bauch erhielt. Unmittel-

bar darauf ließ ihn ein zweiter Schuß tot vom Pferd stürzen. Ungefähr zur gleichen Zeit wurde Prinz Moritz von Anhalt-Dessau schwer verwundet und mußte bewußtlos vom Schlachtfeld getragen werden. Dem Prinzen Franz von Braunschweig, dem Schwager des Königs und jüngeren Bruder seiner Gemahlin Elisabeth Christine, riß bei den Kämpfen westlich von Hochkirch eine Kanonenkugel den Kopf ab. Sein reiterloses Pferd galoppierte eine Zeitlang panikartig vor den preußischen Linien hin und her.

Inzwischen staute sich ein unübersehbares Aufgebot preußischer Infanterie in Reichweite der österreichischen Geschütze. In einem der Sträßchen von Hochkirch, der berühmten Blutgasse, wie sie später genannt wurde, waren die Truppenmassen derartig eingekeilt, daß die zwischen ihnen einschlagenden Kartätschen einen wahren Blutstrom erzeugten und die tödlich Getroffenen, gegen ihre davongekommenen Kameraden gepreßt, aufrecht stehen blieben. Für diese Massaker verantwortlich waren das Durcheinander bei den Befehlsstellen, der ungenügende Raum, der die Infanterie daran gehindert hatte, sich zwischen Hochkirch und der westlich davon aufgestellten preußischen Kavallerie voll zu entfalten, sowie die Auswirkungen des beinahe undurchdringlichen Nebels und Pulverdampfes.

Noch gefährlicher für die Behauptung der Stellung war der Angriff, den eine der Kolonnen des österreichischen rechten Flügels gegen den im Nordosten hinter Rodewitz herausragenden Frontvorsprung vortrug. Die Grenadierbataillone Wangen und Heyden (St. gb 1, 19/25; Karte 31) wehrten sich geraume Zeit tapfer, aber die übrige Infanterie vermochte nicht standzuhalten, und die Österreicher stürmten die große Batteriestellung, die den Schlüssel für diese Flanke bildete.

Friedrich tauchte nach Aussage von Augenzeugen zweimal bei seinen Truppen auf, die in die Kämpfe um Hochkirch verwickelt waren. Er kam unter Musketenfeuer beim Regiment Wedell (26) und verlor dabei sein edles braunes englisches Vollblutpferd, das einen Treffer in die Schulter erhalten hatte. Bei Tagesanbruch war er mitten unter der Kavallerie des rechten preußischen Flügels mit rauchgeschwärztem Gesicht und verschmutzter Kleidung zu sehen, nachdem ganz in seiner Nähe eine Kanonenkugel ins Erdreich gefahren war. Gegen acht Uhr morgens jedoch mußte der König seine gesamte Aufmerksamkeit der Bildung einer neuen rückwärtigen Linie nordöstlich von Pommritz widmen.

Vorne hatte der kaltblütige und tüchtige Oberstleutnant Saldern das Regiment Alt-Braunschweig (5) und Elemente fünf verschiedener Bataillone zu einer provisorischen Nachhut zusammengestellt und ging nun in Zickzacklinie zurück, um den österreichischen Artilleri-

sten eine Feuergenauigkeit unmöglich zu machen. An der rechten Flanke erhielt Friedrich äußerst willkommene Unterstützung von Retzows Korps. Retzow hatte das Mündungsfeuer und die Flammen von Hochkirch gesehen und entsandte Prinz Eugen von Württemberg mit vier Bataillonen und fünfzehn Schwadronen zur Unterstützung der Armee des Königs. Württemberg und seine Kavallerie gaben den Pferden die Sporen und vermochten die von der Division O'Donnells ausgehende beträchtliche Gefahr abzuwenden, die in der Blockade des Rückzugsweges der Preußen bestand.
Von Pommritz zog sich der König zunächst in eine weitere vorübergehende Stellung auf den Höhenrücken nordwestlich von Klein-Bautzen zurück. Er war körperlich genauso erschöpft wie alle seine Soldaten. Seine Schärpe wies Blutflecken auf, die von seinem in der Schlacht getöteten Pferd herrührten. Der Orden vom Schwarzen Adler fehlte auf seiner Uniformbrust und war vermutlich beim Hin und Her während der Kampfhandlungen verlorengegangen; der Offiziersmantel war durch Staub und Pulverqualm geschwärzt. Der bereits genannte Offizier Barsewisch stieß mit drei Fahnen und dreißig übriggebliebenen Soldaten des Infanterie-Regiments Wedell zu ihm. Dem jungen Mann war von einem österreichischen Kürassier mit einem Säbelhieb der Hut vom Kopf geschlagen worden, und bevor Schlimmeres passierte, hatte er angesichts der feindlichen Überzahl die Flucht ergriffen und dabei seine neue Schärpe weggeworfen, um die Verfolger abzulenken. Andere Offiziere und Mannschaften kamen ohne Mäntel, Reithosen oder Stiefel zurück.
Der tapfere Major von Langen zählte zu denen, die es nicht geschafft hatten, sich rechtzeitig abzusetzen. Er und sein Bataillon hatten vergeblich versucht, bei einem Bajonettangriff einen Ausbruch durch die Hinterpforte des Kirchhofs von Hochkirch zu unternehmen. Die Preußen waren in dem dahinterliegenden Gäßchen niedergemacht worden. Langen selbst geriet, aus elf Wunden blutend, sterbend in österreichische Gefangenschaft.
Nachdem er die Überreste seiner Armee versammelt hatte, marschierte der König weiter und ließ am Abend ein Lager bei Doberschütz abstecken. Als er in dieser Nacht in seinem neuen Hauptquartier zur Ruhe kam, wurden ihm erst vollständig die Verluste von Hochkirch bewußt. Sein Heer hatte zweifelsfrei große Opfer bringen müssen (Tote, Verwundete und Vermißte zählten insgesamt 9 097 Mann, was beinahe einem Drittel des Effektivbestandes von Friedrichs Armee entsprach). Der König war vermutlich nicht allzusehr betroffen durch den Tod des Prinzen Franz von Braunschweig-Bevern, der einmal beschrieben worden war als «ein liebenswürdiger,

sanfter, höflicher, wohltätiger Prinz» (Latouche, zitiert bei: Volz, 1926–27, I., 274), Eigenschaften, die Friedrichs Stil überhaupt nicht entsprachen. Der Tod von Marschall Keith ging dagegen dem König sehr nahe, denn in ihm hatte er einen Geistesverwandten wie auch einen vollendeten Soldaten gesehen.
Der erst kurz zuvor zum Feldmarschall beförderte Prinz Moritz von Anhalt-Dessau, der nach seiner Verwundung auf einem Karren abtransportiert und dabei von einem Detachement österreichischer Husaren gefangengenommen worden war, später aber gegen Ehrenwort die Erlaubnis erhalten hatte, zur Behandlung seiner Wunden nach Bautzen weiterzufahren, kehrte nie wieder zur Truppe zurück. Er genas zwar von seinen Wunden, doch eine Verletzung an der Lippe führte zu Krebs, dem er im April 1760, also lange vor Ende des Siebenjährigen Krieges, erlag. Es war Friedrich nicht möglich gewesen, zu diesem ungeschliffenen Sonderling ein kameradschaftliches Verhältnis herzustellen. Aber Moritz war in Leuthen und in Zorndorf die Seele der Infanterie gewesen, und seine natürliche Intelligenz hatte er uneingeschränkt dem König zur Verfügung gestellt.
Friedrich beklagte diese Verluste am Abend nach der Schlacht im Gespräch mit de Catt und führte dabei aus:

> «Wie viele brave Leute verliere ich, mein Freund, und wie verabscheue ich dieses Handwerk, zu dem der blinde Zufall mich von Geburt an verdammt hat! Aber ich habe etwas bei mir, um das Stück zu beenden, wenn es mir unerträglich werden sollte.» ... Er öffnete seinen Kragen und zog unter seinem Hemd ein Band hervor, an welchem eine kleine ovale, goldene Dose befestigt war, die auf seiner Brust ruhte. «Hier, mein Freund, ist alles, was man braucht, um dem Trauerspiel ein Ende zu setzen!» Er öffnete das Döschen, in welchem sich achtzehn Pillen befanden, die wir zählten. «Diese Pillen», sagte er, «sind Opium. Diese Menge reicht völlig hin, um einen zu jenem düsteren Gestade zu befördern, woher man nicht mehr zurückkehrt.» (de Catt, 1884, 190)

Mit Erfolg verbarg Friedrich vor den Augen anderer die schlimmste Verletzung von allen: die seiner Eigenliebe. Keine andere Niederlage wurde jemals so direkt auf seine Irrtümer zurückgeführt, und bei keiner anderen Schlacht wurden seine Bemerkungen und Reaktionen so minuziös aufgezeichnet. Friedrich bereute jetzt bitter, daß er sich am Morgen des 14. Oktober von Retzow und einem Viertel seiner Armee getrennt hatte: «J'ai vu et éprouvé à Hochkirch les tristes suites q'une armée doit craindre, quand elle s'affaiblit trop par des détachements ...» («Ich habe in Hochkirch die traurigen Folgen gesehen und erlebt, die eine Armee fürchten muß, wenn sie sich durch Detachements zu sehr schwächt . . .») (PC 10658) Die fehlende Wachsamkeit war derart folgenreich, daß Friedrich sie keinem seiner Kommandeure vergeben hätte, wie Warnery es ausdrückte (1788, 281), und Mitchell zog ganz allgemein das Fazit, der Ausgang der Schlacht sei «auf zwei Ursachen zurückzuführen, nämlich die außerordentliche Geringschätzung, die er [Friedrich] dem Feinde entgegenbrachte, sowie den seit langem bei ihm beobachteten Widerwillen, Kundschafterberichten auch nur ein Gran Glauben zu schenken, wenn sie mit seiner eigenen Vorstellungskraft nicht in Einklang zu bringen waren.» (Mitchell, 1850, I., 455) Vier Tage nach der Schlacht widerfuhr Friedrich dann ein Schmerz, der, obwohl seit langem befürchtet, darum nicht weniger qualvoll war. Er hatte bereits den Prinzen Heinrich seine tiefe Besorgnis über den Gesundheitszustand ihrer Schwester Wilhelmine wissen lassen und darauf hingewiesen, daß er seit frühester Kindheit mit der drei Jahre älteren Schwester aufgezogen worden war. Die Nachricht von ihrem Tode erreichte ihn am 18. Oktober und traf ihn, wie Catt es beschreibt, derart hart, daß er minutenlang schluchzte, ohne ein Wort sagen zu können.

Im Zusammenhang mit dem Leben Friedrichs des Großen ist das Adjektiv «heroisch» überstrapaziert und dadurch entwertet worden. Dennoch läßt sich nur schwer ein passenderes Attribut für einen Mann finden, der nach schweren Schicksalsschlägen jetzt seinen Soldaten eine zuversichtliche Miene zeigen und seinen Feinden die Initiative entreißen konnte.
Friedrich war inzwischen zu der Überzeugung gekommen, nicht länger untätig in Doberschütz, sozusagen Auge in Auge mit Daun, zurückbleiben zu können, während die Österreicher ungefähr 20 000 Mann in seine geliebte Provinz Schlesien warfen und mit der Belagerung der Festung Neisse in Oberschlesien begannen. Nach den schweren Verlusten von Hochkirch hatte Friedrich seinen Bruder Prinz Heinrich um Verstärkungen aus dessen Armee an der Elbe ersucht und war hoch erfreut, den Prinzen am 20. Oktober persönlich an der Spitze von acht Bataillonen und fünf Schwadronen Husaren eintreffen zu sehen. Zum ersten Male seit der Schlacht von Hochkirch sprach Friedrich offen über den Kriegsverlauf und zeigte sich in glänzender Stimmung angesichts der Tatsache, daß Daun nichts unternahm, um aus dem österreichischen Sieg Kapital zu schlagen.
Am Abend des 23. Oktober verließ die preußische Armee in aller Stille ihr Lager in Doberschütz und nahm den raschen und heimlichen Marsch nach Schlesien auf. Die Vorausabteilungen wurden

angeführt durch den vortrefflichen Oberstleutnant von Saldern, und am 26. Oktober setzte sich die preußische Vorhut unerwartet für die Österreicher in den Besitz des strategisch immens wichtigen Knotenpunktes Görlitz. Drei Tage später gab Feldmarschall Daun die Hoffnung auf, Friedrich beim Wettlauf nach Neisse zuvorzukommen, und entschloß sich statt dessen, zur Elbe zurückzumarschieren, wo sich den Österreichern nun möglicherweise die Chance bot, in aller Ruhe Dresden und Torgau einzunehmen, während zur gleichen Zeit die Reichsarmee unter dem Oberbefehl des Prinzen von Pfalz-Zweibrükken Leipzig erobern konnte. Daher bewegten sich in der nun folgenden Woche Friedrich und Daun mit ihren Armeen in entgegengesetzte Richtungen. Friedrichs rascher Anmarsch hatte zur Folge, daß das österreichische Belagerungskorps unter General Harsch vor Neisse am 5. November sein Lager abbrach, um eiligst nach Mähren hinüber abzurücken. Friedrich zog zwei Tage später in die Stadt ein und erreichte den östlichsten Punkt seines Marsches. Schlesien war damit ohne neue Kämpfe vom Feind befreit worden.

Die leichten Reiterabteilungen der Österreicher machten unterdessen die Fernstraßen zwischen Schlesien und Sachsen unsicher, was dazu führte, daß Friedrich mehrere Tage lang nichts Genaues über Dauns Marschroute wußte. Erst am 13. November, zwei Tage nach dem Ereignis, erfuhr der König, daß Daun vor Dresden eingetroffen war. Glücklicherweise gelang es dem Stadtkommandanten, General Graf Schmettau, den Gegner eine ausreichende Zeit lang hinzuhalten, indem er wiederholte Übergabeforderungen zurückwies, bis sein oberster Kriegsherr herangerückt war. Zum Zeichen seiner Entschlossenheit machte er das Schußfeld für seine Batterien frei, indem er die Vorstädte außerhalb der Altstadtbefestigungen in Brand stecken ließ: «Die ganze Umgebung der Stadt schien ringsum in Flammen zu stehen, in Ruinen zu zerfallen und in Rauch aufzugehen . . .» (Mitchell, 1850, I., 459)

Friedrich wandte sich aufgrund der Bedrohung Dresdens also wieder nach Westen. Der Marsch führte ihn und seine Truppen erneut über das Schlachtfeld von Hochkirch und ließ für kurze Zeit melancholische Erinnerungen in ihm wach werden. Am 20. November erreichte er mit einer berittenen Vorausabteilung die sächsische Hauptstadt. Daun ließ daraufhin von Dresden ab und zog sich über die Berge nach Böhmen zurück. Ferner wurde Friedrich die frohe Kunde zuteil, daß auch die Reichsarmee vor Leipzig den Rückzug angetreten hatte und überdies das österreichische Korps unter General Graf von Hadik, das im Oktober mehrere Tage lang Berlin besetzt gehalten hatte, abgezogen war, ohne Torgau einnehmen zu können.

Friedrich hielt sich fast drei Wochen in Dresden auf und reiste dann nach Schlesien, um den Winter über in Breslau zu bleiben. Die tägliche Arbeit erledigte er so rasch wie möglich und brachte die übrige Zeit damit zu, in seine wirren Gedanken etwas Ordnung zu bringen. Was ihm große Sorge bereitete, war die zunehmende ingenieurwissenschaftliche Fertigkeit der Österreicher und die Gewißheit, daß sich der Krieg gegen eine nahezu erdrückende feindliche Übermacht fortsetzen würde. In der Schlacht von Zorndorf hatte er eine neue grausame Art der Kriegführung kennengelernt. Befriedigt war er jedoch darüber, daß der glanzvolle Feldzug, mit dem das Jahr 1758 zu Ende gegangen war, die Erinnerung an seine Demütigung bei Hochkirch verdrängt hatte.

Eine spürbare Prise Besonnenheit kennzeichnete alle Unternehmungen Friedrichs in den ersten Monaten des Jahres 1759. Er hatte inzwischen jeglicher Verlockung entsagt, die königliche Armee erneut Abenteuern südlich des Grenzgebirges entgegenzuführen, und zum ersten Mal seit der Kampagne, deren Höhepunkt die Schlacht von Hohenfriedberg gewesen war, begnügte er sich damit, den Feind zum Angriff gegen sich vorgehen zu lassen, in der Hoffnung, den Sieg davonzutragen in einer «bonne bataille décisive, qui me mettra dans une situation à pouvoir détacher sans hasard vers quelque part au plus pressant» («guten Entscheidungsschlacht, die mich in die Lage versetzt, ohne Risiko Detachements an Punkte zu entsenden, wo es am dringendsten not tut») (PC 10812). Glücklicherweise ermöglichten der milde Winter und die späte Eröffnung der Frühjahrskampagne Friedrich die Aufstockung seines Feldheeres auf volle 130 000 Mann, obwohl es dabei anfangs zu Versorgungsschwierigkeiten hinsichtlich Bekleidung für die Soldaten und Remontepferden kam. Er beabsichtigte das Hauptheer mit zirka 44 000 Mann in Niederschlesien zu belassen und die übrigen Truppen zwischen seinem Bruder Heinrich in Sachsen, Fouqué in Oberschlesien und Dohna an der Flanke nach Polen aufzuteilen. Vorerst aber gönnte sich der König eine Zeitlang Entspannung in seinem dreimonatigen Winterquartier in der schlesischen Hauptstadt, musizierte abends mit seinem Flötenlehrer Quantz, verfaßte Gedichte und philosophische Schriften, unterhielt eine umfangreiche Korrespondenz und diskutierte mit seinem treuen Vorleser de Catt über seine Feldzüge, staatspolitische Fragen und schöngeistige Dinge.

Im April 1759 versammelte Friedrich seine Hauptarmee nach dem Kantonierungssystem im Raum Landeshut in Schlesien am Bober. Von dieser Stadt in den Ausläufern des Riesengebirges aus suchte er für seine weiteren Pläne Zeit zu gewinnen, indem er immer wieder kleinere Raidkorps über die Grenze nach Böhmen entsandte. Fouqué zerstörte die feindlichen Magazine in Troppau und Jägerndorf im österreichischen Oberschlesien, während Prinz Heinrich bei einem ähnlichen Überfall von Sachsen nach Nordböhmen hinein Nachschubdepots der Österreicher angriff und zerstörte, deren Wert auf Summen zwischen 6 000 und 700 000 Talern geschätzt wurde:

> Während sie [die Österreicher] erwarteten, im Zentrum angegriffen zu werden, wurden die an den äußersten Ecken stehenden Verbände ihrer Armee in Troppau und Leitmeritz ... besiegt und ihre Magazine beinahe gleichzeitig verwüstet. Seine Preußische Majestät blieb derweil die ganze Zeit über ruhig in seinem Hauptquartier in Landeshut; mit soviel Gerechtigkeit, Behagen und Tatkraft lenkt er diese ungeheure Maschinerie ...» (Mitchell, 1850, II., 55–56)

Im Mai zog Prinz Heinrich westwärts auf den Oberlauf des Mains zu und richtete ähnliche Verwüstungen von Lagerhäusern der Reichsarmee an, was die kaisertreuen Truppen zwang, sich auf Nürnberg zurückzuziehen.

Die österreichische Hauptarmee verließ endlich ihre Winterquartiere am 2. Mai, doch statt Friedrich den Gefallen zu tun und die Bergpässe zu überqueren, um sich zur Schlacht zu stellen, blieb Daun einfach auf der böhmischen Seite der Grenze stehen und ließ seine Truppen exerzieren. Dann und wann wurden österreichische Offiziere auf den Berghängen beobachtet, wie sie mit Fernrohren die preußischen Stellungen auskundschafteten, doch wenn dann preußische Husaren Jagd auf sie machten, zogen sie sich unweigerlich eilends zurück. «Hätten Sie geglaubt», fragte der König in jenen Tagen Catt, «daß ich hier so lange ruhig bliebe?» «Nein, Sire!» – «Die Feinde haben es noch weniger geglaubt. Sie kennen mich noch nicht richtig. Sie bilden sich ein, ich könnte nicht ruhig bleiben, ich müßte immer angreifen. Aber ich weiß auch in der Verteidigung zu bleiben, wenn es sein muß ...» (de Catt, 1884, 239) Dieses Wartespiel entsprach natürlich keineswegs Friedrichs Temperament. Er wurde von Zahnschmerzen geplagt, trauerte weiterhin um Wilhelmine und schrieb an seinen Freund, den Marquis d'Argens, in Berlin, er befürchte, sein Feuer und seine gute Laune für immer verloren zu haben.

Anfang Juli wurde endlich klar, welche Absichten die Verbündeten hegten. Feldmarschall Daun zog mit 75 000 Mann auf die Lausitz zu, offenbar in der Absicht, Friedrich nach Südwesten zu locken, während der russische General Graf Soltykow die Bereitstellung von

60 000 Mann in Posen abschloß, ohne daß Dohna ihn dabei gestört hätte, und sich anschickte, gewissermaßen durch die Hintertür in Richtung Oder vorzustoßen:

> Man befürchtet, daß das Projekt des Königs von Preußen, die russische Armee abzuschneiden, infolge der Schwerfälligkeit seiner Generale gescheitert ist. Dies hat Seine Preußische Majestät in sehr schlechte Stimmung versetzt; und es ist wahrhaftig eine schwierige Sache, wenn ihn die beinahe fatale Notwendigkeit dazu zwingt, die von ihm ausgearbeiteten Projekte in eigener Person in die Tat umzusetzen. (Mitchell, 1850, II., 74)

Friedrich brach mit der preußischen Armee am 4. Juli von Reichhennersdorf in Schlesien, wo man seit Mitte Mai im Quartier gelegen hatte, auf. Die erste Marschetappe führte bis Hirschberg im Riesengebirge am Zusammenfluß von Zacken und Bober, denn sein Hauptziel lautete zunächst, die Übergänge über den Bober an der Direktroute durch die Lausitz zwischen Daun und Soltykow zu überwachen. Zu diesem Zweck errichtete er am 10. Juli ein stark befestigtes Lager in Schmottseifen. Er hoffte damit die Österreicher in der Lausitz festzuhalten und sich andererseits Bewegungsfreiheit zum Vorgehen gegen Soltykow zu verschaffen oder Heinrich in Sachsen zu Hilfe kommen zu können oder Fouqué, den er zur Verteidigung von Landeshut zurückgelassen hatte.

Das Feldlager von Schmottseifen (vgl. Karte 32) erstreckte sich über eine fruchtbare Landschaft, in der steile, grasbewachsene Berghügel sich mit tiefen kleinen Tälern abwechselten, deren üppiger Baumbestand – Eichen, Linden und Fichten – große Höhe erreichte. Es war zugegebenermaßen eine weitaus stärkere Stellung als die von Hochkirch. Friedrich beschrieb sie später als eines jener Lager, «reduits en un ou deux points d'attaque» («die nur ein bis zwei Angriffspunkte aufweisen») (Artikel VII, «Eléments de Castramétrie et de Tactique», 1770, Œuvres, XXIX., 13–14). Insgesamt hatte das Lager die Form eines Hufeisens und war nach Nordwesten hin offen, wobei die durch den Steinberg und das Kalte Vorwerk gebildeten Enden in Richtung des feindlichen Anmarschweges wiesen. «Seine Preußische Majestät ist äußerst wachsam; er erkundet täglich die feindlichen Posten, zuweilen von einem Trupp Reiter und Fußsoldaten begleitet, manchmal aber auch nur von einer winzigen Husareneskorte. Er setzt seine Person den größten Gefahren aus in einem Land, das von Natur aus für Überfälle aus dem Hinterhalt wie geschaffen ist, und angesichts eines Feindes, bei dem es von leichten Reitern wimmelt ...» (Mitchell, 1850, II., 78–79) Der König selbst schrieb dar-

über, er werde sich wohl bald in seinem Lager ebenso gut auskennen wie im Park von Sanssouci.
Zwischen seinen Erkundungsritten hielt sich Friedrich in seinem Hauptquartier in Dürings Vorwerk auf, einem einsam gelegenen Gehöft, das einen idealen Beobachtungsposten vor dem Zentrum des Feldlagers darstellte. Er nahm die Gelegenheit wahr, in seinen Mußestunden viel zu lesen, an seinen Versen zu feilen und französische Übersetzungen der lateinischen Klassiker Tacitus, Sallust und Cornelius Nepos zu studieren. «‹Sie sehen mich sehr mit Lesen und Schreiben beschäftigt›, sagte er oft. ‹Ich brauche diese Ablenkung von den trüben Gedanken, die mich bewegen. Ich sehe, daß die Wolken sich häufen, und ein starkes Unwetter wird bald losbrechen; Gott weiß, wo es Verwüstungen anrichten wird!›» (de Catt, 1884, 243)
An Ereignissen waren die letzten zehn Julitage reicher als die ganzen zehn vorangehenden Monate. Friedrich mußte mit Bestürzung erfahren, daß Graf Dohna angesichts eines neuerlichen Vormarsches der Russen den Rückzug angetreten hatte und seine Versorgungslinien dem Zusammenbruch nahe waren. Der König stattete daher einen seiner Günstlinge, den jungen Generalleutnant Karl Heinrich von Wedell, mit entsprechender Befehlsgewalt aus und entsandte ihn, um an Dohnas Stelle das Kommando über eine Armee von 28 000 Mann auf dem jenseitigen Oderufer mit dem Auftrag zu übernehmen, die Vereinigung der Russen und Österreicher zu verhindern. Friedrich gab ihm eine zwölf Punkte umfassende Instruktion mit auf den Weg, deren wichtigste Anweisungen lauteten:

a) «Halte Er erstlich den Feind durch eine gute Position auf», und
b) «attaquire Er ihn alsdann nach meiner Manier» [d. h. in der «Schiefen Schlachtordnung», von Friedrich als «Schrägangriff» bezeichnet] (PC 11238)

Im vorliegenden Falle waren es allerdings die Russen, die eine «gute Stellung» bezogen. Unvermutete Geschicklichkeit an den Tag legend, zog General Soltykow, um über Crossen eine Verbindung mit Marschall Daun herzustellen, blitzschnell am linken Flügel Wedells vorbei und errichtete eine Stellung bei Paltzig. Wedell wußte nichts von der Kampfkraft der russischen Armee und äußerst wenig mehr von der seiner eigenen Truppen, «allein davon war er überzeugt, daß, wenn er nicht die ihm öfters wiederholte Ordre des Königs erfüllte und, ohne eine Bataille zu liefern, den General Soltikow weiter vordringen ließe, er in Ansehung seiner eigenen Person sich einem unvermeidlichen Unglück aussetzte ...» (Gaudi, zitiert bei: Bethcke, 1907, 198) Die Preußen griffen also am 23. Juli pflichtgemäß an und erlitten eine Abfuhr unter schwersten Verlusten. Die annähernd 8 000 Gefallenen, Verwundeten und Vermißten machten diese Schlacht von Paltzig, auch nach dem Nachbarort Kay benannt, fast so verlustreich wie Hohenfriedberg und Soor zusammen.

Friedrich hatte von Minute zu Minute auf gute Nachrichten vom anderen Oderufer geharrt. Am Nachmittag des 24. Juli kam jedoch Wedells Adjutant von Bonin herangaloppiert und berichtete, die preußische Armee sei «in Ermangelung ausreichenden Geländes und mangels guter Anordnungen von dem schrecklichen Feuer der russischen Artillerie zugrunde gerichtet worden.» (de Catt, 1884, 245) Friedrich stieß barsche Verwünschungen angesichts der «Torheiten» Wedells aus und hieß den Adjutanten seinem Befehlshaber verkünden, er – Friedrich – werde in Kürze zu ihm stoßen, doch sein Zorn über den General, der eine Schlacht verloren hatte, hielt nicht lange an, denn er war sich klar darüber, daß Wedell in Übereinstimmung mit dem Geist der königlichen Direktiven gehandelt hatte.

Riesige Staubsäulen stiegen über der schlesischen Tiefebene in den Himmel, als sich in der Nacht zum 29. Juli eine Kolonne nach der anderen in Marsch setzte. Hauptsächlich marschierte Friedrich nach Norden, weil er die Russen an der Oder stellen wollte. Doch damit standen einige ziemlich komplizierte Entwicklungen in Zusammenhang, und es ist vielleicht ratsam, diese in schematischer Form aufzuführen (siehe Karte 33):

a) Prinz Heinrich hatte sich von den Österreichern in Sachsen lösen können und war mit 19 100 Mann nach Sagan am Bober in Mittelschlesien gelangt.

b) Friedrich selbst übernahm den Befehl über dieses Korps bei seiner Ankunft in Sagan am 29. Juli und rüstete sofort zum Weitermarsch, um den rund 19 700 Überlebenden von Wedells Armee an der Oder zu Hilfe zu kommen. Prinz Heinrich begab sich auf Geheiß seines Bruders in das preußische Feldlager Schmottseifen, wo ihm das Kommando über die dort verbliebenen rund 44 000 Mann des Hauptheeres anvertraut wurde.

c) Daun entsandte zur selben Zeit zwei Korps, die sich mit den Russen vereinigen sollten, und zwar Laudon mit 24 000 Mann und Hadik (der Prinz Heinrich aus Sachsen gefolgt war) mit 17 300 Mann.

d) Soltykow und seine 41 000 Russen schickten sich an, Frankfurt an der Oder zu besetzen.
e) Fouqué stand mit 19 000 Preußen den 38 500 Österreichern unter Harsch im südlichen Schlesien gegenüber.

Friedrich verließ Sagan am 31. Juli und rückte mit der Hauptarmee in Eilmärschen nach Norden ab, bemüht, Laudon und Hadik zuvorzukommen, ehe sie Anschluß an die Russen finden konnten. Unter gewaltigen Strapazen für seine Truppe traf Friedrich am 1. August in Sommerfeld in der Niederlausitz ein; am darauffolgenden Tage schwenkte er nach Westen und erbeutete Hadiks Troß bei Markersdorf. Der König erkannte nicht, daß Graf Hadik bereits das Wettrennen aufgegeben hatte und jetzt nur noch bemüht war, die Preußen von der direkten Route nach Frankfurt wegzulocken. Laudon profitierte davon und gelangte ungehindert zur Oder. Er überquerte den Strom am 5. August in Frankfurt und vereinigte seine Truppen mit denen Soltykows, so daß eine neue, russisch-österreichische Armee entstand, die ungefähr 64 000 Mann zählte.
Auch die preußische Truppenkonzentration begann Gestalt anzunehmen. Friedrich bezog ein Feldlager in Müllrose südwestlich von Frankfurt am Friedrich-Wilhelm-Kanal, dem heutigen Oder-Spree-Kanal. Dort vollzog er am 6. August den Zusammenschluß mit Wedells Korps. Inzwischen war der König eine Art Experte in der Kunst der Einverleibung geschlagener Armeen in sein eigenes Heer geworden. Zunächst ließ er Wedells Truppen (wie die des Herzogs von Bevern im Dezember 1757 nach dem Fall Breslaus) ein gesondertes Lager beziehen und hielt sie gewissermaßen eine Weile in moralischer Quarantäne, um zu verhindern, daß die infolge der Niederlage gedrückte Stimmung bei diesen Verbänden auf alle Regimenter und Bataillone übergriff. Dann aber gewann wieder seine Großmut die Oberhand: er bezeigte den besiegten Truppenteilen Wohlwollen und sprach ihnen Mut zu. Friedrichs eigene Stimmung wurde durch die Nachricht aufgemuntert, daß auf dem westlichen Kriegsschauplatz Prinz Ferdinand von Braunschweig am 31. Juli an der Weser bei Minden einen glänzenden Sieg über die Franzosen errungen hatte.
Am 9. August stieß Generalleutnant Finck mit einem Truppenverband, der bisher in Sachsen den Zugang nach Berlin gedeckt hatte, in Wulkow zu Friedrich, dessen Armee jetzt über eine Gesamtstärke von 49 000 Mann verfügte. Der König beabsichtigte, auf genau die gleiche Weise zum Schlag gegen die Russen auszuholen wie bei der Schlacht von Zorndorf fast genau ein Jahr zuvor. Auch diesmal gedachte er die Oder stromabwärts und damit nördlich der Stellung

der russischen Armee zu überqueren. Wenn seine Planung ihm recht gab, würde ihm auf diese Weise ein ungehinderter Übergang über den Fluß gelingen. Bei dem anschließenden Vormarsch nach Süden zum Angriff auf den Feind hoffte er, daß Schnelligkeit und das Überraschungsmoment das ihre taten, um ihn einen schwachen Punkt in der Position der Russen entdecken zu lassen.

Ein preußisches Füsilierregiment wurde am 9. August mit Fähren bei Göritz, auf halbem Wege zwischen Küstrin und Frankfurt gelegen, über die Oder gesetzt. Es errichtete sofort einen Brückenkopf, der am nächsten Tag den Bau zweier Brücken ohne Störung durch den Feind ermöglichte. Für eine dieser Brücken kam das Material aus der nahen Festung Küstrin, während die zweite mit Hilfe von Pontons entstand. Die Infanterie passierte die Brücken am 10. August während einer warmen Sommernacht, und die Kavallerie durchwatete den Strom an einer Untiefe bei Ötscher. Auf dem gegenüberliegenden Ufer marschierte die Armee weiter und bezog ein Feldlager unmittelbar vor dem Dorf Bischofsee. Nach Tagesanbruch verschaffte sich Friedrich eine erste Übersicht in diesem außergewöhnlich kargen Landstrich, der aus Sümpfen, Teichen, Buschwerk und grasbewachsenem Ödland bestand.

Ein Major namens Linden fand sich, der früher einmal in diesem Gebiet auf die Jagd gegangen war, doch es stellte sich heraus, daß er nicht in der Lage war, dem König eine präzise taktische Einschätzung des Geländes zu geben. Auch ein älterer Förster blieb diese Auskünfte schuldig, denn der Anblick des preußischen Herrschers brachte ihn dermaßen durcheinander, daß er nur unzusammenhängendes Zeug stammelte, obwohl ihm Friedrich geduldig und freundlich zuredete.

Am Nachmittag unternahm der König dann einen persönlichen Rekognoszierungsritt und gewann dabei vom nicht allzu hohen Spitzberg bei Trettin einen uneingeschränkten Überblick von Norden her über die feindlichen Stellungen. (siehe Karte 34) Durch das nach Süden gerichtete Fernrohr vermochte er zu erkennen, daß sich die feindlichen Truppen entlang einer Reihe kleinerer Hügel verschanzt hatten, die wie eine sandbedeckte Küstenlinie inmitten der mit gelbem Riedgras bestandenen Niederung aussahen, die ein Bach mit Namen Hühnerfließ durchquerte. Dieses Sumpfland konnte nur über zwei schmale Dämme durchquert werden. Friedrich war der Auffassung, es reiche aus, um den Feind nach dieser Seite hin im Zaum zu halten, wenn Generalleutnant Schorlemer mit vierzig Schwadronen und Generalleutnant Finck mit den acht Bataillonen des Reservekorps nach vorn gezogen wurden. Der König hatte das Hauptheer für

eine ehrgeizigere Aufgabe ausersehen. Es sollte in einem weiten Bogen gegen den Uhrzeigersinn durch das Waldgebiet der Neuendorfer Heide bis zur südöstlichen oder gegenüberliegenden Seite des Lagers der Verbündeten marschieren, von der er glaubte, daß sie nicht befestigt sei. Wiederum liegt die Parallele zu Zorndorf sehr nahe.
Inwieweit waren Friedrichs Truppen in der Lage, sich diesen Aufgaben zu unterziehen?

> Die Hitze und der Staub waren schrecklich ... Die Soldaten hatten ihre Waffen bestens gereinigt und schußbereit gemacht. Jetzt lagen sie im Gras oder im glühendheißen Sand und versuchten Schlaf zu finden. Ringsum hatten sich auch die Pferde ausgestreckt. Sie wurden von Mücken und Stechfliegen drangsaliert und waren ebenso verausgabt und erschöpft wie ihre Reiter. Normalerweise bereiteten sich die Männer in solchen Situationen selbst ihre warmen Mahlzeiten, doch diesmal nutzte kaum einer die Gelegenheit – zu groß war die Hitze, zu unangenehm der Staub, zu gewaltig die Mattigkeit.
> (Lojewsky, 1843, II., 252)

Die kühle Abendluft brachte etwas Erfrischung, aber sie trug auch den Klang der Kirchenglocken von den Dörfern der Umgebung herüber, der bei den noch wachliegenden Soldaten melancholische Erinnerungen weckte.

Zwischen zwei und drei Uhr nachts nahmen am 12. August die beiden Kolonnen der preußischen Hauptarmee in aller Stille den Marsch über die Waldpfade auf. Die Wege waren wegen großer Baumwurzeln, dichten Unterholzes, breiter Wassergräben und vieler morastiger Abschnitte schwer passierbar, und Friedrich tat in eigener Person alles in seiner Macht Stehende, um die sich voranarbeitenden Soldaten aufzumuntern. Die Westfalen des Infanterie-Regiments Puttkamer (9; Karte 34) waren seit zwei Stunden in diesem Waldgebiet unterwegs, als sie plötzlich ihres Königs gewahr wurden, der zu Pferde am Wegrand stand. Ein Grenadier schilderte diese Begegnung so: «Wie wir ohngefehr 2 Stund herein da hielte der König, fragte uns in wehrendem Vorbeimarschiren, sagte erstlich ‹Guten Morgen, Kinder!› hernach auf plattdeutsch ‹wolt ihr balt frotte Bohnen wieder essen?› Wir sagten ‹ja!› Er darauf ‹habt noch ein wenig gedult, so solt ihrs wieder gutt haben!›» (Dominicus, 1891, 50)
Friedrich gelangte bei Tagesanbruch an den Waldrand hinter Kunersdorf und erkannte, daß ihm bei der Planung zwei schwerwiegende Fehler unterlaufen waren. Erstens war das wellenförmige Gelände

entlang der Südostseite des feindlichen Lagers weitaus stärker befestigt als die Nordseite (nur Laudons Korps war mit seinem Lager bei Frankfurt nach Norden ausgerichtet) – mit anderen Worten: Friedrich hatte den Russen einen Gefallen getan, weil er seine Armee einen strapaziösen Marsch hatte unternehmen lassen, um den Gegner dort anzugreifen, wo seine Abwehrstellung die preußische Vormarschrichtung blockierte. Zweitens hat es den Anschein, als habe Friedrich erst zu diesem Zeitpunkt entdeckt, daß die Angriffsfront südlich des Dorfes Kunersdorf durch eine Reihe von Teichen außerordentlich eingeengt wurde. In Zusammenhang damit war es vermutlich von Bedeutung, daß der Dorfsee, der bedeutendste dieser kleinen Seen, dem Blick entzogen war, weil er in einer Talsenke lag.

Da ihm die Möglichkeit weiterer Aufklärung und Erkundung fehlte, scheint Friedrich ohne lange Überlegung beschlossen zu haben, die volle Wucht des Angriffs östlich der Weiher gegen den Frontkeil der russischen Stellung auf dem Mühlberg zum Tragen kommen zu lassen, wo sie ihm am wirksamsten erschien. Diese Richtungsänderung führte (Tempelhoff zufolge) zu etlicher Verzögerung und Verwirrung, da die Kolonnenspitzen den gleichen Weg zurückgehen und die Fuhrleute der schweren 12-Pfünder mit ihren Gespannen auf den schmalen Wegen zwischen den Bäumen wenden mußten.

Schließlich eröffneten die Preußen um 11.30 Uhr eine länger anhaltende Beschießung der russischen Stellung mit einem Riesenaufgebot von mindestens 60 schweren Kanonen. «Die Hitze war gräßlich. Die Sonnenstrahlen brannten wie Flammenschlünde, und Staubwolken und sengender Sand ließen die Qualen vollends unerträglich werden.» (Lojewsky, 1843, II., 259)

Die preußischen Geschütze waren auf drei Batterien (auf dem Walkberg, dem Klosterberg und dem Kleinen Spitzberg) verteilt. Ihr konzentrisches Feuer schlug in den Mühlberg-Frontvorsprung ein, wie wenn beim Angriff auf eine Festung die Belagerungsartillerie durch die Aufschlagwucht ihrer schweren Geschosse ein Vorwerk niederlegte. Die gut 40 schweren Geschütze der Russen wurden eines nach dem anderen ausgeschaltet. Das unablässige Feuer brach die Kampfmoral der fünf eigens verstärkten Regimenter des russischen Aufklärungskorps, das diese Stellung hielt.

Gegen 12.30 Uhr gingen die neun Bataillone (etwa 4 300 Mann) der Vorhut Friedrichs zum Angriff gegen den Mühlberg vor. Kurz vor Erreichen der russischen Linien wurden die Preußen den Blicken des Feindes durch eine Bodenwelle entzogen, was ihren Offizieren die Möglichkeit gab, die Treffen auszurichten. Die an der Spitze voranstürmenden vier Grenadierbataillone durchbrachen dann die russischen Verhaue und trieben in Minutenschnelle das Aufklärungskorps in die Flucht. Die Zurückbleibenden leisteten nur schwachen Widerstand. «Die Russen machten keine Anstalten, sich zu verteidigen. Die Soldaten dieser Elitetruppe blieben einfach am Boden liegen und ließen sich durch die preußischen Bajonetts massakriren, ohne sich zu verteidigen, alles zu Ehren ihres Schutzheiligen St. Nikolaus ...» (Warnery, 1788, 312)

Die Russen hatten inzwischen mehr als ein Viertel ihrer Stellungen aufgeben müssen und möglicherweise an die 80 Geschütze aller Kaliber verloren. Finck und wahrscheinlich auch Seydlitz und mehrere weitere Generale sagten jetzt Friedrich voraus, der Feind werde bestimmt im Schutze der Nacht sein Feldlager räumen und abziehen, so daß weitere Opfer preußischen Blutes sinnlos seien. Doch der König war willens, ungeachtet der Sonnenglut und der Ermüdung seiner Soldaten den Angriff fortzusetzen.

Eine Verzögerung trat ein, weil die schweren Batterien von Pferden in die neuen Feuerstellungen gezogen werden mußten. Vier der neuen «österreichischen» 12-Pfünder (aus Beutebeständen) wurden mühsam durch das sandige Erdreich auf den eroberten Mühlberg befördert. Nach erfolgter Aufstellung nahmen sie wieder das Feuer auf und hüllten Truppen und Waldstücke in dichten Pulverqualm.

Die Rauchschwaden von Kunersdorf verdunkelten nicht nur das Schlachtfeld, sondern machten es seither Generationen von Historikern unmöglich, genau anzugeben, welche weiteren feindlichen Stellungen von den Preußen gestürmt wurden und wo die preußischen Kavallerieformationen zum Einsatz kamen. Diese zweite Phase der Schlacht ist also nur in Umrissen bekannt.

Ohne daß Friedrich es wußte, durchschnitt ein kleines Tal mit sandigem Boden, Kuhgrund genannt, die Landschaft nordwestlich von Kunersdorf und trug dazu bei, den Mühlberg von den Hauptstellungen der Verbündeten abzuschneiden. Hier bildete Soltykow eine neue Verteidigungslinie. Angesichts der Tatsache, daß der preußische Angriff sich nur auf einen schmalen Sektor beschränkte, konnte er jetzt gefahrlos auf die bisher nicht zum Einsatz gekommenen Truppen und Geschütze zurückgreifen, die in Richtung Frankfurt standen, und sie zur Verteidigung des Kuhgrundes und der benachbarten Feldschanzen heranziehen.

Die preußische Infanterie stürmte von drei Seiten heran. Die acht Bataillone Fincks arbeiteten sich durch den Sumpf nach Norden vor und unternahmen mehrere vergebliche Angriffe, die angesichts einer österreichischen Batterie und der massierten Schuwalow- und Einhorn-Haubitzen der Russen von vornherein zum Scheitern verurteilt

waren. Einer der energischsten Angriffe wurde durch ein Bataillon des Infanterie-Regiments von Hauß (55) vorgetragen, das Major Ewald Christian von Kleist befehligte, der Offizier, der sich schon als Dichter einen Namen gemacht hatte. Er hatte bereits eine Wunde an der rechten Hand davongetragen, kämpfte aber in vorderster Linie unbeirrt weiter. «Er ward wieder durch eine kleine Kugel in den linken Arm ... verwundet, und konnte den Degen mit den beiden letzten Fingern und dem Daumen fassen; er commandirte weiter und war schon auf dreißig Schritte vor der neuen zu erobernden Batterie, als ihm durch einen Cartetschenschuß das rechte Bein von drey Kugeln zerschmettert wurde. Er fiel vom Pferde ...» (Pauli, 1758–64, V., 216–17; Kleist starb nach der Schlacht.)
Friedrich führte unterdessen die Hauptarmee ins Treffen. Der rechte Flügel vollzog eine Schwenkung nach links, wie es auch die Vorhut getan hatte, während Zentrum und linker Flügel durch die schwelenden Ruinen von Kunersdorf und an dem zerstörten Ort vorbei vorstießen und in dichtgestaffelten Reihen gegen die russischen Regimenter anstürmten, die sich im südöstlichen Frontkeil verschanzt hatten.

> Am Kuhgrunde ward ... von beiden Seiten auf das grausamste gemordet; dieser Theil des Schlachtfeldes war mit Leichen bedeckt ... Unsere Infanterie, die bei glühender Hitze durch den Sand marschiert war, starb fast vor Durst und schleppte sich nur noch dahin. Es waren immer dieselben Bataillone, die in Aktion traten, während der Feind uns ständig frische Truppen entgegenwarf.
> (Retzow, 1802, II., 113; Warnery, 1788, 306)

Fast den gesamten Nachmittag über traf die preußische Kavallerie in kleinen und schlecht einander zugeordneten Gruppen auf dem Kampffeld ein. Manfred Laubert (Laubert, 1900) hat den Ablauf einer Reihe von Ereignissen rekonstruiert und ihnen die vermutlich richtige chronologische Reihenfolge zugewiesen. Zunächst jagten seiner Darstellung zufolge die Kleistschen Husaren (H 1) sowie die Dragoner des Regiments Jung-Platen (D 11) zur Nordwestflanke der Kuhgrund-Stellung hinüber und unterstützten mit ihrer Attacke die Eröffnungsangriffe der Infanterie. Dann tauchten jedoch elf Schwadronen feindlicher Reitertruppen am Schauplatz des Gefechts auf und schlugen die preußische Kavallerie zurück.
Auf Befehl des Königs hin verließ nun Seydlitz seinen Beobachtungsposten auf dem Kleinen Spitzberg und führte die Regimenter des linken Flügels durch die neu angetretene Infanterie der Vorhut hindurch. Er vermochte die alliierte Kavallerie zu versprengen, wurde

aber auf der anderen Seite des Kuhgrundes durch das Feuer dreier frisch eingetroffener russischer Infanterieregimenter – das Asowsche und das Zweite Moskauer Regiment sowie die Ersten Grenadiere – zum Zurückgehen gezwungen.

Irgendwann nach dem Scheitern dieses Angriffs traf eine Musketenkugel oder eine Kartätsche das Stichblatt von Seydlitz' Degen und blieb in seiner Hand stecken. Die Wunde war sehr schmerzhaft, und Seydlitz mußte notgedrungen das Kommando über die Kavallerie an den Prinzen von Württemberg abgeben. Der fürstliche Generalleutnant war zwar ein tapferer Mann, litt jedoch unter starker Kurzsichtigkeit. Württemberg unternahm persönlich einen Erkundungsritt in vorderster Linie mit nur einem einzigen Regiment (vermutlich den Meinicke-Dragonern, D 3). Er nahm an, durch eine Lücke an der nordwestlichen Flanke der Kuhgrund-Stellung vorbei stoßen zu können. Als er sich indes umwandte, um das Signal zur Attacke zu geben, mußte er feststellen, daß seine Dragoner bereits um ihr Leben ritten.

Voller Mut, der sich allerdings zur Unzeit offenbarte, versuchte nun Generalmajor Puttkamer, ein beim König hoch in Gunst stehender Offizier, die vom Prinzen von Württemberg gezeigte Initiative zu benutzen, sein eigenes Regiment, die Weißen Husaren (H 4), ins Treffen zu werfen. Die preußischen Husaren wurden jedoch prompt von österreichischen Dragonern und russischen Tataren und Kosaken niedergemacht. Eine Weile verteidigte sich Puttkamer erfolgreich mit dem Degen gegen feindliche Reiter, wurde dann aber von einem Schuß in die Brust getroffen und stürzte tot vom Pferd.

Gegen fünf Uhr nachmittags war der Kampfeinsatz der preußischen Infanterie endgültig fehlgeschlagen. Die Befehlsgewalt über die Kavallerie war nach der Verwundung von Seydlitz und auch Württembergs auf Generalleutnant von Platen übergegangen. Dieser suchte ohne Abstimmung mit dem König dem Schlachtgeschehen neue Impulse zu verleihen, indem er die Kavallerie vereint zwischen den kleinen Seen südlich Kunersdorf vorpreschen und gegen die bis zu diesem Zeitpunkt noch unversehrten feindlichen Feldschanzen im Westen des Kampfgeländes schwenken ließ. Das an der Spitze reitende Regiment, die Schorlemer-Dragoner (D 6), versuchte die gewaltige Bastion auf dem Großen Spitzberg zu stürmen, geriet in das Feuer der russischen Kanonen und erlitt schwerste Verluste. Die übrigen preußischen Kavallerieregimenter waren noch dabei, sich in Schlachtordnung aufzustellen, als Generalleutnant Laudon mit der vereinten russischen und österreichischen Reiterstreitmacht über sie hereinbrach. Die Preußen wurden dabei in einer fatalen Situation erwischt, denn sie hatten die Teiche und Sumpfabschnitte in ihrem Rücken, und ihre Regimenter waren längst in Fragmente zersplittert. Die ganze Zeit über regneten unablässig Kartätschenkugeln aus russischen Geschützen auf die Masse der Kämpfenden, ohne Rücksicht auf Freund oder Feind, herunter.

Hitze, Anstrengungen und feindliches Feuer hatten inzwischen die preußische Infanterie zu einem wehrlosen Haufen werden lassen. Stimmung und Disziplin schwanden endgültig beim Anblick der aus Richtung Kunersdorf zurückflutenden versprengten Kavalleristen dahin. «La crainte ridicule d'être mené en Sibérie leur a fait tourner la tête . . .» («Die lächerliche Angst, [als Gefangene] nach Sibirien gebracht zu werden, hat ihnen den Kopf verdreht . . .») (PC 11345) Friedrich machte diese Erfahrung persönlich, als er eine Fahne des Regiments Prinz Heinrich (35) ergriff und ausrief: «Wer ein braver Soldat ist, der folge mir!» Keiner folgte dieser Aufforderung.

Sechshundert Schritt weit zurück, wahrscheinlich auf dem Mühlberg, unternahm Friedrich dann den Versuch, mit Hilfe von etwa 600 Mann vom Infanterie-Regiment Lestwitz (31) eine neue Verteidigungslinie aufzuziehen. Das wurde indes von den russischen Schuwalow-Haubitzen vereitelt, die diese Stellung mit ihren Kartätschengeschossen, die waagerecht in den Boden einschlugen, unhaltbar machten. Als das Schlachtenglück für die Preußen bereits nicht mehr zu wenden war, zog der König die Dierицke-Füsiliere (49) aus den rückwärtigen Stellungen, wo sie zum Schutz des Artillerieparks eingesetzt waren, nach vorn. Diese Soldaten, die bis vor kurzem noch Pioniere gewesen waren, hielten, im Karree aufgestellt, wie altgediente Infanteristen stand, bis sie sich der feindlichen Übermacht beugen mußten.

Während dieses Schlußkapitels der Katastrophe hielten sich Friedrich und einige Offiziere seiner Suite unmittelbar hinter den heldenhaften Kämpfern vom Regiment Diericke auf.

> Ein Pferd war ihm schon unter dem Leibe erschossen worden, ein zweites bekam einen Schuß in die Brust und war im Begriff zu stürzen, als der damalige Flügeladjutant von Götz nebst einem Unterofficier ihm noch vom Pferde halfen, ehe es fiel. Götz gab ihm das seinige. Kaum hatte der König es bestiegen, als ihn eine Flintenkugel traf, zwischen seinem Kleide und der Hüfte in die Tasche fuhr und nur durch ein goldenes Etui, welches er bei sich führte, in ihrer Wirkung aufgehalten wurde . . . (Retzow, 1802, II., 113)

Preußen lief erneut Gefahr, seinen König zu verlieren, als Friedrich und seine Begleitung von den Schugujewskij-Kosaken, einer russischen Elitetruppe, eingeholt wurden. Seine kleine Eskorte von Zieten-Husaren unter ihrem Rittmeister von Prittwitz hatte Mühe, ihn aus dieser brenzligen Lage herauszuhauen.

Die preußische Armee setzte sich über das Hühnerfließ in wildem Durcheinander vom Feind ab. Als er das Schlachtfeld verließ, konnte Friedrich lediglich 3 000 Mann seinem direkten Befehl unterstellen und sah sich genötigt, dem Generalmajor Flemming durch einen Adjutanten den Befehl überbringen zu lassen, mit Ausnahme der Kommandeure und der Verwundeten jedem das Übersetzen auf das westliche Oderufer zu verwehren. Die ganze übriggebliebene Armee mußte in Angst und Schrecken auf der «russischen» Seite zurückbleiben.

Die Nacht nach der Schlacht war schrecklich. Ein trockenes Gewitter tobte über Kunersdorf. Immer wieder beleuchteten Blitze das Kampfgelände. Zwischen den einzelnen Phasen des Donnerrollens mußten die Preußen mit anhören, wie ihre verwundeten Kameraden, die sie nicht hatten mitnehmen können, auf dem Schlachtfeld von den Kosaken und Tataren niedergemacht wurden. Friedrich selbst befand sich währenddessen auf dem linken Ufer der Oder im Dammhaus von Reitwein in Sicherheit. Hier übergab er formell den Befehl über das preußische Heer an Generalleutnant von Finck, machte ihm jedoch dabei zur Auflage, den Oberbefehl von Prinz Heinrich in dessen Eigenschaft als «Generalissimus» anzuerkennen (eine Ernennung, die vom 4. Dezember 1758 datierte) und der Armee den Soldateneid auf seinen Neffen und Erben (Friedrich Wilhelm) abzunehmen. (PC 11338) Seinem Minister des Äußeren, dem Grafen Finckenstein, schrieb er nach Berlin:

> Mon habit est criblé de coups, j'ai deux chevaux de tués. Mon malheur est de vivre encore ... Notre perte est très considérable: d'une armée de 48 000 hommes je n'en ai pas 3 000. Dans le moment que je parle, tout fuit, et je ne suis pas maître de mes gens. On fera bien à Berlin de penser à sa sûreté.
>
> Cest un cruel revers, ne j'y survivrai pas; les suites de l'affaire seront pires que l'affaire même. Je n'ai plus de ressource, et à ne point mentir, je crois tout perdu; je ne survivrai point à la perte de ma patrie. Adieu pour jamais!
>
> (Mein Rock ist von Kugeln durchlöchert, zwei Pferde wurden mir erschossen. Mein Unglück ist, daß ich noch lebe ... Unsere Niederlage ist sehr beträchtlich: von einer Armee von 48 000 Mann sind mir knapp 3 000 verblieben. In dem Augenblick, wo ich dies berichte, flieht alles, und ich bin nicht Herr meiner Truppen. Man wird in Berlin gut daran tun, an seine Sicherheit zu denken.

> Es ist ein grausamer Fehlschlag, den ich nicht überleben werde; die Folgen der Schlacht werden schlimmer sein als die Schlacht selbst. Ich habe keine Ressourcen mehr und glaube, offen gestanden, daß alles verloren ist. Ich will nach dem Untergang meines Vaterlandes auf keinen Fall weiterleben. Adieu auf ewig!) (PC 11335)

Am 13. August kehrte Friedrich auf das Ostufer des Stroms zurück. Am gleichen Tag gelang es seinen Offizieren, aus etwa 18 000 Mann neue Regimenter und Bataillone aufzustellen. Aller Wahrscheinlichkeit nach spielte der König bei diesem Vorgang nur eine geringe aktive Rolle, doch zumindest einer seiner Offiziere schöpfte neue Zuversicht angesichts der sichtlichen Gelassenheit, mit der es sich Friedrich für die Nacht in einem Bauernhaus in Ötscher, dem bereits erwähnten Dorf am rechten Oderufer zwischen Kunersdorf und Küstrin, bequem machte.

Der Augenzeuge sah seinen König «in einem offenen, durch die Kosaken zerstörten Bauernhause in Ötscher auf ein wenig Stroh so fest und ruhig schlafen, als ob er sich in völliger Sicherheit befände. Der Hut lag ihm halber auf dem Gesicht; der Degen bloß zur Seite; zu seinen Füßen schnarchten Adjutanten, aber ohne Stroh ...» (Anon., 1787–89, I., 26–27)

Am nächsten Tage, dem 14. August, führte Friedrich dann seine geschlagene Armee über die Brücken auf das Westufer der Oder.

Mehr als 6 000 Preußen waren in der Schlacht von Kunersdorf gefallen; die Gesamtverluste der Armee Friedrichs bezifferten sich auf rund 19 000 Mann oder nahezu zwei Fünftel der Effektivstärke. Drei Generale waren getötet worden oder lagen im Sterben, Seydlitz war infolge Schockwirkung nicht mehr der Sprache mächtig, und manchen Regimentern verblieben nur zwei Offiziere, die nicht verwundet worden waren. Diese Verluste, so furchtbar sie waren, lasteten allerdings weniger schwer auf Friedrich als die Katastrophe, die dem Staate Preußen zu drohen schien. Die siegreichen Verbündeten standen mit ihren Truppenkonzentrationen an der Oder, lediglich fünfzig Meilen von Berlin entfernt, und das besiegte Heer des Königs hatte keinerlei Unterstützung in Reichweite, die näher am Schauplatz gewesen wäre als die Kräfte, mit denen Prinz Heinrich im Feldlager von Schmottseifen in Niederschlesien zurückgeblieben war.

Warum war Friedrich bei Kunersdorf gescheitert? Einer seiner Offiziere sprach darüber freimütig mit Henri de Catt und urteilte über den König: «Seine übergroße Zuversicht, seine allzu große Mißachtung eines Feindes, der im Grunde keineswegs mißachtet werden darf, haben ihn scheitern lassen, und ich gestehe Ihnen, daß ich überhaupt noch nicht absehen kann, wie er sich trotz der Möglichkeiten, die ihm sein prächtiges Genie eingibt, aus dieser ganzen mißlichen Lage befreien wird.» (de Catt, 1884, 280) Es stellte sich jetzt heraus, daß Friedrichs übereilte Inspizierung des Kampfgeländes die Armee genötigt hatte, auf einem schmalen Frontstreifen zum Angriff vorzugehen, wo es der Kavallerie verwehrt gewesen war, in Übereinstimmung mit der Infanterie zu operieren. Die zu geringe Frontbreite hatte dazu geführt, daß sich die Fußtruppen gewissermaßen als statisches Angriffsziel unmittelbar vor dem stärksten Abschnitt der Stellungen der Verbündeten stauten. Friedrich sah auch ein, daß er vielleicht zu Recht dafür kritisiert wurde, die Schlacht ohne zwingende Notwendigkeit verlängert zu haben, nachdem er den Mühlberg-Frontkeil eingedrückt und erobert hatte. Er gestand de Catt allerdings, er fühle sich insofern gerechtfertigt, als er bemüht gewesen sei, auf seinem Anfangserfolg aufzubauen und die Siegeslaune seiner Truppen auszunutzen. Dann seien jedoch die vornweg marschierenden Bataillone, «qui poursui vaient l'ennemi par le ravin, se portèrent peut-être dans ce ravin avec trop d'ardeur et un peu de désordre. Les autres bataillons, suivant de trop près et avec trop de rapidité, s'en embarassèrent quand le Prince de Wurttemberg qui était inquiet . . . attaquait l'infanterie russe avant le temps avec véhémence, fut repoussé et mettait nos rangs en désordre . . .» («die den Feind durch die Schlucht [Kuhgrund] verfolgten, in diesem Hohlweg vielleicht zu hitzig und etwas ungeordnet vorgedrungen. Die anderen Bataillone, die zu nahe und zu schnell folgten, kamen ins Gedränge, als der Prinz von Württemberg, der ungeduldig war, . . . sehr zur Unzeit die russische Infanterie ungestüm angriff, zurückgeschlagen wurde und Unordnung in unsere Reihen trug . . .» (ebd., 255) Doch dies waren Details des Schlachtablaufs. Der Ausgang des Waffengangs von Kunersdorf wurde in erster Linie durch die Fortschritte entschieden, die Russen und Österreicher in der Kriegskunst gemacht hatten und durch die nachlassende Stärke von Friedrichs Armee. Er schrieb in diesem Zusammenhang an Finckenstein: « . . . Si j'avais 10 bataillons de '57, je n'aurais peur de rien, mais la cruelle guerre qu'on nous fait, a fait périr nos meilleurs défenseurs, et ce qui nous reste, n'est comparable à ce que nous avions de plus mauvais . . .» («Wenn ich 10 Bataillone von [17]57 hätte, würde ich nichts fürchten, aber der grausame Krieg, den man uns aufzwingt, hat unsere besten Verteidiger dahingerafft, und was uns verbleibt, ist nicht einmal mit dem vergleichbar, was wir einmal als Schlechtestes hatten . . .») (PC 11345)

Friedrichs Gemütszustand besserte sich so rasch, daß er bereits am 16. August wieder den Oberbefehl über seine Armee übernehmen

konnte. Er ließ einen Train von fünfzig 12-Pfünder-Geschützen, die in Berlin zurückgeblieben waren, nachkommen und brachte durch das Zusammenholen der Versprengten und der Leichtverwundeten bis zum Ende des Monats August rund 33 000 Mann auf die Beine. Zu de Catt bemerkte er: «C'en serait assez, si mes meilleurs officiers y étaient et si les bougres voulaient faire leur devoir. Pour ne rien déguiser, je vous dirai que je crains plus mes troupes que l'ennemi!» («Das wäre genug, wenn meine besten Offiziere noch dabei wären und wenn die Kerle ihre Pflicht täten. Um es nicht zu verhehlen, sage ich Ihnen, daß ich meine Truppen mehr fürchte als den Feind!») (de Catt, 1884, 494)
Die Wiederherstellung der Disziplin sah Friedrich daher als vordringlichste Aufgabe an. Er wies den Herzog von Bevern in dessen Eigenschaft als Gouverneur von Stettin an, alle nicht verwundeten Offiziere, die den Weg in seine Festung gefunden hätten, unter Arrest zu stellen; « . . . die Kerls, so nicht blessirt und das Gewehr weggeschmissen, soll Er 40 Prügel geben lassen . . .» (PC 11349)
Unterdessen rückte der Feind immer näher, um teilzunehmen an der, wie Friedrich fest glaubte, «dernière scène de la pièce» («letzten Szene des Stücks») (PC 11374). Laudon überschritt am 15. August die Oder und stand nun auf dem westlichen Ufer, und Soltykows Armee folgte am Tag darauf. Hadik traf mit 19 000 Österreichern in Müllrose, schon etliche Meilen von der Oder weg in Richtung Berlin gelegen, ein und schlug dort ein Feldlager auf. Ein weiterer Heerführer Maria Theresias, Generalleutnant Beck, bezog mit 9 000 Mann ein Lager ganz in der Nähe. Am entscheidendsten aber war, daß Feldmarschall Daun mit den 25 000 Mann der österreichischen Hauptarmee nach Norden marschierte. Er traf am 18. August in Triebel in der Niederlausitz westlich der Lausitzer (Görlitzer) Neiße ein und nahm Verbindung zu Soltykow auf.
Am selben Tage zog sich Friedrich mit seiner Armee von der Oder zurück und ging auf dem rechten Spree-Ufer bei Fürstenwalde, ungefähr auf halbem Wege zwischen Frankfurt und der preußischen Hauptstadt, in Stellung. Er war fest gewillt, in der offenen Ebene vor den Toren Berlins eine letzte große Schlacht zu schlagen, die über sein Schicksal und das Preußens entschied. Er befürchtete, daß der Ausgang dieser Schlacht vom Zufall bestimmt werden würde: «C'est la crise la plus affreuse ou je me suis trouvé de ma vie. Voilà le moment ou il faut vaincre ou mourir!» («Dies ist die schrecklichste Krise, in der ich mich je im Leben befunden habe. Jetzt ist der Augenblick gekommen, in dem es zu siegen oder zu sterben gilt!») (Brief an seinen Bruder Prinz Ferdinand vom 24. August, PC 11368)
Eine Reihe von Tagen blieb der König im Ungewissen über das Vor-

haben des Feindes, bis am 28. August die zuverlässige und äußerst erfreuliche Kunde eintraf, daß sich die Russen, Hadik und Laudon, statt auf Berlin zu marschieren, mit ihren Truppen nach Süden in Richtung auf Lieberose nördlich des Spreewaldes bewegten. Friedrich berichtete umgehend dem Prinzen Heinrich von der überraschenden Entwicklung und nannte sie «le miracle de la maison de Brandebourg» («das Wunder des Hauses Brandenburg»). (Brief vom 1. September, PC 11393)
Er folgte nach Bekanntwerden des Abzugs der feindlichen Armeen den Russen in einiger Entfernung wie ein Schatten und verschanzte sich am 31. August in Waldow (Waldau), den Spreewald im Rücken. Damit kontrollierte er die Zugangswege nach Berlin und Sachsen und verwehrte den Russen jeglichen Zugang in die fruchtbare Niederlausitz, die ihnen Futter für ihre Pferde hätte liefern können. Es war allerdings wenig tröstlich für ihn, daß er sich vor Augen führen konnte, daß die Lebenserwartung Preußens nunmehr in Wochen statt in Tagen zu bemessen war. (PC 11451)
Die zweite Stufe des Wunders von Brandenburg wurde durch die erstaunliche Tatsache eingeleitet, daß die Verbündeten es unterließen, ihre Streitkräfte südlich von Berlin zu vereinigen. Dies war teilweise auf Unstimmigkeiten zwischen Daun und Soltykow zurückzuführen, indessen aber auch die Folge eines glänzenden strategischen Gegenschlages durch Prinz Heinrich, der bekanntlich die 40 000 Mann befehligte, die Friedrich in der Südwestecke Schlesiens zurückgelassen hatte. Nach Erhalt der Nachricht von dem Desaster seines Bruders zog Heinrich mit einer schlagkräftigen Truppe von Schmottseifen zunächst bis Sagan. Seine Überlegung ging alsdann dahin, den Verbündeten einen möglichst entscheidenden Schlag zu versetzen. Das glaubte er bewerkstelligen zu können, indem er Dauns Nachschublinien durch die Niederlausitz unterbrach. Dementsprechend marschierte er mit seinem Korps auf dem rechten Ufer des Bober stromaufwärts in Richtung Riesengebirge und errichtete am 12. September sein Lager in Görlitz, mitten auf der wichtigsten Versorgungsstrecke. Daun verzichtete daraufhin sofort auf seinen geplanten Marsch auf Berlin.
Soltykow behauptete zu Recht, er habe bislang mit seiner Armee fast die gesamte Last des Feldzuges getragen und mit den blutigen Schlachten von Kay und Kunersdorf genug für die alliierte Sache getan. Als feststand, daß Daun nicht zu seiner Unterstützung heranzog, verließ er am 15. September sein Lager in Lieberose und nahm seine Armee über die Oder nach Osten zurück, wo er noch vor Ablauf des Jahres einige strategisch wertvolle Plätze für die Russen zu erobern gedachte.
Durch die Entsendung von Detachements war Friedrichs Heer auf eine

Ist-Stärke von weniger als 24 000 Mann geschrumpft, aber durch tagelange Gewaltmärsche kam der König den an Zahl weit überlegenen russischen Truppen auf den Höhen von Baunau zuvor. Dieser gewagte Schachzug rettete den Preußen die nahe liegende Festung Glogau an der Oder. Am 1. Oktober stellte Friedrich fest, daß sich die Russen und das Korps Laudons auf das jenseitige Ufer des Stroms zurückgezogen hatten. Er folgte ihnen am Abend des 7. Oktober über den Fluß und ließ für sein Heer ein Lager bei Sophienthal abstecken, wo er fast den gesamten Rest des Monats verblieb. Es war offenbar, daß er dank seiner eigenen Stimmung und der Moral seiner Truppen ein Übergewicht über die Alliierten zurückgewann. Schließlich zogen sich am 24. Oktober die Russen in ihre Winterquartiere in Polen zurück.

Die permanenten Strapazen des Feldzuges hatten Friedrichs Gesundheit erneut angegriffen. Er litt wochenlang unter Podagra («Zipperlein»), konnte weder reiten noch mit der Kutsche fahren und mußte von Soldaten getragen werden. Am 27. Oktober teilte er seinem Bruder Heinrich mit: «Ma maladie est la goutte aux deux pieds, au genou et à la main gauche. Voilà huit jours que j'ai presque toujours la fièvre. Selon le cours de la maladie, je dois m'attendre à en avoir encore six accès, et l'affaiblissement et l'épuisement dans lequel je suis, ne me permettront pas de pouvoir partir d'ici avant quinze jours ...» («Meine Krankheit ist das Podagra in beiden Füßen, im Knie und in der linken Hand. Jetzt sind es schon acht Tage her, daß ich beinahe immer im Fieber liege. Dem Verlauf der Krankheit nach zu urteilen, muß ich mich noch auf sechs weitere Anfälle gefaßt machen, und die Entkräftung und Erschöpfung, in der ich mich befinde, werden mir nicht erlauben, von hier vor Ablauf von zwei Wochen abzurücken ...») (PC 1155)

Inzwischen zeichnete sich eine neue Kampagne in Sachsen ab, wo die Reichsarmee einen preußischen Stützpunkt nach dem anderen erobert hatte. Friedrich hatte zunächst einen starken Truppenverband in diese Richtung in Marsch gesetzt und ihn dem geadelten schwäbischen Handwerkersohn und Söldneroffizier Johann Jakob von Wunsch unterstellt, der dem König bereits große Dienste erwiesen hatte und innerhalb eines halben Jahres vom Oberstleutnant zum Generalmajor befördert worden war. Ein zweites Kontingent, befehligt von Generalleutnant von Finck, folgte kurz darauf nach. Bis zum 13. September hatten die Preußen Wittenberg, Torgau und Leipzig zurückerobert.

Wunschs und Fincks Armeeabteilungen waren indes zahlenmäßig weitaus zu schwach, um ernsthaft den Versuch unternehmen zu kön-

nen, den Verbündeten den großen Brocken Dresden wieder wegschnappen zu können. Der preußische Gouverneur der sächsischen Metropole, Karl Christoph Graf von Schmettau, hatte im Verlauf des Jahres 1759 die Stadt mit großer Tatkraft verteidigt. Inzwischen befand er sich jedoch im Besitz eines Schreibens seines Königs, das dieser am 14. August unter dem unmittelbaren Eindruck der Niederlage von Kunersdorf abgesandt hatte. Darin hatte Friedrich dem General anheimgestellt, Dresden im Notfall zu übergeben, wenn ihm die feindliche Übermacht keine andere Wahl ließe und wenn er ehrenvolle Bedingungen für die preußischen Verteidiger aushandeln könne. Ein zweiter Brief, den Friedrich mehrere Tage darauf an Schmettau abgeschickt und in dem er seine Einwilligung zu einer Kapitulation widerrufen hatte, weil Entsatz unterwegs sei, hatte den Gouverneur nicht erreicht. Daher kapitulierte dieser nach zehntägiger Belagerung und Beschießung am 4. September gegenüber der Reichsarmee. Vier Tage später durfte die Garnison von nur 3 350 Mann abrücken, wobei ein Drittel dieser Soldaten, zumeist in preußische Dienste gepreßte Sachsen und österreichische Überläufer, sofort desertierte. Schmettau, der große Mengen an Verpflegung und Munition aus der Stadt hatte schaffen lassen und auch die preußische Staatskasse mit über fünf Millionen Talern hinauszuschmuggeln vermochte, ahnte nicht, daß vierundzwanzig Stunden später General Wunsch mit einem Entsatzkorps in die Dresdner Neustadt einmarschierte. Friedrich ließ Schmettau später arretieren und entließ ihn mit einer kargen Pension aus seinen Diensten. Als der General dagegen Protest erhob, antwortete ihm der König: «Er möchte froh seyn, Seinen Kopf behalten zu haben!» (Retzow, 1802, II., 132)
Die gegnerischen Streitkräfte drangen inzwischen in immer größerer Zahl in Sachsen ein. Prinz Heinrich hatte, wie wir gesehen haben, absichtlich die Aufmerksamkeit Dauns auf sich gelenkt. Gegen Ende September marschierten die beiden Hauptarmeen nach Westen in das Kurfürstentum ein. Heinrich schloß sich am 4. Oktober mit den Finck-Wunsch-Korps zusammen und zog sich am 16. Oktober auf die Elbe zurück, wo er bei Torgau ein Lager aufschlug. Diese Stellung war hervorragend gewählt; Prinz Heinrich inszenierte eine Reihe von Gegenstößen, die jeden Versuch Dauns, gegen seine Flanken oder Nachhut zu operieren, zum Scheitern verurteilten.
Nachdem somit das Kampfgeschehen an der Oder zum Abschluß gekommen war, brach Generalleutnant von Hülsen am 5. November von Glogau mit 16 000 bis 17 000 Mann nach Sachsen auf. Die durch Hülsen zugeführten Kräfte verstärkten die im Kurfürstentum stehende Armee des Königs auf rund 60 000 Soldaten, bei weitem die

größte Truppenkonzentration, die die Preußen in diesem Jahr zustande gebracht hatten. Friedrich folgte in gemächlicherem Tempo, da er noch zu krank war, um die Truppe persönlich zu begleiten, und traf am 13. November bei seinem Bruder auf dem westlichen Elbufer unweit von Meißen ein.

Daun schien ebensowenig gewillt zu sein, Friedrichs Bekanntschaft zu erneuern, wie es Soltykow gewesen war, und man sah es als persönlichen Triumph für den «Alten Fritz» an, wie Friedrich längst bei seinen Soldaten hieß, als die Österreicher am 14. November ihre Stellungen am Ketzerbach bei Nossen aufgaben. Friedrich zog sofort seine Armee in Richtung Dresden vor. In der Nacht darauf konnte er zum ersten Male seit der Schlacht von Kunersdorf wieder ruhig schlafen. Drei Tage später nahm Daun seine Truppen noch weiter zurück und lagerte in der unmittelbaren Umgebung von Dresden zwischen Windberg und Plauenschem Grund.

Friedrich war zuversichtlich, die Österreicher bald aus Dresden und dem ihnen noch verbleibenden kleinen Teil Sachsens hinauswerfen zu können. Alle Anzeichen wiesen auf einen frühen Winterausbruch und strengen Frost hin. Das bedeutete, daß die Schiffahrt auf der Elbe durch Eis lahmglegt sein würde und daß daher Daun, weil die Landschaft um Dresden buchstäblich abgegrast war, für seinen Proviant, das Pferdefutter und sonstigen Nachschub einzig und allein auf die lange und angreifbare Route von Böhmen her durch das Erzgebirge angewiesen war. Mit Recht folgerte Friedrich daraus, daß die Österreicher auf eine Bedrohung ihrer Versorgungswege sehr empfindlich reagieren würden.

Ein kleines Reiterkorps unter dem Kommando von Oberst Friedrich Wilhelm von Kleist (dem «Grünen Kleist», wie er in seiner Eigenschaft als Chef des Husaren-Regiments Nr. 1, des Preußischen Husaren-Korps oder der Grünen Husaren, genannt wurde, um ihn von seinem – inzwischen gefallenen – Vetter Ewald Christian zu unterscheiden) unternahm wirkungsvolle Raids durch Nordböhmen, wo es beispielsweise das österreichische Magazin in Aussig zerstörte und österreichische Offiziere, die in dem Badeort Teplitz kurten, in Schrecken versetzte. Eine noch wichtigere Maßnahme war darüber hinaus die Entsendung von Generalleutnant Finck, dem Friedrich den Auftrag erteilt hatte, mit einem Korps unmittelbar im Rücken der österreichischen Armee zu operieren und die von Böhmen heranführende Überlandstraße zu bedrohen, die über die Pässe zwischen Nollendorf im Erzgebirge und Berggießhübel im Elbsandsteingebirge ins südliche Sachsen einmündete. Friedrich August von Finck, ein erfahrener und mutiger General, hatte de facto die Armee des Königs nach

Kunersdorf befehligt und das in ihn gesetzte Vertrauen vollauf gerechtfertigt. Ihm unterstanden jetzt an die 15 000 Soldaten, und zur Seite hatte er so ausgezeichnete Truppenführer wie die Generalmajore Rebentisch und Wunsch.
Am 18. November bezog Finck ein Lager auf dem Plateau von Maxen, das westlich von Kesselsdorf lag, wo vierzehn Jahre zuvor Leopold von Dessau die Sachsen entscheidend besiegt hatte. Diese Hochebene erstreckte sich inmitten einer Reihe von kleinen kahlen Hügeln, die gespenstisch aus dem sich aus Wäldern und tiefen Tälern zusammensetzenden Umland emporragten. Der riesige, beinahe völlig unwegsame Tharandter Wald trennte Finck vom neuen Hauptquartier des Königs in Wilsdruff. Er stand außerdem mit dem Rücken zur Müglitz, einem Fluß, der ihm gefährlich werden konnte, da er Fincks Korps keine Absetzmöglichkeit in rückwärtige Gebiete bot. All diese geographischen Gegebenheiten machten die preußische Truppe in höchstem Maße verwundbar für den Fall eines Gegenschlages durch die österreichische Armee, deren Lager unweit im Plauenschen Grund begann. Prinz Heinrich und viele andere Offiziere der königlichen Armee befürchteten diese Möglichkeit, doch mit vielleicht gespieltem Gleichmut saß Friedrich am Nachmittag dieses 18. November an seinem transportablen Schreibpult und dichtete in Nachahmung Voltaires eine Parodie des Predigers Salomo. Um vier Uhr ließ er seinen Vorleser de Catt rufen und erläuterte ihm an Hand einer großen Landkarte, die er auf Reisen stets in seinem Zimmer aufhängen ließ, General Fincks Stellung. Auf Verlangen Friedrichs mußte de Catt ihm berichten, wie die Meinung im Offizierskorps über die Entsendung der Truppen nach Maxen war. Mit Herzklopfen gab der Schweizer die vorherrschende Auffassung wieder, es sei zu befürchten, daß der Feind Finck unter dem Vorwand eines Rückzuges von hinten einschließen werde und Marschall Daun, der die Armee des Königs mit seiner ersten Linie in Schach zu halten vermöge, seine zweite Linie abkommandiere, um gemeinsam mit der Reichsarmee Finck von der Rückseite her anzugreifen. «‹Non, mon ami›, erwiderte der König, ‹non, vous n'avez rien à craindre; vous verrez que ma toque bénite et ses consorts seront très charmés de retourner en Bohème pour s'y gratter leurs . . . à leur aise. Je vais vous relire encore mes stances.›» («‹Nein, mein Freund, nein, Sie haben nichts zu fürchten; Sie werden sehen, daß der geweihte Hut [so pflegte Friedrich den Feldmarschall Daun zu nennen, seit Papst Klemens XIII. diesem nach der siegreichen Schlacht von Hochkirch im Herbst 1758 zum Dank für die «Bezwingung des preußischen Ketzerkönigs» einen geweihten Hut übersandt hatte – Anm. d. Ü.] und seine

Genossen sehr entzückt sein werden, daß sie nach Böhmen zurückkehren können, um sich dort nach Herzenslust ihre . . . . . . zu kratzen. Ich will Ihnen meine Strophen noch einmal vorlesen.›») (de Catt, 1884, 260)

Die nun folgenden Ereignisse entglitten Friedrichs Kontrolle. Daun ließ sein erstes Treffen intakt oberhalb des Plauenschen Grundes stehen, jedoch gleichzeitig ein aus österreichischen Verbänden und Truppen der Reichsarmee bestehendes Heer von rund 32 000 Mann bei dem Dorf Maxen aufmarschieren. Dieses Aufgebot hatte er in drei Gruppen eingeteilt und ihnen je eine individuelle, lokal begrenzte Aufgabe zugewiesen: Generalleutnant Prinz Stolberg bezog mit 4 500 deutschen Soldaten, dazu Kroaten sowie zwei österreichischen Husarenregimentern östlich von Maxen Stellung, um Finck daran zu hindern, durch das Müglitztal in Richtung Elbe zu entkommen; General von Brentano rückte mit 6 000 Mann von Norden her heran, und das österreichische Hauptkontingent, das 17 000 Mann zählte, näherte sich aus Dippoldiswalde, aus Richtung Südwesten also. Die Österreicher mußten durch Eis und Schnee marschieren, genossen aber den Vorteil, ungesehen von den Preußen voranzukommen. Die Höhenzüge nördlich, westlich und südlich von Hausdorf boten ihnen zudem hervorragende Standorte für ihre Artillerie.

Die Schlacht begann am 20. November gegen halb vier an allen Seiten des Geländes um Maxen (siehe Karte 35) und dauerte nur knapp drei Stunden. Für den Hauptstoß von Süden her (siehe Abb. 34) war die österreichische Infanterie in vier Kolonnen bei einer Frontbreite von jeweils einem Bataillon aufgestellt. Sie richtete ihren Angriff gegen das Zentrum der preußischen Stellung. Finck mußte bald feststellen, wie wenig zuverlässig seine Truppen waren. Die Bataillone der Infanterie-Regimenter Grabow (47; Karte 35) und Zastrow (38) hatten eine große Anzahl von in preußische Dienste gepreßten sächsischen Soldaten in ihren Reihen, die auf dem Boden ihrer Heimat naturgemäß wenig Widerstand leisteten. Das isolierte Grenadier-Bataillon Willemy unternahm einen Gegenangriff aus dem Raum östlich Maxen und vermochte für kurze Zeit die Österreicher aus dem Dorf zu werfen, doch das Infanterie-Regiment Rebentisch (11) begann sich aufzulösen, statt zur Unterstützung der Grenadiere vorzustürmen. Es hatte im Verlauf des Siebenjährigen Krieges besonders viele österreichische und russische Kriegsgefangene aufgenommen, die jetzt en masse zu ihren Freunden auf der Gegenseite überliefen. Insgesamt entzog diese nicht zu verhindernde Fahnenflucht General Finck während der Kämpfe fast die Hälfte seiner Infanterie.

Als die Nacht hereinbrach, gaben die Preußen Maxen endgültig auf.

Eine allgemeine Fluchtbewegung setzte ein. Wunsch erzwang sich die Einwilligung Fincks, mit zwanzig Kavallerieschwadronen einen Ausbruch zu unternehmen. Wegen der Widrigkeiten des vereisten Geländes mußten die preußischen Reiter jedoch absitzen und ihre Pferde durch die Dunkelheit führen. Sie waren noch nicht weit gekommen, als sie der Befehl erreichte, die Waffen zu strecken, da auch sie von der Kapitulation des gesamten eingeschlossenen Korps betroffen seien.

Am Vorabend, dem Abend des 19. November also, hatte ein Offizier der Grünen Husaren als Kurier Fincks es fertiggebracht, den sich schließenden Kessel zu durchbrechen und dem König die wenig beruhigende Nachricht zu überbringen, daß das Korps in ernster Gefahr sei, von den feindlichen Truppen hoffnungslos umzingelt zu werden. Friedrich wollte einfach nicht an eine derartige Zuspitzung der Lage glauben, beorderte indes ein Detachement von 8 000 Mann unter Generalleutnant Hülsen in Richtung Dippoldiswalde, um Finck zu unterstützen, dem er ausdrücklich den Rückzug über diese Ortschaft untersagt hatte, obwohl am 19. November dieser Weg noch offenstand. Hülsens Vorankommen wurde indessen durch den tiefen Schnee stark behindert, und die Schlacht war bereits geschlagen und verloren, bevor er dem Schauplatz näher als Nieder-Colmnitz gekommen war.

Am 21. November wurde Friedrich die Gewißheit zuteil, daß Finck, vor die Wahl zwischen völligem Aufgeriebenwerden und Kapitulation gestellt, sich zu Verhandlungen bereit erklärt hatte, um seinem König die Möglichkeit eines Gefangenenaustauschs zu erhalten. Als schließlich Einzelheiten über die Vorgänge bei Maxen bekanntwurden, stellte sich heraus, daß auf preußischer Seite 500 Offiziere sowie 12 500 Unteroffiziere und Mannschaften überlebt, die Waffen gestreckt und sich in österreichische Gefangenschaft begeben hatten. Die Verluste auf seiten der Österreicher bezifferten sich auf ganze 934 Mann. Von den Preußen, die sich einer fast dreifachen Übermacht hatten beugen müssen, waren etwa 2 000 gefallen. In abgerundeten Zahlen erreichten die Verluste auf preußischer Seite die Zahlen von Kolin und Zorndorf. In mancher Hinsicht waren sie in Wirklichkeit noch höher. Die Österreicher waren nicht mehr an einem Austausch der Kriegsgefangenen interessiert, und Friedrich sah sich somit einer Truppe von 15 000 Soldaten beraubt, als hätte sie sämtlich eine blutige Schlacht verschlungen. Die in Gefangenschaft gegangenen Heerführer (darunter acht Generale) und Stabsoffiziere machten ein Zehntel des gesamten preußischen Offizierskorps aus. Die Verluste bei der Kavallerie waren so hoch, daß Friedrich sich genötigt sah, die zehn preußischen Dragonerschwadronen zurückzurufen, die bei der Armee Prinz Ferdinands von Braunschweig im westlichen Deutschland im Einsatz standen. Der König schrieb im Oktober 1760 seinem Bruder Heinrich: «Nos moyens sont trop rognés et trop courts pour nous opposer au prodigieux nombre d'ennemis que nous avons vis-à-vis de nous. Si nous succombons, datons notre perte du jour de l'infâme aventure de Maxen ...» («Unsere Mittel sind zu beschränkt und zu knapp, um uns gegen die ansehnliche Zahl von Feinden zu behaupten, denen wir gegenüberstehen. Wenn wir unterliegen, müssen wir unseren Untergang auf den Tag des schändlichen Abenteuers von Maxen zurückdatieren ...») (PC 12404) Die bleibende Erinnerung an dieses Desaster trug auch dazu bei, Friedrichs Operationen an der oberen Elbe im Juli 1778 zu lähmen. (PC 26590)

Zorn und Scham über den unheilvollen Ausgang der Schlacht von Maxen waren für Friedrich ohne Parallele in der preußischen Geschichte, denn, wie er in einem Schreiben an Finck feststellte: «Es ist bis dato ein ganz unerhörtes Exempel, daß ein preußisches Corps das Gewehr vor seinem Feind niedergeleget, von dergleichen Vorfall man vorhin gar keine Idee gehabt ...» (PC 11620) Im Gespräch mit de Catt in den Tagen nach Maxen beklagte er, daß seine «Schurken, denen weniger ihre Ehre und ihr Ruf als ihr Gepäck am Herzen lag, die Waffen streckten. In meiner Lage ist der Verlust zwar beträchtlich, aber an der Ehre ... haben wir einen ungeheuren und unersetzlichen Verlust erlitten ...» (de Catt, 1884, 275–76) Die «Regimenter von Maxen» strafte er zeit seines Lebens mit Verachtung, und nach dem Siebenjährigen Krieg ließ er eine Reihe von Kriegsgerichtsverfahren einleiten, bei denen General Finck kassiert und zu zwei Jahren Arrest auf der Festung Spandau verurteilt wurde. Auch die Generalmajore Gersdorff und Rebentisch mußten eine längere Festungshaft verbüßen. Das Husarenregiment von Gersdorff wurde von der Armeeliste gestrichen.

War diese entehrende Behandlung verdienter Offiziere gerechtfertigt? Wahrscheinlich nicht. Fincks Urteilsvermögen war es, das zur Debatte stand, nicht sein Mut, denn der König beharrte auf seiner Meinung, daß sein General die Gefahr habe rechtzeitig erkennen und sich absetzen müssen. Dem steht entgegen, daß Finck theoretisch wohl volle Handlungsfreiheit besaß, einem Rückzug jedoch physische und psychologische Hindernisse entgegenstanden. Bereits am 19. November war nämlich das österreichische Reservekorps unter O'Donnell nach Dippoldiswalde vorgestoßen und hatte so den Preußen den günstigsten Rückzugsweg nach Westen auf Freiberg abgeschnitten. Es war auch nicht fair von Friedrich, Finck «Standhaftigkeit zum falschen Zeitpunkt» vorzuwerfen, wenn das Ideal des «Contenance Haltens» Teil des Ehrenkodex des preußischen Offizierskorps war. Hinsichtlich des taktischen Problems, ob es überhaupt ratsam war, ein Korps so dicht im Rücken der Österreicher aufmarschieren zu lassen, hat der bereits mehrfach zitierte, gutinformierte Stabsoffizier Gaudi die Vermutung geäußert, Friedrich sei der festen Auffassung gewesen, er habe in bezug auf Kampfgeist eine eindeutige Überlegenheit über die Österreicher gewonnen, als Marschall Daun die Stellung am Ketzerbach am 14. November so hastig aufgab. (zitiert in: Bethcke, 1907, 200–201)

Genau dreizehn Tage nach der Katastrophe von Maxen fielen die Österreicher abermals über ein in abgeschnittener Stellung verharrendes preußisches Korps her, das allerdings viel kleiner war als das von der strategischen Landkarte so plötzlich verschwundene Heer Fincks. Das Opfer war diesmal Generalmajor Diericke, Kommandeur eines Detachements, das stromabwärts hinter Dresden die Elbübergänge sichern sollte. Am 3. Dezember geriet er mit drei seiner Bataillone bei Meißen in ein Gefecht gegen eine feindliche Übermacht. Nach erbittertem Ringen wurde seine Truppe aufgerieben und Diericke gezwungen, sich mit seinen 1 500 Überlebenden zu ergeben.

Inzwischen standen sich Friedrich und Daun, nur durch die Talsenke des Plauenschen Grundes getrennt, gegenüber. Es war dies ein klassisches Defensivgelände, wie es die Österreicher liebten. Friedrich ging daher auf Nummer Sicher und betrieb ein Abwartespiel, immer noch in der Hoffnung, ein Knappwerden des Proviants werde die Österreicher zwingen, sich über die Berge nach Böhmen zurückzuziehen. Gedrückte Stimmung herrschte im preußischen Lager in Wilsdruff angesichts von Schnee und schneidender Kälte. Die frierenden Soldaten lagen nachts dicht zusammengedrängt in ihren knochenhart gefrorenen Zelten und suchten sich gegenseitig etwas animalische Wärme zu geben. Auch Friedrich, den wieder die Gicht plagte, war alles andere als frohgemut. Am 1. Januar 1760 klagte er seinem Bruder Heinrich sein Leid:

> Mon cœur est navré de chagrin, et ce qui me décourage le plus c'est que je suis à bout de tous mes moyens et que je ne trouve plus de ressources. Je ne devrais pas vous attrister le jour du nouvel an, mais vous dérober ce tableau funeste qui, cependant, est si présent à tous les yeux qui ne savaient se le voiler.
>
> (Mein Herz verzehrt sich vor Kummer, und was mich am meisten entmutigt, ist, daß ich mit meinen Mitteln völlig am Ende bin und keine Ressourcen mehr auftreiben kann. Ich sollte Sie nicht am Neujahrstag traurig stimmen, sondern Ihnen dieses traurige Bild verheim-

lichen, das indessen für alle Augen so gegenwärtig ist, die sich einen klaren Blick bewahrt haben.) (PC 11731)

Das Jahr 1759 hatte kein schwungvolles, siegreiches Ende des Feldzuges gebracht, das die preußische Armee mit stolzgeschwellter Brust ins neue Jahr hätte gehen lassen. Nicht nur war nach wie vor der Eindruck der Niederlage von Kunersdorf unterschwellig bei den Soldaten vorhanden, sondern auch die Kapitulation von Maxen, das Mißgeschick von Meißen sowie die sibirische Kälte und die damit verbundenen zahlreichen Krankheiten, die viele Todesopfer forderten, hatten bei der Truppe das letzte bißchen Selbstvertrauen schwinden lassen und das Vertrauen in Friedrichs Feldherrenkunst untergraben. «Er hat uns in diesen grausamen Krieg gestürzt; die Tapferkeit der Generale und der Soldaten allein kann uns heraushelfen», schrieb Heinrich. («Note» vom ca. 15. Dezember, PC 11673)

Friedrich stellte sein Geschick als Reformer zerschlagener Armeen nie mit größerem Erfolg unter Beweis als 1760. Es war ein langwieriger Prozeß, dessen materielle Seite mit erstaunlicher Geschwindigkeit abgewickelt wurde, während sich die geistig-moralische Dimension der Erneuerung bis in den August hinzog. Der Mangel an guten Offizieren machte sich auf jeder Befehlsstufe bemerkbar. Ganz junge Kadetten traten an die Stelle der Offiziere, die bei Kunersdorf gefallen oder bei Maxen in Gefangenschaft geraten waren. Reitergeneral Seydlitz, von seiner schweren Verwundung bei Kunersdorf noch nicht wieder völlig genesen, blieb vorerst dem aktiven Dienst fern, obwohl er zur Überraschung des Königs die Energie aufbrachte, die junge Gräfin Susanne von Hacke zu heiraten, die mit ihren siebzehn Jahren bereits im Ruf der Lasterhaftigkeit stand.
Trotz aller Bemühungen des Königs überschritt die Zahl der preußischen Frontsoldaten jetzt nicht mehr die 110 000-Marke, und diese Ist-Stärke konnte nur dadurch erreicht werden, daß man wahllos österreichische und sächsische Gefangene in preußische Einheiten preßte und verstärkt auf Kantonisten, also eigene Landeskinder, zurückgriff. Die Streitkräfte der feindlichen Verbündeten zählten rund 230 000 Mann, und Friedrich konnte nicht damit rechnen, es mit diesen weit überlegenen gegnerischen Armeen vor dem Monat Juli aufnehmen zu können. Er beschloß, sein Hauptheer mit 55 000 Mann in der Zwischenzeit in einem Feldlager bei Meißen zu belassen, wo es einen direkten Schutz für die Magazine an der Elbe sowie für Brandenburg und Berlin darstellte und von wo aus er nötigenfalls mit ihm nach Schlesien oder Pommern marschieren konnte. General-

leutnant Fouqué stand mit etwa 12 000 Mann Wache im Raum Landeshut in Südschlesien, und im April sammelte Prinz Heinrich weitere 35 000 Soldaten an zentraler Lage bei Sagan, um die Österreicher davon abzuhalten, Überfälle nach Schlesien hinein zu unternehmen, und andererseits den Russen den Weg zu versperren, falls diese Gelüste verspürten, die Oder zu überschreiten.
Am 13. Juni trat die Reichsarmee einen mühsamen Marsch von Hof an der oberen Saale im nördlichen Bayern nahe der thüringisch-sächsischen und der böhmischen Grenze zum Kriegsschauplatz in Sachsen an, um dort Marschall Dauns Streitmacht in und um Dresden auf insgesamt 100 000 Mann zu verstärken. (vgl.Karte 36) In der kurzen Zeit, die ihm vor der Vereinigung der beiden Heere blieb, holte Friedrich zu einem Präventivschlag gegen das isolierte österreichische Korps unter Generalleutnant Franz Moritz Graf von Lascy aus, das auf dem Ostufer der Elbe stand. Lascy hatte irisches und baltisches Blut in den Adern und war ein Verwandter und Protegé des 1757 in der Schlacht bei Prag tödlich verwundeten Feldmarschalls Browne. Er hatte das österreichische Stabsoffizierskorps begründet und sich selbst einen Namen als einer der hervorragenden, geistig äußerst beweglichen jungen Truppenführer gemacht, wie sie die gegnerische Armee in diesem Stadium des Krieges hervorbrachte.
Friedrich wechselte mit seinen Truppen auf das rechte Elbufer über und errichtete am 19. Juni sein Hauptquartier in Radeburg nördlich von Dresden, um Lascy anzugreifen. Zu seinem Bedauern mußte er indessen von einer Husarenpatrouille erfahren, daß die Österreicher im Schutz der Nacht verschwunden waren. Er war darüber untröstlich und bemerkte zu de Catt: «Voilà mon coup raté! Je suis bien triste. J'aurais une grande envie de me pendre. N'avez-vous jamais connu cette envie?› – ‹Non, Sire, je ne l'aurai jamais!› – ‹Voyez mon guignon! Il me poursuit partout! Ce Lascy décampe! Je l'aurai battu!›» («‹Sie sehen mich sehr traurig. Mein Schlag ist fehlgegangen! Ich hätte große Lust, mich aufzuhängen. Haben Sie niemals diese Neigung verspürt?› – ‹Nein, Sire, und ich werde sie niemals verspüren!› – ‹Aber sehen Sie nur, wie mich das Pech verfolgt! Es bestand die größtmögliche Wahrscheinlichkeit, daß ich Lascy schlagen würde, und er muß mir entschlüpfen . . .!›») (de Catt, 1884, 426)
Nach dem Schicksalsschlag von Maxen waren nur wenige Männer aus Friedrichs Umgebung kühn genug gewesen, das Wort «Detachement» in Gegenwart des Königs wieder in den Mund zu nehmen. Jetzt mußte Friedrich zu Beginn des Feldzuges 1760 den Verlust einer weiteren Streitmacht dieser Art unter eigenartig schmerzlichen Umständen hinnehmen. Generalleutnant Heinrich August Freiherr

de la Motte Fouqué, Friedrichs alter Freund aus den Rheinsberger Tagen, hatte den Befehl erhalten, den festen Platz Landeshut wieder in Besitz zu nehmen und dadurch einen wichtigen Verkehrsknotenpunkt zu sichern, der für den Fall einer Rückkehr der Armee des Königs nach Schlesien von großem Nutzen war. Am 23. Juni wurde das kleine Korps in seinen über die Bergketten südlich und östlich des Städtchens Landeshut verstreut liegenden Stellungen von den Österreichern angegriffen und unter großen Verlusten aufgerieben. Fouqué geriet mit über 8 000 seiner Soldaten in Gefangenschaft; fast 2 000 Preußen blieben tot auf dem Schlachtfeld. Dieser Erfolg der in beinahe dreifacher Übermacht über das Korps Fouqués hereinbrechenden Österreicher war das Werk des verschlagenen, bärbeißigen Generals Gideon Ernst Freiherr von Laudon, Lascys großem Rivalen auf österreichischer Seite. Der aus altschottischem Geschlecht stammende, in Livland geborene Offizier hatte seine Laufbahn in russischen Diensten begonnen. Friedrich hatte ihn später als ungeeignet für die Einstellung in die preußische Armee zurückgewiesen.
Der erste Bericht über den neuen Rückschlag erreichte den König im Feldlager von Radeburg durch einen Offizier der österreichischen vorgeschobenen Posten, der – vermutlich am 24. Juni – seinen preußischen Widerpart über den Grund informierte, warum die in Sichtweite lagernden Truppen der Verbündeten in der Nacht Freudenfeuer angezündet und Viktoria geschossen hatten. Für den König war der einzige Trost die Tatsache, daß Fouqué sich bis zuletzt tapfer gegen einen zahlenmäßig weit überlegenen Feind zur Wehr gesetzt und er und seine Soldaten einen Mut bewiesen hatten, der dem der alten Römer würdig war
Friedrich marschierte mit seiner Armee am 26. Juni in nördlicher Richtung nach Groß-Döbritz und errichtete dort ein neues Lager. Er vollzog diesen Schritt, um näher an Daun heranzukommen, der inzwischen seinerseits mit seiner Armee auf das Ostufer der Elbe übergewechselt war, um Lascy zu unterstützen. Der König war bedrückt und reizbar, und seinen Entschluß, den größeren Teil seiner Armee nach Schlesien zu verlegen, hatte er nicht gerade aus Begeisterung getroffen, denn damit bot sich Laudon die Möglichkeit, nach seinem Sieg bei Landeshut erneut den Preußen in die Quere zu kommen und sie in die Knie zu zwingen.
Am 3. Juli um Mitternacht setzte sich die preußische Armee in Groß-Döbritz in drei Kolonnen in Marsch auf Lichtenberg, wo General Lascy sein Korps auf die Berge und Hügel ringsum verteilt hatte. Die Preußen stießen mit größtmöglicher Geschwindigkeit durch die Wälder und das Hügelland vor, doch Lascy brachte es geschickt fertig,

seine Stellungen aufzugeben und das Lager aufzulösen, bevor Friedrich ihn fesseln konnte. Die preußische Armee erreichte am 5. Juli das Kloster Marienstern und bezog dort für eine Nacht Quartier. Am nächsten Tag überquerten ihre Kolonnen dann die Quellflüsse der Spree und schlugen nach einem strapaziösen Tagesmarsch unter glühender Sonne das nächste Feldlager in Nieder-Guriz auf. Diese beiden Tage sollten der marschierenden Infanterie auf Jahre hinaus wegen der sengenden Hitze und des an den Stiefeln festbackenden Sandbodens, der jeden Schritt erschwerte, unvergeßlich bleiben, nicht zuletzt auch wegen der 105 Kameraden, die am zweiten Marschtag einem Hitzschlag erlagen.
Am 7. Juli, einem dringend benötigten Ruhetag, wurde Friedrich gemeldet, daß ihm trotz all seiner Anstrengungen die österreichische Hauptarmee beim Wettlauf nach Schlesien hinein zuvorgekommen war. Er wandte deshalb das übliche Mittel der Heerführer an, die sich auf diesem Kriegsschauplatz beim Vormarsch überholt sahen: er machte nämlich kehrt und führte seine Truppen die gleiche Strecke zurück, die sie gekommen waren, um zu versuchen, möglichst viel zum Nachteil des Feindes zu tun, bevor dieser wieder auf der Szene erschien.
Friedrich vollzog seine Kehrtwendung am 8. Juli und bezog am 13. Juli, die Tatsache ausnutzend, daß Marschall Daun genügend weit aus Sachsen entfernt war, unter äußerst günstigen Umständen Stellungen um Dresden herum. Der Prinz von Zweibrücken hatte nämlich die Reichsarmee mit ungefähr 19 000 Mann hinter das Tal der Müglitz zurückgenommen, wo kurz darauf Lascys Korps mit seinen 19 700 Soldaten zu ihm stieß.
Unterdessen hatte Friedrich freie Hand beim Versuch der Einnahme der sächsischen Hauptstadt. Er begann am selben Tage, dem 13. Juli, damit, daß er sein Jäger-Corps und das Freibataillon Courbière beorderte, den weiträumigen Großen Garten von Kroaten zu säubern, was zu einem bizarren Gefecht inmitten der Alleen, Rasenbeete und Statuen des kurfürstlichen Parks führte. Anschließend eröffnete er seinen Angriff auf die dahinterliegende Stadt selbst. Er hatte weder die Zeit noch die Geduld, in Stellung zu gehen und eine formelle Belagerung zu beginnen, und entschloß sich statt dessen dazu, die Metropole durch Belagerungsartillerie unter Beschuß zu nehmen. Zu diesem Zweck wurde elbaufwärts von Torgau ein aus zehn 12-Pfünder-Festungsgeschützen, den sogenannten Brummern, und vier 50--Pfünder-Mörsern bestehender Train herantransportiert.
Die Beschießung Dresdens durch die schweren Kanonen von Torgau begann am 19. Juli, nachdem fünf Tage zuvor die preußische Feldar-

tillerie das Feuer eröffnet hatte. Eine Reihe von Mörsergranaten wurde in Richtung auf den schiefergedeckten Turm der Kreuzkirche abgefeuert, dessen hölzerner Helm in Flammen aufging, herabstürzte und die angrenzenden Häuser in Brand setzte. Eine Straße nach der anderen wurde dann von der sich ausbreitenden Feuersbrunst erfaßt und ein großer Teil der Stadt zerstört. Viele prächtige Paläste und Bürgerhäuser wurden zu Ruinen. Doch dies alles bewog die 13 900 Mann starke österreichische Garnison unter ihrem Kommandanten Generalmajor Macquire keineswegs zur Kapitulation.
Das Vorgehen der Preußen wurde selbst von Friedrichs Bewunderern mit Abscheu registriert und als Beispiel für die Grausamkeit moderner Kriegführung bezeichnet. (Archenholtz, 1840, II., 49; Mitchell, 1850, II., 184; Lehndorff, 1910–13, I., 247–48) Die Preußen behaupteten später, sie hätten österreichische Beobachter oder sogar Geschütze auf dem Turm der Kreuzkirche gesehen, und der königliche Kabinettsrat Eichel tat sich schwer mit einem Schreiben an den für auswärtige Angelegenheiten zuständigen Minister Graf Finckenstein in Berlin, in dem er ihn davon zu überzeugen suchte, die preußische Artillerie habe auf die Festungsanlagen, nicht auf die Stadt gezielt; es sei jedoch schwierig gewesen, den Einschlag der Granaten zu kontrollieren. (PC 12257) Friedrich war weder ein Heiliger noch ein Pyromane. Aller Wahrscheinlichkeit hatte er den Befehl erteilt, die sächsische Hauptstadt unter Beschuß zu nehmen, ohne zu erwarten, daß Dresden in diesem Ausmaß in Brand geriet, nachdem seine Kanonen 1757 bei der Belagerung Prags nur geringe Zerstörungen verursacht hatten.
Es wurde dann zu gefährlich für die Preußen, die Belagerung Dresdens länger fortzusetzen, denn schon rückte Daun mit der österreichischen Hauptarmee heran. Am Abend des 18. Juli hatte er die Höhenzüge östlich der Elbe erreicht und Verbindung mit der österreichischen Besatzung der schwer zerstörten Hauptstadt aufgenommen. In der mondlosen Nacht zum 21. Juli waren die preußischen Artilleristen gerade dabei, ihre Belagerungsgeschütze aus den Feuerstellungen abzubauen, als sie von einem feindlichen Kommando angegriffen wurden, das Daun über die Elbe entsandt hatte. Die Kanoniere, aber auch die ihnen zur Sicherung beigegebenen Einheiten – ein Bataillon des Regiments Prinz Ferdinand (Infanterie-Regiment Nr. 34) sowie das erste und das zweite Bataillon des Regiments Anhalt-Bernburg (IR Nr. 3) – ergriffen nach kurzer Gegenwehr die Flucht und konnten sich nur unter Schwierigkeiten zum Großen Garten durchschlagen.
Friedrich blieb eine weitere Woche mit seiner Armee vor Dresden ste-

hen, vergeblich darauf hoffend, daß Daun sich zur Schlacht stellen werde. Unterdessen richtete sich sein Zorn gegen die «Bernburger». Die Gemeinen mußten ihre Seitengewehre ablegen, Unteroffiziere und Offiziere die silbernen Tressen von ihren Hüten abschneiden; die Tambours durften nicht mehr den Grenadiermarsch trommeln. Fast alle Offiziere des Regiments, überzeugt, ihre Pflicht getan zu haben, kamen beim König um ihren Abschied ein, der ihnen jedoch verweigert wurde. Auch die Ingenieuroffiziere und die Kommandeure der Artillerie wurden von Friedrich mit heftigen Vorwürfen überhäuft. Dabei lag die ganze Zeit über die eigentliche Schuld beim König, wie Retzow hervorhebt: «Daß keine mit einer starken Besatzung versehene Festung, zumal bei der Nähe der feindlichen Heere, sich durch ein bloßes Bombardement zur Übergabe zwingen läßt, mußte der König aus mehreren Vorfällen der Art, welche die Geschichte aufstellt, und besonders aus dem Beispiele von Prag im Jahre 1757 abstrahiren können». (Retzow, 1802, II., 223)

Ein unerforschliches Kräftespiel zwischen geographischen Gegebenheiten und den strategischen Entscheidungen beider Seiten war es gewesen, das im Hochsommer 1759 zu einem großen Aufmarsch befeindeter Heere in Schlesien geführt hatte. Dieselbe Konstellation veranlaßte nun ein Jahr später im Juli und August 1760 Friedrich, abermals angesichts drohender Gefahr nach Osten zu marschieren. Graf Soltykow rückte mit einer russischen Armee langsam von Posen heran. Schlimmer noch war es, daß abermals die österreichischen Siegesfanfaren ertönen und einen neuen Triumph Laudons verkünden konnten: der Marschall hatte mit seinen Truppen am 29. Juli die preußische Festung Glatz in einem brillanten *coup de main* erobert. Die österreichischen Streitkräfte an der Ostflanke der preußischen Armee hatten jetzt über die Bergpässe von Silberberg und Wartha im Eulengebirge ungehinderten Zugang nach Schlesien. Friedrich beurteilte die Lage so: «Tous les efforts que nous avons faits pour conjurer la tempête, se sont trouvés vains et inutiles. Il ne me reste donc que le sort des armes; mais tout ceci ne tiendra chez nous qu'à périr quatre semaines plus tôt ou quatre semaines plus tard.» («Alle Anstrengungen, die wir unternommen haben, um den Sturm abzuwenden, haben sich als vergeblich und unnütz herausgestellt. Mir bleibt also nur das Waffenglück; aber all dies läuft für uns nur auf die Frage hinaus, ob wir vier Wochen früher oder später zugrunde gehen.») (PC 12291)

Friedrich beschloß, ein Korps unter dem Befehl General Hülsens im alten Feldlager von Meißen zum Schutz der Elbübergänge zurückzulassen und die restliche Armee persönlich nach Schlesien zu führen. Auch hier dürfte es sich empfehlen, die aufmarschierenden Armeen und Korps noch einmal aufzuzählen (vgl. Karte 37):

a) Friedrich bewegte sich von Sachsen aus in östlicher Richtung mit 30 000 Mann auf Schlesien zu;
b) Prinz Heinrich hatte ungefähr 38 000 Mann unter seinem Kommando. Er verließ mit dieser Armee seine Riegelstellung hinter der Oder in Landsberg in Oberschlesien und entsetzte am 5. August Breslau, das von Laudons Truppen belagert worden war. Heinrich ging in der Umgebung von Breslau in Stellung.
c) Da inzwischen der Weg zur Oder frei war, zog Soltykow von Posen aus mit einem Truppenkontingent von 60 000 Mann südwärts; 25 000 dieser Soldaten wurden kurz darauf zu einem Detachement zusammengestellt, das mit Generalleutnant Graf Tschernyschew an der Spitze in Schlesien die Vereinigung mit den Österreichern vollziehen sollte;
d) Daun und Lascy (die zusammen etwa 90 000 Mann kommandierten) marschierten ebenfalls heran in der Hoffnung, vor Friedrich Schlesien zu erreichen.

Friedrich verließ seine Stellungen bei Dresden in der regnerischen und stürmischen Nacht vom 29. auf den 30. Juli. Er überschritt am 1. August die Elbe bei Zehren, und Gewaltmärsche ließen ihn innerhalb von sechs Tagen neunzig Meilen zurücklegen und am 7. August das Städtchen Bunzlau in Niederschlesien, am Bober gelegen, erreichen. Das Tempo, das die Kolonnen vorlegen mußten, war schlichtweg mörderisch. Viele Soldaten erlagen auf dem Marsch nach Arnsdorf am 5. August einem Hitzschlag; Hunderte ihrer Kameraden desertierten am nächsten Tag in den Wäldern um Rothwasser in der Oberlausitz.
Die Armee bedurfte am 8. August in Bunzlau dringend der Rast «nach diesen beinahe unglaublichen Marschstrapazen» (Mitchell, 1850, II., 191). Friedrich beabsichtigte, seinen Marsch nach Schweidnitz oder Breslau fortzusetzen. Doch zunächst galt es, ein Flußhindernis, die Katzbach, einen linken Nebenfluß der Oder, zu überwinden. Dies war ein «Flüßchen mit abschüssigen Ufern, das einem gewöhnlichen Wassergraben ähnelte» (ebd.), aber der Übergang über die Brükken und Furten war mit Schwierigkeiten verbunden, da der Feind bereits in der Nähe stand. Die Preußen setzten sich am 9. August wieder in Marsch, und Friedrich mußte feststellen, daß ihm die Österrei-

cher in Goldberg zuvorgekommen waren. Mit anderen Worten: Daun hatte es fertiggebracht, zum zweiten Mal in diesem Jahr den Gegner zu überholen, weil seine zahlenmäßig größeren Kräfte leichter durch das ihre Vormarschstrecke bildende höher gelegene und unebenere Gelände vorankamen. Die Verbindung Dauns mit Laudon war damit hergestellt.

Am 10. August marschierte Friedrich auf dem linken oder westlichen Ufer der Katzbach weiter in Richtung Nordosten in der Hoffnung, an der rechten Flanke der Österreicher vorbeischlüpfen und das Herz Schlesiens erreichen zu können, um dann seine Armee und die Entsatzarmee seines Bruders Heinrich miteinander zu vereinigen, die Nachschubverbindungen nach Breslau und Schweidnitz wiederherzustellen und sich zwischen Daun und die Russen zu schieben. Das preußische Heer marschierte in drei Kolonnen, «jedoch kaum daß sie sich in Bewegung gesetzt hatten, da brachen die Österreicher sofort ihr Lager ab und nahmen den Marsch auf dem jenseitigen Ufer der Katzbach auf, so daß es den Anschein erweckte, als handele es sich um eine vierte preußische Marschsäule, denn der Abstand zwischen ihnen war äußerst gering.» (Mitchell, 1850, II., 192) Friedrich bezog Stellungen in der unmittelbaren Nachbarschaft von Liegnitz. Er mußte dann zu seinem Leidwesen feststellen, daß sich die Österreicher auf dem rechten Flußufer in Schlachtformation aufgestellt hatten und ihm die für den Weitermarsch geplante Strecke nach dem südlich gelegenen Jauer versperrten.

Der König hatte erfahren, daß der Gegner prahlerisch verkündet hatte: «Der Sack ist aufgemacht. Wir brauchen ihn nur zuzuschnüren, und der König und seine ganze Armee sind gefangen!» Friedrich bemerkte lachend dazu: «Sie haben eben so unrecht nicht; aber ich denke ein Loch in den Sack zu machen, welches sie Mühe haben werden, wieder zuzunähen!» Ihm schwebte vor, stromaufwärts zurückzumarschieren und sich an der linken österreichischen Flanke vorbei den Weg nach Süden zu erzwingen.

Friedrich unternahm diesen Versuch in der Nacht zum 11. August. Bei Goldberg stieß er auf Lascys Korps, das, ohne daß er es gewußt hatte, im Rücken der Preußen aufmarschiert war. Friedrich trieb Lascys Verbände über die Katzbach und setzte selbst mit seinen Truppen über, doch auf der anderen Seite wurde sein Vorankommen durch Daun verhindert, der mit der Hauptarmee der Österreicher nach links geschwenkt war. Friedrich mußte sich damit begnügen, das Gepäck Lascys in Goldberg erbeutet zu haben. Dazu gehörte eine Mappe mit Landkarten, auf denen der gewissenhafte Ire die geplanten Operationen der Österreicher eingezeichnet hatte, aber auch ein sehr viel persönlicheres «Eigentum» des Generals in Gestalt eines wunderschönen Küchenmädchens aus Tirol. Friedrich ließ ein paar Tage darauf seinem Gegner einen Brief zukommen, in dem er sich erbot, die Karten zurückzugeben, sobald seine Stabsoffiziere sie kopiert hätten.

Dieser ironisch-verbindliche Umgangston täuscht über das Ausmaß der Krise hinweg, in der sich Friedrich zu diesem Zeitpunkt befand. Er war von seinen Magazinen abgeschnitten und hatte keine unmittelbare militärische Hilfe zu erwarten. Seit dem lange zurückliegenden Tag von Mollwitz (10. April 1741) hatte sich die preußische Armee nicht mehr in einer solchen Gefahr befunden. «Alle Menschen glaubten, nun sey das Ende der schlesischen Tragödie da, die halb Europa mit Friedrich dem Großen spielte, und das man itzt so gierig erwartete.» (Zimmermann, 1788, 226) Die Lage war noch bedrohlicher, als Friedrich ahnte, denn inzwischen hatte Tschernyschew mit seinen 25 000 Mann die Oder überschritten und marschierte heran, um sich mit den Österreichern zusammenzuschließen.

Da alle Versuche gescheitert waren, sich den Weg an den direkten Flanken der österreichischen Streitkräfte vorbei freizukämpfen, gab es für Friedrich nun keine Alternative mehr. Er entschied sich also dafür, auf der «preußischen» Seite der Katzbach an Liegnitz vorbei weiter nach Nordosten bis zur Mündung der Katzbach in die Oder bei Parchwitz zu marschieren und dann je nach Lage der Dinge zu versuchen, die Überlandstraßen nach Breslau oder nach Glogau zu gewinnen. (vgl. Karte 38) Die erste Etappe dieses Plans bestand darin, mit der Armee das schmale, an den Ufern versumpfte Schwarzwasser, einen linken Nebenfluß der Katzbach, zu überschreiten. Trosse und Feldbäckereikolonnen wurden vorausgeschickt, und am 14. August um acht Uhr abends begannen die preußischen Regimenter und Bataillone an den Übergängen in der Stadt Liegnitz und weiter flußaufwärts auf das Ostufer des kleinen Flusses zu marschieren. Zu diesem Zeitpunkt spielte sich eine Posse ab, deren Hauptperson ein Überläufer, der gebürtige Ire Leutnant oder Hauptmann Wise, war. Er war längst aus österreichischen Diensten entlassen, trieb sich aber gern bei den Vorposten des gegnerischen Lagers herum, um ein Schwätzchen zu halten und Klatsch auszutauschen. Jetzt wollte er dem preußischen König etwas Wichtiges melden. Er befand sich im Zustand fortgeschrittener Trunkenheit, als er zu Friedrich gebracht wurde, aber nach innerer und äußerer «Behandlung» mit viel Tee und kaltem Wasser vermochte er sich verständlich zu machen und anzukündigen, daß Daun zum Angriff gegen die Preußen rüste.

Friedrichs Überquerung des Schwarzwassers schien nun von der Vorsehung beschlossen zu sein. Mit ein bißchen Glück würde den Österreichern ein Schlag gegen das alte Feldlager westlich des Flusses glücken, wo die Preußen zur Täuschung des Gegners die Lagerfeuer hatten brennen lassen und Feldwachen zurückgelassen hatten. Auf dem linken Ufer der Katzbach führte Friedrich nun seine Armee weiter und stellte sie auf einem mit Büschen und Kusseln bewachsenen Plateau drei Meilen nordöstlich von Liegnitz auf. Diese Erhebung war an sich von unbedeutender Höhe, ragte jedoch aus dem flachen, zur Katzbach hin abfallenden ungeschützten Wiesengelände empor.

Bei genauerem Hinsehen erschien Friedrich der rechte Flügel seiner Armee übermäßig lang gestreckt und verwundbar zu sein. Er zog ihn deshalb näher an den Buckel des Rehberges heran und stellte ihn entlang einer nach Südwesten gerichteten Front auf. (vgl. Karte 39) Desgleichen beorderte er das zweite Treffen durch die Reihen des ersten hindurch in eine Stellung, die ihm die Deckung der rückwärtigen Positionen ermöglichte. Dies war ein umständliches Manöver, weil es im Schutze der Dunkelheit erfolgte und das zweite Treffen durch die 12-Pfünder-Batterien behindert wurde, die jetzt den Infanteriebrigaden beigegeben waren. «Kein Schlaf war schon in zwey Tagen und einer Nacht in Friedrichs Augen gekommen. Und in dieser zweyten wichtigen Nacht stieg er zwischen den zerstreut liegenden Regimentern da vom Pferde ab und auf, wo er seine Gegenwart nützlich fand . . .» (Küster, 1793, 25) Diese Nacht vom 14. auf den 15. August war hell und sternenklar, wenn man einigen zeitgenössischen Berichten Glauben schenken will; andere beschreiben sie als kalt, feucht und windig. Friedrich ließ sich für die wenigen verbleibenden Stunden der Dunkelheit an einem kleinen Lagerfeuer in der Nachbarschaft der Rathenow-Grenadiere (1/23; Karte 39) nieder. Er hatte sich in seinen Mantel gehüllt und schlief mit dem Rücken an einen Baum gelehnt.

Daun hatte ebenfalls seine Truppen in Marsch gesetzt und war zuversichtlich, daß die preußische Armee den nächsten Tag nicht lange durchstehen würde. Leichte Detachements unter den Kommandeuren Beck und Wied hatten Order erhalten, direkt auf Liegnitz vorzustoßen und auf diese Weise die Wachsamkeit der Preußen auf diesen Abschnitt der Katzbach zu konzentrieren. Unterdessen rüstete das österreichische Hauptheer zum Überschreiten des Flusses hinüber aufs Nordufer bei Dohnau, ein gutes Stück flußaufwärts von Liegnitz entfernt. Nach Abschluß der Stromüberquerung lautete der Befehl, sich zu einer nach Osten gerichteten Schlachtlinie zu entfalten und das auf dem diesseitigen Ufer des Schwarzwassers vermutete Lager der Preußen zu überfallen. Gleichzeitig sollte Lascy, der einen langen

Umgehungsmarsch nach Norden bewerkstelligen mußte, dem Feind in die Flanke fallen.
Daun hegte keineswegs die Absicht, den Preußen eine «goldene Brücke» zu errichten, damit sie entkommen konnten, wie es bei den ritterlichen Gepflogenheiten der Kriegführung im 18. Jahrhundert durchaus denkbar gewesen wäre. Er übertrug Laudon die schwerwiegende Verantwortung, die Katzbach stromabwärts hinter Liegnitz zu überschreiten und nach Westen in Friedrichs Rücken vorzustoßen. Mit anderen Worten: Laudon sollte den «Amboß» für Dauns «Hammer» bilden, und die Preußen sollten zwischen beiden Heeren furchtbarer aufgerieben werden, als es Friedrich je mit einem seiner Feinde vorgehabt hatte. Es war ein ehrgeiziger, wohldurchdachter Plan, der nur einen Schönheitsfehler besaß: er hatte nicht die Möglichkeit einkalkuliert, daß Friedrich während der Nacht seine Stellungen in östlicher Richtung verlagerte.
Bei einer Stärke von 24 000 Mann war Laudons Korps für sich allein zahlenmäßig fast der gesamten preußischen Armee mit ihren 30 000 Soldaten ebenbürtig. Daun, Lascy und die übrigen Heerführer brachten mit ihren Kontingenten die österreichische Gesamtzahl auf annähernd 90 000 Mann.
Als am 15. August vor Sonnenaufgang eine Reiterpatrouille von etwa zweihundert Husaren des Regiments Zieten unter Major von Hundt am Unterlauf der Katzbach rekognoszierte, stieß sie in der Umgebung von Bienowitz (Bienau) auf die bereits in vollem Marsch auf dem Nordufer befindliche Infanterie Laudons. Hundt und seine Leute galoppierten zum preußischen Lager zurück. Der erste ansprechbare höhere Offizier, auf den sie stießen, war Generalmajor Saldern, der in einem Feldstuhl geschlummert und sich erhoben hatte, um die zurückkehrende Patrouille auszufragen. Der jüngst beförderte ehrgeizige Mann wußte, wo sich der König aufhielt, und konnte Hundt in die richtige Richtung weisen. Gegen drei Uhr früh traf der Major bei den Rathenow-Grenadieren ein.

> Der Major von Hundt kam herangesprengt und rief laut aus: «Wo ist der König, wo ist der König?» – Der Generalmajor von Schenkendorff, der ebenfalls vom Pferde abgesessen war und das Feuer, wo der König lag, mit dem Stock zusammenschürte, rief ihm etwas leise zu: «Hier ist er!» – «Was ist, was ist?» rief der König. – «Ihro Majestät, hol mich der Teufel, der Feind ist da! Er hat all meine Vedettes zurückgeworfen!» – «Halt Er ihn so lange als möglich ab», antwortete der König und rief dann: «Ein Pferd her!»
> (Anon.,1787–89, X., 32–33)

Friedrich erteilte rasch noch Generalleutnant Zieten den Befehl, den größeren Teil des rechten Flügels in der nach Südwesten gerichteten Aufstellung zu belassen, und nahm es dann persönlich auf sich, die übrigen Teile der Armee (rund 14 000 Mann) umzugruppieren. Er stellte die Infanterie Brigade für Brigade in einer ostwärts gegen die angreifenden Österreicher gekehrten Front auf.
Als nächstes suchte der König Schenkendorff auf und wies ihn an, noch vor dem Morgengrauen seine Batterie mit 12-Pfünder-Geschützen auf den Rehberg zu schaffen und die Bataillone seiner Brigade links und rechts davon Stellung beziehen zu lassen. Schenkendorffs Schlachtreihe wurde nach rechts durch das Regiment Alt-Braunschweig (5) und das zweite Bataillon des Infanterie-Regiments Wedell (26) (aus denen sich die Brigade Salderns zusammensetzte) verlängert, nach Norden zu durch die Regimenter Prinz Ferdinand (34) und Anhalt-Bernburg (3) (die die Brigade Anhalt-Bernburg bildeten), die von hinten vorgezogen wurden.
Diese Neuentfaltung der preußischen Infanterie war noch in vollem Gang und längst nicht abgeschlossen, als die linke Flanke von Friedrichs neuer Schlachtformation unter dem Ansturm der Kavallerie von Laudons rechter Hand vorstoßender Kolonne eingedrückt zu werden drohte. Die österreichischen Reiter waren plötzlich aus dem Wiesengelände an der Katzbach zwischen Pohlschildern und Bienowitz vorgeprescht und zur Attacke übergegangen. Die Zieten-Husaren (H 2) und die Krockow-Dragoner (D 2) wichen kämpfend dem Feind und zeigten Auflösungserscheinungen, doch die preußischen Kürassiere behaupteten ihre Stellung, warfen die Österreicher zurück und gingen zum Gegenangriff über. Unterstützt wurden sie dabei von den nach Rache dürstenden Männern des Regiments Bernburg, die ihr vom König bestraftes Verhalten vor Dresden vergessen machen wollten und mit ihren drei Bataillonen vorwärts stürzten und den Feind mit Bajonetten angriffen. Es war dies einer der wenigen Fälle in der Militärgeschichte, wo Infanterie die Offensive gegen Kavallerie ergriff.
Laudon mußte zu seiner Überraschung feststellen, daß die Preußen bereits im Besitz von Gelände waren, das ihm als feindfrei gemeldet worden war. Sein rechter Flügel wurde zurückgeworfen, wie wir gesehen haben, und die links marschierende Kolonne war angesichts des Beschusses durch die preußische Artillerie nicht imstande, weit über Panten hinaus vorzudringen. Ein Abbruch der Schlacht kam jedoch nicht in Frage, da Laudons übrige Verbände alle zum Angriff vorgegangen waren. Die Hauptlast des Kampfgeschehens mußte jetzt die Infanterie des österreichischen Zentrums übernehmen, die sich tapfer die buschbestandenen Hänge hinaufkämpfte, bis sie durch Muske-

tenfeuer und Kartätschenkugeln am Weiterkommen gehindert wurde.
Um vier Uhr früh stürmte der preußische linke Flügel von dem niedrigen Plateau zum Gegenangriff herab. Auf Friedrichs Befehl hin stieß Generalleutnant Wied mit den rechts vom Rehberg stehenden Bataillonen (Alt-Braunschweig sowie den Grenadier-Bataillonen Rathenow, 1/23, und Nimschöfsky, 33/42) vor und warf die Österreicher aus Panten. Auf der linken Seite drangen die Männer des Regiments Bernburg mit dem ohrenbetäubenden Ruf «Sieg oder Tod!» auf den Feind ein und durchbrachen gemeinsam mit den Musketieren des Regiments Prinz Ferdinand (34) und den Kürassieren des Regiments Prinz Heinrich (C 2) das erste und zweite Treffen von Laudons Infanterie. Mit nicht mehr als 14 000 Soldaten unter seinem Befehl war Friedrich vermutlich imstande, persönlich Einfluß auf den Ablauf der Ereignisse zu nehmen:

> Bei diesem Gefecht setzte der König von Preußen seine Person den größten Gefahren aus. Ein Kartätschenschuß durchlöcherte seine Rockschöße; das Pferd, das er ritt, wurde von einer Musketenkugel verwundet; einer seiner Pagen verlor sein Pferd durch eine Kanonenkugel, und sein Stallmeister sowie einer seiner Pferdeknechte erlitten tödliche Wunden. (Mitchell, 1850, II., 201)

Die Österreicher bewerkstelligten einen geordneten Rückzug und gaben nur kämpfend ihr Gelände preis. Bevor sie die Katzbach erreichten, teilte ihre Kavallerie noch einen gefährlichen Gegenschlag aus; sie ritt die Stechow-Grenadiere nieder und fügte auch der ungeschützten linken Flanke der Regimenter Bernburg und Prinz Ferdinand schwere Verluste zu. Laudon ließ rund 3 000 Tote, Verwundete und Gefangene auf dem Kampfplatz zurück und beendete kurz nach sechs Uhr morgens die Schlacht, indem er sich mit seinen Truppen auf das Südufer der Katzbach zurückzog.
Damit war die Schlacht von Liegnitz von Laudon geschlagen und verloren worden, ohne daß das Gros der österreichischen Armee überhaupt in die Kämpfe eingegriffen hätte. Lascys Korps hatte zwar den Oberlauf des Schwarzwassers rechtzeitig erreicht, jedoch nirgendwo einen geeigneten Übergang entdecken können. Lediglich einige wenige Dragoner- und Husarenschwadronen benutzten eine Furt bei Rüstern, wurden aber zurückgeschlagen, als sie den Versuch unternahmen, den Troß zu erbeuten, der in Friedrichs Hauptquartier in Küchelberg stand. Unterdessen war Dauns Armee nur sehr langsam über die Katzbach auf das Nordufer des Flusses gelangt. Es war

bereits fünf Uhr früh, ehe die Österreicher im hochliegenden Gelände zwischen Weißenhof und Lindenbusch ihre Positionen bezogen, und selbst dann riskierte es Daun nicht, durch das Schwarzwassertal zu stürmen, denn noch wußte er nichts von den Kämpfen, die so unerwartet an Laudons Front ausgebrochen waren. Obwohl die Kampfhandlungen nur wenige Meilen entfernt stattfanden, vermochte nämlich der Marschall infolge der für ihn ungünstigen Windrichtung keinen Kanonendonner zu hören. Die Meldung von Laudons Niederlage wurde ihm erst zwei Stunden später überbracht.
Einer patriotischen Legende zufolge ritt Friedrich unmittelbar nach der siegreichen Schlacht zu den tapferen Kämpen vom Regiment Bernburg hinüber. Noch wußte niemand, ob ihr bravouröser Einsatz bei Friedrich die Erinnerung an jene verhängnisvolle Nacht in den Laufgräben vor Dresden getilgt hatte:

> Die Officiere schwiegen in der stillen Hoffnung auf des Monarchen Gerechtigkeit; vier alte Soldaten aber fielen ihm in den Zügel, umfaßten seine Knie, beriefen sich auf ihre gethane Pflicht und flehten um die verlorne Gnade. Friedrich antwortete gerührt: «Ja, Kinder! Ihr sollt sie wiederhaben, und alles soll vergessen seyn . . .!»
> (Archenholtz, 1850, II., 68)

Für weitere Glückwünsche blieb keine Zeit. Friedrich setzte sofort seine Armee wieder in Marsch, mit einer Eile, die bewies, daß umgehend neue strategische Entscheidungen zu treffen waren. Saldern blieb die Aufgabe überlassen, die transportfähigen Verwundeten und die erbeuteten österreichischen Kanonen und Musketen einzusammeln, und bereits um neun Uhr vormittags, nur drei Stunden nach der Schlacht, formierte sich der preußische linke Flügel zur Marschkolonne und schlug über die Landstraße den Weg nach Parchwitz, also die östliche Richtung zur Oder, ein.
Der Triumph von Liegnitz war aber erst am Abend des darauffolgenden Tages vollständig. Diesen 16. August 1760 bezeichnete Friedrich später als den beunruhigendsten des gesamten Feldzuges. Er mußte befürchten, daß sich die Truppen Tschernyschews in den Besitz der Fernstraße nach Breslau gesetzt hatten. Dann traf die erlösende Nachricht ein, daß sich die Russen über die Oder zurückzogen. Eine Staubwolke, die weiter südlich zu beobachten war, schien zunächst darauf hinzudeuten, daß auch Marschall Daun mit seiner Armee den Marsch nach Breslau angetreten hatte, doch auch in diesem Fall wurde Friedrich erleichternde Kunde zuteil. Die Österreicher hatten ihre Marschkolonnen nach Süden abgedreht und drangen ins südli-

che Schlesien vor. Dauns Absicht ging nämlich inzwischen dahin, Schweidnitz einzunehmen und sich in den bewaldeten Höhenzügen an der Grenze nach Böhmen festzusetzen. Als man dies in Wien erfuhr, erkannte die verärgerte Maria Theresia sofort, daß ihr Feldmarschall weit von seinem Hauptziel abgekommen war, das darin bestanden hatte, sich mit den Russen zu vereinigen und Friedrich einzukesseln.

Bei Liegnitz hatten König und Armee ihr Vertrauen ineinander wiedergewonnen. Friedrich selbst hatte die internationale Achtung, die er in fast zwei Jahren ununterbrochener Niederlagen nahezu verspielt hatte – die Schlachten von Hochkirch (1758), Kay, Kunersdorf und Maxen (1759), der Verlust von Dresden (1759), Landeshut und Glatz (beide 1760) sowie die vergebliche Belagerung der sächsischen Hauptstadt stehen für diese Pechsträhne –, mehr als zurückerlangt. Die britische Regierung urteilte darüber: «Das überlegene Genie dieses großen Fürsten erschien nie in strahlenderem Licht als während dieses jüngsten Feldzuges nach Schlesien hinein. Die gesamte Operation wird hier als Meisterstück militärischen Könnens angesehen.» (Lord Holdernesse, 9. September, PRO SP 90/76) Im österreichischen Lager seufzte der militärische Sondergesandte Frankreichs, Montazet: «Man hat gut reden, daß der König so gut wie vernichtet sei, daß seine Truppen nicht mehr die alten seien, daß er keine Generale habe. Das mag wahr sein, aber sein Geist, der alles belebt, ist immer derselbe, und der unsere bleibt unglücklicherweise auch immer derselbe . . . !» (Gr. Gstb., 1901–14, XII., 226)

Die Österreicher hatten die Schlacht verloren, weil ihnen bei der Aufklärung und der Generalstabsvorbereitung ungewohnte Fehler unterlaufen waren. Vielleicht spielte es eine entscheidende Rolle, daß Lascy von seinen Aufgaben als Korpskommandeur in Anspruch genommen und sein hochgeschätzter jüngerer Landsmann, der «Generalquartiermeisterlieutenant» Generalmajor Graf Jakob von Nugent, während des «Bernburg-Gefechts» vor Dresden in die Hände der Preußen gefallen war. (Mitchell, 1850, II., 176; Lehndorff, 1910 bis 1913, I., 252–53)

Was das Verdienst an der gewonnenen Schlacht angeht, so zitiert Mitchell Friedrich, nach dessen Worten der Sieg einzig und allein auf die Tapferkeit seiner Soldaten zurückzuführen war, wobei günstige Umstände den Preußen obendrein das Glück in die Hände gespielt hätten.

> «Wäre ich im Liegnitzer Lager geblieben, hätte man mich von allen Seiten umzingelt. Wäre ich eine Viertelstunde früher auf dem

Schlachtfeld erschienen, würde das Ereignis nicht eingetreten sein, und ein paar Tage hätten genügt, um der ganzen Sache ein Ende zu bereiten.» ... Ich erlaubte mir die Freiheit, zu erwidern, daß es für mich offenkundig sei, daß es die Vorsehung mit Seiner Majestät besser meine als mit seinen Feinden, denn sonst wäre er wohl an jenem Tage kaum siegreich geblieben. Er antwortete mir gutgelaunt: «Ich weiß, daß wir in diesem Punkte nicht einer Meinung sind, aber Ihre Meinung steht fest, und ich bin gegenwärtig nicht geneigt, mit Ihnen zu streiten!» (Mitchell, 1850, II., 203–205)

Vom 19. bis zum 29. August 1760 kampierte die königliche Armee bei Hermannsdorf südlich von Liegnitz. Friedrich schmiedete in dieser Zeit Pläne für einen neuen Feldzug, in dessen Verlauf er die Österreicher in Südschlesien zur Schlacht herausfordern wollte. Angesichts der Tatsache, daß sich die russische Armee nach Polen zurückzuziehen schien, ersuchte der König jetzt seinen Bruder Prinz Heinrich, lediglich an die 14 000 Mann auf dem jenseitigen Oderufer zu belassen und mit seinem restlichen Truppenkontingent unverzüglich zum Heer des Königs zu stoßen. Diese Verstärkung traf am 29. August ein. Friedrich verfügte damit über ein Aufgebot von rund 50 000 Mann. Mit dieser Streitmacht setzte er sich unverzüglich in Bewegung, um gegen die 80 000 Österreicher vorzugehen, die in der Umgebung von Schweidnitz ihre Lager aufgeschlagen hatten.

Die Preußen marschierten am 30. August den ganzen Tag über und die darauffolgende Nacht hindurch, und dieser für damalige Verhältnisse gewaltige Vorstoß von zweiundzwanzig Meilen rollte äußerst wirkungsvoll die Flanke von Launs Stellung westlich des Zobten auf. Er brach sofort die Einschließung von Schweidnitz ab, aber statt sich zu einer offenen Feldschlacht zu stellen, zog er es vor, sich in ein neues Lager in den Bergen zwischen Burkersdorf und Freiburg zurückzuziehen.

Friedrich blieb somit die Entscheidungsschlacht verwehrt, die er gesucht hatte. Er verlagerte seine Stellungen etwas nach rechts und verbrachte die Tage zwischen dem 3. und dem 10. September in dem Städtchen Bunzelwitz, wo er für eine neue Verproviantierung seiner Armee sorgte. Die nachlassende Spannung hatte ihre üblichen Auswirkungen auf das Gemüt und die körperliche Verfassung des Königs; er wurde von heftigen Gichtanfällen geplagt, die ihm das Atmen schwermachten. «Il n'est pas étonnant que les chagrins et les continuelles inquiétudes où je vis depuis deux années, ne minent et ne renversent à la fin le tempérament le plus robuste.» («Es ist nicht verwunderlich, daß die Sorgen und fortgesetzten Befürchtungen, mit

denen ich seit zwei Jahren lebe, schließlich die robusteste Verfassung untergraben und zerstören.») (PC 12350)
Am 11. September nahm Friedrich wieder den Marsch nach Westen auf. (vgl. Karte 40) Er kam nach abermaligem Überschreiten der Polsnitz aber nur bis Baumgarten in den Ausläufern des Riesengebirges. Dort stellte sich heraus, daß die Österreicher Friedrich und sein Heer mit Hilfe ihrer in einem großen Halbkreis angelegten Stellungen einzukesseln drohten. Marschall Daun hatte nämlich seine Truppen seitwärts in Richtung Freiburg verlegt, während Laudons Korps die Höhenrücken südlich von Reichenau besetzte und den preußischen Vormarsch zum Stehen brachte.
Der zunehmend ungeduldiger werdende Friedrich unternahm schließlich den letzten ihm offenstehenden Schritt, nämlich die Umgehung von Dauns rechter beziehungsweise östlicher Flanke. Die drei Kolonnen der preußischen Armee setzten sich am 17. September nachts gegen drei Uhr schweigend und jeglichen Lärm vermeidend in Bewegung. Die ersten Marschmeilen führten die Truppe durch flaches Land, und Friedrich hoffte, im Schutz des Frühnebels rasch voranzukommen und Daun ein Schnippchen schlagen zu können. Die Armee war jedoch noch beträchtlich von ihren Zielpunkten entfernt, als sich der Nebelschleier hob, und die Österreicher waren nun in der Lage, ihre Kavallerie und Artillerie gegen den Feind einzusetzen, der unterhalb von ihnen über die Ebene vorüberzog. «Alles, was um den Monarchen war, war besorgt, erschossen zu werden oder den König zu verlieren, wie denn auch die Gefahr sehr groß war, da nicht weit von ihm ein Marketenderweib erschossen wurde. Dieser aber blieb immer heiter und munterte sein Gefolge auf, ihm frisch zu folgen.» (Anon., 1788–89, III., 17–18; vgl. auch Seidl, 1781, III., 310)
Gegen vier Uhr nachmittags hatten die preußischen Vorausabteilungen einen Schwenk nach Süden auf die waldigen Gebirgsausläufer zu gemacht und waren auf der Straße Schweidnitz-Waldenburg ausgekommen. Generalleutnant Wied jagte mit mehreren Schwadronen voraus, um den Österreichern auf den Höhenzügen oberhalb von Hoch-Giersdorf zuvorzukommen, und die Armee folgte ihm dorthin, nachdem Verhaue und Baumsperren von der Straße weggeräumt worden waren. Die Kanonade hatte ohne Unterbrechung vom Tagesanbruch bis gegen halb acht abends gedauert. «Ce bruit, qu'on avait entendu à Breslau, parut si considérable que les officiers de la garnison crurent qu'il y avait eu une bataille; ce n'était à la verité qu'une marche; mais dans les temps passés on s'était battu plus qu'une fois sans tirer autant de coups de canon que ce jour-là!» («Dieser Lärm, den man sogar in Breslau gehört hatte, erschien so gewaltig, daß die

Offiziere der Garnison annahmen, es habe eine Schlacht gegeben, während es in Wirklichkeit nur ein Vormarsch war; doch in der Vergangenheit hatte man mehr als einmal ein Gefecht durchgestanden, ohne daß so viele Kanonenschüsse abgegeben worden waren wie an diesem Tage!» (Œuvres, V., 75)
Ein letzter kurzer Vorstoß am 18. September diente lediglich der Arrondierung des Geländegewinns; die Preußen setzten sich damit noch etwas tiefer in den Höhenzügen zwischen Hoch-Giersdorf und der Münsterhöhe südöstlich von Reußendorf fest. Friedrich schrieb über diesen taktischen Schachzug, er habe etliche österreichische Detachements in verschiedenen Gefechten blutig abweisen können, doch: «cela n'a opéré, jusqu'à présent, que de rendre Daun plus précautionné pour occuper toujours dans les montagnes des postes absolument inattaquables.» («das hat bislang nur bewirkt, Daun noch vorsichtiger zu machen und weiterhin absolut unangreifbare Stellungen im Gebirge zu behaupten.») (PC 12366)

Die Initiative ging an die Verbündeten über. Im russischen Hauptquartier schlug der französische Verbindungsoffizier Marc-René de Montalembert einen alliierten Überfall auf Brandenburg und Berlin vor. Damit könne Friedrich möglicherweise gezwungen werden, seine Truppenkonzentration südlich Schweidnitz aufzulösen. Die Russen reagierten enthusiastisch auf diesen Plan, und in der ersten Oktoberwoche 1760 rückten zwei Raidkorps unter Generalmajor von Tottleben und Generalleutnant Tschernyschew mit insgesamt 17 600 Mann aus der Gegend von Sagan auf die preußische Hauptstadt vor. Die ersten russischen Angriffe wurden noch von den Berliner Garnisonstruppen abgeschlagen, die durch 16 000 Soldaten verstärkt waren, die man eiligst aus Sachsen und vom derzeit ereignislosen Kriegsschauplatz gegen die Schweden in Pommern herangezogen hatte. Am 7. Oktober tauchte jedoch auch Lascy mit einem aus rund 18 000 Österreichern und Sachsen – Verbänden aus Dauns Armee in Niederschlesien – vor Berlin auf. Angesichts der nun erdrückenden Übermacht der Verbündeten gaben die Preußen Berlin preis, und der Stadtkommandant kapitulierte am 9. Oktober vor den Russen.
Drei Tage lang waren Berlin und Potsdam der Willkür der verbündeten Truppen ausgeliefert. Lascy entsandte den General Nikolaus Fürst Esterházy an der Spitze des «Kaiserregiments» in die Residenzstadt, um Schloß Sanssouci und das Stadtschloß vor Plünderung und Zerstörung zu bewahren. Esterházy, ein Bewunderer Friedrichs, begnügte sich damit, als persönliche Erinnerung ein Porträt des Königs und zwei seiner Flöten mitzunehmen. Solcher Zurückhaltung

befleißigte man sich dagegen in Berlin nicht, wo Österreicher, Kosaken und die auf Rache erpichten Sachsen das Charlottenburger Schloß verwüsteten und wie die Vandalen hausten. Möbel wurden zertrümmert, Gemälde zerschnitten und die berühmte antike griechische Statuen- und Büstensammlung, die Friedrich aus dem Nachlaß des Kardinals Polignac erworben hatte, derart zerschlagen und zerstampft, daß ihre Restaurierung nicht mehr möglich war.

Die Zerstörung von Friedrichs Eigentum und die Ruinierung oder Beschädigung öffentlicher und privater Gebäude und Einrichtungen in der Hauptstadt hätte jedoch noch weit schlimmer ausfallen können. Ein preußischer Höfling notierte am 10. Oktober: «Der Fall Berlins bedeutet für uns einen schrecklichen Verlust ... Mit einem Schlage sind nun sämtliche Hilfsquellen des Krieges dahin. Der Feind hat unsere Magazine, unsere Fabriken, unsere Pulvermühlen und tausend andere Vorräte in seinem Besitz!» (Lehndorff, 1910–13, I., 270) Zwar demolierten österreichische Soldaten die Maschinen und fertigen Produkte der Spandauer Handfeuerwaffenfabrik, doch an den meisten Objekten von strategischer Bedeutung entstand lediglich geringer Sachschaden. Die Tuchfabrik entging völlig der Zerstörung; was die Russen im Berliner Arsenal, der Bronzegießerei und den riesigen Lagerhäusern anrichteten, ging über mutwillige Beschädigung, die sich beheben ließ, nicht hinaus. Das Berliner Zeughaus blieb ebenfalls stehen, denn das mit seiner Vernichtung beauftragte Sprengkommando sprengte sich, fahrlässig mit dem aus einem entfernten Lager geholten Pulver hantierend, weit von dem zur Einebnung vorgesehenen Gebäude selbst in die Luft. (Warnery, 1788, 535; Ligne, 1795 bis 1811, XVI., 46)

Bei der Nachricht vom Heranrücken Friedrichs auf Berlin verließen die Truppen der Verbündeten am 11. Oktober fluchtartig die Stadt. Österreichische Husaren versuchten, als letztes Beutestück noch Friedrichs als «Mollwitzischer Schimmel» berühmt gewordenes Schlachtroß mitzunehmen. Das edle Pferd, das bereits Friedrichs Vater, Friedrich Wilhelm I., gehört hatte, war aus Altersgründen in den königlichen Stallungen zurückgelassen worden. Es weigerte sich trotz wiederholter Schläge, mit den feindlichen Reitern den Lustgarten zu verlassen, und mußte dann an Ort und Stelle zurückgelassen werden. Der Grauschimmel bekam noch jahrelang sein Gnadenbrot und war über vierzig Jahre alt, als er einging.

Am 4. Oktober hatte Friedrich eingesehen gehabt, daß seine westliche Flanke und seine Hauptstadt in allergrößter Gefahr waren. Er wußte vom Aufbruch von Lascys Korps, nahm allerdings an, es sei nach Sachsen unterwegs, wo sich die preußischen Streitkräfte unter Gene-

ral von Hülsen vor den Reichstruppen aus Torgau an der Elbe zurückgezogen hatten. Auch Wittenberg und Leipzig waren inzwischen von der Reichsarmee besetzt worden. Beunruhigende Nachrichten trafen auch von Generalleutnant von der Goltz ein, dem Kommandeur der Verbände, die Prinz Heinrich zurückgelassen hatte, um die Russen im Auge zu behalten. Er meldete, daß sich die Russen erneut mit ihrer Hauptarmee in Richtung Oder in Marsch gesetzt hatten. Außerdem hatte er gerüchtweise von einem großen Schlag gehört, den sie gegen Brandenburg zu führen gedachten.
Praktisch seit dem 18. September hatte die preußische Armee bewegungslos bei Dittmannsdorf im Waldenburger Bergland, einem Ausläufer der Sudeten, gelagert, während Friedrich vergebens auf eine Entwicklung wartete, die es ihm ermöglicht hätte, die Österreicher unter für sie ungünstigen Bedingungen angreifen zu können. Jetzt erkannte er, daß er wieder ins Flachland hinuntermarschieren mußte, wo er zumindest die Wahl hatte, je nach Bedarf in Sachsen einzurükken oder sich nach Brandenburg zu wenden. Der König ließ seine Truppen mit genügend Mehl, Brot und Zwieback für einen ganzen Monat versorgen. Am Abend des 6. Oktober verließen dann die Preußen ihre Stellungen um Dittmannsdorf in aller Stille.

Das strategische Patt war zu Bedingungen aufgehoben worden, die der Feind diktierte. Niemand hätte indessen aus Friedrichs unbeschwertem Verhalten, das er an den Tag legte, während er mit seiner Armee nordwestwärts den Grenzen von Sachsen und Brandenburg zustrebte, auf diese Konstellation schließen können. Er wechselte derbe Scherzworte mit seinen Soldaten und unterhielt sich mit den mitziehenden Soldatenfrauen, die sich um Essenzubereitung und Wäschewaschen kümmerten, wie mit seinesgleichen. Es amüsierte ihn, daß ihm eine dieser Frauen, die einen Topf mit Kartoffeln über einem Feuer kochte, durch Anblasen der Glut Funken ins Gesicht sprühte. Friedrich schlug lediglich seinen Mantelkragen hoch. Eine andere Frau stieg bei einer Marschpause vom Pferd, ging in eine Scheune und gebar dort ohne fremde Hilfe ein Kind. Kurz danach schwang sie sich mit dem Neugeborenen, einem Knaben, im Arm wieder in den Sattel, kam zum König geritten und verkündete, sie werde ihren Sohn dem Monarchen zu Ehren Fritz nennen.
Mitte Oktober schwenkte Friedrich von der direkten Route nach Berlin in Richtung Westen ab, nachdem ihm Meldungen zugegangen waren, daß der Feind die Hauptstadt wieder verlassen habe und die Masse der russischen Armee an der Oder bei Frankfurt in Stellung gegangen sei. Wenige Tage später erfuhr der König, daß die Österrei-

cher in Sachsen eine gewaltige Anzahl von Truppen zusammenzogen, denn Lascy rückte von Berlin heran, und Daun führte die österreichische Hauptarmee aus Schlesien zurück nach Sachsen, um sich im mittleren Elbeabschnitt mit dem aus Berlin kommenden Korps zu vereinigen.

Am 26. Oktober schlossen die rivalisierenden preußischen und österreichischen Armeen ihren Aufmarsch auf dem Westufer der Elbe stromaufwärts hinter Magdeburg ab. Friedrich hatte in einem Brief die Hoffnung geäußert, es würde zu einer Entscheidungsschlacht kommen, die möglicherweise diesen ermüdenden Krieg beende (PC 12435), doch Männer wie Prinz Heinrich und der mitteilungsfreudige ehemalige Kavallerieoffizier Warnery konnten einfach nicht verstehen, warum der König so eifrig auf eine Konfrontation aus war. Jahre später stellte einer von Friedrichs Ministern (vermutlich Finckenstein) sogar die Behauptung auf, die Russen hätten seinerzeit mit dem König eine Art Geheimabkommen getroffen und ihn ersucht, eine Schlacht gegen sie auszutragen, um ihnen den Vorwand zu liefern, sich zurückzuziehen. (Toulongeon, 1881, 103–04)

Friedrich brach mit seiner Armee am 27. Oktober von Dessau aus auf der Suche nach dem Feind auf. Sein erstes größeres Marschziel war, dem Lauf der Mulde folgend, das Städtchen Düben (heute Bad Düben). Er hatte erwartet, daß sich hier im Gebiet der Dübener Heide zwischen Elbe und Mulde Daun und die Reichsarmee vereinigen würden. Aber die deutschen Truppen, etwa 30 000 Mann, zogen über Leipzig davon. Vermutlich wollten sie nicht das Risiko eingehen, ein neues Roßbach zu erleben, eine Neuauflage ihrer Niederlage gegen Friedrich vom 5. November 1757 also. Weiter muldeaufwärts in Eilenburg erhielt Friedrich am 30. Oktober die Nachricht, daß die Reichsarmee sich davongestohlen hatte, was die Österreicher ohne Unterstützung ließ. Am 2. November wurde dem König dann gemeldet, daß Daun in unmittelbarer Nähe der kleinen Stadt Torgau an der Elbe ein Lager bezogen habe.

Torgau war als der strategisch wichtigste Elbübergang am mittleren Lauf des Stroms bekannt. Die massive Brücke war zerstört worden, doch die Österreicher hatten dafür drei Pontonbrücken errichtet. Strategen wußten auch um den taktischen Wert des niedrigen Höhenzuges, der sich nordwestlich der Stadt parallel zur Elbe erstreckte. Von ihm aus hatte Prinz Heinrich 1759 dem 60 000-Mann-Heer Dauns Widerstand geleistet, und ebenfalls in diesem Gelände hatte General Hülsen im Verlauf des gegenwärtigen Feldzuges die Reichsarmee in Schach gehalten. Friedrich kannte daher die topographischen Gege-

benheiten einer Stellung vor Torgau, wenn er auch nicht um die genaue Anordnung der österreichischen Verbände wußte.
Im Verlauf seiner Suche nach Daun und dessen Armee hatte sich Friedrich von der Mulde in östlicher Richtung auf die Elbe zu bis nach Langen-Reichenbach vorgearbeitet und stand mit seinen Truppen damit sechs Meilen südlich der österreichischen Armee. Ihm waren Vor- und Nachteile eines Feldlagers auf den Höhen um Torgau hinreichend bekannt, so daß er nicht auf den Gedanken kam, seinen Hauptstoß gegen die südliche, ihm zugewandte Flanke der Österreicher zu führen. Nach dieser Seite hin waren nämlich die Hänge des Plateaus am steilsten, besonders westlich von Süptitz, und der Zugang wurde darüber hinaus durch einen sumpfigen Wasserlauf mit sehr abschüssiger Böschung, den Röhrgraben, erschwert, der seinen Weg durch zwei sogenannte Schafteiche über das Dorf Süptitz zum Großen Teich nahm, einem südwestlich von Torgau gelegenen See.
Eine Umgehung der linken Flanke der Österreicher zur Westseite von deren Stellung hinüber war für Friedrich um so verlockender, als er mit seinen Truppen dabei die bewaldete Dommitzscher Heide durchqueren und mit etwas Glück unbemerkt in den Rücken der österreichischen Armee gelangen konnte. Von dieser Position war es dann möglich, die sanft ansteigenden Nordhänge des Plateaus zu ersteigen und zum Angriff überzugehen. Der Bergrücken war auf seiner Hochfläche knapp 800 Schritt breit, was die erfreuliche Aussicht eröffnete, daß bei den Österreichern ein großes Durcheinander entstehen würde, wenn sie versuchten, ihre sehr eng gestaffelten Linien neu aufzustellen, um dem Angriff zu begegnen.
Friedrich führte rund 48 500 Mann in die Schlacht gegen 52 000 bis 53 000 Österreicher. Sein Artillerietrain umfaßte nicht weniger als 181 Haubitzen und 12-Pfünder-Geschütze. Damit war seine schwere Artillerie dem Feind zahlenmäßig klar überlegen, der lediglich 58 Haubitzen und schwere Kanonen aufbieten konnte. Was allerdings die Geschütze aller Kaliber insgesamt anging, so hatte dabei die österreichische Seite mit 275 Rohren gegenüber den 246 der Preußen ein Übergewicht.
Der König war es gewohnt, daß bei seinen Schlachten der Gegner mehr Soldaten ins Feld führte als er selbst. Was indes den Schlachtplan für Torgau besonders bemerkenswert machte, war die Tatsache, daß der König, obwohl hinsichtlich der Zahl der Truppen und Geschütze leicht unterlegen, im Vertrauen auf die ihm bekannte Geländebeschaffenheit noch das Risiko einging, seine Armee in zwei Teile aufzuteilen, von denen Zieten mit 18 000 Mann (11 000 Infanteristen und 7 000 Kavalleristen) die nach Süden ausgerichtete Vorder-

seite der österreichischen Stellung angreifen sollte, während er selbst sich den Hauptangriff mit den verbleibenden 30 500 Mann (24 000 Fußsoldaten und 6 500 Reitern) gegen die rückwärtige Seite des österreichischen Lagers vorbehielt. (siehe Karte 41) Friedrich hatte Zieten seine Anweisungen unter vier Augen und mündlich erteilt, so daß wir nichts Genaues über die Art von Zietens Aufgabe und den festgelegten Zeitpunkt seiner Aktionen wissen und auch im unklaren darüber bleiben müssen, welche Absprachen, wenn überhaupt, getroffen wurden, um die Verständigung zwischen den beiden Elementen der preußischen Armee nach ihrer Trennung aufrechtzuerhalten.

Die Hauptarmee sollte in drei Kolonnen quer durch die Dommitzscher Heide marschieren. In eigener Person ritt Friedrich im Verband der ersten Kolonne, die aus knapp 16 700 Soldaten bestand. Fünfzehn Bataillone bildeten die Spitze; die rund tausend Husaren Zietens fungierten als unmittelbare Kavallerieeskorte dieser ersten Marschsäule. Der verläßliche alte Generalleutnant von Hülsen führte die zweite Kolonne mit ihren zwölf Bataillonen oder etwa 6 300 Mann. Schließlich folgte Generalleutnant Prinz Georg Ludwig von Holstein-Gottorp mit der dritten, sich vornehmlich aus Kavallerie zusammensetzenden Kolonne von 38 Reiterschwadronen (zirka 5 500 Mann) sowie vier Bataillonen Infanterie (2 000 Mann). Gemäß den Vorschriften der zuvor erlassenen Marschanweisung oder «Disposition» (PC 12458) stand damit fest, daß Friedrich einen Schrägangriff unternehmen wollte, der mit seinem Schwergewicht den hinteren Teil des östlichen Flügels der österreichischen Armee treffen sollte. Dieser Flügel lehnte sich, wie er vermutete, an die unmittelbar hinter Torgau beginnenden Höhenzüge an.

Die vornweg marschierende, von Friedrich geführte Kolonne setzte sich um halb sieben morgens am 3. November in Bewegung, einem Tag von fast symbolischer Düsternis. Das vorgesehene Marschpensum betrug gut zweieinhalb preußische Meilen, was in diesem Gelände ungefähr sechs Stunden Marsch bedeutete. Bei Weidenhain (nach anderen Darstellungen bei Mockrehna oder bei Wildenhain) stieß die königliche Kolonne kurz vor der Mittagsstunde mit dem österreichischen Leichten Korps Ried zusammen. Ein erbittertes Gefecht entwickelte sich. Der Kanonendonner alarmierte Daun, der kurz darauf durch seine Kroaten und von fliehenden Soldaten erfuhr, daß starke preußische Kolonnen sich durch die Wälder in Richtung auf seine rückwärtigen Linien bewegten. Der Marschall, wie immer besonnen und tatkräftig handelnd, bildete sofort eine nach Norden ausgerichtete neue Schlachtordnung.

Eine Kette von Zwischenfällen und Irrtümern machte es Friedrich unmöglich, seine ganze Armee gleichzeitig auf dem Schlachtfeld zu entfalten. Zunächst wies der Oberförster von Weidenhain irrtümlich die Kolonne des Königs in den Weg nach Elsnig ein, statt sie auf die Strecke nach Neiden zu führen, wie es in der «Disposition» festgelegt worden war. Somit versperrte die erste Kolonne der nachfolgenden zweiten die Vormarschroute, und Hülsen sah sich gezwungen, die Nachhut seiner Kolonne über nicht vorgesehene Pfade umzuleiten und dann die Spitze zurückzurufen und sozusagen als Nachtrupp der neuen Vorhut hinterherzuschicken. Holsteins Truppe war die langsamste. Der Prinz hatte zu lange beim Frühstück gesessen, hieß es später. Seine Schwadronen bahnten sich mühsam und extrem schwerfällig den Weg über die vorgeschriebene Strecke, bummelten beim Übergang über einen kleinen Fluß bei Schöna und kamen auf dem letzten Abschnitt ihres Marsches infolge enger Pfade mit weichem Sandboden nur mühevoll voran.

Gegen ein Uhr mittags traf die Spitze von Friedrichs Kolonne am Waldrand nordwestlich von Neiden ein. (vgl. Karte 42) Die leichte Kavallerie der Österreicher hatte die Furten durch die Strie, einen kleinen Bach, freigegeben, und Friedrich unternahm mit einer Eskorte der Zietenschen Husaren einen Erkundungsritt, um eine neuerliche Bestandsaufnahme der österreichischen Stellung vorzunehmen. Das, was er sah und hörte, zwang ihn in einigen Punkten zu einer radikalen Änderung seines Angriffsplans. Daun hatte nicht nur entgegen aller Erwartung Zeit gefunden, seine Truppen neu zu einer Art geschlossenen Karrees zu formieren, dessen eine Seite dem beabsichtigten preußischen Angriff Widerstand bot, sondern der östliche Flügel des österreichischen Hauptheeres lehnte sich nicht an die Weinberge bei Torgau an, sondern reichte nur bis zum Gebiet des Plateaus nordwestlich von Zinna. Hier hatten die Österreicher eine starke Artilleriestellung errichtet, was wahrscheinlich der Grund dafür war, daß Friedrich jeden Gedanken an eine Umgehung dieser Flanke aufgab.

Statt eines Angriffs mit seinem linken Flügel, wobei sich der rechte «refüsiren» (versagen, d. h. zurückhalten) sollte, mußte Friedrich sich etwas anderes einfallen lassen. Er war jetzt gezwungen, die ganze Wucht des Eröffnungsangriffs weiter nach rechts beziehungsweise nach Westen zu verlagern und das Plateau im nördlich Süptitz gelegenen Abschnitt zu stürmen. Mehrere preußische Bataillone hatten sich bereits in der ursprünglich für den Angriff vorgesehenen Formation aufgestellt und mußten jetzt einen Rechtsschwenk vollziehen und in Kolonne Richtung Westen marschieren. Die zurückhängen-

den Bataillone nahmen aus Gründen der Zeitersparnis ihre neuen Positionen direkt durch senkrechtes Abbrechen aus der geschlossenen Marschkolonne ein.
Friedrich war der Ansicht, daß es nicht opportun war, mit seinem Angriff zu warten, bis Hülsen und Holstein den Schauplatz des Geschehens erreicht hatten. Die niedrig hängenden Wolken entluden inzwischen Schnee- und Eisregenschauer auf die in Bereitschaft stehenden preußischen Bataillone und erinnerten die Truppenführer daran, daß sie nur noch wenige Stunden Tageslicht zur Verfügung hatten. Darüber hinaus meldeten Beobachter, daß die Österreicher dabei waren, ihren Troß in Torgau über die Elbe zu schaffen, vermutlich ein Anzeichen dafür, daß der Feind seinen Abzug vorbereitete. Schließlich trug ein starker Südwind Geräusche heran, allem Anschein nach Kanonendonner vom anderen Ende des Höhenrükkens. Friedrich schloß daraus, daß Zieten bereits mit seinem Angriff begonnen hatte.
Gegen zwei Uhr nachmittags befahl der König dann den zehn vorne stehenden Bataillonen seiner Grenadiere, zum Angriff überzugehen. Das Vorrücken der Grenadiere konnte wegen des dichten Unterholzes und eines von den Österreichern angelegten Verhaus nur zögernd erfolgen und die Truppen sich erst zur Schlachtordnung entfalten, als sie etwa 850 Schritt vor den österreichischen Stellungen ins offene Gelände hinaustraten – mit anderen Worten: in Reichweite der feindlichen Geschütze. Das Vorziehen der eigenen Artillerie wurde durch die Bäume und die zeitraubende Durchquerung des verschlammten Bettes der Strie erschwert. Währenddessen waren die Grenadiere «so rasch marschiert, daß kein Geschütz, nicht einmal ein einziges, nachkommen konnte. Dabei war es dringend notwendig, anzugreifen . . .» (Gaudi, zitiert bei: Koser, 1901, 282) Die österreichischen Kanoniere konnten in aller Seelenruhe die Preußen aufs Korn nehmen im sicheren Bewußtsein, daß der Gegner zu weit entfernt war, um sein Musketenfeuer zum Tragen kommen zu lassen, und «Daun empfing die Preußen mit einem Kanonen-Feuer, welches zu Lande noch nie seit Erfindung des Pulvers erlebt worden war . . . Die ältesten Krieger beider Heere hatten nie ein solches Feuerschauspiel gesehen; selbst der König brach wiederholt gegen seine Flügel-Adjutanten in die Worte aus: ‹Welch schreckliche Kanonade! Haben Sie je eine ähnliche gehört?›» (Archenholtz, 1840, II., 106–07)
Friedrich stand persönlich hinter seinen Grenadieren. In seiner unmittelbaren Nähe traf eine Kanonenkugel den Ast einer Eiche und ließ ihn dem König fast vor die Füße stürzen. Doch Friedrich wich nicht und beobachtete wie gebannt das Schlachtgeschehen. Von

Minute zu Minute machten ihm das, was er mit eigenen Augen sah, und die Berichte über die Verluste bei seiner Truppe deutlicher, daß seine ersten zehn Elitebataillone buchstäblich niedergemetzelt wurden. Binnen weniger Minuten wurden zwei Drittel der ins Gefecht geschickten Grenadiere getötet oder verwundet; die Überlebenden flüchteten durch die Reihen der hinter ihnen aufmarschierten Regimenter.

Viele Truppenteile der königlichen Armee arbeiteten sich noch durch den Wald nach vorne vor, doch Friedrich wollte keine Zeit mehr verlieren und ließ die ungefähr sechzehn Bataillone, die er unmittelbar zur Hand hatte, einen neuen Angriff vortragen. Es waren dies die rückwärtigen Brigaden der ersten Kolonne und die sechs ersten Bataillone der Kolonne Hülsens. Zwar gelangten die Preußen auf das Plateau, doch vermochten sie angesichts des konzentrierten Feuers der österreichischen Batterien dort nicht Fuß zu fassen. Feldmarschall Dauns Ausruf «Mein Gott, warum opfert der Preußenkönig sinnlos so viele Krieger? Weiß er nicht, welches Übel er sich damit bereitet?» muß ungefähr zu diesem Zeitpunkt getan worden sein. Jedenfalls zog sich die preußische Infanterie in den Schutz des Waldes zurück.

Auch Friedrichs Kavallerie wurde schnell außer Gefecht gesetzt, nachdem Holsteins Schwadronen aus dem Wald ins offene Terrain gelangt waren. Die Kürassiere des Regiments Schmettau (C 4; Karte 42) ritten zwar ein österreichisches Dragonerregiment in Grund und Boden und drehten dann zusammen mit den Bayreuther Dragonern und den Dragonern des Regiments Jung-Platen (D 5, D 11) nach rechts ab, gerieten aber hier in die Treffen der Infanterie des linken Flügels der Österreicher. Die preußischen Reitertruppen bahnten sich mit ihren schweren Pallaschen noch einen Weg durch die Reihen des Regiments Durlach und lieferten sich mit den Infanteristen des Regiments Kollowrat ein blutiges Gefecht, mußten dann jedoch weichen, als der österreichische General Löwenstein frische Bataillone aus der Reserve nach vorn warf.

Die Mehrzahl der übriggebliebenen Einheiten von Holsteins Kavallerie scheint sich beim Rückzug nach links gehalten zu haben und in das Gelände östlich des Zeitschkengrabens gelangt zu sein, wo sie auf das Gros der österreichischen Kavallerie traf, die Daun während des Frontwechsels auf seinem östlichen Flügel aufgestellt hatte. Hier ging der österreichische Reitergeneral Carl O'Donnell mit dreien seiner Regimenter zum Gegenangriff über und trieb die Preußen in die Flucht.

Allem Anschein nach waren die Kraftreserven der Armee des preußi-

schen Königs gegen halb fünf verbraucht. Einige Minuten lang hatte es sogar so ausgesehen, als gehöre Friedrich selbst zu den Opfern der Schlacht. Seine Adjutanten hatten sich während der Sturmangriffe auf das Plateau neben ihm postiert und ihren Gebieter, der hoch zu Pferd die Vorgänge verfolgte, nicht aus den Augen gelassen. Georg Heinrich von Berenhorst schildert das so: «Ich blickte in die Höhe und sah den König, der den Zügel fallen ließ und zurücksank. Ich kam schnell genug hinzu, um ihn vor dem Sturze zu bewahren ... Wir mußten darauf bedacht sein, uns ohne den mindesten Aufschub zu retten. Der Reitknecht zog die Pferde in den Wald, ich hielt den König in meinem Arm, und so brachten wir ihn ohnmächtig zurück.» (Berenhorst, 1845–47, II., 22) Die Adjutanten rissen Friedrichs Rock und Hemd auf und entdeckten, daß eine Musketenkugel durch die Kleidung gedrungen war, die Person des Königs aber unverletzt gelassen hatte. «In diesem Augenblicke kam der König wieder zu sich und sagte kaltblütig: ‹Ce n'est rien!›« (‹Das ist nicht schlimm!›) (Nicolai, 1788–92, II., 221–22) Friedrich fand später die Erklärung: die Kugel war gegen sein Brustbein geprallt, und der Schlag hatte ihn völlig betäubt, doch dem Geschoß war der Großteil seiner Wucht durch Friedrichs mit doppelter Samtfütterung ausgestatteten Rock und eine darunter getragene Pelzweste genommen worden.
Berenhorst war der Annahme, er habe dem König das Leben gerettet, und zeigte sich gekränkt darüber, daß ihm Friedrich nicht die geringste Anerkennung für seine Tat zollte. Wir können aus heutiger Sicht als sicher annehmen, daß Friedrich die Episode so rasch wie möglich vergessen wollte. Er hatte eine notorische Abneigung dagegen, in den Augen seiner Umwelt verwundbar zu erscheinen, liebte es nicht, jemandem verpflichtet zu sein, und muß bei seiner ausgeprägten Prüderie den Gedanken daran verabscheut haben, daß seine abgenutzte Leibwäsche und sein Körper den Blicken seiner Helfer ausgesetzt gewesen waren.
Eine ganze Reihe weiterer Stunden verging, bevor sich Friedrich darüber klar wurde, daß er den blutigsten Sieg seiner militärischen Karriere errungen hatte. Dieser unerwartete Ausgang der Schlacht war dem letzten verzweifelten Ansturm der übriggebliebenen Einheiten der königlichen Armee auf die Nordseite des Plateaus, auf den gleich näher eingegangen werden soll, und dem Eingreifen von Zietens Flügel von Süden her zu verdanken.
Am Vormittag hatte sich Zieten mit seinen Reitern jenseits von Audenhain befehlsgemäß von der Masse der Armee abgesetzt. Das Korps hatte eine wesentlich kürzere Strecke zum Schauplatz des Kampfgeschehens zurückzulegen als Friedrichs Bataillone, und weil

Zieten die Österreicher nicht unnötig früh auf sein Heranrücken aufmerksam machen wollte, führte er seine 18 000 Mann gemächlich über die Waldpfade und gelangte gegen zwei Uhr nachmittags ins offene Gelände. Hier bot sich ihm eine unangenehme Überraschung, denn er mußte feststellen, daß die österreichische Schlachtreihe auf dieser Seite in Richtung Südosten durch Lascys Korps verlängert worden war, das sich am Morgen eingefunden und nun hinter dem Großen Teich Aufstellung genommen hatte.
Es kam zu einem lautstarken Aufeinanderprall der Vorhuten beider Korps, wobei Zieten seine Hauptkräfte zurückhielt und sich damit begnügte, sich mit Lascy ein Artillerieduell zu liefern, bis er irgendwann vor vier Uhr gegen Dauns Armee vorzumarschieren begann. Wir werden nie erfahren, was ihn zu diesem Schritt veranlaßte. Hatten ihm Kuriere des Königs den Befehl überbracht, anzugreifen, handelte er aufgrund eigener Einschätzung des Schlachtverlaufs, oder war möglicherweise der Zeitpunkt seines Eingreifens vorher mit Friedrich abgesprochen worden? Auf jeden Fall führte Zieten sehr geschickt die Verlagerung seiner Kräfte nach links durch. Die Brigaden Tettenborn und Saldern setzte er nacheinander um die rückwärtige Front seines Korps herum wie die Glieder einer Raupenkette in Bewegung und hielt die Brigaden Zeuner und Grumbkow in ihrer Stellung mit Front zu Lascys Truppen zurück, bis die Reihe zum Vorgehen an ihnen war.
Zieten gelangte damit vor die Front des österreichischen Hauptheeres, aber seine ersten Attacken mißglückten ebenso wie der Sturmangriff von Friedrichs Grenadieren nördlich des Bergrückens. Tettenborn war mit seiner Brigade nur imstande, das Dorf Süptitz bis zum Röhrgraben vom Feind zu säubern. Weiter links beziehungsweise westlich erlitten die fünf Bataillone von Salderns Garde-Brigade schwere Verluste, als sie sich den Übergang über den Oberlauf desselben Flüßchens hinter Süptitz erzwangen, und wurden später bei Einbruch der Dunkelheit durch Kartätschenfeuer aus nächster Nähe zurückgeworfen, das aus den Rohren der auf dem dahinterliegenden Plateau in Stellung gegangenen österreichischen Artillerie kam.
Die Inspiration für einen neuen Angriff scheint von einem Offizier gekommen zu sein, der mit irgendeiner Nachricht des Königs zu Zietens Korps unterwegs war. Auf seinem Ritt stellte er fest, daß ein den Damm zwischen den beiden Schafteichen überquerender Weg (Abb. 35), der auf die Anhöhe mit der westlichen Flanke von Dauns Stellungen hinaufführte, von den Österreichern nicht gesichert wurde. Er berichtete seine interessante Entdeckung dem Kommandeur des Regiments Garde, Oberstleutnant von Möllendorff, der wiederum

seinen Brigadekommandeur und alten Freund Generalmajor Saldern informierte. Beide stimmten in der Ansicht überein, daß ein Angriff auf das Plateau aus dieser Richtung möglich sei. Der Plan erschien um so verlockender, als im Flammenschein des brennenden Dorfes Zinna deutlich zu erkennen war, daß die Österreicher ihre Kräfte auf ihre gegenüberliegende östliche Flanke konzentrierten.
Salderns Brigade und ein Bataillon der Brigade Grumbkow überschritten im Gänsemarsch den Damm und erkletterten die dahinterliegenden Hänge. Zieten führte zur Unterstützung die rückwärtigen Elemente seines Korps heran (Tettenborns Brigade durchquerte an einer Furt das nahe Flüßchen). Damit gelang es den Preußen, sich auf dem Plateau festzusetzen. Der Feind vermochte keinen wirksamen Gegenangriff zu inszenieren, denn inzwischen war Marschall Daun verwundet und vom Kampfplatz fortgebracht worden, und in der Dunkelheit konnten die Österreicher nur wenig von dem erkennen, was sich an ihrer entfernt liegenden Westflanke abspielte.
Auf Friedrichs Seite des Plateaus scheint genauso wie bei Zietens Gefecht eine Reihe von Offizieren niedrigerer Dienstränge die Kraft aufgebracht zu haben, ihren Vorgesetzten neuen Schwung zu vermitteln. Die Möglichkeit, einen letzten Angriff vorzutragen, war gegeben durch die bisher nicht zum Einsatz gekommenen Regimenter Schenkendorff (9) und Dohna (16), die gemeinsam mit der Kavalleriekolonne marschiert waren, sowie von etwa tausend versprengten preußischen Soldaten aller Waffengattungen, die Major Lestwitz vom Regiment Alt-Braunschweig gesammelt hatte. Die Preußen konnten erkennen, daß der Feind unter dem Ansturm der Zietenschen Reiter zu wanken begann, und der Stabsoffizier Gaudi überredete seiner eigenen Darstellung zufolge den alten Generalleutnant von Hülsen, noch einmal den Versuch zu unternehmen, die österreichische Stellung zu stürmen, wenngleich Friedrichs spätere Bewunderer sich schwertaten, zu glauben, daß ein derart entscheidender Anstoß von jemand anders ausgegangen sein konnte als vom König selbst.
Hülsen war entschlossen, trotz der Dunkelheit und des Verlustes all seiner Kavallerie in eigener Person mit den angreifenden Truppen vorzugehen. «Da nun sein Alter und seine Wunden verhinderten, zu Fuße zu marschiren, so setzte er sich auf eine Kanone und ließ sich so ins feindliche Feuer schleppen ...» (Archenholtz, 1840, II., 110) Die Trommler hatten große Mühe, die Leute zusammenzuhalten, aber als Hülsens Truppen auf die Verbände Zietens stießen, verfügten die Preußen über eine Stärke von ungefähr 25 Bataillonen, was die verbliebenen Stellungen für den Gegner unhaltbar machte. Als Nachfolger Dauns im Oberkommando zog sich General O'Donnell

mit der österreichischen Armee, so gut er konnte, über die Torgauer Brücken auf das Ostufer der Elbe zurück.
Tausende von Österreichern blieben zurück und irrten in der Dunkelheit auf der verschlammten Hochebene herum, auf unzählige Preußen treffend, die in der gleichen Lage waren, ebenfalls die Richtung verloren hatten und auch nichts über den Ausgang der Schlacht wußten. Möllendorff selbst wurde von vier österreichischen Husaren gefangengenommen, die er irrtümlich für Preußen hielt. Ähnliches passierte dem österreichischen General Migazzi, der einem erstaunten preußischen Bataillon Befehle erteilte, das ihn dann ohne viel Federlesens in Verwahrung nahm.
Friedrich hatte mittlerweile den Schauplatz des Geschehens verlassen, vermutlich auf der Suche nach einem stillen Plätzchen, wo er seine Befehle und Mitteilungen niederschreiben konnte. Er stieg in ein paar Meilen Entfernung in Elsnig vom Pferd. Ursprünglich hatte er vorgehabt, im dortigen Pfarrhaus zu nächtigen, doch als er alle Zimmer von verwundeten Offizieren besetzt fand, zog er sich in die Dorfkirche (Abb. 36) zurück und brachte bei Kerzenlicht den Rest der Nacht damit zu, auf den Klinkerstufen des kleinen Altars seine Schreibarbeit zu erledigen. Friedrich war aller Wahrscheinlichkeit nach frühestens gegen neun Uhr abends nach Elsnig gekommen, zu einem Zeitpunkt also, als die Schlacht bereits entscheidend von den Preußen gewonnen war. (Koser, 1901, 274–75; Herrmann, 1912, 590–91) Warnery hingegen macht auf eine feindselige Darstellung aufmerksam, derzufolge Friedrich dem Schlachtfeld nach der Zurückweisung des ersten Angriffs seiner Armee den Rücken gekehrt hatte: «Er glaubte alles verloren; man hat ihn Tränen vergießen sehen zu einem Zeitpunkt, da, ohne daß er es wußte, Zieten die Höhen von Süptitz erobert hatte.» (Warnery, 1788, 439)
Am frühen Morgen des 4. November ließ Friedrichs Adjutant Berenhorst sechs Dragoner mit je einer erbeuteten österreichischen Regimentsfahne vor der Elsniger Kirche Aufstellung nehmen, doch der König «trat in der Morgenfrühe finster und ernst aus der Kirche, und ohne die Trophäen des schwer errungenen Sieges eines Blickes zu würdigen, bestieg er sein Pferd . . .» (Berenhorst, 1845–47, I., XV).
Friedrichs schlechte Laune war darauf zurückzuführen, daß er um die gewaltigen Todesopfer wußte, die die Schlacht gefordert hatte. Er beauftragte Berenhorst mit der Erstellung einer genauen Bilanz der Verluste. «Endlich, mehrere Tage nach der Schlacht, . . . kommt Letzterer damit zu Stande und geht mit der angefertigten Liste in das Zimmer des Königs. Dieser, hinter dem Ofen vorkommend, reißt ihm das Papier aus der Hand, übersieht die Zahl des Verlustes . . . und

sagt ihm mit Härte: ‹Es kostet Ihm Seinen Kopf, wenn je die Zahl ruchbar wird!›» (Berenhorst, 1845–47, I., XV)
Wie es heißt, überstieg Berenhorsts Berechnung die Zahl 20 000, was ungefähr mit Bleckwenns Kalkulation übereinstimmt, der die Gesamtzahl der Gefallenen, Verwundeten und Vermißten auf preußischer Seite mit 24 700 beziffert. (Bleckwenn, 1978, 203) Selbst Janys sehr viel vorsichtigere Schätzung von 16 670 übersteigt die österreichischen Verluste um rund 1 000 Mann, und das Mißverhältnis zwischen den tatsächlichen Ausfällen war noch größer, denn die österreichische Gesamtzahl schloß auch die rund 7 000 Soldaten ein, die lebend in preußische Gefangenschaft geraten waren. Der König hatte zwar die Österreicher aus ihren Stellungen geworfen, «aber dieser Erfolg ist mit ungeheuren Opfern erkauft worden, und der entscheidende Triumph, welcher doch allein den Einsatz der Existenz kompensiren kann, ist Friedrich entsagt geblieben.» (Anon., 1886, 42) Schmerzlicher als alles andere muß Friedrich die Verluste seiner ersten zehn Grenadierbataillone empfunden haben, die wirklich einer Auslöschung dieser Einheiten gleichkamen.
Torgau ist ins Buch der Geschichte als das Borodino der Mitte des 18. Jahrhunderts eingegangen. Beide Schlachten brachten Kämpfe gewaltigen Ausmaßes mit sich und führten zu ungeheurem Blutvergießen, doch hier wie dort mußten die beiden feindlichen Lager hinterher erkennen, daß die Auseinandersetzung nicht das erbracht hatte, was sie sich erhofft hatten, und daß sie mehr oder weniger knapp vor ihren Zielen gescheitert waren. In Wien gab nach der Schlacht von Torgau der österreichische Staatskanzler Fürst Kaunitz die Hoffnung auf, auch nur die kleine Grafschaft Glatz für sein Land zurückgewinnen zu können, und beschäftigte sich ernsthaft mit der Frage, ob ein Friedensschluß nicht eine Sache der Vernunft wäre. Der Hof zu Versailles war bestürzt über die Nachricht von der Niederlage seiner Verbündeten, «und das niemand mehr als die Gemahlin des französischen Thronfolgers (eine sächsische Prinzessin), die untröstlich ist, dieweil es alle von ihr gehegten Hoffnungen zerstört, Sachsen von preußischer Herrschaft befreit zu sehen». (Bericht an den Herzog von Newcastle, 17. November 1760, British Library, Add. MSS 32, 914)
Torgau hat wahrscheinlich mehr unbeantwortete Fragen offengelassen als jede andere große Schlacht Friedrichs. Wie bereits erwähnt, hegten seine Zeitgenossen Zweifel, die auch heute noch nicht völlig ausgeräumt sind, hinsichtlich der Beweggründe, die zur Schlacht führten, Friedrichs Anteil an der Leitung der Kampfhandlungen und der Höhe der Verluste. Die offizielle Darstellung war außergewöhn-

lich spärlich und wenig informativ, wie Friedrich selbst zugab (PC 12505).
Besonders die Zieten zugewiesene Aufgabe ist den Historikern nicht klargeworden, und Spekulationen darüber sind deshalb nicht zu widerlegen gewesen. Napoleon erklärte zum Beispiel, Friedrich habe eine Niederlage verdient gehabt, weil er seine Truppen aufgeteilt habe, während Clausewitz, Hans Delbrück, Walter Elze und Eberhard Kessel gefolgert haben, daß der König eine neue Art von «Dispersionsschlacht» erproben wollte. (Kessel, 1937, 1) Aus demselben Grunde werden wir nie wissen, ob Gaudi recht hatte mit seiner Behauptung, Friedrich habe den Angriffsplan ruiniert, als er anderthalb Stunden vor einer festgesetzten Zeit zum Angriff überging. (Koser, 1901, 287)
Warnery war vermutlich im Irrtum, wenn er annahm, daß Friedrich vom Gelände ging, als die Schlacht noch nicht entschieden war. Tatsächlich war Friedrichs Rolle während der letzten Phasen ungewöhnlich passiv; zudem hinderte ihn die Aufsplitterung seiner Streitkräfte in zwei Teile daran, wie gewöhnlich die alleinverantwortliche Feldherrenrolle zu übernehmen. Das Regiment Garde war Zietens Flügel zugeteilt worden, und die Männer hatten nicht verstehen können, warum sie den König während der Schlacht nicht an ihrer Spitze gesehen hatten. Am Tag darauf stieg Friedrich während eines Inspektionsritts bei einem der Vorposten der Garde vom Pferde und unterhielt sich mit den Soldaten:

> Mittlerweile hatte sich der König den blauen Überrock aufgeknöpft, weil die Hitze des Wachtfeuers ihm beschwerlich wurde. Die Grenadiere bemerkten, daß beim Aufknöpfen eine Kugel aus den Kleidern des Königs fiel, und daß Er längs der Brust einen Streifschuß bekommen hatte ... Voll Enthusiasmus, voll Bewunderung rieffen sie nun aus: «Du bist noch der alte Fritze! Du theilst jede Gefahr mit uns! Für Dich sterben wir gerne! Es lebe der König! Es lebe der König!» (Anon., 1786, IV., 349)

Erst am 6. November, drei Tage nach der Schlacht, rückte die preußische Armee elbaufwärts von Torgau in südlicher Richtung nach Strehla ab. Tags darauf hätte Friedrich beinahe Lascys Korps auf dem westlichen Ufer des Stroms bei Meißen zu fassen bekommen, doch dieser erfahrene Edelmann setzte sich im richtigen Augenblick mit seinen Bataillonen ab, während das österreichische Hauptheer sich ungehindert auf Dresden zurückzog, wo es sich festsetzte und wieder einmal die berühmten Stellungen im Plauenschen Grund einnahm.

Friedrich mußte es zulassen, daß Dresden in Händen der Österreicher verblieb. Er verteilte seine Truppen auf Winterquartiere, die sich von der Mitte Sachsens bis hinüber nach Südschlesien erstreckten, und zog Bilanz: «Voilà tous les fruits que nous aurons ceuillis d'une bataille hasardeuse et sanglante. Je n'ai que trop bien prévu, ce qui arriverait; je suis très fâché d'avoir eu raison.» («So sehen also die Früchte aus, die wir im Verlauf einer gefährlichen und blutigen Schlacht geerntet haben werden. Ich habe nur zu gut vorausgesehen, was eintreten würde; es tut mir sehr leid, daß ich recht behalten habe.») (PC 12511)

Friedrich verbrachte den Winter 1760/61 in Leipzig, wo er seine eigene Gesundheit und die seines Staates für die Fortsetzung des Krieges wiederherstellte. Zur Entspannung ließ er aus Berlin seine Hofkapelle und den Marquis d'Argens, seinen Freund, sowie weitere Gefährten aus nichtmilitärischen Kreisen kommen. Sie trafen einen melancholischen und zurückgezogen lebenden König an, der weitaus älter aussah als die neunundvierzig Jahre, die er im Januar 1761 wurde.

Alle Hoffnungen auf Frieden hatten sich zerschlagen. Die Österreicher setzten den Krieg mit dumpfer Beharrlichkeit fort, und der Herzog von Choiseul, der Außenminister Ludwigs XV., begeisterte seine Landsleute nach den Rückschlägen des Vorjahres zu neuen Waffentaten. Die Russen hatten einen neuen Oberbefehlshaber in der Person des Feldmarschalls Alexander Borissowitsch Buturlin berufen und sich inzwischen völlig auf die Bedingungen der Kriegführung im Westen umgestellt.

Für die neue Kampagne planten die Österreicher, Daun in Sachsen insgesamt 60 000 Mann beizugeben und Laudons Streitmacht in Schlesien auf nicht weniger als 72 000 Mann zu verstärken, damit dieser in Abstimmung mit dem Gros der russischen Armee offensive Operationen unternehmen konnte. Friedrich sah richtig voraus, daß diesmal Schlesien zum zentralen Schauplatz der strategischen Schachzüge und Kampfhandlungen werden würde, und traf daher Anstalten, dort seine besten, vollständig aufgefüllten Regimenter mit zusammen etwa 55 000 Mann aufmarschieren zu lassen. Prinz Heinrich wurde der Befehl über die 28 000 Mann zählenden, in Sachsen verbleibenden weniger guten Verbände übertragen. Weitere 14 000 Soldaten postierte Friedrich in Pommern mit der Verteidigung des Hafens Kolberg gegen die Russen als wichtigster Aufgabe.

In der dritten Märzwoche des Jahres 1761 begann der König die preußischen Truppen im Feldlager in Meißen zu versammeln. Am

4. Mai brach er mit der königlichen Armee auf, um sich in Schlesien mit dem Korps unter Generalleutnant von der Goltz zu vereinigen. Es bleibt ungeklärt, welche Art Krieg er zu führen gedachte. Im Frühjahr schätzte er seine Siegeschancen bei einer Schlacht auf allerhöchstens fünfzig zu fünfzig ein (PC 12822), und am 24. Mai schrieb er seinem Bruder Heinrich, er wolle die befestigten Lager der Österreicher nur angreifen, wenn es absolut notwendig sei. (PC 12904) Heinrich befürchtete trotzdem, daß der König weiterhin Verlangen nach blutigem «Bataillиren» trug, und versuchte ihn davon zu überzeugen, daß die solideste Strategie darin bestand, auf allen Seiten ein Kräftegleichgewicht aufrechtzuerhalten und sich den Feind durch *expédients,* also Kniffe, vom Leibe zu halten. Diese Aufforderung weckte den Widerspruch des Königs und ließ den alten Friedrich des Jahres 1757 aufleben. Es sei falsch, hielt er Heinrich entgegen, sich knechtisch zu verhalten und zuzulassen, daß man zurückgedrängt werde. Er halte es für empfehlenswerter, seine Kräfte zu konzentrieren, sie rasch zu bewegen und im Kampf den alles entscheidenden Zeitgewinn zu verbuchen zu suchen. (27. Juni, PC 12995)
Vom 15. Mai bis zum 6. Juli hielt Friedrich seine Armee auf dem langgestreckten, niedrigen und ungeschützten Bergrücken bei Kunzendorf genau westlich von Schweidnitz (vgl. Karte 43) in Bereitschaft in Erwartung darauf, daß die Verbündeten ihre Absichten zu erkennen gaben. Er hatte gehofft, den Russen zuvorzukommen, indem er 12 000 Mann entsandte, um ihre Kolonnen beim Aufmarsch durch Polen anzugreifen, mußte indes am 29. Juni erfahren, daß die Russen bereits von ihren vorgeschobenen Magazinen in Posen aufgebrochen waren. Darüber hinaus erhielt er die Nachricht, daß österreichische Verstärkungen für Laudon auf dem Anmarsch waren. Aus all diesen Meldungen schloß er, daß die Alliierten ihn mit einer Zangenbewegung einschließen wollten, wobei sich die Backen dieser Zange in der Südostecke Schlesiens treffen sollten. Aus diesem Grunde verließ er am 6. Juli das Kunzendorfer Lager und bezog neue Stellungen östlich von Schweidnitz nahe Pilzen, wo er direkten Zugang zur ausgezeichneten Fernstraße nach Frankenstein in Schlesien hatte.
Am 19. Juli marschierte Laudon über die Berge an der Grenze und erreichte in kühnem Vorstoß die schlesische Tiefebene über die Pässe Silberberg und Wartha im Eulengebirge. Friedrich verfügte zu diesem Zeitpunkt nur über eine Truppenzahl von 32 000 Mann, brachte es jedoch fertig, durch Gewaltmärsche Laudon zuvorzukommen und am 23. Juli die Höhenzüge bei Groß-Nossen zu erreichen. Dadurch stellte er sich zwischen die Österreicher und die obere Oder und versperrte ihnen den Weitermarsch zur Vereinigung mit den Russen. Am

29. Juli nahm der König den Weitermarsch in den Südostteil Schlesiens auf; zwischen dem 31. Juli und dem 3. August verharrte er in einer neuen Riegelstellung im oberschlesischen Oppersdorf südöstlich von Neisse hinter der Biele, einem Nebenfluß der Glatzer Neiße. Laudon verspürte keine Neigung, den Durchbruch zu seinen russischen Verbündeten zu versuchen, und zog sich nach Westen in Richtung Eulengebirge zurück. Dieser erfolgreiche Feldzug hatte bislang die Preußen lediglich acht Tote gekostet: zwei Husaren und sechs Männer aus den Reihen von Freibataillonen (deren Angehörige kaum als menschliche Wesen angesehen wurden). Weiterhin seine Aufmerksamkeit nach Oberschlesien richtend, zog Friedrich am 5. August seine Armee auf die zentral gelegene Stellung Strehlen an der Ohle in Niederschlesien zurück. Zum Oberlauf der Oder war es nur ein einziger Marschtag, und die preußischen Festungen Breslau, Neisse und Schweidnitz lagen von Strehlen aus gleich weit entfernt.
Mitte August änderte sich dann jedoch die Lage schnell zu Friedrichs Ungunsten. Während der König noch Ausschau nach Norden und Osten hielt, nutzten die Verbündeten wirkungsvoll die Gelegenheit und vereinigten hinter seinem Rücken ihre Streitkräfte. Am 12. August hatten die Russen die Oder im mittleren Abschnitt bei Leubus, ungefähr auf der Höhe von Parchwitz und der nahen Katzbach-Mündung, überschritten. Drei Tage später schlossen sie sich mit den 40 Schwadronen der österreichischen Kavallerie zusammen, die vom Eulengebirge herangekommen waren. Friedrich begab sich am 15. August auf die Suche nach den Russen und stieß erst auf sie, als sie unweit von Liegnitz bereits ein Lager bezogen und sich stark verschanzt hatten. Er verspürte keine Neigung, sie anzugreifen. Zu sehr war in seinem Gedächtnis die Erinnerung an Zorndorf, Paltzig (Kay) und Kunersdorf verankert. Friedrichs letzte Chance, die Alliierten einzeln zum Kampf zu stellen und zu besiegen, war dahin, als es am 19. August Marschall Buturlin gelang, in kühnem Gewaltmarsch über Liegnitz zum Gros der österreichischen Armee zu stoßen.
Friedrich hatte das Ziel seiner Kampagne, das darin bestanden hatte, einen Zusammenschluß der verbündeten Heere zu verhindern, verfehlt. Zum ersten Mal in diesem Krieg hatten Österreicher und Russen ihre Hauptarmeen vereinigen können. Die gemeinsame alliierte Streitmacht bestand damit aus rund 130 000 Soldaten, wobei Laudons österreichische Truppen gut 72 000, die Russen etwa 47 000 Mann zählten.

Inmitten dieses Meeres von Feinden sorgte Friedrich für eine sichere Zuflucht für seine im Vergleich zum Gegner «kleine» Armee von

55 000 Mann. Es war dies das stark befestigte Lager bei Bunzelwitz in Niederschlesien, das sich nordwestlich der Festung Schweidnitz mit ihren Magazinen erstreckte und genau in der Mitte zwischen den beiden Flüssen Polsnitz und Weistritz lag. «Friedrich, der sich in kluger Weise die endgültige Entscheidung vorbehielt, brachte es fertig, sich vom feindlichen Druck zu befreien. Statt offensiv zu agieren und alles dem Zufall zu überlassen, wie er es mehr als einmal in den vorangehenden Feldzügen getan hatte, scheint er mit seinem Antagonisten bestimmte Charaktereigenschaften ausgetauscht und sich das Phlegma wie auch die Vorsicht Dauns zu eigen gemacht zu haben.» (Wraxall, 1806, I., 204)
Mit der Arbeit an den Schanzbefestigungen für das Bunzelwitzer Lager wurde am 20. August begonnen. Zu diesem Zweck hatte Friedrich seine Armee halbiert. Die Männer konnten so rund um die Uhr arbeiten. Zum Glück war das graubraune Erdreich in dieser Gegend locker, so daß binnen drei Tagen die Stellung in verteidigungsfähigem Zustand war. Der Umfang dieses festen Lagers betrug zirka 15 000 Schritt und beschrieb die Form eines unregelmäßigen Rechtecks:

> Hier stand die Königl. Preußische Armee auf kleinen und mehrentheils sanften Anhöhen, welche vortrefflich genützt waren. Die Zugänge zu selbigen waren nicht unersteiglich, aber dennoch wegen kleinen Bächen, sumpfigen Wiesen und allenthalben flankirenden und rasirenden Batterien ziemlich beschwerlich.
> (Tielke, 1776–86, III., 84)

Die Schlachtlinie war absichtlich nicht durchgehend gezogen worden. Friedrich standen dank der Geschütze, die er aus Schweidnitz abgezogen hatte, etwa 460 Kanonen zur Verfügung. Die schwere Artillerie ließ er in gut ausgewählten Feuerstellungen auffahren. «Eine jede derselben hatte überdieß zwey Flatter-Minen, oder mit Pulver, Kugeln und Granaten gefüllte Gräben, die in einer geringen Entfernung vor den Batterien angelegt, durch Röhren ins Innere derselben gingen, und jeden Augenblick gesprengt werden konnten...» (Archenholtz, 1840, II., 170) Weiter entfernte Dörfer und beherrschende Anhöhen wurden gleichfalls mit Palisaden und Laufgräben umgeben. Zwischen den verschiedenen Stützpunkten ließ man jedoch breite Lücken, um den Verteidigern einen blitzschnellen Ausfall für einen Gegenangriff zu ermöglichen, ein System, «welches unstreitig das wahre, obgleich so sehr verkannte der Feldbefestigungskunst ist.» (Tielke, 1776–86, III., 84)

Es ist vielleicht interessant, einen kurzen Rundgang entgegen dem Uhrzeigersinn durch diese Stellung zu machen. (vgl. Karte 44) Friedrich war gezwungen, sich im großen und ganzen der Geländestruktur anzupassen, die vorschrieb, daß der südlichste Sektor (Vorwerke XXVII – V) in einen naturgemäß angreifbaren Keil auslief, dem die Längsbestreichung durch Geschütze in seitlich gelegenen Vorwerken wenig nützte. Friedrich baute dementsprechend die künstlichen Verteidigungsanlagen in diesem Abschnitt am stärksten aus. Hinter dem eigentlichen Lager stellte er ein Freibataillon, ein Infanteriedetachement von dreihundert Mann sowie zehn Geschütze nahe dem höchsten Punkt der Ortschaft Wickendorf (Abb. 37) in einem fast geschlossenen, aus Palisaden und Brustwehren gebildeten Ring auf (I). Die Stellung beherrschte ein freies Schußfeld über das bis hinunter zu den Weiden an einem Seitenarm des Freiburger Wassers reichende Gelände. Dieses Gewässer lag nach Süden hin, knapp außerhalb der Reichweite der Musketen. Die Besatzung sollte einen feindlichen Eröffnungsangriff rechtzeitig erkennen und durch ein hinhaltendes Gefecht verzögern.
Die Möglichkeit eines energischeren Widerstandes erhoffte sich Friedrich in dem hinter Wickendorf gelegenen Ort Alt-Jauernick, der einen befestigten Kirchhofshügel (Abb. 38) besaß. Die durch eine kleine Mulde führende Dorfstraße konnte von Punkt III am oberen Ende mit Feuer bestrichen werden. Leutnant Tempelhoff (der spätere Historiker) befehligte fünf «Brummer», also schwere 12-Pfünder-Geschütze, an Punkt IV unmittelbar dahinter in Richtung Nordosten.
Wenn wir unsere Inspektion ostwärts fortsetzen, erkennen wir, daß an Punkt V sechs Haubitzen sowie sechs «Brummer» standen, denen die Aufgabe zufiel, Alt-Jauernick und Bunzelwitz in Brand zu schießen für den Fall, daß diese Dörfer vom Feind erobert wurden.
Der Würben (IX) bildete die Südostecke des Bunzelwitzer Lagers. Der Berg bot von seiner Beschaffenheit her eine stärkere Stellung als der entsprechende südliche Zipfel. «Dieser Berg ist in der ganzen Position der höchste, und wegen der sehr durchschnittenen Situation sehr schwer anzugreifen. Die Brustwehren waren auch auf selbigem sehr geschickt, und so wie es seine Abdachung verlangte, eingerichtet.» (Tielke, 1776–86, III., 93) Hier waren sechs neue 12-Pfünder in Stellung gegangen, obgleich Friedrich es im Grunde nicht für notwendig erachtete,dieser gewaltigen Stellung eine ortsfeste Deckung beizugeben.
Die breite Nordostseite des Lagers (X – XVII) wies keine ausgeprägten geographischen Besonderheiten auf, doch verfügten die in regelmäßigem Abstand aufgebauten Batterien über ein weites Schußfeld,

und ein zwei Meilen nördlich verlaufender Fluß, das Striegauer Wasser, verhinderte, daß der Feind über genügend Tiefe verfügte, um seine Formationen zum Angriff zu gliedern. Friedrich schreibt in seiner «Geschichte des Siebenjährigen Krieges», er habe in einem Gehölz im Rücken der Armee, in dem die am Ende des rechten Flügels beginnende, parallel zum Striegauer Wasser verlaufende Flanke endete, eine «maskierte Batterie» errichtet (XIV?), um die österreichisch-russischen Kräfte unter Brentano und Tschernyschew gebührend zu empfangen, falls sie versuchen sollten, sich durch ein kleines, von Peterwitz heranführendes Tal den Zugang zu erzwingen. Ferner sei ein Pfad durch das Gehölz geschlagen worden, um nötigenfalls Generalleutnant von Platen mit der preußischen Kavallerie das Eingreifen zu erleichtern, die mit der Mehrzahl ihrer Schwadronen hinter diesem Sektor zusammengezogen worden war.
Eine kurze, jedoch stark befestigte Front, die dem Dorf Tschechen zugekehrt war, verlief über niedrige, kahle Hügel von Punkt XVIII zur Eckbastion (XXIII); von dort führte eine lange, gerade und wichtige Verteidigungslinie in südöstlicher Richtung zum Punkt XXVII, womit der Rundgang abgeschlossen wäre. Dieser letzte Abschnitt war nach Südwesten auf das Gros der russischen Armee und das Leichte Korps der Österreicher unter General Beck ausgerichtet; er erhielt seinen dringend notwendigen Schutz durch die sumpfigen Wiesen am Freiburger Wasser und die im Nonnenbusch, einem Wäldchen, in dem sich die preußischen Jäger täglich Scharmützel mit kroatischen Reitern lieferten, angelegten Baumverhaue.
Der Tagesablauf im Lager von Bunzelwitz war für Friedrichs Soldaten ungeheuer anstrengend. Die Sonne brannte erbarmungslos auf die Männer nieder, die im Schweiße ihres Angesichts mit Erdarbeiten beschäftigt waren, und gegen Morgengrauen, wenn die zum Tagesdienst eingeteilten Züge und Abteilungen normalerweise noch hätten fest schlafen können, hatte die gesamte Armee bereits unter Waffen in Schlachtformation zu stehen und zur Rundumverteidigung gerüstet zu sein. «Offiziere wie Mannschaften mußten von Brot und Wasser leben. Der König blieb gern ganze Nächte hindurch bei den Batterien, wo er sich einen Bund Stroh bringen ließ, um darauf zu ruhen – alles, um seinen Soldaten ein Vorbild zu sein.» (Warnery, 1788, 474)
Der Umfang des Lagers war tatsächlich für die rund 37 000 Mann Infanterie, die Friedrich zur Verfügung hatte, sehr großzügig bemessen. Dadurch war jedes Bataillon vollauf damit beschäftigt, seine Stellung zu halten, wodurch dem König keinerlei Reserve mit Ausnahme der im Südostabschnitt zusammengezogenen Kavallerie verblieb.

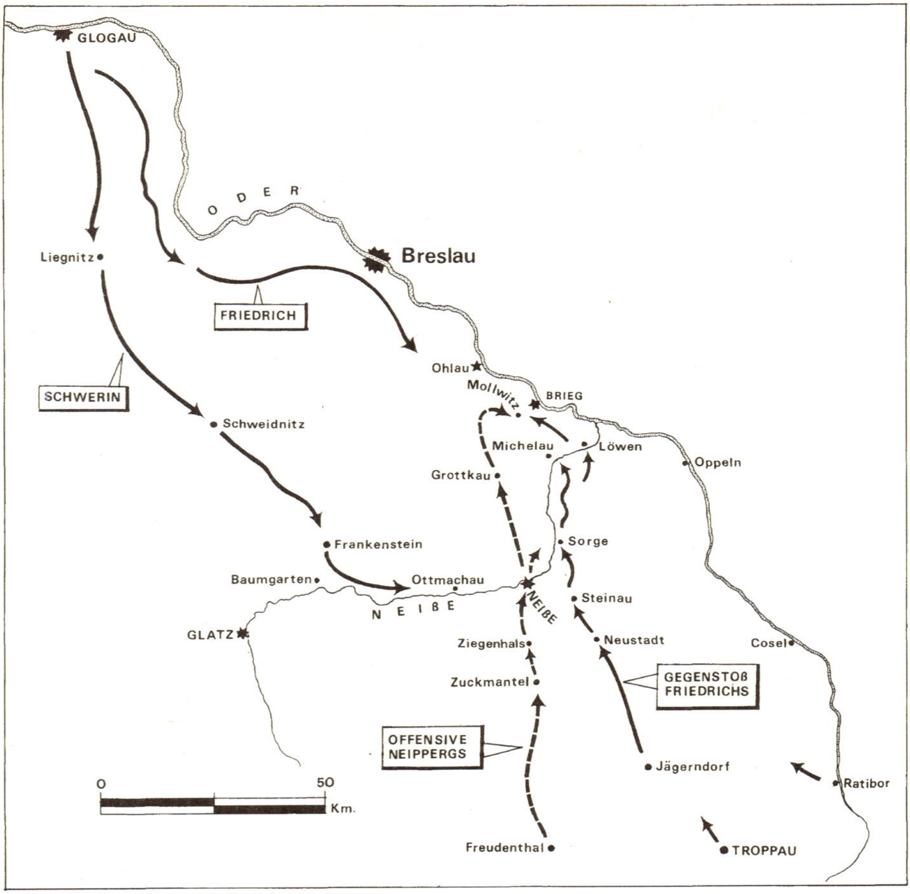

1 Schlesien 1740/41

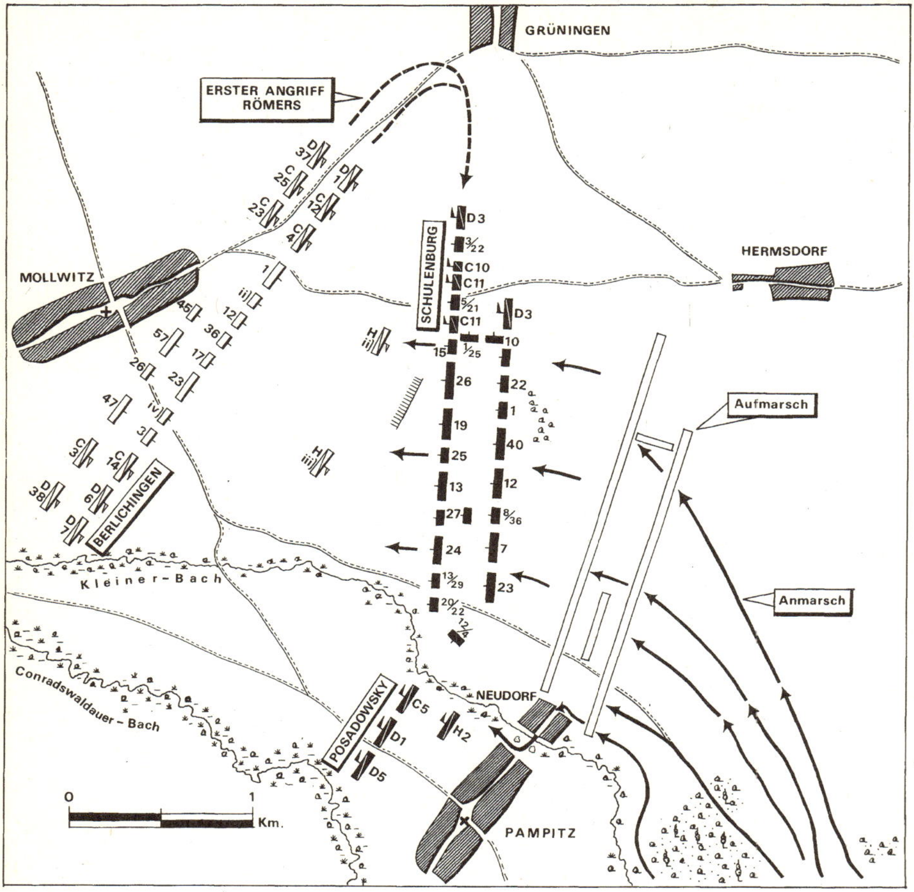

2 Mollwitz, 10. April 1741

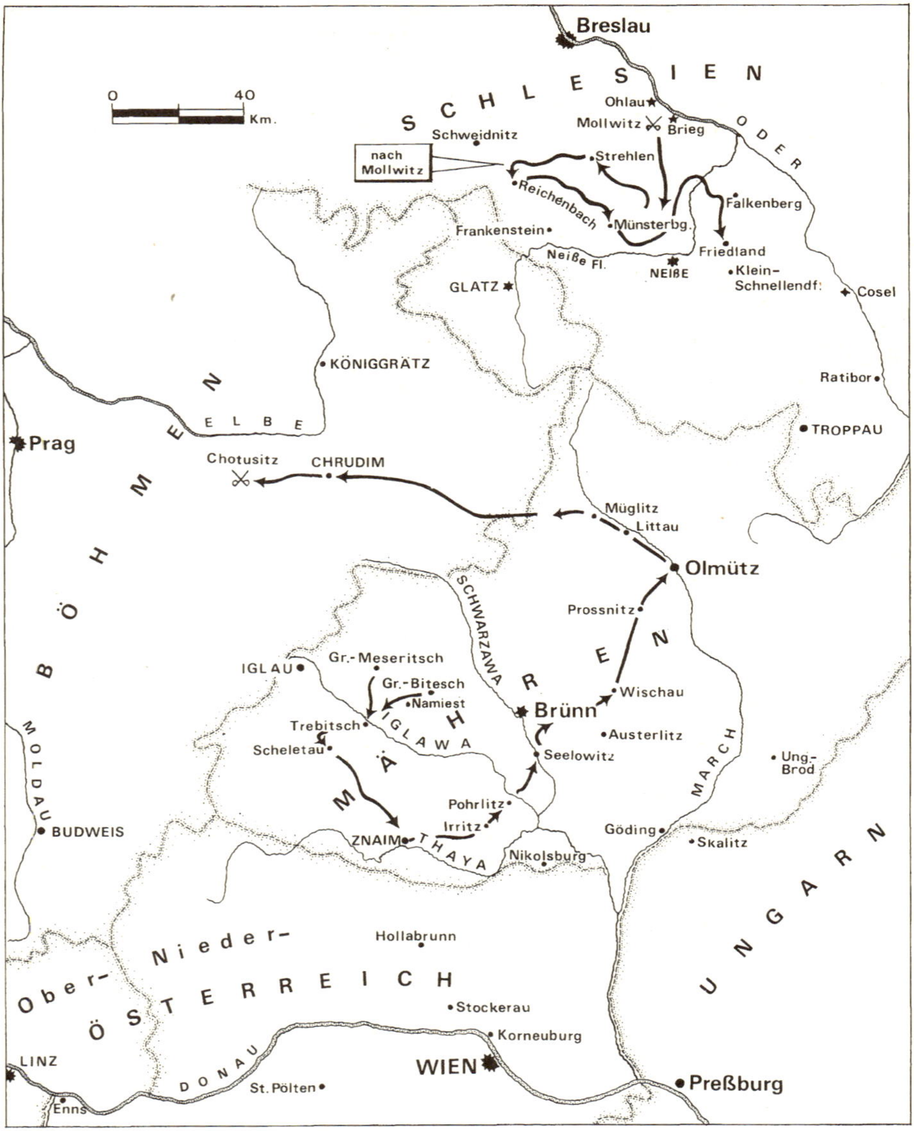

3 Schlesien, Böhmen und Mähren 1741/42

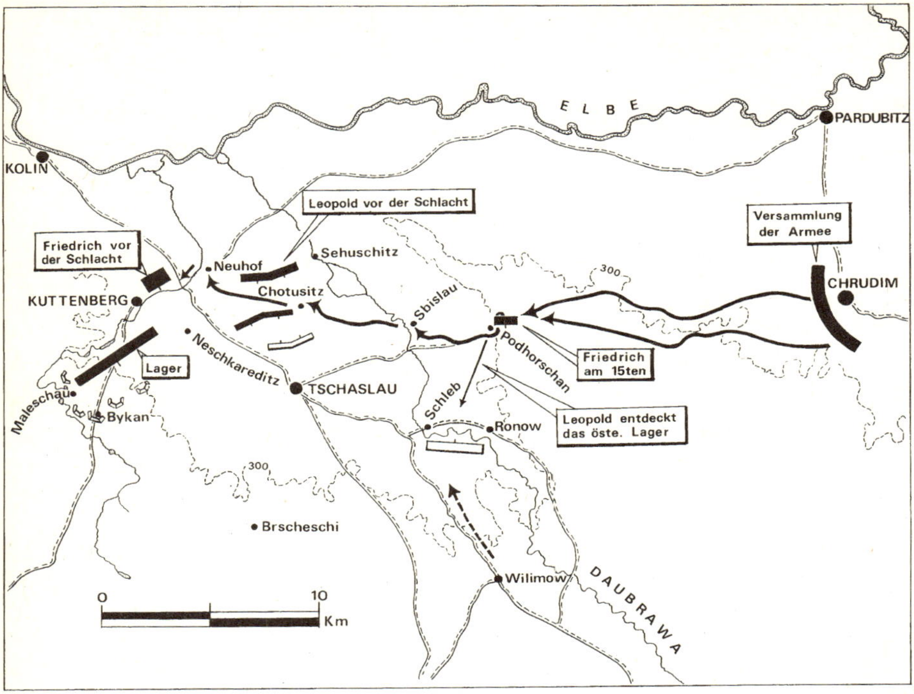

4 Vor und nach Chotusitz 1742

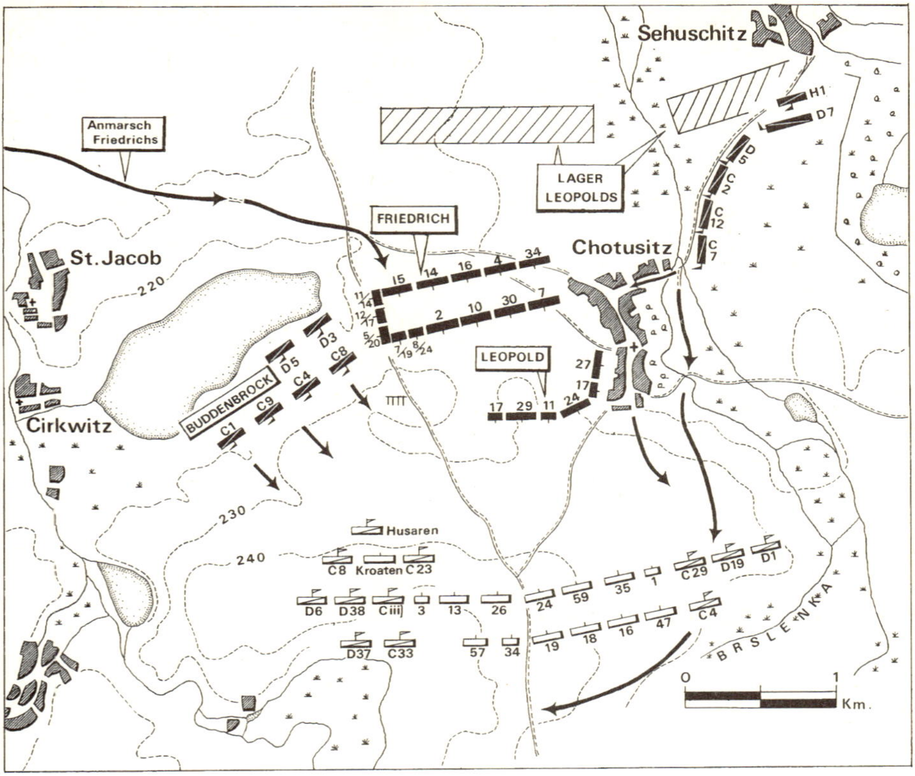

5 Chotusitz, 17. Mai 1742

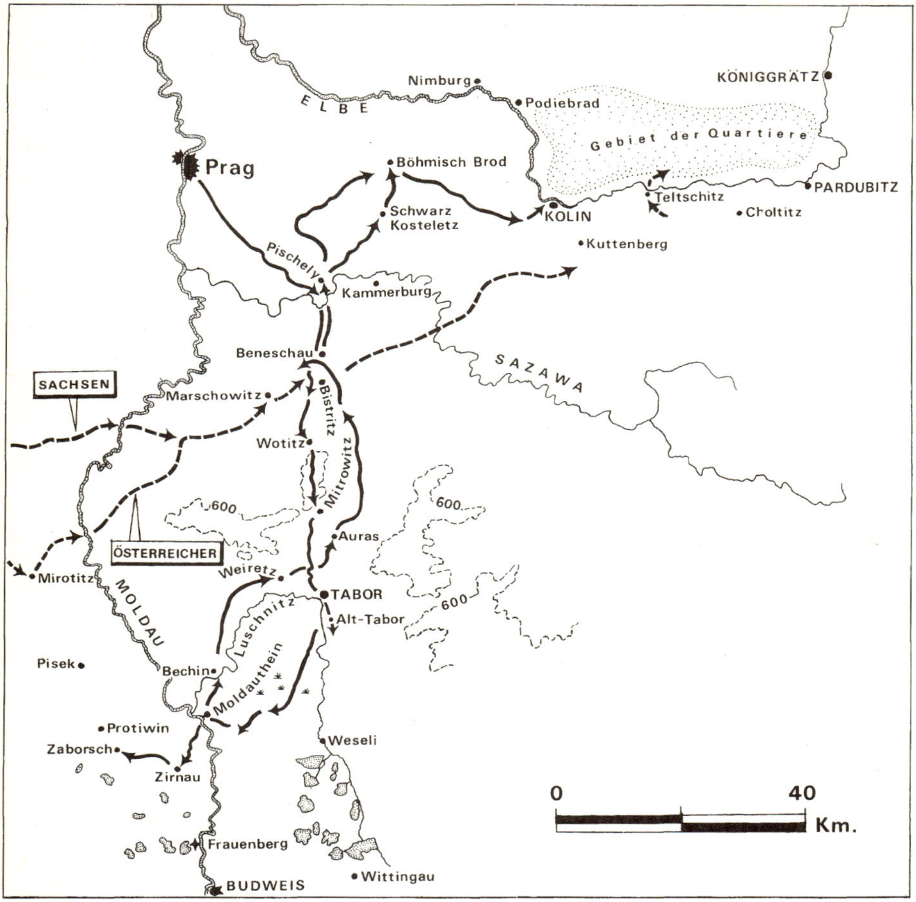

6 Böhmen 1744

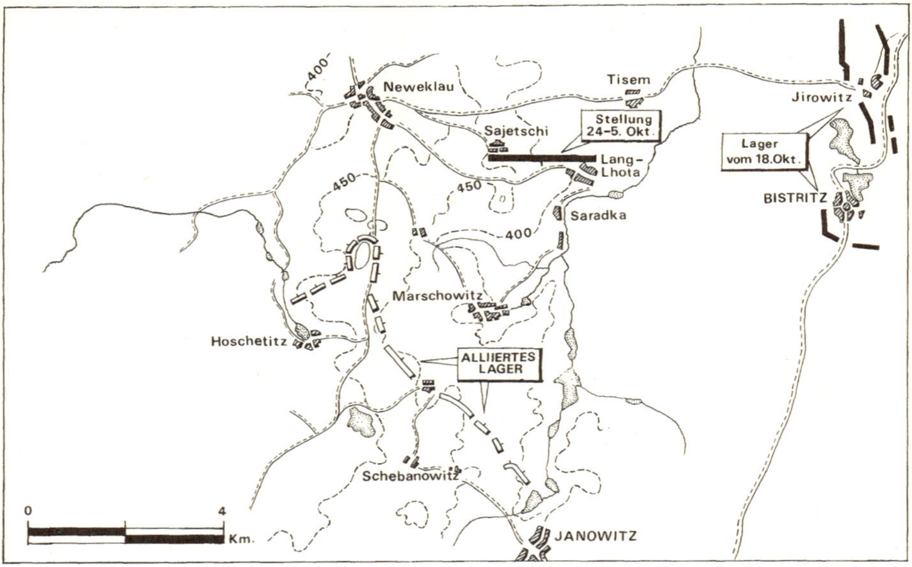

7 Die Konfrontation bei Marschowitz, 24./25. Oktober 1744

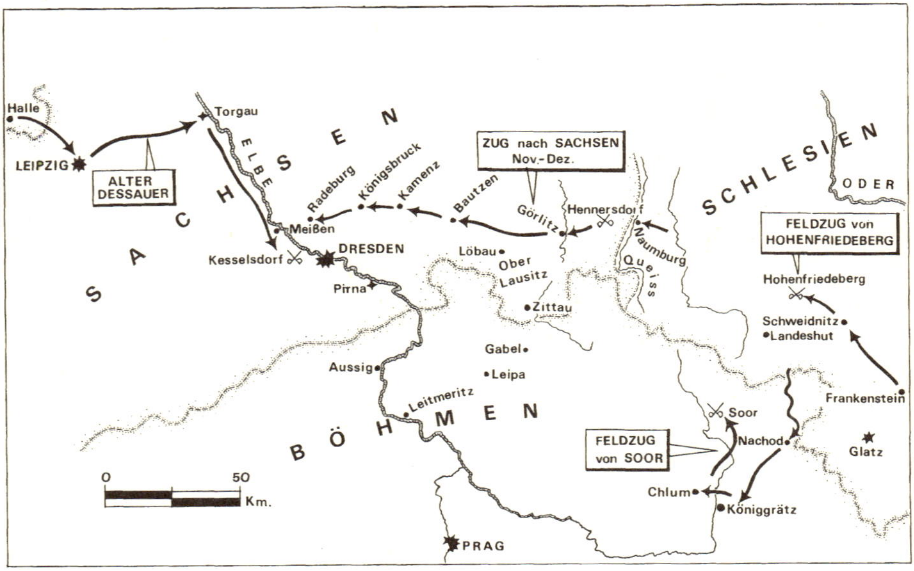

8 Die Feldzüge 1745

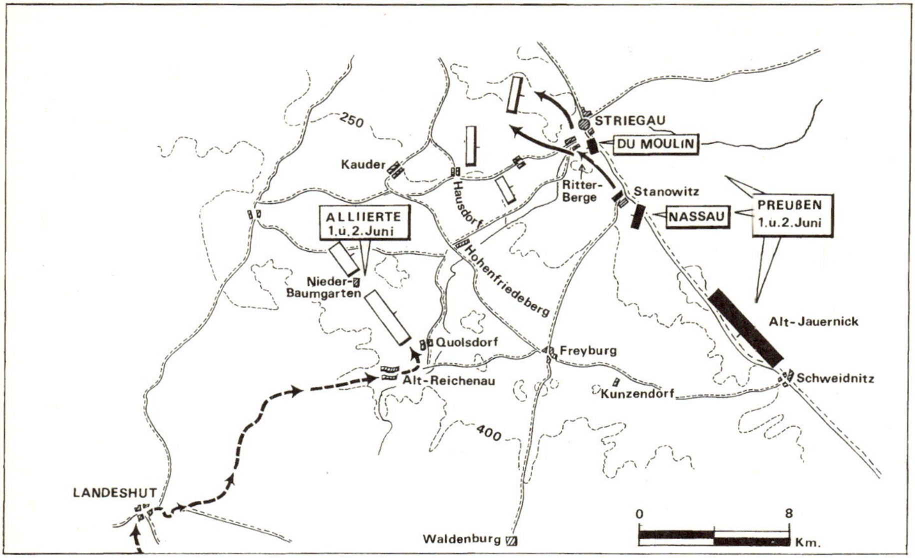

9 Vor Hohenfriedberg

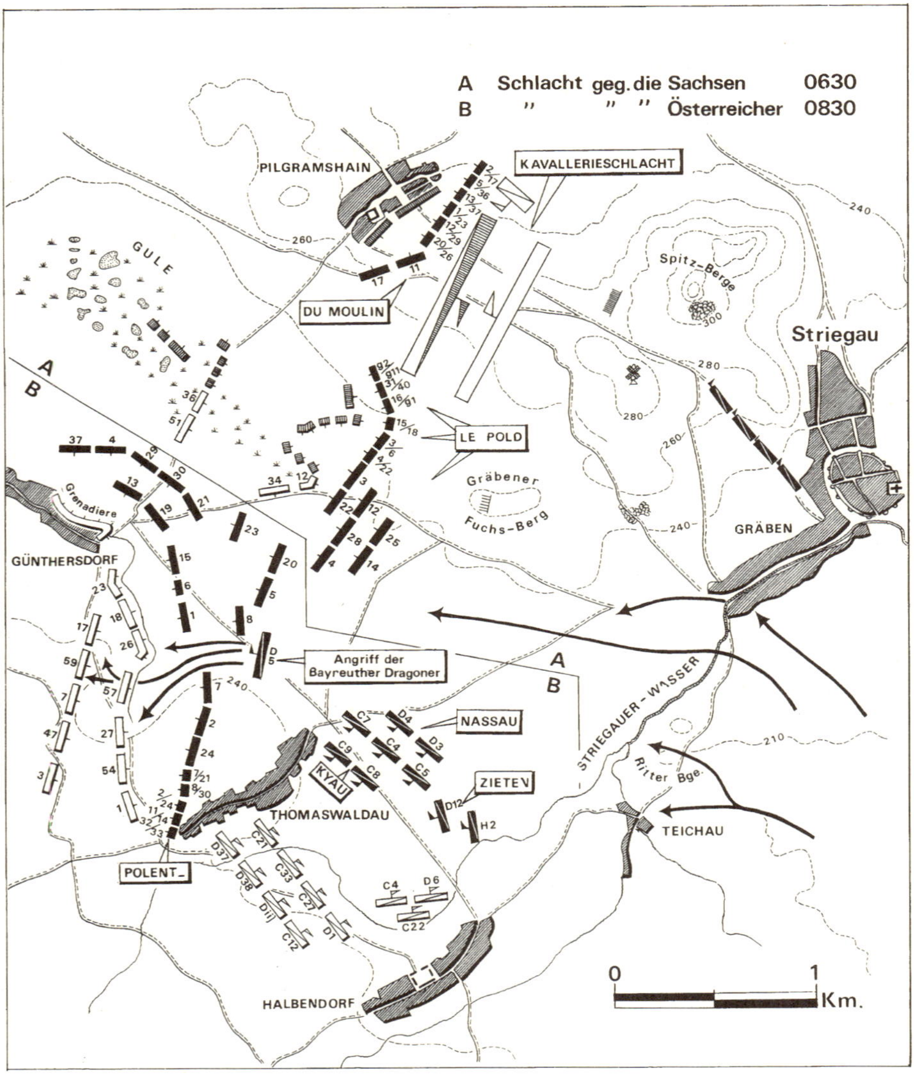

10 Hohenfriedberg, 4. Juni 1745

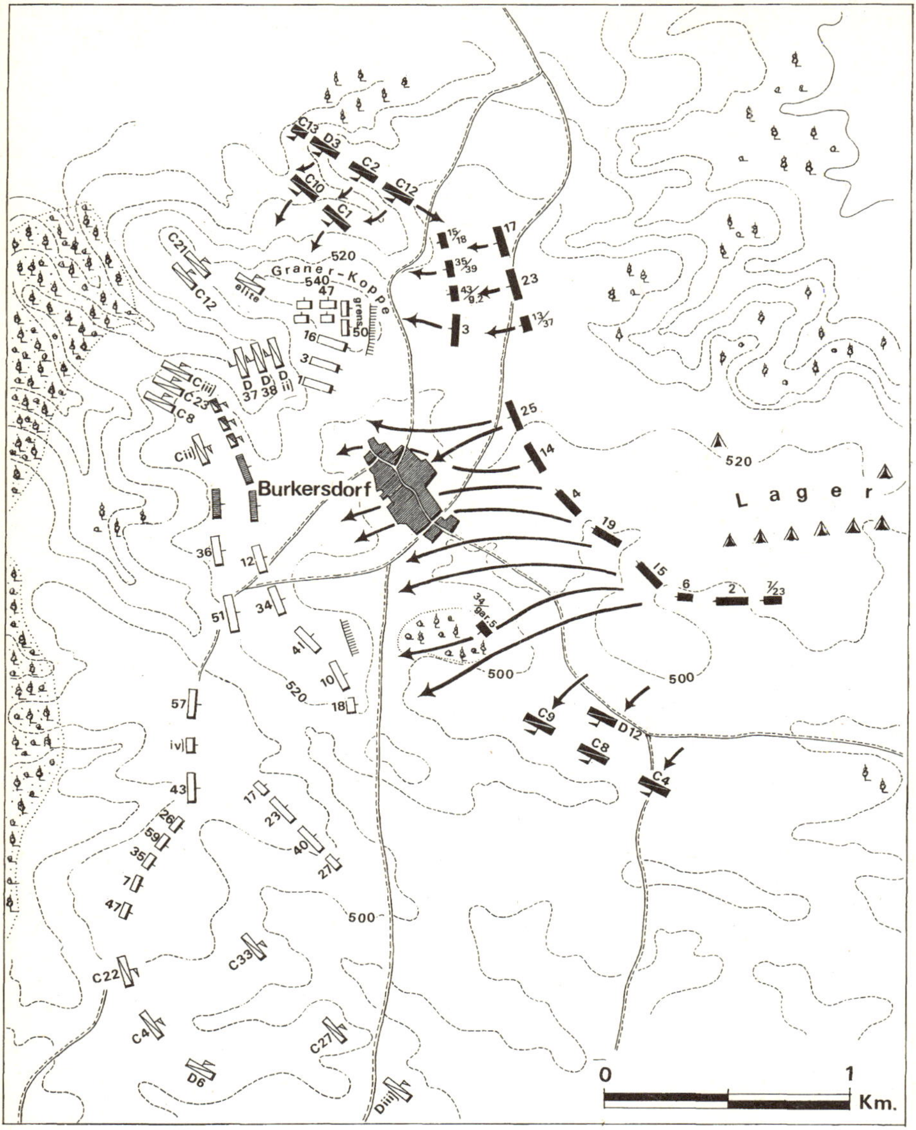

11 Soor, 30. September 1745

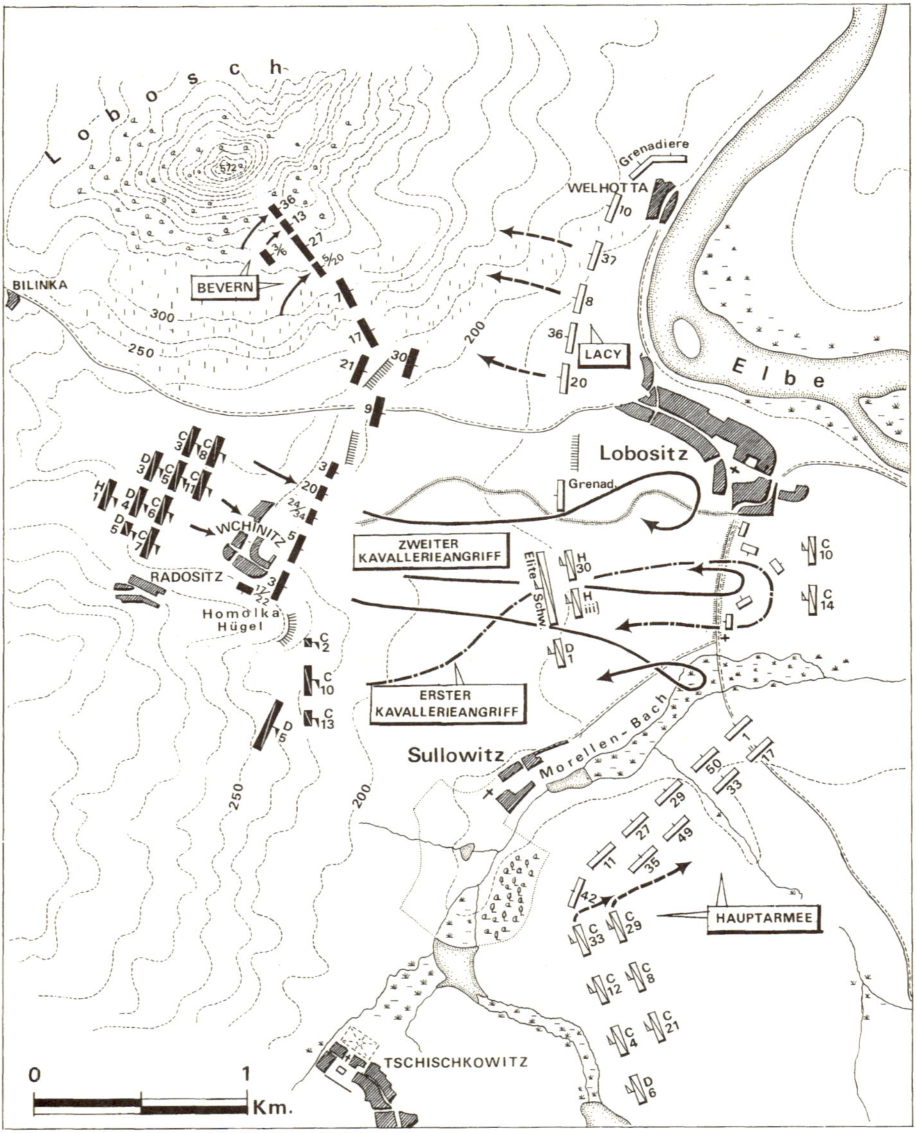

12 Lobositz, 1. Oktober 1756

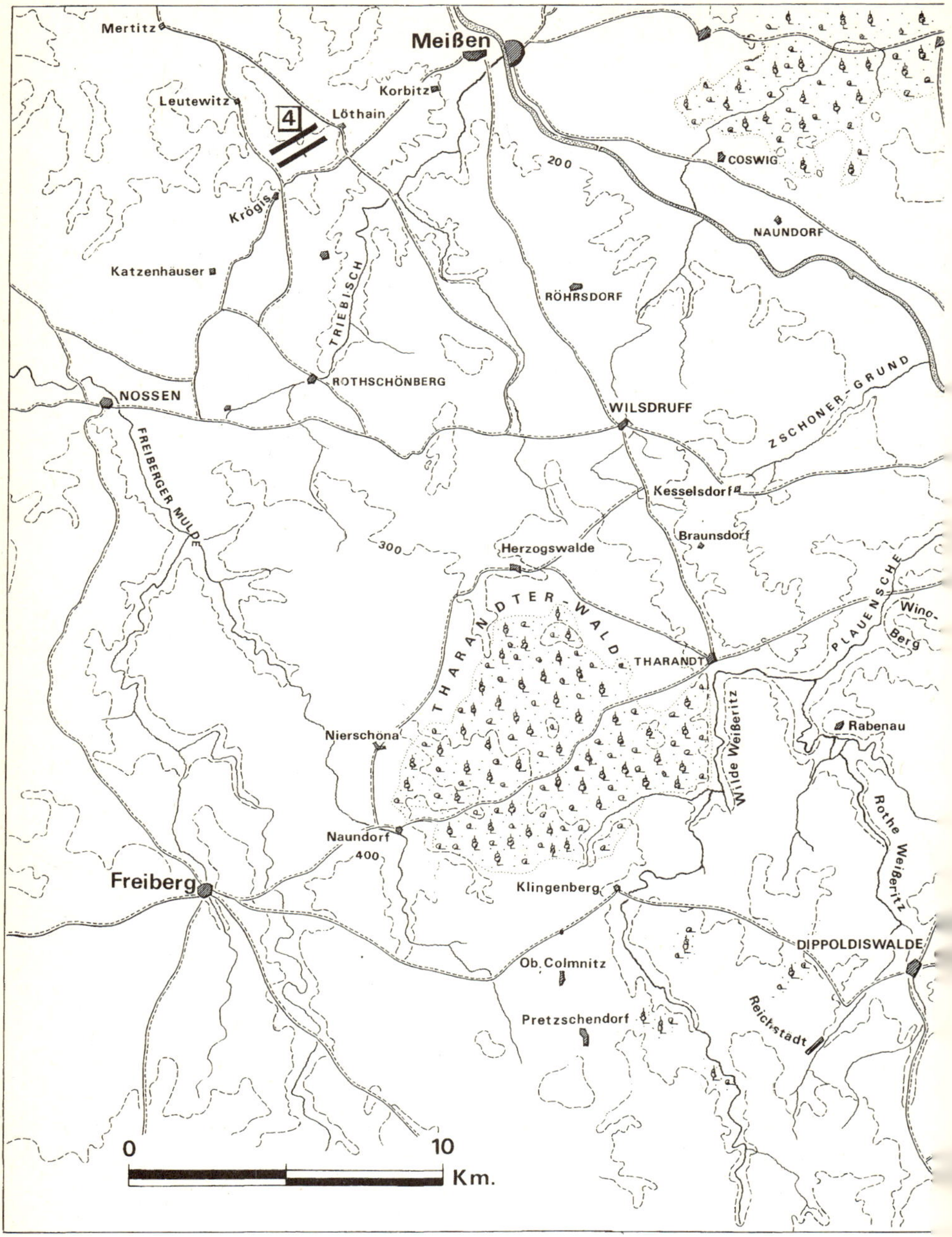

13 Dresden und Umgebung

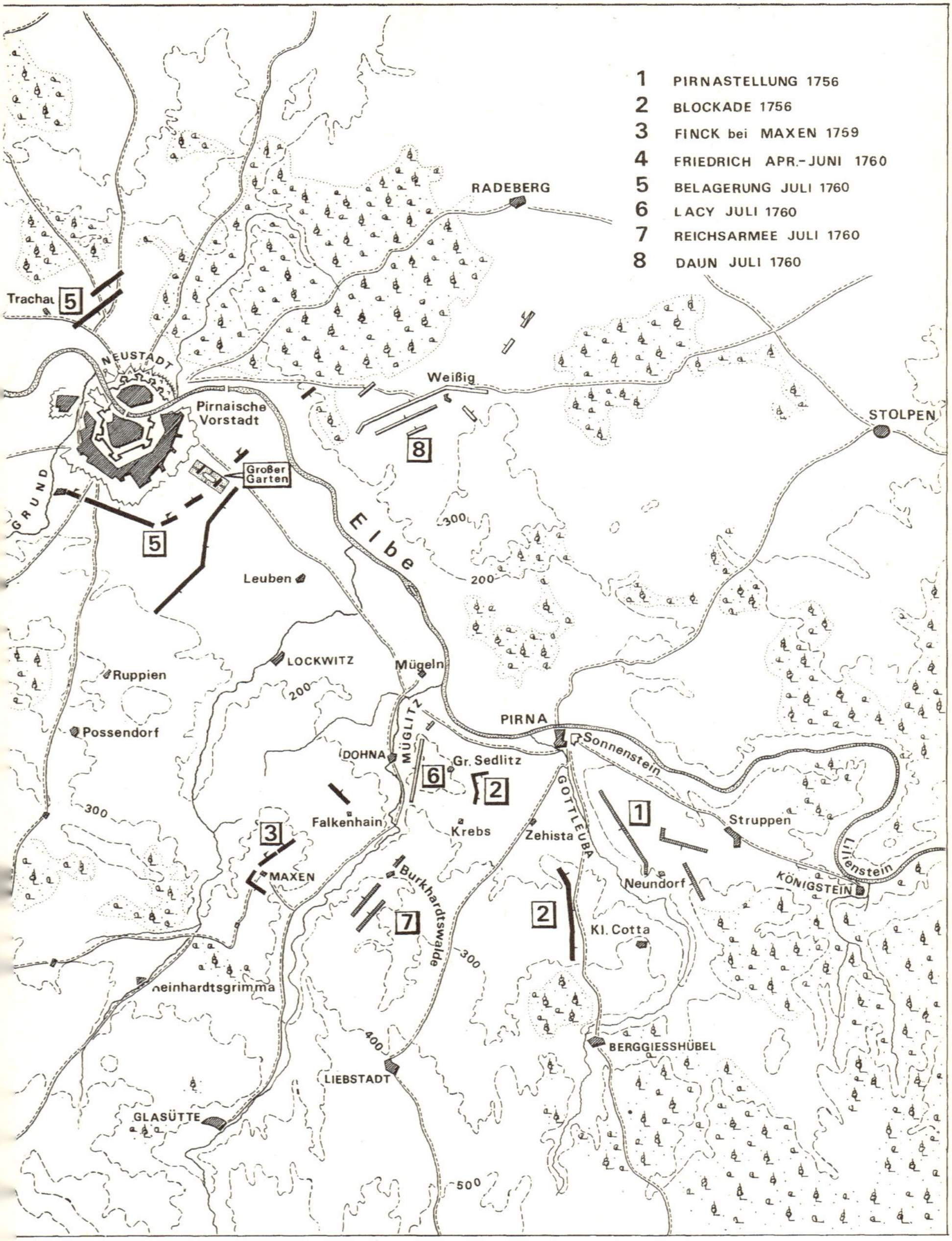
1 PIRNASTELLUNG 1756
2 BLOCKADE 1756
3 FINCK bei MAXEN 1759
4 FRIEDRICH APR.-JUNI 1760
5 BELAGERUNG JULI 1760
6 LACY JULI 1760
7 REICHSARMEE JULI 1760
8 DAUN JULI 1760
RADEBERG
Trachau
NEUSTADT
Weißig
STOLPEN
Pirnaische Vorstadt
Großer Garten
GRUND
Elbe
Leuben
LOCKWITZ
Ruppien
Possendorf
Mügeln
PIRNA
Sonnenstein
MÜGLITZ
DOHNA
Gr. Sedlitz
Falkenhain
Krebs
Zehista
GOTTLEUBA
Struppen
Lilienstein
KÖNIGSTEIN
Neundorf
MAXEN
Burkhardtswalde
Kl. Cotta
BERGGIESSHÜBEL
LIEBSTADT
GLASÜTTE
200
300
400
500

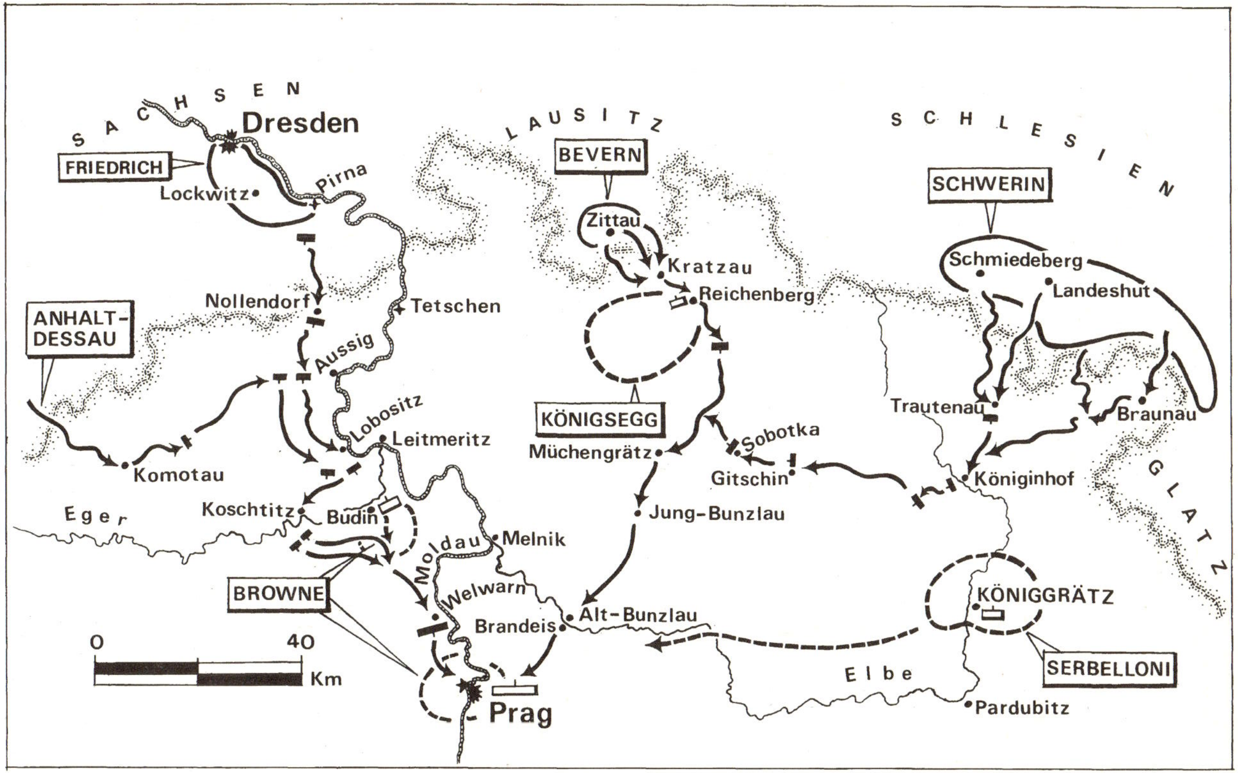

14 Der Einmarsch in Böhmen 1757

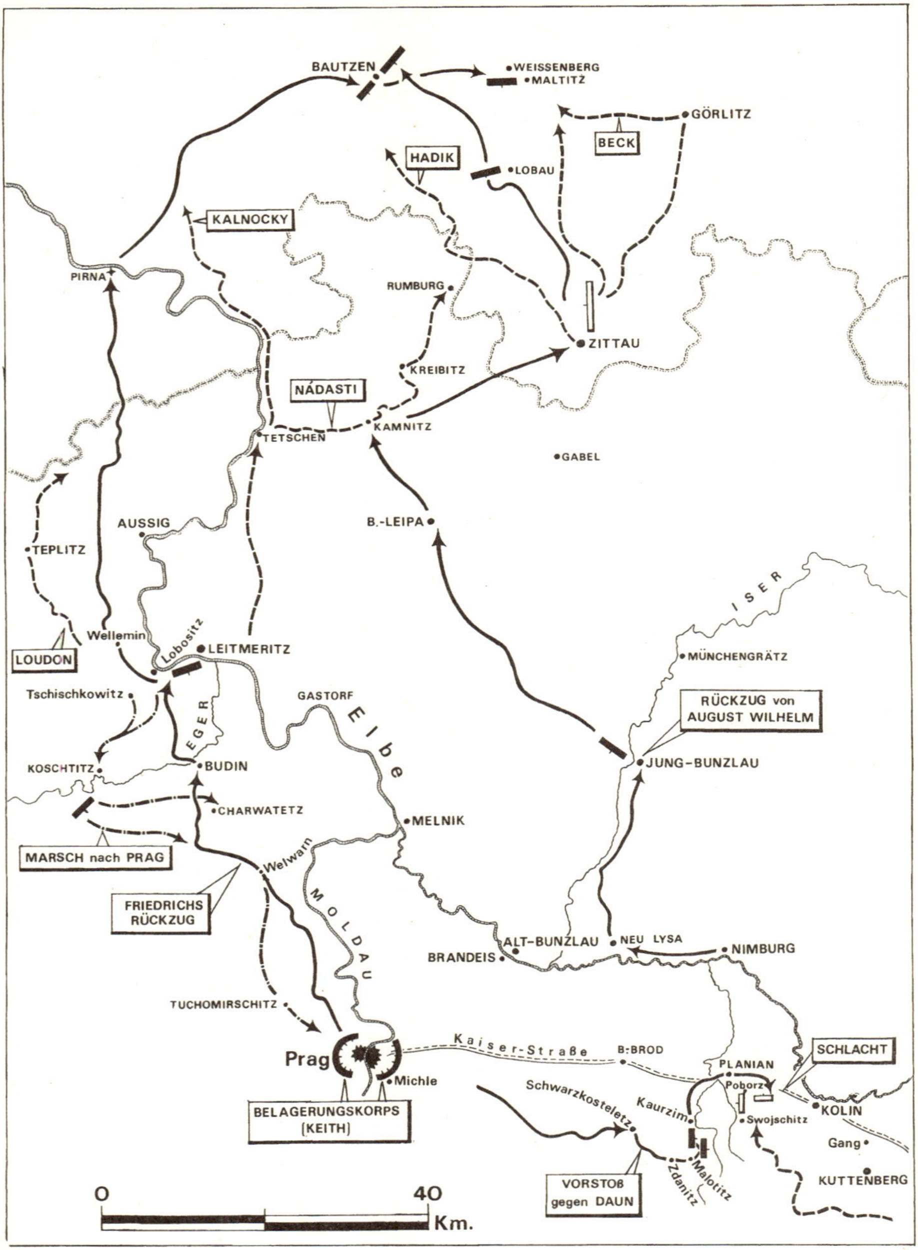

15 Vor und nach Kolin

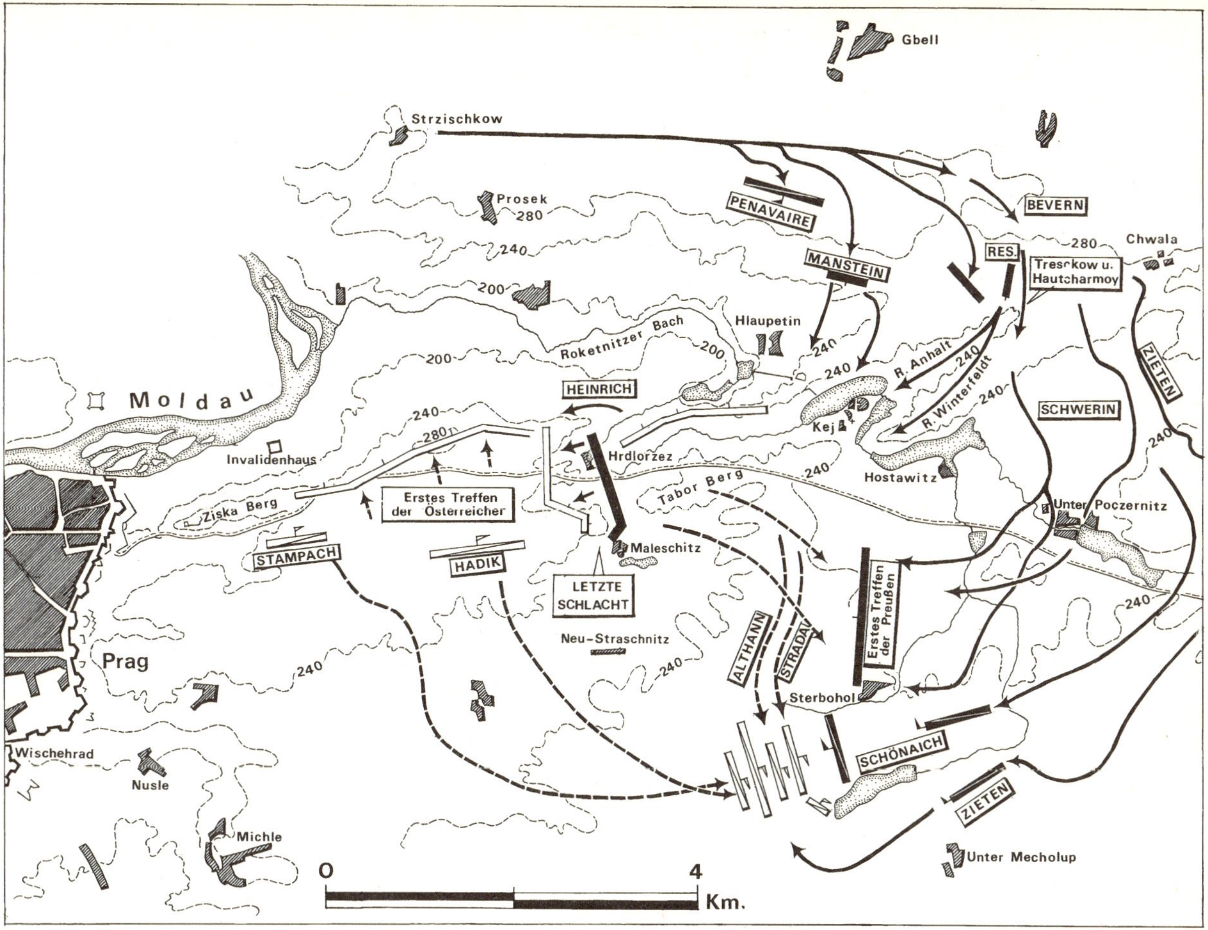

16 Prag, 6. Mai 1757

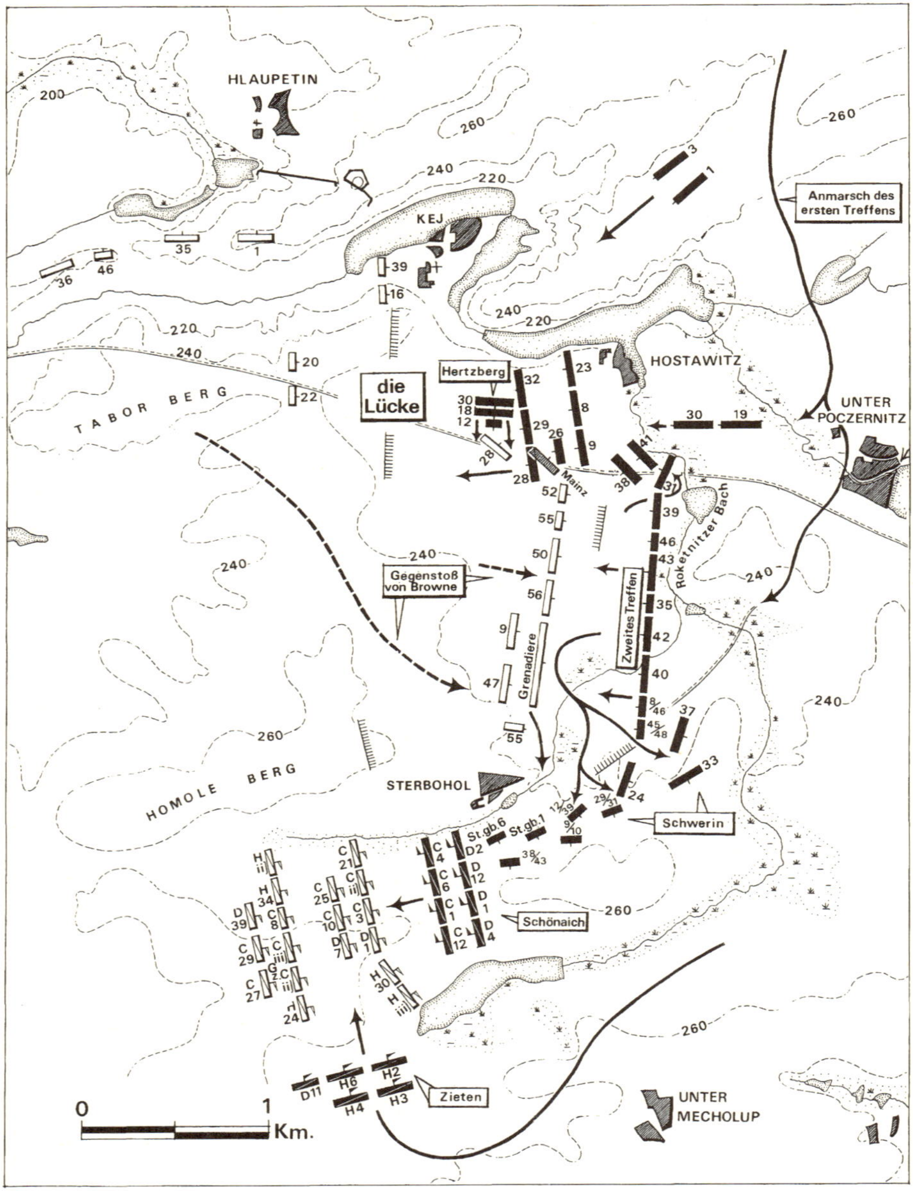

17 Prag – Der Durchbruch

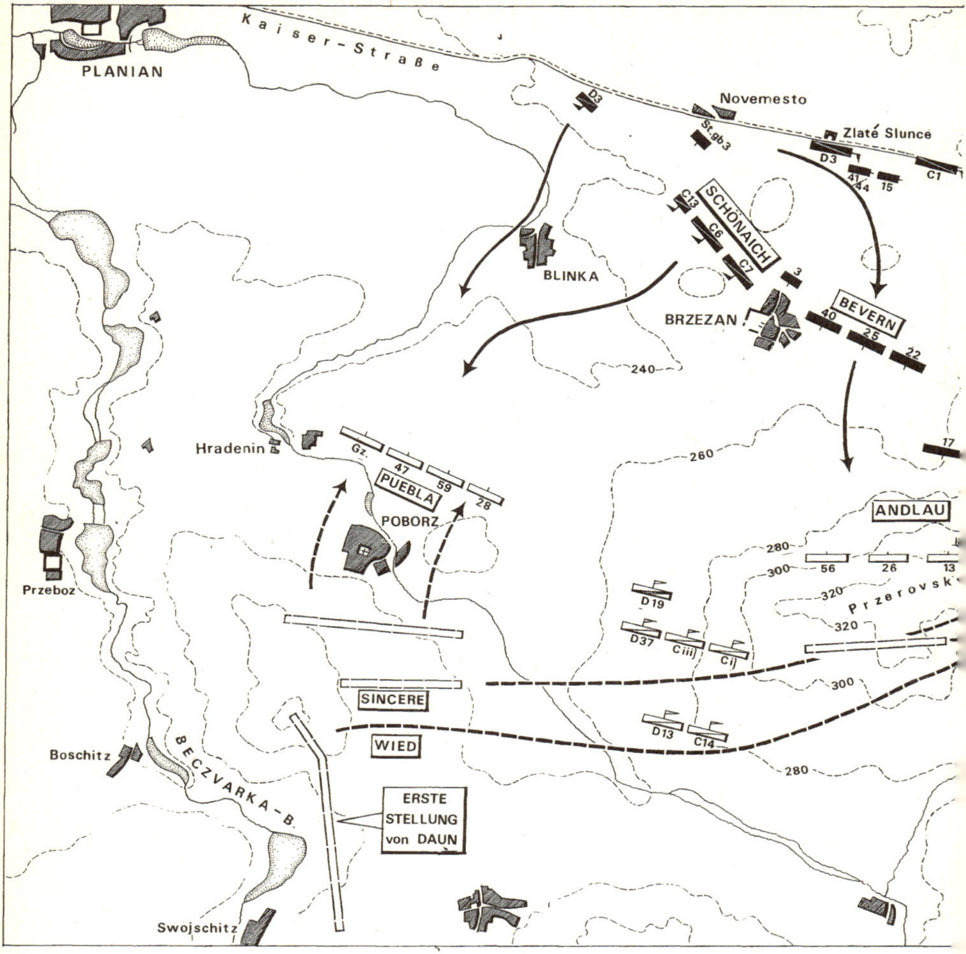

 Kolin, 18. Juni 1757

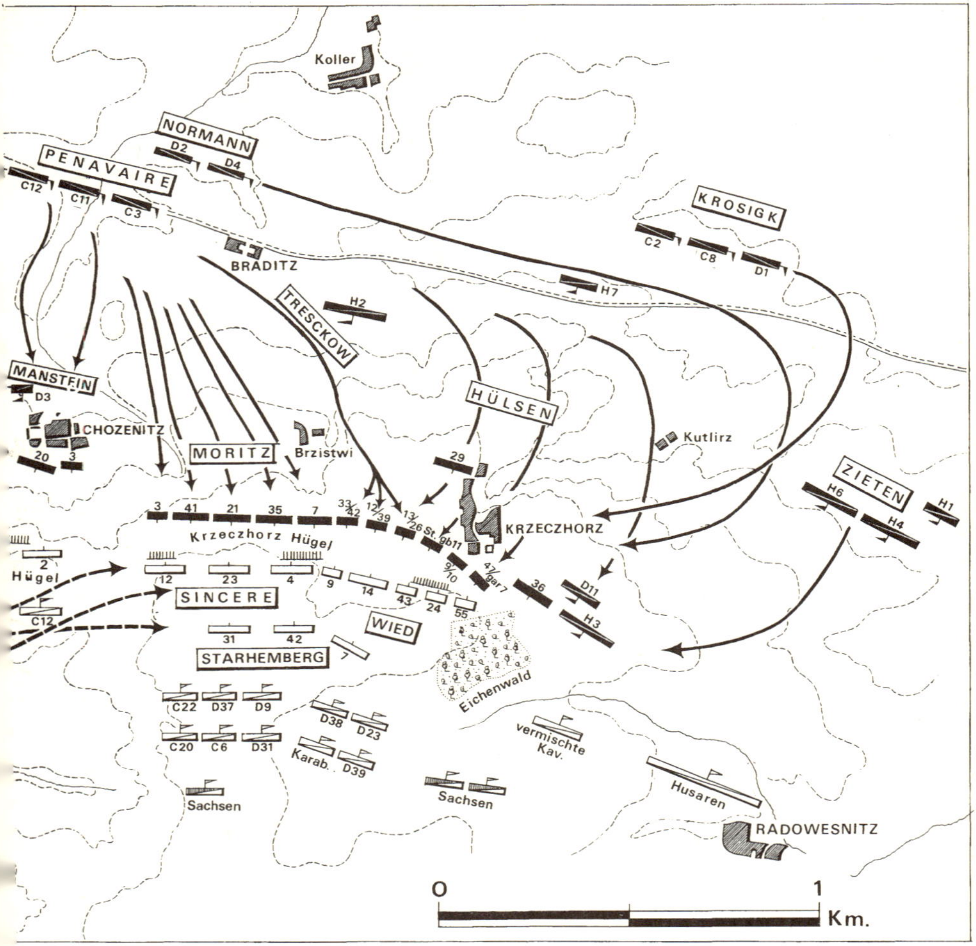
Koller
NORMANN
D2
D4
PENAVAIRE
C12
C11
C3
KROSIGK
C2
C8
D1
BRADITZ
H7
TRESCKOW
H2
MANSTEIN
D3
CHOZENITZ
20
3
HÜLSEN
Kutlirz
MORITZ
Brzistwi
29
ZIETEN
H6
H1
H4
3
41
21
35
7
33/42
12/39
13/26
St.
gb11
KRZECZHORZ
Krzeczhorz Hügel
2
Hügel
12
23
4
9
14
43
24
55
9/10
4/gar7
36
D11
H3
SINCERE
C12
31
42
WIED
STARHEMBERG
7
Eichenwald
C22
D37
D9
D38
D23
C20
C6
D31
Karab.
D39
vermischte Kav.
Husaren
Sachsen
Sachsen
RADOWESNITZ
0
1
Km.

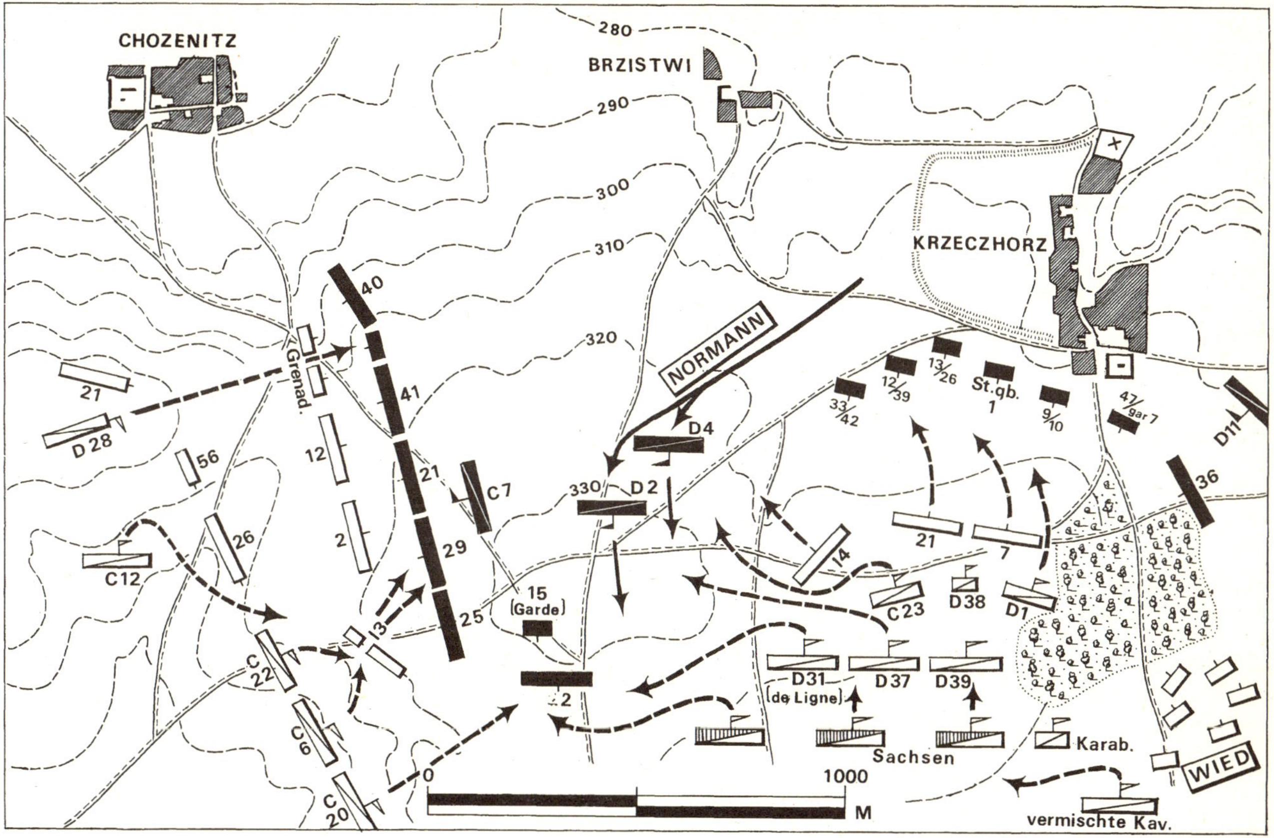

19 Kolin – Die Schlußphase

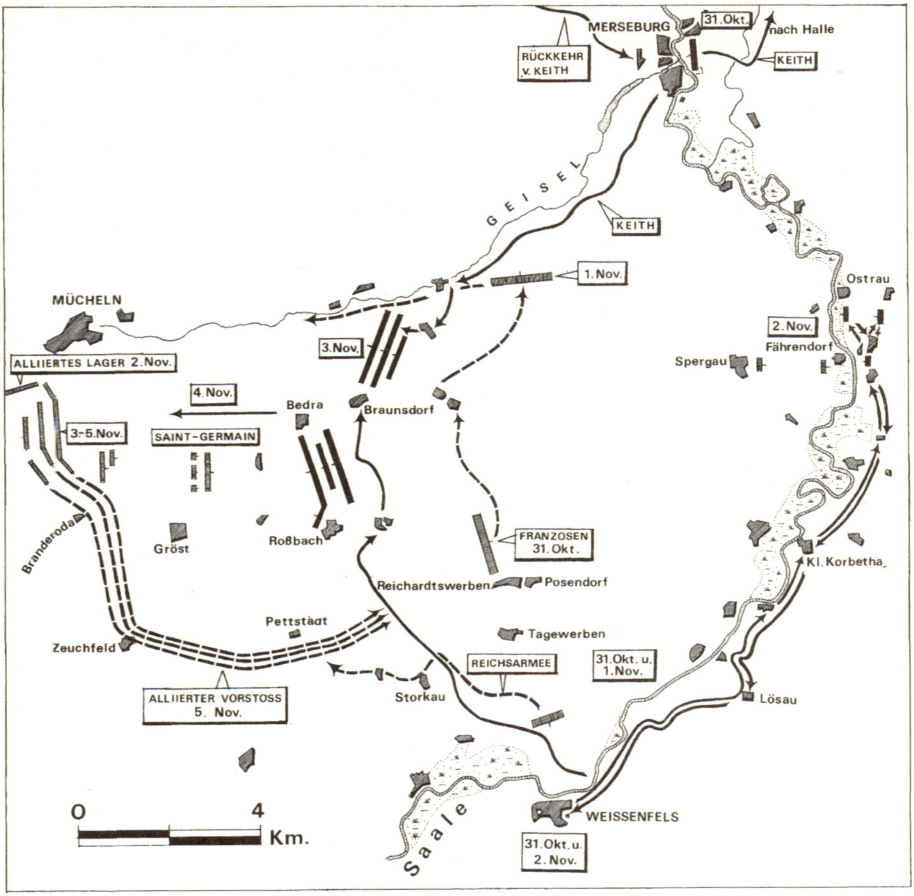

21 Vor Roßbach

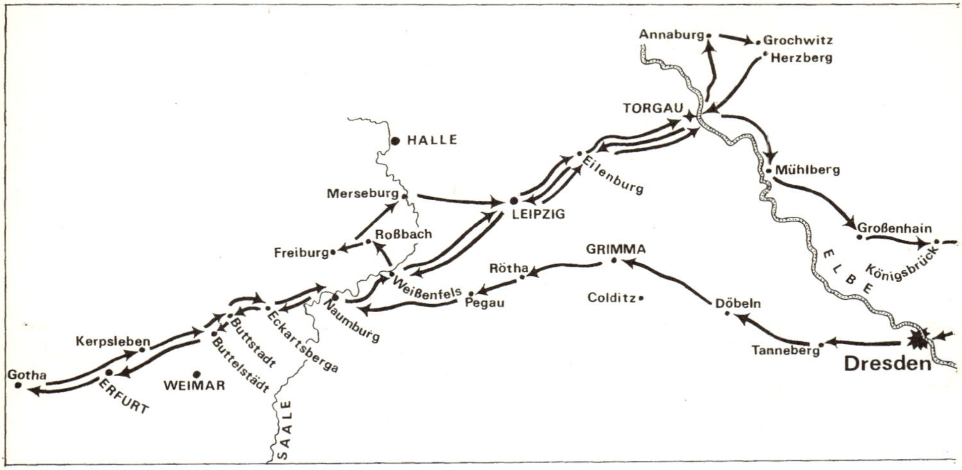

 Die Roßbach-Leuthen-Kampagne 1757

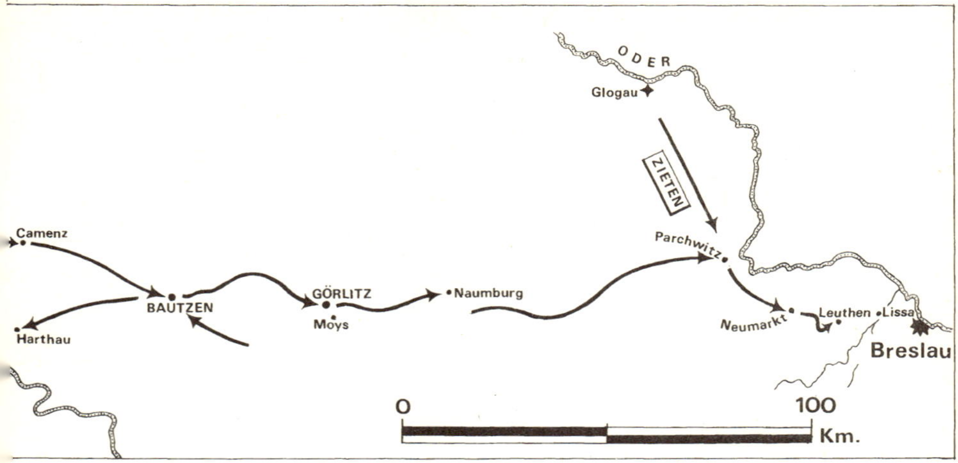

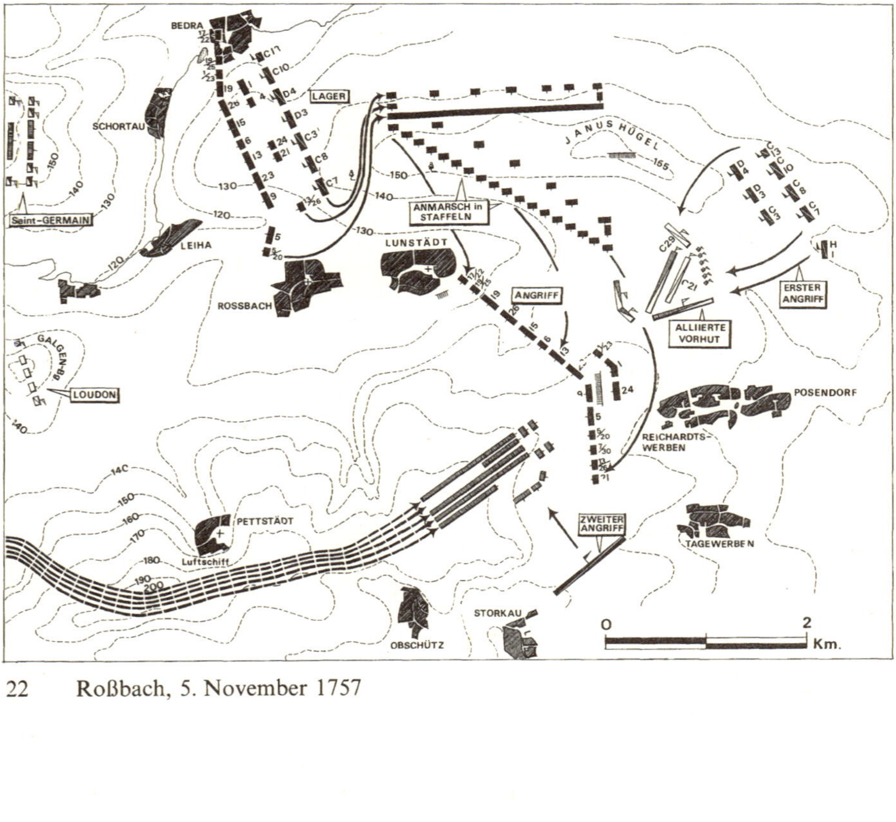

 Roßbach, 5. November 1757

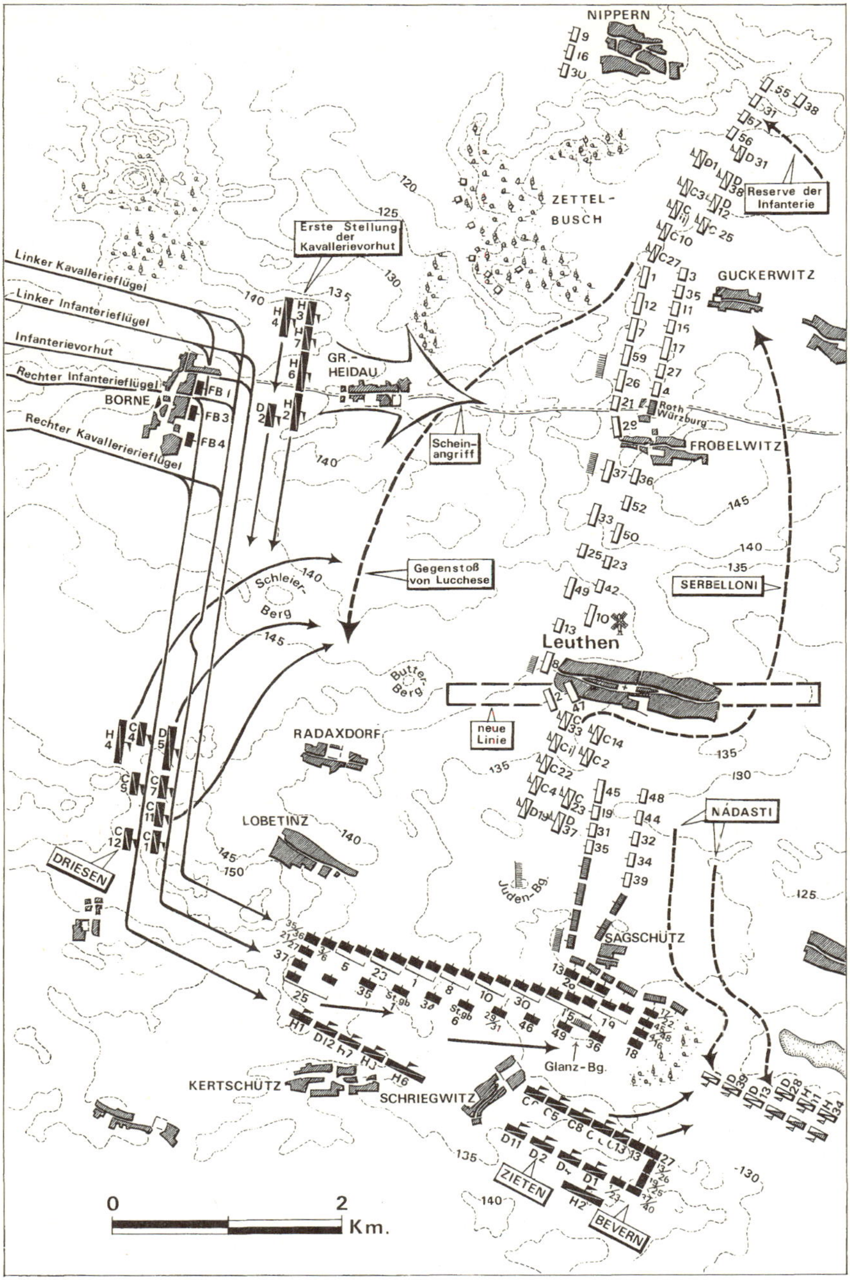

23 Leuthen, 5. Dezember 1757

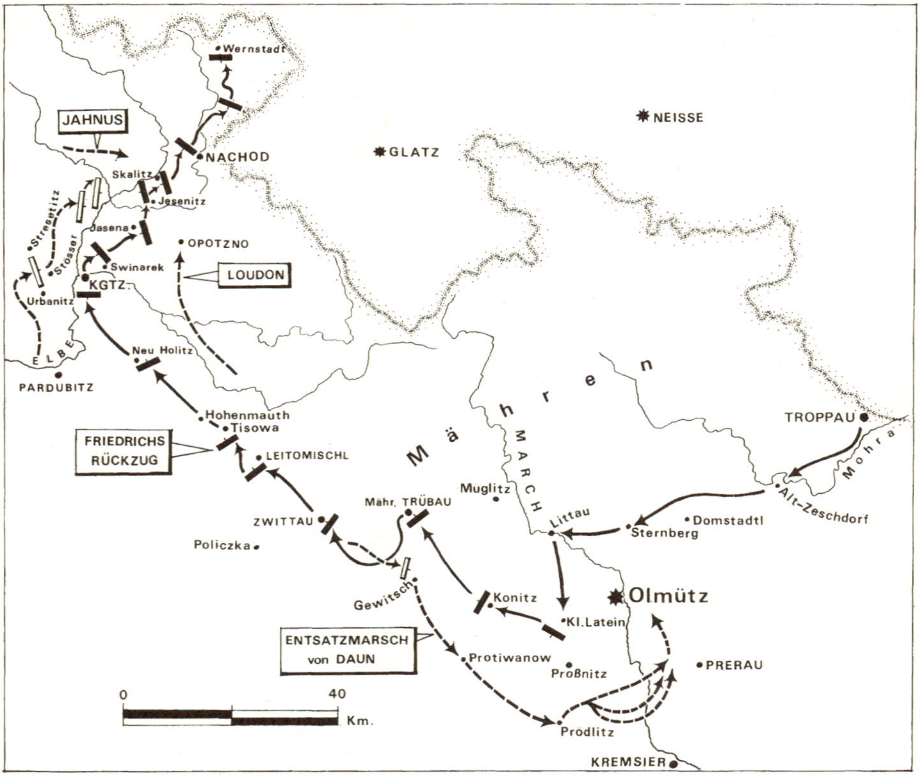

24 Mähren und nordöstliches Böhmen 1758

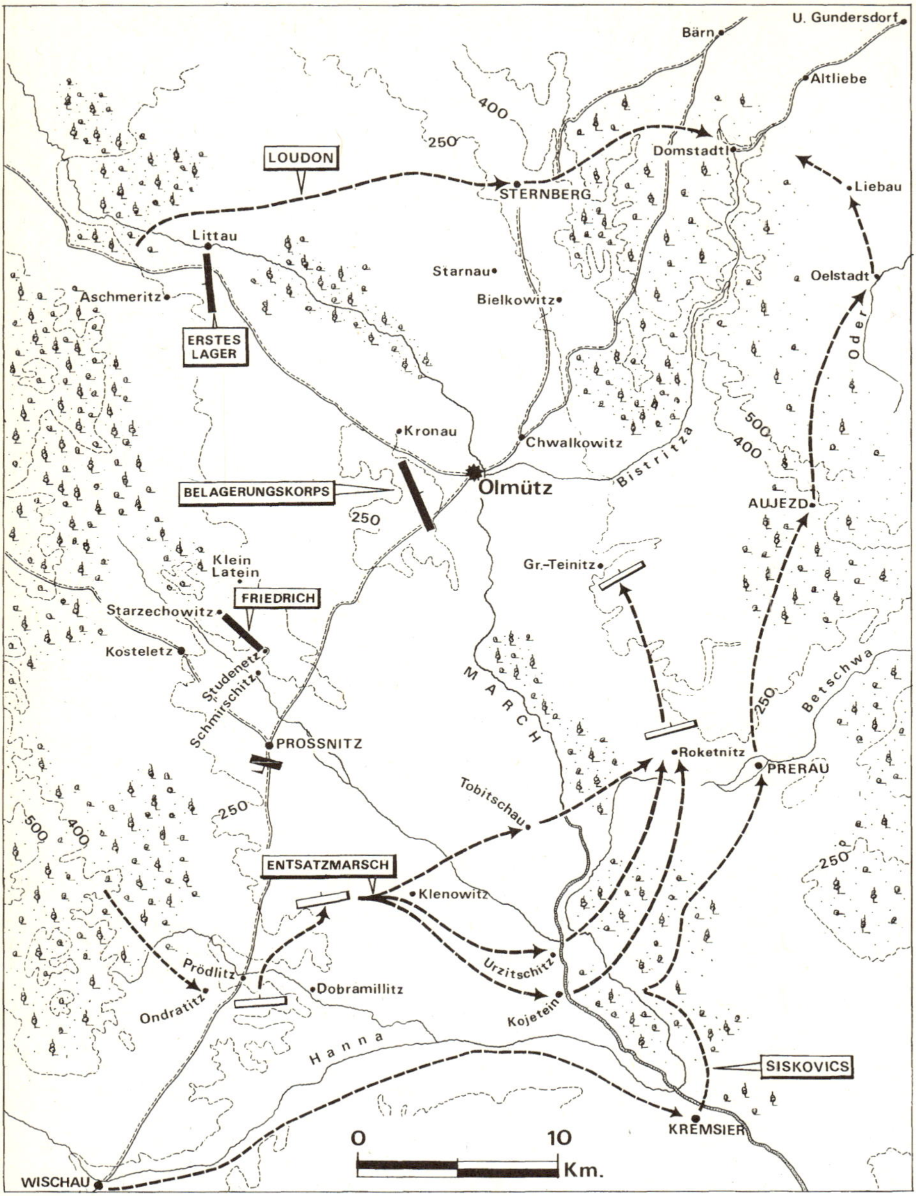

25 Die Kampagne von Olmütz 1758

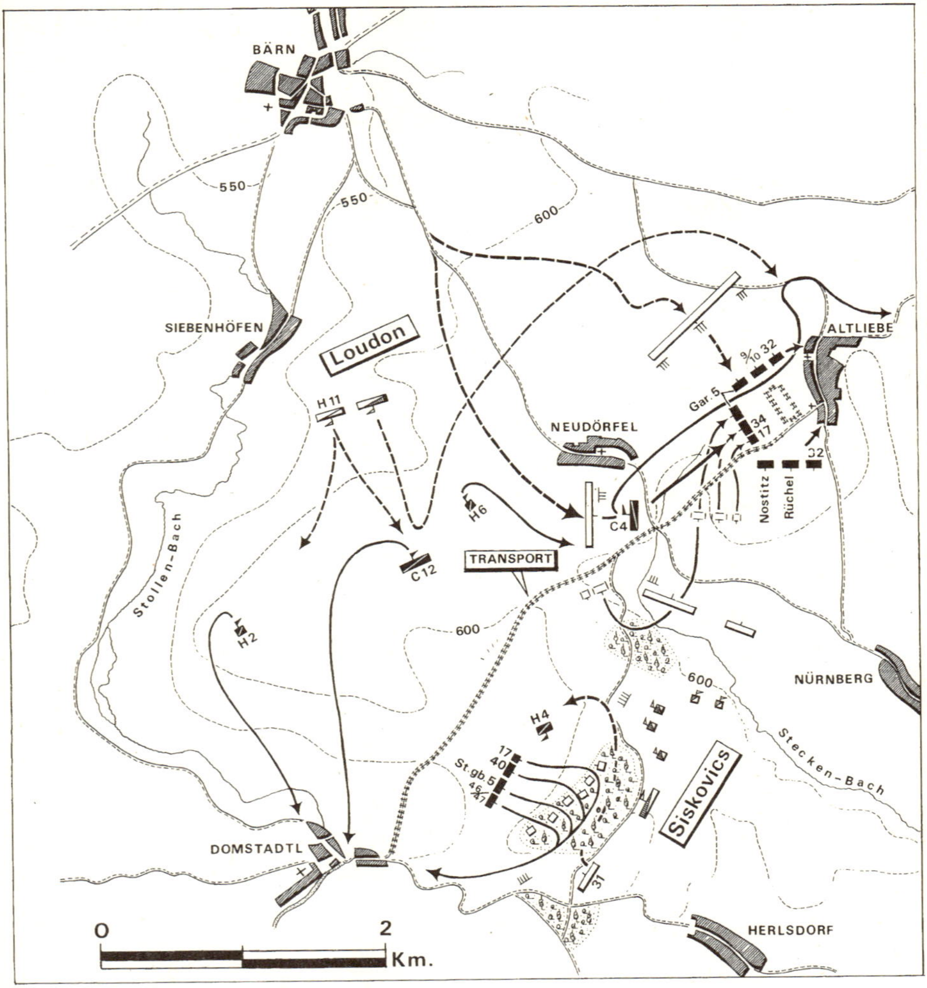

26 Domstädtl, 30. Juni 1758

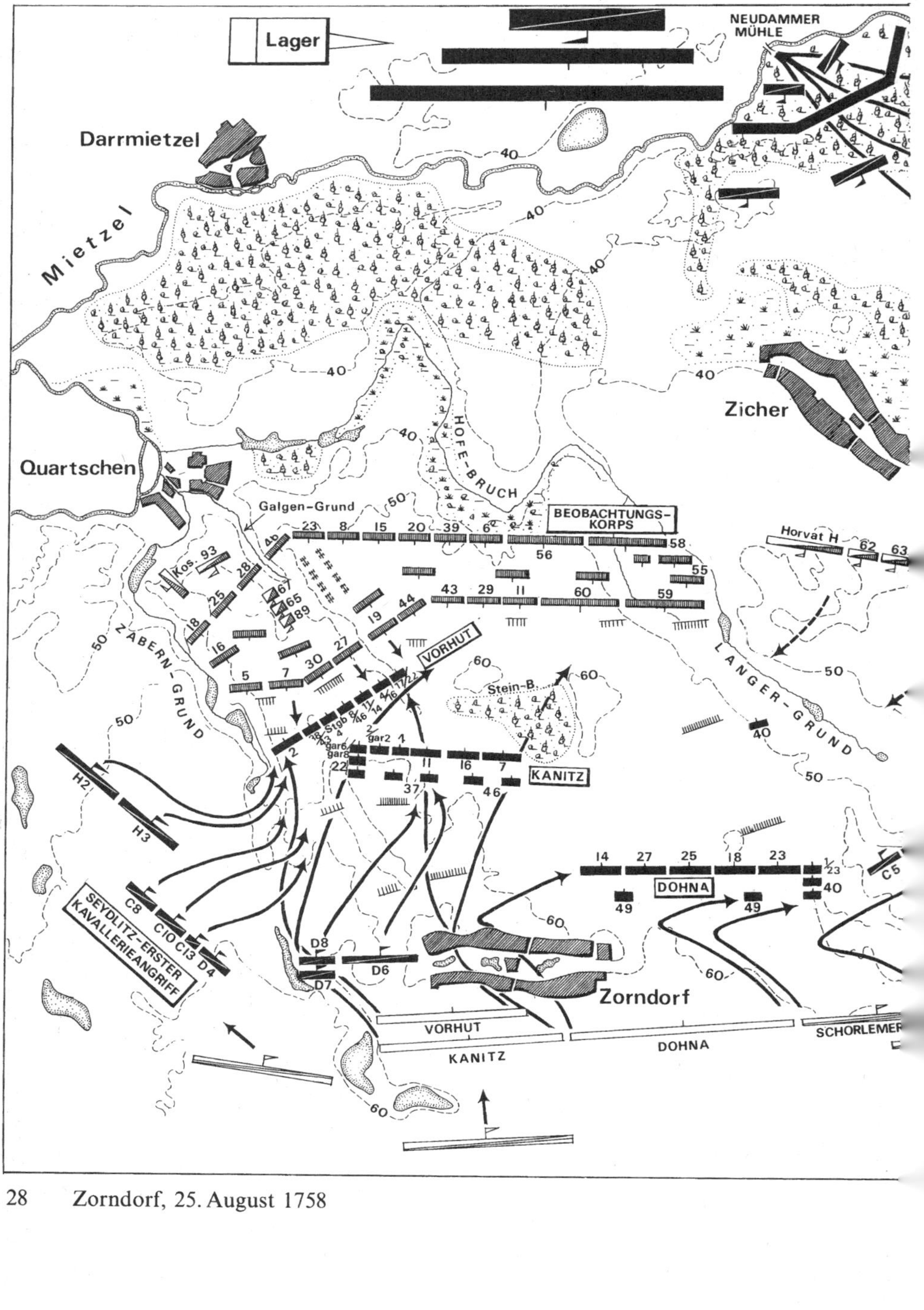

 Zorndorf, 25. August 1758

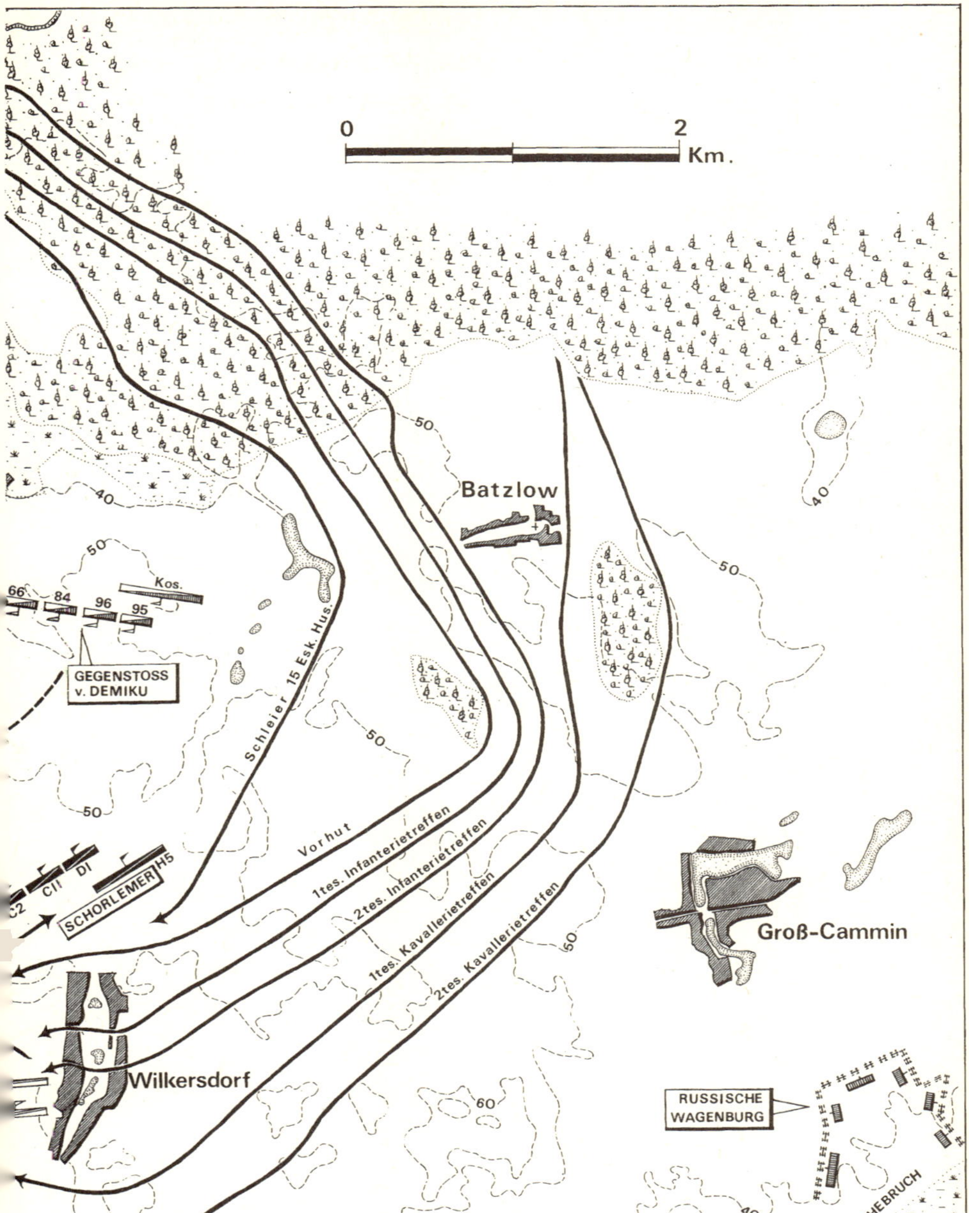
0
2
Km.
Batzlow
Groß-Cammin
Wilkersdorf
Kos.
66
84
96
95
GEGENSTOSS
v. DEMIKU
Schleier 15 Esk. Hus.
Vorhut
1tes. Infanterietreffen
2tes. Infanterietreffen
1tes. Kavallerietreffen
2tes. Kavallerietreffen
C2
CII
DI
H5
SCHORLEMER
RUSSISCHE
WAGENBURG
KL.-CAMMIN
WARTHEBRUCH
40
50
60

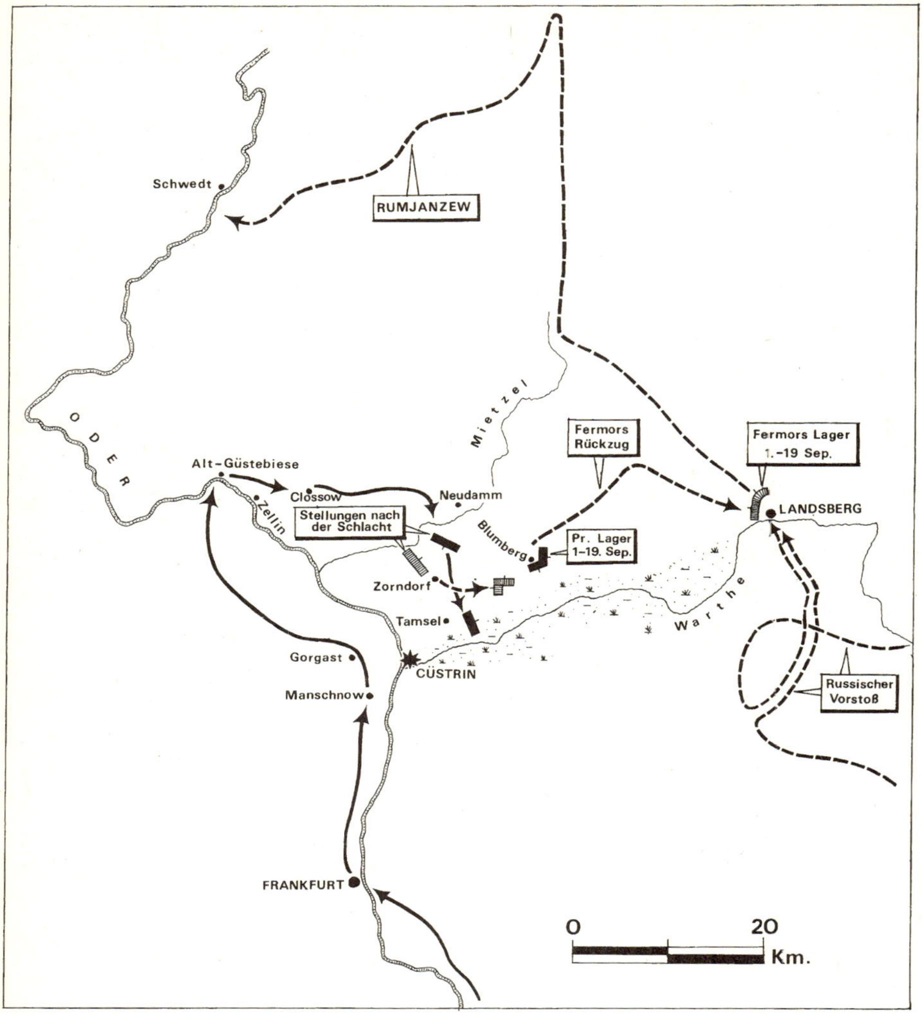

27 Die Kampagne von Zorndorf 1758

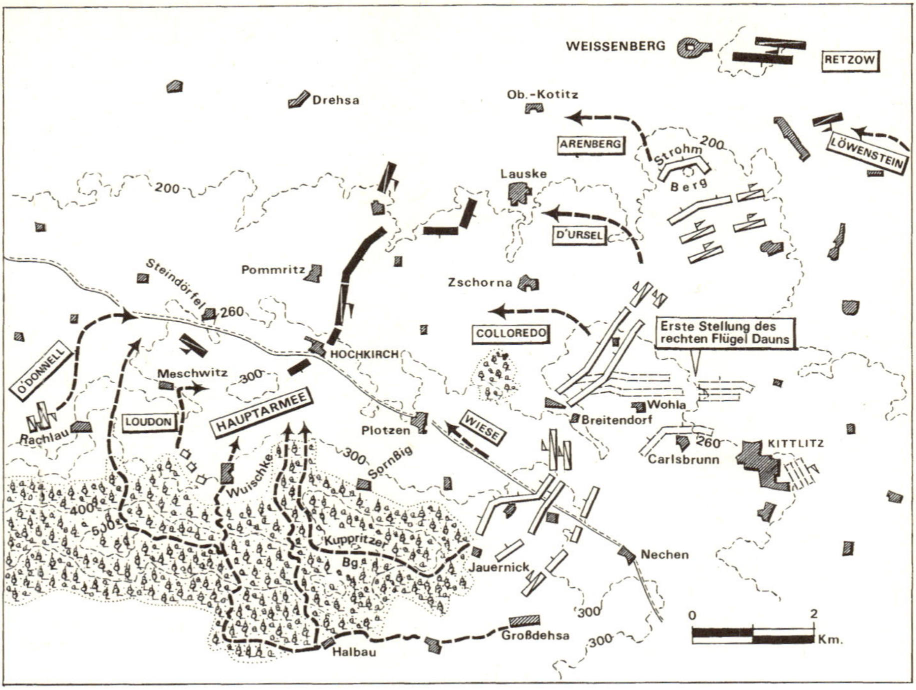

30 Vor Hochkirch

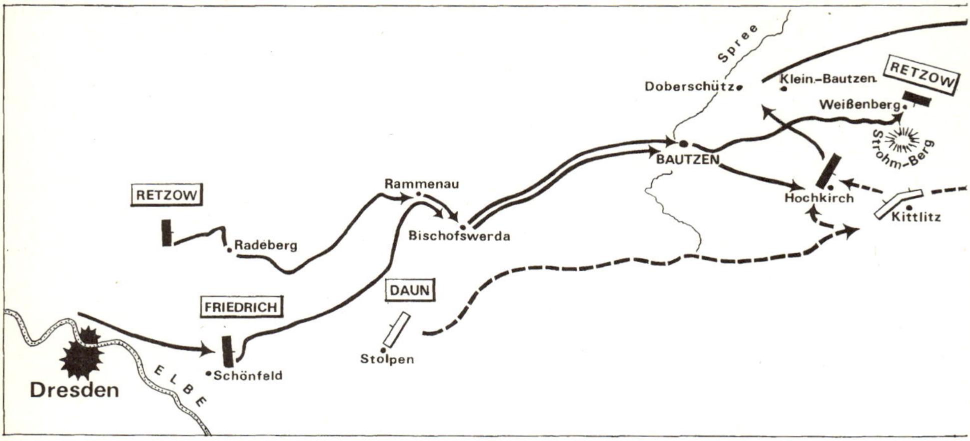

29 Die Kampagne von Hochkirch 1758

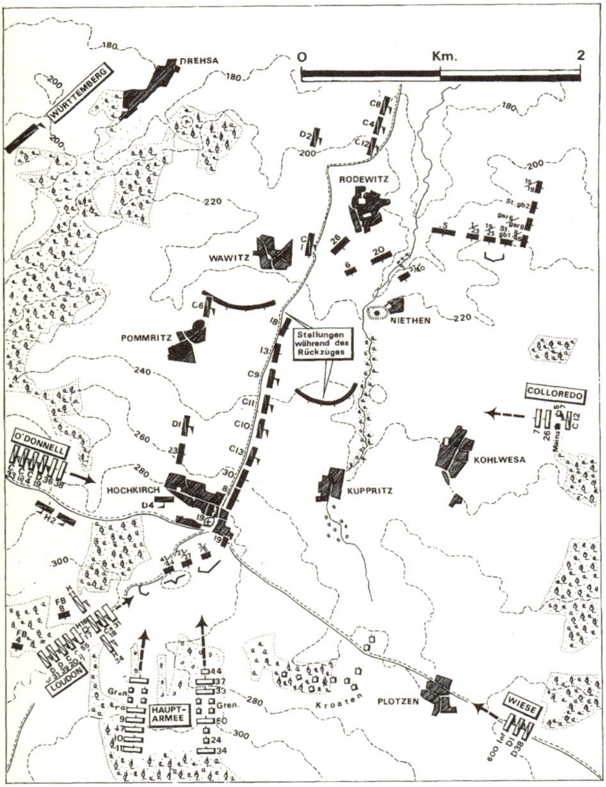

31 Hochkirch, 14. Oktober 1758

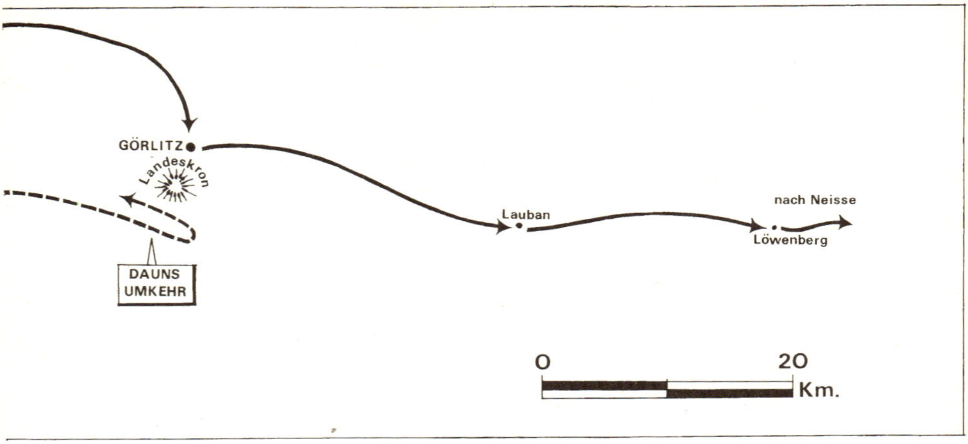

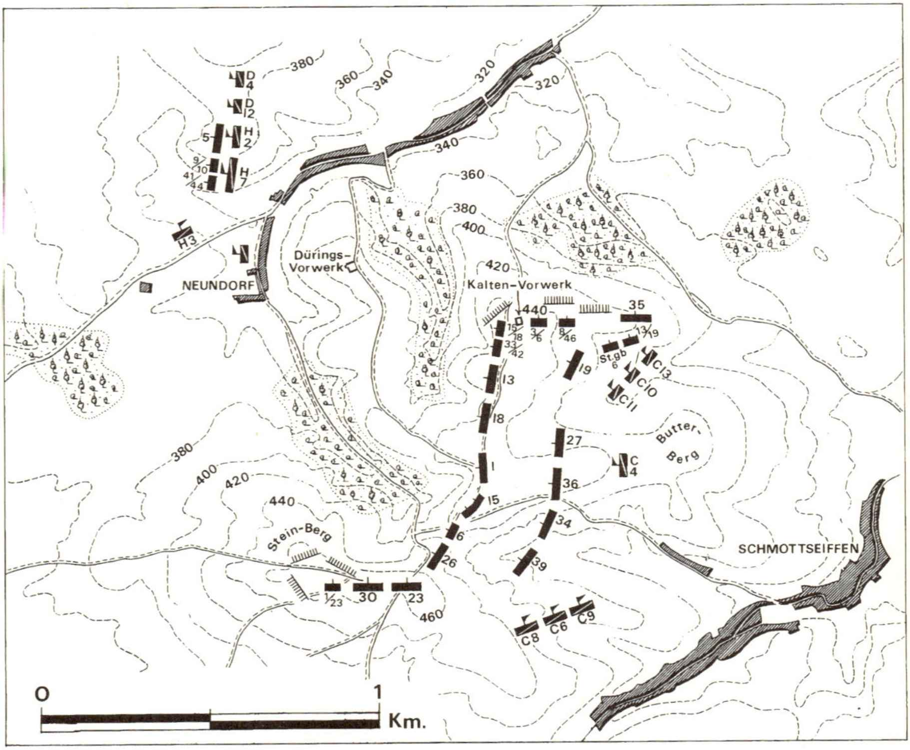

32 Das Lager von Schmottseiffen 1759

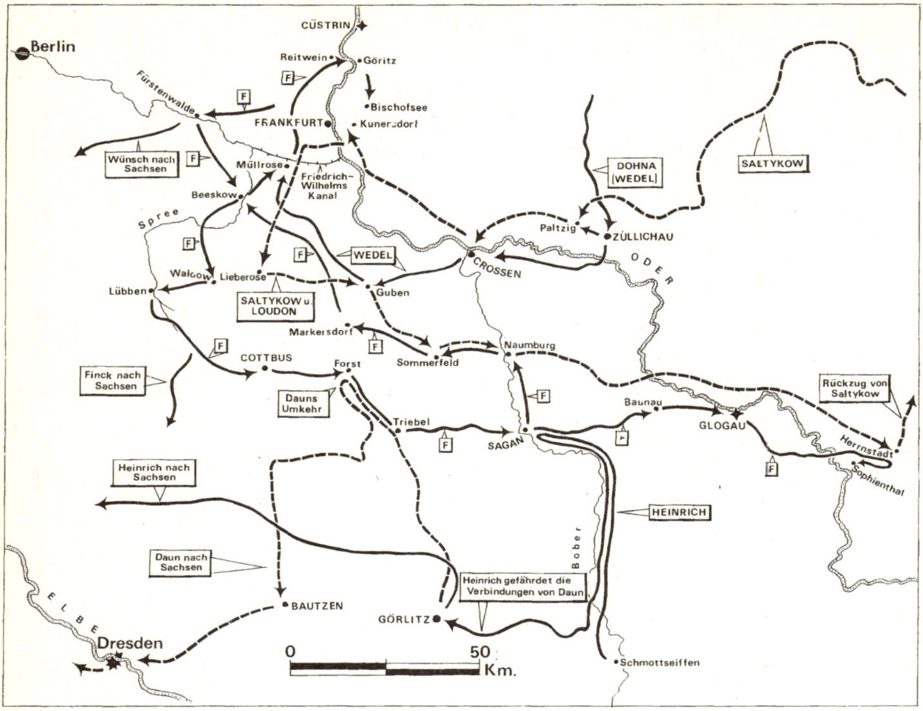

33 Die Kampagne von Kunersdorf 1759

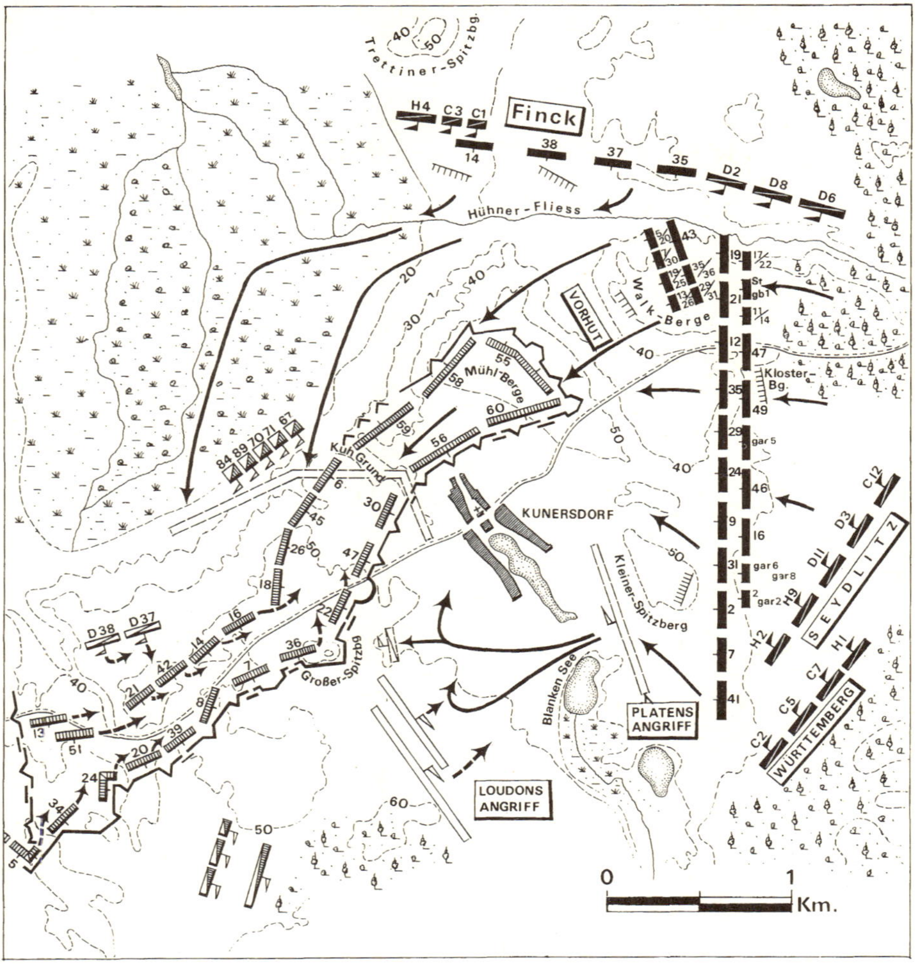

34 Kunersdorf, 12. August 1759

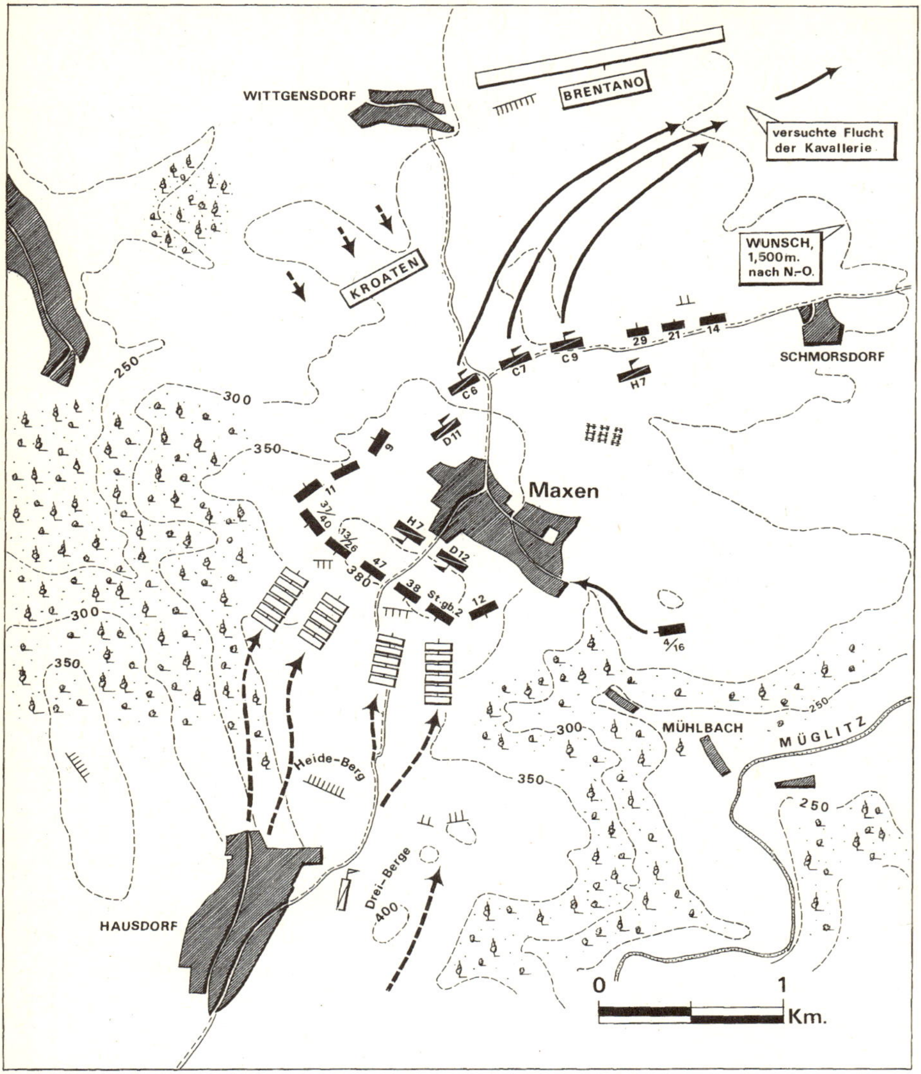

35 Maxen, 20. November 1759

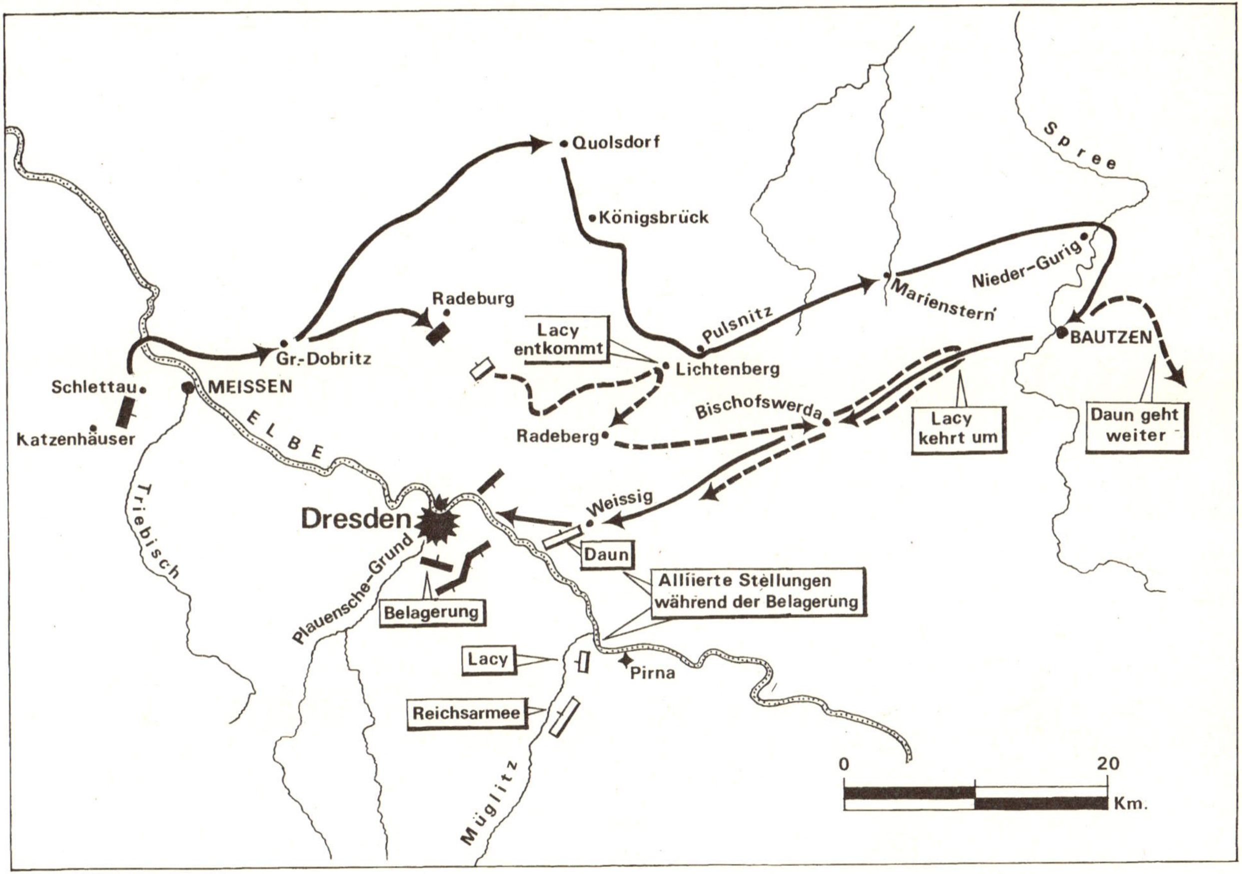

36 Sachsen, Juni/Juli 1760

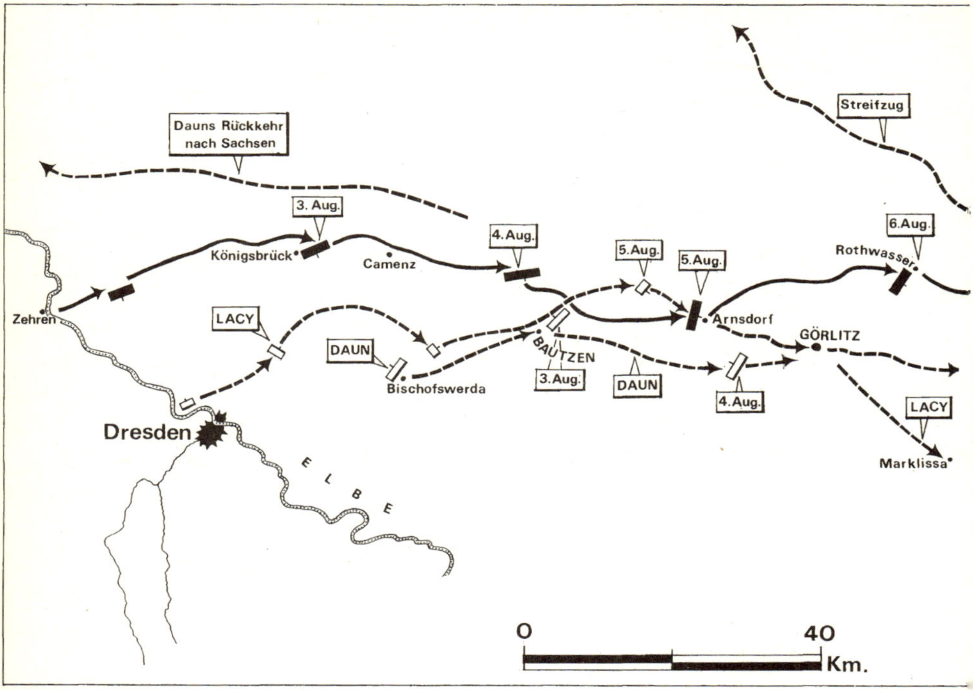

37 Die Kampagne von Liegnitz 1760

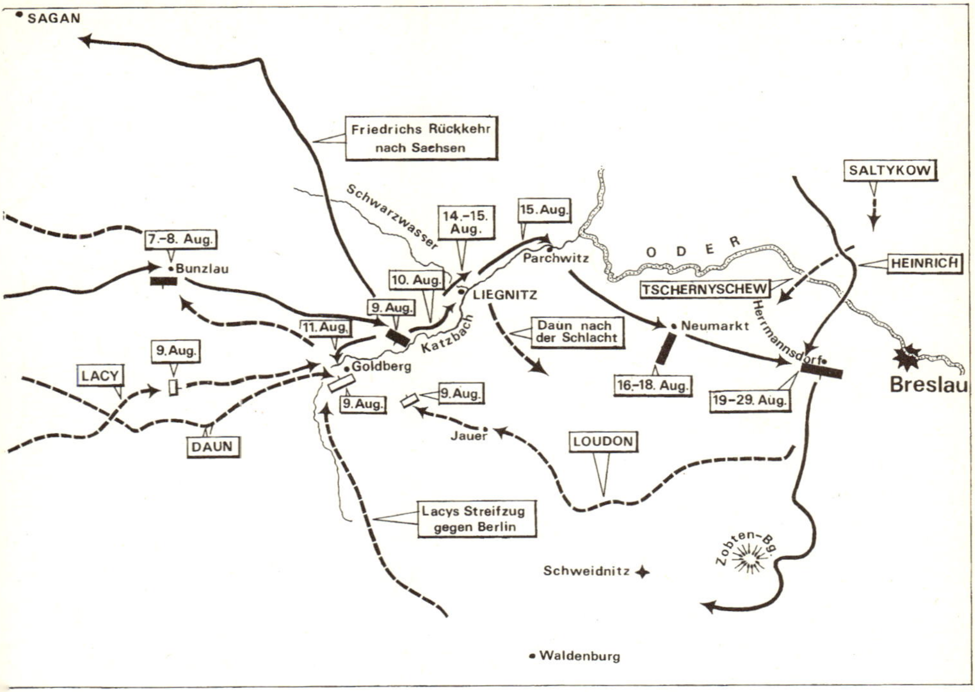
SAGAN
Friedrichs Rückkehr nach Sachsen
Schwarzwasser
14.-15. Aug.
15. Aug.
SALTYKOW
7.-8. Aug.
Bunzlau
10. Aug.
LIEGNITZ
Parchwitz
O D E R
HEINRICH
TSCHERNYSCHEW
9. Aug.
11. Aug.
Katzbach
Daun nach der Schlacht
Neumarkt
Herrmannsdorf
9. Aug.
LACY
Goldberg
9. Aug.
9. Aug.
16.-18. Aug.
19-29. Aug.
Breslau
Jauer
LOUDON
DAUN
Lacys Streifzug gegen Berlin
Zobten-Bg.
Schweidnitz
Waldenburg

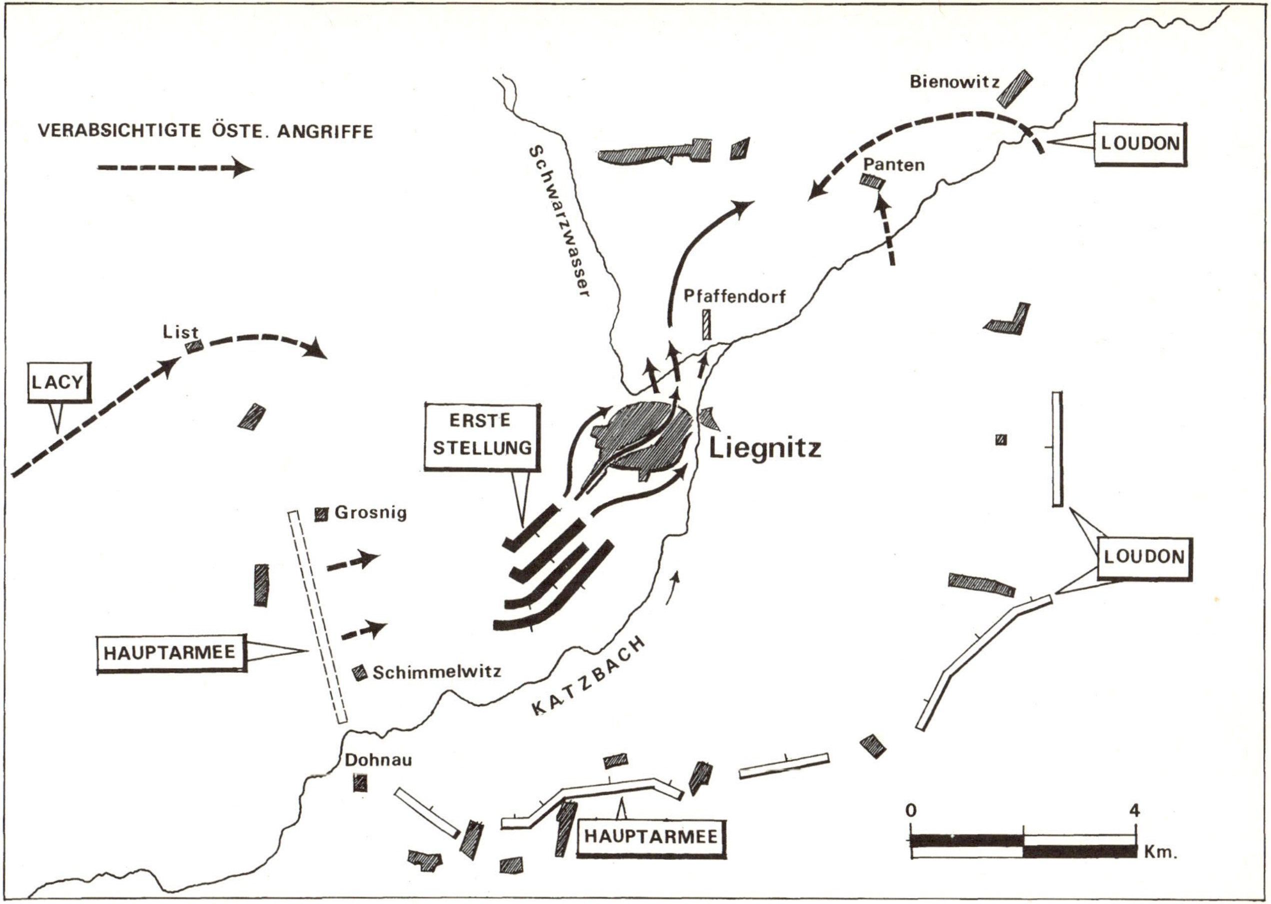

38 Liegnitz – Friedrich entkommt der Falle, 14./15. August 1760

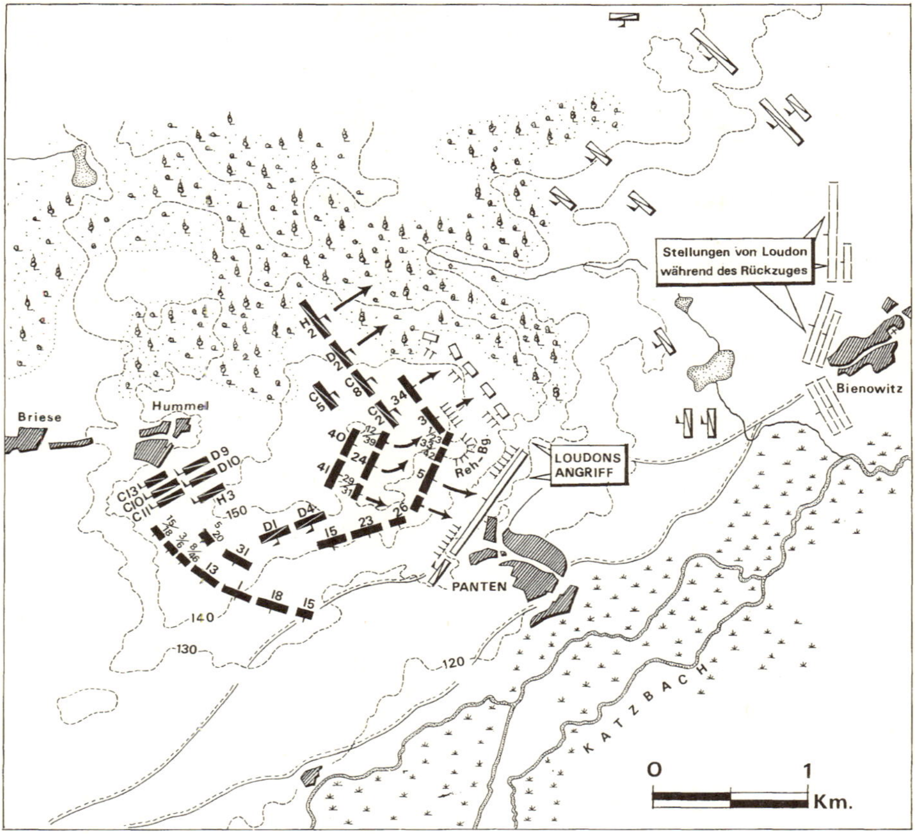

39 Liegnitz, 15. August 1760

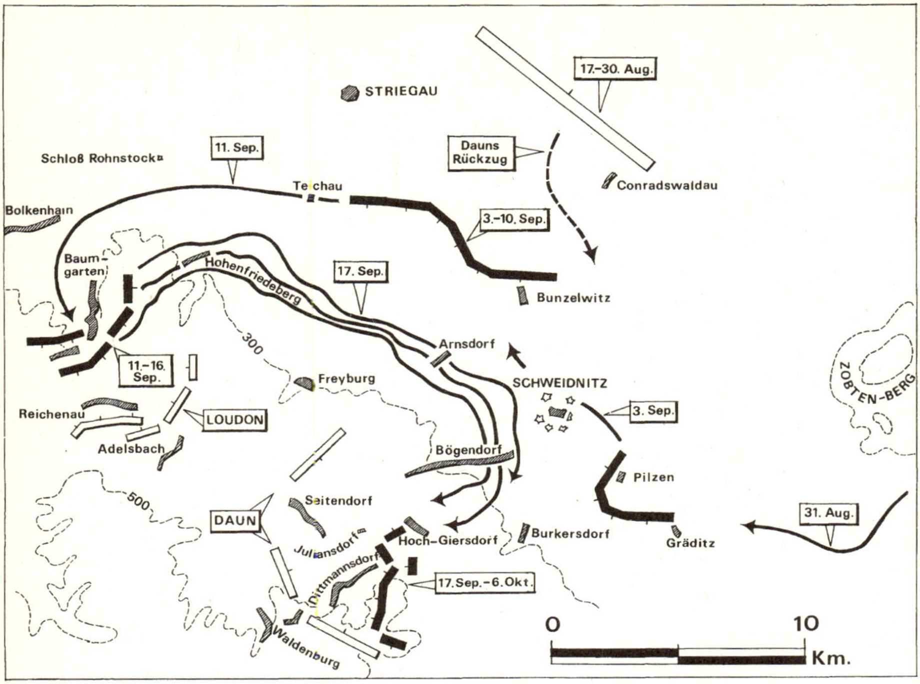

40 Das Waldenburger Gebirge, September/Oktober 1760

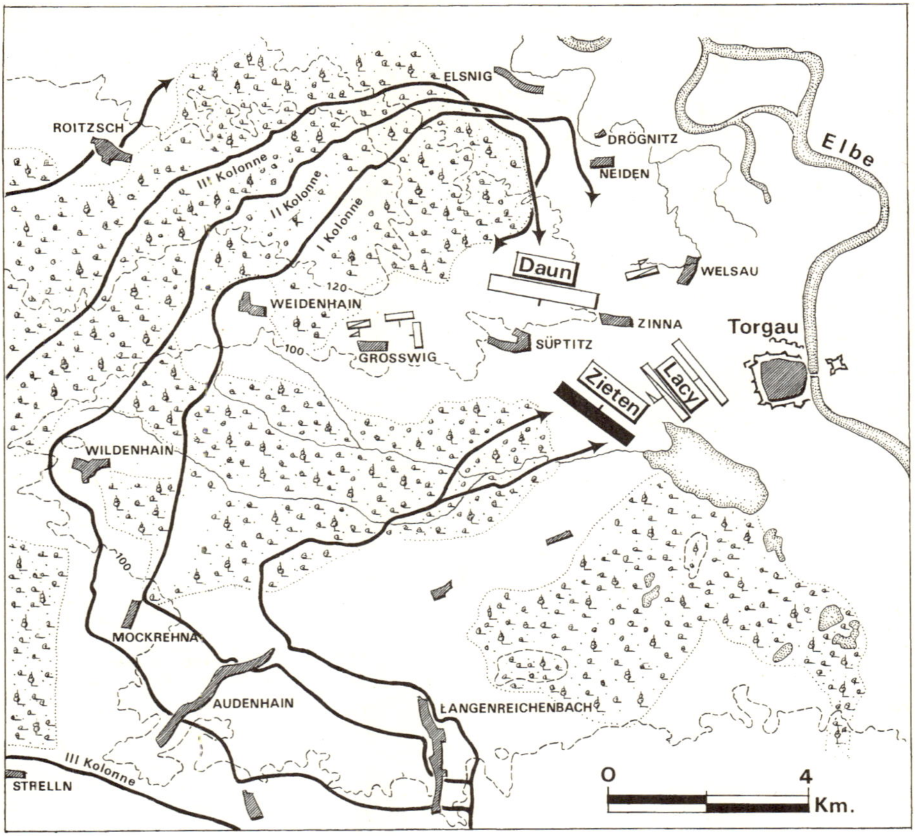

41 Torgau – Der Umgehungsvorstoß

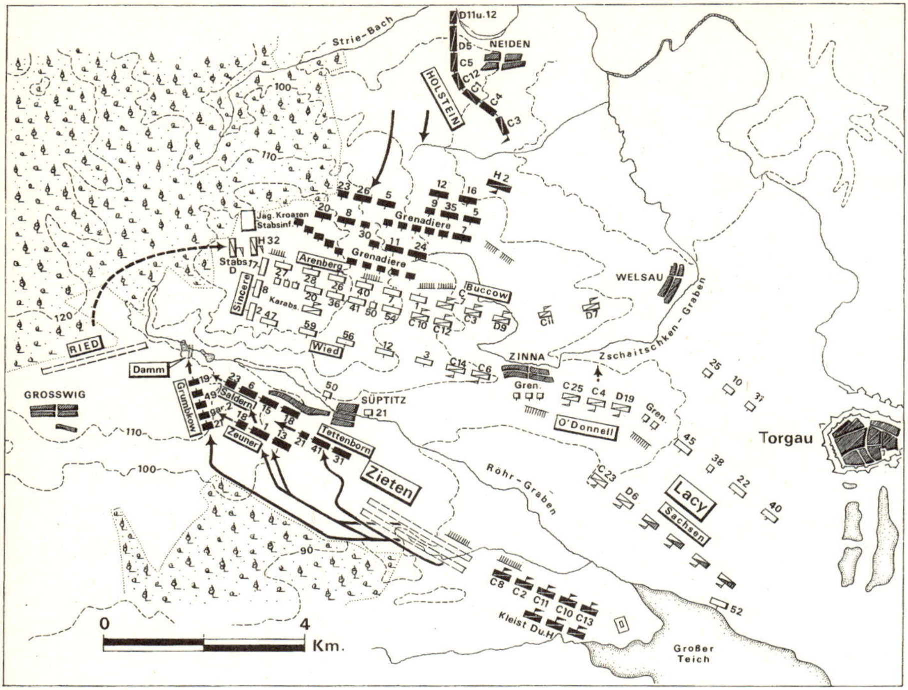

42 Torgau – 3. November 1760

43 Bunzelwitz und Umgebung 1761

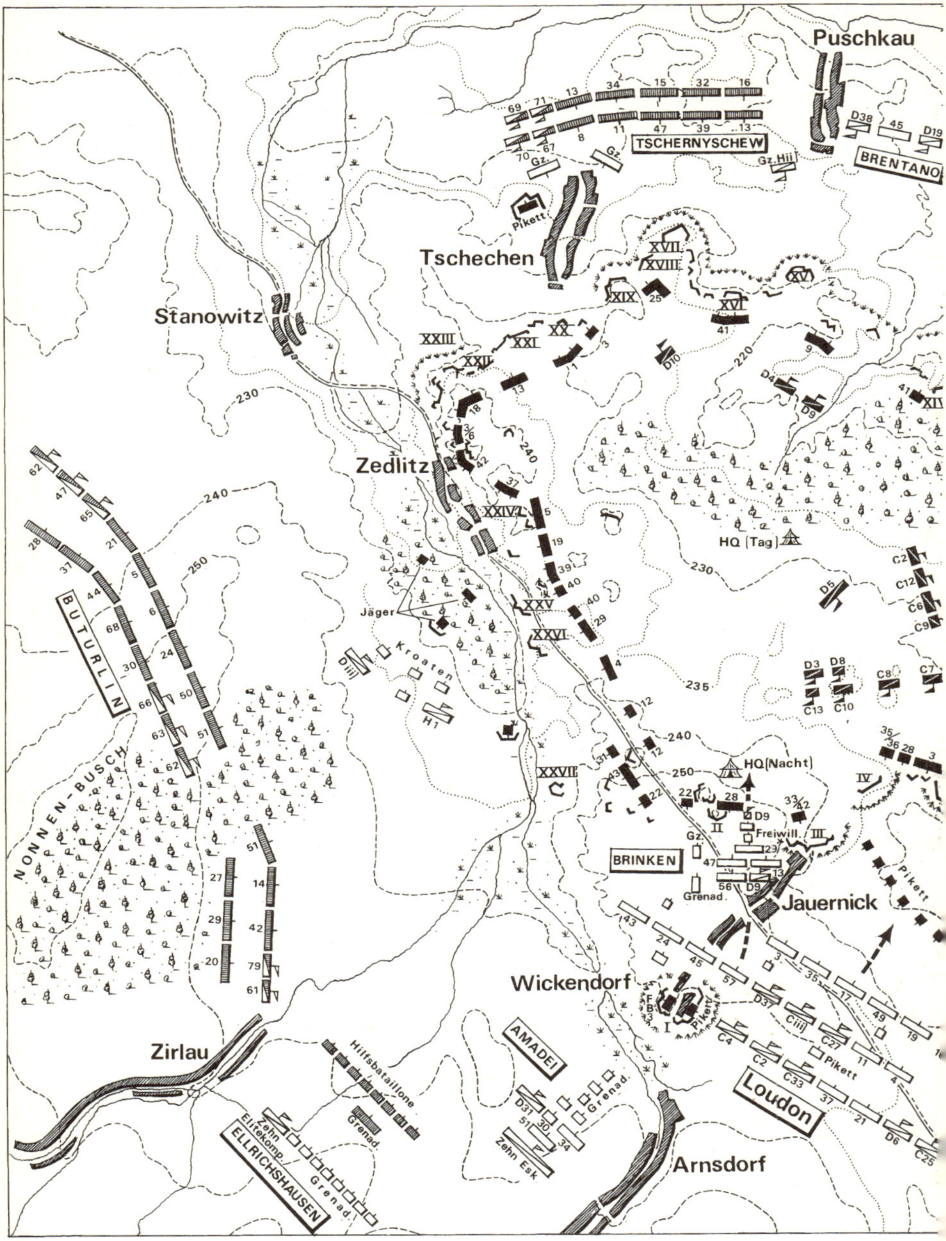

 Bunzelwitz – Der geplante Angriff der Verbündeten

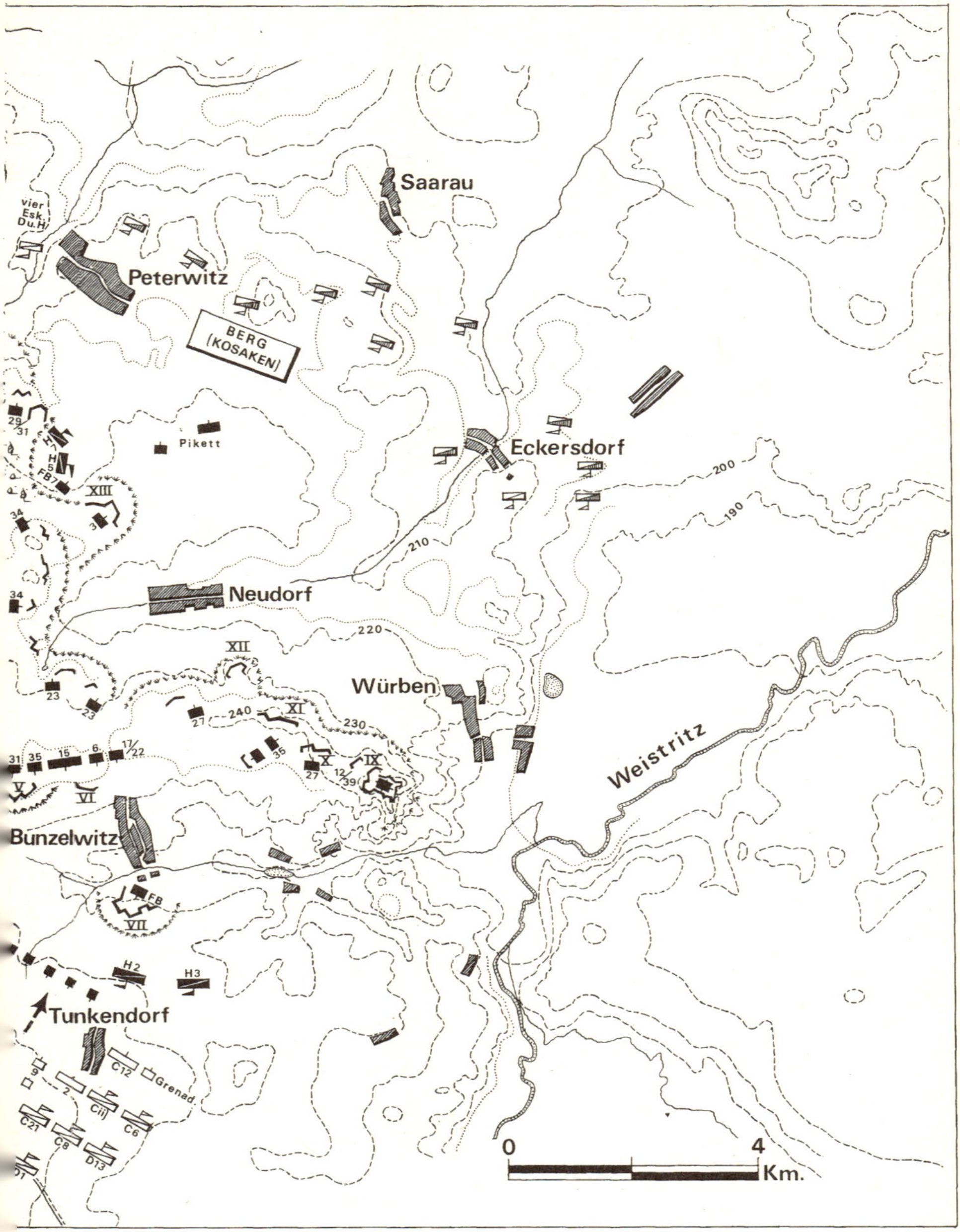
Saarau
vier Esk. Du.H.
Peterwitz
BERG (KOSAKEN)
Pikett
Eckersdorf
200
190
210
Neudorf
220
XIII
XII
XI
240
230
Würben
IX
X
Weistritz
V
VI
Bunzelwitz
FB
VII
H2
H3
Tunkendorf
C12
Grenad.
Cij
C6
C21
C8
D13
0
4
Km.

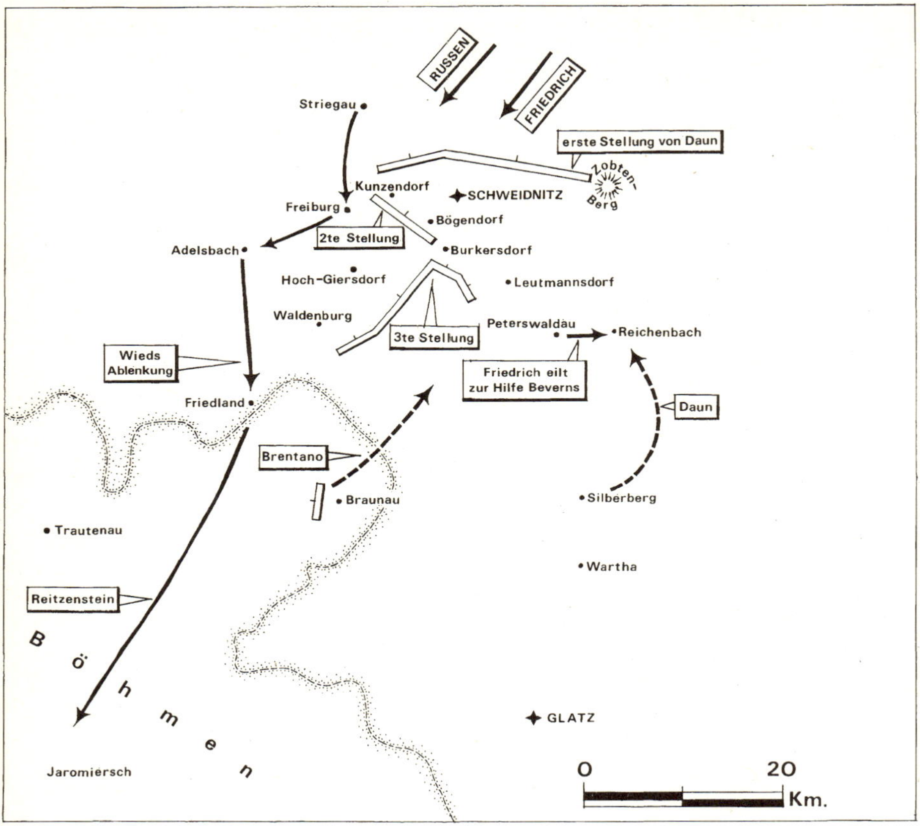

45 Die Feldzüge 1762

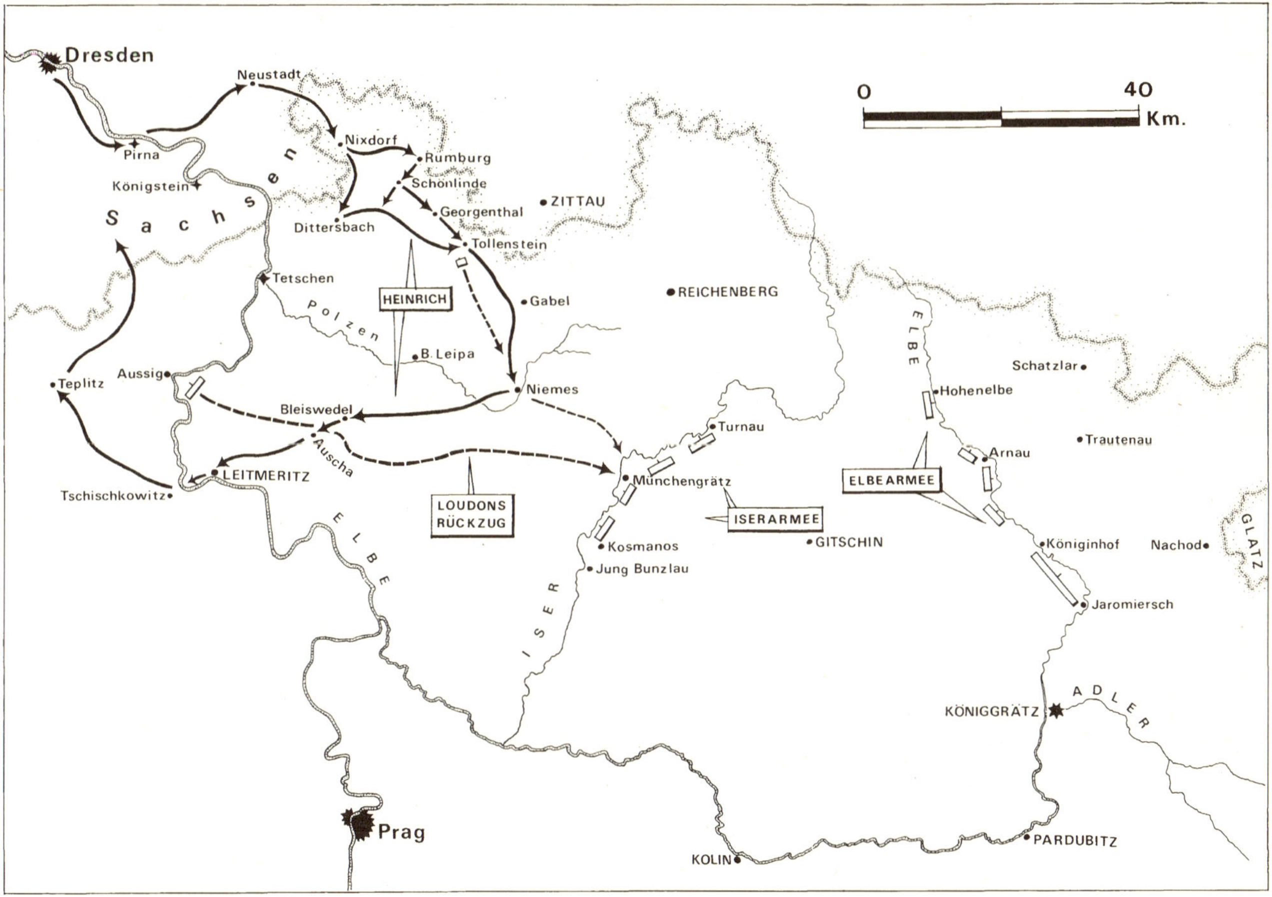
Dresden
Neustadt
Pirna
Königstein
Sachsen
Nixdorf
Rumburg
Schönlinde
Georgenthal
Dittersbach
Tollenstein
ZITTAU
Tetschen
HEINRICH
Polzen
Gabel
REICHENBERG
B. Leipa
Aussig
Teplitz
Niemes
Bleiswedel
Auscha
LEITMERITZ
Tschischkowitz
LOUDONS RÜCKZUG
ELBE
Turnau
Münchengrätz
ISERARMEE
Kosmanos
Jung Bunzlau
ISER
GITSCHIN
ELBEARMEE
Hohenelbe
Arnau
Schatzlar
Trautenau
Königinhof
Nachod
GLATZ
Jaromiersch
ADLER
KÖNIGGRÄTZ
PARDUBITZ
KOLIN
Prag
0
40
Km.

 Böhmen 1778

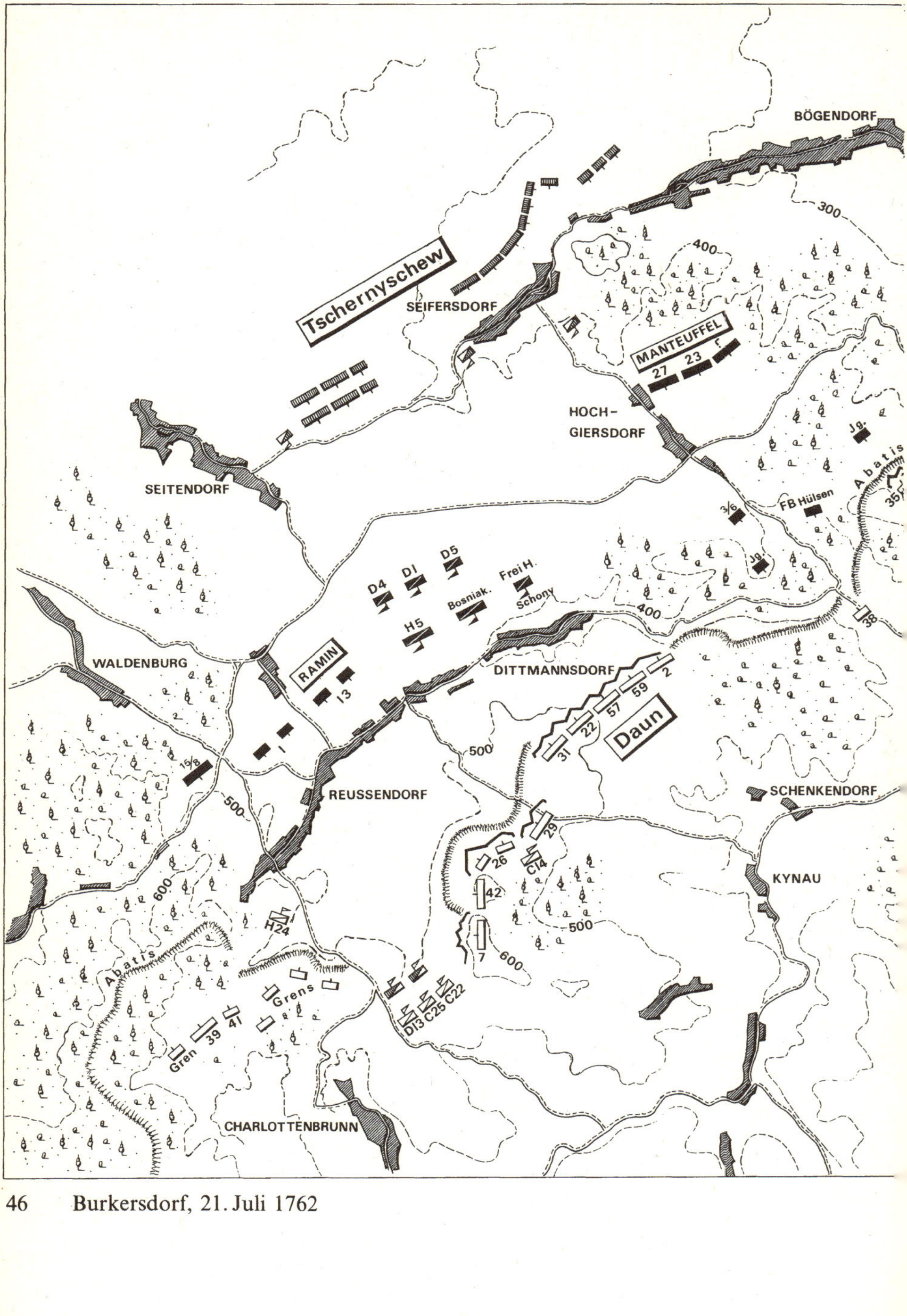

 Burkersdorf, 21. Juli 1762

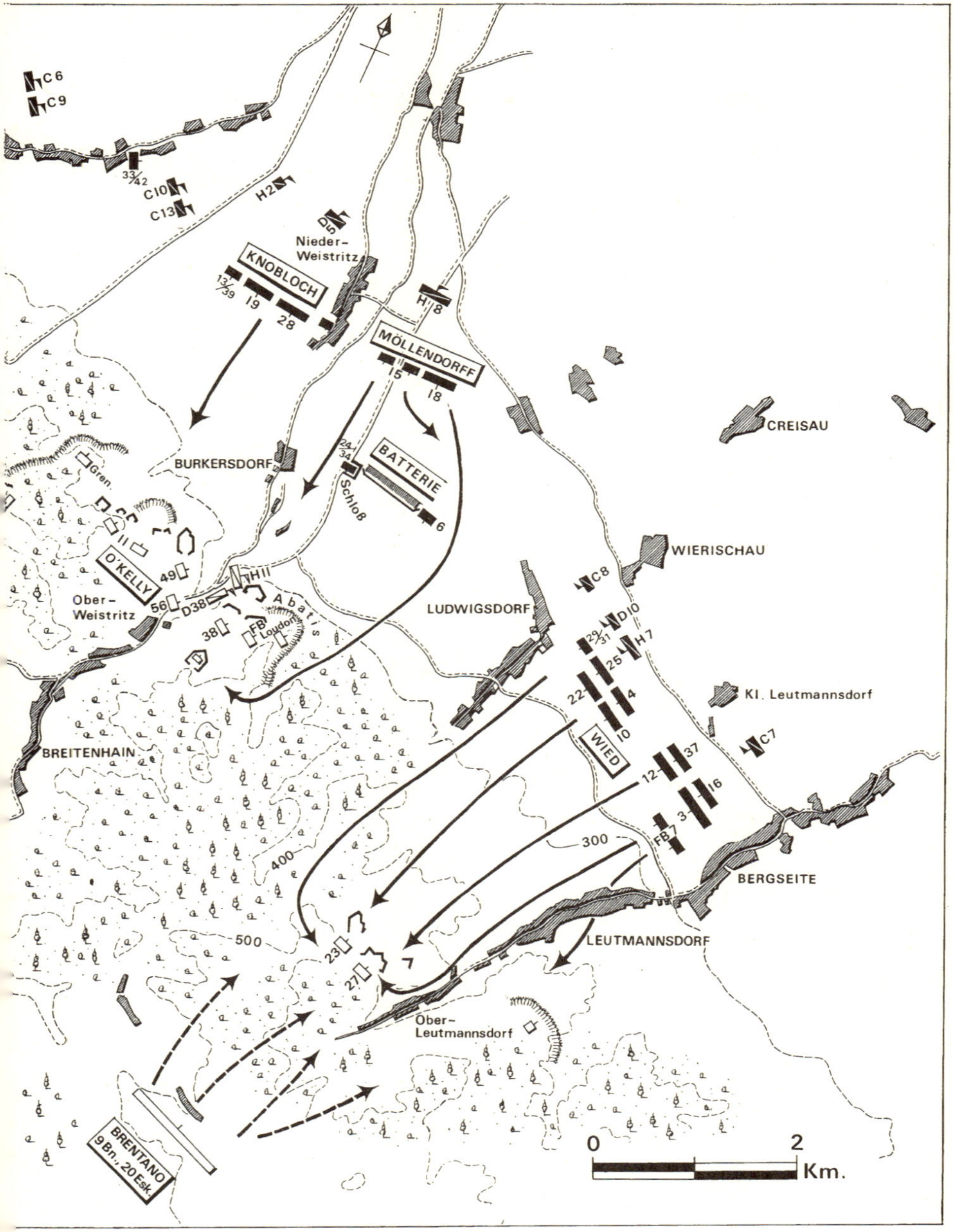
C6
C9
33/42
C10
C13
H2
D5
Nieder-Weistritz
KNOBLOCH
13/39
19
28
H 8
MÖLLENDORFF
15
18
CREISAU
BURKERSDORF
24/34
Schloß
BATTERIE
6
Gren
O'KELLY
49
H11
Ober-Weistritz
56
D38
38
FB
Loudon
Abatis
WIERISCHAU
C8
LUDWIGSDORF
D10
29/31
H7
25
22
4
Kl. Leutmannsdorf
10
WIED
C7
12
37
16
3
FB7
300
BREITENHAIN
400
BERGSEITE
500
23
LEUTMANNSDORF
27
Ober-Leutmannsdorf
BRENTANO
9 Bn., 20 Esk.
0
2
Km.

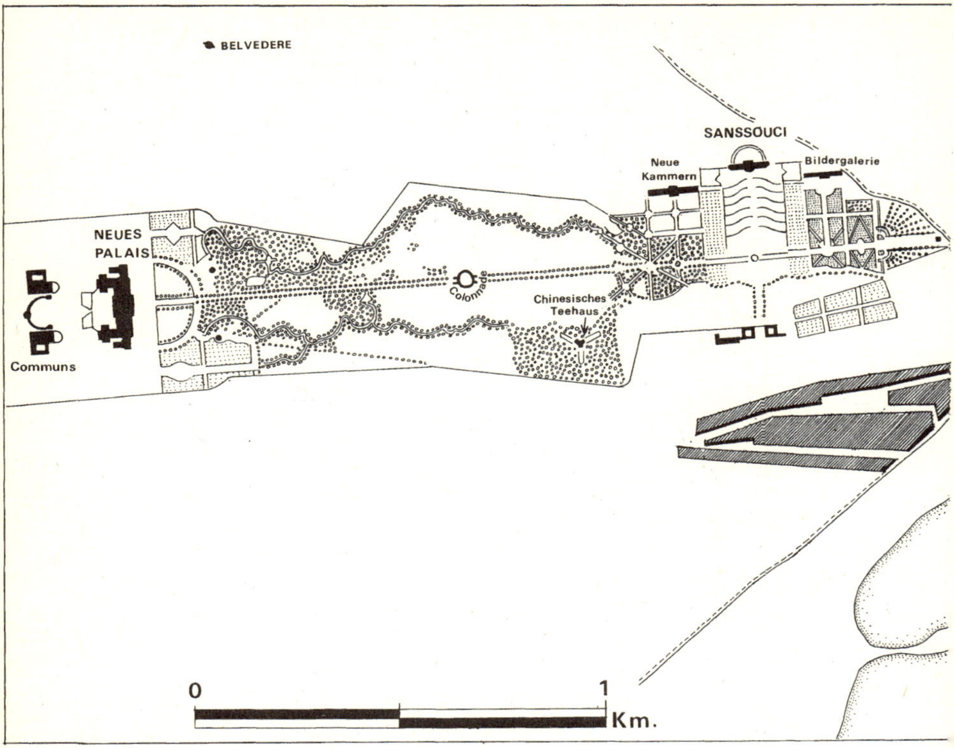

47 Das Friderizianische Potsdam

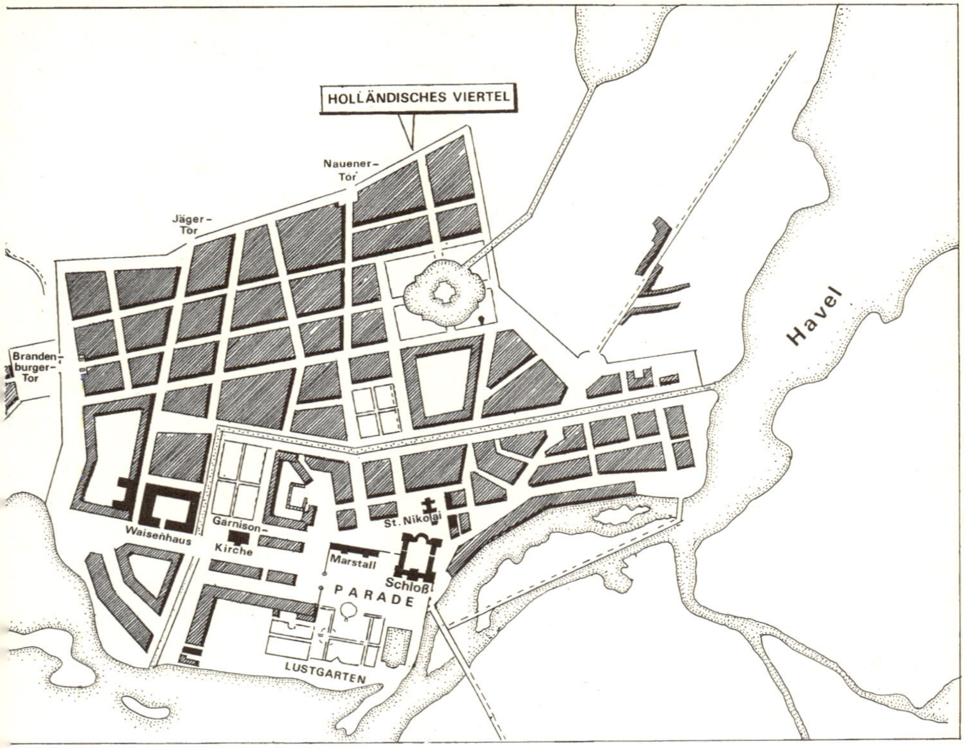
HOLLÄNDISCHES VIERTEL
Nauener-Tor
Jäger-Tor
Branden-burger-Tor
Havel
St. Nikolai
Waisenhaus
Garnison-Kirche
Marstall
Schloß
PARADE
LUSTGARTEN

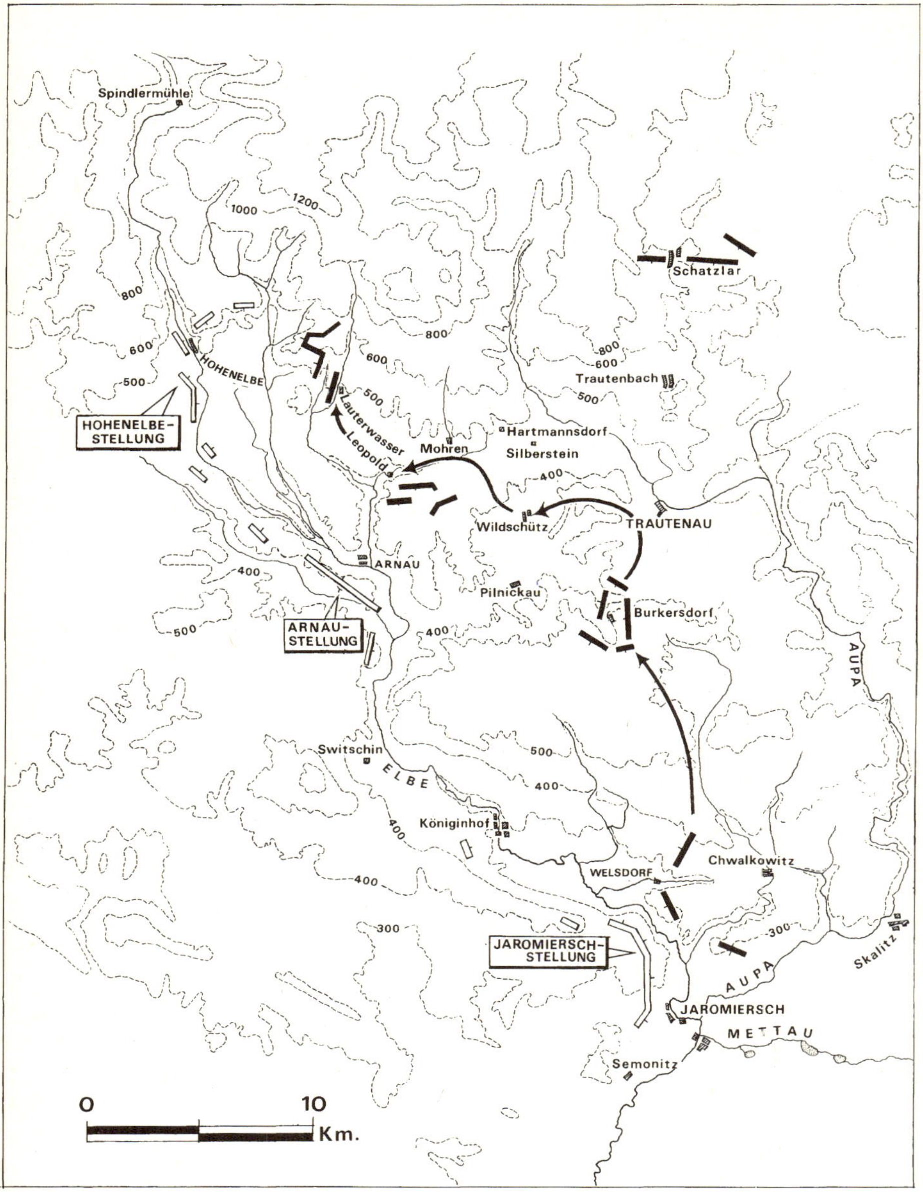

49 Friedrich an der Oberelbe 1778

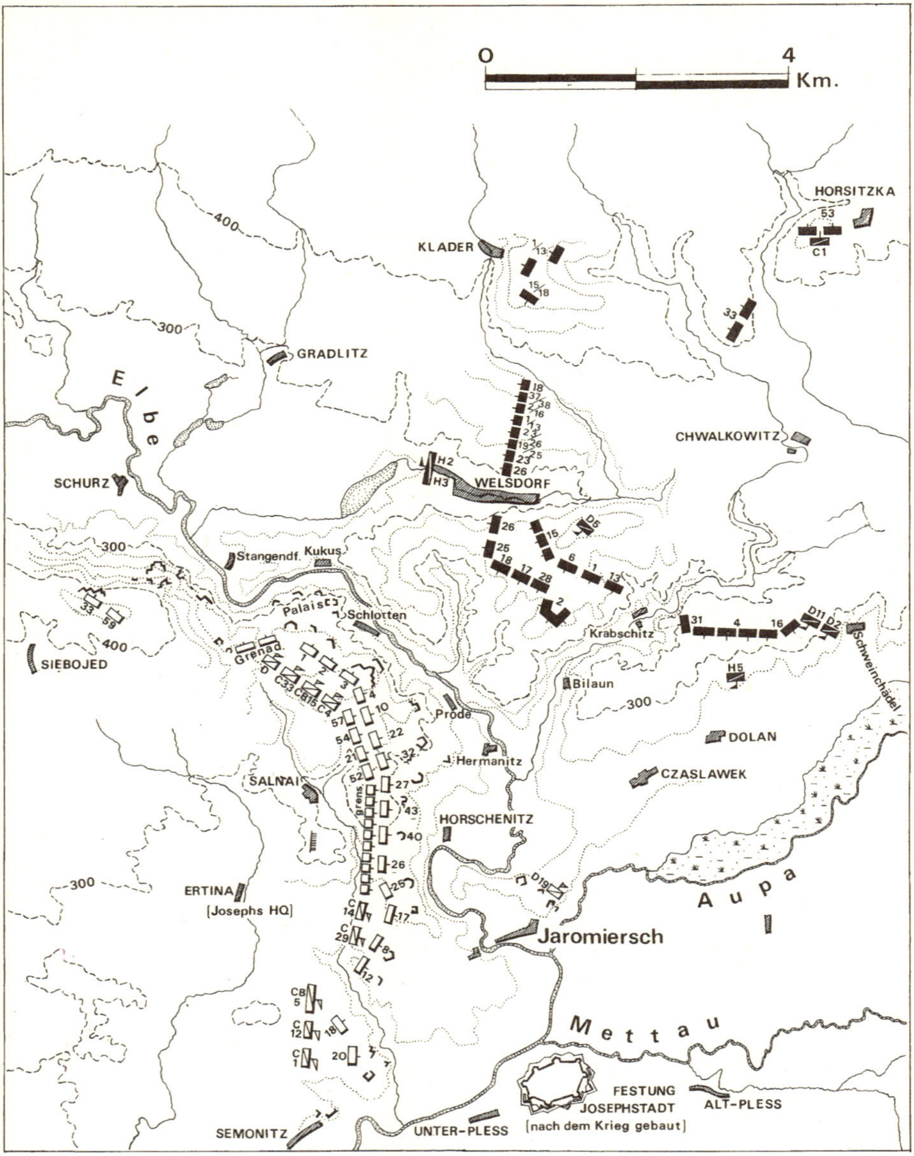

 Die Jaromiersch-Stellung 1778

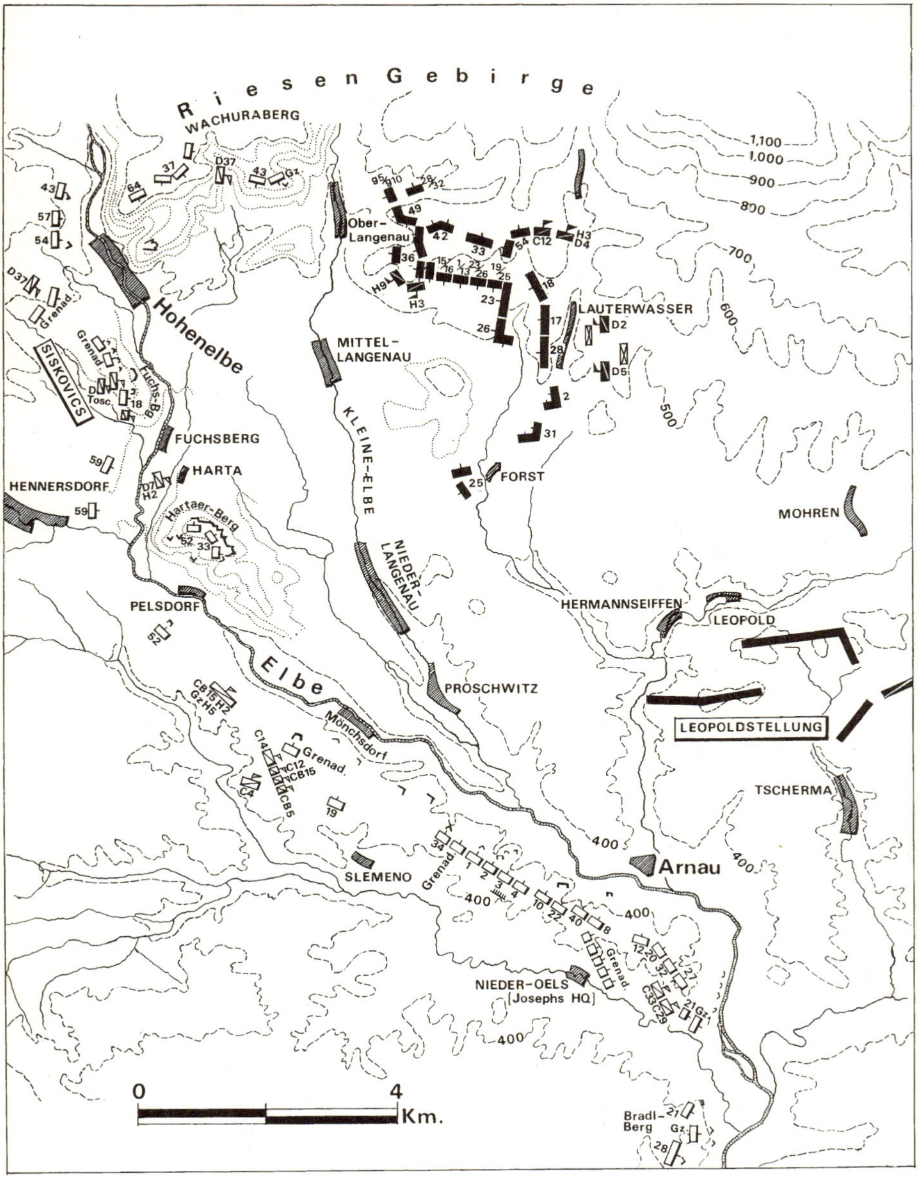

51 Die Hohenelbe-Arnau-Stellung 1778

Das Gros der russischen Armee marschierte am 25. August vor dem preußischen Lager auf, und die Österreicher erreichten dieses Gebiet am Tag darauf. Ihr Hauptheer kam in seiner Masse gegenüber dem Südabschnitt des Feldlagers bei Wickendorf zum Stehen, wie Friedrich fast mit Sicherheit erwartet hatte. Als Vorsichtsmaßnahme ließ er jetzt sein Hauptquartierzelt für die kommenden Nächte auf der Farbenhöhe aufschlagen, einer kleinen Erhebung westlich von Alt-Jauernick. Von hier oben konnte Friedrich, als die Sonne den Blick auf die Landschaft ringsum freizugeben begann, fast jedes Objekt von Bedeutung in meilenweitem Umkreis erkennen. Linker Hand schweifte das Auge des Königs über die sanft ansteigenden, langgestreckten Pyramiden der Zobtenkette, den zerklüfteten Würben in größerer Nähe und ganz im Vordergrund die leicht abfallende Ebene im Norden von Alt-Jauernick, die der im Inneren des Lagers gruppierten preußischen Kavallerie ein großartiges Operationsgebiet bot. Wenn er sich nach rechts wandte, hatte Friedrich den kastenförmigen Kirchturm von Alt-Jauernick, die Zwiebelkuppeln der Wickendorfer Kirche, weiter entfernt die Turmspitzen von Schweidnitz sowie dahinter am Horizont die blauen Massive des Glatzer Berglands und des Eulengebirges im Blick, die weiter nach rechts allmählich in die lange Wand des Riesengebirges übergingen. Ganz scharf rechts war die Kirchturmspitze von Hohenfriedberg auszumachen sowie, fast in Friedrichs Rücken, das Hügelland um Striegau, beides Markierungspunkte, die ihn daran erinnerten, wie oft er schon seine Armeen in diesen Teil der Welt geführt hatte.
Der König war fest davon überzeugt, daß die Alliierten ihn angreifen würden, und ebenso zuversichtlich, daß sie sich dabei eine blutige Nase holten. Sein Optimismus gründete sich auf die taktische Effizienz der Schanzen sowie nicht zuletzt auf den Standort des Lagers in nicht allzugroßer Entfernung von der Festung Schweidnitz mit ihren Magazinen. (PC 13153, 13156, 13160; Mitchell, 1850, II., 233)
Ein derartiger Sturmangriff stand tatsächlich im Lager der Verbündeten zur Diskussion. Laudons erste diesbezüglichen Vorschläge wurden am 27. und 29. August von den Russen verworfen, doch der österreichische Feldherr legte kurz darauf einen wohldurchdachten Schlachtplan für einen gemeinsamen Angriff der Truppen beider Länder, am 1. September, vor. Danach sollten sich zunächst im nordöstlichen oder «Peterwitzer» Abschnitt Bergs Kosakenkorps und russische Husaren in der Gegend um Saarau mit den Preußen Geplänkel liefern und gleichzeitig ein österreichisches Korps unter General Brentano (6 000 Mann) das Striegauer Wasser überschreiten, durch Puschkau marschieren und den Anschein erwecken, das Dorf Tsche-

chen angreifen zu wollen. Unterdessen würde sich die russische Hauptarmee auf einer gewaltigen Frontbreite zwischen Stanowitz und Zirlau zum Gefecht entfalten müssen, um die Aufmerksamkeit der im Südwestsektor ihres Lagers stehenden preußischen Verbände zu fesseln.

Der eigentliche Angriff würde – so sah es Laudons Konzept vor – von den Österreichern vorgetragen werden. Als Angriffspunkt hatte er den Frontvorsprung im Süden gewählt. Die Regimenter und Bataillone Maria Theresias sollten um 3.30 Uhr früh (Sonnenaufgang war um 5.16 Uhr) zum Sturm antreten, den eine aus zwei Kolonnen bestehende Vorausabteilung anführte. Es waren dies:

a) eine linker Hand operierende Kolonne von 6 000 Mann unter Generalmajor Amadei, die durch eine Armeereserve von 10 000 Mann, befehligt von Generalleutnant Ellrichshausen, unterstützt wurde, und
b) eine rechts vorstoßende, 7 000 Mann starke Kolonne, angeführt von Generalmajor Brinken.

Der ausgesuchte Abschnitt war ohne Zweifel der schwächste der preußischen Stellung, und die Österreicher wären, wenn sie sich erst einmal auf der Farbenhöhe hätten festsetzen können, ohne große Verluste imstande gewesen, die Südwest- und Südostfront des Verteidigungsgürtels aufzurollen, wobei ihnen in vollem Maße das Fehlen jeglicher preußischen Infanteriereserve sowie die Tatsache zugute gekommen wäre, daß die schweren Kanonen der Preußen, die nun in die falsche Richtung wiesen, nur unter Schwierigkeiten aus den Batterien hätten abgezogen werden können. Viel hätte von der Wirksamkeit des Überraschungsmoments bei Wickendorf und Jauernick abgehangen und auch vom Ausmaß, in dem sich die preußische Kavallerie von den Aufgeboten Bergs, Tschernyschews und Brentanos hätte durcheinanderbringen lassen. Graf Platen, der Kommandeur der preußischen Reitertruppen, ein Mann von großem Mut und Unternehmungsgeist, hätte aller Wahrscheinlichkeit sofort Gegenmaßnahmen gegen die Österreicher eingeleitet, ohne Befehle abzuwarten, doch wir sollten nicht den Einfluß von Generalmajor Ramin unterschätzen, eines zuverlässigen, aber sich an den Buchstaben seiner Anweisungen haltenden Offiziers, dem der unmittelbare Befehl über den «Peterwitz-Sektor» übertragen war und der möglicherweise durch die Täuschungsmanöver der Verbündeten vor seiner Front zu irritieren war.

All dies bleibt indes Gegenstand von bloßen Vermutungen. Die alli-

ierte Armee befand sich am Abend des 31. August bereits im Zustand höchster Erregung und erwartete stündlich den Angriffsbefehl. Da gab Buturlin plötzlich dem Drängen seiner Generale nach und zog seine Laudon gegebene Zustimmung zum Angriffsplan zurück. Friedrich, dem von Überläufern der 1. September als Datum für den Angriff des Gegners verraten worden war, der jedoch von Buturlins Weigerung nichts erfuhr, rechnete noch tagelang mit der Offensive der Verbündeten. Auge in Auge standen die Armeen, bis schließlich am 9. September der russische Feldmarschall sein Lager abbrach und, Versorgungsschwierigkeiten vorschützend, mit einem großen Teil seiner Verbände nach Polen abzog. Um seinen Abmarsch zu forcieren, entsandte Friedrich Generalmajor Platen mit einem Korps von rund 10 000 Reitern, das bei Breslau die Oder überschritt und einen erfolgreichen Raid gegen die russischen Magazine in Westpolen, namentlich die großen Depots in Kobylin und Posen, unternahm, große Beute an Wagen und Kanonen machte und die Vorräte der Moskowiter in Flammen aufgehen ließ.
Marschall Buturlin rückte in Eilmärschen nach seinem Oder-Übergang am 14. September in Richtung Posen ab. Ein Drittel seiner Infanterie hatte er unter österreichischem Kommando zurückgelassen, was bedeutete, daß Laudon eine ansehnliche Streitmacht von über 80 000 Soldaten befehligte, die auf den Berghängen am Südrand der schlesischen Tiefebene in Stellung lag. Zwar hatte Friedrich inzwischen eine nicht sehr günstige Meinung von Laudons Feldherrentalent gewonnen, ging aber trotzdem auf Nummer Sicher, zumal sein Schweidnitzer Magazin beinahe leer war, und entschloß sich, die Armee mehr in die Nähe der Festung Neisse zu verlegen, wo ausreichend Lebensmittel und Fourage vorhanden waren. Am 26. September 1761 brach der König das Bunzelwitzer Lager ab und marschierte mit seinen Truppen gemächlich in Richtung Osten. An seinen Bruder Prinz Heinrich schrieb er: «Quant à nous, je crois que vous pouvez être hors d'inquiétude pour ce qui nous regarde, et, dans le fond, la campagne est déjà finie, parce que ni les Autrichiens ni nous ne pouvons rien entreprendre.» («Was uns betrifft, so glaube ich, daß Sie unbesorgt sein können hinsichtlich der uns angehenden Dinge und daß im Grunde die Kampagne bereits beendet ist, weil weder die Österreicher noch wir etwas unternehmen können.» (PC 13185)

Es schien schlechterdings unmöglich zu sein, daß nach den ohne Blutvergießen zustande gekommenen preußischen Triumphen vom Sommer 1761 eine Reihe von Rückschlägen im Herbst und Winter

Friedrichs Armee und auch seinen Staat an den Rand des Zusammenbruchs bringen sollte.
Am Abend des 30. September drang Kanonendonner aus westlicher Richtung zu Friedrichs Lager bei Groß-Nossen herüber. Tags darauf trafen Berichte ein, denen zufolge Laudon die preußische Festung Schweidnitz «d'une manière à peine croyable» («auf kaum glaubliche Art und Weise») (PC 13195) im offenen Sturmangriff genommen hatte, ohne sich der Mühe zu unterziehen, Laufgräben auszuheben oder Belagerungsartillerie auffahren zu lassen. Der Verlust dieses festen Platzes beraubte Friedrich seines bestgelegenen Nachschublagers, Munitionsdepots und Zufluchtsortes auf dem schlesischen Kriegsschauplatz. Kein Ereignis seit der blutigen Niederlage von Kunersdorf löste eine derartige Bestürzung bei der preußischen Armee aus. Der König war wie vom Schlag getroffen, die einfachen Soldaten desertierten haufenweise, und die ranghohen Offiziere wurden von Entsetzen gepackt. (Mitchell, 8. Oktober, PRO SP 90/78; Warnery, 1788, 480; Archenholtz, 1840, II., 184; de Catt, 1884, 446; Möllendorff, zitiert bei: Volz, 1926–27, II., 94)
Das Winterwetter setzte in jenem Jahr sehr früh ein. Am 6. Oktober ließ Friedrich seine mutlosen Soldaten zwischen Strehlen und Brieg süd- beziehungsweise südöstlich von Breslau Winterquartiere beziehen. Sein eigenes Hauptquartier in Strehlen wurde derart fahrlässig bewacht, daß zu einem bestimmten Zeitpunkt sein Leben ernsthaft in Gefahr war. Der schlesische Baron Warkotsch, ein Anhänger der Österreicher, stand an der Spitze einer Verschwörung, deren Ziel die Auslieferung des Königs – tot oder lebendig – an seine Feinde war. Das Komplott wurde jedoch rechtzeitig aufgedeckt, und die österreichischen Generale beeilten sich, Friedrich zu versichern, daß sie von dem niederträchtigen Anschlag keine Kenntnis gehabt hatten. Schließlich begab sich Friedrich am 9. Dezember in seine Winterresidenz im Schloß zu Breslau. Er war wochenlang mürrisch und schweigsam. Kopfschmerzen plagten ihn. Der Zustand des Palastes entsprach seiner Stimmung: Teile des Gebäudes waren durch Laudons Beschießung von 1760 zerstört und noch nicht wieder aufgebaut.
Niemals zuvor hatte die preußische Armee sich gezwungen gesehen, ihre Winterquartiere so tief in Schlesien zu wählen, und zum ersten Mal im Siebenjährigen Krieg waren die Österreicher imstande, ihre Truppen den Winter über in Quartieren auf der preußischen Seite der Grenze unterzubringen. Die Nachrichten aus Sachsen waren kaum ermutigender. Feldmarschall Daun hatte den Prinzen Heinrich im Laufe des Monats Oktober aus dessen Meißener Feldlager vertrieben,

und die Preußen konnten gerade eben noch einen Stützpunkt für den Winter im Kurfürstentum behaupten.
Von derartig vielem Mißgeschick vor der eigenen Haustür heimgesucht, war Friedrich vielleicht durch die Nachricht vom Rücktritt des britischen Premierministers Pitt am 5. Oktober weniger betroffen gewesen, als er es eigentlich hätte sein müssen. Erst im Verlauf des Jahres 1762 setzte sich bei ihm die Erkenntnis durch, daß Pitts Nachfolger Lord Bute «un homme à rouer vif» war, «ein Mann, den man lebend aufs Rad flechten sollte». (Marcus, 1927, 52)
Gerade als es den Anschein hatte, als halte das zu Ende gehende Jahr keine weiteren Rückschläge für ihn bereit, wurde Friedrich die schreckliche Meldung überbracht, daß die Festung Kolberg an der Ostsee am 16. Dezember nach sechsmonatiger Blockade und Belagerung gegenüber einem russischen Korps unter General Rumjantschew kapituliert hatte. Besatzung und Bürger hatten tapfer gekämpft, waren aber dann buchstäblich ausgehungert worden. Der Besitz dieser kleinen Stadt, die isoliert an der sandigen Küste Pommerns lag, war für die Russen in der Geschichte des Siebenjährigen Krieges ein unerhörter Gewinn. Sie verfügten nun, da ihnen die freie Nutzung des Hafens von Danzig verwehrt war, endlich über einen Seehafen, in dem sie unweit des Schauplatzes ihrer Operationen Versorgungsgüter löschen konnten. Noch wichtiger für sie war, daß sie sich mit Kolberg als Flankenschutz den Winter über vor den Toren von Brandenburg aufhalten konnten, statt sich wie in den Jahren zuvor nach Posen und noch weiter nach Osten zurückziehen zu müssen. Durch Errichtung eines wirksamen Kordons entlang der Grenze war es ihnen jetzt auch zum ersten Male möglich, Friedrich von den Getreidelieferungen abzuschneiden, die dieser üblicherweise aus Polen bezog.
Ein Anflug von Irrationalität prägte um diese Zeit Friedrichs Denken, ausgelöst durch die Hoffnungslosigkeit seiner militärischen Lage und zugleich der staatspolitischen Angelegenheiten. Der König klammerte sich allen Ernstes an die Vorstellung, der preußische Staat könnte durch moslemische Hilfe aus dem Osten – Türken und Tataren – doch noch gerettet werden. Prinz Heinrich war erstaunt darüber, daß Friedrich sich derart rückhaltlos auf die Berichte des preußischen Gesandten Rexin verließ, der in Konstantinopel ein Handelsabkommen abschließen sollte und nun seinem König meldete, die Türken rüsteten für das Frühjahr zu einem Krieg gegen Rußland und Österreich. Friedrich rief aus, er würde alles dafür geben, wenn es diesen Leuten gelänge, seine Gegner durch Ablenkungsangriffe, lies: einen Mehrfrontenkrieg, zu fesseln. Noch merkwürdiger war, daß Friedrich

durch das Auftreten eines Repräsentanten des Tatarenkhans von der Krim in seinem Hauptquartier derart beeindruckt war, daß er Pläne für einen gemeinsamen Raid der preußischen und tatarischen Kavallerie nach Ungarn und ins östliche Österreich hinein zu schmieden begann.
Der König beauftragte alsbald seinen von ihm besonders geschätzten Adjutanten Major Wilhelm Heinrich von Anhalt, einen Feldzugsplan auszuarbeiten, der von der optimistischen Voraussetzung ausging, daß die Verbündeten durch das Erscheinen der Türken und Tataren auf dem Kriegsschauplatz so nachhaltig bestürzt und aus dem Konzept gebracht wären, daß sie preußischen Einmärschen nach Böhmen und Mähren keinen Widerstand entgegensetzen könnten. Dieses interessante Dokument («Project zur künftigen Campagne», undatiert, Dezember 1761, PC 13368) wurde Prinz Heinrich zugestellt, der vernünftigerweise die Frage stellte, was geschehen würde, falls die Türken die versprochene Unterstützung nicht verwirklichten.
Friedrichs Antwort war nicht geeignet, die Befürchtungen seines Bruders auszuräumen. In diesem Falle würde er alle preußischen Truppen zu einer einzigen Streitmacht zusammenfassen und über diesen oder jenen Feind herfallen. «J'entends déjà tous les obstacles et les inconvenients que vous m'allez objecter. Mais pensez-y vous-même: après tout, périr en détail ou périr en masse, n'est-ce pas la même chose?» («Ich höre schon all die Einwände und Nachteile, die Sie mir gegenüber anführen werden. Aber überlegen Sie doch einmal selbst: läuft es denn nicht letzten Endes auf dasselbe hinaus, ob man Stück für Stück untergeht oder alle auf einmal?») (9. Januar 1762, PC 13390)
Es war ein anderer, realistischerer Friedrich, einer, der sich darum sorgte, auf lange Sicht dem Staate Preußen eine Existenzmöglichkeit zu sichern, der inzwischen mit seinem für auswärtige Angelegenheiten zuständigen Kabinettsminister Graf Finckenstein korrespondiert hatte. Er malte ihm in düsteren Farben den Vormarsch der Verbündeten in Schlesien, Sachsen und Pommern aus und gab freimütig zu, wie sehr die Fortsetzung des Überlebenskampfes von türkischer Hilfe abhänge: «En un mot, nous sommes perdus sans leur assistance . . .» («Mit einem Wort: ohne ihre Hilfe sind wir verloren . . .!») (10. Dezember, PC 13332) Doch sei auf diesen Beistand, so räumte er am 6. Januar 1762 ein, kein absoluter Verlaß:

> La malheureuse situation où nous nous trouvons, ne nous permettant pas alors d'espérer que par notre valeur et l'emploi de nos propres forces il nous restât jour à redresser les affaires, pas même à nous

soutenir la campagne prochaine; il me semble qu'il faut penser à conserver à mon neveu par des négociations ce qu'on pourra arracher des mes débris de l'avidité des mes ennemis. Vous penserez donc s'il vous conviendra en ce cas d'entamer cette négociation avec l'Angleterre, ou si la nécessité pressante des conjectures vous obligera de vous adresser préférablement, soit à la France, soit à la cour de Vienne, soit à celle de Petersbourg.
(Die unglückliche Situation, in der wir uns befinden, erlaubt uns nicht, darauf zu vertrauen, daß wir aus eigener Kraft und durch Einsatz unserer eigenen Kräfte die Angelegenheiten regeln, geschweige denn die nächste Kampagne führen können. Es scheint mir, daß man daran denken muß, durch Verhandlungen meinem Neffen das zu erhalten zu suchen, was man aus den von mir verursachten Scherben der Habgier meiner Feinde entreißen kann. Denken Sie also bitte in diesem Falle daran, entsprechende Unterhandlungen mit England anzuknüpfen oder sich, wenn die dringende Notwendigkeit der Lage Sie dazu zwingt, vorzugsweise an Frankreich, den Wiener Hof oder den von Petersburg zu wenden.) (PC 13383)

Friedrichs Gemütsverfassung war gegen Ende des Jahres 1761 nicht nur durch die Gedanken an die strategischen Folgen des Verlustes von Schweidnitz und Kolberg belastet, sondern auch von Vorgängen, die an den Grundfesten von Armee und Staat rührten.
Glücklicherweise bewahrte Friedrichs ökonomische Führung der Staatsgeschäfte Preußen vor finanziellen Krisen von der Art, wie sie in Österreich 1761 zu einer Verringerung des Kriegsetats führten und in Frankreich den Nährboden für die Revolution kultivierten. Friedrichs Leistung ist um so höher einzuschätzen, wenn wir bedenken, daß er 1756 mit einem Staatsschatz von knapp über 13,5 Millionen Talern ins Feld gezogen war, daß die Gesamtkosten des Siebenjährigen Krieges auf 140 Millionen Taler geschätzt wurden (Johnson, 1975, 184) und daß er es trotzdem fertigbrachte, am Ende mit einem Überschuß von etwa 14,5 Millionen Talern dazustehen.
Wie war ihm das gelungen? Nur ein Bruchteil dieser Summen rührte aus konventionellen Quellen wie dem Aufkommen der königlichen Domänen oder den in den Provinzen erhobenen Steuern und Zwangsanleihen her. Dafür beliefen sich die jährlich mit 670 000 Pfund Sterling zu Buche schlagenden britischen Subsidien zwischen der ersten Zahlung im Juli 1758 und ihrem Auslaufen 1761 auf insgesamt nicht weniger als 27,5 Millionen Taler. Weitere stolze 48 Millionen wurden gewaltsam in Sachsen eingetrieben und zusätzliche Leistungen in Bargeld und Naturalien den benachbarten deutschen Staaten abverlangt: «Les contributions de Mecklenbourg N.B.!:

Faites prendre des otages, et menacez les baillifs du Duc de brûler et saccager, pour les forcer à payer promptement.» («Notabene, was die mecklenburgischen Zahlungen angeht: lassen Sie Geiseln nehmen und drohen Sie den Landvögten des Herzogs mit Brandschatzung und Plünderung, um sie zu pünktlicher Entrichtung der Gelder zu zwingen!» (an Dohna, 4. Dezember 1758, PC 10582)
Nicht weniger tadelnswert war in den Augen der Moralisten die Münzverschlechterung, das heißt Ausprägung neuen Hartgeldes mit geringerem Metallwert als vorgeschrieben, die Friedrich sanktionierte. Diese seit alters praktizierte Methode, die dem Staat bei unordentlicher Finanzwirtschaft zu einer neuen Einnahmequelle verhalf, wandten mit Erlaubnis des Königs die jüdischen Bank- und Handelshäuser David Itzig, Moses Isaak und Ephraim & Söhne an. Soldaten, Beamte und ausländische Gläubiger wurden gezwungen, die «Ephraimiten» genannten geringerwertigen Silbermünzen bei der Zahlung ihrer Solde, Gehälter und Schuldentilgungen zum eingedruckten Nominalwert entgegenzunehmen, was die Berliner mit dem Spottvers bedachten:

Von außen Silber, von innen schlimm
Außen Friedrich, innen Ephraim!

Ebenso trug eine strategisch gelenkte Volkswirtschaft das ihre dazu bei, dem Ungleichgewicht abzuhelfen, das, rein numerisch gesehen, eine Bevölkerung von rund 4,5 Millionen Seelen den etwa 90 Millionen Menschen in Österreich, dem übrigen Deutschland, Rußland, Frankreich und Schweden gegenüberstellte. Auf dem zentralen Kriegsschauplatz hatte Friedrichs erfolgreiche Strategie, mit regulären Truppen auch im Binnenland zu operieren, die Vereinigung der österreichischen und der russischen Hauptarmee bis zum Spätsommer des Jahres 1761 verhindern können, während Hülsen, Prinz Heinrich und andere detachierte Befehlshaber es vermocht hatten, in Sachsen die Reichsarmee in Schach zu halten. Die Franzosen waren bis auf einen kurzen und für sie übel ausgehenden Zusammenstoß im November 1757 (Roßbach) zu keinem Zeitpunkt mit Friedrich aneinandergeraten und wurden bis zum Schluß des Siebenjährigen Krieges von der protestantischen deutsch-englischen Armee unter Prinz Ferdinand von Braunschweig auf Distanz gehalten. Ferdinand ließ den Feind nicht in Reichweite des Königs kommen und hielt 1761 sogar dem Ansturm von annähernd 160 000 Franzosen stand, die er am 15. und 16. Juli bei Willinghausen an der Lippe zwischen Hamm und Lippstadt trotz ihrer fast dreifachen Übermacht besiegte.

Die schwedischen Kampagnen im Norden Pommerns waren im Vergleich dazu possenähnliche Episoden mit Ausnahme des Ringens um die Schiffahrt in der Odermündung, die die Preußen unbedingt für britische Handelsschiffe offenhalten wollten. Zu Wasser besaßen die Schweden eine unbestrittene Überlegenheit in bezug auf Geschwindigkeit, Manövrierfähigkeit und Feuerkraft ihrer Schiffe. Am 10. September 1759 hatten sie die zumeist aus umgebauten Fischereifahrzeugen und Holzfrachtern bestehende preußische Flotte bei Neuwarp im Stettiner Haff fast völlig vernichtet. Bis 1761 hatte Friedrich jedoch neue Kriegsschiffe bauen lassen, und zu Lande stand ohnehin die preußische Überlegenheit in puncto Kampfgeist und Quantität ihrer kämpfenden Verbände nie zur Debatte. Die Schweden führten im Verlauf der Jahre selten mehr als 15 000 Mann ins Feld, die vom Husarenkommandeur Wilhelm Sebastian von Belling und seiner kleinen, aus leichter Kavallerie und pommerscher Landmiliz bestehenden Truppe ohne Schwierigkeiten unter Kontrolle gehalten wurden. 1762 zeigte sich der König amüsiert, als schwedische Unterhändler ihn mit dem Vorschlag aufsuchten, die Feindseligkeiten einzustellen. «‹Habe ich denn Krieg mit den Schweden gehabt?› Ganz treuherzig bejaheten die Abgesandten diese Frage. ‹Ich besinne mich jetzt›, erwiderte der Monarch, ‹mein Oberst Belling hat Händel mit Ihnen gehabt!›» (Hildebrandt, 1829–35, III., 140)
Zur gleichen Zeit vermochten jedoch weder brillante Kalkulationen noch sarkastischer Geist die Verluste zu verhindern, die Friedrich in der Auseinandersetzung mit seinen beiden wirklichen Gegnern von Rang, den Österreichern und den Russen, erlitt. Er schätzte später die preußischen Verluste im gesamten Verlauf des Siebenjährigen Krieges auf zirka 180 000 Mann und errechnete, daß durchschnittlich jedem Regiment knapp hundert Mann von denen verblieben, die 1756 zur ersten Kampagne aufgebrochen waren. Das bedeutete mit anderen Worten, daß nur etwa jeweils einer von fünfzehn seiner Soldaten den Krieg überlebt hatte.
Wie kam es zu Verlusten in dieser Größenordnung? Rund 106 000 Preußen fielen auf dem Schlachtfeld, wurden verwundet oder nach offener Feldschlacht vermißt. Die Verluste bezifferten sich auf 33 Prozent der kämpfenden Truppe in Zorndorf, etwa 40 Prozent der Schlachtformationen in Kunersdorf und 30 Prozent oder möglicherweise sehr viel mehr in Torgau. Die Geschichte, wonach Friedrich 1778 in Silberberg eine Witwe vorgestellt wurde, die sechs Söhne im letzten Krieg verloren hatte, ist keineswegs unglaubhaft.
Zu den Ausfällen auf dem Schlachtfeld müssen wir noch die Dezimierung hinzuzählen, die die preußische Armee durch Scharmützel,

Tod infolge Marschstrapazen, Krankheit und besonders durch Fahnenflucht erlitt. Die ehemals sächsischen Soldaten desertierten eher als die aus Glatz oder Oberschlesien stammenden Katholiken, und die Reihen der Armee insgesamt lichteten sich besonders auf Gewaltmärschen durch unwegsames Gebiet wie beispielsweise 1760 beim Vorrücken auf Liegnitz.
Ganze Regimenter verschwanden auf einmal eine Zeitlang aus der Kampfgliederung, wenn mit einer Sonderaufgabe betraute Truppenteile, die Detachements, oder Garnisonen sich dem Feind ergaben. Das Kriegsjahr 1759 war in dieser Hinsicht besonders destruktiv für die Preußen, denn es kostete sie nicht weniger als 28 Bataillone und 35 Schwadronen. Weitere 26 Bataillone gingen 1760 auf diese Weise verloren. Einige wenige Offiziere kamen im Austauschverfahren zur preußischen Armee zurück (so Möllendorff, dessen Freilassung Friedrich zwei Tage nach der Schlacht von Torgau bewirkte), aber die meisten blieben bis Kriegsende in Gefangenschaft, und die weniger patriotisch eingestellten Soldaten wurden überhaupt nie mehr gesehen.
Indirekt wurde die Armee durch die zunehmende Besetzung der traditionellen Rekrutierungsgebiete durch die Verbündeten geschwächt. Ostpreußen und das preußische Rheinland mußten gänzlich dem Feind überlassen werden; Schlesien, Pommern und die Neumark wurden zu Kriegsschauplätzen, auf denen eine normale Aushebung von Rekruten sehr schwer war. Die Moral derjenigen Ostpreußen, die in preußischen Regimentern und Bataillonen Dienst taten, wurde durch den ständigen Gedanken daran unterminiert, daß ihre Heimat von den Russen besetzt war.
Um die numerische Stärke seiner Armee zu erhalten, war Friedrich gezwungen, zu Maßnahmen zu greifen, die sich bedenklich auf innere Zucht und Kampfart der Truppe auswirkten. Feindliche Gefangene und Deserteure wurden ohne Zögern in preußische Regimenter gesteckt, obwohl man wußte, daß diese Leute sich bei erstbester Gelegenheit, wenn das Auge ihrer Unteroffiziere gerade nicht auf ihnen ruhte, davonmachen würden. Die Elite der verbliebenen Verbände – die Grenadierbataillone und die Regimenter mit den Musketieren aus Brandenburg und Pommern – behielt der König möglichst bei seiner Armee, während die als Detachements abgestellten Korps mit einem größeren Anteil zweitrangiger Einheiten aufgefüllt wurden, wie zum Beispiel den heimatlos gewordenen Ostpreußen, dem kleinen Haufen katholischer Füsiliere aus Oberschlesien und dem räuberähnlichen Gesindel der Freibataillone. Der Gerechtigkeit halber muß erwähnt werden, daß die ausgezeichneten gemischten Freikorps

des «Grünen Kleist» sowie die ausdauernden Männer der pommerschen Landregimenter, die im wesentlichen den Kleinkrieg gegen die Russen und Schweden durchhalten halfen, eine rühmliche Ausnahme bildeten.

Das preußische Offizierskorps mußte nun seine Privilegien teuer bezahlen. Zu Beginn des Siebenjährigen Krieges gab es etwa 5 500 höhere Dienstgrade; bei Kriegsende waren davon annähernd 1 500 gefallen und weitere 2 500 verwundet worden. Ganze adelige Familien wurden infolge der blutigen Schlachten erheblich dezimiert. Zwar konnte die weitverzweigte Familie von Kleist vielleicht noch den Verlust von rund zwei Dutzend männlichen Familienmitgliedern verschmerzen, aber die Kameckes verloren neunzehn Männer und die Bellings zwanzig von dreiundzwanzig männlichen Angehörigen. Zu guter Letzt sah sich Friedrich genötigt, bei der Ernennung zu Offizieren auf eine große Anzahl von Knaben und bürgerlichen Aspiranten zurückzugreifen, was für sich schon ein deutliches Zeichen dafür war, wie stark sich die Reihen des Offizierskorps gelichtet hatten.

Allein in den ersten vier Jahren des Krieges waren 33 Generale gefallen, und Ende 1758 war eine ganze Generation von Heerführern – Schwerin, Winterfeldt, Keith und Prinz Moritz – von der Bühne verschwunden. Friedrich beklagte dies sehr: «Vous savez, combien les bons généraux sont rares, et que je n'en ai pas en abondance ... On dirait que les Autrichiens sont immortels, et qu'il n'y a que nos gens qui meurent. Mes généraux passent l'Acheron au grand galop, et bientôt il ne restera plus personne.» («Sie wissen, wie dünn gesät gute Generale sind und daß ich ihrer nicht im Überfluß besitze ... Man möchte meinen, die Österreicher seien unsterblich und daß nur unsere Leute es sind, die sterben. Meine Generale überqueren den Acheron in rasendem Galopp, und bald wird keiner mehr übrig sein.») (an Heinrich, 16. Juli und 9. August 1758, PC 10195 und 11212) Zieten überlebte und stand weiter der königlichen Armee zur Verfügung, doch Prinz Ferdinand von Braunschweig befand sich weit entfernt im westlichen Deutschland, und Prinz Heinrich sowie Seydlitz (wenn es seine Gesundheit erlaubte) waren gewöhnlich mit abkommandierten Truppenabteilungen unterwegs.

Ein unzufriedener preußischer General oder anderer hoher Offizier konnte im Gegensatz zum gemeinen Soldaten der friderizianischen Ära seine Lebensbedingungen nicht durch Fahnenflucht ändern. Die Offiziere machten dafür ihrem Ärger im Gespräch mit gleichrangigen Kameraden Luft. «Wir hatten im Siebenjährigen Kriege eine ordentliche Opposition in der preußischen Armee. Von allem, was der König that, ließ sie nichts gelten; sie billigte nichts. Die Opposition führte unter sich, von einer Armee zur andern, Correspondenz. Friedrich wußte dieses ... Zuweilen ließ er die Briefe auffangen und scherzte dann über die Briefe ...» (Zimmermann, 1790, II., 317)

Prinz Heinrich war der heimliche Held all derer, die Vorbehalte gegen Friedrichs Kriegführung und Staatslenkung hegten. Er war literarisch ambitioniert und weiberfeindlich eingestellt wie sein Bruder, doch die beiden trennten nicht nur vierzehn Jahre Lebensalter, sondern auch eine grundsätzliche Einstellung zu Kernfragen. So stellte Heinrich die Prinzipien der preußischen Gesellschaft in Frage, die die Adeligen in einer Art militärischer Knechtschaft hielten und das Bürgertum von hohen militärischen Rängen ausschlossen. Wesentlicher im Zusammenhang mit dem Thema dieses Buches ist die Tatsache, daß Prinz Heinrich bezweifelte, daß der (Siebenjährige) Krieg gerechtfertigt war, und die Auffassung vertrat, Friedrich führe ihn auf unverantwortliche Weise.

Was Heinrichs Meinung Gewicht verlieh, war sein unbestrittenes Feldherrentalent. «Er war im hohen Sinne des Worts ein gelehrter Soldat.» (Massenbach, 1808, I., 14) Zwei Eigenschaften waren es besonders, die Eindruck auf seine Zeitgenossen machten. In der Tradition Feldmarschall Schwerins hielt er auf korrekte Führung der Armee und straffe Disziplin bei seinen Soldaten. Kein Wunder, daß ein sächsischer Großgrundbesitzer einmal den verbürgten Ausruf tat, «er sehe lieber den Prinzen Heinrich mit 50 000 Mann durch seine Besitzungen ziehen als einen andern General mit 5 000.» (Lehndorff, 1910–13, I., 229) Zweitens zeichnete sich Heinrich bei der Durchführung von Operationen dadurch aus, daß er jede günstige Gelegenheit zu nutzen wußte, die ihm Geländebeschaffenheit und der Faktor Zeit boten:

> Die Stellungen, die er nahm, waren immer zweckmäßig, sicher und der peinlichen Lage, in der er sich oft befand, angemessen. Den Charakter seiner Gegner studirte er genau, und dann durften sie ihm nie ungeahndet eine Blöße geben. (Retzow, 1802, I., 333)

Friedrich vermochte nach dem Tode von Generalleutnant von Winterfeldt (der 1757 in der Schlacht von Moys bei Görlitz gefallen war) keinen gleichgesinnten geistig hochstehenden Offizier mehr zu finden. Der König genoß zwar den großen Vorteil, in seiner Person die politische und die militärische Macht zu vereinigen, doch bedeutete dies zugleich, daß die durch den Krieg verursachten Bürden ihn doppelt so schwer belasteten wie einen anderen Staatsmann oder General. Er war, wie wir gesehen haben, innerhalb seiner Armee isoliert und stand auch im Kreis der Feldherren aus seiner eigenen Familie abseits. Sein Adjutant Berenhorst bestätigt das:

> Im vierten und fünften Jahre des Siebenjährigen Krieges war Friedrich II. von seinen nahen und nächsten Umgebungen weder geliebt noch gefürchtet. Ich sage dies, weil ich es mit eigenen Augen gesehen habe. Währenddeß wir hinter ihm herritten, machte ein junger Polisson [Flegel], Namens Wodtke, Brigademajor von der Cavallerie, oft allerlei lächerliche Posituren hinter seinem Rücken, ahmte seine Stellung nach, wies auf ihn hin und dergleichen, um uns Andere zu belustigen. Wodtke hatte Friedrichen auch den Beinahmen «der Todtengräber» gegeben; der Kürze wegen nannte er ihn nur «Gräber», und so hieß auch der Held in unseren vertraulichen, scherzenden und spottenden Unterhaltungen. (Berenhorst, 1845–47, I., 181)

Die Belastung, der der König ausgesetzt war, äußerte sich in physischen und psychologischen Symptomen – Hämorrhoiden, rheumatischen Beschwerden, Kopfschmerzen, dem Verlangen nach einer Erlösung von seinen Leiden durch Selbstmord – wie auch in einer Veränderung seines Charakters, die einer seiner Bewunderer, der britische Gesandte Mitchell, bemerkte:

> Ich bedauere es außerordentlich, die Beobachtung zu machen, daß ... in meinen Augen der König von Preußen in seinen Stimmungen seit der Schlacht von Zorndorf beträchtlich schwankt; er regt sich leicht auf und ist barscher gegen jedermann denn je zuvor. Dazu zähle ich auch die fortwährende Gefangenhaltung der russischen Offiziere in Cüstrin, die willkürliche Inbrandsetzung des Hauses des Grafen Brühl usw. ... Ich vermag nicht ohne Entsetzen an die Bombardierung Dresdens und an andere Dinge, die ich mit eigenen Augen gesehen habe, zu denken. Pechsträhnen verbittern naturgemäß die Gemütsbeschaffenheit der Menschen, und ihre Fortdauer läßt am Ende die Menschlichkeit ersterben. (12. Dezember 1758; 31. Juli 1760 – Mitchell, 1850, I., 476 bzw. II., 184)

Das veränderte Aussehen des Königs bedeutete einen Schock für Henri de Catt, der Friedrich eine Zeitlang nicht gesehen hatte und ihn lediglich am Funkeln seiner Augen wiedererkannte. Der König selbst war sich des Wandels, den er durchmachte, wohl bewußt. 1760 schrieb er an seine verehrte «Mama», die alte Oberhofmeisterin Gräfin Sophie Karoline de Camas:

> C'est, je vous jure, une chienne de vie que, excepté Don Quichotte, personne n'a menée que moi. Tout ce train, tout ce désordre qui ne

finit point, m'a si fort vieilli, que vous aurez peine à me reconnaître. Du côté droite de la tête, les cheveux me sont tout gris; mes dents se cassent et me tombent; j'ai le visage ridé comme les falbalas d'une jupe, le dos voûté comme un archet, et l'esprit triste et abattu comme un moine de La Trappe.
(Es ist, ich schwöre es Ihnen, ein Hundeleben, das mit Ausnahme Don Quijotes niemand außer mir je geführt hat. Die ganze Unrast, all das Durcheinander, das kein Ende nehmen will, haben mich so stark altern lassen, daß Sie Mühe hätten, mich wiederzuerkennen. Auf der rechten Kopfseite sind meine Haare ergraut; die Zähne werden locker und fallen mir aus; mein Gesicht ist von Runzeln durchzogen wie die Falten eines Weiberrocks, mein Rücken ist krumm geworden wie ein Geigenbogen, und meine Stimmung ist traurig und niedergeschlagen, als wäre ich ein Trappistenmönch.) (Œuvres, XVIII., 145)

Doch dies alles waren Heimsuchungen, die Friedrich auf unabsehbare Zeit auf sich zu nehmen gewillt war. Was ihn bewegte, am 6. Januar 1762 Finckenstein anzuweisen, Verhandlungen einzuleiten, waren nicht seine persönlichen Leiden und nicht einmal der Aderlaß bei seinen Truppen, sondern der Zusammenbruch der schlesischen und pommerischen Grenzen und die allmähliche Auflösung der Struktur von Armee und Staat.
Das Ausmaß hinnehmbarer Verluste ist keine mathematische Konstante, sondern etwas, das es ständig in militärischem, politischem, gesellschaftlichem und wirtschaftlichem Zusammenhang aufs neue genau zu definieren gilt. Die beiden Sorgen, die Friedrich um die Jahreswende 1761/62 am meisten bedrückten und ihm mehr als alles andere schlaflose Nächte bereiteten, waren das Wohlergehen der «tüchtigen und fleißigen Leute» in seinen Kernlanden und die Aufrechterhaltung militärischer Disziplin. Beiden Zielsetzungen drohte Gefahr.
Friedrich war sich im klaren darüber, daß ungefähr eine halbe Million seiner Untertanen Flüchtlinge waren. Er erkannte auch, daß das System der Militärverwaltung ebenso vollständig zusammenzubrechen drohte wie der Beamtenapparat, der seit Beginn des Siebenjährigen Krieges sich selbst überlassen worden war. Im Winter 1761/62 passierte es das erste Mal, daß die General-Kriegskasse den Hauptleuten nicht die Gelder auszahlen konnte, die sie sonst alljährlich erhielten, um ihre Kompanien für den nächsten Feldzug auszurüsten. Möllendorff schrieb in diesem Zusammenhang an einen Freund:

Der Soldat kann nicht leben. Das Notwendigste fehlt ihm. So kommt es zu Räubereien, und ein Räuber ist ehrlos, und der Ehrlose ist feige.

> Dadurch sinkt auch die Manneszucht, die wahre und fast einzige Stütze der Heere. Der Offizier ist in der gleichen Lage. Es ist schon so weit mit ihm gekommen, daß er das Wort Ehre und Reputation nicht mehr kennt ... (12. Dezember 1761, zitiert bei: Volz, 1926–27, II., 95; vgl. auch Friedrichs Brief an Wied vom 15. Mai 1762, zitiert bei: Wengen, 1890, 355; Riesebeck, 1784, II., 137; Warnery, 1788, 441)

Preußen ging in das neue Jahr 1762 mit einer vor dem Verfall stehenden Armee und einem Monarchen, der eher einem wahnsinnigen Schreckgespenst glich. Es ist merkwürdig, wenn man sich überlegt, daß die Historiker, falls eine bestimmte Dame nur ein paar Wochen länger gelebt hätte, längst die Gründe für den Zusammenbruch Preußens bis ins kleinste überzeugende Detail analysiert und ihn als «unvermeidbar» hingestellt hätten, wie sie es mit dem Schweden Karls XII. getan hatten.

Die fragliche Frauensperson, die zu Friedrichs unversöhnlichsten Feinden zählte, war die russische Zarin Elisabeth Petrowna, die Tochter Peters des Großen, die am 5. Januar in Petersburg starb. Seit 1741 auf dem Thron, hatte sie sich im österreichischen Erbfolge- und im Siebenjährigen Krieg auf die Seite Maria Theresias gestellt. Die Nachricht von ihrem Ableben erreichte Friedrich durch seinen Gesandten in Warschau am 19. Januar. Der König war zu sehr an Enttäuschungen gewöhnt, um sich auf diese Botschaft hin Hoffnungen zu machen, dies Ereignis könne eine dramatische Veränderung der Dinge zu seinen Gunsten auslösen. Ermutigender war schon ein Brief des Ministers Finckenstein, der am 27. Januar aus Magdeburg seinen König wissen ließ, er habe aus zuverlässiger Quelle erfahren, daß der neue Zar Peter III., ehedem Herzog von Holstein-Gottorp und Bewunderer Friedrichs, seine Streitkräfte angewiesen habe, sofort die Feindseligkeiten gegen die Preußen einzustellen. Überdies habe er General Tschernyschew befohlen, sein Korps von der österreichischen Armee in Schlesien abzuziehen. Friedrich, am 24. Januar gerade 50 Jahre alt geworden, frohlockte: «Voici le premier rayon de lumière qui parait! Le Ciel en soit béni! Il faut espérer que les beaux jours suivront les orages, Dieu le veuille ...» («Dies ist der erste Lichtstrahl, der sich zeigt! Dem Himmel sei Lob und Dank dafür! Hoffen wir, daß die schönen Tage die Stürme ablösen, so Gott will ...») (an Finckenstein, 27. Januar, PC 13439; auffallend sind die zahlreichen Bemerkungen und Beschwörungen religiöser Natur des Königs in diesem Zeitraum).

Friedrich verwandte ein ungewöhnliches Maß an schmeichelhaften Gesten darauf, sich den neuen Herrscher, eine exzentrische Persön-

lichkeit, von der er wußte, daß sie alles Preußische verehrte, geneigt zu machen. Er ließ dem stupsnasigen Monarchen den Hohen Orden vom Schwarzen Adler überreichen, machte ihn zum «Chef» des in Berlin stationierten Infanterie-Regiments Nr. 13 (bisher nach seinem Chef Generalmajor Syburg benannt und allgemein als das «Donner-und-Blitzen»-Regiment bekannt), das zukünftig den Namen «Regiment Kaiser» trug, und verlieh ihm den Ehrentitel eines Generals der preußischen Armee. «Tatsächlich war Peter stolzer auf seinen Titel eines preußischen Generals als auf seine Nachfolgerschaft an der Spitze des russischen Reichs.» (Warnery, 1788, 495)
Friedrichs Sondergesandter, der junge Baron von der Goltz, brachte einen Friedens- und Freundschaftsvertrag zwischen Preußen und Rußland zustande, der am 5. Mai 1762 in Petersburg unterzeichnet wurde und aufgrund dessen die Russen sich verpflichteten, ihre Truppen aus den preußischen Territorien abzuziehen. Auch mit den Schweden verständigte man sich und schloß am 22. Mai feierlich Frieden. Schließlich erwirkte Goltz am 1. Juni noch das Zustandekommen eines wirklichen Militärbündnisses in St. Petersburg, das ein Zusammengehen der Armeen beider Staaten vorsah. Die Preußen sagten zu, Peters Ansprüche in Schleswig zu unterstützen, wogegen ihnen Tschernyschews Truppen für die Fortsetzung des Krieges in Schlesien zur Verfügung standen.
Enttäuscht war Friedrich nur im Hinblick auf seine weitreichenden Pläne von einer Unterstützung durch die Türken und Tataren. Er postierte den aus Ungarn stammenden Generalleutnant Werner mit einem rund 10 000 Mann starken Korps in Oberschlesien, um sich dort bereitzuhalten, die Beskiden, einen Teil der Karpaten, zu überschreiten und sich einer aus zirka 26 000 Krimtataren bestehenden Streitmacht anzuschließen. Dieses bizarre Aufgebot sollte dann blitzschnell durch Ungarn auf Wien vorstoßen. «Um auch die Österreicher zu zwingen, daß sie Wien decken müssen, so könnet Ihr nur durch die Tartaren im Österreichischen viel mehrere Excesse begehen lassen, als anderwärts; wie Ihr dann auch einige Dörfer nahe an Wien, und zwar von denen, welche den vornehmsten Herren gehören, verbrennen lassen solltet, damit sie die Flammen davon in Wien sehen; alsdenn sie gewaltig schreien werden und alles in Bredouille gerathen wird ...» (Brief Friedrichs an Werner, 13. April 1762, PC 13606) Doch in der Folgezeit hörte man nichts mehr von einem Tatarenheer oder einem Krieg der Türken gegen Österreich, und Werner unternahm ohne weitere Unterstützung lediglich einen einzigen kurzen Einfall ins österreichische Schlesien, der einem räuberischen Überfall gleichkam.

Für die Fortsetzung des Krieges gegen Maria Theresia vertraute der König seinem Bruder Heinrich in Sachsen etwa 30 000 Mann an und versammelte selbst zwischen 66 000 und 72 000 Soldaten (die Schätzungen schwanken erheblich) unter seinem Oberbefehl in Schlesien. Diese beiden Armeen waren nur hinsichtlich ihrer Truppenzahl imposant. Die Kampfverbände bestanden aus ausgepumpten, zuchtlosen Veteranen der vorangehenden Feldzüge Friedrichs, aufgefüllt mit Verstärkungen vom Kriegsschauplatz gegen die Schweden, Rückkehrern aus russischer Gefangenschaft sowie frisch eingetroffenen Rekruten aus den wiedergewonnenen preußischen Provinzen im Nordosten. Einen ungewöhnlich hohen Anteil am Gesamtaufgebot hatten die leichten Truppen: Freibataillone der Infanterie, irreguläre Husarenschwadronen und das ungewöhnlich große Bosniakenregiment (Husaren-Regiment Nr. 9). Um Kampfgeist und Disziplin war es in der gesamten Armee nicht zum besten bestellt, doch zum ersten Mal besaß Friedrich jetzt einen sehr unpreußischen Vorteil im Kleinkrieg der Reiterüberfälle und Scharmützel, und das um so mehr, als die österreichischen Kroaten in schlechter Verfassung waren und die feindliche Kavallerie infolge von Sparmaßnahmen in Wien zahlenmäßig stark reduziert worden war. Zum ersten Mal in diesem Krieg hatte Friedrich auch genügend Zeit, sich auf ein einziges Ziel zu konzentrieren: die österreichische Armee aus ihren Stellungen um Schweidnitz zu verjagen und die Festung und damit das südliche Schlesien wieder in Besitz zu nehmen.
Feldmarschall Daun konnte den Preußen in Schlesien annähernd 82 000 Soldaten entgegenstellen. Wie Friedrich wußte er genau, daß derjenige, der am Ende der Kampagne Schweidnitz innehatte, zugleich auch die Bedingungen für einen Friedensschluß zwischen Österreich und Preußen zu diktieren vermochte. Mitte Mai 1762 verließen die Österreicher ihre Quartiere und bezogen Positionen, um Schweidnitz und die in die Grafschaft Glatz hinüberführenden Pässe des Eulengebirges zu sichern. (siehe Karte 45) Daun stellte das Gros seiner Armee bogenförmig nördlich und östlich von Schweidnitz auf, wobei sich die rechte Flanke an den Zobten anlehnte (der der gesamten Stellung den Namen gab), die linke an das Striegauer Wasser. Laudon stand in Wartestellung vor dem Eulengebirge, und ein Korps unter Beck verblieb in Oberschlesien.
Friedrich war sich im klaren darüber, daß seine Armee außerstande war, das österreichische Lager im Frontalangriff zu stürmen. Er hatte genügend Zeit zur Verfügung und begnügte sich statt dessen damit, abzuwarten, bis seine Verstärkungen in Breslau eingetroffen waren und das Gras auf den Wiesen hoch stand, um dann die Österreicher

durch Manövrieren und Ablenkungsangriffe aus ihren Stellungen zu locken. Für besondere Einsätze stand ihm jetzt wieder der Herzog von Bevern zur Verfügung, der vom «Krieg» gegen die Schweden zurückgekehrt war. Bevern hatte sich nach der Schlacht vor Breslau 1757 die Gunst des Königs verscherzt, doch er war «ein ehrenwerter Mann und großartiger Offizier, den die ganze Armee schätzte». (Mitchell, 4. Februar 1761, PRO SP 90/77)

Verstärkungen einer völlig anderen, kuriosen Art stießen im Sommer in Gestalt von 15 000 bis 20 000 früheren Gegnern, den Russen, zu Friedrich. Eine Vorausabteilung von 2 000 Kosaken überquerte die Oder am 25. Juni, und die regulären Verbände folgten am 30. Juni, den Strom bei Auras nordwestlich von Breslau überschreitend. Friedrich trug ihnen zu Ehren den russischen Sankt-Andreas-Orden. Er begrüßte den Feldherrn Tschernyschew und dessen Stab auf dem linken Oderufer und lud sie zu einem Bankett aufs Schloß Lissa (Abb. 28) bei Breslau ein, mit dem er glückliche Erinnerungen verknüpfte.

Das russische Korps stieß in der Nacht zum 2. Juli zur südlich von Breslau stehenden preußischen Armee, und Friedrich begann sofort mit dem Vorgehen gegen Daun. Seine Absicht war es, nicht nur die Straße nach Schweidnitz freizukämpfen, sondern auch den Österreichern auf den dahinter liegenden Berghängen zuvorzukommen. Mit einem Detachement von zirka 18 000 Mann (25 Bataillonen und 26 Schwadronen) wurde deshalb Generalleutnant Wied entsandt, um in Richtung Südwesten über Freiburg einen rechts flankierenden Haken um Dauns linken Flügel zu schlagen, während die Masse der preußischen Armee hinter einer breiten, von Kosaken, preußischen Husaren und Bosniaken gebildeten Schutzwand zum Frontalangriff überging.

Dieser Plan glückte nur teilweise, denn Daun hatte durch einen Deserteur von dem Vorhaben erfahren. Noch in derselben Nacht räumte er die Zobten-Stellung, ging indes nur so weit zurück, daß er ein neues, bereits abgestecktes Lager in den Bergen zwischen Oberbögendorf und Kunzendorf beziehen konnte.

Friedrich zog zunächst bis zu seinem alten Feldlager in Bunzelwitz und nahm anschließend am 5. Juli den Weitermarsch in zwei Kolonnen auf. Am nächsten Tag stieß Wied unerwartet auf ein österreichisches Korps unter Generalleutnant von Brentano. Bei dem Gefecht auf der gegenüberliegenden Seite des Adersbachtals wurden die Preußen blutig zurückgeschlagen; ihre Verluste betrugen 1 331 Mann. Die Österreicher spürten jedoch, daß ihre westliche Flanke bedroht blieb. Daher zogen sie es vor, das Kunzendorfer Lager aufzugeben und nach rechts hinten in das Nonplusultra ihrer als «Lager von Burkers-

dorf» in die Geschichte eingegangenen Stellungen im Waldenburger Bergland zurückzugehen, die letzte Schanze, von der aus Daun die Versorgungsverbindung mit Schweidnitz aufrechterhalten konnte.
Und noch einmal gedachte Friedrich Wieds Korps als Schlüssel zu benutzen, mit dem die österreichischen Stellungen aufzusperren waren. Er verstärkte die Truppe seines Heerführers auf über 20 000 Mann und wies ihn an, seinen Vormarsch als großangelegtes Täuschungsmanöver ins nordöstliche Böhmen hinein fortzusetzen, wo Daun seine Magazine hatte. Am 9. Juli überschritt Wied mit seinem Aufgebot die schlesisch-böhmische Grenze bei Friedland und entsandte sofort einen Schwarm leichter Kavallerie unter Befehl von Oberstleutnant von Reitzenstein in Richtung Königgrätz. Diese Reitertruppe geriet aber bald außer Kontrolle, und Reitzenstein mußte melden, daß «die Unordnung unter den Kosaken derart groß ist, daß kein ehrbarer Mann sich mit diesen Männern einlassen könnte, ohne seine Ehre und seinen guten Namen einzubüßen.» (Wengen, 1890, 405) Viele Kosaken setzten sich mit ihrer Beute nach Polen ab und tauchten nie wieder auf. Der Raidtrupp vermochte ein kleines Depot der Österreicher in Jaromiersch zu zerstören, dann jedoch brachte es Brentano fertig, sich zwischen das Gros von Wieds Truppen und das österreichische Magazin in Braunau zu schieben. Dieser kleine Zwischenfall führte seitens Dauns und seines Heers zu keinerlei Reaktion, und Friedrich rief jetzt seine gesamte Streitmacht mit Ausnahme von 5 000 Mann ins niederschlesische Tiefland zurück. Am 13. Juli stieß zwar Zieten mit einem Teil der preußischen Hauptkräfte bis Hochgiersdorf vor, in die unmittelbare Nähe der Österreicher also, doch mußte er unverrichteter Dinge in seiner Stellung verharren, denn Friedrichs Repertoire an Schein- und Ablenkungsangriffen war erschöpft, und Daun war in seinem Burkersdorfer Lager wieder einmal unangreifbar verschanzt.
Wäre der Siebenjährige Krieg lediglich ein Roman gewesen, so hätte kein Autor von Rang es angesichts dieser Konstellation der politischen Machtverhältnisse gewagt, die Spannung durch einen derart primitiven Kunstangriff zu erhöhen, wie ihn jetzt die Vorsehung für Friedrich bereithielt, die beschlossen hatte, ihm nahezu ein Drittel seiner Armee wegzunehmen. Am 18. Juli suchte nämlich Tschernyschew den König mit der alarmierenden Neuigkeit auf, sein neugewonnener Freund Zar Peter III. sei im Zuge einer Palastrevolution gestürzt und ermordet worden und das russische Korps habe Anweisung erhalten, sofort den schlesischen Kriegsschauplatz zu verlassen. Es gab sogar Anzeichen dafür, daß Peters energische Gemahlin Katharina, die hinter dem *Coup d'état* gestanden hatte und jetzt als

Zarin Katharina II. den russischen Thron bestieg, sich dafür entschieden hatte, gegen die Preußen wieder Krieg zu führen.
Friedrich hatte ein ernstes Gespräch unter vier Augen mit dem russischen Heerführer, und Tschernyschew verließ den König mit Tränen in den Augen. «Was ist Ihr König für ein Mann! Was gäbe ich darum, wenn ich in seinen Diensten wäre! Wer kann dem Manne widerstehen, wo man ihn sprechen hört?» Er hatte sich mit Friedrichs Bitte einverstanden erklärt, den Abmarsch seines Korps um drei Tage zu verzögern und während dieses Zeitraums noch in der preußisch-russischen Schlachtformation, allerdings in einer Nichtkombattantenrolle, zu verbleiben. Der preußische Kabinettsrat Eichel merkte dazu an: «Des Königs Majestät müssen von dem Betragen des Grafen Tschernischev sehr zufrieden sein, weil Sie ihm ein reiches Présent machen werden.» (PC 13880)
Friedrich konnte nun nicht länger einen Direktangriff auf das Lager bei Burkersdorf hinausschieben, denn es war entscheidend für ihn, die drei Tage auszunutzen, die Tschernyschew bei der preußischen Armee verblieb, zumal er damit rechnen mußte, daß auch die Österreicher über kurz oder lang von der Entthronung Peters und der Ernennung der Kaiserin zur Regentin erfuhren.
Preußen und Österreicher hatten sich in ebendiesem Gebiet zu wiederholten Malen gegenübergestanden, und Friedrich wußte über die Geländebeschaffenheit genauestens Bescheid. Trotzdem hatte er noch immer Bedenken, die Hauptstellung des Feindes zu attackieren, die sich mit der Front nach Nordwesten hinter dem tiefen Tal zwischen den Ortschaften Dittmannsdorf und Reußendorf erstreckte. (siehe Karte 46) Er verfiel daher darauf, die Österreicher durch Vorspiegelung falscher Tatsachen zu bluffen, um Launs Aufmerksamkeit an diesen Abschnitt zu fesseln. Die Russen sagten zu, diesseits des Tals ihren imposanten Aufmarsch beizubehalten. Die Preußen ließen nun ihre leeren Zelte an Ort und Stelle zurück; die Lossow-Husaren (die Schwarzen Husaren vom Regiment Nr. 5) und die bosnischen Ulanen in ihren roten Uniformmänteln belebten die Szenerie. Auf der äußersten westlichen Flanke entfaltete sich, noch vor den Russen stehend, die Brigade Ramin zu einer in zwei Treffen gestaffelten Schlachtreihe, die weit auseinandergezogen war. Dem Feind sollte dadurch beim Heraustreten aus dem Seitendorfer Tal, wo, wie die Österreicher wußten, Friedrichs Hauptquartier lag, der Eindruck vermittelt werden, daß ein gewaltiges preußisches Aufgebot im Anmarsch sei. Ebenso sollten im rechten Zentrum der preußischen Armee die Jäger der Brigade Manteuffel von Hoch-Giersdorf her vorpreschen, während die dort auf dem Plateau in Stellung gefahrenen

Haubitzen damit begannen, Granaten über die Waldstücke hinweg zu schleudern, und den österreichischen rechten Flügel von hinten attackieren.

Nur etwa ein Dutzend Bataillone wurden für diese Ablenkungsangriffe im Sektor Dittmannsdorf-Seitendorf eingesetzt. Umgekehrt faßte Friedrich über 30 Bataillone in der Ebene für den Hauptschlag gegen die Österreicher zusammen, den er aus Richtung Nordost gegen den isolierten rechten Flügel des Feindes führen wollte, auf dem etwa 5 000 Mann unter dem Kommando von Generalleutnant William O'Kelly standen. Der Ire hatte zwei Bataillone auf seiner äußersten linken Flanke in ihren Stellungen auf dem Leutmannsdorfer Berg belassen, dessen Hänge keinerlei Deckung boten und von den jüngsten Regenfällen glitschig waren. O'Kellys übrige zehn Bataillone mit zirka 4 000 Mann waren über das Gelände verteilt, um die Gegend hinter Burkersdorf zu verteidigen. Hier bot das schattige Tal der Weistritz ein Bild idyllischer Schönheit, denn das Flüßchen rauschte der niederschlesischen Tiefebene zu. Es war hier am Oberlauf wie eine Opernkulisse von bewaldeten Hängen eingerahmt, die auf beiden Seiten die Landschaft prägten. In militärischer Hinsicht bildete jedoch das malerische Weistritztal einen sogenannten einspringenden Winkel, zu dessen Verteidigung die Österreicher vorsichtshalber vier leichte Schanzwerke angelegt hatten: eines am Eingang des Tals von der Ebene her, je eines auf jeder Seite des Flusses weiter talaufwärts und eine von einem Verhau umgebene, besonders stark befestigte Redoute in beherrschender Lage unweit des oberen Endes des Tals.

Die Scheinangriffe der vorausgegangenen Wochen hatten mehr Wirkung gehabt, als Friedrich ahnte. Die Österreicher hatten an die 16 000 Mann in Oberschlesien stehen, weitere 9 500 Mann bewachten die Pässe im Eulengebirge; rund 21 000 Soldaten waren zur Sicherung der Nachschubwege auf der böhmischen Seite der Sudeten eingesetzt. Brentano kehrte von seinen Operationen um Braunau erst zurück, nachdem der preußische Sturmangriff bereits begonnen hatte. Insgesamt war Dauns im Feldlager von Burkersdorf zusammengezogenes Aufgebot auf weniger als 30 000 Mann zusammengeschrumpft, und der österreichische Feldmarschall mußte den Preußen somit die zahlenmäßige Überlegenheit insgesamt und vor Ort einräumen.

Friedrich verwandte viel Mühe darauf, die Masse seines Heeres in Angriffsposition aufzustellen. Wied hatte zwei Nachtmärsche in strömendem Regen vom Gebirge an der Grenze hinter sich gebracht und brach am Abend des 19. Juli zu einem dritten Marsch dieser Art nördlich und östlich um Schweidnitz herum zum Fuß der Berge auf,

an deren Hänge Burkersdorf und Leutmannsdorf lagen. Begleitet wurde er auf diesem Umgehungsmarsch von der Brigade Möllendorff, die von Hoch-Giersdorf aus ihren Marsch mit einem schweren Artillerietrain antrat. Die Brigade Knobloch marschierte ihrerseits geradewegs von Oberbögendorf heran und ging rechts von Möllendorff in Wartestellung.
Am Abend des 20. Juli gelang vier Bataillonen der Möllendorffschen Brigade die Einnahme von Burkersdorf. Nach hartem Gefecht konnten sie auch einen als Feldwache aufgestellten Trupp österreichischer Grenadiere aus einer nahe gelegenen Burg werfen, einem von hohen Pappeln umstandenen festen alten Gemäuer. Während der Nacht errichteten preußische Sappeure östlich der Burg eine Brustwehr, in derem Schutz dann die «Bombardiers» und Kanoniere nicht weniger als 55 Geschütze (45 7-Pfünder- und 10-Pfünder-Haubitzen sowie zehn schwere 12-Pfünder-Kanonen) in einer einzigen Reihe Rad an Rad auffuhren. Diese Artilleriemassierung war etwa 2 000 Schritt von den ihr zugedachten Zielen entfernt und befand sich damit hart an der Grenze ihrer Reichweite. Während die Haubitzen ihre Granaten in die feindlichen Feldschanzen jagen sollten, waren die Rohre der 12-Pfünder auf das Tal der Weistritz gerichtet, durch das alle vom Gros der österreichischen Armee entsandten Verstärkungen heranziehen mußten und dann in den Schußbereich der Kartätschen kamen. (vgl. Abb. 39)
Den drei Infanterieformationen waren unterschiedliche Aufgaben mit präziser Zeitangabe zugewiesen worden. Wied hatte den Befehl erhalten, auf der linken, d. h. östlichen Flanke den Angriff zu eröffnen und die Stellung der Österreicher bei Leitmannsdorf zu stürmen, die sonst aus dieser Position die preußischen Anmarschwege zum Weistritz-Abschnitt mit Geschützfeuer hätten bestreichen können. Nach Beginn des Vorrückens der Truppen Wieds sollte Möllendorff mit der großen Batterie auf der Burkersdorfer Burg zu feuern beginnen und, zu seiner Rechten unterstützt von Knobloch, das Weistritztal erklettern.
Friedrich traf am 21. Juli um halb vier früh bei Möllendorffs Brigade ein. Der Regen hatte aufgehört, nachdem es drei Nächte hintereinander vom Himmel geschüttet hatte. Er inspizierte die Batterie, begrüßte die Soldaten und schärfte Möllendorff noch einmal ein, die entsprechenden Geräusche zum Zeichen dafür abzuwarten, daß Wied seinen Angriff vortrug, bevor er sich selbst in Bewegung setzte. Friedrich galoppierte anschließend zum Korps Wieds hinüber, wo man darauf wartete, daß der Himmel hinter dem Zobten hell wurde.
Wied leitete den Angriff ein, sobald Friedrich sich bei ihm eingefun-

den hatte. Er tat das keinen Augenblick zu früh, denn schon zeigten sich die Spitzenzüge von Brentanos Korps auf den Berggipfeln. Generalmajor Prinz Franz von Anhalt-Bernburg stieß mit drei Bataillonen von Wieds linkem Flügel nach Leutmannsdorf hinein und säuberte die Gärten von Kroaten, doch jenseits des Dorfes wurde er an den steilen Hängen von den vorn marschierenden Bataillonen Brentanos zunächst blutig abgewiesen. Erst als Wied zwei weitere Bataillone zur Unterstützung entsandte, gelang es Bernburg, über den Bergkamm zu gelangen und Brentanos rechten Flügel zurückzuwerfen.
Unterdessen stürmte auf Wieds linker Flanke Oberst Lottum die Berghänge bei Ludwigsdorf mit den Regimentern Schulenburg (22) und Mosel (10). (siehe Karte 46) Die Truppe wußte, daß sie sich unter den Augen des Königs zu bewähren hatte. Die Pommern unter Schulenburgs Kommando halfen sich gegenseitig den Berg hinauf im Bestreben, schnell auf den Gipfel zu gelangen. Lottum säuberte die österreichische Schanze nördlich Ludwigsdorf und zwang mit Hilfe des Regiments Ramin (25) Brentanos linken Flügel zum Zurückweichen auf Michelsdorf.

Voll Genugtuung beobachtete Friedrich, wie die Fahnen von Lottums Bataillonen auf der eroberten Verteidigungsanlage des Feindes aufgepflanzt wurden. Er entsandte sofort einen Adjutanten, um den Oberst wissen zu lassen, daß er zum Generalmajor befördert worden sei. Dann wendete der König sein Pferd und preschte in westlicher Richtung davon, wo Möllendorffs Gefecht von der großen Batterie eingeleitet worden war. Ein gegnerischer Offizier vermerkte in seinen Aufzeichnungen, daß zwei österreichische Kavallerieregimenter, die Württembergischen Dragoner (D 38) und die Nadasdy-Husaren (H 11), am Ausgang des Weistritztals gerade ihre Pferde gefüttert hatten. «Das erste Aufeinanderprallen war schrecklich. Ich habe selten Gefechte mit ähnlichem Auftakt erlebt. ... Die Kanonenkugeln und Haubitzengranaten richteten schreckliche Verwüstungen an. Die Pferde rissen sich von ihren Halftern los und rasten eine halbe Meile weit davon.» (Ligne, 1795–1811, XVI., 132)

Der Infanterieangriff wurde mit fast wissenschaftlicher Genauigkeit aufgezogen. Statt sich unter blutigen Verlusten in den Besitz der österreichischen Stützpunkte im Weistritztal zu setzen, spürte Generalmajor Möllendorff mit Hilfe eines Försters einen schmalen Waldpfad auf und arbeitete sich dann, von den Österreichern unbemerkt, mit seiner Brigade an den weiter unten gelegenen drei Schanzen vorbei bergan bis in eine Stellung, die genau gegenüber der Ostflanke der auf dem Gipfel angelegten gegnerischen Verteidigungsstellung lag. Zweihundert Freiwillige führten den Sturmangriff durch das enge

Kohlbachtal an und weiter hinauf durch die an den Hängen dicht an dicht wachsenden Haselnußsträucher und jungen Eichen. Ein mutiger Grenadier namens Wolf steckte das die feindliche Schanze umgebende Baumverhau in Brand und bahnte damit seinen Kameraden den Weg. Einer der fähigsten jungen preußischen Offiziere, Oberleutnant Cuno Friedrich von der Hagen, überlebte den Augenblick des Triumphes nicht. «Eine Kugel fuhr ihm über das linke Auge durch den Kopf. Er fiel davon, ohne ein einziges Lebenszeichen zu geben, zur Erde und nahm neuerrungene Siegeszeichen mit ins Grab...» (Pauli, 1758–64, IX., 305)
Die Österreicher gaben jetzt ihre Erdbefestigungen im unteren Talabschnitt auf, die nicht mehr zu halten waren, und die von Norden her heranstürmende Brigade Manteuffels ließ es O'Kelly ratsam erscheinen, seine Stellung völlig zu räumen. Friedrich blies daraufhin die geplante Attacke der Brigade Knobloch ab und bestieg persönlich die Hänge des Weistritztals. Dem Bericht eines Augenzeugen zufolge begegnete er unterwegs einem verwundeten Musketier:

> «Wie geht's?» fragte der König ihn. – «Gottlob!» antwortete der Soldat, «es gehet alles gut, die Feinde laufen und wir siegen!» – «Du bist verwundet, mein Sohn!» fuhr der König fort und reichte ihm sein Schnupftuch, «verbinde dich damit!» – «Nun wundre ich mich nicht», sagte Czernischef, der dem Könige zur Seite ritt, «daß man Ew. Majestät mit solchem Eifer dienet, da Sie Ihren Soldaten so liebreich begegnen!» (Anon., 1787–89, IV., 71)

Oben angekommen, erblickte Friedrich die Leiche Hagens, die inmitten einer großen Blutlache lag. Er nahm Abschied von dem jungen Offizier, der ihm während des Krieges manches Mal angenehm aufgefallen war. Am frühen Nachmittag kam die Nachricht, daß Marschall Daun einen allgemeinen Rückzug seiner Truppen angeordnet hatte.
Insgesamt belief sich die Höhe der preußischen Verluste im Verlauf der Gefechte bei Burkersdorf auf rund 1 600. Die Österreicher verzeichneten mindestens ebenso viele Tote und Verwundete; dazu kamen noch 550 Mann, die in preußische Gefangenschaft geraten waren. Das Ausmaß von Friedrichs Erfolg wurde aber erst am 22. Juli offenbar, als Daun seine Nachschubverbindungen nach Schweidnitz aufgab und sich tiefer ins Gebirge zurückzog, wo er von den Magazinen der Festung völlig abgeschnitten war. Die Russen marschierten am selben Tag ab, doch sie hatten jetzt ihren Zweck zu Friedrichs Genugtuung erfüllt. Am 30. Juli wurde dem König aus Petersburg gemeldet, Katharina habe wider Erwarten den mit ihrem Gemahl

abgeschlossenen Frieden mit Preußen bestätigt. Der abgesetzte Zar Peter sei inzwischen an einer Magenverstimmung gestorben. «Il ne vous sera pas difficile à pénétrer de quelle espèce a été cette colique!» («Es wird Ihnen nicht schwerfallen, zu erraten, was für eine Art Kolik das gewesen ist!») (Friedrich an Finckenstein, 1. August, PC 13938)
Die Standardgeschichtswerke der damaligen Zeit widmen den Ereignissen von Burkersdorf kaum eine Zeile. Trotzdem war dieser Sieg von größter politischer und strategischer Bedeutung – in Wirklichkeit wichtiger als der Ausgang einer blutigen Schlacht wie der von Torgau – und beweist neue Ideen bei Friedrichs taktischer Planung:

> Durch die Schilderung dieses Treffens klingen nicht die Trompeten von Roßbach oder der Avancirmarsch von Leuthen. Welch verschiedenes Bild gewähren die Kämpfe der ersten Kriegsjahre mit ihren mitten im Pulverdampf durch einheitliches Kommando bewegten Schlachtenlinien, die gleich langen Meereswellen heranstürmen, und im Vergleich dazu Burkersdorf mit seinem an moderne Verhältnisse streifenden Auftragsverfahren! (Jany, 1907, 90–91)

Während der restlichen Zeit der schlesischen Kampagne richtete sich Friedrichs Aufmerksamkeit jetzt nur noch auf zwei Punkte: die Belagerung von Schweidnitz und die Anmarschwege von den Pässen im Eulengebirge her, über die Daun möglicherweise, aus der Grafschaft Glatz heranrückend, einen Durchbruch zum Entsatz der Festung versuchen würde.
Die Operation gegen Schweidnitz dauerte weitaus länger, als Friedrich erwartet hatte. Zwar waren die Festungswerke nicht besonders stark gebaut, doch die österreichische Besatzung war mit zirka 10 000 Mann außerordentlich hoch, und der Kampfesmut der Musketiere und Ingenieure in der Garnison blieb lange Zeit ungebrochen, obwohl Generalleutnant von Tauentzien die Bastion mit nahezu 12 000 Mann belagerte. Die Österreicher unternahmen in den darauffolgenden Wochen und Monaten verschiedentlich erfolgreiche Ausfälle, und da es den preußischen Mineuren an Erfahrung mangelte, die einzelnen Festungswerke zu untertunneln, zog sich die Einschließung der Stadt bis zum 9. Oktober hin. Die Festung streckte die Waffen, nachdem ein Mörservolltreffer das Fort Jauernick mit dem Pulvermagazin in die Luft gejagt hatte und der Außenwall des Festungsgrabens durch eine Sprengung aufgerissen worden war.
Inzwischen hatte Friedrich den Herzog von Bevern mit einem Korps von 9 000 Mann aus Oberschlesien auf die Höhenzüge bei Peilau unweit von Reichenbach beordert mit dem Auftrag, von dort aus die Zugänge aus dem Eulengebirge zu bewachen. In der Nacht vom

15. zum 16. August tauchte Feldmarschall Daun mit schätzungsweise 45 000 Soldaten bei Silberberg auf und entsandte in Eilmärschen eine 25 000 Mann zählende Truppe voraus, die Bevern überrennen und den Költschenberg als Stützpunkt auf dem Weg nach Schweidnitz einnehmen sollte.

Den ersten Zusammenstoß mit dem Feind hatte Bevern gegen fünf Uhr früh. Friedrich eilte ihm sofort mit den Kräften, die er in seinem Lager in Peterswaldau zusammenstellen konnte, zu Hilfe. Die Braunen Husaren und die Czettritz-Dragoner übernahmen die Spitze, gefolgt von den Bosniaken und der übrigen Kavallerie. (vgl. Abb. 40) Friedrich ritt ein kleines Kosakenpferd namens Cäsar, das dahinjagte wie eine Rakete. «Es war ein schönes Bild, die Kavallerie in gestrecktem Galopp aus dem Feldlager in Peterswaldau eintreffen zu sehen, besonders die Bosniaken, die ihren Tieren freien Lauf ließen, und dann zu beobachten, wie die beiden Truppen aneinandergerieten.» (Ligne, 1795–1811, XVI., 152) Nach einem spektakulären, aber beinahe ohne Blutvergießen verlaufenden Kavalleriegefecht zogen sich die Österreicher vom Kampfgelände zurück, bevor die Masse von Friedrichs Truppen in Aktion treten konnte.

Daun gab Schweidnitz jetzt endgültig verloren und zog sich in die Grafschaft Glatz zurück. Friedrich verspürte keine Lust, über die befestigten Pässe die Verfolgung aufzunehmen, «mais en reprenant Dresde, nous aurions un équivalent; et pour ravoir cet électorat, on serait bien obligé de nous rendre le Glatz et le pays de Clèves et de Gueldres» («doch wenn wir Dresden zurückerobern, haben wir ein Äquivalent; um dieses Kurfürstentum wiederzuerlangen, müßte man uns Glatz und die Herzogtümer Kleve und Geldern zurückgeben») (PC 14095).

Friedrich entsandte Verstärkungen nach Sachsen, die am 17. Oktober den Marsch antraten, aber er selbst befand sich noch in Schlesien, als ihm die Nachricht überbracht wurde, daß Prinz Heinrich und Seydlitz einen von ihrer Seite sehr offensiv geführten Feldzug gegen die Reichsarmee und die Österreicher am 28. Oktober mit einem Sieg in offener Feldschlacht bei Freiberg in Sachsen, zwischen Dresden und Chemnitz gelegen, gekrönt hatten. Friedrich schrieb seinem Bruder, die Botschaft von diesem Erfolg habe bewirkt, daß er sich sogleich um zwanzig Jahre verjüngt gefühlt habe. Der König traf am 7. November in Torgau ein, mußte indes zu seiner Enttäuschung feststellen, daß sich der Feind zu stark hinter dem Plauenschen Grund verschanzt hatte, als daß der Versuch, Dresden zurückzuerobern, Aussicht auf Erfolg gehabt hätte.

Am 29. November ließ sich ein gewisser Baron von Fritsch, den

Friedrich flüchtig kannte, bei diesem im königlichen Hauptquartier in Meißen melden. Er kam als Unterhändler Maria Theresias und unterbreitete in derem Auftrag ein erstes Angebot für einen «billigen und anständigen» Frieden. Friedrichs Antwort fiel barsch und sarkastisch aus, doch ein drohendes Schreiben der Zarin Katharina von Rußland ließ ihn bei einem zweiten Gespräch mit dem österreichischen Sonderbotschafter zugänglicher werden. Ernsthafte Friedensverhandlungen wurden dann am 30. Dezember 1762 auf dem teilweise verwüsteten kurfürstlich-sächsischen Jagdschloß Hubertusburg bei Wermsdorf in der Nähe von Leipzig aufgenommen.
Der Feind war noch im Besitz des preußischen Territoriums Glatz, und es bedurfte starken Drucks seitens Friedrichs und dringender Appelle an die Soldatenehre Dauns, ehe sich die Österreicher entschlossen, sich auf die Grenzen von 1756 zurückzuziehen. Praktisch wurde die Grafschaft Glatz an Preußen zurückgegeben, weil diese sich einverstanden erklärten, Sachsen zu räumen. Der Friede von Hubertusburg wurde am 15. Februar 1763 von Preußen, Österreich und Sachsen unterzeichnet, und damit endete «cette cruelle guerre qui a tant couté de sang, de soucis et de pertes.» («dieser grausame Krieg, der soviel Blut, Sorgen und Verluste gebracht hat.») (Friedrich an Heinrich, 2. Februar 1763, PC 14417)

Nach dem Siebenjährigen Krieg führte Friedrich eine Reihe von Ursachen an, die seiner Ansicht nach Preußens Untergang verhindert hatten. Dazu zählte in erster Linie der «Mangel an Übereinstimmung und Eintracht unter den Mächten des großen Bundes; ihre verschiedenen Interessen, die sie hinderten, sich über manche Operationen zu verständigen, sowie auch die geringe Einigkeit unter den russischen und österreichischen Generälen . . .», ferner «die allzu tückische und verschlagene Staatsklugheit des Wiener Hofs, der den Grundsatz hatte, seinen Verbündeten die schwersten und gewagtesten Unternehmungen zu übertragen, um die eigene Armee zu Ende des Krieges in besserem Zustand . . . zu erhalten», sowie nicht zuletzt auch «der Tod der russischen Zarin (Elisabeth), die den Bund mit Österreich mit ins Grab nahm, der Abfall der Russen und das Bündnis Peters III. mit dem König von Preußen und schließlich der Beistand, den der Zar nach Schlesien schickte . . .» (Œuvres, V., 229) Die Nachwelt muß hinzufügen, daß natürlich auch die Feldherrenkunst Friedrichs und die Leistungsfähigkeit der preußischen Armee nicht ohne gewissen Einfluß auf die Entwicklung waren.
Der entschieden wenig klangvolle Name «Siebenjähriger Krieg» kam übrigens erst nach 1780 in den Sprachgebrauch, zu einem Zeitpunkt

also, als die Bezeichnung «der jüngste Krieg» von den geschichtlichen Ereignissen außer Kraft gesetzt worden war. Alle dramatischen Nebenwirkungen des «Dritten Schlesischen Krieges», wie er auch genannt wurde, leiteten sich von den tatsächlichen Vorgängen auf den Schlachtfeldern einer Auseinandersetzung ab, «die denkwürdiger, blutiger, von größerer Bedeutung und lehrreicher war als irgendein anderer, in den Annalen der Welt verzeichneter Krieg.» (Müller, 1788, 92)

Die durch den Krieg freigesetzten Emotionen führten zu kraftvollem Aufschwung einer literarischen Strömung der sanften Schwärmerei, die sich unter der Bezeichnung «Empfindsamkeit» in Deutschland ausbreitete (Brüggemann, 1935, passim), und statteten die Preußen mit einem bleibenden Mythos aus, der ihnen seelische Kraft gab und direkt zu vergleichen ist mit dem Begriff «Frontier» (Neuland), den später die Amerikaner in ihrer Pionierzeit prägten. Dichter und Schriftsteller schwelgten in der Vorstellung, daß Preußen nunmehr mit einem Pantheon von Helden prunken konnte, die den Heroen der Antike in nichts nachstanden. (Pauli, 1758–64, I., Vorwort; Seidl, 1781, III., 388–389; Haller, 1796, 93)

Warnery war wahrscheinlich im Irrtum, als er schrieb, der Krieg habe 400 000 Todesopfer gefordert, ohne daß einer der Beteiligten den geringsten Nutzen daraus hätte ziehen können. (Warnery, 1788, 533) Großbritannien machte wichtige Eroberungen in Übersee, wie Friedrich in seiner Geschichte des Siebenjährigen Krieges darlegte. «Die Engländer, zu Lande und zur See siegreich, hatten gewissermaßen ihre Eroberungen für die großen Summen erkauft, die sie zum Krieg geborgt hatten ... Ihr Reichtum ... rührte ... (auch) vom Wachstum des Handels her, dessen sie sich während des Krieges fast allein bemächtigt hatten.» (Œuvres, V., 234–35) Negativ gesehen, hatte Preußen einen Verteidigungssieg ersten Ranges errungen. Der weitsichtige dänische Kriegsminister Graf Bernstorff hatte es bereits 1759 so ausgedrückt: «Dieser Krieg ist entbrannt nicht um ein mittelmäßiges oder vorübergehendes Interesse, nicht um ein paar Waffenplätze oder kleine Provinzen mehr oder weniger, sondern um Sein oder Nichtsein der neuen (preußischen) Monarchie.» (Koser, 1921, III., 161) Ohne Friedrich als Vorläufer eines Bismarck oder Hitler hinzustellen, müssen wir seinem Biographen Koser zustimmen, der die Meinung vertritt: «Der Siebenjährige Krieg hat die Großmachtstellung Preußens nicht geschaffen, aber wider alle Anfechtungen und Zweifel erhärtet und zur Anerkennung gebracht.» (ebd., II., 383)

Friedrich zeigte sich keineswegs von der Tatsache beeindruckt, daß er nun als Persönlichkeit von europäischem Rang galt. Die Bewunderung der britischen Öffentlichkeit kam in Moritaten und bildlichen Darstellungen auf Töpferwaren zum Ausdruck; amerikanische Siedler nannten eine ihrer kleinen Städte «King of Prussia»; das französische Bürgertum machte sich lustig über die Niederlagen der eigenen Armeen gegen die Preußen. Anderswo ergriff man Partei für Friedrich oder Maria Theresia mit solcher Heftigkeit, daß es beispielsweise in Venedig zu Handgreiflichkeiten zwischen Mönchen und Gondolieri kam und man in der Schweiz den Ausbruch eines Bürgerkrieges befürchten mußte. (Meyer, 1955, 145) Friedrich selbst knüpfte daran die Überlegung:

> Unser Kriegsruhm ist sehr schön aus der Ferne angesehen; aber wer Zeuge ist, in welchem Jammer und Elend dieser Ruhm erworben wird, unter welchen körperlichen Entbehrungen und Anstrengungen, in Hitze und Kälte, in Hunger, Schmutz und Blöße, der lernt über den «Ruhm» ganz anders urteilen. (Koser, 1921, III., 165)

Friedrich kehrte über Schlesien und die Neumark nach Berlin zurück. Er wurde am 30. März in der Hauptstadt erwartet. Die Kompanien der Bürgergarde hatten zusammen mit hohen Militärs und Honoratioren unter Ehrenpforten und Girlanden vor dem Frankfurter Tor Aufstellung genommen. Tausende und Abertausende von Berlinern warteten mit ihnen, um ihrem siegreichen König zuzujubeln. Friedrich jedoch ließ endlos lange auf sich warten. Er hatte auf dem Schlachtfeld von Kunersdorf haltgemacht, wo ihn dreieinhalb Jahre zuvor in der blutigsten Schlacht des Krieges Russen und Österreicher besiegt hatten. Unter einem düsteren Himmel, aus dem der Regen niederprasselte, gab sich der Monarch inmitten einer düsteren Landschaft noch düstereren Erinnerungen hin, während seine Untertanen daheim in Berlin unwillig zu murren begannen, als sich der Regentag seinem Ende zuneigte und der König noch immer nicht in Sicht war. Der Unmut wurde vom Marquis d'Argens, dem engen Freund des Herrschers und Mitglied der Tafelrunde von Sanssouci, geteilt, der verzweifelt ausrief: «Ich habe Ihm ja geschrieben, daß Er es seinem Volke schuldig ist, dessen Liebe anzunehmen! Es ist unverzeihlich, daß Er nicht kommt!» (Nicolai, 1788–92, I., 49)
Friedrich fuhr erst um acht Uhr abends in seiner abgenutzten Kutsche, die er fast während des gesamten Krieges für seine Reisen benutzt hatte, in Berlin ein. Längst war die Dunkelheit hereingebrochen, und Ehrenformationen und Schaulustige hatten schon den Heimweg angetreten. Für die Fahrt zum Schloß wählte der König einen Umweg. Wie es heißt, stand er am anderen Morgen bereits in aller Frühe am Schreibpult und arbeitete.

6. KAPITEL

AUF DER SUCHE NACH DEM ALTEN FRITZ

Wir haben nun eine derart lange Zeit in Friedrichs Gesellschaft verbracht, daß wir uns eigentlich nicht über die Art und Weise wundern dürfen, wie er auf das plötzliche Nachlassen der seelischen und körperlichen Belastung während der Kriegsjahre reagierte. Nachdem er sich zunächst um die Sorgen und Leiden der Berliner Bevölkerung gekümmert und nach Möglichkeit Abhilfe geschaffen hatte, zog er sich nach Sanssouci zurück und erfreute sich inmitten seines Parks der täglichen Veränderungen, die der Frühling in der Natur bewirkte. Mitte Mai 1763 besichtigte er den Schauplatz der Kämpfe gegen die Russen in der Neumark und in Pommern, erlitt dann aber einen physischen Zusammenbruch von solcher Heftigkeit, daß er weder gehen noch reiten konnte und sich überallhin mit der Kutsche fahren lassen mußte. Es schien, als habe der Monarch, der gerade erst einundfünfzig Jahre zählte, nur noch eine kurze Lebensspanne vor sich.
Friedrichs Bemühungen, die Kriegsschäden in Preußen zu beseitigen, erfolgten unter dem Leitbegriff «Rétablissement» (Wiederaufbau; Gesundung). Dieser Prozeß reichte vom Aufbau zerstörter Wohnhäuser und Bauernhöfe (zwischen 12 000 und 14 500 wurden bis Ende 1766 wiederhergerichtet) bis zur Reform der entwerteten Währung, der Neuauffüllung der Viehbestände der Bauern, Versuchen mit neuen Saaten und verbesserten landwirtschaftlichen Anbaumethoden sowie der verstärkten Fortsetzung der inneren Kolonisation in der jetzt angebrochenen Friedenszeit. Schätzungsweise fast eine halbe Million Menschen hatten im Verlauf des Krieges den Tod gefunden oder aus irgendeinem Grunde Preußen verlassen. Das bedeutete eine schwere Einbuße bei einer Gesamtbevölkerung von nur knapp über 4,5 Millionen. Zwar machten bis zu Friedrichs Tod 1786 Einwanderer die Verluste nicht wett, denn durch sie erhöhte sich die preußische Bevölkerung lediglich um knapp 60 000 Personen, doch ein jahrelanger Geburtenüberschuß, der rund 30 Prozent über der Sterberate lag, machte Preußen in bezug auf das Bevölkerungswachstum zum am raschesten wachsenden Staat in Deutschland und trug entscheidend dazu bei, daß die Einwohnerzahl 1786 bei 5,43 Millionen lag.
Es fällt nicht leicht, Zielsetzung und Ablauf des «Rétablissement» eindeutig zu charakterisieren (eine Darstellung aus moderner Sicht

gibt Johnson, 1975). Blühten einerseits Kohlenbergbau und Eisenindustrie in Oberschlesien ab etwa 1777 beträchtlich auf, so vegetierten andererseits Gewerbe und Handel insgesamt infolge des preußischen Monopol- und Ausfuhrzollsystems dahin – «ein Beispiel für eine verfehlte Politik von solch flagranter Art, daß man meinen möchte, seine (Friedrichs) Talente beschränkten sich allein auf die eines Kriegers.» (Marshall, 1772, III., 274) In Friedrichs Augen waren Handwerk und Industrie wie das gesamte Wirtschaftsleben nur ein Mittel, um der Bevölkerung Arbeit und Brot zu sichern, und die Steuern und Abgaben betrachtete er vornehmlich als Regulator der Volkswirtschaft. (Zottmann, 1937, 167) Tatsächlich stammten die Staatseinnahmen größtenteils direkt aus den Erträgen der königlichen Domänen.

Friedrichs Verschrobenheit kam indes am besten zum Ausdruck im Neuaufbau der preußischen Armee. Hier leistete er, rein materiell gesehen, ohne Zweifel Großes, Ende 1777 waren die Arsenale mit 140 000 Musketen und 1 376 umgegossenen Geschützen der verschiedensten Kaliber vollgestopft, und die Versorgungsmagazine enthielten genügend Brotgetreide, um zwei Armeen von je 70 000 Mann zwei Jahre lang damit zu beliefern. 1768 erhöhte der König die Friedensstärke seines Heeres auf 161 000 Mann. Die Annexion Westpreußens im Jahre 1772 machte es ihm dann möglich, die Gesamtzahl seiner Truppen auf über 190 000 Mann heraufzusetzen. Die preußische Armee wurde damit hinter Österreich (297 000) und Rußland (224 000) zur drittgrößten Europas.

Der Charakter der Armee hatte bis dahin eine tiefgreifende Veränderung erfahren, eine Folge der beinahe an Verachtung und Haß grenzenden Strenge, die Friedrich gegenüber seinen Offizieren und Mannschaften an den Tag legte. Er war der unerschütterlichen Ansicht, nur mit Hilfe harter Maßnahmen die Disziplin wiederherstellen zu können. Jany zufolge hatten die Strapazen des Siebenjährigen Krieges ihre Spuren auch im Wesen Friedrichs hinterlassen: «Er dachte jetzt härter und bitterer von den Menschen; nach ihren inneren Eigenschaften fragte er weniger.» (Jany, 1903, 9) Die Armee, die im Krieg aufgerieben worden war, war praktisch diejenige gewesen, die er von seinem Vater geerbt hatte. Die Armee Friedrichs des Großen im eigentlichen Sinne wurde erst nach 1763 ins Leben gerufen und sollte in fast jeder Hinsicht ihrer Vorgängerin nachstehen.

Tonangebend in dieser neuen Institution waren die «Instructionen» für die Kommandeure der Kavallerie- und Infanterieregimenter, die Friedrich am 11. Mai 1763 erließ. In dieser Dienstanweisung findet sich auch der berühmt-berüchtigte Satz: «Überhaupt muß der gemeine Soldat vor dem Officiere mehr Furcht als vor dem Feinde haben!» Im selben Jahr wurde beschlossen, ausländische Rekruten nicht mehr für einzelne Kompanien anzuwerben, sondern sie sozusagen in einen Topf zu werfen und von der zentralen Militärbürokratie auf die Truppe aufteilen zu lassen. Die Rekrutierungsoffiziere verloren daher das Interesse an der Überprüfung der charakterlichen Eignung der Männer, die sie für den Dienst in der preußischen Armee heranholten. Vermutlich ließ auch die Qualität des einheimischen Soldatennachwuchses nach. Eine zunehmend große Anzahl von Freistellungen ersparte vielen zuverlässigen jungen Männern die Einberufung im Rahmen der kantonalen Rekrutierung, und 1780 bestimmte Friedrich den Militärdienst sogar als eine der Strafen für abgeurteilte Kriminelle.

Das Offizierskorps erfuhr für seine im Siebenjährigen Krieg erduldeten Leiden keine Dankbarkeit. Friedrich übte weiter mit erschreckender Willkür die persönliche Aufsicht bei den Frühjahrsparaden und Herbstmanövern aus, und Berenhorst vermochte gegen Ende des Jahrhunderts zu schreiben: «Alles zitterte bey seinem Anblicke; und gewiß, mancher jetzige Greis wird vom Schlafe aufschrecken, wann ihm dessen Bild im Traume erscheint.» (Berenhorst, 1798–99, I., 126) Indirekt setzte Friedrich Disziplin und die Erfüllung einheitlicher Anforderungen durch Aufteilung der Regimenter in Gruppen oder «Inspectionen» durch und überließ die Soldaten der Gnade oder Ungnade der «Inspecteurs», deren ersten er 1763 ernannte.

Ein ausgesprochen unsozialer Vorgang war die Behandlung vieler aus dem Bürgertum stammender Offiziere, die während der Notzeit im Krieg ihr Patent erhalten hatten. Friedrich entließ nun diese Leute auf einen Schlag aus der Armee oder versetzte sie günstigenfalls zu den Husaren. Die dadurch entstehenden Lücken schloß er, indem er zurückgriff auf «Edelleute aus fremden Landen ..., die Verstand, Ambition und eine wahre Lust zum Dienst bezeigen». («Instruction für die Commandeurs der Cavallerie-Regimenter», 11. Mai 1763, Œuvres, XXX., 280)

Hand in Hand mit dieser Entwicklung ging eine Straffung der Truppenausbildung, die in seltsamem Gegensatz zu der großen Erfahrung stand, die sich die preußische Armee im Verlauf des Siebenjährigen Krieges angeeignet hatte. Friedrich setzte eine unnötige Vielzahl schwieriger taktischer Manöver durch und erhöhte die Feuergeschwindigkeit auf die außergewöhnliche Zahl von bis zu sechs Schuß pro Minute, was auf dem Exerzierplatz sehr beeindruckend wirkte, jedoch im wirklichen Gefecht unmöglich beizubehalten war. Von den jungen Offizieren, die sich zum Aufstieg in der Militärhierarchie berufen fühlten, erwartete der König auch, daß sie die freie Zeit, die

ihnen zwischen dem Drill verblieb, durch fleißige Lektüre von einschlägiger Literatur über ihr Metier nutzten.
Erst von ungefähr 1770 an war Friedrich der Meinung, daß seiner Armee die von ihm erstrebte Zucht und Präzision in Fleisch und Blut übergegangen war. Mehr als bezeichnend ist es, daß einige Historiker den Beginn des Verfalls der soldatischen Moral um ungefähr dieselbe Zeit ansetzen. Aus der Sicht des alten Trommlers Dreyer, der seit den Tagen des Soldatenkönigs Friedrich Wilhelm Dienst im preußischen Heer getan hatte, zog sich der Niedergang der Armee, der sich schon im Verlauf des Siebenjährigen Krieges bemerkbar gemacht hatte, nach dem Friedensschluß noch lange hin und verstärkte sich dabei. Diese Entwicklung führte er auf die komplizierten neuen taktischen Formationen und Schwenkungen zurück, die den widerwilligen Gemeinen buchstäblich eingeprügelt werden mußten, sowie auch auf den Verlust echter Achtung vor Autorität, der nach seiner Meinung in Zusammenhang stand mit «dem viel zu guten Leben, welches in allen Ständen einreißt; des weiteren dem vielen Kaffeetrinken und Brandweinsaufen, der Hurerey und der Abnahme der Religion.» (Dreyer, 1810, 21) Georg Heinrich von Berenhorst, der einer jüngeren Generation angehörte, urteilte trotzdem in gleicher Weise über den schädlichen Einfluß des Luxus und fügte hinzu, die neuerliche Betonung der Pedanterie habe zwei Kategorien von Offizieren hervorgebracht; nämlich begrenzt aufnahmefähige, doch wirklichkeitsverbundene Männer, die rundweg bekannten, daß ihnen das neue theoretische Zeug viel zu schwer sei, und «kleine Meister», die sich in dem ganzen Papierkrieg auskannten und hervortaten. «Beyde . . . vernachlässigten Hauptstücke ihres gegenwärtigen Berufs: die Vorsorge für den gemeinen Mann und dadurch das Gewinnen seines Zutrauens.» (Berenhorst, 1798–99, I., 130)
Unterdessen wütete weiterhin die Preußomanie durch das militärische Europa, denn das Königreich galt nun unangefochten als europäische Großmacht. In Armeen wie der französischen, spanischen und österreichischen (und unter den Zaren Peter III. und Paul I. auch der russischen) erstreckte sich die Nachahmung preußischer Dinge nicht nur auf Äußerlichkeiten wie die Uniform, die als «das preußische Costüm» bekannt wurde, sondern auch auf den Sinn für Disziplin und eine Reihe von Grundlagen der militärischen Praxis. Fürst de Ligne drückte es so aus: «Berlin hat denselben Glorienschein in bezug auf das Soldatentum wie Versailles für Lebensart und Umgangsformen. Bald wird man keine (unterschiedlichen) Armeen mehr kennen. Beinahe alle wollen so werden wie die Friedrichs.» (Ligne, 1795–1811, I., 162–63) Dieser Ehrgeiz fußte auf nichts weiter

als einer flüchtigen Bekanntschaft mit der geschwächten Armee der späteren Jahre von Friedrichs Regierungszeit, die mehrere Klassen von dem Heer entfernt war, das in Roßbach und Leuthen den Sieg davongetragen hatte.
Klügere Köpfe sahen ein, wie sinnlos ein solcher Versuch war. Aus der Beobachtung von Revuen und Manövern allein war es für einen Fremden unmöglich, weder die Wesensmerkmale der taktischen Formationen zu erkennen noch «gewisse Kleinigkeiten..., die man nicht leicht bemerkte, und worauf doch alles ankam.» (Riesebeck, 1784, II., 139) Wie Christian Garve durchblicken ließ, war die preußische Armee das Produkt einer kumulativen Ausbildung, die sie im Verlauf der Jahre durch Friedrich erhalten hatte, der seine Streitmacht mittels formeller Instruktionen, Briefen an einzelne Offiziere sowie den auf den Feldzügen und bei Paraden und Truppenübungen abgegebenen Kommentaren geformt hatte. (Garve, 1798, 140) Im Jahre 1770 unternahm Friedrich selbst den Versuch, den Prinzen Karl von Schweden davon abzubringen, eine Armee nach preußischem Vorbild aufzubauen: «Meine Armee, obwohl sie kein Vorbild ist, hat dreißig bis vierzig Jahre zu ihrer Gestaltung gebraucht und ist noch immer nicht gut. Wie willst Du da mit einem Schlage ein undiszipliniertes Heer ausbilden?» (Volz, 1926–27, II., 232–33; vgl. auch Guibert, 1778, 131, und Seidl, 1781, III., 335)

Es ist vielleicht interessant, die ausländischen Pilger einmal bei ihrem Versuch zu begleiten, die Geheimnisse unseres Helden zu ergründen. Sie unternahmen gewöhnlich die Reise nach Brandenburg als verlängerte Exkursion von Sachsen aus. Sobald sie die fruchtbaren weiten Felder des Kurfürstentums hinter sich gelassen hatten, gelangten sie in eine große Waldzone. «An den Flüssen erblickt man weite Moräste, und das viele und dicke Schwarzholz giebt der Landschaft eben kein munteres Aussehen.» (Riesebeck, 1784, II., 80–81)
Acht bis zehn Stunden Fahrt über sandbedeckte Straßen brachten den Reisenden dann in die königliche Hauptstadt Berlin, die allmählich in ihren Bauten etwas von der Mentalität der preußischen Monarchie durchblicken ließ. Es war eine flächenmäßig große Stadt mit viel äußerem Glanz, «sowohl wegen der Breite ihrer Straßen, die sich alle im rechten Winkel kreuzen, als auch wegen der prächtigen Gebäude.» (Yorke, 1913, III., 228) Die Bevölkerung nahm unter der Herrschaft Friedrichs um ein Drittel zu und stieg von weniger als 100 000 Einwohnern im Jahre 1740 auf nahezu 150 000 im Jahre 1786. Eine Reihe imposanter Bauwerke war bereits vor dem Siebenjährigen Krieg errichtet worden, vor allem das Königliche Opernhaus (1741),

die katholische St. Hedwigskathedrale (1747, deren Kuppel man dem Pantheon in Rom nachgebildet hatte) sowie das Palais des Prinzen Heinrich (1748). Der letztgenannte Palast wurde nach dem Krieg vollendet und verlieh zusammen mit der Neugestaltung der Prachtstraße Unter den Linden und dem Bau solch eindrucksvoller Einrichtungen wie der Königlichen Bibliothek (1770–1780) und des Schauspielhauses (1774) dem Ganzen ein einheitliches Bild.

Die beiden königlichen Schlösser waren zum größten Teil das Werk früherer Baumeister. Das Berliner Stadtschloß vereinte in seiner Architektur verschiedene Epochen. Friedrich mochte es nicht, weil es mitten in der Stadt lag. Ein angenehmer kleiner Spaziergang durch die Alleen eines Parks führte jedoch zur Spree und weiter zum Schloß Charlottenburg, das ursprünglich für Sophie Charlotte von Hannover, die zweite Gemahlin Friedrichs I., gebaut worden war. Nach 1740 hatte unser Friedrich als junger König die Absicht gehabt, in dieser Residenz ein gut Teil seiner Muße zuzubringen und deshalb Knobelsdorff und den Maler Antoine Pesne beauftragt, einen eleganten neuen Ostflügel zu errichten und auszuschmücken. Die Kriegszüge sowie der spätere Bau des Lustschlosses Sanssouci bei Potsdam, das zum Lieblingsaufenthalt – und zum Sterbeort – des Königs wurde, hatte Friedrichs Vorhaben indes zunichte gemacht. Das Schloß wurde von den Verbündeten während der vorübergehenden Besetzung Berlins im Jahre 1760 stark verwüstet, und nach dem Siebenjährigen Krieg benutzte es Friedrich nur noch als Ausgangspunkt für die Abnahme der Paraden und Manöver auf dem nahen flachen Land.

Die militärische Identität Preußens kam an anderer Stelle direkter zum Ausdruck. Auf dem abseits gelegenen Wilhelmsplatz waren Denkmäler für die gefallenen Heerführer Seydlitz, Keith und Winterfeldt aufgestellt worden. Ein weiteres Standbild zeigte Feldmarschall Schwerin im Augenblick seines Todes 1757 in der Schlacht von Prag. Diese Statuen waren in den Augen der Zeitgenossen ein ungewöhnlicher Ausdruck des Gedenkens eines Herrschers an seine tapferen Generale. Auf der Hauptstraße Unter den Linden diente noch immer das zu Zeiten des Großen Kurfürsten errichtete prächtige Zeughaus, das Gebäude zur Aufbewahrung von Kriegsmaterial, seinem ursprünglichen Zweck. Im Erdgeschoß standen sämtliche Feldartilleriegeschütze für die Truppen in Berlin und Potsdam. Das obere Stockwerk mit seinen großen, vom durch die zahlreichen Fenster eindringenden Tageslicht gutbeleuchteten Sälen war mit Bergen von Trommeln, unzähligen Degenstapeln, gewaltigen Kisten mit Ladestöcken sowie Ständern, die über hunderttausend Musketen enthiel-

ten, bis unter die Decke gefüllt. Für ausrangierte, museumsreife Waffen blieb kein Platz. «Es gab nichts, was nicht zur sofortigen Verwendung bereit gewesen wäre.» (Marshall, 1772, III., 281)
In kleineren Dingen schnitt das friderizianische Berlin weniger gut ab. Kaum einem Reisenden entging der Gegensatz zwischen den in den Prunkbauten und eindrucksvollen Stuckfassaden in den großen Straßen sichtbar werdenden Ideen und der Wirklichkeit, die sich in verwüsteten Denkmälern, unter zerbröckelndem Gips hervorschimmernden schäbigen Backsteinmauern und in der vulgären Wesensart der meisten Bewohner der Hauptstadt zeigte.
Die meiste Zeit des Jahres über war die Berliner Luft bekanntermaßen frisch, doch die Sommer waren kurz und heiß und brachten der Bevölkerung etliche Plagen in Form der Steckmückenschwärme von den ringsum liegenden Seen und der vom Wind herangetriebenen großen Staubwolken aus der märkischen Heide, dem Sandboden, der in Verbindung mit Kiefernwäldern ein Drittel Brandenburgs bedeckte. Das moralische Klima war zugleich zweideutig und von einem Element autorisierter Gewalt geprägt. Friedrich selbst räumte ein: «Überhaupt ist zu Berlin eine etwas wilde Lebensart . . .» (Taysen, 1886, 81) Beobachter waren bestürzt angesichts der Duldung von Atheismus, Prostitution und Schlimmerem, und in seinem Reiseführer aus dem Jahre 1758 warnte Johann Peter Willebrandt nach Berlin kommende Fremde, nicht nur gegen Gefahren «der Pariser Art», sondern auch vor einer einzig in Berlin existierenden Bedrohung auf der Hut zu sein; der gewaltsamen Rekrutierung für die preußische Armee durch Betäubung und Verschleppung des unwilligen Opfers. Zwar hatte Friedrich die mit Zwang verbundene Anwerbung junger Ausländer untersagt, doch nichts konnte die preußischen Rekrutierungsoffiziere davon abhalten, gesunde und kräftige junge Männer, die in ihre Gewalt gerieten, unter Alkohol zu setzen und mitzunehmen. Es war deshalb einfach ratsam für den «Touristen», sich «vor dem Weinsaufen und andern Ausschweifungen, so den menschlichen Verstand und Willen oft auf Irrwege verleiten», zu hüten (Willebrandt, 1758, 225). Die Besucher machten sich nach der Besichtigung Berlins fast immer auch auf den drei preußische Meilen (rund 24 Kilometer) langen Weg nach Potsdam, der durch dichte Wälder führte. Hier verbrachte Friedrich vorzugsweise den größeren Teil seiner Zeit, wenn er nicht gerade auf Inspektionsreisen unterwegs war oder Feldzüge führte. Abgeschiedenheit und militärischer Charakter dieses Städtchens wurden noch hervorgehoben durch die Präsenz von nicht weniger als 22 der Feldregimenter der preußischen Armee und durch die große Schleife, die die Havel hier beschrieb. Diese Flußwindung

machte Potsdam praktisch zu einer schwerbewachten Insel. Alle Vorbehalte, die Ausländer beim Anblick der Berliner Straßen hegten, ließen sich hier in noch stärkerem Maße rechtfertigen. Es gab noch weniger Zeichen von pulsierendem Leben auf Straßen und Plätzen und dafür einen um so größeren Kontrast zwischen der äußerlichen Erhabenheit der Bauwerke und der abfälligen Art und Weise, mit der man Fremden begegnete. Bereits in den letzten Jahren der Regentschaft Friedrich Wilhelms I. hatte Potsdam begonnen, sich über seinen bescheidenen, aus roten Backsteinhäusern bestehenden Kern hinaus nach Norden und Westen auszudehnen. Neue Straßenzüge mit Häusern, deren Vorderfront Stuckverzierungen schmückten, waren entstanden. (vgl. Abb. 41) Diese Bautätigkeit wurde von Friedrich nach dem Siebenjährigen Krieg in verstärktem Umfang fortgesetzt. Rustika, also Mauerwerk aus Quadern mit roh bearbeiteten Außenflächen, und Tympana, mit Reliefs geschmückte Giebelfenster über Fenstern und Türen, beweisen, daß der Alte Fritz den Eindruck des Erhabenen und Würdevollen erwecken wollte. Hinter den Fassaden sah es indes anders aus:

> Wenn man fragt: «Wer lebt in diesen Palästen?» bekommt man zu hören, daß sie sämmtlich leer stehen oder lediglich mit Waren angefüllt, die nicht benötigt werden, oder mit Getreidesäcken vollgestopft sind, ohne daß es jemanden giebt, den es zu ernähren gilt ... Sieht man die Kopien antiker Basreliefs, welchselbe die Pforten in garnicht schlechter Bildhauerarbeit schmücken, von denen aber das Schulterstück eines Hammels oder ein Schusterleisten herabbaumelt, so ist man entweder gründlich choquirt oder zum Lachen gereitzt. (Piozzi, 1789, II., 356–57)

Niemand vermochte zu bestreiten, daß Potsdam ebenso wie Berlin voll schöner Bauwerke mit äußerlichem Zierat war, die des alten Rom würdig gewesen wären. Tatsächlich hätten die Inschriften und Ornamente einen Fremden zu der Annahme verleiten können, «daß die christliche Religion aus den preußischen Landen verjagt und der alte Jupiter und seine Familie wieder in Amt und Würden eingesetzt seien.» (Moore, 1779, II., 171)

Die Hauptachse dieses offiziellen Potsdam (Karte 47) verlief quer über die Havelschleife. Am östlichen Ende bildete das massive Viereck des Stadtschlosses das größte für sich stehende Gebäude der Garnisonstadt. Es war das Produkt einer seit 1664 aufeinanderfolgenden Reihe von Baustufen. Auf Geheiß Friedrichs wurde in den Jahren 1744–1752 das Innere völlig umgemodelt und neu tapeziert. Die Außenfront des Palastes erhielt ein modernes, einheitliches Gesicht und wurde in den auffälligen Farben Rot und Gelb gestrichen. Das wuchtige Gebäude war durch die Kolonnadenreihen aufgelockert, die Friedrichs beliebtesten und erfolgreichsten architektonischen Kunstgriff darstellten. Ein solcher Säulengang verlief, durch eine elegante Balustrade verlängert, nach Süden hin bis zum Lustgarten und zur Havel. All diese Anlagen säumten den Paradeplatz. Friedrich war dort häufig morgens zu finden, wenn seine Soldaten exerzierten. Sonntags lockte dieses große Areal immer eine große Menschenmenge an:

> Auf den Schlag 10 Uhr formirt sich das prächtigste Schauspiel. Vorher rauscht das Geschwätz der Neugierigen, wie Meerwasser oder wie auf einer Börse. Man sollte nicht glauben, daß man viele 1 000 Menschen so orbilisiren (sic!) könnte, daß sie solche Zieh- und Drahtpuppen würden ... Der kommandirende Obrist ritt an der Front und zwischen den Gliedern fürchterlich durch, und die Leute standen wie Mauern. Ein schreckliches Getöse machts, wenn 80 Trommelschläger und 40 Querpfeifer auf einmal anfangen.
> (Sanders, 1783–84, II., 209; 192)

Nach dem Drill, der für die Zuschauer einer Volksbelustigung gleichkam, wanderten viele auswärtige Besucher die paar hundert Meter hinüber zur Garnisonkirche (1731–1735), deren hoher, schlanker Turm das Symbol Potsdams war. Hier war alles dazu bestimmt,

> den preußischen Soldaten in seiner Selbsteinschätzung über die Soldaten anderer europäischer Staaten zu erheben. Hier finden sich keine Reliquien, Heiligenbilder oder Schreine; Musik, Ornamente und Dekorationen tragen ohne Ausnahme militärischen Charakter und sind angemessen angebracht. In den Schlachten eroberte Fahnen, Feldzeichen und Trophäen aller Art hängen überall in diesem Gotteshaus von der Decke herunter. (Wraxall, 1806, I., 99)

Friedrich kam nie in die Nähe dieser Stätte.
Ein ausländischer Reisender, der von hier aus seinen Spaziergang durch Potsdam fortsetzte, bog vor dem eindrucksvollen Bau des Waisenhauses für die Kinder gefallener Soldaten nach rechts ab und gelangte zum Brandenburger Tor (1770 neu errichtet), das eine der Öffnungen in der Mauer bildete, die zum Zwecke der Erhebung von Zöllen die nach dem Lande zu gelegenen Seiten der Stadt umgab. Durch das Tor gelangte der Besucher nach zirka 450 Metern in nördlicher Richtung an eine Stelle, wo nach links die Straße nach Bornstädt eine Biegung machte und über einen Hügel führte. Hier erhob

sich ein Obelisk mit eingemeißelten bizarren «ägyptischen» Hieroglyphen, der den Eingang zum langen und schmalen Park von Schloß Sanssouci darstellte. Mehr als Berlin und mehr als die Stadt Potsdam entsprachen diese sandbedeckten Ländereien dem Charakter Friedrichs.

Auf den ersten Blick war ersichtlich, daß dies nicht die Residenz eines gewöhnlichen Monarchen war. Es war kein Versuch unternommen worden, den Besucher durch alle Arten von Prachtentfaltung zu überwältigen. Es gab keinen großen gepflasterten Innenhof wie in Versailles oder Schönbrunn, und Möglichkeiten zur Orientierung waren kaum vorhanden, bis nach dem Siebenjährigen Krieg die zentrale Achse des Parks geöffnet wurde. Ohne Fremdenführer oder Lageplan benötigten Fremde eine Zeitlang, um festzustellen, daß die interessantesten Baulichkeiten sich auf einer kleinen Hügelkette erstreckten, die sich an die Nordseite des Parks anschloß.

Das eigentliche Lustschloß Sanssouci (Abb. 42), in den Jahren 1745–1747 erbaut, war für Besucher ohne Schwierigkeiten zugänglich, wenn der König nicht in seinem Schloß «Sorgenfrei» weilte. Für den Fußgänger bot sich der Zutritt gewöhnlich über die Stufen, die nach rechts den Hügel hinaufführten, in den sechs breite Terrassen übereinander eingelassen worden waren. Diese wurden von etwa drei Meter hohen Stützmauern gesäumt, in die man zunächst verglaste Nischen, zur Aufnahme von exotischen Obstbäumen bestimmt, eingebaut hatte; im Jahre 1773 wurden sie dann völlig mit Glasdächern abgedeckt, die stufenförmig anstiegen und die Terrassen zu einer fortlaufenden Kette von Gewächshäusern werden ließen, «so daß das Schloß, von unten gesehen, unweigerlich den Eindruck erweckt, auf einem Amphitheater aus Glas zu schweben. Es ist dies einer der ungewöhnlichsten Anblicke, die man sich vorstellen kann.» (Toulongeon [1786], 1881, 126) Oben angekommen, stieß der Besucher auf ein kleines Bauwerk, das im Grunde ein eingeschössiger Pavillon war, der auf dem höchsten Punkt des Hügels ein wenig zurückversetzt war. Knobelsdorff, dem Namen nach der Baumeister Sanssoucis, hatte ein höheres Gebäude vorgeschlagen, das direkt am Rand des Hügels gestanden und somit eine größere Wirkung auf den Betrachter ausgeübt hätte, doch Friedrich war nicht gewillt, auf den Geschmack anderer Rücksicht zu nehmen.

Generale und andere illustre Persönlichkeiten erreichten den Pavillon von der Rückseite her. Ihre Kutschen mußten eine durch eine doppelte Säulenreihe gesäumte Auffahrt benutzen, die sie zum bescheidenen Eingang an der Nordseite brachte. Ein nüchtern ausgestattetes Vestibül ging in den Hauptsaal über, einen großen, ovalen Raum.

Fußboden und Wände waren mit feinstem Marmor ausgelegt, dessen zarte Äderung und prächtige Farben den kundigen Gast entzückten. Korinthische Säulen aus carrarischem Marmor reichten bis zur lichtdurchfluteten Kuppel hinauf. Die vortreffliche Nutzung der Proportionen und die exquisite Ausführung der Ausstattung trugen gemeinsam dazu bei, den Saal viel größer erscheinen zu lassen, als er in Wirklichkeit war. Der König, der diese Arbeiten seinen Vorstellungen entsprechend in Auftrag gegeben und ihre Ausführung persönlich verfolgt hatte, war eben ein Mann von hervorragendem Geschmack.
Bei warmem Wetter nahm Friedrich hier gern das Diner ein, und bevorzugte Gäste brauchten dann nur ein paar Schritte zu tun, um aus ihren Räumlichkeiten im Westflügel des Schlosses zur königlichen Tafel zu gelangen. Das berühmteste dieser Zimmer, das sogenannte «Voltaire-Zimmer», verdankte die heitere Note seiner Ausstattung der Renovierung, die nach der Abreise des großen französischen Philosophen, Dichters und Historikers, dessen Aufenthalt am Hofe Friedrichs in den Jahren 1750 bis 1753 mit einem Mißklang geendet hatte, gewissermaßen anstelle einer Ausräucherung vorgenommen worden war.
Friedrich selbst bewohnte den Ostflügel des Schlosses, wo er auch arbeitete. Viel von den Staatsgeschäften und Angelegenheiten der Armee erledigte er in einem kleinen Salon, der von der Haupthalle aus gesehen die erste einer Reihe von Suiten war. Ein abgenutztes altes Sofa bildete einen krassen Gegensatz zu der eleganten Rokokodekoration des Zimmers. Ein offener Kamin war an der Stelle eingebaut, wo der Besucher einen der damals in Mitteleuropa so beliebten großen, bis unter die Decke reichenden Kachelöfen erwartet hätte. Friedrich liebte die Gemütlichkeit, die ein offenes Feuer verbreitete.
Das angrenzende Musikzimmer (Abb. 43) diente völlig der Entspannung. Die in die Wände eingelassenen Gemälde alternierten äußerst wirkungsvoll mit Spiegeln und Täfelung. Die Deckenmalerei zeigte Weinranken, die sich über einer vergoldeten Pergola zusammenschlossen. Ein Spinett, einige Stühle, Notenpulte, zwei Tische mit antiken römischen Mosaikplatten, auf denen kostbare Flöten ausgebreitet waren, sowie mehrere Regale mit Büchern, Manuskripten und Noten bildeten die Einrichtung des Raums und warteten auf die Heimkehr ihres Herrn und Gebieters, der die Instrumente zum Leben zu erwecken wußte. An die rauhe Wirklichkeit mahnte einzig und allein ein hervorragendes Porträt Kaiser Josephs II. von Österreich, des Sohnes Maria Theresias, das Friedrich neben dem Eingang zu seinem Schlafgemach hatte aufhängen lassen, «damit dieser große

und wagemutige Mann sich nicht seinem Blick entzog.» (Zimmermann, 1788, 40)
Besucher von Sanssouci waren selten auf das gefaßt, was sie erwartete, wenn sie diese Tür durchschritten. Sherlock schreibt:

> Ich erkundigte mich bei dem Schweizer, wo das Schlafzimmer des Königs wäre. «Dies hier ist es!» Ich suchte nach einem prächtigen Bett; da gab es einen sehr schönen kleinen Alkoven hinter dem Zimmer, doch auch darin stand keine Bettstatt. «Wo ist denn das Bett?» – «Dort drüben!» In einer Ecke entdeckte ich hinter einem winzigen Wandschirm ein unglaublich kleines, äußerst schmales Bett mit grünseidenen Vorhängen. Das war sein Nachtlager. Nun wollte ich von meinem Führer wissen, wo der König seine Kleidung aufbewahre, und erhielt zur Antwort: «Auf dem Leibe!» (Sherlock, 1779, 20–21)

Hinter dem Schlafzimmer lag Friedrichs geheimstes Privatgemach, ein kreisrundes Zimmerchen voller Bücher in Glasschränken, das eher Lesekabinett als Bibliothek war. Es war ein gemütliches Refugium, dessen Dekoration aus Goldbronze farblich wirkungsvoll auf das warme Braun der Deckentäfelung aus Zedernholz abgestimmt war und «Zedernkabinett» genannt wurde.
Im Sommer waren draußen auf der Terrasse Orangenbäumchen in großen Kübeln aufgestellt. Friedrich saß dann gern dort, um frische Luft zu schöpfen. Er tat das unter den Augen der geduldigen Karyatiden, die das schwere Gebälk des Pavillons stützten. Sein Blick schweifte dann geradeaus über seinen Park hinweg zur Stadt Potsdam hinüber und nahm die Schönheit der Havellandschaft auf. An beiden Seiten war die Terrasse von Hecken begrenzt, vor denen die kleinen Rasenflecken mit den Grabsteinen von Friedrichs Lieblingshunden, sämtlich Windspielen, lagen.
Dem Lustschlößchen Sanssouci auf dem Hügel benachbart standen zwei große einstöckige Gebäude. Die sich nach Westen hin erstrekkenden sogenannten Neuen Kammern waren 1747 durch den Umbau einer Orangerie entstanden. Ihre Räumlichkeiten dienten als Gästeunterkünfte, «Fürstlichkeitskammern» genannt. Ganz in der Nähe des Ostflügels des Sanssouci-Pavillons erhob sich ein für sich stehendes massiges Gebäude, die 1756 erbaute Bildergalerie. Ihr riesiger Saal beherbergte unzählige Gemälde, vor allem der niederländischen und der italienischen Schule, die Friedrich in den letzten Jahrzehnten seiner Regentschaft in großer Zahl erwarb.
Der Garten und die Parkanlagen von Sanssouci waren reichlich mit Büsten und Marmorstatuen ausgestattet. Die mythologischen Figuren stellten Nymphen und Göttinnen dar, die sich unter dem Zugriff bär-

tiger, muskulöser Gesellen, Bacchus' und seiner Gefolgsleute, wanden, von denen sie offensichtlich nichts Gutes zu erwarten hatten.
Das auffälligste unter den architektonischen Glanzstücken war der Chinesische Turm an der nordwestlichen Spitze des Parks, auch als Drachenhaus bezeichnet. Das in den Jahren 1754–1757 entstandene Bauwerk, ein von Friedrich selbst zusammen mit Johann Gottfried Brüning entworfener, in chinesischem Stil gehaltener Rundpavillon, war mit Drachenfiguren verziert. Er stand inmitten eines schattigen Wäldchens und besaß mehrere breite offene Vorhallen, als Veranden bezeichnet. An heißen Sommertagen lud Friedrich dort mit Vorliebe seine Gäste zum Mittagsmahl ein. Hunde wurden in die Tafelfreuden einbezogen; Extraportionen Kalbsbraten dienten der Stillung ihres Hungers.
An der westlichen Grenze des Parks von Sanssouci befanden sich einige Bauwerke, die Welten vom Geist des Lustschlosses trennten. Das Neue Palais war im Prachtstil nach Motiven des Palladio und nach Brünings Plänen aus naturfarbenen Backsteinen nach holländischem Vorbild mit einer breiten Fassade, einer hohen Kuppel in der Mitte und Gesimsen und Ornamenten aus Sandstein errichtet worden. Friedrich hatte den Bau 1763 gleich nach Ende des Siebenjährigen Krieges beginnen und mit einem Aufwand von drei Millionen Talern bis 1769 vollenden lassen. Hauptsächlich sollte damit einheimischen Handwerkern und Künstlern Arbeit gegeben werden. Der preußische Adler am Hauptgesims mit dem lateinischen Wahlspruch *Nec soli cedit* (Er weicht auch der Sonne nicht) war als «Fanfaronnade», also Trotzgeste, der preußischen Monarchie nach den Schicksalsprüfungen des Krieges gedacht. Rund zweihundert Zimmer enthielten wertvolle Sammlungen von Gemälden, Porzellan und Möbeln. Viele dieser Kostbarkeiten waren Friedrich von ausländischen Fürsten geschenkt worden. Nach hinten bildete ein pompöser, halbkreisförmiger *Cour d'honneur* eine architektonische Einheit mit den zwei der westlichen Seiten des Neuen Palais gegenüberliegenden Schlössern im Renaissancestil, den Communs, die durch eine Kolonnade verbunden waren und große, bogenförmige Freitreppen aufwiesen. Diese zwei Schlösser, auch «Cavalierhäuser» genannt, waren ursprünglich für «fremde Cavaliere», zu Besuch weilende Offiziere, und die Dienerschaft als Unterkunft bestimmt, sollten aber auch den Blick auf das hinter dem Park beginnende sumpfige Ödland verwehren. Im Neuen Palais waren einige Räumlichkeiten wie Marmorgalerie, Paradezimmer und Muschelsaal so prunkvoll ausgestattet, daß sie den Besucher beinahe einschüchterten, doch der bestimmende Einfluß Friedrichs fehlte ihnen fast völlig. Neoklassizistisches Beiwerk

wie die über manchen Türen eingelassenen Medaillonbüsten entsprachen ganz und gar nicht dem nach dem Rokoko ausgerichteten Geschmack Friedrichs, und wir wissen auch, daß er die Art von Vergnügungen verachtete, denen man in der sogenannten Jagdkammer mit ihren Darstellungen erlegter Reiher, Hirsche und Wildschweine huldigte.

Bezeichnenderweise war es dem Neuen Palais verwehrt, den Park von Sanssouci durch seine Größe zu beherrschen. Man konnte nur ein winziges Stück seiner Fassade erspähen, wenn man am Ende des schlauchartigen Hauptweges stand, als die Bäume bereits eine respektable Höhe erreicht hatten. Dem Sinn und Zweck nach war das Neue Palais ein öffentliches Gebäude. Es war nie daran gedacht gewesen, daß sich der Herrscher hier länger aufhielt, doch das Palais gab einen glänzenden Rahmen für die Empfänge, Bälle und Opernaufführungen ab, die anläßlich der Manöver und beim alljährlichen Zusammentreffen der königlichen Familie veranstaltet wurden.

Auf Schloß Sanssouci dagegen war alles eigens für die Bequemlichkeit und private Sphäre des Königs eingerichtet. Kein Gast kam ohne Einladung dorthin. Unterbringungsmöglichkeiten für die Königin und die weiblichen Mitglieder des Hauses Hohenzollern mit ihren Hofdamen fehlten völlig. Es gab keine Privatkapelle, kein aufwendiges Gefolge von hohen Beamten des Hofstaates und keine Leibgardisten in schimmernder Rüstung. Ein Unteroffizier und vier Soldaten marschierten allabendlich aus Potsdam heran, aber ihre Hauptaufgabe bestand darin, während der Nacht die Pfirsich- und Aprikosenbäume des Königs zu bewachen.

In Friedenszeiten führte Friedrich ein seiner Stellung entsprechendes Leben mit geregeltem Tagesablauf, das seinen Zeitgenossen ermöglichte, über das öffentliche Auftreten des Königs zu bestimmten Gelegenheiten genauestens Bescheid zu wissen. Neujahrstag und erste Januarhälfte sahen ihn im Berliner Stadtschloß, wo er traditionsgemäß den, wie er es nannte, langweiligen Wirbel des Karnevals mit seinen Maskenbällen und Kostümfesten über sich ergehen lassen mußte. Die Etikette bestimmte auch, daß er bis zu seinem Geburtstag am 24. Januar in Berlin blieb, doch sofort danach pflegte Friedrich sich eilends in seine Winterresidenz, das Potsdamer Schloß, zurückzuziehen. Dort verbrachte er den gesamten Monat Februar und plante unter anderem den Ablauf der bevorstehenden Frühjahrsparaden. Sein Lieblingszimmer war ein strategisch ideal gelegener Raum an der Südostecke des Palastes, durch dessen Fenster sein Blick auf die Havelbrücke, den Lustgarten und den Baum fiel, unter dem sich die Bittsteller einfanden, bevor sie bei ihm vorgelassen wurden.

Die militärische Saison begann im Mai mit den Truppenparaden der Regimenter aus Berlin, Potsdam und den benachbarten Garnisonen. Diese mehrtägigen «Frühjahrsrevuen» wurden gewöhnlich im Berliner Tiergarten oder auf dem flachen Land unweit von Schloß Charlottenburg abgehalten. Wie schon von seinen Vorgängern praktiziert, machte sich der König an Hand dieser hinsichtlich der vorgeführten taktischen Formationen und Schwenkungen eng begrenzten «Sonderbesichtigungen» ein klares Bild von Zustand und Leistungsfähigkeit seiner Truppen:

> Es ist unglaublich, mit welcher Akkuratesse und peinlich genauer Aufmerksamkeit er sie inspizierte, wobei ihn der Oberst des jeweiligen Regiments zu begleiten hatte, um Fragen zu beantworten und seine Bemerkungen und Weisungen zu vernehmen. Dank dieser Genauigkeit weiß er nicht nur über den Zustand der Armee insgesamt Bescheid, sondern kennt auch Auftreten, Grad der Diszipliniertheit sowie Ist-Stärke jedes Regiments. (Moore, 1779, II., 135)

Die «Generalrevuen» waren größere Aufmärsche der verschiedenen Waffengattungen. Ihren Höhepunkt bildete ein dreitägiges Exerzieren vor den Toren Berlins in der dritten Maiwoche.

Unmittelbar nach Abschluß der Berliner Truppenschauen begab sich Friedrich zu Paraden gleicher Art in Pommern und außerhalb von Magdeburg. Mitte Juni pflegte der König dann nach Potsdam zurückzukehren, um den Staatshaushalt für das kommende Finanzjahr festzulegen. Die folgenden beiden Monate verbrachte er dann in erholsamer Muße in Sanssouci und reiste Mitte August zu den äußerst bedeutsamen Manövern in Schlesien ab. Diese hatten den Zweck, Offiziere und Generale zu schulen. Die Größe des Truppenaufgebots und das Element des Wettstreits zwischen den einzelnen Regimentern um die Anerkennung und Gunst des Königs machten diese Feldübungen weitaus wirklichkeitsnäher, als es die Frühjahrsparaden waren.

Die Manöver in Schlesien wetteifern mit den Feldzügen des Siebenjährigen Krieges um den Vorzug, die Quelle der meisten Anekdoten über Friedrich zu sein. Da gab es Briefchen mit ätzender Kritik, die der König einzelnen Kommandeuren durch seine Adjutanten noch auf dem Aufmarschgelände zustellen ließ, darunter auch solch angesehenen Persönlichkeiten wie dem alten General von Tauentzien, dem Inspekteur der schlesischen Infanterie. Da waren Ausbrüche von Jähzorn, der mit Gewaltanwendung endete, denn es konnte vorkommen, daß Friedrich einen Offizier durch die Reihen von dessen Leuten verfolgte und mit dem Krückstock auf ihn eindrosch. Da zeigte es

sich, daß lange, erfolgreiche Karrieren, die von dem Willen – und Wohlwollen – eines Mannes abhingen, ein jähes Ende finden konnten.
Um den 20. September versammelten sich die in Hauptstadt und Residenz stationierten Regimenter dann zum Schlußereignis des militärischen Jahresablaufs, den Potsdamer Manövern. Friedrich nahm dieses Treffen zum Anlaß, Festlichkeiten zu veranstalten, bei denen er Orden verlieh und Ehrungen aussprach. Alle Generale wurden ins Neue Palais zur Tafel des Königs gebeten. Die anschließenden Vorführungen waren, da sie der Erprobung neuer Taktiken dienten, streng geheim. Nur wenige geladene hohe Gäste durften ihnen beiwohnen. Im benachbarten Ausland verfolgten die Regierungen beunruhigt die Zusammenziehung einer solchen Streitmacht zu einem Zeitpunkt, der traditionsgemäß die ideale Saison für einen Kriegsbeginn war, denn die Ernte war dann eingebracht und die dafür freigestellten Rekruten konnten einrücken. Da ausländische Beobachter zu den preußischen Manövern nicht zugelassen waren, waren die internationalen Militärexperten auf Spekulationen darüber angewiesen, welche Taktiken im abgeriegelten Umkreis der Halbinsel Potsdam ausgeheckt wurden.
Friedrichs Tagesablauf war von einer ebenso vorhersehbaren Routine bestimmt. Er stand in seinem kleinen Zimmer im Sommer früh um vier, im Winter um fünf Uhr auf. Falls er um diese Stunde noch fest schlief, hatten seine Bediensteten Anweisung, ihn zu wecken, nötigenfalls, indem sie ihn wachrüttelten. Eine Tasse Kaffee mit etwas Senf darin trug dazu bei, ihm die Müdigkeit zu vertreiben. Während er noch im Bett lag, zog er sich seine Strümpfe, Kniehosen und Stiefel (sofern er diese überhaupt abgestreift hatte) an und ließ sich von dem ersten gerade verfügbaren Lakaien rasieren. Das Haar puderte er sich selbst, wobei er seine Kleidung durch das Überziehen eines schmutzigen und zerschlissenen alten Morgenrocks schützte.
Im Anschluß hieran begann sofort der Arbeitstag des Königs. Friedrich ließ sich zunächst vom Bataillon Garde oder Leibgarde-Bataillon (Erstes Bataillon Infanterie-Regiment Nr. 15, das Fuß-Garde-Regiment) Bericht erstatten über die Lage in der Stadt und der Garnison Potsdam und den Zustand der königlichen «Leibkompagnie». Beim Frühstück überflog er den Stapel Briefe, die am Vorabend für ihn eingetroffen und zusammengestellt worden waren. Viele Anschreiben wanderten sofort ins Feuer, nachdem Friedrich sie überflogen hatte. Andere wurden den Sekretären, mit markigen Randbemerkungen oder knappen Kommentaren versehen, zur Korrespondenz überge-

ben. Den Rest beantwortete der König selbst. Entweder diktierte er seinen Text einem Sekretär oder griff eigenhändig zur Feder.
Nach dem Frühstück wurden der Reihe nach die bereits draußen wartenden Staatsminister und die obersten Beamten der staatlichen Behörde zum Vortrag hereingerufen. Friedrich entließ sie nicht ohne zahlreiche Instruktionen. Viele Details der Regierungsarbeit wurden bei dieser Gelegenheit durch die berühmten «Kabinettsorders» des Herrschers geregelt, auf kleine Zettel geschriebene autokratische Anordnungen. Sobald die Vertreter der Bürokratie abgefertigt waren, widmete Friedrich ungefähr eine Stunde den Gesprächen mit denjenigen Offizieren und zivilen Bittstellern, die aufgrund besonderer Anliegen zu ihm vorgelassen worden waren.
Eines der Geheimnisse von Friedrichs langem Arbeitsleben lag zweifellos in den fünf oder mehr Stunden begründet, die er täglich zwischendurch der Erholung widmete. Am späten Vormittag ritt der König mit einer kleinen Begleitung gern nach Potsdam oder Berlin hinein und kehrte in sein Schloß zurück, um dort das Mittagsmahl in Gesellschaft ausgewählter Freunde und Gäste einzunehmen. «Dieser Monarch speist gern und nimmt sich Zeit dafür.» (Guibert, 1778, 9)
Die Gerichte waren dem Namen und Aussehen nach bescheiden, jedoch sorgfältig zubereitet. Es gab Spezialitäten der französischen und italienischen Küche, Schalen mit ausgezeichnetem heimischem Obst sowie scharf gewürzte Fleischgänge, die der König mit Vorliebe aß. Es hieß, «nichts gleiche dem Feuer, womit man alle seine Speisen würze und womit er täglich seine Eingeweide verbrenne.» (Zimmermann, 1788, 29) Friedrich stürzte Champagner und Burgunder in großen Mengen hinunter. Gegen deutschen Wein hatte er eine ausgesprochene Abneigung. «Wenn man einen Vorgeschmack vom Hängen haben will, muß man nur Rheinwein trinken», erklärte er einmal. (Volz, 1926–27, III., 205)
Die Frühstücke bei Friedrich stellten die Tafelgäste unleugbar auf eine harte Geduldsprobe, denn der König hatte abstoßende Tischmanieren, und die fürchterlichen königlichen Monologe, die seine Brüder und Offiziere zu verängstigtem Schweigen verurteilten, empfand auch der englische Gesandte Mitchell während des Siebenjährigen Krieges als Qual. 1769 ließen sie bei der Konferenz von Neisse die österreichischen Generale einschlafen.
Am späten Nachmittag setzte sich Friedrich noch einmal zu einer abschließenden Arbeitsstunde nieder, ging mit seinen Ministern und Kabinettssekretären die Tagesereignisse durch, diktierte weitere Korrespondenz und Verfügungen und vergewisserte sich, daß sein gesamter Schriftverkehr bis sechs Uhr abends versiegelt und durch

Kuriere auf den Weg gebracht worden war. Es gab kein Souper, und Friedrich teilte auch nicht Maria Theresias Vorliebe für das Kartenspiel. Abends begab er sich meist als erstes in das Musikzimmer und konzertierte eine Zeitlang ohne Zuhörer mit einem kleinen Hoforchester. Später ging er oft allein im Schloßpark spazieren, schöpfte frische Luft und schmiedete Verse. Gewöhnlich zog er sich vor zehn Uhr in sein Schlafgemach zurück. Er unterhielt sich noch mit seinem Gesellschafter Henri de Catt (der vom König ausgesuchte Romane und andere Werke der Dichtkunst laut vorlesen mußte) oder engen Freunden. Bevor er zu Bett ging, ließ er noch seinen Hofmarschall und andere Beamte der Hofhaltung kommen, besprach mit ihnen das Menü des folgenden Tages und überprüfte die Abrechnungen für Schloß und Ställe.

Der ungepflegte Zustand von Friedrichs persönlichen Dingen, sein schäbiges Habit und die Tatsache, daß er es mit der Körperpflege nicht so genau nahm, waren allgemein bekannt. Der jugendliche Dandy war seit langem tot. Jetzt glich die Kutsche des Königs von innen dem sprichwörtlichen Zigeunerlager, und die kleinen Windhunde durften Kissen zerbeißen und noch schlimmere Dinge in den königlichen Zimmerfluchten tun.

Aus der Schilderung des Kammerlakaien Schöning wissen wir, daß Friedrich ungefähr 1,65 Meter groß und von durchschnittlichen Proportionen war (und daher wahrscheinlich nicht so dünn, wie er gewöhnlich auf Abbildungen dargestellt ist). Sein Kopf war leicht nach rechts geneigt infolge des lebenslangen Flötenspiels. Den Rücken hielt er krumm, doch galt er als erfahrener, ausdauernder Reiter, und beim Gehen setzte er seine Schritte locker, natürlich und schnell. «Im Gespräch war der Ton seiner Stimme der reinste und angenehmste Tenor, der sich nur denken läßt. Kommandirte er seine Truppen, so war seine Stimme laut und selbst in der Ferne äußerst deutlich.» (Anon., 1787–89, I., 7)

Diese ganzen Einzelheiten und noch viele mehr waren von einem fremden Besucher leicht in Erfahrung zu bringen, wenn er Schilderungen anderer Reisender las, in Berlin den Hofklatsch aufschnappte oder bei einer Parade einen Blick auf den König erhaschte. Die Grundprinzipien von Friedrichs Leben und seine Charakterzüge waren jedoch Dinge, die seinen Zeitgenossen fremd blieben und die auch seither von Historikern nicht zu ergründen gewesen sind.

Ausländische Militärs hielten naturgemäß zuallererst nach Literatur über kriegsgeschichtliche Themen Ausschau, die ihnen etwas über den großen Mann verraten konnte. Einige der berühmtesten Quellen waren ihnen noch nicht zugänglich. Der erste Band der frühesten

systematischen Darstellung des Siebenjährigen Krieges *(Geschichte des Siebenjährigen Krieges in Deutschland)* erschien erst 1783 gegen Ende der Regierungszeit Friedrichs und auch da nur in Form einer mit Kommentaren versehenen Übersetzung des außerordentlich trokkenen Werkes, dessen Verfasser der in österreichischen Diensten stehende britische General und Militärschriftsteller Humphrey Evans Henry Lloyd war. Die besten Passagen darin stammten hauptsächlich in Form von Anmerkungen und Ergänzungen vom Übersetzer, dem hervorragenden preußischen Artillerieoffizier Georg Friedrich von Tempelhoff. Friedrich war bereits verstorben, als die erste schematische und eingehende Studie über die preußische Armee aus der Feder des französischen Diplomaten Graf von Mirabeau oder vielmehr seines Mitarbeiters Jacques Mauvillon veröffentlicht wurde, und zwar zuerst als Teil der Untersuchung *Sur la Monarchie Prussienne sous Frédéric le Grand* im Jahre 1787, später gesondert in London 1788.
Zu Lebzeiten Friedrichs galt als unbestritten angesehenster ausländischer Kritiker über Militärfragen der junge französische Offizier Jacques-Antoine Hippolyte de Guibert, der Verfasser des berühmten *Essai Général de Tactique,* der 1772 herausgekommen war. Guibert besuchte Preußen im Sommer 1773 und wurde von Friedrich in der Bildergalerie von Sanssouci empfangen. Guibert war von dieser ersten Begegnung zu stark beeindruckt, um sich ein klares Bild vom König machen zu können, hatte jedoch im August die Gelegenheit, Friedrich und dessen Armee im Verlauf der Manöver in Schlesien aus nächster Nähe zu beobachten. Seine Aufzeichnungen bildeten den Ausgangspunkt für die *Observations sur la Constitution Militaire et Politique de Sa Majesté Prussienne* (1778). Dieses Buch war vermutlich den meisten der in der späteren Regierungszeit Friedrichs nach Preußen aufbrechenden militärischen Wallfahrer bekannt und wurde zum Gegenstand heftiger Debatten in Friedrichs Herrschaftsgebiet. Patriotisch eingestellte Männer empfanden die in ihren Augen oberflächliche Darstellung Guiberts als skandalös und lehnten auch das ganze Genre zeitgenössischer Kritik ab.
Den Daheimgebliebenen wurde eine Vorstellung von preußischer Art und Disziplin durch einen früheren Pagen Friedrichs, den als Taugenichts und Possenmacher bekannten Johann Ernst Pirch, direkt in Paris vermittelt. Um aus preußischen Diensten ausscheiden zu können, hatte er anläßlich einer Parade roten Saft aus seinem Munde fließen lassen und so der Militärverwaltung vormachen können, ihm drohe der baldige Tod durch Schwindsucht. Anschließend war er als Major in das in französischen Diensten stehende Regiment Hessen-Darmstadt eingetreten. «Er führte bei diesem Regiment eine wahrhaft

preußische Zucht ein, was zu jener Zeit sehr großes Aufsehen erregte und der Grund dafür war, daß der Hof von Versailles sein besonderes Augenmerk auf ihn richtete.» (Thiébault, 1813, III., 326) Pirch verfaßte gemeinsam mit einem französischen Offizier einen maßgebenden *Essai de Tactique*, starb jedoch 1783 im Alter von nur achtunddreißig Jahren an einem Herzpolypen. Diesmal war seine tödliche Krankheit nicht gespielt.

Wenn hohe ausländische Offiziere mit ihren preußischen Kameraden ins Gespräch kamen, machten sie die Feststellung, daß diese, sofern sie ihnen Vertrauen entgegenbrachten und sich aussprachen, äußerst kritische Worte über Friedrichs Feldherrenkunst und seine Führung der Armee fanden. Vieles von dem, was sie an ihrem König auszusetzen hatten, wurde erst Jahre später veröffentlicht, wenn es überhaupt je gedruckt wurde, doch die Einstellung dieser Männer war im Offizierskorps weitgehend bekannt, und die Erinnerungen einiger älterer Kommandeure waren in Manuskriptform weit verbreitet. Der Kriegstagebuchschreiber Henckel von Donnersmarck und die Generalstabsoffiziere Friedrich Wilhelm Ernst von Gaudi und Georg Heinrich von Berenhorst gehörten bekanntermaßen dem Kreis um Prinz Heinrich an. Des weiteren waren Kapitän (Hauptmann) F. A. von Retzow und Friedrich Wilhelm Carl von Schmettau der Sohn beziehungsweise Neffe von Generalen, denen Friedrich übel mitgespielt hatte. Der alte Husarenobrist Karl-Emanuel von Warnery war 1758 aus dem aktiven Dienst entlassen worden, doch ist es mehr als wahrscheinlich, daß seine bissigen Kommentare nur eine Wiedergabe der Meinung seines Freundes und schlesischen Nachbarn Seydlitz, des Reitergenerals, darstellten. Der Groll Friedrich Adolph von Kalkreuths gegen den König datierte gleichfalls aus den Jahren mitten im Siebenjährigen Krieg, als er als junger Angehöriger des Kürassier-Regiments Garde du Corps von Friedrich zu Unrecht, wie er meinte, gemaßregelt worden war. Er diktierte seine Lebenserinnerungen 1818. Sie vermittelten den Eindruck, als seien sie «über Gift und Galle destilliert». (Janson, 1913, 209)

Rachegelüste hegte auch ein enger Vertrauter Friedrichs, der Universitätsprofessor und Freibataillon-Kommandeur wider Willen «Quintus Icilius» (Oberst Karl Gottlieb Guichard). Fasziniert vom König und zugleich von diesem ständig gedemütigt, trug Quintus Icilius eine große Anzahl von Dokumenten mit der Absicht zusammen, ein Geschichtswerk zu verfassen, das die dominierende Rolle enthüllte, die seiner Ansicht nach Zufall und Fehlentscheidungen im Siebenjährigen Krieg gespielt hatten. (Guibert, 1803, I., 21) Er starb 1775,

und Friedrich kaufte sofort alle Bücher und Papiere aus seinem Nachlaß auf. Sie verschwanden spurlos.
Ausländer wie Einheimische waren wie wir auch vom Ehrgeiz geleitet, sich ein abgerundetes und beweiskräftiges Bild von Friedrich als Soldat, König und Privatperson zu bilden. Aus verschiedenen Gründen ist dieses Unterfangen wahrscheinlich hoffnungslos. Zunächst einmal fehlte es Friedrich an grundlegender «Integrität», wobei dieser Begriff in striktem Sinne für die Kraft stehen soll, die öffentliches Auftreten und privates Verhalten zu einer Einheit verschmilzt. Maria Theresia besaß eine solche Integrität. Friedrich offenkundig nicht. Der Alte Fritz gab seinem Neffen Ratschläge für die «politique particulière», die «Privatpolitik», indem er ihm Beispiele aus seinem eigenen Leben nannte:

> Quand j'étais Prince Royal, j'étais fort peu militaire; j'aimais mes commodités, la bonne chère, le vin, et j'étais souvent à deux mains pour l'amour. Quand je fus roi, je parus soldat, philosophe et poète; je couchais sur la paille, je mangeai du pain de munition à la tête de mon camp, je parus mépriser les femmes. Voici comme je me conduis dans mes actions. Dans mes voyages je marche toujours sans gardes et je vais jour et nuit. Ma suite est très peu nombreuse et bien choisie; ma voiture est toute unie, mais elle est bien suspendue et j'y dors aussi bien que dans mon lit. Je parais faire peu d'attention à la façon de vivre: un laquais, un cuisinier, un pâtissier sont tout l'équipage de ma bouche; j'ordonne moi-même mon dîner, et ce n'est pas ce que je fais du plus mal, par ce que je connais le pays et que je demande, soit en gibier, poisson et viande de bouche, ce qu'il produit de meilleur. Quand j'arrive dans un endroit, j'ai toujours l'air fatigué, et je me montre au public avec un fort mauvais surtout et une perruque mal peignée.
> (Als ich Kronprinz war, war ich recht wenig für militärische Dinge zu begeistern; ich liebte meinen Komfort, gutes Essen, Wein und war oft bis über beide Ohren verliebt. Sobald ich König wurde, gab ich mir den Anschein, Soldat, Philosoph und Dichter zu sein; ich schlief auf Stroh, ich aß Kommißbrot mitten im Feldlager, ich tat so, als verachtete ich die Frauen. Und so verhalte ich mich während meiner Feldzüge. Auf meinen Reisen bewege ich mich stets ohne Leibgarde und fahre bei Tag und Nacht. Mein Gefolge ist klein und erlesen; meine Kutsche ist ganz schlicht, aber gut gefedert, und ich schlafe darin so gut wie in meinem Bett. Ich erwecke den Eindruck, wenig Wert auf die Art und Weise meiner Ernährung zu legen: ein Diener, ein Koch und ein Konditor bilden meine gesamte Küchenmannschaft; mein Essen stelle ich persönlich zusammen und fahre nicht schlecht damit, denn ich kenne die [jeweilige] Landschaft und ver-

lange, ob Wild, Fisch oder frisches Fleisch, stets die besten Produkte. Wenn ich in einem Ort ankomme, tue ich immer so, als sei ich völlig erschöpft, und zeige mich dem Publikum in einem ganz miserablen Überrock und mit einer schlecht ausgebürsteten Perücke.)
(Toulongeon, 1881, 147)

Es spielte auch eine nicht unerhebliche Rolle, daß Friedrichs Gewohnheiten und exzentrische Allüren von solcher Art waren, daß der bei seinen Zeitgenossen erwachte Enthusiasmus für ihn sich etwas abkühlte. Im Frieden bekundete er Gleichgültigkeit gegen die öffentliche Meinung und schien sich in Potsdam in seinen Bau zu verkriechen, «rauh, bissig, unfreundlich, als Löwe in seiner Höhle, der seine Ruhe benützt, um das Blut seiner Opfer zu schlürfen.» (Graf Karl Gustav von Tessin, zitiert bei: Volz, 1926–27, II., 194) Er wies alle Versuche von Leuten zurück, die sich bei ihm einschmeicheln wollten, selbst wenn es sich um seine Logenbrüder handelte.
Ebenso hat jeder objektive Biograph Friedrichs die Aufmerksamkeit auf die einseitige Bevorzugung der französischen Sprache und Kultur durch den König gelenkt und die Tatsache, daß er sich gegenüber den Vertretern der neuen deutschen Literatur recht gleichgültig zeigte, die alles daransetzten, wenn schon nicht Friedrichs fördernde Unterstützung, so doch von ihm ein ermutigendes Signal zu erhalten. Friedrich fühlte sich auch nicht von der Anglomanie der siebziger und achtziger Jahre des 18. Jahrhunderts angezogen, denn er konnte die Engländer wegen ihrer Steifheit und Schwermut, ihrer politischen Uneinigkeit und ihrem Hang zu physischer Gewalt nicht leiden. Er verspürte nach Lektüre der Schriften Rousseaus nicht das Verlangen, auf allen vieren zu laufen und Gras zu essen. Die Forderungen der Sturm-und-Drang-Zeit entsprachen seiner Natur ebensowenig wie das andere Extrem, die bedingungslose Hinwendung zur Antike, die nach Winckelmanns Wiederentdeckung der Baukunst des alten Griechenlands in dem kalten und bombastischen neoklassizistischen Stil zum Ausdruck kam. Seine visuelle Welt blieb die des Rokoko. In ihrer Leichtigkeit, Farbenpracht und ihren Bestrebungen übertraf das Interieur von Sanssouci alles vergleichbare im Schloß Schönbrunn, und was die Produkte der Berliner Porzellanmanufaktur anbetraf, so bestand er darauf, daß sie weiterhin die ihm von Jugend auf vertrauten dekorativen Blumenmuster trugen, obwohl sich der Publikumsgeschmack längst gewandelt hatte. Die Gemälde Watteaus übten nach wie vor ungemeinen Reiz auf ihn aus, wenn er auch inzwischen eine repräsentativere Auswahl berühmter Kunstwerke für seine Bildergalerie zusammentragen ließ.

Friedrich beurteilte jegliche Musik nach den von Italien her beeinflußten Kompositionen deutscher Meister aus der ersten Hälfte seines Jahrhunderts. Das wenige, das er von Gluck kannte, gefiel ihm überhaupt nicht; Haydn und Mozart blieben ihm praktisch fremd. «Les bonnes choses restent toujours telles, et quoiqu'on les ait entendues autrefois, on aime encore à les rentendre.» («Die guten Dinge bleiben immer, wie sie sind, und wie oft man sie auch schon gehört haben mag, man hört sie stets gerne wieder.») (Brief an die Gemahlin Kurfürst Friedrich Christians von Sachsen, Maria Antonia von Wittelsbach, vom 8. Januar 1778, Œvres, XXIV., 292)
Charakterzüge wie die eben beschriebenen tragen dazu bei, das Umfeld für die militärische Reaktion zu erweitern, die in Friedrichs späteren Jahren so ausgeprägt war, doch sie helfen uns auf dem Weg zum Verständnis des ganzen Menschen nicht viel weiter. Wir sehen uns vor jene ungewöhnlichen Paradoxa gestellt, die unerklärlich bleiben und die vorliegende Arbeit so unbefriedigend machen wie alle übrigen Analysen Friedrichs.
Während Phänomene wie «preußischer Drill», «Schrägangriff» und so weiter uns hätten glauben machen können, daß ihr Schöpfer ein Mann von kühler Präzision mit Sinn für das Detail war, entpuppt sich Friedrich plötzlich als Wesen, das von heftigen Emotionen und künstlerischem Temperament strotzte. Das Verständnis für Fragen der Staatsfinanzen war ihm ebenso angeboren wie die Verteilung strategischer Ressourcen. Voltaire gegenüber behauptete er, die Geometrie trockne den Verstand aus, und in seinen Schriften legte er wenig Wert auf die genaue Wiedergabe von Daten, Zahlen, Namen und all den anderen Einzelheiten, die kleinen Geistern so viel bedeuten. Er freute sich richtig, wenn Unkraut aller Art in den Blumenbeeten und auf den Wegen des Parks von Sanssouci malerisch sproß und untersagte seinen Gärtnern, es auszurupfen.
Der König mußte sich selbst ebenso wie jeder seiner Generale angesprochen fühlen, wenn er die unerläßliche Notwendigkeit unterstrich, militärische Geheimnisse zu bewahren. Denn, wie ein französischer Diplomat beobachtet hatte:

> Er ist von Natur indiskret und begeht in dieser Hinsicht Fehler, die bei einem so geistvollen Manne unverzeihlich sind... Doch die Schwierigkeit besteht darin, seine wahre Gesinnung aus der Menge der widerspruchsvollen Dinge herauszufinden, die er bei seiner geistigen Beweglichkeit sagt, zumal, wenn er bemerkt hat, daß er sich etwas entschlüpfen ließ, was er nicht hätte sagen sollen.
> (Lord Tyrconnell, zitiert bei: Volz, 1926–27, I., 263)

Friedrich brachte fast immer seine Verachtung für die Menschheit schlechthin zum Ausdruck und war dafür berüchtigt, daß er besonders diejenigen kränkte, die seine in sie gesetzten Erwartungen hinsichtlich soldatischer Großtaten nicht erfüllten, oder daß er Leute brüskierte, denen er unbedingt Informationen entlocken oder Gegenleistungen abverlangen wollte. Zugleich gibt es Gründe für die Annahme, daß Friedrich nicht in jeder Beziehung grausam war, denn tatsächlich ist es nicht abwegig zu behaupten, daß viele seiner Instinkte mehr von Sanftheit geprägt waren, als dies gemeinhin in der westlichen Welt in den Jahrzehnten oder Jahrhunderten darauf zulässig war. So hegte er eine Aversion gegen die Jagd, nicht nur, weil er sie für Zeit- und Geldverschwendung hielt, sondern wegen der dadurch unschuldigen Kreaturen zugefügten Grausamkeit. Den berufsmäßigen Faustkampf zählte er zu den höchst tadelnswerten Bräuchen der Engländer. Er beantwortete voll ärgerlichen Sarkasmus' das Gesuch eines seiner Zolleinnehmer, seinem Bruder, einem Kaufmann in Bordeaux, die Erlaubnis zu erteilen, unter preußischer Flagge Sklavenhandel zu treiben:

> La traitte des nègres m'a tout temps paru flétrissante pour l'humanité, est jamais je ne l'autoriserai ni la favoriserai par mes actions ... Toutefois si ce négoce a tant d'appas pour vous, vous n'avez qu'à retourner en France pour satisfaire votre goût! Sur ce je prie Dieu qu'il vous ait en sa sainte et digne garde.
> (Der Handel mit Negern ist mir von jeher als Schande für die Menschheit erschienen, und ich werde ihn weder gutheißen noch durch mein Tun unterstützen ... Gleichwohl, wenn solch ein Handel so verlockend für Sie ist, brauchen Sie nur nach Frankreich zurückzukehren und können dort Ihrer Neigung nachgehen! Darauf bete ich zu Gott, daß er Ihnen seinen heiligen und würdigen Schutz gewähren möge.) (Preuß, 1832–34, IV., 296)

Das blutige Geschäft des Tötens, sei es auf dem Schlachtfeld, sei es bei der Vollstreckung von Disziplinarstrafen oder eines Richterspruchs, hatte in seinen Einzelheiten für Friedrich etwas Widerwärtiges. Unehrliche oder unachtsame Lakaien des königlichen Haushaltes wurden nicht bestraft, sondern lediglich entlassen, und auch die Beamten, die im Verlauf des Siebenjährigen Krieges die Provinz Ostpreußen für die Russen, also den Feind, verwaltet hatten, kamen ungeschoren davon. Friedrich hatte eben eine äußerst schlechte Meinung von seinen Mitmenschen und war niemals schockiert, wenn sie diese Erwartungen erfüllten.

Nichts von alledem verringerte die Angst und Beklemmung, die

Friedrichs unvermutetes Erscheinen oft auslöste. Gräfin Henriette von Egloffstein beschreibt, wie sie als kleines Mädchen an einem der Potsdamer Stadttore einen Reitertrupp an der Kutsche ihrer Familie vorbeigaloppieren hörte:

> Ich fuhr mit dem Kopf schnell aus dem Wagenfenster und erblickte an der Spitze dieser reitenden Soldateska einen mumienartigen alten Mann in abgeschabter Uniform, den großen Federhut schräg ins Gesicht gedrückt, das durch eine ungeheure Nase, einen kleinen, eingekniffenen Mund und große Farrenaugen entstellt wurde. Diese abschreckende Figur ritt so dicht an mir vorüber, daß ihr... Arm schier meine in die Luft gestreckte Nase streifte... Der König wandte... seine furchtbaren Augen nach mir hin, die mich so durchbohrend anschauten, daß ich vor Schrecken den Kopf zurückzog und erst, als er schon vorüber war, den Mut hatte, meine Reisegefährten auf die Nähe des Monarchen aufmerksam zu machen. Man hielt dies jedoch für eine Vision meiner lebhaften Einbildungskraft.
> (zitiert bei: Volz, 1926–27, III., 198)

Angesichts vieler Dinge, die unklar bleiben, heben die Biographen um so nachdrücklicher die Tatsache hervor, daß Friedrich in seinem Alter sehr einsam war. Wir wissen aus vielen Lebensbeschreibungen, daß er für seine Gemahlin ein Fremder blieb und daß die Tafelrunde von Sanssouci nach dem Siebenjährigen Krieg nicht wieder in alter Pracht erstand. Die Übriggebliebenen wie auch die Neulinge in diesem Kreis trugen gleichermaßen die Merkmale von Opfern wie von Tischgefährten. Von Maria Theresia stammt das vernichtende Urteil: «Hat dieser Heros, der so viel von sich reden machte, hat dieser Eroberer einen einzigen Freund? Muß er nicht aller Welt mißtrauen? Welch ein Leben, aus dem die Menschlichkeit verbannt ist!» (Brief an ihren Sohn Kaiser Joseph II. vom 14. September 1766, zitiert bei: Volz, 1926–27, II., 213)

Bei den berühmten preußischen Heerführern gab es einen deutlich spürbaren vorwurfsvollen Unterton in der physischen und geistigen Distanz, die sie zum König hielten. Prinz Heinrich, vermutlich der klügste Kopf unter diesen Männern, unterhielt in Rheinsberg praktisch einen rivalisierenden Hofstaat, der zum Sammelpunkt einiger der erbittertsten und aufgebrachtesten Elemente im Offizierskorps wurde. Generalleutnant Graf Fouqué, der im Ruhestand lebte, erhielt schmeichelhafte Briefe und Obstkörbe vom König, doch konnte ihn nichts bewegen, die knapp zweistündige Fahrt mit der Kutsche von seinem Wohnort Brandenburg, wo er Dompropst geworden war, nach Sanssouci anzutreten.

Prinz Ferdinand von Braunschweig kündigte 1766 den Dienst in der preußischen Armee auf. Er war sich mit dem König wegen des neuen, nach französischem Vorbild eingeführten Steuersystems in die Haare geraten und hatte auch kritisiert, daß Friedrich den jungen Grafen «Wilhelmi» von Anhalt ungerechterweise protegierte. Die Gründe für das Zerwürfnis zwischen beiden Männern lagen jedoch tiefer: «Vor allem müssen wir berücksichtigen, daß der König in Ferdinand einen Rivalen für seinen Ruhm erblickte und dazu einen Mann, dem (wie er selbst einmal gestand) er und das ganze Haus Hohenzollern außergewöhnlich viel verdankten. Es lag einfach nicht in Friedrichs Charakter, mit einer solchen Persönlichkeit Tag für Tag zusammenzutreffen und ihm mit angemessener Höflichkeit zu begegnen.» (Mauvillon, 1794, II., 379–381)
Seydlitz inspizierte derweil die in Schlesien stehenden Verbände der preußischen Kavallerie von Ohlau aus und hatte einen eigenen Freundeskreis, der sich in seinem neuen Haus im jenseits der Oder gelegenen Minken versammelte und der Gesellschaft des alten Haudegens erfreute. Dieser große Reitergeneral erlitt, gerade fünfzigjährig, einen Schlaganfall und war bereits vom Tode gezeichnet, als Friedrich ihn am 27. August 1773 in Ohlau aufsuchte. Sie unterhielten sich über eine Stunde lang, und mehr als einmal hörte man Friedrich ausrufen: «Ich kann Ihn nicht missen! Ich kann Ihn nicht missen!» (Varnhagen von Ense, 1834, 229) Seydlitz starb am 8. November.
Sein Tod machte Husarengeneral Zieten zum einzigen Überlebenden einer Gruppe von Kommandeuren, die sich besonders eng mit Friedrich verbunden fühlten. Der General, der dreizehn Jahre älter war als der König und seine Karriere unter dessen Vater begonnen hatte, hatte sich mit der wiederholten Kritik Friedrichs abgefunden, der die allzu lockere Disziplin unter seinen Husaren zu rügen pflegte, doch bei einem Manöver ging der Monarch zu weit: «Der König war mit der ersten Attacke, welche das Regiment Zieten gemacht hatte, so unzufrieden, daß er sich des Ausdrucks gegen unsern General bediente: ‹er wolle nichts weiter von ihm sehen; er solle ihm aus den Augen gehn!› Kaum hatte der König das Wort gesagt, als es Zieten buchstäblich befolgte. Man kann sich leicht denken, was für ein Aufsehen dieses machte.» (Blumenthal, 1797, 255).
Ein paar Jahre darauf war Zieten zu alt, um ihm ein selbständiges Kommando im Feld zu übertragen, doch konnte er immer eines herzlichen Willkomms in Potsdam sicher sein. Friedrich behandelte ihn nun mit gleichbleibender Zuvorkommenheit und mit Respekt. Als Zieten einmal an der Tafel einschlummerte, hielt der König den

Danebensitzenden davon ab, den verdienten Kämpen zu wecken: «Lasse Er den braven Mann immer schlafen, er hat lange genug für uns alle gewacht!» (Hildebrandt, 1829–35, II., 136)

7. KAPITEL

STAATSGESCHÄFTE UND DER BAYERISCHE ERBFOLGEKRIEG 1778–1779

Friedrich erkannte deutlich, daß ein loser Zusammenhang zwischen dem Zustand der Erschöpfung, in dem sich der europäische Kontinent nach dem Siebenjährigen Krieg befand, und seinem eigenen Bedürfnis nach Ruhe bestand. Über einen Zeitraum von fünfzehn Jahren hinweg schien diese Ruhephase hauptsächlich von der politischen Instabilität im östlichen Europa bedroht zu werden. Dort drohte die Gefahr, daß es zu einer blutigen Auseinandersetzung zwischen Österreich und Rußland wegen des anarchischen Zustandes in Polen oder infolge des wachsenden Appetits Katharinas II. nach Eroberungen auf Kosten der Türken kam. Zu Friedrichs Enttäuschung hatte das Bündnis zwischen Paris und Wien den Krieg überdauert, und es geschah nur zur Vermeidung einer völligen Isolation Preußens, daß er 1764 ein Schutzbündnis mit den Russen schloß.

1768 verfaßte er das zweite seiner geheimen «Politischen Testamente». Es war eine noch umfassendere Bestandsaufnahme, als es der erste Essay aus dem Jahre 1752 gewesen war, und bewies, wie dank staatlicher Intervention das körperliche, erzieherische und sittliche Wohlergehen der Untertanen gefördert werden konnte. Soweit das Dokument Fragen der internationalen Politik berührte, ließ es den Schluß zu, daß Friedrich zu der Auffassung neigte, er habe den Siebenjährigen Krieg eher überstanden als ihn gewonnen, und daß aus seiner Sicht nur ständige Kriegsbereitschaft Preußen den Fortbestand in derselben Welt ermöglichte, die von den wirklichen Großmächten Österreich und Rußland beherrscht wurde. Friedrich ließ sich mit Befriedigung über das Erreichte aus und zählte auf, wieviel Steuergelder, Getreidevorräte und Munitionsdepots bereits zusammengekommen waren, fügte jedoch hinzu, daß die Österreicher inzwischen so kampfstark geworden seien, daß ein Feldzug gegen sie mit äußerster Vorsicht geführt werden müsse: «Il est plus facile d'écraser 15 000 hommes que d'en battre 80 000, et qu'en risquant moins, vous faites à peu près la même chose. Multiplier des petits succès, c'est précisément amasser un trésor successivement!» («Es ist leichter, 15 000 Mann zu vernichten als 80 000 zu schlagen, und wenn man weniger riskiert, erreicht man trotzdem ungefähr dasselbe.

Kleine Erfolge zu vervielfachen bedeutet gerade, schrittweise einen Schatz anzuhäufen!») (Friedrich d. Gr., «Politische Testamente», 163) Ein gekürztes und auf den neuesten Stand gebrachtes Exemplar des «Testaments» *(Exposé du Gouvernement Prussien)* erarbeitete der König 1776. Es war für seinen Bruder Prinz Heinrich bestimmt, doch dieser bekam es vermutlich nie zu Gesicht. (Hintze, 1919, 3–8)
Das Prinzip der Vorsicht taucht auch in Friedrichs Schrift *Eléments de Castramétrie et de Tactique* auf, die am 12. November 1770 abgeschlossen wurde und im Jahr darauf in deutscher Übersetzung unter dem Titel *Grundsätze der Lagerkunst und Taktik* erschien. Friedrich verfolgte mit diesem Werk zwei Ziele: einmal wollte er das geistige Blickfeld seiner Generale über ihre jeweilige Waffengattung hinaus verbreitern, zum anderen suchte er Verständnis für die entscheidende Rolle zu wecken, die bei der modernen Kriegführung die Stellungen spielten:

> La guerre . . . est devenue plus raffinée, plus difficile et plus hasardeuse, parce que nous n'avons plus des hommes seuls à combattre . . . Il faut donc bien nous imprimer dans la mémoire que désormais nous n'aurons qu'une guerre d'artillerie à faire, et des postes à attaquer.
> (Der Krieg . . . ist listenreicher, schwieriger und riskanter geworden, weil wir nicht mehr nur gegen Soldaten allein ankämpfen müssen . . . Wir müssen uns also wohl oder übel ins Gedächtnis einprägen, daß wir von jetzt an nur noch Artilleriegefechte zu führen haben und Verteidigungsstellungen angreifen müssen.) (Œuvres, XXIX., 3, 4)

Eine Reihe von Exemplaren dieser «Grundsätze» wurden den Inspekteuren ausgehändigt und von ihnen bei den Generalen sowie Regiments- und Bataillonskommandeuren in Umlauf gesetzt mit der Auflage, sie als Geheimpapier zu behandeln.
Seine strategischen Vorstellungen entwickelte Friedrich in einem weiteren Werk mit dem Titel *Réflexions sur les Projets de Campagne* («Überlegungen zu den geplanten Feldzügen»). Diese nicht zur Veröffentlichung bestimmte Schrift stellte er am 1. Dezember 1775 fertig. Der lateinische Nachsatz *scriptum in dolore* – «unter Schmerzen geschrieben» – weist darauf hin, daß der König um diese Zeit wieder einmal unter starken rheumatischen Beschwerden litt. Die «Überlegungen» waren in Form eines weitreichenden Überblicks abgefaßt, der die geeigneten Maßnahmen für die folgenden Situationen beim Ausbruch kriegerischer Handlungen erwog:

a) Offensivkrieg mit Unterstützung russischer Hilfstruppen;
b) Krieg zwischen zwei gleich starken Streitkräften;
c) Fall eines energisch geführten Verteidigungskrieges.

Es steht außer Frage, daß sich diese neu erwogenen taktischen Pläne nicht auch in gleichem Maße auf den strategischen Sektor anwenden ließen. Ein Offensivkrieg gegen Österreich sollte als Siegespreis den Besitz Böhmens erbringen, und von den verschiedenen Strategien zur Erlangung dieses Zieles sei vor allen Dingen eine zu empfehlen: «Le plus sur, quoique de difficile exécution, est de porter la guerre sur le Danube, afin d'obliger par là la Cour de Vienne de retirer ses principales forces de la Bohème, et par là de donner la possibilité à l'armée qui doit y pénétrer, d'exécuter le plan dont elle est chargée.» («Das sicherste ist, obwohl es sich schwer bewerkstelligen läßt, den Kriegsschauplatz an die Donau zu verlegen, um von dort aus den Wiener Hof zu zwingen, seine Hauptkräfte aus Böhmen abzuziehen, und hier der [preußischen] Armee nach ihrem Einmarsch die Möglichkeit zu eröffnen, die ihr übertragene Aufgabe zu erfüllen.») (Œuvres, XXIX., 76)

Inzwischen war die militärische Stärke Österreichs entsprechend den Ambitionen von Maria Theresias ältestem Sohn Joseph gewachsen, der 1765 als Joseph II. Kaiser und Mitregent geworden war. Friedrich hatte insgeheim gehofft, künftig dem aktiven Waffenhandwerk entsagen zu können, doch in der Person Josephs war ihm ein Widersacher erwachsen, der ihn ein Abbild seiner selbst in jüngeren Jahren dünkte, eigens erstanden, um ihm jetzt in vorgerücktem Alter Schwierigkeiten zu bereiten. Über eines war er sich bald im klaren: «Les jeunes souverains sont encore plus difficiles à déchiffrer que ne le sont les plus dissimulés des particuliers!» («Die jungen Herrscher sind noch schwieriger zu enträtseln als die heuchlerischsten Privatpersonen!») (Brief an Maria Antonia von Sachsen vom 10. August 1766, Œuvres, XXIV., 120)

Im Jahre 1769 ging Friedrich bereitwilligst auf Josephs Vorschlag für ein Zusammentreffen ein. Der Alte Fritz war einerseits erpicht darauf, seinen neuen Nachbarn bei einer persönlichen Begegnung einschätzen zu können, und wollte andererseits seine Unabhängigkeit von den Russen unter Beweis stellen. Joseph machte sich also mit einer bescheidenen Begleitung auf die Reise nach der oberschlesischen Festungsstadt Neisse, die als Treffpunkt ausersehen war, und traf dort am 25. August um die Mittagsstunde vor der bischöflichen Residenz ein. Friedrich stand am Fuß der in das Palais führenden Treppe zum Empfang des Monarchen bereit, «und nachdem sie einander eine Sekunde lang schweigend betrachtet hatten, umarmten sie sich und taten sichtbar kund, daß sie Gefallen aneinander fanden.» (Wraxall, 1806, II., 450–51).

Das Treffen der beiden Regenten dauerte drei volle Tage. An den

Vormittagen pflegten Friedrich und Joseph gemeinsam auszureiten und eine Truppenparade abzunehmen. Der österreichische Kaiser überschüttete dabei General von Seydlitz mit Komplimenten, was dem König nicht gerade behagte. Der österreichische Kavalleriegeneral Joseph d'Ayasasa nutzte die Gelegenheit, die Seydlitzschen Kürassiere genauestens zu inspizieren und sich jedes Uniformteil und Ausrüstungsstück einzuprägen. Beim Zusammensein mit dem preußischen König machte Joseph die Feststellung, daß sein Gegenüber ein überaus nachdenklicher Mann war: «Wenn er von der Kriegskunst spricht, die er gründlich studiert und über die er alles irgend mögliche gelesen hat, so ist das entzückend; alles hat Nerv, ist solide und sehr belehrend.» (Brief an seine Mutter Maria Theresia vom 25. September 1769, zitiert bei: Volz, 1926–27, II., 215)
An den Nachmittagen lernten die Österreicher die Länge von Friedrichs Mittagsmahlzeiten kennen. Sie bemerkten, daß auf preußischer Seite der König als einziger das Wort ergriff. Die abendliche Unterhaltung bestritt eine jämmerlich schlechte deutsche Komödiantentruppe, deren dürftige Witze bei Friedrich eine unverhältnismäßig große Heiterkeit auszulösen schienen.
Im Jahr darauf war es Kaiser Joseph, der die Gastfreundschaft erwiderte. Er lud Friedrich nach Mährisch-Neustadt bei Olmütz am Rande des Mährischen Gesenkes ein, wo das offene Gelände und eine Reihe kleinerer Berge einen hervorragenden Ausblick boten, um von verschiedenen Standorten aus Vorführungen der österreichischen Truppen zu beobachten. Friedrich traf am 3. September 1770 ein. Er trug eine Uniform im traditionellen Weiß der Österreicher, die jedoch derart mit Schnupftabakflecken übersät war, daß der König in diesem Habit einen der merkwürdigsten Anblicke des 18. Jahrhunderts geboten haben dürfte. Der Alte Fritz hatte den ganzen Anweg von Breslau her zu Pferde zurückgelegt, was allein schon dem achtundfünfzigjährigen Monarchen ein gewisses Gefühl der Überlegenheit gegenüber dem erst neunundzwanzigjährigen Kaiser gab, denn der um die Hälfte jüngere Joseph war von Wien mit der Kutsche nach Mähren gereist. Friedrich hatte erwartungsvoll der Erneuerung der Bekanntschaft mit diesem lebensprühenden, intelligenten Herrscher entgegengeblickt, in dem er so etwas wie einen artverwandten Geist gefunden zu haben glaubte, doch bei dieser Begegnung stand das Element der militärischen Rivalität im Vordergrund.
Friedrichs Unterwürfigkeit war allzusehr gekünstelt. Er hielt nicht nur den Zügel des kaiserlichen Rosses, als Joseph sich in den Sattel schwang, sondern half auch noch nach, den Stiefel des Kaisers auf der anderen Seite in den Steigbügel zu schieben. Bei Tisch lehnte er

es ab, sich vor dem Kaiser bedienen zu lassen, und hatten die Österreicher in Neisse lobende Worte für Seydlitz gefunden, so war jetzt Friedrich voll Anerkennung für Laudon. »Seine Höflichkeit wäre ihm beinahe teuer zu stehen gekommen, als er bei seinen Verbeugungen gegen den Kaiser, der ihn hinausgeleitet hatte, zurücktretend über die Stufen gestürzt wäre, hätte man ihn nicht rechtzeitig aufgefangen.» (Herzog Albert von Sachsen-Teschen, zitiert bei: Koschatzky und Krasa, 1982, 92)
Bei den militärischen Vorführungen sorgten die glänzenden österreichischen Grenadiere dafür, den Eindruck der Seydlitz-Kürassiere im Jahr zuvor zu verwischen. Es war Pech, daß während der großen Parade, die am dritten Tag das Manöver beschließen sollte, ein sintflutartiger Wolkenbruch einsetzte, der die beiden Monarchen und die rund 30 000 aufmarschierten Soldaten bis auf die Haut durchnäßte. Hinterher mußte zum schmunzelnden Vergnügen der österreichischen Gastgeber Friedrich, nur mit einem Umhang bekleidet, in einer Bauernhütte vor dem offenen Feuer warten, bis sein Rock und seine Hosen, die dampfend auf einer Leine hingen, getrocknet waren.
In politischer Hinsicht gestaltete sich dieses «Gipfeltreffen» in Mährisch-Neustadt weitaus positiver, als man nach diesen Beschreibungen hätte erwarten können. Friedrich und Joseph stimmten nämlich darin überein, daß die russischen Eroberungen in der Türkei eine Bedrohung des Kräftegleichgewichts darstellten. Weniger als zwei Jahre später trug bekanntlich die Erste Polnische Teilung zwischen Preußen, Österreich und Rußland dazu bei, den Appetit der drei großen osteuropäischen Monarchien für eine Weile zu stillen und auf diese Weise den friedensähnlichen Zustand zu verlängern. Das erste Zeichen war bereits 1769 von Joseph II. gesetzt worden, der die «dreizehn Städte» von Zips, einer Tallandschaft und deutschen Sprachinsel in der Slowakei südöstlich der Hohen Tatra, annektiert hatte, weil die ungarische Krone Ansprüche auf dieses seinerzeit polnische Territorium erhob. Prinz Heinrich von Preußen hatte dann bei einem Besuch in St. Petersburg aus eigener Initiative vorgeschlagen, eine Vereinbarung über die Aufteilung Polens zugunsten Preußens und Rußlands zu treffen. Zarin Katharina griff diese Idee ebenso zustimmend auf wie Friedrich, und das in einem chaotischen Zustand befindliche wehrlose Königreich Polen verlor kraft des preußisch-russischen Abkommens vom 5. Januar 1772 und eines weiteren, auch Österreich einschließenden Vertrages vom 5. August desselben Jahres ein Viertel seiner Fläche und mehr als ein Viertel seiner Bevölkerung.
Friedrich fand gegenüber Voltaire alle möglichen Rechtfertigungen für sein Handeln, wobei sein Hauptargument war, durch die Teilung

Polens sei die Gefahr eines allgemeinen Krieges abgewendet worden, doch das Europa der Aufklärung betrachtete beharrlich den Vorgang als «einen Akt, der jeden vernünftigen Menschen anekelte, der sich ein Gefühl für die Unterscheidung zwischen Recht und Unrecht bewahrt hatte.» (Wraxall, 1806, I., 106)
Die Österreicher gewannen drei Millionen neue Untertanen hinzu, die Russen 1,8 Millionen. Numerisch gesehen, schnitt Preußen am schlechtesten ab und bekam mit Westpreußen ein Gebiet von umgerechnet rund 36 000 Quadratkilometern sowie zwischen einer halben Million und 600 000 Menschen der unterschiedlichsten Volksgruppen. In vielfacher Hinsicht konnte jedoch Friedrich die größten relativen Vorteile verbuchen. Als Landesherr von Westpreußen verfügte er jetzt über eine breite direkte Landverbindung zwischen Pommern und dem bisher isolierten Ostpreußen und war imstande, die strategischen Grenzen im Osten seines Staates bis an die Weichsel und Netze vorzuverlegen. Friedrich kontrollierte damit sowohl die Mündung als auch die mittleren Abschnitte der Weichsel, und durch den Bau des Bromberger Kanals zwischen der Brahe, einem Nebenfluß der Weichsel, und der Netze, einem Nebenfluß der Warthe (die ihrerseits in die Oder mündet), schuf er eine Wasserstraßenverbindung von der Weichsel herüber zu den Flußläufen und Kanälen der brandenburgischen Kernlande. Auf diese Weise blieb Danzig nur auf dem Papier unabhängig, und Friedrich konnte den polnischen Außenhandel überwachen. Besonders die Getreideausfuhr war für die Preußen von Interesse, denn jetzt konnten sie im Fall einer Verknappung im eigenen Land die Lieferungen umleiten.
Westpreußen war ein karges und rückständiges Land, doch es erbrachte Einnahmen von jährlich 1,7 Millionen Talern, von denen Friedrich 1,2 Millionen für den Unterhalt der in diesem Gebiet ausgehobenen Truppen (fünf neuen Füsilierregimentern, einem Husarenregiment, vier Garnison-Bataillonen sowie zwei Artilleriebataillonen) aufwandte. Ein Besuch Westpreußens wurde künftig zum festen Bestandteil der jährlichen Inspektionsreisen des Königs. In Mockrau bei Graudenz ließ er sich ein Fachwerkhäuschen bauen, das ihm während der Truppenschauen als Hauptquartier diente.
Friedrich berief eine große Anzahl junger Westpreußen als Offiziere für die neuen Regimenter, ohne sich allzu eingehend mit ihrer Herkunft zu beschäftigen, scheiterte indes mit seiner Absicht, die männlichen Vertreter der beträchtlichen jüdischen Bevölkerungsgruppe zum Wehrdienst heranzuziehen:

Vergebens protestierten sie bei Seiner Majestät, daß dies weder mit ihren angeborenen Fähigkeiten noch mit ihrer inneren Einstellung vereinbar sei. Doch tatsächlich stellte sich vor Gericht ihre unüberwindliche Abneigung gegen das Tragen von Waffen heraus, so daß man sie nach vielen vergeblichen Anstrengungen zu guter Letzt degradierte und aus der Armee ausstieß. (Wraxall, 1806, I., 219)

Der Frieden oder vielmehr der nach der Polnischen Teilung eingetretene vorübergehende Sättigungsgrad hielt gerade fünf Jahre an, bevor Friedrich sich mit dem Gedanken vertraut machen mußte, auf seine alten Tage noch einmal in einen neuen Krieg zu ziehen.
Österreich war mit seinem großen Unternehmen, der Rückgewinnung Schlesiens, gescheitert, aber nun, Ende der siebziger Jahre, wollten sich Joseph II. und sein Staatskanzler Fürst Kaunitz die Gelegenheit nicht entgehen lassen, eine mehr als angemessene Entschädigung im südlichen und westlichen Deutschland einzustreichen. Der letzte Vertreter der direkten Linie des kurfürstlich bayerischen Hauses der Wittelsbacher, Kurfürst Maximilian Joseph von Bayern, starb am 30. Dezember 1777. Sein Nachfolger, der für seine Ausschweifungen bekannte, zügellose Karl Theodor, erklärte sich bereit, den Österreichern vorbehaltlos Niederbayern zu verkaufen und ihnen die nach der Erbfolge zu erwartende Anwartschaft auf den Besitz der Oberpfalz abzutreten. Dies alles könnte man für die kleine Münze der Diplomatie des 18. Jahrhunderts halten. Wenn jedoch der Handel unangefochten abgeschlossen worden wäre, hätte Österreich einen derartig kräftigen Zuwachs an Territorium, Bevölkerungszahl und vor allem an Einwohnern mit germanischem Einschlag zu verzeichnen gehabt, daß der preußische Staat künftig ständig benachteiligt gewesen wäre.
Joseph hatte die Mehrheit in den beratenden Gremien in Wien hinter sich und setzte sich über seine Mutter Maria Theresia hinweg, die einen neuen Krieg ablehnte. Alle Angebote Friedrichs zu Verhandlungen wies der österreichische Kaiser ab und wertete sie als Zeichen der Schwäche. Zusammen mit Maria Theresia machte er sich über die drolligen Rechtschreibefehler in Friedrichs Briefen lustig.
Am 26. Januar 1778 leitete Friedrich den langwierigen Prozeß der Mobilmachung ein. Das ausgesaugte Kurfürstentum Sachsen war inzwischen ein strategischer Satellit Preußens geworden. Daher entsandte der König im März 1778 Oberst Johann Christoph von Zegelin nach Dresden, um mit dem sächsischen Hof einen detaillierten Plan für eine militärische Kooperation zu erstellen. Bei diesen Gesprächen erklärten sich die Sachsen bereit, den Preußen freien

Zugang zu ihrem Territorium zu gewähren und ihnen für operative Einsätze sächsische Truppen in einer Stärke von rund 20 000 Mann zur Verfügung zu stellen. Somit belief sich die preußisch-sächsische Streitmacht an dieser westlichen Flanke auf etwa 85 000 Mann. Friedrich bestimmte seinen Bruder Prinz Heinrich zum Befehlshaber dieses Kontingents. Weitere 87 000 Mann sollten die königliche Armee in Schlesien bilden.

Der Aufmarschplan lehnte sich eng an den in den «Überlegungen» von 1775 angeführten Fall eines Offensivkrieges gegen die österreichische Monarchie an. Ziel beider Vorhaben war die Eroberung Böhmens mit Hilfe einer sorgfältig aufeinander abgestimmten Folge von Einmärschen in räumlich weit auseinanderliegende Abschnitte der österreichischen Grenzen. (siehe Karte 48)

Der große Ablenkungsstoß nach Mähren hinein sollte in die Zuständigkeit der königlichen Armee fallen, doch vor dem Anlaufen dieser Operation plante Friedrich ein kleineres Täuschungsmanöver in Form gewaltsamer Aufklärung durch ein starkes Kavallerieaufgebot, das von Glatz aus nach Nordostböhmen eindringen und in Richtung Königgrätz vorstoßen sollte. Friedrich besaß keine genauen Angaben über den Standort der österreichischen Kräfte, war jedoch zuversichtlich, daß sie durch seine Kette von Ablenkungsangriffen nach Osten abgezogen würden und Heinrich freie Bahn ließen, von Sachsen in direktem Vormarsch bis in die Gegend von Prag zu gelangen. Friedrich hoffte, daß das Element der russischen Unterstützung, ein wesentlicher Bestandteil des Plans von 1775, in Gestalt eines Hilfskorps von 30 000 Mann beigesteuert werde, das im österreichischen Teil Polens zum Einsatz kommen sollte. (Er ließ sich von seinem Vertrauen auf die Hilfe der Russen bis zum 1. Oktober nicht abbringen, einem Zeitpunkt, als die tatsächlichen Kampfhandlungen bereits so gut wie vorüber waren.)

Es gab bald Anzeichen dafür, daß auf preußischer Seite für diesen Krieg nicht alles zum besten bestellt war. Friedrich hatte es verabsäumt, in Friedenszeiten rechtzeitig den Kern für einen Versorgungstrain zusammenstellen zu lassen, den er bei Ausbruch der Feindseligkeiten rasch mobilisieren konnte. So mußte jetzt kurz vor Beginn der Angriffsoperationen die ganze Maschinerie erst aufgebaut, d. h. Fahrzeuge, Pferde, Fahrer und Troßknechte mußten requiriert und eingewiesen werden. Im Verlauf der Vorbereitungen zum Transport des Nachschubs sowie bei der Festlegung der Marschroute für den gigantischen Artillerietrain mit seinen 915 Geschützen traten ernsthafte Schwierigkeiten auf, noch bevor es überhaupt zu ersten Kampfhandlungen gekommen war. Goethe mochte ein enthusiastisches Bild von

dem lebhaften Hin und Her in der preußischen Hauptstadt entwerfen, doch wer sich in militärischen Dingen auskannte, für den glich das Sammeln der Berliner Artillerie-Regimenter eher «einer Karawane . . ., die eine Menge Kaufmannsgüter nach irgendeinem Marktplatz zu schaffen hatte.» (zitiert bei: Jany, 1928–29, III., 114)
Prinz Heinrich prophezeite, daß «diese enormen Truppenmassen sich beide binnen kurzem gezwungen sehen würden, zur Defensive überzugehen, und daß die eine oder andere Seite, die eine derart unbestimmte Situation mit einem Schlag zu beenden trachtete, keinen anderen Vorteil erringen würde als kurzfristigen Ruhm auf Kosten eines Drittels ihrer Armee.» (Brief an Friedrich vom 10. März 1778, PC 26085) Friedrich war davon unterrichtet, daß endlose österreichische Artilleriegespanne sich nach Böhmen hinein bewegten, war jedoch der Auffassung, die Preußen müßten diesen Aufmarsch damit beantworten, daß sie leistungsstarke eigene Artilleriekonzentrationen an verschiedenen Orten schufen, um Breschen in die feindlichen Stellungen zu sprengen. (PC 26399, 26433 und 26458)
Am 12. April errichtete Friedrich sein Hauptquartier in dem Dorf Schönwalde im Eulengebirge, direkt unterhalb der Bergfestung Silberberg und wenige Tagesmärsche von der böhmischen Grenze entfernt. Wochenlange diplomatische Verhandlungen mit den Österreichern führten zu keinem konkreten Ergebnis, und Friedrich schrieb seinem «Außenminister» Graf Finckenstein: «Ces bougres d'Autrichiens se moquent de nous . . . Pressez-les vivement de nous répondre catégoriquement, ou bien ces canailles nous traîneront jusque vers l'hiver, ce que je ne veux absolument pas!» («Diese österreichischen Schufte machen sich über uns lustig . . . Drängen Sie sie energisch, uns eine kategorische Antwort zu geben, sonst halten uns diese Kanaillen bis zum Winter hin, was ich absolut nicht möchte!») (Brief vom 9. Juni 1778, PC 26445)

Am 4. Juli 1778 begann der Vortrab der königlichen Armee mit dem Anmarsch aus der Grafschaft Glatz über die bergauf führenden steinigen Straßen in Richtung schlesisch-böhmische Grenze. Tags darauf bewegten sich die Preußen auf ein Flüßchen bei Nachod zu, das an dieser Stelle die Grenze bildete, und Friedrich befahl allen Regimentern, den neuen Rubikon unter Trommelwirbel und Pfeifenklang zu überschreiten. «Der König hielt ganz allein an auf der Brücke, die über den . . . Fluß führt, auf österreichischem Gebiet . . . Mit derselben sichern Ruhe und demselben scharfen Blick wie auf der Parade zu Potsdam musterte er die vorbeimarschierenden Truppen.» (Anon.,

1884, 35) Die neuen westpreußischen Regimenter waren tief beeindruckt.

Am 6. Juli und noch einmal am folgenden Tag begleitete Friedrich seine Leichte Kavallerie bei der von ihm seit langem geplanten gewaltsamen Aufklärung. Der König traf auf keinerlei Widerstand, als er mit seiner Truppe in westlicher Richtung die spärlich bewaldete Gegend um Skalitz durchquerte, mußte dann aber feststellen, daß die Österreicher sich entlang der Verbindungsstraße zwischen den beiden großen Urwäldern in dieser Ecke Böhmens – dem Königreich-Wald im Norden und dem nahezu unwegsamen Königgrätzer Wald im Süden – stark verschanzt hatten. Er kannte dies Gebiet außerordentlich gut und begriff sofort die Bedeutung der militärischen Bauten, die von den Österreichern in dieser Region errichtet worden waren, seit er das letzte Mal zwanzig Jahre zuvor – 1758 – hier durchgezogen war. Der Feind hatte nicht nur Königgrätz zu einem festen Platz ausgebaut, was, wie Friedrich bereits wußte, den südwärts gelegenen natürlichen Hindernissen, dem Fluß Adler und dem Königgrätzer Wald, zusätzliche Wirksamkeit verlieh, sondern gegnerische Truppen in beträchtlicher Zahl waren derzeit auch damit beschäftigt, auf dem gegenüberliegenden, also westlichen, Ufer des Oberlaufs der Elbe Feldbefestigungen anzulegen. Den Preußen wurde damit der einzige Zugang zum dahinter liegenden offenen böhmischen Land verwehrt.

Während des ersten Reconnaissanceritts hatten sich die wißbegierigen jungen Husaren um den König geschart:

> Friedrich war nicht mehr der Monarch, den die älteren Husaren aus dem Siebenjährigen Kriege noch kannten. Sechzehn seit diesem Zeitraume verlebte Jahre waren an seiner ganzen Haltung, an seinem Gesicht – mehr aber noch an einer dem reiferen Alter eigenen ernsten, nahe an das Mürrische grenzenden Stimmung ... deutlich zu bemerken. (Hildebrandt, 1829–35, III., 129)

Friedrich entschied sich dafür, seine Vorhut bis auf etwa 3 000 Schritt an die feindlichen Linien im nördlich Jaromiersch liegenden Geländeabschnitt heranrücken zu lassen. Am Morgen des 8. Juli begab er sich persönlich noch einmal auf Erkundung und kam dabei so nahe an die österreichischen Vorposten heran, daß diese seine Begleitung in ein Scharmützel verwickelten.

> Er sah überaus sanft und gütig aus und scherzte sehr herablassend mit mehreren Personen, die um ihn waren. Nachdem er aber über zwey Stunden auf die Ankunft der Kolonnen umsonst gewartet hatte, ward er ungeduldig; seine Blicke wurden finster, drohend und

> schrecklich, und bald zeigten sich auf seinem Gesichte Merkmale der größten und allernächst auszubrechenden Unzufriedenheit.
> (F.W. Schmettau, 1789, 34)

Die Preußen blieben 37 Tage lang in ihrem Lager bei Welsdorf. (vgl. Karte 49) Unter anderen Umständen wäre die Umgebung mit ihren sanften Hügeln, grünen Tälern und vereinzelten Waldungen sehr reizvoll gewesen, doch jetzt begann die Truppe zu murren. «Schon am zweiten Tag gebrach es an allem: wir litten nicht nur an Mangel an Nahrungsmitteln, sondern auch Tabak, Branntwein, Salz, ja sogar Wasser und Lagerstroh fehlten. Unsere armen Leute waren bald nicht mehr wieder zu erkennen; aller frohe Mut, alle Munterkeit schwand dahin. Man vernahm nichts als Klagen, und dieselben Leute, die vorher von Begeisterung und Kampfesmut beseelt waren, ließen nun die Köpfe hängen und fingen an, widerwillig zu werden.» (Anon., 1884, 39-40)
Friedrich hatte für sich selbst ein Blockhaus in Oberwelsdorf als Bleibe requiriert, einem frei stehenden Dorf, dessen Häuser beiderseits eines kleinen Flußlaufs verstreut lagen. Nach Norden hin erstreckte sich eine weite Ebene bis an den Rand des Königreich-Waldes mit seinen hohen, dichten Baumkronen; im Süden trennte ein niedriger, runder Bergrücken das Tal von Welsdorf von der Flußniederung links und rechts des Oberlaufs der Elbe. Die Zerstörungswut seiner Soldaten berührte Friedrich nicht. Sie konnten ungestraft Hütten und Zäune abreißen, um daraus Brennholz zu machen. Landwirtschaftliche Geräte und Saatgut wurden ebenfalls sinnlos vernichtet und gingen in Flammen auf. Eine Welle von Fahnenflucht setzte ein, als die Truppe erfuhr, wie gut die Österreicher in ihrem Lager bei Jaromiersch lebten.
Tag für Tag ritt Friedrich auf den Höhenzügen auf dem linken Elbufer hin und her, Ausschau nach einer Lücke in den feindlichen Stellungen auf der anderen Flußseite haltend. Diese bildeten eine Art Gegenstück zu den preußischen Befestigungsanlagen im Verteidigungsgürtel von Bunzelwitz anno 1761. Sie waren nicht miteinander verbunden, sondern auf eine Linie verteilt, die etwa sechs Meilen weit am Ufer der Oberelbe entlanglief und vollständig mit Batterien, Palisaden, Minen und Verhauen bestückt war. Die Stützpunkte dieses Lagers von Jaromiersch (Karte 50) waren nach sorgfältiger Überlegung angelegt worden, um die von den niedrigen Hügeln gebildeten Geländevorsprünge und einspringenden Winkel voll zu nutzen. Die linke beziehungsweise nördliche Flanke war an die Bastion angelehnt, die das Kloster der Barmherzigen Brüder in Kukus bildete, ein

palastartiger Bau, der nach Anweisungen des alten österreichischen Kavalleristen Graf Sporck errichtet worden war (Abb. 44). Das Gebäude war mit einer Garnison belegt. Friedrich konnte durch sein Fernrohr im angrenzenden Park mehrere Artilleriegeschütze entdekken wie auch die allegorischen Barockfiguren auf dem Söller studieren, die die Tugenden und Laster darstellten und ihn aus der Ferne anzublicken und zu gestikulieren schienen. Elbaufwärts von den Ortschaften Kukus und Schurz war die Hügelkette auf dem rechten Stromufer sehr dicht bewaldet, und die Österreicher hatten an einer strategischen Stelle Bäume gefällt und eine Sperre angelegt, die jedes Vorankommen zu einem Ding der Unmöglichkeit werden ließ.

Die Elbe selbst stellte in diesem Abschnitt das geringste Hindernis dar. Sie war nur einen Steinwurf breit und zu dieser Jahreszeit derart seicht, daß die Kroaten, die von den Österreichern als Leichte Infanterie eingesetzt wurden, ohne Mühe den Fluß durchwaten und sich auf der preußischen Seite aus dem Buschwerk am Ufer heraus mit Störangriffen unliebsam bemerkbar machen konnten.

Die Pattsituation von Jaromiersch hatte eine wichtige strategische Dimension. Kaiser Josephs Hauptberater in militärischen Fragen, Feldmarschall Lascy, ist verlacht worden, weil er erstmals eine tückische Art von Strategie, das sogenannte Kordonsystem, in die militärische Praxis eingeführt haben soll. Von diesem System hieß es, es habe bewirkt, daß feindliche Truppen gleichmäßig über weite Geländeabschnitte versprengt wurden, was sie an jeder beliebigen Stelle angreifbar machte. Das Kordonsystem ist, wenn es überhaupt je existiert hat, im Krieg von 1778 niemals angewendet worden. Statt dessen hielt Lascy unter erheblichem Kraft- und Geldaufwand die Masse seiner 100 000 Mann starken Elbe-Armee konzentriert zusammen. Er wollte für einen eventuellen Aufmarsch gerüstet sein, zu dem Friedrich seine Verbände zusammenziehen konnte, um gegen die sonst nur dünn besetzte österreichische Verteidigungslinie an der Oberelbe anzustürmen. Dem König war natürlich das Vorhandensein einer solch starken feindlichen Armee unmittelbar vor seiner Nase bekannt. Es erschien auch ihm ratsam, den Gegner nicht aus den Augen zu lassen, und so wurde aus der beabsichtigten gewaltsamen Aufklärung eine bloße Konfrontation der beiden Oberbefehlshaber, ohne daß es zu ernsthaften Kampfhandlungen gekommen wäre. Friedrich beorderte zusätzlich die in Nachod in Bereitschaft gehaltenen Infanteriereserven heran und erhöhte damit die Zahl der im Lager von Welsdorf stehenden Bataillone von 25 auf 40.

Mitte Juli traf bei Friedrich ein Baron Thugut mit einer privaten Botschaft von Maria Theresia ein, die die Bitte enthielt, am Verhand-

lungstisch den Feindseligkeiten ein Ende zu bereiten. Friedrich übermittelte eine in höflichem Ton gehaltene Antwortnote, doch er konnte sich nicht ganz dazu durchringen, an die Aufrichtigkeit der Kaiserin oder tatsächlich bestehende Meinungsverschiedenheiten zwischen ihr und dem kriegerisch gesinnten Joseph zu glauben: «Il faut battre ces bougres, pour leur inspirer des sentiments plus raisonnables.» («Man muß diese Kerle verprügeln, um ihnen vernünftigere Ansichten beizubringen.») (PC 26611)
Friedrich nahm wohl nicht an, einem von diesen Kerlen bei Jaromiersch die zugedachte Tracht Prügel verpassen zu können, und stellte daher den ursprünglichen Feldzugplan auf den Kopf. Jetzt sollte sein Bruder Heinrich mit der preußisch-sächsischen Armee den Ablenkungsangriff unternehmen. (Karte 48) Heinrich kam dieser Bitte zunächst in prachtvoller Manier nach. Seine Aufgabe lautete, die strategische Flanke der zweiten österreichischen Armee unter Laudon aufzurollen, die auf beiden Ufern des mittleren Elbabschnittes unweit der sächsischen Grenze stand. Heinrich vollzog seine wichtigsten Truppenbewegungen durch die Schutzwand der Berge an der Grenze getarnt. Zunächst ließ er seine Armee auf das rechte, also östliche Elbufer überwechseln und überschritt dann, nachdem das sächsische Kontingent zu ihm gestoßen war, die Grenze zwischen Oberlausitz und Böhmen über eine Reihe von «unwegsamen» Pässen im Lausitzer Gebirge, die die Österreicher für völlig unpassierbar gehalten hatten. Während er die Sachsen in Deutsch-Gabel zurückließ, um seine Nachschubverbindungen zu sichern, bahnte er sich mit seinen Verbänden den Weg durch das Wiesental hinunter zum Städtchen Niemes.
Damit waren sämtliche österreichischen Pläne zur Verteidigung Nordböhmens mit einem Schlag über den Haufen geworfen. Prag wurde von den Garnisontruppen aufgegeben; die Aristokratie floh aus der Stadt. Der österreichische Besitz ganz Böhmens hing jetzt einzig und allein von den Truppen ab, die eilends entlang der Iser-Linie umgruppiert wurden. Joseph begab sich persönlich zur Iser-Armee, wie sie nun genannt wurde, und traf eine Atmosphäre der Mutlosigkeit in Laudons Hauptquartier in Münchengrätz an. Der Kaiser tat alles in seiner Macht Stehende, um Laudons Entschlossenheit zu stärken, bevor er zur Elbe-Armee in Jaromiersch zurückkehren mußte. «Ich werde heute von hier abreisen», schrieb er am 14. August. «Nur ungern entferne ich mich, denn ich besorge, daß der geringste Alarm unsern Rückzug veranlassen wird.» (Koser, 1910, 524) Drei Tage später schlug Generalleutnant Möllendorff dem Prinzen Heinrich einen Vorstoß vor, der nach unserer heutigen Beurtei-

lung mit Sicherheit Laudon gezwungen hätte, die Stellungen an der Iser zu räumen. Heinrich verwarf indes die Anregung, weil er in diesem öden Landstrich Gefahren für seine Nachschublinien witterte und der Ansicht war, daß die möglicherweise durch die Ausführung von Möllendorffs Plan erlangten Vorteile die Risiken nicht aufwogen.

Auch Friedrich gelang es nicht, Heinrich dazu zu bewegen, seinen Vormarsch bis zur Iser auszudehnen, er mußte sich damit zufriedengeben, daß sein Bruder mit seiner Armee auf das linke Ufer im Mittelabschnitt der Elbe hinüberwechselte, von wo aus er Prag zu bedrohen vermochte. Heinrich drückte sich ziemlich unlustig in der Gegend von Lobositz herum und begann am 24. September, ohne daß es zu irgendwelchen Kampfhandlungen mit den Österreichern gekommen wäre, sich wieder nach Sachsen zurückzuziehen.

Unterdessen hatte sich Friedrich mit der königlichen Armee in Bewegung gesetzt, während die Österreicher noch über Heinrichs ursprünglichen Vorstoß beunruhigt waren. Er plante zunächst, alle Getreide- und Futtervorräte im Gebiet um Welsdorf zu verbrauchen, um dem Feind keine Ausgangsbasis für eine Invasion nach Schlesien zu belassen. Anschließend wollte er mit seiner Armee eine Absetzbewegung durchführen, sie in einem weiten Bogen nach Norden und später nach Westen durch die bewaldeten Täler im Vorgebirge der Sudetenkette führen und mit ihr am Oberlauf der Elbe kurz unterhalb der Quelle in der Nähe von Hohenelbe in Stellung gehen (vgl. Karte 51), wo das Gelände nach und nach um über 1 000 Meter bis zu den höchsten Erhebungen des Riesengebirges anstieg. Mit diesem Umgehungsmarsch konnte sich die preußische Armee in ausreichender Entfernung von den dichtbewaldeten Hügeln entlang dem rechten Elbufer zwischen Schurz und dem Bradlberg weiterbewegen, wobei Friedrich darauf hoffte, daß die Österreicher keine Zeit fanden, den Raum Hohenelbe mit irgendwelchen Truppen zu besetzen. Feindlicher Widerstand sollte auf alle Fälle durch eine starke Zusammenfassung von Haubitzenfeuer gebrochen werden.

Am 16. August brach die königliche Armee ihr Lager in der durch Requisitionen und gewaltsame Fourrage leergeplünderten Umgebung von Welsdorf ab und marschierte in ein neues Lager im böhmischen Burkersdorf, unweit des Schauplatzes der Schlacht von Soor im September 1745. Jetzt, wo Eile not tat, wurden sechs wertvolle Tage dadurch verloren, daß Arbeitstrupps erst die Strecke für das Vorziehen der Artillerie über Trautenau, Wildschütz, Mohren, Leopold und Hermannseiffen herrichten mußten.

Schließlich nahm am 22. August das Gros der Armee zusammen mit

dem schwerfälligen Artillerietrain den Vormarsch auf Leopold auf, während Friedrich sich mit 400 Husaren auf getrennten Wegen eilends aufmachte, um zum als Detachement vorausgesandten Korps von Erbprinz Karl Wilhelm Ferdinand von Braunschweig zu stoßen, der direkt auf Ober-Langenau an der sogenannten Kleinen Elbe, in Sichtweite von Hohenelbe gelegen, vorrückte. Der König durchquerte mit seiner Eskorte auch ein breites Tal, in dem sich kleine Waldstücke, Wiesen und rauschende Bäche abwechselten – ein ideales Gelände für einen Überfall aus dem Hinterhalt. Da passierte es auch schon: österreichische Husaren griffen die kleine preußische Kolonne von allen Seiten an, und Friedrich war minutenlang in Gefahr, überwältigt und gefangengenommen zu werden. «Die körperliche Schwäche des Königs machte diese Lage noch gefährlicher. Er konnte nur im Schritt reiten, und war nicht im Stande, wie ehedem zu jagen, oder auch nur die geringste schnelle Bewegung zu ertragen.» (Schmettau, 1789, 112)
Friedrich war schlechter Laune, als er endlich Anschluß an Braunschweigs Truppen auf den breiten und offenen Höhenzügen um Langenau gefunden hatte. Sobald er nämlich erstmals sein Fernrohr auf das Marschziel Hohenelbe richtete, mußte er feststellen, daß der Feind zur gleichen Zeit in diesem Gebiet eintraf. Scharf nach links, also nach Süden blickend, gewahrte der König mehrere gegnerische Abteilungen von jeweils drei oder vier Bataillonen auf dem niedrigen, schmalen, aber durchgehenden Bergrücken, der sich in Richtung Arnau hinzog. Ungefähr dreitausend Schritt vor der preußischen Front entfalteten sich jenseits der Kleinen Elbe nach Schätzungen Friedrichs etwa 15 000 Österreicher auf den Hängen des Fuchsberges sowie den anderen, leichter zugänglichen Bergkuppen auf dem gegenüberliegenden Elbufer im Abschnitt zwischen Pelsdorf und Hohenelbe. Rechts hinter dem König und seinem Gefolge ragten dunkel und abweisend die waldbedeckten schroffen Felswände des Riesengebirges empor. Soweit Friedrichs Begleiter es beurteilen konnten, schweiften die Augen des Königs kein einziges Mal zu den massigen Formen des Wachuraberges hinüber, der sich zu seiner Rechten zwischen Hohenelbe und den steilen Felsen des Riesengebirges erhob. Die Österreicher hatten noch keine Gelegenheit gehabt, dies entscheidende Gelände einzunehmen, das den Schlüssel zur linken Flanke ihrer neuen Stellung bilden sollte. Friedrich beobachtete nahezu zwei Stunden lang den Aufmarsch der Österreicher, doch seine Offiziere vermochten nicht mit Bestimmtheit zu sagen, ob der König die günstige Gelegenheit erkannt hatte. Keiner von ihnen verlor allerdings ein Wort darüber, denn in diesem Lebensabschnitt war der König den

Argumenten anderer nicht zugänglich. «Niemand durfte es wagen, ihm zu widersprechen oder ihm nur bloße Gegenvorstellungen zu machen. Jeder fürchtete sich vor ihm mehr als vor dem zu bekämpfenden Feinde . . .» (Schmettau, 1789, 22) Friedrich kehrte dann mit seinem Gefolge nach Leopold zurück, wo inzwischen die Vorausabteilungen der Hauptarmee einzutreffen begannen.

Joseph hatte natürlich beabsichtigt, vor Friedrich nach Hohenelbe zu gelangen. Das gleichzeitige Eintreffen ärgerte auch ihn, aber er war imstande, da die Preußen seine Schanzarbeiten nicht störten, Verteidigungsanlagen auf der gesamten Frontbreite von Arnau bis zum Fuß des Riesengebirges zu erstellen und auszubauen. Friedrich kehrte am 23. August mit seiner Husarenbedeckung noch einmal nach Ober-Langenau zurück. Mißmutig und schweigend starrte er zu den Österreichern hinüber, die so nah waren, daß man beinahe Mann für Mann und jede Kanone zählen konnte.

Friedrich war noch nicht bereit, auf seine geplante Unternehmung zu verzichten. Hinsichtlich Marschtempo und Überraschungsmoment hatte er keinen Erfolg gehabt, doch er war nach wie vor der Auffassung, daß es möglich war, die Österreicher mit Waffengewalt aus ihren Stellungen zu werfen. Seine Absicht ging dahin, zuallererst seine rechte Flanke dadurch zu sichern, daß er das österreichische Korps unter General Siskovics vom Wachuraberg fegte, um dann bei Hohenelbe eine aus 45 Haubitzen bestehende Batterie aufzustellen, die den Weg für einen Stoß über die Elbe freimachen sollte. Hatten die Preußen sich erst einmal auf den Bergen am jenseitigen Ufer zwischen Branna und Starkenbach festgesetzt, dann, so glaubte Friedrich, würde die gesamte Stellung der Österreicher nicht mehr zu halten sein.

Die Masse der preußischen Armee lagerte drei volle Tage bei Leopold; erst am 26. August zog Friedrich die Truppen zur Verstärkung des Korps des Erbprinzen von Braunschweig nach vorn. Der König ritt an diesem Tage ein weiteres Mal auf Erkundung. Bei der Rückkehr in sein Hauptquartier in Lauterwasser erklärte er dann: «Es thut mir leid, allein ich zweifle, daß hier etwas zu unternehmen möglich sein wird!» (Schmettau, 1789, 155) Seine Infanterie und Kavallerie hatten ihre Gefechtsstellungen bezogen, während die Artillerie und besonders die Haubitzen noch Meilen zurückhingen.

Der weitere Verlauf des Krieges bis zu seinem Ende ist schnell wiedergegeben. Friedrich sprach zwar gegenüber seinen Generalen noch davon, fünf österreichische Bataillone aus ihrer diesseits der Elbe auf dem Hartaer Berg bei Pelsdorf errichteten Stellung zu werfen, als wolle er seine Kommandeure davon überzeugen, daß er weiterhin zu

offensiven Operationen bereit war. Sein wahres Ziel aber lautete inzwischen, sich schrittweise auf seine eigenen Grenzen zurückzuziehen und unterwegs Getreidefelder, Kornkammern, Weiden und Heuschober radikal zu leeren, um während des Winters «une espèce de désert» («eine Art Wüste») (PC 26640) zwischen die österreichischen Streitkräfte und Schlesien zu legen.
In Wirklichkeit wurde jedoch die preußische Armee selbst zum Hauptleidtragenden. Am 31. August setzte kaltes Regenwetter in Nordostböhmen ein, und vom 1. September an waren die Kämme des Riesengebirges mit Schnee bedeckt. Eine Ruhrepidemie forderte unzählige Menschenleben in den Reihen der Preußen. Dazu setzte eine Fahnenflucht nie dagewesenen Ausmaßes ein und dezimierte die Bataillone und Regimenter Friedrichs weiter. Auch Friedrichs Gedärme waren schwer in Unordnung geraten. Zudem litt er zunehmend unter depressiven Stimmungen angesichts seiner Umgebung – der dunstigen Tannenwälder, der verschlammten Täler, der unfreundlichen und unwissenden Landbevölkerung, der barbarischen Ortsnamen, der zahllosen Heiligenstatuen am Wegrand. Es waren dies alles Dinge, die seine Isolation von der zivilisierten Welt noch unterstrichen.
Friedrich gab am 8. September das Lauterwasser Lager auf und ging mit seiner Armee zunächst bis Wildschütz zurück. Am 15. September bewegten sich die preußischen Kolonnen weiter nach Trautenau. Schatzlar im Rabengebirge an der Grenze zwischen Böhmen und Niederschlesien wurde am 21. September erreicht. Auf der Marschstrecke kam es wiederholt zu Scharmützeln mit österreichischen Detachements, und jeder bergaufwärts führende Pfad wurde zu einer Via Dolorosa für die Artillerie mit ihren Pferdefuhrwerken.
Mitte Oktober überschritten die letzten preußischen Truppen die Grenze und zogen sich nach Schlesien zurück. Selbst jetzt war Friedrich noch immer nicht gewillt, ihnen ausreichend Ruhe zu gönnen. Der österreichische Generalleutnant Ellrichshausen befehligte ein Korps, das Oberschlesien zu bedrohen schien, und Friedrich glaubte weiterhin an die Möglichkeit eines von dem jungen und ehrgeizigen Kaiser Joseph geführten Winterfeldzuges. Der König entsandte demzufolge nacheinander mehrere Detachements von der Hauptarmee als Verstärkungen nach Oberschlesien und traf am 23. Oktober persönlich in Jägerndorf, der Hauptstadt des gleichnamigen schlesischen Herzogtums an der Grenze zwischen Oberschlesien und Mähren, ein. Mitte November war er davon überzeugt, daß der Sicherheitsgürtel entlang der Grenze für den Winter ausreichte, und reiste befriedigt ab. In Silberberg im Eulengebirge und in Breslau traf er Vorbereitun-

gen für die nächstjährige Kampagne und ließ sich über den Verlauf der politischen Verhandlungen unterrichten, die eine interessante Wende zu nehmen begannen.

Noch schmiedete Friedrich ehrgeizige Pläne für offensive Operationen während der nächsten Feldzugsaison. Die Kluft zwischen ihm und dem Prinzen Heinrich war tiefer als je zuvor, und im Dezember 1778 entsprach der König der Bitte seines Bruders, ihn vom Kommando der in Sachsen stehenden Armee zu entbinden. Vermutlich war es Friedrich gar nicht unlieb, statt dessen den Erbprinzen Karl Wilhelm Ferdinand von Braunschweig an die Spitze dieser Streitkräfte zu stellen, einen verhältnismäßig jungen Mann, dem eine glänzende militärische Zukunft vorausgesagt wurde. Am 16. Januar 1779 legte Friedrich dem Erbprinzen seinen Plan für die neue Kampagne vor. Danach sollte dessen Heer von Sachsen aus in Nordböhmen einfallen und von hinten her die vorgesehene Linie am Oberlauf der Elbe erreichen. Friedrich selbst wollte mit seiner Armee sein langgehegtes Projekt verwirklichen und über Mähren auf Wien marschieren.

Heinrich protestierte dagegen, daß sein Bruder die Offensive in den Vordergrund seiner Vorhaben stellte (PC 27140), und tatsächlich bleibt zu bezweifeln, ob die preußische Armee oder Friedrichs körperliche und geistige Verfassung überhaupt der Art von Unternehmen gewachsen waren, die der König für 1779 vorhatte. Es waren jedoch die Österreicher, die die Initiative an sich brachten, als die milden Temperaturen im Februar und März die Wiederaufnahme von Plänkeleien an den Grenzen ermöglichten. Bereits am 18. Januar waren sie über zwei zahlenmäßig schwache preußische Bataillone, die infolge von Schneeverwehungen im Grenzgebirge bei Habelschwerdt südlich der Stadt Glatz festsaßen, hergefallen. Hauptmann Capeller und seine rund hundert Leute leisteten, in einem Blockhaus verschanzt, heldenhaften Widerstand, mußten sich jedoch ergeben, als die Hütte durch Haubitzengranaten in Brand geschossen wurde. Friedrich rückte mit Reservetruppen nach Silberberg vor, um nötigenfalls die an der Grenze stehenden Verbände zu verstärken, doch die Österreicher inszenierten zu diesem Zeitpunkt keine weiteren Einfälle.

Dieser Marsch war der letzte, den Friedrich in seiner Eigenschaft als Befehlshaber von Kampftruppen unternahm. Schon allein die Namen der Kommandeure der österreichischen Raidkommandos, Clerfayt und Wurmser, erinnerten daran, daß eine neue Generation von Offizieren herangewachsen war. Es lag ein jammernder Unterton von Senilität in der Art und Weise, mit der Friedrich feststellte: «Ce sont des gens qu'on nomme *bisogni di gloria,* qui, pour obtenir de leur Cour des cordons et des distinctions, ne négligent rien de ce qu'ils peuvent, pour nous inquiéter, et qui sacrifient le soldat, sans se soucier du monde qu'ils perdent.» («Dies sind Leute, die man *bisogni di gloria,* Ruhmsüchtige, nennt. Um von ihrem Hof Ordensbänder und Auszeichnungen verliehen zu bekommen, lassen sie nichts in ihrer Macht Stehende aus, um uns zu behelligen, und opfern den einzelnen Soldaten, ohne sich über die Leute Gedanken zu machen, die sie verlieren.») (PC 27185)

Der weitere Verlauf des Krieges wurde dann von politischen Entwicklungen eingeholt. Das österreichische Schatzamt war zusehends tiefer in Schulden gestürzt worden durch die bloßen Erfolge Kaiser Josephs und Marschall Lascys beim Ausmanövrieren der Preußen durch Eilmärsche im Bereich der Elbe. Am Vorabend des Ausbruchs der Feindseligkeiten hatten die Österreicher nur rund 175 000 Mann unter Waffen gehabt, doch 1779 standen 297 000 Soldaten bereit, ins Feld zu ziehen, und das Problem der Verpflegung von Mensch und Tier stellte sich in weitaus größerem Maße als beim Feldzug von 1760, der bis dahin die höchsten finanziellen Aufwendungen im Verlauf des Siebenjährigen Krieges erfordert hatte. Maria Theresia war, wie wir gesehen haben, stets gegen diesen Erbfolgekrieg gewesen, und die von ihr bereits durch die – vergeblichen – Missionen des Barons Thugut angestrebte friedliche Beilegung des Konflikts wurde endlich durch Vermittlung von Frankreich und Rußland im Frühjahr 1779 erzielt. In der zweiten Märzwoche trat an den Grenzen zwischen preußischem und österreichischem Territorium ein Waffenstillstand in Kraft. Am 13. Mai unterzeichneten beide Seiten in Teschen, einem österreichischen Städtchen an der Grenze zwischen Oberschlesien und Polen, einen Friedensvertrag, mit dem die Kampfhandlungen formell beendet waren. Die Österreicher behielten von ihrem ganzen Gebietszuwachs in Bayern lediglich das kleine Inn-Viertel zwischen Donau, Inn und Salzach.

Damit schloß sich ein diplomatischer Triumph für Friedrich einem Sieg Josephs im Defensivkrieg an. Eine demoralisierte preußische Armee strömte heimwärts, die Reihen um mehr als 30 000 Mann gelichtet, die teils der Ruhrepidemie und anderen Krankheiten erlegen, teils desertiert waren. Die Zahl der Fahnenflüchtigen in diesem Konflikt, bei dem es keine ernsthaften Schlachten gegeben hatte, war größer als im gesamten Siebenjährigen Krieg.

Jedes einigermaßen ernsthafte Buch, dessen Autor sich zum Ziel gesetzt hat, Friedrichs militärische Karriere nachzuzeichnen, wird stets weitschweifend in seiner Darstellung sein müssen. Eine Versuchung besteht allerdings darin, bei der chronologischen Schilderung der Ereignisse in einem Stadium, da das Leben des Monarchen sich dem Ende zuneigt, rasch über die Monate des Bayerischen Erbfolgekriegs hinwegzugehen. Der Biograph, der sich erzählender Geschichte verschrieben hat, findet keine Episoden, die einen Vergleich mit den ständigen aufregenden Ereignissen des Siebenjährigen Krieges aushielten; wer auf kriegerische Sensationen aus ist, kommt angesichts eines Stellungskrieges, bei dem die in den Gefechten Gefallenen nach Hunderten gezählt wurden statt nach Zehntausenden, wie sie an einem einzigen Tag bei Torgau auf dem Schlachtfeld starben, kaum auf seine Kosten, und professionelle Historiker ziehen es vor, ihr Augenmerk auf den Krieg zu richten, der sich auf der anderen Seite des Atlantiks abspielte, oder den Leser auf die politischen und sozialen Umwälzungen einzustimmen, die in den neunziger Jahren des 18. Jahrhunderts das Bild Europas prägen sollten.

Friedrichs Bewunderer benötigten kaum eines besonderen Anstoßes, um ein Wort des alten Königs aufzugreifen, der 1781 von nicht in genügendem Maße vorhandenen Beförderungsmöglichkeiten in seiner Armee schrieb, «bei einem langwierigen Frieden, wie der jetzige, der beinahe zwanzig Jahre gedauert hat.» («Instruction für die Inspecteurs der Infanterie», Œuvres, XXX., 361) Mit anderen Worten: Friedrich gab sich offenbar der Vorstellung hin, daß 1778 kein richtiger Krieg stattgefunden hatte. Es erschien Cogniazzo und anderen Autoren fast als Blasphemie, wenn sie andeuteten, die schwachen und halbherzigen Operationen der Preußen hätten möglicherweise andere Ursachen als politische Erwägungen gehabt. (Pilati di Tassulo, 1784, 136; Cogniazzo, 1788–91, IV., 307, 331)

Diese bequeme Erklärung ist nicht mit der Ernsthaftigkeit von Friedrichs taktischen Plänen in Einklang zu bringen, die der Höhepunkt einer Reihe von Ausarbeitungen waren, die er erstmals um die Mitte des Siebenjährigen Krieges zu Papier gebracht hatte. Wenn es nicht zu einer bedeutenden Schlacht kam, so lag das einfach daran, daß Friedrich nicht schnell genug seine Haubitzen auffahren ließ.

Auch der Begriff der «bewaffneten Unterhandlung» (Ranke) paßt nicht zu den aggressiven Feldzugsplänen Friedrichs, die mindestens ebenso ehrgeizig waren wie alle anderen, die er zwischen 1756 und 1758 ausbrütete. Als Beweis dafür sei nicht nur die Festlegung der Strategie für den Eröffnungsfeldzug genannt, sondern auch die «Instruction» an den Erbprinzen von Braunschweig vom 16. Januar 1779 sowie die neuerliche Fassung der *Réflexions* («Überlegungen») vom 28. September desselben Jahres, die wiederum die Donau zum Angriffsziel für den Fall bestimmten, daß der Friede nicht andauerte.

(Œuvres, XXIX., 132–144) Alle Zurückhaltung kam von seiten der Österreicher, wie zum Beispiel Thuguts Verhandlungen Joseph daran hinderten, über die Preußen herzufallen, als sie ihr Lager in Welsdorf verließen und nach Burkersdorf zogen.
Die Gründe für das Versagen der Preußen müssen daher militärischer Natur sein. Es war nur zu augenscheinlich, daß sich jede Truppengattung in Friedrichs Heer in einem Zustand des Verfalls befand. War schon die zunehmende Zuchtlosigkeit bei der Infanterie bedauerlich, so bot die mangelnde Disziplin bei der Kavallerie noch größeren Anlaß zur Besorgnis, denn die aus den preußischen Provinzen stammenden Dragoner und Kürassiere hatten stets als zuverlässigstes Element der Armee gegolten. Viel Hoffnung hatte man auch auf die Artillerie gesetzt, doch «der Artillerietrain war beim Einmarsch in Böhmen schon in solchen Umständen, wie er sonst kaum bei Beendigung eines Feldzuges gewesen war.» (Kaltenborn, 1790–91, II., 137) Die Intendanturbeamten stellten sich als genauso raffgierig heraus, wie Friedrich es befürchtet hatte, doch das Ausmaß des Zusammenbruchs der Sanitätsdienste erfuhr er nicht, bis ihn 1786 Dr. J. G. Zimmermann darüber unterrichtete. (Zimmermann, 1788, 125) Die Armee insgesamt war teilnahmslos und kam erschreckend langsam voran. Drei bis vier Tage benötigte sie jedesmal, um sich von einem einzigen Marschtag zu erholen.
Friedrich trägt die letztendliche Verantwortung für die Fehler und Versäumnisse von 1778, ebenso wie die glänzenden Feldzüge von 1745 und von Ende 1757 sein alleiniges Verdienst sind. Beobachter kehrten nach Berlin zurück und berichteten:

> Seine Majestät hat eine große Verringerung jenes Vertrauens in seine Fähigkeiten und des Enthusiasmus für seine Person erfahren, die anfänglich seine Soldaten begeisterten. Sein Alter und seine Krankheiten machen es ihm nicht möglich, sich mit der ihm eigenen Eile an die verschiedenen Schauplätze des Geschehens zu begeben, wo er die Fäden in Händen halten möchte, und so werden auf diese Weise günstige Gelegenheiten vertan, die man in entscheidende Vorteile hätte ummünzen können.
> (H. Elliot, 1. Dezember 1778, PRO SP 90/107)

Diese Auffassung wird von Friedrich Wilhelm von Schmettau bekräftigt, der sich fast während des gesamten Feldzuges in unmittelbarer Nähe des Königs aufhielt. Er hatte den festen Eindruck, daß Friedrich es mit dem Krieg ernst nahm, und sieht den Grund für den enttäuschenden Ausgang in den geistigen wie körperlichen Schwächen des Königs, der in seiner Person eine Befehlsgewalt vereinigte, die er

nicht länger in vollem Umfang auszuüben imstande war. (F. W. Schmettau, 1789, 1–2, 5)
Der 13. Mai 1779 war das Datum der Unterzeichnung des Friedensvertrages von Teschen, aber auch, wie Friedrich wußte, der – zweiundsechzigste – Geburtstag Maria Theresias. Die im Abkommen festgelegten Klauseln sollten nicht unmittelbar in Kraft treten, doch zu Ehren der deutschen Kaiserin und Königin von Ungarn und Böhmen wies Friedrich seine Truppen an, alle Ortschaften an der österreichischen Grenze vor Ablauf dieses Tages zu räumen. Diese kleine Höflichkeitsgeste mag aus heutiger Sicht unwesentlich erscheinen, doch sie hatte große Bedeutung, wenn sie von einer so nüchternen und herrischen Persönlichkeit wie Friedrich kam. Es war die Ehrenbezeigung eines alten Kriegers vor dem anderen und wurde auch als solche von Maria Theresia gewürdigt.

8. KAPITEL

LETZTE LEBENSJAHRE UND UNSTERBLICHKEIT

Nehmen wir die Zarin Katharina einmal aus, so agierte nach 1780 Friedrich als einzige Persönlichkeit von historischem Format auf der europäischen Bühne. Maria Theresia war am 29. November 1780 gestorben, aber Friedrich konnte keine Befriedigung aus der Tatsache herleiten, daß er in bezug auf das Lebensalter den Sieg davongetragen hatte: «Sie war eine Zierde ihres Throns und ihres Geschlechts. Ich führte Krieg gegen sie, doch ich war nie ihr Feind!»

Ohne die Einschränkungen, die ihm seine Mutter auferlegt hatte, nahm «Monsieur Joseph» nun jede passende Gelegenheit wahr, um den österreichischen Staat auf Kosten Preußens in Szene zu setzen und zu stärken. 1781 schloß er einen Verteidigungspakt mit Katharina und versetzte damit der bereits moribunden preußisch-russischen Verbindung den Todesstoß. 1785 verhandelte er über einen Tausch der österreichischen Niederlande gegen Bayern. Einmal mehr sah Friedrich sich vom unmittelbaren Erwachsen einer neuen und feindlichen katholischen Supermacht im Süden seines Territoriums bedroht. Diesmal versicherte er sich, statt zu kriegerischen Aktionen Zuflucht zu nehmen, der Unterstützung Sachsens, Hannovers und einer Reihe kleinerer Staaten des deutschen Kaiserreiches und schloß mit ihnen am 23. Juli 1785 den sogenannten Fürstenbund gegen Österreichs Reichspläne. Joseph II. hielt es daraufhin für ratsam, seinen Plan aufzugeben. Der Fürstenbund war allerdings in keiner Weise der Vorläufer für ein geeintes Deutschland, denn er war auf die Wahrnehmung der Interessen Preußens beschränkt und erhielt seine Rückenstärkung nur durch die indirekte Unterstützung der Franzosen. Er machte es jedoch möglich, daß Friedrich auf seine alten Tage in die glanzvolle Abendröte eines pangermanischen Heroen getaucht blieb.

Mit Friedrichs Gesundheit war es nach seiner Rückkehr aus dem Krieg von 1778/79 tatsächlich eine Zeitlang besser bestellt. Er nahm die strapaziöse Routine der Revuen und Manöver wieder auf und besuchte seinen alten Freund Zieten, der die Achtzig bereits überschritten hatte, wann immer ihn seine Reisen in die Nähe von Wustrau am Ruppiner See in der Mark Brandenburg führten. (vgl. Abb. 45) «Es war gewiß ein feierlicher Anblick, wenn man so den großen, über siebzigjährigen Friedrich, in einem schneebedeckten Wagen, zu seinem mehr als achtzigjährigen Diener fahren und die Last seiner eigenen Jahre und Würde darunter vergessen sah.» (Blumenthal, 1797, 586)

Zum letzten Mal nahm Friedrich die großen Manöver in Schlesien im August 1785, ein Jahr vor seinem Tode, ab. Der Herzog von York, Lord Cornwallis, sowie mehr als zwei Dutzend weitere englische Offiziere wohnten ebenso als Ehrengäste den Truppenübungen bei wie ihr alter Widersacher, der Marquis de Lafayette. Friedrich logierte bescheidener als irgendeiner der ausländischen Beobachter in einem Bauernhaus in Groß-Tinz bei Nimptsch.

Nachdem sie die Vorführungen einige Tage lang verfolgt hatten, zogen es die meisten Manövergäste aus dem Ausland angesichts des am 24. August einsetzenden schlechten Wetters vor, abzureisen. Friedrich absolvierte sein festgelegtes Programm ohne Einschränkungen.

> Nichts weniger als zu einem kalten Regen angezogen, nahm er weder Überrock noch Mantel, und blieb immer tätig, gleichsam als schien er es nicht zu bemerken, daß es regne. Andre mußten diesem vornehmen Beispiel folgen, und eines Herzogs von York und eines Marquis de Lafayette schön bordierte Uniform wurden, so wie wenig schönere, dem Wetter preisgegeben. Es regnete so, daß vom Bataillon kaum drei Gewehre losgingen, und endlich gar keins mehr; es wurde aber dennoch immerfort chargiert und exerziert.
> (Warnsdorff, zitiert bei: Volz, 1926–27, II., 289)

Dieses letzte Bravourstück erwies sich letzten Endes dann doch als zuviel für den 73jährigen König. Im Erschöpfungszustand wurde er in sein Quartier gebracht. Im September mußte er seinen Adjutanten die Verantwortung für die Leitung der geheimen Potsdamer Manöver übertragen.

Die Ausgabe der Parole und anderer militärischer Weisungen an die Offiziere erfolgte von nun an in geschlossenen Räumen. Bei einer solchen Zusammenkunft am 22. Dezember rief Friedrich General Zieten, der sich im Hintergrund gehalten hatte, aus der Reihe der Anwesenden zu sich nach vorn und ließ dem alten Husaren einen Stuhl bringen, um dann mit ihm zu plaudern. Er erkundigte sich nach seinem Gesundheitszustand, seiner Schwerhörigkeit und tausend anderen Dingen. Zum Abschied sagte er zu ihm: «‹Leb' Er wohl, Zieten! Nehm' Er sich ja in Acht sich zu erkälten, erhalt' Er Sein Leben so lange Sein Alter es zuläßt, damit ich noch oft das Vergnügen habe, ihn wieder zu sehn!› Damit wandte sich der König ab. Er sprach mit

niemandem sonst und begab sich auch nicht wie gewöhnlich in die anderen Zimmer, sondern zog sich in die Einsamkeit seines Schlafgemachs zurück.» (Blumenthal, 1797, 595) Zieten starb fünfundachtzigjährig am 26. Januar 1786.
Friedrich verbrachte einen Winter, der für ihn alles andere als gemütlich war. Er hatte einen leichten Schlaganfall erlitten, und seine Beine waren infolge von Wassersucht stark geschwollen. Lafayette traf den König in diesem bejammernswerten Zustand an, als er am 8. Februar 1786 nach Potsdam kam:

> Ich ... konnte nichts dafür, wie vor den Kopf geschlagen zu sein, als ich die Kleidung und das Aussehen eines alten, gebrochenen, schmuddeligen Korporals gewahrte, der überall Spuren von spanischem Schnupftabak trug, dessen Kopf nach einer Schulter hin gekrümmt war und dessen Finger die Gicht nahezu verformt hatte; doch was mich weitaus mehr erstaunt, ist das Feuer und zuweilen auch die Sanftheit der wunderschönsten Augen, die mich je in meinem Leben ansahen, die zum einen seinem Gesichtsausdruck etwas Gütiges verleihen, andererseits seine Miene vor der Front seiner Truppen aber auch unnachgiebig und drohend werden lassen können. (Lafayette, 1837, II., 120–21)

Friedrichs geistige Schaffenskraft blieb unbeeinträchtigt. Er führte weiterhin eine vielseitige Korrespondenz über alle Fragen und Probleme in Zusammenhang mit Heer und Staat. Unter anderem sorgte er für die Aufstellung von drei neuen Bataillonen leichter Infanterie, die teilweise die umstrittenen Freibataillone ersetzen sollten, die bisher jeweils beim Ausbruch eines Krieges aus hauptsächlich ausländischen Freiwilligen, darunter Abenteurern und kriminellen Elementen, gebildet worden waren.
Im Mai und auch im Juni 1786 war der König noch immer zu geschwächt, um die Truppenparaden abnehmen zu können. In die ärztliche Kunst setzte er ebensowenig Vertrauen wie in die Religion, aber vermutlich war es die anhaltende Bewegungsunfähigkeit, die es ihm ratsam erscheinen ließ, die Dienste des berühmten Arztes Dr. Zimmermann in Anspruch zu nehmen. Dieser kam erstmals am 22. Juni nach Sanssouci und beschrieb sein erstes Zusammentreffen mit dem Monarchen später in seinen Erinnerungen:

> Auf einem großen Lehnstuhl, mit dem Rücken gegen die Wand, wo ich hereintrat, saß der König. Er hatte einen alten, großen, schlichten, von Jahren abgetragenen Hut mit einer eben so alten weißen Feder auf dem Kopf. Er war gekleidet in einen Casakin aus hellblauem

> Atlas, vorne herunter ganz von spanischem Tabak gelb und braun gefärbt. Übrigens war er in Stiefeln. Er lehnte ein erschrecklich geschwollenes Bein auf ein Tabouret; das andere hieng ... Aber Geist und alle Größe seiner besten Jahre strahlte noch aus seinen Augen ... (Zimmermann, 1788, 3)

In einer letzten Trotzreaktion brachte Friedrich es am 4. Juli fertig, sich mühsam in den Sattel seines großen Grauschimmels Condé heben zu lassen und mit ihm im Galopp durch den Park von Sanssouci zu jagen. Als er zurückkehrte, erlitt er einen Schwächeanfall. Er sollte in den ihm verbleibenden Wochen nie mehr vor die Tür treten. An heißen Sommernachmittagen trug man ihn zwar noch mehrmals nach draußen und machte es ihm auf der Terrasse in einem Lehnstuhl bequem, doch die zunehmende Wassersucht, die ihm auch bald das Liegen unmöglich machte, so daß er auch die Nächte auf einem Stuhl hockend zubringen mußte, hinderte ihn am Spazierengehen. So blieb er meist in seinen Gemächern und las zwischen Hustenanfällen und kurzen Nickerchen die Berge von Briefen, die sich auf einem Tischchen neben seiner Lagerstatt stapelten, oder unterzeichnete mit zitternder Hand wichtige Papiere. Die folgende Botschaft übermittelte er dem Kommandeur des Kadettenkorps: «Das glaube Er mir, setzte ich mich vor meine Pommern und Märker, und habe schon die Hälfte meiner Monarchie verloren, ... so jage ich den Teufel aus der Hölle!» (Taysen, 1886, 70) Das Sonnenlicht tat inzwischen seinen Augen weh, aber er protestierte, als man die Vorhänge an den Fenstern seiner Zimmer zuziehen wollte: «Nein, nein! Ich habe immer das Licht geliebt!» (Zimmermann, 1788, 103)
Friedrich der Große verschied um zwanzig Minuten nach zwei Uhr in den Morgenstunden des 17. August 1786.

Wie beurteilte die Nachwelt unseren Helden? Eine wohldurchdachte Bemerkung machte bereits zu Lebzeiten Friedrichs und kurz nach seinem Tode die Runde. Danach hatte der König in seiner Person in übergroßem Maße Autorität vereint, aber, als er erkannte, daß sein Neffe Friedrich Wilhelm, dem jedes Charisma fehlte, sein Nachfolger werden würde, keine Verfügungen für die Fortführung seines Lebenswerkes getroffen bis auf die Regelung der Dinge, die den Souverän angingen. Vorbehalte wie diese waren jedoch die Domäne der Intellektuellen und der politischen Kommentatoren. Noch viele Jahre lang war die Erinnerung an Friedrich für die breite Öffentlichkeit von Ehrfurcht und Faszination geprägt, und der altgediente ehemalige Offizier J. W. von Archenholtz konnte auf ein empfängliches Leser-

publikum zählen, als er 1791 seine zweibändige *Geschichte des Siebenjährigen Krieges in Deutschland* herausbrachte, eine Mischung aus unpedantischer Geschichtsschreibung und persönlichen Erinnerungen in lebendiger und detaillierter Form.
Das Friderizianische Zeitalter fand sein abruptes Ende in den Jahren 1806 und 1807, als die preußischen Streitkräfte von Napoleon entscheidend besiegt wurden und die Willenskraft bei Heer und Volk fast gänzlich ausgelöscht war. Der neue Soldatenkaiser machte es sich zur Gewohnheit, eine Reihe von Bemerkungen über die Feldherrenkunst des alten Königs fallenzulassen, die darauf schließen ließen, daß er nicht gerade gut informiert war. So bezweifelte er beispielsweise, daß Friedrichs «Schrägangriff» jemals existiert hatte und angewandt worden war. Möglicherweise wären Friedrichs Kommentare über Napoleon, wenn wir uns dergleichen vorstellen – der 1769 geborene große Korse war, als der Preußenkönig starb, gerade Artillerieleutnant geworden –, weitaus interessanter, vor allem in Zusammenhang mit seiner Erkenntnis des Potentials der französischen Nation und ihrer Empfänglichkeit für eine starke Führerpersönlichkeit. Das Europa des *Ancien régime* neigte der Auffassung zu, daß die vielgeschmähten französischen Soldaten unter dem Befehl eines Mannes wie Friedrich großer Taten fähig gewesen wären. (Guibert, 1778, 129–130; Warnery, 1788, 235; Archenholtz, 1840, I., 115–116) Bereits 1743 hatte Friedrich in einem Brief an Voltaire eine, wie sich herausstellen sollte, zutreffende prophetische Aussage gemacht, die eindrucksvoller, da besser erwogen, war als Rousseaus berühmte Vorraussage von einer aus Korsika kommenden ungewöhnlichen Entwicklung. Friedrich hatte in dem Brief betont, wie sehr er sich zur französischen Nation hingezogen fühle, und hinzugefügt:

> Un roi digne de la commander, qui gouverne sagement, et qui s'acquiert l'estime de l'Europe entière, peut lui rendre son ancienne splendeur que les Broglie et tant d'autres, plus ineptes encore, ont un peu éclipsé.
> C'est assurement un ouvrage digne d'un prince doté de tant de mérite que de retablir ce qui les autres on gâté; et jamais souverain ne peut acquérir plus de gloire lorsqu'il défend ses peuples contre les ennemis furieux, et que, faisant changer la situation des affaires, il trouve le moyen de réduire ses adversaires à lui demander la paix humblement. J'admirerai humblement ce que fera ce grand homme, et personne de tous les souverains de l'Europe ne sera moins jaloux que moi de ses succès.
> (Ein König, der würdig ist, es [Frankreich] zu beherrschen, der weise regiert und sich die Wertschätzung ganz Europas erwirbt, kann ihm

seinen alten Glanz zurückgeben, den die Broglies und eine Reihe anderer, noch unfähigerer Leute ein wenig verdüstert haben.
Es ist ganz sicher eine Arbeit, die eines mit derart viel Fähigkeiten ausgestatteten Fürsten würdig ist, das wiederherzustellen, was andere verdorben haben, und niemals kann sich ein Souverän mehr Ruhm erwerben, als wenn er sein Volk gegen wütende Feinde verteidigt und, den Lauf der Dinge ändernd, Mittel findet, seine Gegner dazu zu bringen, ihn untertänig um Frieden zu bitten. Ich werde voll Demut bewundern, was dieser große Mann vollbringt, und keiner von allen Herrschern Europas wird weniger eifersüchtig auf seine Erfolge sein als ich.)
(Brief vom 15. September 1743, Œuvres, XXII., 140)

In Preußen schien nach den Niederlagen von 1806/07 der Alte Fritz ein zweites Mal gestorben zu sein. Um es in der Terminologie der Historiker auszudrücken: der Bruch der Kontinuität ging sehr tief, denn sowohl die Romantiker wie auch die Vertreter des Neoklassizismus und des Nationalismus neigten dazu, die Erinnerung an Friedrich II. mit der Vorstellung von einem Regierungssystem zu verknüpfen, das langweilig, gekünstelt und undeutsch gewesen war. So räumte der pensionierte Major Carl von Seidl 1821 ein, vermutlich werde man ihn für exzentrisch halten, weil er es wage,

> über Friedrich zu einem Zeitpunkt zu schreiben, da er nicht länger beliebten Lesestoff bietet ... Ich nehme das Risiko auf mich, lediglich von einigen wenigen grauköpfigen Veteranen aus Friedrichs Schule oder ein paar seiner übriggebliebenen Zeitgenossen befragt zu werden ... Wenn auch Athen und Rom so viele ihrer großen Männer ins Exil schickten oder sie vor Gericht stellten, so erinnerten sie sich doch ihrer nach deren Tod und ehrten sie in Geschichtsbüchern oder Denkmälern. Es muß einmal, es *wird* einmal eine Zeit kommen, da es wieder willkommen sein wird, wenn man den Menschen die großen Taten Friedrichs ins Gedächtnis ruft. (Seidl, 1821, V–VI)

Weniger als zwanzig Jahre später ging Seidls Wunsch in Erfüllung. Das Verdienst an der «Wiedererweckung» Friedrichs, der einmal in seiner Rheinsberger Zeit den Satz geprägt hatte: «Ein Augenblick des Glückes wiegt Jahrtausende des Nachruhms auf», gebührt weitestgehend dem deutschen Geschichtslehrer und Schulrektor Johann David Erdmann Preuß, der in mühevoller Arbeit in der Provinz eine umfangreiche Biographie unter dem Titel «Friedrich der Große» verfaßte. Die neun Bände dieser im Erzählton gehaltenen, rückhaltlos für Friedrich eintretenden Lebensgeschichte erschienen zwischen 1832 und 1834. Das Werk signalisierte das Erwachen eines echten historischen Interesses an Friedrich. Es gab auch der preußischen Bürokratie den Anstoß, auf die nationalliberale Bewegung mit ihrer neuerdings verkündeten Bewunderung für den Alten Fritz, der im Begriff war, als alldeutsche Heldengestalt in Erscheinung zu treten, einzugehen und in der Verehrung mit ihr zu wetteifern. Preuß, ein Loyalist und Konservativer, wurde folgerichtig von König Friedrich Wilhelm IV. beauftragt, als Herausgeber des in den Jahren 1846 bis 1857 als *Œuvres* im französischen Original veröffentlichten 30bändigen Gesamtwerks Friedrichs zu fungieren.

Um diese Zeit hatte Friedrich längst wieder seinen Platz im öffentlichen Bewußtsein eingenommen. Dies war zum großen Teil der geschickten Erzählkunst des populärwissenschaftlichen Schriftstellers Franz Kugler zu verdanken, der anekdotische Tradition und die von Preuß ermittelten Fakten in seiner 1840 herausgekommenen *Geschichte Friedrichs des Großen* vereinte.

Im Jahre 1842 schuf der junge schlesische Maler Adolph Menzel, der größtenteils als Autodidakt zu seiner Kunst gefunden hatte, die später berühmt gewordenen Radierungen für eine illustrierte Neuausgabe der Kuglerschen Biographie. Diese Zeichnungen fanden bei den Lesern so großen Anklang, daß Menzel weitere sorgfältig der Wirklichkeit nachempfundene Bilder über Friedrich und seine Zeit schuf, so *Die Tafelrunde von Sanssouci* (1850), *Das Flötenkonzert* (1852), *Friedrich der Große auf Reisen* (1854), *Die Nacht von Hochkirch* (1856) sowie *Das Gespräch zwischen Friedrich und Joseph II.* (1857). Menzel, der 1905 fast neunzigjährig starb, war bereits einer der bedeutendsten Maler und Illustratoren Deutschlands, als er die hervorragenden Kupferstiche gestaltete, die Anfang dieses Jahrhunderts die deutsche Ausgabe der *Œuvres* schmückten. Er beeinflußte stark die Arbeiten seiner ungefähren Zeitgenossen Robert Wartmüller, Arthur Kampf und Wilhelm Camphausen, doch für Generationen blieben bis auf den heutigen Tag Friedrich, sein Hof und seine Schlachten in der ursprünglichen Darstellung Menzels «verewigt». Sein Können beruhte auf ausgezeichneter Beobachtungsgabe, und seine Vorliebe für das Rokoko war von anderer Art als diejenige, die im Goldbronzedekor und in den Nippsachen der Salons der oberen Zehntausend im 19. Jahrhundert ihren Ausdruck fand.

Menzels Gespür für die Individualität von Personen, Ereignissen und Landschaften hatte sein Pendant auf dem Gebiet der historischen Literatur in Thomas Carlyles *History of Friedrich II. of Prussia* (1858–1865). Der englische Kulturphilosoph hegte Verachtung für die berufsmäßigen Historiker, und diese reizbaren Herren zahlten ihm die Abneigung mit gleicher Münze heim. Sein Werk stellte einen Triumph über die Unzulänglichkeit der benutzten Quellen, das Fehlen zuverlässiger Karten und die Mühsal des Reisens in damaliger Zeit dar. Carlyle machte sich auf, die Schauplätze aller bedeutenden Schlachten Friedrichs zu besuchen, und seine Aufzeichnungen über die Landschaften Europas vor der industriellen Revolution sind Zeitgemälde, die allein schon seinem Buch bleibenden Wert sichern.

Viel von dem, was wir in mehr «wissenschaftlichem» Sinne über Friedrich wissen, entstammt der außergewöhnlichen Blütezeit für historische Studien in den letzten Jahrzehnten des vergangenen Jahrhunderts.

Einem Aspekt der neuen Geschichtsschreibung über Friedrich wurde besonders breiter Raum von Theodor von Bernhardi gewidmet, dessen Buch *Friedrich der Große als Feldherr* (2 Bände; 1881) zur Standardbiographie in militärischen Belangen wurde. Verallgemeinernd läßt sich sagen, daß Bernhardi und die übrigen Historiker der «preußischen» Ideenrichtung vorzugsweise Friedrich als Praktiker einer Art von Kriegführung darstellten, die in ihrer Anlage den dynamisch geführten Feldzügen Napoleons und des älteren Moltke nahekam. So wurde etwa der Einmarsch in Böhmen von 1757 als Vorwegnahme der Ereignisse von 1866 und 1870 gepriesen. (Bernhardi, 1881, I., 2; Ollech, 1883, 28)

Eine andere, vorwiegend zivile Schule, die von Hans Delbrück angeführt wurde, stellte die Behauptung auf, der Alte Fritz sei ein Geschöpf seiner Zeit gewesen und habe jeweils aus dem gesamten ihm zur Verfügung stehenden Waffenarsenal dasjenige Instrument ausgesucht, das er für das richtige hielt, wobei die Skala von ehrgeizigen Vernichtungsplänen bis zur «Ermattungsstrategie» des Abwartens und der Zermürbung reichte. Reinhold Koser (der spätere Autor der wissenschaftlichsten und objektivsten aller Friedrich-Biographien) ging so etwas wie einen Kompromiß ein, und der im Ruhestand lebende ehemalige preußische Generalstabschef Generaloberst Graf von Schlieffen wies in seiner 1912 veröffentlichten Studie *Cannae* nach, daß Friedrichs Eröffnung der Kampagne von 1757 tatsächlich beinahe alle Voraussetzungen einer Vernichtungsstrategie erfüllte. (Vgl. Boehm-Tettelbach, 1934, 24)

Delbrück gehörte indes zu jenen Leuten, die ihre Schaffenskraft aus Konfrontation und Kontroverse gewinnen, und die Auseinandersetzung über Detailfragen hielt bis in die zwanziger Jahre an. Die Debatte war neu entfacht worden durch die angeblichen Mängel in der gewöhnlich ausgezeichneten Geschichte der Kriege Friedrichs des Großen, die von der Zweiten Historischen Abteilung des Großen Generalstabs in Berlin herausgegeben worden war. Der erste Band

war 1890 erschienen; die weiteren folgten in unregelmäßigen Zeitabständen, bis der Ausbruch des Ersten Weltkrieges die Reihe mit dem 19. Band beendete, der kurz vor der Schlacht bei Torgau (November 1760) aufhörte. Ein Schüler Delbrücks, der Historiker Rudolf Keibel, suchte Fehler in der vom Generalstab vorgelegten Version des Sieges von Hohenfriedberg nachzuweisen (1899), während der österreichische Gelehrte M. von Hoen sich daranmachte, erhebliche Revisionen der Darstellungen der Schlachten bei Prag und Kolin vorzunehmen (1909 und 1911).
Heute trägt der Streit zwischen Delbrück und seinen Gegnern eher die Züge eines historischen Theaterstücks, doch seine Wirkung ist sehr nachteilig gewesen, hat er doch zur Folge, daß der Forscher sich mit einer großen Menge monographischer Literatur und Abhandlungen in Fachzeitschriften konfrontiert sieht, die einerseits entmutigend für denjenigen sind, der sich weiter mit der Materie beschäftigen will, andererseits aber unser Verständnis für Friedrich als Soldat vertiefen. Bedauerlich ist, daß die Antagonisten ihre unerschütterlichen Positionen bezogen, bevor die Veröffentlichung der Gesamtausgabe der *Politischen Correspondenz* (in der es hauptsächlich um militärische Dinge geht) es möglich machte, einen breiteren Überblick über die friderizianische Art der Kriegführung zu gewinnen. Wer behielt letzten Endes die Oberhand in der Auseinandersetzung? Delbrück und seiner Schule gebührt die Ehre, bestimmte Gesichtspunkte von Friedrichs Strategie beleuchtet zu haben, die ansonsten den Lesern der patriotischen Geschichtsdarstellungen entgangen wären. Subjektiv gesehen, gelang es Bernhardi und Historikern seinesgleichen besser, das wesentliche Element von Friedrichs strategischem Denken zu erfassen, der mit offenkundigerem Enthusiasmus als irgendein anderer Feldherr seiner Zeit die Angriffskomponente in den Vordergrund stellte.
Eine weitere Kontroverse wurde von seiten derjenigen politisch ausgerichteten Historiker entfacht, die das Werk Friedrichs in Erinnerung riefen, um Deutschland von der Mission Preußens als Führer und Einiger des Reichs zu überzeugen. Friedrichs Feldzüge wurden nun beinahe im Licht heiliger Kreuzzüge gesehen, die den Prozeß eingeleitet hatten, das papistische, halb slawische und ungarische Österreich vom deutschen Staatswesen abzusondern. 1871 wurde Dr. Ewald, ein alter protestantischer Theologe, tatsächlich ins Gefängnis geworfen, weil er angedeutet hatte, Bismarck habe Friedrich zum Vorbild genommen und ungerechtfertigt Krieg gegen die Österreicher geführt. (Sagarra, 1974, 32)
Diese erbitterte Fehde lebte gegen Ende vorigen Jahrhunderts wieder

auf, als der Historiker Max Lehmann 1894 die Behauptung aufstellte, der Ausbruch neuer Feindseligkeiten zwischen Preußen und Österreich mit Beginn des Siebenjährigen Krieges 1756 sei aus der Kollision zweier Offensivpläne zu erklären – nicht nur der Absicht der Verbündeten, Preußen zu erniedrigen, sondern auch Friedrichs Ambitionen, Sachsen zu erobern und sich einzuverleiben. Lehmann gewann die Unterstützung Delbrücks für seine These, wurde indes von den streng nationalistisch denkenden deutschen Historikern abgelehnt.

Augstein folgert: «Die Mentalität des Königs spricht für Lehmann und Delbrück, das Aktenmaterial mehr für die Gegenpartei.» (1968, 176) Diese Dokumente, oder besser gesagt ihr Fehlen, bildeten den eigentlichen Kern des Problems, denn die Weigerung der preußischen Archivare, ihre Sammlungen zu öffnen, trug dazu bei, die Vermutung aufkommen zu lassen, daß sie tatsächlich etwas Unheilvolles zu verbergen hatten. Die Papiere des Quintus Icilius verschwanden, wie wir gesehen haben, spurlos in der königlichen Bibliothek, und ebenso wurden die voller Enthüllungen steckenden Tagebücher des Stabsoffiziers Gaudi nur in Auszügen veröffentlicht. Es war deshalb kein Zufall, daß Friedrichs *Exposé du Gouvernement Prussien* aus dem Jahre 1776 in deutscher Übersetzung heimlich im Revolutionsjahr 1848 gedruckt wurde: «Damals hatte man wohl keine Zeit und Andacht für solche Anstößigkeiten, die ein paar Jahre vorher noch als höchst bedenklich und unzulässig erschienen.» (Hintze, 1919, 5) Dieser Kommentar bezieht sich auf die 1843 auf Anraten Rankes und Alexander von Humboldts getroffene Entscheidung, die beiden *Testaments Politiques* Friedrichs nicht zu veröffentlichen. In der zweiten Hälfte des Jahrhunderts wurde nach Wiederherstellung der alten Ordnung nur einigen wenigen Gelehrten, auf deren einwandfreie Loyalität Verlaß war, die Erlaubnis erteilt, die «hochexplosiven», unter dem Titel «Rêveries Politiques» («Politische Grübeleien») im *Testament* von 1752 enthaltenen Passagen einzusehen und wörtlich abzuschreiben. Der ungekürzte Text erschien erst im Jahre 1920 in einer Gesamtausgabe, bezeichnenderweise wiederum in einer Zeit politischer Umwälzungen.

Nach dem Zusammenbruch der alten abendländischen Kultur im Jahre 1918 wurde das Leben Friedrichs von Ideologien und überheblichem Rassendenken zweckdienlich mit Beschlag belegt oder scharf kritisiert, wobei man in beiden Fällen keinen allzu großen Wert auf die Realitäten des 18. Jahrhunderts legte. Der Alte Fritz oder vielmehr ein bestimmtes Wunschbild seiner Person war ohne Zweifel auch von den Nationalsozialisten vereinnahmt und Teil ihres Welt-

bildes geworden. In *Mein Kampf* brachte Hitler seine Bewunderung für die preußische Tugend der Disziplin zum Ausdruck. Er und seine Gefolgsleute priesen Preußen als Keimzelle der neuen Ordnung. In ihren Augen hatten das Heilige Römische Reich Deutscher Nation wie auch Österreich nicht die Kraft besessen, sich tief im Bewußtsein der Europäer zu verwurzeln. Friedrich dagegen erschien ihnen als der Mann, der das Reich neu gegründet und die Grundlagen geschaffen hatte, auf denen Bismarck und Hitler aufbauen konnten. (Bäumler, 1944, 44) «Darin liegt die gewaltige geschichtliche Bedeutung Friedrichs des Großen; darin wurzelt es, wenn wir seiner noch jetzt in Verehrung gedenken, wenn das Aufbauwerk des Dritten Reichs mit dem Feiertag in der Potsdamer Garnisonkirche am 21. März 1933 begann und wenn alljährlich die Hitlerjugend zum Sarg des großen Königs geführt wird.» (Wolfslast, 1941, 165)
Der im holländischen Exil lebende Kaiser Wilhelm II. telegraphierte im für die Deutschen siegreichen Jahr 1940 aus Doorn an Hitler: «Der Choral von Leuthen erschallt in jedem deutschen Herzen!» (Augstein, 1968, 8) Ebenso konnte kurz vor dem Untergang des Dritten Reiches 1945 Joseph Goebbels bei Carlyle nachschlagen und Trost in den Schilderungen suchen, wie Friedrichs Preußen wiederholt in den dunkelsten Stunden gerettet wurde. «Aus welchem Grunde sollten wir nicht auf eine ähnliche wunderbare Wandlung der Dinge hoffen können?» (Mittenzwei, 1979, 211)
Es ist aus historischer Sicht absurd, die Frage aufzuwerfen, wie Friedrich sich zum Dritten Reich gestellt haben würde, doch kann man sich gut vorstellen, wie verwundert er den oberösterreichischen Akzent des Mannes aus Braunau registriert hätte oder welchen Gefahren für Leib und Leben er angesichts seiner Verbindungen zu Freimaurern und Juden ausgesetzt gewesen wäre. Der Monarch, der nach dem Hubertusburger Frieden am Ende des Siebenjährigen Krieges nach sechsjähriger Abwesenheit sozusagen durch die Hintertür in seine Hauptstadt heimkehrte, hätte sich wohl selbst nicht als derjenige wiedererkannt, der in dem 1942 gedrehten NS-Film *Der große König* am 30. März 1763 in Berlin die Siegesparade seiner Truppen abnahm. Diese Geschmacksfrage ist nicht ganz unerheblich, war doch die echte alte preußische Militärtradition von der Maxime der Untertreibung geprägt. Bleckwenn erinnert daran, daß die sterblichen Überreste der von Friedrich an die Berliner Oper berufenen Solotänzerin Barbara Campanini («die Barberina») 1857 irrtümlich für den Leichnam General Winterfeldts gehalten und unter großem militärischem Zeremoniell an anderer Stätte neu beigesetzt wurden. «Preußen ist offenbar kein rechter Boden für bombastische Romantik, und

Winterfeldt selbst – einem Scherz und Umtrunk nicht abgeneigt – hätte vermutlich darüber gelacht.» (Bleckwenn, 1978, 190)
In den Jahrzehnten nach dem Zweiten Weltkrieg wurde der Name Friedrichs des Großen wiederholt in Zusammenhang mit der Diskussion darüber genannt, ob Spuren von Kontinuität zwischen dem alten Staat Preußen und Hitler-Deutschland zu entdecken seien. In der Bundesrepublik beteiligten sich nicht nur Hochschullehrer an dieser Debatte, sondern auch namhafte Publizisten wie Rudolf Augstein und Marion Gräfin Dönhoff. Man sollte in diesem Zusammenhang nicht außer acht lassen, daß die Bevölkerung der Bundesrepublik Deutschland einen nicht unerheblichen Anteil von Flüchtlingen und Vertriebenen aus den deutschen Ostgebieten, den historischen Regionen der preußischen Monarchie, und deren Nachkommen aufweist. 1967 stellten die «Preußen» fast genau die Hälfte des Offizierskorps der Bundeswehr. (Nelson, 1972, 73) Friedrich selbst und sein Vater Friedrich Wilhelm I. ruhen inzwischen in Sarkophagen auf Burg Hohenzollern in Württemberg, wohin ihre Gebeine 1953 gebracht wurden.
Das andere Deutschland hat mehr von dem materiellen Vermächtnis der preußischen Monarchie geerbt: «Preußen ist Teil unserer Vergangenheit. Geht man durch einige Städte der DDR, vor allem durch Berlin und Potsdam, kann man auf Schritt und Tritt steinernen Zeugen preußischer Geschichte begegnen. Sie sind nur ein Zeichen dafür, daß uns sichtbare Fäden mit dem Gestern verbinden.» (Mittenzwei, 1979, 212) Jedes Jahr gibt es neue Beweise für die Suche nach Formeln, um den Marxismus-Leninismus mit dem wachsenden Interesse der Bevölkerung an Friedrich und seinem Preußen in Einklang zu bringen. Nach offiziellem Verständnis im kommunistischen Deutschland ist jede historische Erklärung unvermeidlich auch zugleich eine politische, und den Ostberliner Machthabern war es nicht möglich, einen so simplen Kurs wie die Russen einzuschlagen, die einfach eine ganze im 19. Jahrhundert angesiedelte Richtung der nationalistischen Historiographie «aufwärmten». Statt dessen finden wir in der DDR den Prozeß eines geschichtlichen Umdenkens, der «Vergeschichtlichung», bei dem sich als Fazit herausstellt, daß Luther, Bismarck und andere große Deutsche irgendwie Tendenzen erkennen lassen, die gemessen am Umfeld ihrer Zeit «progressiv» genannt werden können.
Im Bewußtsein der Ostberliner Bevölkerung ist die Stellung des Alten Fritz unmittelbar verknüpft mit dem Schicksal des großen Reiterstandbildes Friedrichs von Christian Daniel Rauch, das 1851 an seinem ersten – und jetzigen – Standort Unter den Linden enthüllt

wurde. Das Denkmal entging im Zweiten Weltkrieg im Gegensatz zum Berliner Schloß und zum Zeughaus der Zerstörung, doch die Symbolik des nach Osten blickenden Monarchen war so stark, daß das Monument 1950 in eine abgelegene Ecke des Parks von Sanssouci verbannt wurde. Diejenigen, die sich die Mühe machten, nach dem Verbleib des steinernen Alten Fritz zu forschen, fanden ihn hinter einem Holzzaun auf der Seite liegend. Wie Leute, die damals Friedrich aufsuchten, übereinstimmend berichteten, hatten die ehernen Augen, die sie aus allernächster Nähe anzublicken schienen, auf sie vermutlich dieselbe Wirkung, wie wenn der König sie zweihundert Jahre zuvor persönlich gemustert hätte.

1963 machte Friedrich die kurze Reise ins Hippodrom von Sanssouci, wo er, für die Öffentlichkeit zugänglich, ausgestellt wurde. Schließlich erklärte ihn 1980 der DDR-Staatsratsvorsitzende und SED-Generalsekretär Erich Honecker zu «einem jener bildhauerischen Werke, auf die das Volk ein Anrecht hat», und Friedrich kehrte an seinen angestammten Platz Unter den Linden zurück. Die Friedrich-Biographie der DDR-Historikerin Ingrid Mittenzwei war damals gerade als erste ihrer Art in der Deutschen Demokratischen Republik erschienen. Als wesentlichste Aussage wurde den Lesern bedeutet, es habe bei Friedrich lobenswerte charakterliche Eigenschaften wie Kompromißbereitschaft und Flexibilität gegeben, selbst in seinem Bemühen, die alte Ordnung zu bewahren. In den zur DDR gehörenden ehemaligen preußischen Provinzen zählt die dialektische Seite der Diskussion um Friedrich so gut wie gar nicht bei jenem bedächtigen, bescheidenen und freundlichen Menschenschlag, der einst den Wurzelstock für Friedrichs Musketiere und Grenadiere bildete. Die leuchtenden Augen jedoch und der Enthusiasmus – Reaktionen, die die bloße Erwähnung des Alten Fritz, der nun schon zweihundert Jahre tot ist, bei diesen Leuten noch heute auslöst – vermitteln dem Touristen eine Ahnung von der Begeisterungsfähigkeit, die ihre Vorfahren zum Schrecken des katholischen Europa werden ließ.

9. KAPITEL

FRIEDRICH UND DER KRIEG

Theorie und Praxis von Friedrichs Kriegführung sind in den Annalen der Militärgeschichte von einzigartiger Anziehungskraft. Er war wie Napoleon oberster Lenker von Armee und Staat zugleich, aber auch ein wirklicher Intellektueller, der sein Handwerk mit der Unvoreingenommenheit eines Außenseiters betrieb.

Es war für Friedrich ganz natürlich, seinen Beruf in einem möglichst weiten Zusammenhang zu sehen. In religiösen Dingen gelangte er von einem calvinistischen Determinismus (dem er sich vermutlich nur verschrieb, um seinem Vater zu trotzen) zum Deismus, zu dem er sich auch angesichts des krassen Atheismus, der nach 1770 in einigen intellektuellen Kreisen in Mode kam, zu bekennen bereit war. Er glaubte, daß das Christentum in seinen verschiedenen Formen, von denen in seinen Augen der protestantische Glaube die am wenigsten zu beanstandende darstellte, einem nützlichen sozialen Zweck diente. Sein Gott blieb allerdings ein weit entferntes Wesen, das kein denkbares Interesse am Verlauf von Kriegen, geschweige denn am Wohlergehen des einzelnen haben konnte.

Friedrich war sich sehr wohl des Stellenwertes seiner eigenen Zeit im Ablauf der Geschichte bewußt und im ganzen gesehen ermutigt von dem, was er las und beobachtete. Die materiellen und geistigen Voraussetzungen waren in den Jahrhunderten zuvor zweifellos besser geworden. Er führte diese positive Entwicklung auf die sich allmählich vollziehende Verbreitung des Reichtums der Neuen Welt, die Erfindung der Buchdruckerkunst sowie die Einrichtung eines nutzbringenden Systems von Postkutschenverbindungen zurück. Er räumte ein, daß das 18. Jahrhundert im Vergleich mit heroischeren Zeitaltern vielleicht nur Mittelmaß war, «aber ich muß zu seinen Gunsten sagen, daß wir nicht länger jene barbarischen oder grausamen Handlungen erleben, die frühere Epochen verunstalteten. Heutzutage haben wir weniger Betrug und Fanatismus, dafür jedoch mehr Humanität und gute Manieren.» (Brief an Voltaire vom 13. Oktober 1742, Œuvres, XXII., 115)

Wenn es zum Ausbruch von Kriegen kam, lief nach Friedrichs Verständnis ein gewisser Regulierungsprozeß ab. «Europa ist in zwei große Parteien geteilt ... Die Folge ist ein bestimmtes Kräftegleichgewicht, das garantiert, daß keine der beiden Seiten selbst bei großen

Anfangserfolgen nennenswert weitergekommen ist, wenn es zum Abschluß eines allgemeinen Friedens kommt.» («Pensées et Règles», 1755, Œuvres, XXVIII., 124)

Darüber hinaus hatten sich die europäischen Großmächte nach dem Vorbild Ludwigs XIV., der dieses System nach 1680 perfektioniert hatte, stehende Berufsheere zugelegt. Diese Tatsache war durch eine zentralistische Regierung und die Möglichkeit der Steuererhebung geschaffen worden (Kann, 1982, 30–31), und Friedrich war überzeugt, daß die Auswirkungen fast für alle Seiten von Vorteil waren. Die Berufsarmeen gaben den Unbeschäftigten Arbeit, ohne daß die anderweitig besser verwendbaren Arbeiter oder die Bauern hinter dem Pflug herangezogen werden mußten. Die Soldaten förderten den Geldumlauf, und allein schon die Kosten für das Militär trugen zur Verkürzung der Dauer der Kriege bei.

Wie sah der Charakter der Führung, die Friedrich dem Staat und der Institution der Armee angedeihen ließ, generell aus? Den Begriff «Aufgeklärter Absolutismus» verwendete als erster Diderot in seiner Korrespondenz. Bei Raynal findet er sich 1770 erstmals in gedruckter Form, und in die geschichtswissenschaftliche Terminologie wurde er 1847 von W. Roscher eingeführt. Er sollte dazu dienen, das Streben derjenigen Monarchen zu beschreiben, die despotisch, aber nicht tyrannisch regierend durch vernunftgemäße Reformen die Lebensbedingungen ihrer Untertanen zu verbessern suchten. Friedrich, der durch seinen Ausspruch «Der Fürst ist der erste Diener seines Staates!» und demgemäßes Handeln in den Augen der Gelehrten einen führenden Platz in der Reihe dieser Herrscher einnahm, war mit dem Leitprinzip der Aufklärung durch die seine Zustimmung findende Lektüre (in französischer Übersetzung) von Christian Wolffs Werk *Vernünftige Gedanken vom gesellschaftlichen Leben der Menschen* (1721) vertraut. Der von Leibniz beeinflußte deutsche Philosoph brach mit den biblischen Formeln der alten deutschen Staatswissenschaftler, verwendete statt dessen das «Natürliche» und das «Rationale» als Leitlinien und erklärte «die Beförderung der gemeinen Wohlfahrt und Sicherheit» zur Zielsetzung eines jeden Staates. Voltaire wußte durch seinen Briefwechsel mit dem Preußenkönig Bescheid über die Bücher, die dieser las, und gab 1736 in einem Schreiben an Friedrich seiner Freude Ausdruck, die ihn überkommen habe,

> quand j'ai vu qu'il y a dans le monde un prince qui pense en homme, un prince philosophe qui rendra les hommes heureux . . . Croyez qu'il n'a eu de véritablement bons rois que ceux qui ont commençé comme vous par s'instruire, par connaître les hommes, par aimer le vrai,

> par détester la persécution et la superstition ... Berlin sera, sous vos auspices, l'Athènes de l'Allemagne, et pourra l'être pour l'Europe. (als ich gesehen habe, daß es auf der Welt einen Fürsten gibt, der als Mensch denkt, einen philosophischen Herrscher, der die Menschen glücklich machen wird ... Glauben Sie mir: wirklich gute Könige sind nur diejenigen gewesen, die wie Sie begonnen haben, sich zu instruieren, die Menschen kennenzulernen, das Wahre zu lieben, Verfolgung und Aberglauben zu verabscheuen ... Berlin wird unter Ihren Auspizien zum Athen Deutschlands und möglicherweise ganz Europas werden.) (Undatiert, Œuvres, XXI., 7, 23)

Während seiner Regierungszeit als König erfüllte Friedrich dann in mancherlei Hinsicht die Erwartungen der *philosophes.* Kurz nach seiner Thronbesteigung verfügte er die Abschaffung der Folter und berief den von seinem Vater Friedrich Wilhelm I. aus dem Amt gejagten Wolff wieder auf den Lehrstuhl für Philosophie an der Universität Halle an der Saale. Mit Vergnügen registrierte er, wie sich der Aberglaube Schritt für Schritt an die Ränder Europas zurückzog; er tolerierte Kritik an seiner Person oder vielmehr blieb ihr gegenüber gleichgültig und führte als König einen unprätentiösen Regierungsstil ein, der vom barocken Pomp Ludwigs XIV. ebensoweit entfernt war wie von der Prachtentfaltung des übertriebenen Cäsarentums des nachfolgenden napoleonischen Zeitalters (die Vorstellung von einem Friedrich mit einer Krone auf dem Haupt ist einfach komisch). Es wäre allerdings schwierig, den Nachweis zu führen, daß Friedrichs Auffassung von der Rolle des Herrschers etwas Anspruchsvolleres beinhaltete als die Vorstellung von einem verantwortungsbewußten Verwalteramt, wie er sie in seinem *Essai sur les Formes de Gouvernement et sur les Devoirs des Souverains* («Abhandlung über die Formen des Regierens und über die Pflichten der Souveräne») (Œuvres, IX.) darlegte.

Friedrich war weder ein besonders tatkräftiger Despot noch handelte er in all seinem Tun «aufgeklärt». Der ersteren Feststellung könnte die Atmosphäre bedrückender, an Sklaverei grenzender Dienstbarkeit zu widersprechen scheinen, die so vielen Ausländern unangenehm auffiel, die sich eine Zeitlang in Preußen aufhielten. Ebenso erweckte Friedrichs Einmischung in die kleinsten Einzelheiten von Heer und Staat betreffenden Angelegenheiten sowie seine Zugänglichkeit für private Bittsteller den Eindruck eines außergewöhnlichen Grades persönlicher Einflußnahme.

All dies gleicht nur ganz oberflächlich dem militaristischen Totalitarismus nach dem Muster des 20. Jahrhunderts. Wenn in Preußen 70 Prozent der Staatseinkünfte für die Armee ausgegeben wurden, so geschah das, weil der Staat sonst keine weiteren nennenswerten Ausgaben hatte, denn Erziehung, Krankenpflege, Justizwesen und kommunale Verwaltung wurden weitgehend aus örtlichen Quellen finanziert. (Bleckwenn, 1978, 61–62) Die Zahl der Staatsbeamten war gering und belief sich 1754 auf nur 2 100 bis 3 100 Personen in Funktionen aller Art, von denen ungefähr 640 die in Berlin sitzende Zentralverwaltung von den Ministern bis hinunter zu den einfachen Schreibern bildeten. Der Beamtenapparat entzog sich auch weitgehend der Kontrolle des Königs, denn es gab auf jeder Ebene Möglichkeiten der Obstruktion, in den konservativen Kollegien in der Hauptstadt wie auch bei den regionalen Kriegs- und Domänenkammern, in denen oft die Interessen des Adels an erster Stelle standen. (Guibert, 1778, 54–55; Küster, 1793, 154; Johnson, 1975, 152–53) Friedrich bereiste selten die weit im Westen gelegenen Provinzen Preußens. Mehr als jedes andere Territorium betrachtete er Schlesien als seine ureigene Domäne, und selbst hier duldete er stillschweigend die Betrügereien, die sein dortiger Statthalter, Staatsminister Karl von Hoym zu Lasten der preußischen General-Kriegskasse beging, um sich persönlich zu bereichern.

Die Militärmaschinerie war ebenfalls vom König nicht hundertprozentig zu überwachen. Zwar waren die Offiziere die Seele des Gehorsams, wenn es im Felde um Operationen ging, doch sie ließen sich nicht in entscheidenden Gewissensfragen vom König gefügig machen. Ein angemessenes Trink- oder Bestechungsgeld genügte, um Ausländern bereitwillig Zugang zu ihnen sonst verbotenen Stätten wie dem Berliner Zeughaus oder in Spandau der Waffenfabrik und den Staatsgefangenen in der Zitadelle zu verschaffen. Die Pläne aller preußischen Festungen, die streng geheimgehalten wurden, konnte 1773 der französische Graf Guibert einsehen, der als Militärexperte zu einem Besuch nach Berlin und Potsdam kam; sie wurden ihm ohne Schwierigkeiten von Major Fürst zu Hohenlohe gezeigt.

Ebenso kannte Friedrichs «Aufklärung» einige wesentliche Einschränkungen. Er konnte sich nie zu der Auffassung durchringen, daß die Menschheit grundsätzlich gut war oder daß eine Erweiterung des Wissens zugleich auch eine Zunahme der Charakterbildung bedeutete. Darüber hinaus machte er einige der schönsten Hoffnungen des *philosophe* zunichte, als er 1740 in den Krieg zog. Die Verbindung zu Voltaire hielt er dennoch, abgesehen von mehreren denkwürdigen Unterbrechungen, bis zum Tode des Philosophen und Schriftstellers im Jahre 1778 aufrecht.

> Der Mythos Friedrichs als königlicher Philosoph war indes zerstört, und die Intellektuellen, die in Voltaires Fußstapfen traten, sollten Schritt für Schritt das Konzept von einer aufgeklärten Autokratie verwerfen ... Friedrich genoß ihre Bewunderung ob seiner Förderung der Künste und Wissenschaften und wegen seiner religiösen Toleranz. Doch die abstoßende Seite der Persönlichkeit des Königs und seiner Leistungen, insbesondere seiner militärischen Taten, verhinderte eine weitere theoretische Entwicklung des Begriffs Königlicher Philosoph. (Johnson, 1982, 15)

Die Vorstellung von Friedrich als Vertreter des aufgeklärten Absolutismus hält also einer genauen Überprüfung nicht stand. Sollen wir nachsichtiger sein in bezug auf einen anderen Begriff, der ebenfalls viel in Zusammenhang mit Friedrich und seiner Zeit gebraucht wird, nämlich des eines »begrenzten Konflikts»?

Darunter versteht man eine Art der Kriegführung, die sich im Rahmen von freiwilligen oder erzwungenen Beschränkungen bewegt. Der dahinterstehende Gedanke ist auch Teil der gebräuchlichen Strategie der Großmächte in heutiger Zeit geworden, wo die Zurückhaltung aus der Befürchtung einer weltweiten nuklearen Einschränkung resultiert. Die Historiker haben dadurch um so größere Ermutigung erfahren, die Auswirkungen solcher Pattsituationen in vergangener Zeit zu untersuchen, und das 18. Jahrhundert scheint für die meisten von ihnen das klassische Zeitalter solch «begrenzter Konflikte» zu sein, eine Periode, die man deutlich von dem vollblütigeren Stil der Kriegführung in der Zeit der Französischen Revolution und während der Napoleonischen Ära abgrenzt.

Mit ziemlicher Sicherheit ist diese Trennlinie zu scharf gezogen. Wenn wir jedoch nicht ein Maß an Zurückhaltung bei der strategischen Planung größerer Schlachten gleichsetzen mit vorsichtigem Taktieren bei Kampfhandlungen, die völlig ohne Bedeutung waren und bei denen ein Minimum an Interesse und Energie genügte, dann entsprechen die Kriege, die um die Mitte des 18. Jahrhunderts ausgetragen wurden, durchaus in fast allen Punkten der Definition solch «begrenzter Konflikte».

Wir müssen zunächst eine der fundamentalsten aller Begrenzungen betrachten, die der Zielsetzungen. Hier trat in Europa zwischen 1750 und 1760 eine Entwicklung ein, die Folgen hatte. Tatsächlich traf 1755 das große Erdbeben von Lissabon die optimistische Selbstzufriedenheit der Gesellschaft als ebensogroßer Schock, wie es 1912 der Untergang der «Titanic» tat. Die Ziele der gegen Preußen gerichteten feindlichen Allianz hätten, wären sie in diesem Krieg verwirklicht worden, den Fortschritt, den die neue preußische Monarchie in Euro-

pa gemacht hatte, ins Gegenteil verkehrt und die nachhaltigsten Auswirkungen auf den Gang der Geschichte dieses Erdteils gehabt.
Es fällt daher leicht, die Beschränkungen außer acht zu lassen, die noch beachtet wurden. Das Wichtigste ist wohl, daß die Verbündeten nie die Absicht hegten, das Regime in Preußen zu stürzen, geschweige denn dem besiegten Staat eine neue Regierungsform oder eine neue Ideologie aufzuoktroyieren. Es war bezeichnend, daß Maria Theresia 1761, als der Sieg für sie in Reichweite zu liegen schien, ihrem Feldmarschall Daun schrieb, ihre Absicht sei lediglich, «die Zurückführung des Hauses Brandenburg auf seinen ursprünglichen Zustand als ziemlich zweitrangige Macht, ... vergleichbar den übrigen weltlichen Kurfürstentümern». (Ingrao, 1982, 59)
Aus der Feder Friedrichs wissen wir von den Einschränkungen, die um diese Zeit durch die Kosten für die großen Berufsheere verursacht wurden und durch die Auswirkungen des Kräftegleichgewichts. Mit besonderem Hinweis auf die Kriegführung im Siebenjährigen Krieg merkt Warnery, damals Husarenobrist und einer der engsten Freunde von Seydlitz, an:

> Polen, das man ihm [Friedrich] zu freier Verfügung überließ, lieferte ihm im Überfluß Rekruten, Pferde, Vieh und Getreide. Im Winter ließ man ihm alljährlich Zeit, seine Armee wieder aufzufrischen, und die Österreicher schlossen, statt ihn in diesem Zeitraum zu stören, Abkommen, die sich alle zu seinem Vorteil wendeten. Darüber hinaus gaben sich die feindlichen Korps, die nach Berlin und Potsdam eindrangen, nur den Anschein, die Fabriken für Waffen und andere Dinge zu zerstören. (Warnery, 1788, 535)

Auch sollte man nicht die schmalen und wackeligen Fundamente der Koalition übersehen sowie den Mangel an Einmütigkeit, mit dem die kampfführenden Mächte ihre Ziele verfolgten. Österreich und Frankreich mißfiel die Vorstellung, Rußland in Mitteleuropa als voll kriegführende Macht zu sehen. Sie waren besorgt, daß sich die Russen auf Dauer in Ostpreußen festsetzten, und redeten ihnen durch sächsisch-polnische Vermittlung aus, die Freie Stadt Danzig mit Waffengewalt zu nehmen – eine Aktion, die die Versorgungsprobleme der zaristischen Armee erheblich erleichtert hätte. (siehe z. B. Brief Brühls an Riedesel vom 21. Dezember 1760, zitiert bei: Brühl, 1854, 169)
Derartige politische und großstrategische Einschränkungen schlossen keineswegs eine energische Führung der eigentlichen Feldzüge aus. In dieser Hinsicht unterschied sich der Siebenjährige Krieg in seiner Art von allem, was Europa bisher gekannt hatte. (Pauli, 1758 bis 1764, IV., 303–04) Lossow verwies auf die Gewaltmärsche, die Win-

terkampagnen und das selbst nach napoleonischen Maßstäben blutige Gemetzel in den Schlachten. (Lossow, 1826, 10) Christian Heinrich von Westphalen, der Sekretär und heimliche Generalstabschef Prinz Ferdinands von Braunschweig, glaubte die Ursache für die Massierung der befeindeten Armeen in der norddeutschen Tiefebene entdeckt zu haben, die im krassen Gegensatz zu den weiter auseinandergezogenen Operationen in früheren Kriegen stand. «Doch diese größere Thätigkeit ist nicht die bloße Folge des vereinten Drucks der Zahl und der Enge des Raums; sie liegt zum Theil in der verfeinerten Kunst, theils des besonderen Genius der leitenden Feldherrn ... (Westphalen, 1859–72, I., 131–132)

Ein direkter Zusammenhang zwischen dem Grad von Humanität, der in einem der Kriege der damaligen Zeit waltete, und der Größe des Konflikts läßt sich nicht feststellen. Tatsächlich waren manche der sogenannten «begrenzten» Kriege die schmutzigsten. Es spielt daher in der historischen Beurteilung keine große Rolle, wenn die vielgepriesene «Höflichkeit» und «Humanität» der Kriegführung des 18. Jahrhunderts in den Auseinandersetzungen um Schlesien nicht immer zu entdecken ist. Der zu erwartende Vorwurf der Barbarei hielt Friedrich nicht davon ab, 1761 ernsthaft den Einsatz von Flammenwerfern zu erwägen, deren Erfinder der englische Captain Henry O'Kelly war. Wenn das Gerät dennoch niemals in einer Schlacht zur Anwendung kam, so lag das höchstwahrscheinlich daran, daß O'Kelly nicht garantieren konnte, daß der Feuerstrahl dreihundert Schritt weit reichte, wie Friedrich es verlangte. (PC 12755)

Das Hab und Gut, die Freiheit und gelegentlich auch das Leben der Zivilisten waren keineswegs sakrosankt. Im Zusammenhang mit dem Siebenjährigen Krieg wird das Wort «Greueltat» gewöhnlich für die Verwüstungen der Kosaken in Pommern und der Neumark verwendet. Diese Truppe besserte sich allerdings auch nicht, als sie 1762 unter preußischen Oberbefehl kam, und man kann die Art von Plünderung und Zerstörung durch die Krimtataren nur ahnen, wenn diese, wie es Friedrichs Vorstellung entsprach, in Ungarn und die Umgebung Wiens eingefallen wären.

Widerrechtliche Aneignung und sinnlose Zerschlagung fremden Eigentums war fast immer an der Tagesordnung, wenn irgendeine preußische Armee durch bewohnte Gebiete zog oder dort ins Quartier ging. (PC 10702, 12504; Mitchell, 1850, I., 319; Bräker, 1852, 143; de Catt, 1884, 352) 1742 wandte Friedrich diese Zerstörungspraktiken in Mähren als strategisches Instrument an. Allgemein schnitt übrigens die Armee des Königs in bezug auf ihre Disziplin ungünstig gegen die Heere Schwerins und Prinz Heinrichs ab, die durchweg Zucht und Ordnung bewahrten. Dazu seien hier kommentarlos zwei Auszüge aus Friedrichs Korrespondenz angefügt:

> Comme le Comte de Bruhl a, entre autres, deux ou trois terres aux environs de Leipzig ou de Nossen, je serais bien aise que vous y détachez le lieutenant-colonel de Mayr, avec quelques-unes de ses compagnies franches, afin d'y faire, quoique sous son propre nom, quelques tapage, que je veux cependant ignorer moi.
> (Da Graf Brühl unter anderem zwei oder drei Landgüter in der Umgebung von Leipzig oder Nossen besitzt, wäre ich sehr erfreut, wenn Sie Oberstleutnant von Mayr mit einigen seiner Frei-Kompanien dorthin entsenden könnten, um, allerdings in seinem eigenen Namen, ein bißchen Radau zu machen, wovon ich indes nichts wissen will.) (Brief an Keith vom 12. Dezember 1757, PC 9580)

> J'ai reçu, Madame, la lettre que vous avez voulu me faire parvenir le 15 de ce mois, et à l'égard du cas dont elle fait le sujet, je dois avouer de n'en avoir d'autre information que celle-ci: que quelques troupes, passant aux environs de Nischwitz, furent averties qu'il devait y avoir des armes cachées dans la maison; on y entra là-dessus, pour en faire la recherche et vérifier le fait, et qu'à cette occasion il était arrivé que les habitants du pays avaient commis tout le dégât et n'avaient pu être retenus ni détournés d'assoupir leur rage contre ceux qu'ils croyaient être la cause de leur malheur et de celui de Saxe en général.
> (Madame, ich habe den Brief erhalten, den Sie mir am 15ten dieses Monats zukommen lassen wollten, und muß Ihnen betreffs der Sache, auf die er sich bezieht, gestehen, keine andere Information als diese zu haben: daß einige Trupps Soldaten, die in der Nähe von Nischwitz vorbeizogen, den Hinweis erhielten, es seien Waffen in diesem Haus versteckt; daß man es daraufhin betrat, um es zu durchsuchen und die Tatsache zu überprüfen, und daß es bei dieser Gelegenheit geschehen sei, daß die Bevölkerung aus der Umgebung die ganze Verwüstung angerichtet habe und nicht zurückzuhalten gewesen sei und nicht davon habe abgehalten werden können, ihre Wut gegen diejenigen zu richten, bei denen sie die Ursache für ihr Unglück und das ganz Sachsens im allgemeinen vermuteten.)
> (Brief an die Gräfin Brühl vom 28. Februar 1758, PC 9799)

Insgesamt bildet das 18. Jahrhundert keine Ausnahme von der Regel, die besagt: «Krieg ist die Hölle». Seinen Ruf, die in diesem Zeitraum fallenden Feldzüge seien besonders gemäßigt gewesen, verdankt es der Tatsache, daß die Kriegsgreuel zu anderen Zeiten gewöhnlich schlimmer waren und daß die Zivilbevölkerung öfter zum zufälligen Opfer gedankenloser Brutalität wurde als das vorsätzlich ausgewählte Ziel militärischer Operationen.

Die Ausplünderung Sachsens fand so etwas wie eine Rechtfertigung in Friedrichs Absicht, den Umfang der für den Krieg von den Preußen selbst bereitgestellten materiellen Reserven einzuschränken. Wie sich herausstellte, trugen dann sächsische Gelder und Futtermittel in ganz erheblichem Maße zu den preußischen Leistungen im Krieg bei. Menschenmaterial war ein weiteres Gut, auf dessen Erhaltung Friedrich großen Wert legte, denn Preußen war im Verhältnis zur Ausdehnung seines Territoriums nur dünn bevölkert, und er setzte die Einwohnerzahl in sehr enge Beziehung zur Macht des Staates nach außen hin. Daher füllte er die Reihen seiner Armee vorzugsweise mit Ausländern auf und formulierte in seinem *Politischen Testament* von 1768 den berühmt gewordenen Satz:

> Si les bras de ces agriculteurs ne fertilisaient pas, par leurs travaux, le sein aride des campagnes, la société et le gouvernement périraient. Il faut ménager ces hommes utiles et laborieux comme la prunelle de l'œil et, en temps de guerre, ne tirer des recrues du pays que lorsque la dernière nécessité y contraint.
> (Wenn die Arme dieser Landwirte nicht mit ihrer Arbeit den trockenen Schoß der Ländereien fruchtbar machten, würden Gesellschaft und Staat zugrunde gehen. Man muß diese nützlichen und fleißigen Leute sorgsam behandeln wie seinen Augapfel und in Kriegszeiten nur dann Rekruten vom Lande einziehen, wenn die letzte Notwendigkeit dazu zwingt.) (Friedrich d. Gr., 1920, 140)

Auch seine hierarchischen Instinkte und seine Vorliebe für Einteilung seiner Mitmenschen in Kategorien veranlaßten Friedrich, das militärische Engagement der Mehrheit seiner Untertanen einzuschränken. Nur wenige Menschen waren seiner Meinung nach imstande, zu begreifen, um was es in der Politik ging. Er hatte sich ausgerechnet, daß es in einem beliebigen Staat mit einer Bevölkerung von zehn Millionen vielleicht etwa 50 000 Menschen gab, deren Alltag nicht völlig mit dem Broterwerb ausgefüllt war. Von diesen Leuten waren nach Friedrichs Schätzung höchstens tausend mit Bildung und Intelligenz ausgestattet, und diese kleine Gruppe schloß viele unterschiedliche Talente ein.

In gleicher Weise hielt Friedrich das Kriegerhandwerk ausschließlich für eine Angelegenheit von Berufssoldaten. Eine Einmischung aller anderen Personen verhinderte er, wo immer es ging. Einem Koch des Markgrafen Karl Alexander von Brandenburg-Ansbach und -Bayreuth war es einmal bei einem Gefecht gelungen, einen feindlichen Soldaten gefangenzunehmen. Stolz führte er ihn dem König vor. Friedrich wollte wissen:

«Wer ist Er?»
«Koch!»
«Bleib er doch bey seiner Kelle!» (Anon., 1788–89, II., 10)

Er vermochte kein Bravourstück darin zu sehen, daß eine Frau, wie sich herausstellte, mehrere Feldzüge im Siebenjährigen Krieg als Soldat verkleidet mitgemacht und sich tapfer geschlagen hatte:

> Das ist widernatürlich. Ich mag bey meiner Armee keine Weiber zu Soldaten haben; denn wenn auch im Kriege einige Vortheile daraus entstehen könnten, so würde der Nachtheyl im Frieden desto größer seyn, weil die Weiber einen alten Appetit nach den Hosen haben, und daraus würden viele Verwirrungen entstehen.
> (Anon., 1788–89, III., 43)

In der Anfangszeit des Siebenjährigen Krieges hatte Friedrich bei einer bestimmten Gelegenheit seinen Feldmarschall von Lehwaldt angewiesen, die Zivilbevölkerung Ostpreußens mit Waffen gegen die Russen auszurüsten, doch von dieser einen Ausnahme abgesehen, war er grundsätzlich entschieden gegen das Prinzip des Volkswiderstandes gegen Invasoren. Als er 1757 eine große Zahl von Männern im wehrfähigen Alter als Landmiliz aufstellte, tat er das hauptsächlich, um dem Feind Rekrutierungen unmöglich zu machen und eine *augmentation* des Potentials der regulären Armee zu sichern. (Dette, 1914, 77) Er beschied ein Gesuch der Bewohner der ostfriesischen Nordseeinsel Borkum abschlägig, die 1757 den Franzosen Widerstand entgegensetzen wollten (Wiarda, 1792–1817, VIII., 392), und verwarf 1759 einen Vorschlag seines Bruders Prinz Heinrich, ein weiteres Mal die männliche Einwohnerschaft in den östlichen Provinzen angesichts der russischen Bedrohung zu bewaffnen.
Aus einer oberflächlichen Lektüre von Friedrichs Werken und seiner Korrespondenz könnten wir demnach schließen, daß die Kriegführung im 18. Jahrhundert dem Bild entsprach, das einige Historiker von ihr entworfen haben: einem mechanischen Aufmarsch von Armeen, die unbewegt von Gefühlen ihr blutiges Handwerk verrichteten und einander vor den gefühllosen Augen der Bevölkerung umbrachten. Es ist jedoch unmöglich, das Vorhandensein von tiefempfundener Loyalität und hingebungsvollem Patriotismus bei den Menschen der damaligen Zeit zu ignorieren, ebensowenig wie man die Neidgefühle, offenen Fehden oder Äußerungen von Rassenüberheblichkeit auf dem Schlachtfeld übersehen kann. Am stärksten äußerte sich der Einfluß des religiösen Faktors, der weitgehend, wenn nicht sogar ausschließlich, im Siebenjährigen Krieg eine Rolle spielte,

nachdem die Diplomatische Revolution eine Gruppierung der Kräfte hervorgebracht hatte, die in groben Umrissen mit den Grenzen zwischen den Religionszugehörigkeiten in Europa übereinstimmte. Wenn auch der Siebenjährige Krieg kein Religionskrieg war, so war er doch eine Auseinandersetzung, in deren Verlauf mancher Intellektuelle, so auch Friedrich selbst, zuweilen zu der Annahme neigten, der Fortbestand der einen oder anderen Religion stehe auf dem Spiel. (Riesebeck, 1784, I., 125; Lehndorff, 1910–13, I., 124; Schlenke, 1963, 231–56)

Die blutigen Kämpfe bei Hohenfriedberg, Kolin, Roßbach und Zorndorf waren das Ergebnis bitterer Gegensätzlichkeiten zwischen den kämpfenden Truppen. Im gleichen Geist des Hasses auf den Feind leistete die Zivilbevölkerung den Preußen 1741 bei Neisse, 1742 im mährisch-böhmischen Grenzgebirge und vermutlich auch 1758 in Domstädtl erbitterten bewaffneten Widerstand. Passives Verhalten allein war manchmal noch wirksamer. Durch die bloße Verweigerung von Verpflegung für Soldaten und Pferde und die Versagung von Auskünften über die Truppenbewegungen des Gegners konnte die Bevölkerung jede Armee in Gefahr bringen, die weitab von ihren Stützpunkten im Feindesland operierte (wie Friedrich 1744 in Böhmen erfahren mußte), und Friedrich gab auch zu, daß die Unterstützung durch die örtliche Einwohnerschaft einer der Vorteile war, den Feldzüge im eigenen Lande boten. («Principes Généraux», 1748, Œuvres, XXVIII., 49–50; «Pensées», 1755, Œuvres, XXVIII., 133; «Des Marches d'Armée», 1777, Œuvres, XXIX., 113–114) Durch alle Kriege hindurch bildeten die katholischen Soldaten aus der Grafschaft Glatz und aus Oberschlesien einen Fremdkörper in der preußischen Armee. Ihre Treue zum Glauben und zum Hause Habsburg blieb unverbrüchlich, und selbst am Ende der Regierungszeit Friedrichs waren sie mit den Hohenzollern noch unversöhnt.

Die öffentlichen Angelegenheiten in England genossen im Europa der damaligen Zeit Anerkennung als einzigartiges Phänomen, und es ist keineswegs unvereinbar mit den konventionellen Interpretationen des Begriffs «Begrenzter Konflikt», wenn Friedrich darauf aus war, die politische Meinung in Großbritannien zu seinen Gunsten zu beeinflussen. Er fand ein empfängliches breites Publikum für die Schilderungen der siegreichen Schlachten und Feldzüge der Preußen. Wenn sich die Notwendigkeit ergab, trachtete er danach, politisch einflußreiche Persönlichkeiten mit ihrem Urteil in bestimmte Richtungen zu lenken, so zum Beispiel, als es 1758 und 1759 darum ging, eine Fortsetzung der britischen Subsidienzahlungen an Preußen zu erreichen, oder als 1761 Friedrich durch seine Gesandten in London auf den Sturz des neuen Ministers Lord Bute hinarbeiten ließ, der einen Frieden mit Frankreich auf Kosten Preußens anstrebte (und ihn Ende 1762 auch schloß und die Gelder für Friedrichs Armee strich). Erstaunlicher ist vielleicht das Ausmaß, in dem Friedrich und seine Gegner es der Mühe wert fanden, ein jeweils für die eigene Seite günstiges Meinungsklima auf dem europäischen Kontinent aufrechtzuerhalten, wo die politische Tradition weitaus autoritärer war. An Voltaire schrieb Friedrich: «Je fais la guerre de toutes les façons à mes ennemis.» («Ich führe Krieg gegen meine Feinde auf jede mögliche Art und Weise.») (24. Februar 1760, Œuvres, XXIII., 70) Zu seinen Waffen gehörten offizielle Beziehungen zum Gegner, politische Traktate, glatte Fälschungen von Dokumenten und kleine Satiren auf Kosten von ihm mißliebigen Personen wie dem Papst, Feldmarschall Daun, Staatskanzler Kaunitz und Madame Pompadour, der Mätresse Ludwigs XV. Diese kleinen Geschichten erhielten durch ihren nüchternen Stil eine gewisse Glaubwürdigkeit. Friedrich ließ sie ausländischen Zeitungen zugehen sowie auch in preußischen Gazetten abdrucken. Tatsächlich wurde eine Menge unerwünschter Details weggelassen, «à cause que toutes choses ne sont pas bonnes à dire» («weil es nicht gut ist, alle Dinge zu sagen») (PC 12505), und Art sowie Zeitpunkt der Veröffentlichung wurden so gewählt, daß ihr Inhalt «auf eine dem Publico und insonderheit denen Auswärtigen Impression machende Art» (PC 12441) ankam, beispielsweise als Friedrich den Vandalismus der Verbündeten bei der vorübergehenden Besetzung Berlins im Jahre 1760 anzuprangern trachtete, nachdem sich in der europäischen Öffentlichkeit ein Sturm der Entrüstung über die Beschießung Dresdens durch die Preußen kurze Zeit zuvor erhoben hatte.

Friedrich war auch nicht unempfänglich für die Meinung seiner eigenen Untertanen. In der Absicht, die schrecklichen Geschehnisse der Schlacht von Zorndorf Ende August 1758 zu verschleiern, ließ er in allen Kirchen der preußischen Lande das «Tedeum» singen. Mitchell machte die Feststellung, daß selbst die Offiziere vom König so weit wie möglich in Unkenntnis über das Ausmaß militärischer Fehlschläge gelassen wurden, wie das verhängnisvolle Ende des Feldzuges von 1761 (Verlust von Schweidnitz und von Kolberg) bewies:

> Seine Preußische Majestät läßt sehr selten den Minister [von Finkkenstein] seinen militärischen Operationsplan wissen. Wenn der Versuch gelingt, schickt er [ihm] eine *relation* [genaue Schilderung] . . ., doch wenn das Projekt fehlschlägt, wird wenig oder gar nichts davon erwähnt, und jedermann ist auf seine eigenen Mutmaßungen ange-

> wiesen, denn Seine Preußische Majestät zieht es vor, niemals über unangenehme Dinge zu schreiben. (25. November 1761, PRO SP 90/78)

Wenn Friedrich willens war, sich mit Begeisterung und Witz der öffentlichen Meinung zu stellen, so war er zugleich auch sehr darauf bedacht, die Ausweitung seiner Kriege in internationale Dimensionen zu verhindern, die er nicht entscheidend beeinflussen oder zumindest übersehen konnte.

Friedrichs Eitelkeit, seine Verachtung für andere Menschen und sein Vertrauen in seine eigene Armee machten ihn zum schlechtesten Verbündeten, den man sich denken konnte. Er ließ die Franzosen 1742 und dann noch einmal 1745 im Stich. Er begann die Kriege 1740 und 1756 ohne aktive Verbündete, und seine Durchhaltefähigkeit zu weiteren Feldzügen war auch dann nicht ernsthaft gefährdet, als die Engländer 1761 keine Subsidien mehr zahlten. Nur Rußland mit seinem riesigen Militärpotential vermochte ihn dazu zu zwingen, sich ungeduldig nach befreundeten Mächten umzusehen.

Die Überheblichkeit Friedrichs war, wenn man dem Herzog von Nivernais glauben will, zum Teil auf mangelndes Wissen zurückzuführen:

> Was er völlig versteht, sind die Interessen, die Hilfsquellen und Mittel seiner eigenen Macht, seines Staates an sich, aber nach meiner Ansicht versteht er sich nur schlecht auf sie in ihrem Zusammenhang mit den übrigen Staaten. Der Einfluß, den Handel und Seefahrt heute auf die politischen Systeme Europas haben, ist für ihn etwas völlig Unbekanntes. (1756; zitiert bei: Volz, 1926–27, I., 286)

Nicht Friedrich war es gewesen, sondern der Herzog von Bevern, der die Verantwortung für den Versuch trug, im Siebenjährigen Krieg den schwedischen Flottillen in den Buchten, Haffs und Mündungsbecken der Ostsee Seegefechte zu liefern. Friedrich selbst versagte sich den Ehrgeiz, eine eigene Kriegsmarine aufzubauen, denn aus seiner Sicht sprachen gewichtige Argumente dagegen, so vor allem die hohen Kosten für Schiffsbau und Bemannung der Fahrzeuge, die ungeeignete geographische Lage Preußens, der unwägbare Ausgang von Schlachten auf See sowie die mangelnde Vertrautheit der Preußen mit dem Element Wasser – er sprach einmal in diesem Zusammenhang von «nos autres animaux terrestres, qui ne sommes pas accoutumés à vivre avec les baleines, les dauphins, les turbots et les morues . . .» («uns Landlebewesen, die es nicht gewöhnt sind, mit Walen, Delphinen, Schollen und Schellfischen zusammen zu leben . . .») (Brief an

Kurfürstin Maria Antonia von Sachsen vom 23. September 1779, Œuvres, XXIV., 327; siehe auch «Politische Testamente» von 1752 und 1768, Wortlaut bei: Friedrich d. Gr., 1920, 101 und 244)
In einem berühmt gewordenen Abschnitt seiner «Critical and Historical Essays» verurteilte der englische Historiker Thomas Macaulay Friedrich wegen der Eroberung Schlesiens: «Die durch seine [Friedrichs] Bosheit hervorgerufenen Übelstände waren in Ländern zu spüren, wo der Name Preußen unbekannt war; und damit er Gelegenheit bekam, einen Nachbarn zu berauben, den er zu verteidigen versprochen hatte, kämpften schwarze Männer an der Coromandelküste und Rothäute skalpierten einander an den Großen Seen von Nordamerika.» (Macaulay, 1864, II., 253) In Wirklichkeit war das Gegenteil der Fall. Von den Kolonialkriegen gingen eigene Impulse aus, und Friedrich hatte ständig die Befürchtung, daß der Rote Mann ihn in die britisch-französischen Auseinandersetzungen über ein wildes Land wie Kanada hineinziehen könne, dessen Bedeutung, finanziell gesehen, «il estimait à seize cent écus» (»er auf sechzehnhundert Taler veranschlagte.») (de Catt, 1884, 391) Der Bau von Forts durch Gàlisonnière und andere Reibungspunkte zwischen Engländern und Franzosen in Kanada trugen mehr als alles andere dazu bei, den Prozeß der Diplomatischen Revolution in Bewegung zu setzen. Im Zusammenhang mit Ostpreußen schrieb Graf Lehndorff:

> Dieses arme Land wird ein augenfälliges Opfer des Streits der Großen werden. Welch weites Feld zu philosophischen Betrachtungen, wenn man bedenkt, wie ein in Amerika wegen jenes Neu-Schottland begonnener Krieg durch eine eigentümliche Verkettung von Umständen die Verwüstung eines Königreichs im hohen Norden verursacht. (Lehndorff, 1910–13, I., 137)

Friedrich hielt sich über die Entwicklung der anschließenden Auseinandersetzung im Ärmelkanal, in Nordamerika und in Indien anhand der ihm zur Verfügung stehenden Landkarten auf dem laufenden, wich jedoch nie von seinem Grundsatz ab, sich so weit wie möglich von «ces infâmes guerres de merluches» («diesen schändlichen Stockfischkriegen») fernzuhalten. (PC 8352, 8416, 12287) Mindestens zweimal hatte er die Vision einer nicht einzudämmenden, apokalyptischen Feuersbrunst, die das von dem geisteskranken amerikanischen Massenmörder und Sektenführer Charles Manson ersonnene, angeblich bevorstehende «Höllenchaos» um zwei Jahrhunderte vorwegnahm. (PC 13395; de Catt, 1884, 110)
1778/79 war Friedrich mehr als glücklich, als es ihm gelang, seine

neue Auseinandersetzung mit Österreich vom amerikanischen Unabhängigkeitskrieg zu trennen. Er wollte nichts von den Argumenten der Briten über Nordamerika wissen und ließ dem Emissär der Rebellen, William Lee, den Bescheid zukommen, es sei für Preußen sinnlos, irgendeinen Handelsvertrag mit den neugegründeten Vereinigten Staaten von Amerika abzuschließen oder den jungen Bundesstaat anzuerkennen, denn man verfüge nicht über eine Kriegsflotte, um den amerikanischen Überseehandel zu schützen. An seine alte Brieffreundin Maria Antonia von Sachsen schrieb er hierzu: «Autrefois nos bons Germains croyaient que, lorsque la trompette guerrière sonnait au Mexique ou bien au Canada, il fallait se battre en Europe; il me paraît qu'on est entièrement revenu de ce préjugé.» («Einst glaubten unsere guten Deutschen, daß es, wenn die Kriegstrompete in Mexiko oder auch in Kanada erschallte, erforderlich war, in Europa in den Krieg zu ziehen; es scheint mir, daß man von diesem Vorurteil völlig abgekommen ist.») (Brief vom 23. September 1779, Œuvres, XXIV., 326–327)

Es ist an der Zeit, sich eingehender mit Friedrichs Ansichten über das Wesen des Krieges und seine Führung zu beschäftigen. Als Philosoph, der etwas an Glanz verloren hatte, war Friedrich bereit, gegenüber Voltaire, Maria Antonia und anderen vorzugeben, der Krieg sei eine «Geißel», ein regelmäßig wiederkehrender «Fieberanfall», ausgelöst von «Räuberanführern» und «privilegierten Mördern», die Männer von ihren Familien wegschickten, damit sie im Ausland fremde Leute umbrachten.

Wir sollten keine zu enge Übereinstimmung zwischen diesen bewundernswerten Gefühlen und Friedrichs Kriegführung in der Praxis erwarten. Als Soldat und Staatsmann mißtraute er jeder Versicherung friedlicher Absichten, die nicht mangels finanzieller Mittel oder aus Furcht vor Vernichtung abgegeben wurde. Friedrich glaubte, daß ein dauerhafter Friede von der Art, wie ihn der französische Schriftsteller und Rousseau-Schüler Abbé de Saint-Pierre vorgeschlagen hatte (1713), nur in einer imaginären Welt Bestand haben konnte, wo «mein» und «dein» nicht existierten und die Menschheit völlig frei von heftigen Gefühlen war. (Œuvres, IX., 129) Er selbst gehörte zu denjenigen, die in hervorragender Weise qualifiziert waren, sich über das Thema zu äußern. Seine eigenen Motive, einen Krieg zu beginnen, lassen sich in drei Punkten resümieren:

a) die Notwendigkeit, drohenden Invasionen des Königreichs Preußen mit seinen offenen, nicht zu verteidigenden Grenzen zuvorzukommen;

b) das Streben nach territorialer Ausdehnung und
c) das Verlangen, die Welt in Erstaunen zu versetzen und sich hervorzutun, was aus Friedrich dem Künstler und Gelehrten Friedrich den Soldaten werden ließ.

In Friedrichs Augen war das Studium der Kriegführung eine Übung, die zugleich von Belang war und geistiges Format erforderte: «L'art de guerre a ses éléments et ses principes fixes. Il faut en acquérir la théorie, et se la mettre bien dans la cervelle; sans cette théorie on n'ira jamais bien loin.» («Die Kriegskunst hat bestimmte Elemente und feste Prinzipien. Man muß sich ihre Theorie aneignen und gut einprägen; ohne diese Theorie wird man nie sehr weit kommen.») (de Catt, 1884, 214)
Zum Teil mußten diese Prinzipien aufgrund ständiger Auswertung der eigenen Erfahrungen erarbeitet werden, und der Offizier, der sich dieser Mühe nicht unterzog, beschloß seinen aktiven Dienst dann eben wie der sprichwörtliche Packesel Prinz Eugens, der den großen Feldherrn auf seinen Kriegszügen begleitete, am Ende jedoch so unwissend war wie beim Aufbruch ins Feld. Die andere Informationsquelle war die Militärgeschichte. Voltaire schrieb einmal an Friedrich, der Krieg müsse tatsächlich etwas Fürchterliches sein, weil schon die Aufzählung all der Einzelheiten so langweilig sei. Friedrich erwiderte seinem Freund und poetischen Lehrmeister, er möge nicht die bloße Auflistung von Tatsachen mit wahrer Militärgeschichte verwechseln, die den Zusammenhang zwischen Ursache und Wirkung herstelle und fundamentale Wesensmerkmale nachweise. (Brief vom 22. Februar 1747, Œuvres, XXII., 164)
Friedrich war selbst Historiker von einigem Rang. Seine ersten Schilderungen der Schlesischen Kriege schrieb er sehr bald nach den Feldzügen in den Jahren 1742 und 1746 nieder. In endgültiger Überarbeitung erschienen sie 1775 als Teil der *Histoire de mon Temps* («Geschichte meiner Zeit»). Der Siebenjährige Krieg war noch im Gange, als der König bereits die Dokumente für eine weitere erzählerische Darstellung der Fakten zusammenzutragen begann. Die Erstellung einer umfassenden Geschichte dieses Krieges gehörte dann nach dem Frieden von Hubertusburg zu einer seiner vorrangigsten selbstgestellten Aufgaben. Mit dem ersten Entwurf scheint ein Unglück passiert zu sein; es verbrannte, weil entweder das Manuskript durch den Funken einer Kerze in Brand geriet oder die Windspiele des Königs es vom Tisch zogen und zu nahe ans Kaminfeuer zerrten. Friedrich soll jedoch das Werk aus dem Gedächtnis rekonstruiert und neu geschrieben haben. In der Vorrunde seines Buches nannte Friedrich

ausführlich die Gründe, die ihn bewogen hatten, diese Schilderung zu verfassen. Zunächst drängte es ihn, seine Leser wissen zu lassen, daß seine Feinde ihn gezwungen hatten, in den Krieg zu ziehen. Dann verlieh er der Hoffnung Ausdruck, seine Nachfolger möchten, wenn es je wieder zu Feindseligkeiten auf demselben Kriegsschauplatz käme, nützliche Lehren aus seiner Geschichte ziehen: «C'est dans une occasion semblable où les camps de la Saxe et de la Bohème, dont j'ai parlé avec détail, pourront être d'usage, et abrégeront le travail de ceux qui conduisent les armées.» («Bei dieser Gelegenheit werden dann die Lager in Sachsen und Böhmen, die ich ausführlich beschrieben habe, von Nutzen sein und die Arbeit der Heerführer sehr erleichtern.») Er wandte sich dagegen, daß seine Chronik oder irgendeine andere als Vorlage für «knechtische Nachahmung» diene, die immer nachteilig sei, denn niemals befänden sich zwei verschiedene Personen in ganz gleicher Lage: «Les événements passés sont bons pour occuper l'imagination et donner le contenu à la mémoire. Celle-ci est un récipient des idées et nous livre la matière que l'esprit doit tout d'abord mettre dans un creuset pour la raffiner.» («Vergangene Begebenheiten sind gut, um die Einbildungskraft zu beschäftigen und dem Gedächtnis Inhalt zu geben. Dieses ist ein Behälter von Begriffen und liefert den Stoff, den der Verstand erst in den Schmelztiegel bringen muß, um ihn zu veredeln.») (Œuvres, IV., Abschnitte XV und XVII)

Insgesamt spiegeln Friedrichs geschichtliche Abhandlungen sehr vorteilhaft seine Ehrlichkeit und sein schriftstellerisches Können wider. Seine Wiedergabe von Zahlen und Daten ist zugegebenermaßen sorglos, und diplomatische Fragen behandelt er, wie könnte man es anders erwarten, nicht gerade offen. Gleichzeitig verhält er sich jedoch seinen Gegnern gegenüber gerecht und großzügig, prangert gnadenlos viele seiner eigenen Fehler auf militärischem Gebiet an und ist sich stets seiner Verpflichtung als Geschichtenerzähler bewußt. «Ich habe noch ein Wort über die Art meines Vortrags zu sagen», schloß er sein Vorwort. «‹Ich› und ‹mich› sind mir so zuwider, daß ich es vorziehe, von mir in der dritten Person zu sprechen. Es wäre mir unerträglich gewesen, in einem derart ausführlichen Werk immer im eigenen Namen zu reden . . .»

Friedrichs Kenntnis früherer Feldzüge und Schlachten rührte vom eingehenden Studium der entsprechenden Beschreibungen der Kriege berühmter Vorgänger wie Cäsar, Gustav Adolf, Montecuccoli, Turenne, Kaiser Karl IV. aus dem Hause Luxemburg, Prinz Eugen und vor allem Karl XII. von Schweden, dessen meteorartiger Aufstieg von schrecklichen Vorzeichen strotzte.

Für Friedrich begann der Prozeß der Kriegführung damit, daß er einen seiner «projets de campagne», seiner Feldzugentwürfe also, zu Papier brachte. Er wich dabei nie von einer Reihe grundlegender Prinzipien ab. Er beharrte darauf, daß bei solchen Plänen der Feldherr die Geländebeschaffenheit des Kriegsschauplatzes hinreichend in Betracht ziehen müsse und ebenso Stärke und Kampfkraft des gegnerischen Truppenaufgebots. Doch diese militärischen Erwägungen allein reichten in seinen Augen nicht aus, weil die kriegführenden Mächte Verbündete zu Hilfe rufen konnten: «Les projets de campagne ne sont bons qu'ils s'accordent avec la scène et qu'ils sont bien compassés aux conjonctures.» («Die Pläne für einen Feldzug sind nur dann gut, wenn sie mit der politischen Szene in Einklang stehen und auf die Lage der Dinge abgestimmt sind.») («Essai» für den Chevalier de Courten vom 28. Februar 1745, PC 1738; vgl. auch Artikel II «Des Projets de Campagne» in «Principes Généraux», 1748, Œuvres, XXVIII., 8; «Pensées», 1755, Œuvres, XXVIII., 123) Der Oberbefehlshaber muß nach Ansicht Friedrichs seine Operationen wie Prinz Eugen in großem Maßstab planen, was im Falle Preußens nichts anderes bedeutete als einen entscheidenden Vormarsch bis zur Donau bei Wien. Friedrich zufolge empfahl es sich jedoch bei jedem Abschnitt des Feldzuges, sich in die Lage des gegnerischen Feldherrn zu versetzen, indem man sich die Frage vorlegte: «Quel dessein formerais-je, si j'étais l'ennemi?» («Welchen Plan würde ich verfolgen, wenn ich der Feind wäre?») («Principes Généraux», 1748, Œuvres, XXVIII., 41)

Friedrich blieb auch während seiner gesamten militärischen Karriere der Maxime treu, die er im *Antimachiavell* für sich aufgestellt hatte: «C'est une maxime certaine, qu'il vaut mieux prévenir que d'être prévenu.» («Es ist eine feststehende Lebensregel, daß es besser ist, anderen zuvorzukommen als überrascht zu werden.») Zum Teil war es Friedrichs Absicht, die Gefahr abzuwenden, daß ihn der Feind mit einer Offensive überraschte und dazu zwang, auf seinem eigenen, dafür ungeeigneten Territorium einen Defensivkrieg auszutragen. In positiver Hinsicht wollte Friedrich unbedingt von der einzigartigen Kriegsbereitschaft der preußischen Armee profitieren.

Während in Friedenszeiten die österreichischen und russischen Truppen, insbesondere ihre Kavallerieregimenter, aus Gründen der Versorgungserleichterung in weitverstreut liegenden Quartieren untergebracht waren, stand es in Friedrichs Macht, binnen kürzester Zeit Truppenkonzentrationen in Brandenburg oder Schlesien anzuordnen und im Herzen von Sachsen oder Böhmen aufzumarschieren, noch ehe der Feind seine Kräfte mobilisiert hatte. Er war nicht gezwungen,

Minister oder Verbündete zu Rate zu ziehen, und von seinen Regimentern konnte man erwarten, daß sie sich binnen sechs Tagen nach entsprechendem Befehl in Marsch setzten, «was zur Folge hat, daß die preußische Armee die bestdisziplinierte und die in kürzester Frist einsatzbereiteste Armee von allen gegenwärtig auf der Welt vorhandenen oder vielleicht je existierenden ist». (Moore, 1779, II., 147–48) Friedrich gab nie die großen Vorteile aus der Hand, die ihm daraus erwachsen waren, daß er 1740 als erster in Schlesien und 1756 als erster in Sachsen einmarschiert war.
Er ließ sich in seinen Schriften häufig und beredt über die Vorteile offensiver Operationen aus, und das um so mehr, wenn ihm daran gelegen war, bei seinen Heerführern neue Energien zu wecken: «Un des plus faux principes dans la guerre est celui de rester sur la défensive et de laisser agir l'ennemi offensivement; à la longueur il faut que celui qui reste sur la défensive, perde certainement.» («Eines der falschesten Prinzipien im Krieg ist, in der Defensive zu bleiben und den Feind offensiv handeln zu lassen; auf lange Sicht muß derjenige, der sich defensiv verhält, unweigerlich verlieren.») (Brief an den Erbprinzen von Braunschweig vom 8. Januar 1779, PC 27005; vgl. auch PC 8352, 8770, 9781, 9823, 9839, 11357, 27140; «Principes Généraux», 1748, Œuvres, XXVIII., 8–9, 14, 61, 73, 76; «Réflexions», 1775, Œuvres, XXIX., 85; Warnery, 1788, 313)
Wie war es den Preußen möglich, sich auf solch aggressive Weise auf Kriege einzulassen angesichts der Tatsache, daß sie hinsichtlich der Gesamtzahl ihrer Soldaten hinter ihren Gegnern zurückstanden? Friedrich hatte bereits in jungen Jahren darauf eine Antwort bereit, gehabt. Seine Taktik lautete, eine Kräftekonzentration vorzunehmen und durch eine Schlacht eine rasche Entscheidung herbeizuführen. Diese Doktrin war eindeutig und wirkungsvoll, und Friedrich suchte sie auch im Siebenjährigen Krieg bei vielen Gelegenheiten in die Tat umzusetzen, wie viele ehemalige Offiziere und die patriotisch gesinnten Historiker der Jahrhundertwende bezeugt haben. (PC 11150, 11274; Warnery, 1788, 343, 536–37; Retzow, 1802, I., 102; Bernhardi, 1881, I., 17; Gr. Gstb., 1901–14, VI., 57)
Die Betonung der Offensive war indes weder Friedrichs ureigenstes Konzept, das nur ihm vorbehalten blieb, noch suchte er es bedingungslos zu verwirklichen. Die österreichischen Generale sprachen gewiß niemals mit einem derartigen Enthusiasmus vom Angriff wie Friedrich, und doch waren sie es, die bei Chotusitz, Soor, Moys (Kay), Breslau, Hochkirch und Maxen die Initiative ergriffen und bei Liegnitz die völlige Vernichtung der königlich-preußischen Armee planten. Es ist bezeichnend, daß Friedrich im Siebenjährigen Krieg,

als er davon schrieb, «me défaire d'un ennemi» («mir einen Feind vom Halse zu schaffen») oder sich «une bonne bataille décisive» («eine gute Entscheidungsschlacht») (PC 9393, 10812) erhoffte, nicht länger die ohnehin inzwischen kaum mehr mögliche «annihilation totale de l'ennemi» («völlige Vernichtung des Feindes») («Principes Généraux», 1748, Œuvres, XXVIII., 79–80) im Sinn hatte, sondern darauf aus war, Zeit zu gewinnen, um die Gelegenheit zu bekommen, die sich verschlechternde Lage der Dinge am anderen Ende des Kriegsschauplatzes zu beheben.

Am Abend des 18. Juni 1757 – nach der preußischen Niederlage bei Kolin – war Friedrich klar, daß es ein langwieriger Krieg werden würde und drastische Maßnahmen nötig seien, um den Untergang Preußens angesichts des sich zusammenfindenden feindlichen Bündnisses abzuwenden. Seine Berühmtheit erlangende Strategie des «Schrägangriffs» wurde erstmals erfolgreich Ende 1757 in den Schlachten bei Roßbach und Leuthen angewandt. Sie war ein wirksamer Kräftemultiplikator, ohne den Friedrich nicht siegreich geblieben wäre (PC 9393, 10559, 10910, 12961, 12995, 13390; Massenbach, 1808, I., 117), doch in Friedrichs Augen war sie zu keinem Zeitpunkt mehr als ein erzwungener Notbehelf, der genau dem ungünstigen Fall einer Auseinandersetzung mit einer mächtigen Allianz angemessen war, wie er ihn in den *Principes Généraux* von 1748 skizziert hatte:

> Il faut alors savoir perdre à propos (qui veut défendre tout ne défend rien), sacrifier une province à un ennemi et marcher, en attendant, avec toutes vos forces contre les autres et les obliger à une bataille, faire les derniers efforts pour les détruire, et détacher alors contre les autres. Ces sortes de guerre ruinent les armées par les fatigues et les marches qu'on leur fait faire, et si elles durent, elles prennent pourtant une fin malheureuse.
> (Man muß also bei passender Gelegenheit zu verlieren wissen – wer alles verteidigen will, verteidigt gar nichts –, dem Feind eine Provinz preisgeben und inzwischen mit allen seinen Kräften gegen die übrigen Verbände des Feindes marschieren und sie zu einer Schlacht zwingen, die letzten Anstrengungen unternehmen, um sie zu vernichten, und anschließend Verbände gegen die anderen abkommandieren. Diese Art Kriegführung ruiniert die Armeen infolge der Strapazen und der Märsche, zu denen man sie zwingt, und wenn sie lange währen, nehmen sie trotzdem ein unglückliches Ende.)
> (Œuvres, XXVIII., 16; vgl. auch «Réflexions», 1758, Œuvres, XXVIII., 164; PC 12995; de Catt, 1884, 148)

In mehreren weiteren strategischen Dimensionen blieb die friderizianische Kriegführung hinter der napoleonischen Praxis zurück, allerdings auch hinter einer Reihe von Grundsätzen, die Friedrich in seinen eigenen Schriften aufgestellt hatte. In den *Principes Généraux* verlangte er: «C'est une ancienne règle de guerre, et je ne fais que répéter: si vous séparez vos forces, vous serez battu en détail; si vous voulez livrer bataille, rassemblez le plus de troupes que vous pourrez; on ne saurait les employer plus utilement.» («Es ist eine alte Kriegsregel, und ich kann sie nur wiederholen: wenn man seine Streitkräfte aufteilt, wird man stückweise besiegt; wer eine Schlacht liefern will, sollte so viele Soldaten wie möglich zusammenziehen; man könnte sie nicht nutzbringender verwenden.») (Œuvres, XXVIII., 36) Durch Fehlkalkulationen hatte er bereits hinnehmen müssen, daß ihn die Österreicher bei Chotusitz und Soor, wo er seine Armee durch Detachements zersplittert hatte, überraschten. Diese Lektionen schienen sich eingeprägt zu haben, und doch stellen wir im Verlauf des Siebenjährigen Krieges fest, daß Marschall Keith als Befehlshaber ansehnlicher Korps zurückgelassen wurde, während Friedrich bei Lobositz, Prag und Kolin kämpfte. Retzow war mit einem Detachement anderweitig im Einsatz, als Friedrich in Hochkirch angegriffen wurde, und Prinz Heinrich war mit beinahe der halben preußischen Armee im Lager von Schmottseifen zurückgeblieben, dieweil sein Bruder bei Kunersdorf in der blutigsten Schlacht des Krieges von Russen und Österreichern in die Flucht geschlagen wurde. Zufall und Sorglosigkeit sind bis zu einem bestimmten Grade für diese auffällige Kluft zwischen Theorie und Praxis verantwortlich zu machen. Laubert (1900, 119) geht sogar so weit, zu vermuten, daß der Wert der numerischen Überlegenheit in den Kriegen dieses Zeitabschnitts nicht gewürdigt worden sei, was gegen die eindeutige Aussage in den «Principes« zu sprechen scheint. Wahrscheinlicher ist, wie Cämmerer andeutet, daß es keinen Sinn ergab, immer mehr Soldaten an einem einzigen Ort zusammenzuziehen, in einer Epoche, als die Armeen noch nicht nach napoleonischem Muster in übersichtliche, halb ortsfeste Korps und Divisionen eingeteilt waren:

> Wenn man bedenkt, daß ein damaliges Heer ein einheitlicher Körper ohne organische Gliederung war, so wird man zugeben müssen, daß mit der numerischen Stärke auch die Schwierigkeit des Gebrauchs wuchs und daß – so sehr Clausewitz auch darüber spottet – in Tempelhoffs Wort von der Stärke, die zur Last wird, doch ein für damalige Verhältnisse ganz richtiger Kern steckt. (Cämmerer, 1883, 37)

60 000 Mann waren ungefähr die höchste Zahl, die in damaliger Zeit von einem Oberkommando und seiner Befehlsmaschinerie in den Griff zu bekommen waren.

Der Unterschied zwischen dem, was Friedrich lehrte, und dem, was er tat, war noch augenfälliger hinsichtlich der Verfolgung des geschlagenen Gegners: «Profitez des batailles gagnées, poursuivez l'ennemi à outrance, et poussez vos avantages aussi loin que vous pouvez les étendre!» («Nutzen Sie die gewonnenen Schlachten, verfolgen Sie den Feind aufs äußerste und nutzen Sie Ihre Vorteile weitestgehend aus!») («Castramétrie», 1770, Œuvres, XXIX., 92; vgl. auch «Principes Généraux», 1748, Œuvres XXVIII., 80; «Pensées», 1775, Œuvres, XXVIII., 120–22; «Instruction für die Cuirassier-, Dragoner- und Husaren-Regimenter», 1778, Œuvres, XXX., 339) Nur die Verfolgung nach der Schlacht von Leuthen 1757 kam überhaupt diesem Wunschbild nahe, und selbst dabei heftete sich Zieten so langsam an die Fersen der Österreicher, daß er durch Fouqué ersetzt werden mußte. Nach seinen übrigen Siegen wurde Friedrich von der physischen und moralischen Erschöpfung seiner Truppen, der Verknappung der Verpflegung oder der Notwendigkeit eines eiligen Rückmarsches zum anderen Ende des Kriegsschauplatzes am Nachsetzen gehindert.

Nicht einmal die preußische Armee konnte es sich leisten, ständig zu marschieren und Schlachten zu schlagen, und Friedrich hielt es zweimal für angebracht, sich in festen Stellungen zu verschanzen, die ebenso gesichert waren wie diejenigen, die Feldmarschall Daun ständig anzulegen pflegte. 1759 wartete er im Lager von Schmottseifen die Zeit ab, bis die gegnerischen Verbündeten ihre Absichten zu erkennen gaben, und bei Bunzelwitz bezog er 1761 mit seinem Heer eine feldmäßig angelegte Verteidigungsanlage aus Gründen des physischen Überlebens.

Noch weniger nach Friedrichs Geschmack waren in Verbindung mit dem strategischen Gesamtkonzept des Siebenjährigen Krieges die zunehmend häufiger eintretenden Vorkommnisse, bei denen der Angriffsschwung des Feldzuges zu vom Feind diktierten Bedingungen zum Stillstand kam. Das außergewöhnliche Marschvermögen der preußischen Infanterie sowie die Manövrierfähigkeit der preußischen Kavallerie konnten sich nur im Flachland Schlesiens und des nördlichen Sachsen bestmöglich entfalten, von dem Friedrich sagte: «C'est un terrain où notre triomphe est assuré.» («Dies ist ein Gelände, in dem unser Triumph von vornherein feststeht.») (Brief an den Prinzen Heinrich vom 24. März 1759, PC 10797; vgl. auch «Réflexions», 27. Dezember 1758, Œuvres, XXVIII., 164–65; «Politisches Testament», 1768, im Wortlaut wiedergegeben in: Friedrich d. Gr., 1920, 155; Brief Fouqués an Friedrich vom 2. Januar 1759, zitiert bei: Fouqué, 1788, I., 77–80; Nivernais, 1756, zitiert bei: Volz, 1926–27, I.,

286; Kunisch, 1978, passim) Daun vermochte ständig die Preußen um ihre Hauptvorteile zu bringen, indem er sich in die Berge zurückzog, die die Ebenen überragten, und seine eigene schlagkräftige Artillerie zum Einsatz brachte.

Friedrich war gezwungen, die Änderung der Art und Weise der Kriegführung einzusehen, die die Österreicher durch neue Taktiken im Einsatz ihrer Geschütze und bei den Schanzarbeiten bewirkt hatten. Das Ergebnis war eine neue, ungewohnte Vorsicht bei kurzfristigen strategischen Planungen, wie sie erstmals 1758 zum Ausdruck kam und in den letzten Jahrzehnten seiner Herrschaft immer auffälliger wurde:

> Un général aura tort, s'il se hâte d'attaquer l'ennemi dans ses postes de montagnes ou dans des terrains coupés. La nécessité des conjonctures m'a forcé quelquefois d'en venir à cette extremité; mais lorsqu'on fait une guerre à puissance égale, on peut procurer des avantages plus sûrs par la ruse et par l'adresse, sans s'exposer à d'aussi grands risques.
> (Ein General begeht einen Fehler, wenn er sich beeilt, den Feind in Bergstellungen oder in zerklüftetem Gelände anzugreifen. Die Notwendigkeit der Lage hat mich zuweilen gezwungen, zu dieser äußersten Maßnahme zu greifen; doch wenn man einen Krieg mit gleichverteilten Kräften führt, kann man sich sicherere Vorteile durch List und Geschicklichkeit verschaffen, ohne sich derart großen Risiken auszusetzen.)
> (Vorwort vom 3. März 1764 zur «Histoire de la Guerre de Sept Ans» [«Geschichte des Siebenjährigen Krieges»], Œuvres, IV; vgl. auch «Réflexions», 1758, Œuvres, XXVIII., 163; «Castramétrie», 1770, Œuvres, XXIX., 5; «Réflexions sur les Projets de Campagne», 1775, Œuvres, XXIX., 83, 91–92; «Politisches Testament», 1768, wiedergegeben bei: Friedrich d. Gr., 1920, 163, 173; PC 12904; Lossow, 1826, 11; Kalkreuth, 1840, II., 150)

Völlig unvereinbar mit der Ansicht einiger Historiker des deutschen Generalstabs des Kaiserreiches war die Vorstellung, Friedrich habe jemals die Eroberung feindlichen Territoriums zwecks dauernder Inbesitznahme zum Ziel seiner Feldzüge erhoben statt die gewaltsame Niederlage der feindlichen Hauptarmee. (Gr. Gstb., 1890–93, III., 327) In Wirklichkeit spielten Überlegungen hinsichtlich künftiger territorialer Kontrolle oft eine vorrangige Rolle für Friedrich und seine Gegner, denn sie standen in direktem Zusammenhang mit der Anzahl der Pferde, Antriebskraft für Kavallerie, Artillerie und Troß. Nach Tempelhoffs Berechnung mußte eine theoretische Armee von 100 000 Mann nicht weniger als 48 000 Pferde mitführen. In den Winterquartieren bekamen diese gefräßigen Geschöpfe Trockenfutter zu fressen – Heu, Stroh und Hafer. Große Probleme ergaben sich, wenn die Armee in den Krieg zog, denn das Trockenfutter war derart sperrig, daß es ohne Schwierigkeiten nur auf dem Wasserwege zu transportieren war. Die Feldzugsaison begann normalerweise nicht «avant le vert» («vor dem Grünen der Natur») (PC 1809, 10725), was dem Heer die Nutzung des frischen Grünfutters auf dem Kriegsschauplatz ermöglichte. Zur Routine für Freund und Feind wurde es, während jeder längeren Kampfpause starke Furagierkommandos auszusenden, die Heu von den Feldern einsammeln und die Scheunen der Bauern nach Trockenfutter durchsuchen mußten.

Sowohl Friedrich als auch die Österreicher verstanden sich darauf, den ständigen Bedarf des Gegners an Pferdefutter zu ihren Gunsten auszunutzen. Durch Abgrasen der grenznahen Gebiete im Feindesland konnte man sich auf Wochen oder Monate hinaus vor einer Invasion sichern, und wenn man die gegnerischen Truppen in einem bestimmten Gebiet einschloß, bis es bis auf den letzten Halm leergegrast und geplündert war, war es möglich, sie zur Aufgabe ihres Lagers zu zwingen, ohne ihre Stellungen mit Gewalt erobern zu müssen. Dieses Ringen um frische Wiesen und ungenutzte Weidegründe liefert das Motiv für Entschlüsse, die ansonsten unerklärlich wären, und erklärt viele der langen Pausen während der Kampagnen, in denen nichts Besonderes zu passieren schien. (PC 12345, 13332; Stille, 1764, 191; Mitchell, 1850, I., 359)

Zum größten Teil ging es in Friedrichs Anweisungen an seine Generale nicht um Schlachten oder die höheren Bereiche der Strategie, sondern um Routinefragen wie Versorgung der Pferde, Transport und Unterbringung der Armee in einem neuen Lager.

Während der Historiker in oberflächlicher Darstellung Einzelheiten der Feldzüge streifen kann, mußte Friedrich dafür sorgen, daß für seine Armee Tag für Tag Verpflegung vorhanden war. Die Versorgung der Zug- und Reitpferde mit Futter war, wie wir gesehen haben, ebenfalls eine Frage von beträchtlicher strategischer Dimension. Was die Verköstigung der Soldaten anging, so machte sich der König nie von einem starren System von Magazinen und Konvois abhängig. Um Zeit zu gewinnen, nahm er zuweilen das Risiko auf sich, die Feldbäkkerei-Kolonnen, den Troß und die Brückenkolonne der Armee zum Zielort des Tagesmarsches vorauszuschicken. Ebenso ließ er, wenn er in Eilmärschen durch die Ebenen im Norden zog, die preußischen Festungskommandanten an der Elbe oder Oder durch Kuriere von seinem Anrücken in Kenntnis setzen und Mehl und andere Lebensmittel samt Fahrzeugen bereitstellen, die seine Truppen beim Durchmarsch in Besitz nehmen und mitführen konnten.

Normalerweise sah die Marschformation der preußischen Armee so aus, daß vornweg die Vorausabteilung oder Vorhut marschierte und Hindernissen nur selten auswich, außergewöhnlich, gefolgt von den vier Kolonnen des Gros der Armee und einer Nachhut. Die Vorhut war ein aus Elitetruppen, in der Mehrzahl Husaren und Grenadieren, bestehendes Korps. Generalmajor Yorke erläutert, daß diese Gliederung einen bestimmten Platz im Konzept des Alten Fritz hatte. In den meisten Gegenden war die örtliche Bevölkerung ihm feindlich gesonnen und weigerte sich, Auskunft über den Verbleib des Feindes zu geben:

> Dagegen weiß er kein anderes Mittel, als starke Truppenverbände soweit wie möglich nach vorn an den Feind heran vorzuschieben, um sich mit eigenen Augen ein Bild von dessen Stellungen zu machen. Zu diesem Zweck benennt er zu Beginn eines Feldzuges eine bestimmte Anzahl von Bataillonen und Schwadronen . . ., die die Avantgarde der Armee bilden und mit denen zusammen er reitet. Diese Truppe ist hinreichend schlagkräftig, um es ihm zu ermöglichen, eine Stellung zu behaupten, bis seine Armee herangerückt ist, und die Zwischenzeit nutzt er, um sich mit den Vor- und Nachteilen des Geländes ringsum vertraut zu machen. (Yorke, 1913, III., 224)

Auf seinen Märschen suchte Friedrich möglichst Waldgebiete zu umgehen, um die Fahnenflucht einzudämmen und der Gefahr eines Hinterhalts durch die Kroaten zu entgehen. Dennoch war die Mobilität der preußischen Armee, die querfeldein marschierte und Hindernissen nur selten auswich, außergewöhnlich, wie jeder feststellen kann, der die historischen Schauplätze heute bereist und sich über die Entfernungen klar wird, die damals in Tagesmärschen bewältigt wurden. Tempelhoff bemerkt dazu: «Ich habe . . . in diesem ganzen siebenjährigen Kriege, den ich doch durch alle Feldzüge mitgemacht, noch nie gesehen, daß sich die preußische Armee durch üble Wege hat abschrecken lassen.» (Tempelhoff, 1783–1801, I., 135–136) Wenn alle Überlandstraßen in schlechtem Zustand waren, dann war eine Route so gut wie die andere. Flußübergänge bedeuteten keine wesentliche Verzögerung des Vorankommens der Armee mehr, denn Wasserläufe jeglicher Art hatten aufgehört, ein Problem darzustellen, seit die Franzosen um 1670 Pontons mit Kupferverkleidung erfunden hatten.

Auf einem normalen Marsch, bei dem kein Eiltempo erforderlich war, konnten die Preußen umgerechnet zwischen 20 und 25 Kilome-

ter pro Tag zurücklegen. Friedrich sammelte im Laufe des Jahres genaue Kenntnisse über das Verhältnis zwischen Zeit und Entfernung auf den verschiedenen Kriegsschauplätzen; aufgrund dieser persönlichen Erfahrungen setzte er dann beim darauffolgenden Mal seinen Truppen zum Beispiel drei Tage Zeit für die acht (preußischen) Wegmeilen (60 Kilometer) vom Endpunkt der Elbeschiffahrt in Leitmeritz nach Prag; vier Tage benötigten seine Soldaten für die zwölf Meilen (90 Kilometer) Distanz zwischen Ratibor in Oberschlesien und Olmütz in Mähren. Friedrich behielt gegenüber den Russen seine überlegene Beweglichkeit bis zum Schluß bei, vermochte sich indes von 1758 an nicht mehr darauf zu verlassen, daß er von Daun und dessen Heer nicht in Eilmärschen zu überholen war.
Bei jedem Halt bezog die Armee während der Kampagnezeit ein «Lager» oder «Feldlager», was zu jener Zeit gleichbedeutend mit einer «Verteidigungsstellung» war. Nach der Dauer des Aufenthalts richtete sich auch die jeweilige Befestigung dieser Lager, die von einfachen, für eine Nacht abgesteckten und durch Posten gesicherten großen Zeltplätzen bis zu Schanzanlagen wie Schmottseifen und Bunzelwitz reichten, Stellungen mit überwiegendem Verteidigungscharakter.
Der Standort des Lagers wurde vom König oder kommandierenden General persönlich ausgewählt. Er hielt nach einem Gelände Ausschau, das hoch lag oder zumindest nicht von Hügeln oder Bergen überragt wurde. Waldstücke, Sümpfe, Flüsse oder Schluchten konnten brauchbaren Flankenschutz gewähren. Die meisten kleinen Städte und Dörfer Mitteleuropas waren hingegen leicht gebaut und offen angelegt und daher kein geeigneter Platz für die vorübergehende oder längerfristige Unterbringung von Truppen. Die Zahl der Geländeabschnitte, die alle Voraussetzungen für Sicherheit und nicht zuletzt auch in bezug auf strategische Überlegungen erfüllten, waren daher dünn gesät. «Es gibt feste Posten, Stellungen, Durchgangslager, die man immer wieder bezieht; und . . . dies kommt mit Sicherheit immer wieder vor, denn schließlich führt man seit langem Krieg in demselben Land.» (Ligne, 1795–1811, XVI., 102) Auf diese Weise nisteten sich die österreichischen Armeen wie Einsiedlerkrebse ohne Gehäuse in den Lagern von Schmottseifen und Torgau ein, als diese von preußischen Korps aufgegeben worden waren.
Die Prozedur des Beziehens eines Lagers wurde den Quartiermeistern der Regimenter am 6. September 1756 von Friedrich persönlich erläutert, als er mit seiner Armee das erste Feldlager des Siebenjährigen Krieges auf feindlichem Boden im sächsischen Roth-Schönberg bezog. Er erklärte dabei, er werde künftig nur noch die Abgrenzungen

der beiden Flügel des ersten Treffens der Armee angeben und alles Weitere den Stabsoffizieren und Quartiermeistern überlassen. Alle Lager sollten nach seinen Worten künftig entsprechend der Geländebeschaffenheit abgesteckt werden, «ohne daß dabei auf die gerade Richtung mehrerer Bataillons und Regimenter in einer Linie Rücksicht zu nehmen sei» (Ludwig Müllers Bericht, Œuvres, XXX., 261)
Im Inneren der preußischen Feldlager waren ursprünglich die Zelte der Infanterie kompanieweise in Doppelreihen angeordnet, und zwar unmittelbar hinter der Stellung, die im Einsatzfall bezogen werden sollte. Die Kavallerie hatte ihre Zelte weiter hinten aufgeschlagen, und zwar tief gestaffelt und so ausgerichtet, daß die Gassen zwischen den Zelten senkrecht auf die Infanterie zuführten;

> gegen Ende des Siebenjährigen Krieges aber wurde diese Methode abgeändert, die dem Feinde die Stärke der Armee in der Ferne verrieth. Friedrich wählte eine andere Bauart der Lager, die minder zierlich, aber zweckmäßiger war. Die Zeltgassen verschwanden, und die Armeen campirten in drey Reihen neben einander gestellter Zelte. Diese dreyfache Reihe konnte man nötigenfalls in eine zweyfache, auch in eine einfache, verwandeln; man konnte sich ohne Mühe ausdehnen und überhaupt den Feind auf mannigfaltige Art täuschen.
> (Archenholtz, 1974, 36–37)

Die Quartiere in den Kantonalbezirken boten vorübergehende Unterkunft vor dem Beginn oder unmittelbar nach dem Abschluß eines Feldzuges, wenn es ungefährlich war, die Truppen auf die in Dörfern und Kleinstädten zur Verfügung stehenden Schlaflager zu verteilen. Friedrich war imstande, Feldzüge bis weit in den Winter hinein auszudehnen, wenn die strategische Lage es wie 1740, 1744 und 1759 erforderte, doch normalerweise zog er seine Armee im Spätherbst möglichst bald ins Landesinnere (meist Schlesien) zurück und verteilte die Truppen auf feste Winterquartiere. Die Bewachung der Grenzen überließ er sogenannten «Husarenpostierungen».
Den medizinischen Vorstellungen der damaligen Zeit gemäß nutzte Friedrich die Saison der Winterquartiere zur Gesundheitsvorsorge für seine Soldaten; sie mußten Abführmittel schlucken und wurden zur Ader gelassen. Noch nutzbringender waren seine Bemühungen, zu verhindern, daß sich seine Leute den Winter über in überheizten Räumlichkeiten hermetisch von der Außenwelt abriegelten. Jetzt fanden seine Generale endlich Zeit, die Rekruten und frischen Reitpferde auf die Regimenter zu verteilen und die altgedienten Soldaten Waffen und Gerät instand setzen zu lassen und sie zu drillen, «damit die Tüchtigkeit wieder hergestellt werde, die ihnen im Felde abhan-

den gekommen». («Ordres für die Generale von der Infanterie und Cavallerie», 1744, Œuvres, XXX., 122)

Friedrichs Soldatenleben war außergewöhnlich lang. Als Kronprinz hatte er Schilderungen der Schlacht von Fehrbellin (1675) aus dem Munde von Veteranen vernommen, die dabeigewesen waren. Er erlebte seinen ersten Feldzug zweiundzwanzigjährig im Jahre 1734 und wurde instruiert von alten Offizieren, die in den Kriegen Ludwigs XIV. geprägt worden waren. Seine letzten Operationen leitete er 1779 mit 67 Jahren, und er starb 1786, knapp drei Jahre vor Ausbruch der Französischen Revolution. Eine Untersuchung der Art und Weise, wie Friedrich seine Schlachten führte, muß daher einigermaßen ausführlich auf drei wichtige Entwicklungen eingehen, die sich im Laufe der Jahre vollzogen:

a) die Einführung des berühmten «Schrägangriffs»,
b) das außergewöhnlich wirkungsvolle Zurückschlagen des in einem Bündnis zusammengeschlossenen Feindes im Siebenjährigen Krieg und
c) Friedrichs lange Suche nach Gegenmaßnahmen.

Der Einfachheit halber wollen wir den Begriff «Schrägangriff» oder Schiefe Schlachtordnung im weiteren Sinne des Wortes verstehen, so wie ihn Hans Delbrück und andere Historiker für die gesamte Palette von Aktionen verwendeten, die den besonderen Charakter des friderizianischen Schlachtfeldes bis ungefähr zur Mitte des Siebenjährigen Krieges prägten. Ziel des Schrägangriffs war es, eine schlagkräftige Kräftekonzentration auf einen ausgewählten, vermeintlich schwachen Sektor der feindlichen Linie prallen zu lassen. Diese Taktik war erstmals von dem thebanischen Feldherrn Epaminondas angewendet worden, als er 371 v. Chr. die spartanische Armee bei Leuktra besiegte. Sie beflügelte die Phantasie führender Militärs aufs neue, als zu Beginn der Neuzeit auch die antike Literatur über militärwissenschaftliche Fragen wieder gelesen wurde. Große Heerführer wie Montecuccoli und Folard untersuchten den Gedanken in ihren Schriften, und sehr wahrscheinlich machte der Alte Dessauer Friedrich mit der Theorie dieser Schlachtordnung vertraut, als er der militärische Mentor des Kronprinzen war.
Im Keim ist der friderizianische Schrägangriff bereits in zwei der «Seelowitzer Instructionen» Friedrichs vom März 1742 erläutert worden («Instruction für die Cavallerie», 17. März, Œuvres, XXX., 33; «Disposition für die sämmtlichen Regimenter Infanterie», 25. März,

Œuvres, XXX., 75), obwohl es einige Unklarheit hinsichtlich des Zeitpunktes gibt, zu dem Friedrich seine Vorstellung in die Praxis umsetzte. Die Historiker des deutschen Generalstabs behaupteten, der König habe den Schrägangriff erst nach dem Zweiten Schlesischen Krieg ernsthaft erprobt und ihn in vollem Umfang nicht vor den Schlachten des Jahres 1757 angewendet. Diese scharfen Abgrenzungen wie auch der Zeitplan der Generalstabshistoriker wurden jedoch von Otto Herrmann in Frage gestellt, der die Auffassung vertrat, Friedrich habe bereits 1741 und 1742 bei Mollwitz und Chotusitz mit der Taktik des Schrägangriffs zu operieren versucht. Vielleicht auf mehr Einzelheiten eingehend und mit größerer Überzeugungskraft verfocht Rudolf Keibel dieselbe Meinung und schrieb Friedrichs Sieg bei Hohenfriedberg 1745 der erfolgreichen Anwendung des Schrägangriffs zu. (Gr. Gstb. 1890–93, I., Teil 1, 163; «Urkundliche Beiträge», XXVII., 278–84; Herrmann, 1892 und 1894, passim; Keibel, 1899 und 1901, passim)

In einzelnen Punkten erfuhr die neue Taktik sicherlich eine Verfeinerung. In den «harmlosen» Jahren nach 1740 konnte Friedrich noch davon ausgehen, den Feind aus seinen Stellungen zu vertreiben und in die Flucht zu schlagen durch die furchterregende Wirkung, die die mit geschulterten Musketen vorrückenden preußischen Soldaten hervorriefen. Zu dieser Zeit hielten die Österreicher selten stand. Das Vorgehen mit waagrecht vor dem Körper gehaltenem, aufgepflanztem Bajonett ist vermutlich erstmals 1753 befohlen worden – «nichts in der Welt bildet einen größeren Theaterschlag der Kriegskunst als diese heroische Evoluzion.» (Berenhorst, 1798–99, I., 246) Die außerordentlich schweren preußischen Verluste vor Prag 1757 wurden jedoch direkt auf die Tatsache zurückgeführt, daß die Infanterie, ohne das Feuer zu eröffnen, geradewegs vor die Rohre der österreichischen Batterien gestürmt war, und seither nahm die Feuerkraft einen sehr viel höheren Stellenwert in Friedrichs Planungen ein.

Wie sahen denn nun die Komponenten eines vollwertigen Schrägangriffs aus? Vorausgegangen war ein langwieriger Aufmarsch, der über Nacht oder in den frühen Morgenstunden durchgeführt wurde und dem Zwecke diente, die Armee in eine vorteilhafte Angriffsposition an der Flanke oder im Rücken des Feindes zu bringen. Napoleon kritisierte solche Bewegungen quer durch die Front der gegnerischen Armee, doch schlug Friedrich hier aus der Stärke der feindlichen Positionen Kapital, denn je vorteilhafter postiert die Gegenseite sich wähnte, desto weniger war sie willens, aus ihren Stellungen herauszukommen und ihn anzugreifen. Außerdem verhalfen bei Zorndorf, Kunersdorf und Torgau die ausgedehnten Waldungen im

Bereich des Schlachtfeldes den Preußen zu einer visuellen Abschirmung, während ihre Durchquerung für die Kolonnen kein großes Hindernis darstellte.

Sobald die Spitzen der Marschsäulen genügend Platz hatten, schwenkte die Armee in Linie ein. Dieses Manöver vollzog sich üblicherweise durch einfaches und fast sofortiges Einschwenken der Züge. Der Angriff erfolgte dann mit einer geballten Kräftekonzentration, bestehend aus einer Vorhut, einer Linie oder mehreren Treffen unterstützender Infanterie, einem aus Kavallerie bestehenden Flankenschutz sowie bis zu 30 oder 40 schweren Geschützen.

Der dazugehörige «verweigerte» Flügels war eine eindrucksvoll lange, tatsächlich jedoch ziemlich dünne Linie, die vom angreifenden Flügel nach rückwärts in einer versetzten Formation von «Echelons» (Staffeln) verlief. Bei Leuthen bestand diese Linie aus zusammengefaßten Einheiten zweier Bataillone (Schrägangriff in engerem Sinne). Aufgabe des verweigerten Flügels war es, den Feind in seiner Position zu fixieren und später je nach Verlauf der Schlacht den Sieg auszunutzen oder den Rückzug zu decken. (Über den Schrägangriff ganz allgemein: «Instruction für die General-Majors von der Infanterie», 1748, Œuvres, XXX., 157; «Instruction» für Lehwaldt vom 23. Juni 1756, Œuvres, XXX., 206; «Ordre» an Dohna vom 20. Juli 1758, Œuvres, XXVIII., 159–160; «Instruction für die General-Majors von der Infanterie», 1759, Œuvres, XXX., 266–67; «Castramétrie», 1770, Œuvres, XXIX., 25; «Testament Politique», 1768, im Wortlaut in: Friedrich d. Gr., 1920, 144; PC 10103, 10152, 11150, 11238; Anon., 1772, I., 71; Guibert, 1778, 127; Toulongeon (1786), 1881, 200; Warnery, 1788, 112–13; Scharnhorst, 1794, 117; Lossow, 1826, 336)

Der Schrägangriff scheint von zwei Prinzipien bestimmt worden zu sein. Einmal stand dahinter die Absicht, eine erdrückende Übermacht auf einen Schwachpunkt zu konzentrieren, was es einer zahlenmäßig kleinen Armee wie der preußischen möglich machte, eine örtliche Überlegenheit zu erringen.

Zum zweiten entsprang die Schiefe Schlachtordnung Friedrichs dringendem Wunsch, während des gesamten Verlaufs einer Schlacht das Geschehen unter Kontrolle zu behalten. In militärischen Dingen herrscht eine notorische Diskrepanz zwischen Absicht und Wirklichkeit, und Friedrich könnte für alle Feldherren aller Zeiten gesprochen haben, als er Ende August 1758 nach der siegreichen Schlacht bei Zorndorf gegen die Russen die Vorgänge auf dem Schlachtfeld mit seinem Gesellschafter de Catt erörterte:

> Friedrich: «Haben Sie etwas begriffen an diesem teuflischen Tage?»

de Catt: «Sire, ich habe den Marsch und alle Anordnungen wohl erfaßt, die vor der Schlacht getroffen wurden; ich habe auch den Beginn der Schlacht gut beobachtet, aber das übrige ist mir entgangen – ich habe nichts von den Bewegungen verstanden, die man gemacht hat.»

Friedrich: «Sie sind nicht der einzige, mein Freund, Sie sind nicht der einzige – trösten Sie sich!»

(de Catt, 1884, 162)

Die Lenkung großer Schlachten war im 18. Jahrhundert, der Ära der einheitlichen Armeen und Linientaktik, außergewöhnlich schwierig. War ein Truppenverband erst einmal in ein Gefecht verwickelt, so war er damit unweigerlich der Kontrolle durch den Oberbefehlshaber entzogen. (Tempelhoff, 1783–1801, I., 129) Angesichts der zeitraubenden Umgehungsmärsche, die darauf abzielten, dem Feind in die Flanke fallen zu können, suchte Friedrich daher jeden erdenklichen Vorteil aus der Marschkraft der preußischen Truppen zu ziehen, bevor ihm nach der Feindberührung die Zügel aus der Hand genommen waren. Es wäre indessen irreführend, wollte man die Schlachttaktik von 1757 als das Nonplusultra der friderizianischen Kriegführung beschreiben. Zwar entsprach sie recht gut Friedrichs Temperament, doch sie war das Produkt einer langwierigen Evolution, wie wir gesehen haben, und sollte selbst einen gründlichen Wandel durchmachen.

Es dauerte nicht lange, bis Friedrich erkennen mußte, daß die Mitgliedsländer der feindlichen Allianz sehr bedeutende Fortschritte in einer Reihe von Disziplinen der Kriegskunst machten. Wenn wir die Entwicklung bei seinen unmittelbaren Gegnern, den Österreichern und Russen, betrachten, so ist es offensichtlich, daß die Waage militärischer Leistungsfähigkeit um die Zeit des Ausbruchs des Siebenjährigen Krieges bereits zuungunsten Friedrichs auszuschlagen begann. Österreich nahm die Feindseligkeiten als ein Staat auf, dessen Armee und militärische Einrichtungen aufgrund der in den Schlesischen Kriegen gelernten Lektionen radikalen Reformen unterzogen worden waren. Der Fortschritt bei den Russen war beinahe ebenso dramatisch, wenn auch die Armeen der Zarin Elisabeth länger brauchten, um im gemeinsamen Kampf vollwertig mithalten zu können.

Die Verbündeten und ganz besonders die Österreicher hatten sich längst auf listige Weise sehr eingehende Kenntnisse von Friedrich und seiner Armee angeeignet. Was die fundamentalen Institutionen anging, so untersuchte der österreichische Staatskanzler Kaunitz den großen Nutzen, den Friedrich aus einem militärischen System, das

faktisch die Bevölkerung und die Manufakturen förderte, und aus einem Adel zog, der seinen Weg nur durch Verdienst und Dienst machen konnte. («Votum über das Militare», zitiert bei: Bleckwenn, «Zeitgenössische Studien», 1974, ders. in «Altpreußischer Kommiß», 1971 usw.) Was den Krieg im großen Rahmen anging, so erklärte der österreichische Generalmajor Tillier am 16. Januar 1759 der russischen Regierung, Preußens anscheinend an ein Wunder grenzender Fortbestand ließe sich auf konkrete Trümpfe wie den inneren Zusammenhalt der Armee, den militärischen Charakter der Regierung, die persönliche Führungsrolle des Königs sowie eine strategisch günstige geographische Lage der Flüsse und Festungen zurückführen, die eine Strategie der inländischen Versorgungslinien ermöglichte. «Zieht man diese Tatsachen in Betracht, so können wir als sicher annehmen, daß sein nahezu gleichbleibendes System darin besteht, einen plötzlichen Überfall auf die eine oder andere der alliierten Armeen zu unternehmen. . .» («Arkhiv Knijasija Worontschowa», 1870–95, IV., 394)
Themen wie diese waren Diskussionsgegenstand im Wiener Kabinett, wie Friedrich von seinen Informanten erfuhr. (PC 10701, 10838, 10906) Kaiser Franz I. Stephan, der Gemahl Maria Theresias, der nicht gerade für seine Scharfsichtigkeit auf militärischem Gebiet berühmt war, brachte die wesentlichen Merkmale des Schrägangriffs zum Ausdruck, als er seinem Bruder Prinz Karl von Lothringen, dem österreichischen Heerführer, vor Beginn der Kampagne von 1757 bedeutete, der Alte Fritz greife gern mit nur einem Flügel an, was auf preußischer Seite ein großes Aufgebot von Truppen verlange, die nicht immer zu den zuverlässigsten gehörten. Dieser Umstand, so vermutete er, könne den österreichischen Farben den Erfolg bringen (Arneth, 1863–79, V., 171–72). Schließlich gewann man in Wien einen direkten Einblick in Friedrichs Vorstellungen auf kriegerischem Gebiet aus Dokumenten wie dem Exemplar der «General Principia», das den Österreichern 1760 bei der Gefangennahme des preußischen Generalmajors Czettritz in Cossdorf in die Hände fiel.
In der Praxis lernten die Österreicher, effektiven Nutzen aus ihren Bergstellungen, den ausschwärmenden Kroatenkommandos, ihren frei herumschweifenden Detachements, den in ihren Diensten stehenden französischen Belagerungsexperten, der neuen Zusammensetzung ihres Generalstabs sowie ihrer wirkungsvollen Artillerie (und hier besonders dem mittelschweren 12-Pfünder-Geschütz, das beim Abfeuern von Kartätschen ein defensives Gegenstück zum Maschinengewehr des Ersten Weltkrieges bildete) zu ziehen. Auch die Russen wurden zu begeisterten Schanzenbauern und erwarben sich wie die Österreicher besonderes Geschick darin, auf dem Schlachtfeld ih-

re Reserven einzusetzen. Die nötigen Verfahrensfragen waren in General Fermors «General Disposition» aus dem Jahre 1758 sowie in den von Feldmarschall Buturlin 1761 hinzugefügten Ergänzungen geregelt. Sie sahen ein drittes Treffen, die Schlachtreserve, die Befestigung der Flanken der Armee sowie die Entsendung designierter Brigaden als «Feuerwehr» an bedrohte Abschnitte der Stellung vor.

Gegen Mitte des Siebenjährigen Krieges begann Friedrich deshalb auf sachkundigen und fachlich bestens instruierten feindlichen Widerstand zu stoßen. Die Folge war das auf Unentschlossenheit zurückzuführende Gemetzel von Zorndorf, die Katastrophe von Kunersdorf und der folgenschwere, erschreckend teuer erkaufte Sieg bei Torgau. Beim Schrägangriff hatte sich inzwischen eine Reihe von inhärenten Mängeln herausgestellt.

Zuerst einmal stellten die umständlichen Flankierungsmärsche sehr hohe Anforderungen an die preußischen Truppen, noch bevor sie die erste Feindberührung hatten. «In allen Schlachten, zu denen es in diesem Krieg kam, sind die Preußen, wenn sie angriffen, dem Feind sozusagen nie anders als außer Atem entgegengetreten.» (Warnery, 1788, 310) Mit Ausnahme der Schlacht von Torgau, die an einem naßkalten, trüben Novembertag des Jahres 1760 ausgetragen wurde, fanden alle anderen entscheidenden Kampfhandlungen auf dem Höhepunkt der ungewöhnlich heißen Sommer im Zeitraum des Siebenjährigen Krieges statt.

Die Strapazen der Umgehungsbewegungen trafen am meisten den Train der schweren Artillerie, deren erfolgreicher Einsatz so wichtig für das positive Abschneiden der übrigen Waffengattungen war. Immer wieder kam es vor, daß fehlende Artillerieunterstützung das Scheitern der Infanterieattacken besiegelte. Beweis dafür waren die Vernichtung von Schwerins erstem Treffen nach Durchqueren des morastigen Wiesengeländes vor Prag, das Fehlschlagen der Angriffe auf die rückwärtige russische Stellung hinter dem Kuhgrund bei Kunersdorf und das Blutbad unter den zehn vorneweg stürmenden Grenadierbataillons in Torgau, das Gaudi unmittelbar auf die Erschöpfung der Bedienungsmannschaften zurückführte, die die preußischen Kanonen in Stellung bringen sollten.

Außer bei Leuthen, wo die Umgebung den Preußen von früher her als Manövergelände wohlvertraut war, hatte Friedrich sich daran gewöhnt, in nahezu völliger Unkenntnis des Terrains und der gegnerischen Stellungen zum Angriff überzugehen. Als die Verbündeten allmählich die Kniffe des Alten Fritz kannten, sahen sich die Preußen mehr und mehr unangenehmen Überraschungen ausgesetzt und auch

einer direkten Infragestellung ihrer Kampfkraft, die so sehr vom Erfolg des Eröffnungsgambits abhängig gewesen war.
Dort, wo Friedrich imstande war, die Initiative zu behalten, wie beispielsweise in der Schlacht von Leuthen, wurde der geometrische Aufmarschplan des Schrägangriffs mit außergewöhnlichem Erfolg verwirklicht. Ganz anders sah es aus, wenn wie bei Kunersdorf der Feind in vorbereiteten Stellungen wartete oder er unverzügliche Kehrtwendungen vollzog wie Fermor bei Zorndorf und Daun bei Torgau. Den preußischen Angriffsflügeln mangelte die physische und psychologische Unterstützung, die erforderlich war, um einen derart hartnäckigen Widerstand zu brechen. Darüber hinaus verleitete, wie Clausewitz anmerkte, der natürliche Instinkt die Befehlshaber dazu, schnellstens wieder in Tuchfühlung mit dem Gros der Armee zu kommen. Deshalb drehte bei Zorndorf die Division Kanitz nach rechts ab und verließ damit die Achse des Angriffs, was zur Folge hatte, daß die Vorhut ohne Unterstützung auf die Russen stieß.
Wenn die Dinge sich einmal zum Schlechten zu neigen begannen, hatte Friedrich kein Mittel zur Hand, um das Schlachtgeschehen wieder in den Griff zu bekommen. Die Kavallerie war das einzige Element der preußischen Armee, das imstande war, nacheinander in verschiedenen Teilen des Schlachtgeländes zuzuschlagen, wie Roßbach und auch Zorndorf selbst gezeigt hatten. Die Infanterie des «verweigerten» Flügels konnte nur unter großer Mühe ins Gefecht geworfen werden, denn sie stand in einer genau festgelegten Beziehung zum angreifenden Verband und verfügte somit nicht über die Beweglichkeit und Unabhängigkeit, wie sie eine echte Reserve kennzeichnen.
Wir kommen nun zum dritten und letzten Abschnitt unserer Geschichte, in dem Friedrich sich um neue Eingebungen bemühte mit dem Ziel, seine Überlegenheit über die Gegner zurückzugewinnen. Es war ein langer Prozeß, der nicht nur die letzten Feldzüge des Siebenjährigen Krieges umfaßte, sondern auch den Bayerischen Erbfolgekrieg. Die Suche ließ Friedrich an die äußersten Grenzen stoßen, die von der Struktur seiner Armee und dem technischen Wissen der damaligen Zeit gesetzt wurden.
Es ist möglich, wenn auch keineswegs sicher, daß Friedrich versucht war, dem Beispiel der Österreicher zu folgen, die einer neuen Art der Kampfführung ihren Stempel aufgeprägt hatten, «den fürchterlichen, *auf totale Niederlagen* [Hervorhebung durch den Autor] des Feindes abzweckenden Angriffen mit getrennten Corps, welche keine unmittelbare Gemeinschaft mit einander haben». (Cogniazzo, 1788–91, III., 276) Nach diesem Schema operierten die Österreicher bei Hochkirch, Maxen und Liegnitz, und Cogniazzo läßt bei seiner Schilderung zwi-

schen den Zeilen durchblicken, daß solche Taktik Gegenstand allgemeiner Diskussion unter den führenden Militärs vor der Französischen Revolution war.

Clausewitz wußte nicht um die Vorgeschichte dieses Phänomens; er schreibt die Idee Friedrich zu und führt als Beispiele das Detachement von Fincks Korps bei Kunersdorf, einen vom 8. Juli 1760 stammenden Plan für einen Angriff in drei Kolonnen gegen Lascys Verbände sowie die räumlich weit getrennten Offensiven Friedrichs und Zietens bei Torgau an. (Kessel, 1937, 1) Wenn wir uns diese Argumentation zu eigen machen, erscheint Torgau in einem besonderen Licht, nämlich einmal als die letzte große regelrechte Schlacht des alten Europas und als eine Art Chancellorsville [Schlachtort 1863 im amerikanischen Bürgerkrieg – Anm. d. Ü.] des 18. Jahrhunderts, ein Waffengang, bei dem ein kühner Befehlshaber seine dem Feind zahlenmäßig schon unterlegenen Kräfte noch einmal aufteilte. Man muß jedoch betonen, daß für diese Auslegung eindeutige Beweise fehlen. Angesichts nicht vorhandener schriftlicher Belege sollten wir also Vorsicht walten lassen, wenn wir Friedrich Systeme der Kriegführung zuschreiben, wo er doch oftmals einer plötzlichen Eingebung folgend handelte. Auf jeden Fall war das Zusammenwirken getrennt vorgehender Verbände in der damaligen Zeit nur unter qualvollen Bemühungen zu erreichen, denn die verschiedenen Korps und Divisionen waren zeitweilige ad hoc-Gebilde, und die Nachrichtenverbindungen mit ihnen und die dieser Truppenverbände untereinander waren von langsamen und vom Feind leicht auszuschaltenden berittenen Kurieren abhängig. Die Österreicher wurden es gewahr, als sie bei Liegnitz Friedrichs Heer zu vernichten suchten.

Wir müssen uns an Friedrich selbst halten, um eine zuverlässige Bestätigung der neuen Richtungen in seiner Planung zu erhalten. Während des Aufenthaltes in Leitmeritz im Juni und Juli 1757, der für ihn eine Periode des Nachdenkens war, erwog Friedrich unter anderem, ob er, statt wie bisher die besten Einheiten als Angriffsspitze einzusetzen, nicht besser dafür die schlechtesten Truppen abstellen sollte: «Man kann hiezu die Frei-Bataillons oder andere schlechte Bataillons nehmen, auf die man allenfalls selber feuern kann, wenn sie zurückgehen oder nicht beherzt angreifen wollen.» («Aphorismen», 1757, Œuvres, XXX., 237)

Die betreffenden Freibataillone waren nach Friedrichs Worten «execrables Geschmeiß», das für die Dauer der Feindseligkeiten von kosmopolitischen Abenteurern zusammengeholt worden war. In Friedrichs Augen waren diese Truppen nie viel mehr als minderwertige Infanterie, die dazu bestimmt war, den Einsatz seiner zuverlässigen Verbände in schwierigem Gelände und auf zweitrangigen Kriegsschauplätzen überflüssig zu machen oder wie im vorliegenden Fall in der Schlacht als Kanonenfutter zu dienen. («Réflexions sur la Tactique», 1758, Œuvres, XXVIII., 162; «Castramétrie», 1770, Œuvres, XXIX, 41; «Instruction für die Frei-Regimenter oder Leichten Infanterie-Regimenter» vom 5. Dezember 1783; Œuvres, XXX., 399–406; PC 7868, 10702; Jany, 1903, 13–15; Dette, 1914, 78–80)

Tatsächlich wurden fast alle Freibataillone dem Kommando des Prinzen Heinrich unterstellt, und Friedrich ersparte seinen Elitegrenadieren nicht die undankbare Aufgabe, bei Torgau den Angriff vorzutragen. Vermutlich hatte ihn sein nur wenige Wochen zurückliegender Sieg bei Liegnitz in dem Glauben bestärkt, seine Truppen seien eben doch so zuverlässig wie die Männer, mit denen er 1756 in den Krieg gezogen war. Die damaligen Regimenter und Bataillone waren von ungewöhnlich hoher Qualität für jenen Abschnitt seiner Feldzüge gewesen, denn die vorangegangenen Märsche durch das bewaldete Hügelland der Oberlausitz hatten den unzuverlässigen Elementen hinreichend Gelegenheit zur Desertion geboten. Vielleicht hatte Friedrich vergessen, daß sein Erfolg von Liegnitz aus der Verteidigung heraus errungen worden war und letzten Endes die auf seine Infanterie verteilten 12-Pfünder-Geschütze dafür ausschlaggebend gewesen waren. Bezeichnend ist, daß die Regimenter Bernburg und Prinz Ferdinand, die beim preußischen Gegenangriff die Initiative übernommen hatten, sehr schwer zusammengehauen worden waren.

Mit größerer Beständigkeit hielt Friedrich an einem andern Gedanken aus Leitmeritz fest, nämlich der Idee, Artillerie als Schlüssel zur Beseitigung einer festgefahrenen Situation in vorderster Front einzusetzen. In früheren Zeiten hatte man der Artillerie keine große Bedeutung im allgemeinen Rahmen einer Schlacht beigemessen, aber diese Waffengattung erhielt ein sehr viel größeres Gewicht im Siebenjährigen Krieg, was nicht zuletzt auf die Bemühungen von Pjotr Iwanowitsch Schuwalow in Rußland und Friedrichs altem Freund und Briefpartner Prinz Joseph Wenzel von Liechtenstein in Österreich zurückzuführen war. Friedrich selbst war kein großer Freund der Artillerie, doch die Auswirkungen der feindlichen Feuerkraft wie auch die Stärke der österreichischen und russischen Stellungen (sowie der französischen Positionen, denen sich Prinz Ferdinand von Braunschweig im nordwestlichen Deutschland gegenübersah) ließen ihm keine andere Wahl als das Bemühen, mit der Entwicklung Schritt zu halten:

> Si cette mode durera encore quelques années, je crois qu'à la fin on fera marcher des détachements de 2 000 hommes avec 6 000 canons.

Autant que cela est ridicule, il faut, malgré soi, s'accommoder à la mode; autrement il n'y a point de salut.
(Wenn diese Mode noch ein paar Jahre dauert, wird man, glaube ich, zu guter Letzt Detachements von 2 000 Mann mit 6 000 Kanonen in Marsch setzen. So lächerlich das ist, man muß sich gegen seinen Willen diesem Verfahren anpassen, denn sonst gibt es keine Rettung.)
(Brief an Ferdinand vom 21. April 1759, PC 10888; siehe auch «Castramétrie», 1770, Œuvres, XXIX., 4, 38; «Testament Politique», 1768, wiedergegeben in Friedrich d. Gr., 1920, 141–42; PC 10265; Warnery, 1788, 357; de Catt, 1884, 37)

Zu Verteidigungszwecken ließ Friedrich 1759 und 1760 12-Pfünder auf die Infanteriebataillone verteilen. (PC 11299; vermutlich handelte es sich um die leichteren Kanonen dieses Kalibers, die durch den Nachbau der ausgezeichneten mittelschweren 12-Pfünder-Geschütze der Österreicher überholt waren.) Diese Maßnahme kam, wie wir gesehen haben, den Preußen gut zustatten, als sie bei Liegnitz von Laudon angegriffen wurden. Für Offensivzwecke vertraute Friedrich weitgehend den Möglichkeiten der Haubitze mit der steilen, bogenförmigen Flugbahn ihrer Sprenggranaten: «Beim Angriff der Höhen muß man sich mehr des Wurfgeschützes als der Kanonen bedienen, weil ein Kanonenschuß, nach der Höhe gerichtet, selten trifft, eine Granate aber, wenn sie auf dem Berge crepirt, eher beschädigt und unter dem Feinde mehr Verwirrung anrichtet.» («Aphorismen», 1757, Œuvres, XXX., 240; vgl. «Instruction für die Artillerie», 1768, Œuvres, XXX., 310–11; «Testament Politique», 1768, wiedergegeben in Friedrich d. Gr., 1920, 144, 163; PC 9838, 26433; Mirabeau-Mauvillon, 1788, 156; Guibert, 1803, I., 189)
Zur Vorbereitung der Artilleriebombardements und Infanterieangriffe trachtete Friedrich mit allen verfügbaren Mitteln danach, feindliche Truppenkonzentrationen aus ihren Berggipfelstellungen zu werfen. Einer der ersten Hinweise auf seine Überlegungen hierzu ist seiner Unterhaltung mit Henri de Catt vom 15. November 1759 zu entnehmen, als er sich über die Möglichkeiten ausließ, Daun zu zwingen, Dresden wieder aufzugeben. «Ich erbitte von den Göttern nicht etwa mehrere Erfolge, sondern nur den einen: daß ich Dresden wiedererlange!» bemerkte der König zu seinem Vorleser. Mit starken Truppenabteilungen werde er Daun zwingen, «Dresden und seine steilen Felsen zu verlassen». (de Catt, 1884, 257) Unmittelbar darauf entsandte er Kleist auf einen Raid durch Nordböhmen und beorderte Finck auf das Plateau von Maxen in eine Stellung direkt im Rücken der Österreicher.
Die neuen Strategien und Taktiken wurden im Sommer 1762 fast zur

Neige ausgeschöpft, als es darum ging, Daun aus seinen Bergstellungen oberhalb von Schweidnitz zu verdrängen:

> J'ai 82 000 hommes contre moi, et je n'en ai que 76 000. Ce ne serait pas ce qui m'embarasserait, mais une suite de nos malheurs passés a donné aux ennemis la facilité d'occuper tous les postes avantageux. A moins de vouloir hasarder étourdiment sa fortune, il ne faut pas penser à les attaquer. Reste les diversions ...
> (Ich habe 82 000 Mann, die mir gegenüberstehen, und verfüge selbst nur über 76 000. Das würde mich nicht weiter beunruhigen, doch eine Folge von uns zugestoßenen Mißgeschicken hat den Feinden Gelegenheit gegeben, alle vorteilhaften Posten zu besetzen. Es ist kein Gedanke daran, sie anzugreifen, es sei denn, man wolle leichtsinnig sein Glück aufs Spiel setzen. Es bleiben nur Ablenkungsangriffe ...)
> (Brief an Heinrich vom 31. Mai 1762, PC 13742)

Wir haben bereits gesehen, wie Friedrichs ausgeklügeltes Programm von Raids und Täuschungsmanövern die Österreicher bewegte, ihre entlegenen Positionen aufzugeben und die Masse ihrer Truppenkonzentration auf eine überschaubare Menge von knapp 30 000 Soldaten zu reduzieren. Als es darum ging, den Sturmangriff auf die rückwärtige österreichische Stellung in Burkersdorf zu planen, stellte Friedrich das Korps von Wied und die beiden Brigaden Möllendorff und Knobloch vor Beginn der Operation vor dem in Aussicht genommenen Abschnitt der österreichischen Linien auf, so daß er von ihnen nicht zu verlangen brauchte nach einem langen und anstrengenden Flankenmarsch direkt zum Angriff vorzustürmen. Ebenso stellte er seine massive Artilleriereserve in eine feste Feuerstellung am Fuß der Berge und befahl ihren Kommandeuren, von dort aus den Feind unter Beschuß zu nehmen.

Schließlich eröffnete am Morgen des 21. Juni 1762 die preußische Artillerie das Feuer, das auch eine verheerende Wirkung auf die Kampfmoral der Österreicher hatte, während sich die Infanterieeinheiten (denen genaue Zeiten vorgegeben und Angriffsziele zugewiesen worden waren) im Schutz der in die rechte Flanke der österreichischen Stellung führenden einspringenden Winkel vorarbeiteten. Bis hierher war seit den paradeähnlichen Schlachten während der ersten Feldzüge des Siebenjährigen Krieges wirklich ein weiter Weg gewesen.

In seinen Schriften und seiner Korrespondenz nach diesem Krieg hielt Friedrich an der Taktik der Artillerieunterstützung und der Ablenkungsstrategie fest. Erneut spielte er mit dem Gedanken, das Eröffnungsfeuer des Feindes durch Freibataillone abschirmen zu lassen. («Testament Politique», 1768, in: Friedrich d. Gr., 1920, 163), und wieder einmal nahm er während der tatsächlichen Kampfhandlungen davon Abstand, als die Feindseligkeiten mit dem Bayerischen Erbfolgekrieg ihre Fortsetzung fanden. Das Problem hatte weniger mit taktischen Fragen zu tun als mit der Tatsache, daß die preußische Militärmaschinerie nicht zulassen konnte, daß Infanteristen außer Sichtweite ihrer Offiziere kämpften – die verachteten Freibataillone hatten ebensowenig mit den loyalen Kroaten Maria Theresias gemein wie mit den hervorragenden Schützen Sir John Moores eine Generation später.

Der Alte Fritz blieb indes völlig überzeugt vom Wert massierter Artillerie und besonders der großkalibrigen Haubitzen. Er schrieb seinem Bruder Prinz Heinrich am 11. Juni 1778, die Österreicher gedächten jedes ihrer Bataillone mit sage und schreibe 15 Geschützen auszurüsten: «Mais en rassemblant nos obusiers et notre canon sur un point, nous aurons la supériorité dans cet endroit, et cela pourra nous suffire pour les battre. La difficulté consiste à faire le trou dans la ligne; celui-là fait, on vient bien à bout des autres obstacles.» («Aber wenn wir unsere Haubitzen und unsere Kanone auf einem Punkt konzentrieren, werden wir in diesem Abschnitt die Überlegenheit gewinnen, und das wird uns genügen, um sie zu schlagen. Die Schwierigkeit besteht darin, eine Bresche in die feindliche Linie zu sprengen; wenn das geschehen ist, wird man mit den anderen Hindernissen gut fertig.») (PC 26458)

In demselben Krieg wurde das Element der Ablenkung auf seiten Friedrichs von Projekten repräsentiert, die kaum weniger ehrgeizig waren als jene aus dem Jahre 1762. Statt auf die zügellosen Einfälle der Tataren setzte er diesmal ebenso vage Hoffnungen auf die beabsichtigte russische Invasion Galiziens, weil dieser Schritt die Österreicher genötigt hätte, beträchtliche Kräfte in den äußersten Nordosten ihres Reiches zu werfen.

Wenn der preußische Feldzug von 1778 kraftlos und ohne Erfolg verlief, war das nicht nur auf die politischen Schranken des Erbfolgekrieges, die Trägheit des Militärapparates oder das Nachlassen von Friedrichs Kräften zurückzuführen. Es war auch die Folge der Tatsache, daß die Österreicher inzwischen die Bedeutung der militärischen Topographie begriffen und es zu meisterlicher Logistik gebracht hatten. Paradoxerweise sorgten Joseph II. und seine Berater für einen derart verschwenderischen Nachschub ihrer Truppen, daß sie ihre Staatskasse dabei ruinierten. Friedrich stand schließlich, wie er am 26. August zu ahnen begann, als der Mann da, der den letzten Pfennig in der Tasche hatte, «et cela a décidé autant qu'une bataille!»

(«und dies hat beinahe soviel entschieden wie eine Schlacht.») (PC 26640)
Alles in allem scheint eine Reihe von Tatsachen darauf hinzuweisen, daß Friedrichs Auffassungen von einer Schlacht einem ständigen Evolutionsprozeß unterworfen waren und daß er sich, nachdem der Schrägangriff den Bedürfnissen der Zeit nicht mehr genügte, in seinen letzten Feldzügen bemühte, zwei Ziele zu erreichen. Erstens suchte er die feindlichen Truppenkonzentrationen durch eine Vielzahl von Ablenkungen aufzulösen, eine Methode, die auf höherer Ebene in großstrategische und politische Dimensionen führte. Zum zweiten setzte er massiert Artillerie ein, um in einem vermeintlich schwachen Sektor der feindlichen Stellungen eine Lücke zu öffnen.
Der Friedrich, der uns hier entgegentritt, ist nicht länger der heroische König, der er 1757 war, geschweige denn der königliche Märtyrer von 1759, sondern ein Mann von Weitsicht und vielleicht ungeahnter Anpassungsfähigkeit und Findigkeit. Es ist seltsam, eine solch enge Annäherung an einige militärische Praktiken Napoleons bei einem Herrscher festzustellen, dessen Ansichten über Gesellschaft und Wirtschaftsleben so wenig empfänglich für Änderungen waren.

Hinsichtlich taktischer Fragen von geringerer Bedeutung hatte Friedrich stets eine feste Vorstellung von dem, was praktisch und wesentlich war. (Guibert, 1778, 126; Toulongeon (1786), 1881, 198; Kaltenborn, 1790–91, II., 55) Gewiß, er unterwarf seine Truppen in Friedenszeiten einer Reihe von künstlichen und anspruchsvollen Drillübungen, aber dahinter stand die Absicht, Intelligenz und Reaktionsfähigkeit seiner Offiziere und Mannschaften zu schärfen. Wenn sie lernten, im Manöver komplizierte taktische Formationen und Schwenkungen zu seiner Zufriedenheit auszuführen, durfte man erwarten, daß sie im Gefecht in weniger schwierigen Situationen zufriedenstellend abschnitten.
Eines der grundlegenden Probleme taktischer Natur ergab sich in Zusammenhang mit der diffizilen Entwicklung von der Kolonne (der besten Formation beim Marschieren) zur Linie (bestgeeignete Aufstellung zum Schießen). Zwei Methoden standen zur Auswahl. Der gewöhnliche Parallelmarsch (auch Alignementsmarsch oder Aufmarsch genannt) brachte die Armee in zwei oder mehr Marschsäulen, die sich aus offenen Zugkolonnen zusammensetzten, auf das Schlachtfeld. Die Truppen setzten hier ihren Weg vor der Front des feindlichen Heeres oder um dessen Flanke herum fort, bis dann auf ein einziges Kommandowort die Züge in Linie einschwenkten. Die-

ses eindrucksvolle Manöver wurde von Friedrich in all seinen Kriegen bevorzugt.
Das sogenannte Deployieren war eine umständlichere Angelegenheit. Wenn sich der parallele Annäherungsmarsch als nicht praktikabel erwies, mußten die dichtgestaffelten geschlossenen Zugkolonnen in rechtem Winkel auf den Feind anmarschieren. Zur Kampfaufstellung schwenkten die einzelnen Unterabteilungen nach rechts oder links ab und bewegten sich in schräger Richtung auf ihre Plätze in der Schlachtordnung zu. Dies Verfahren hatte Friedrich selbst ersonnen. Es war dazu bestimmt, in wichtigen Fällen zur Anwendung zu gelangen, wenn entweder das Gelände zu beengt für den Alignementsmarsch war oder der Befehlshaber seine Truppenstärke oder seine Absichten vor dem Feind geheimhalten wollte. Das Deployieren wurde erstmals 1748 von Friedrich beschrieben. («Instruction für die General-Majors von der Infanterie», Œuvres, XXX., 157) Es wurde eine der berühmtesten, in Friedenszeiten vorgeführten Formationsänderungen im Exerzierreglement der preußischen Armee.
Die tatsächliche Anwendung dieser Truppenentfaltung im Krieg beschränkte sich auf Einzelfälle. General Buddenbrock zufolge wurde erstmals 1745 in der Schlacht von Soor «deployirt». (D. de G., 1767, 17) Später wurde diese Art von Truppenbewegung nur dann vollzogen, wenn eine besondere Geländestruktur oder ein unvorhersehbarer Verlauf der Ereignisse dies geboten. Beispiele dafür waren das enge Tal bei Lobositz, die durch die russische Artillerie entschiedene Schlacht von Groß-Jägersdorf sowie die aufwendige Entfaltung der königlichen Armee in Torgau.
Friedrich hatte seine Infanterietaktik vom Alten Dessauer übernommen, der seinerseits die Praktiken des Herzogs von Marlborough im Spanischen Erbfolgekrieg beobachtet und sich zu eigen gemacht hatte. Auf den preußischen Exerzierplätzen wurde den Soldaten bei der Schießausbildung das sogenannte Zug-Feuer mit rollenden Salven eingedrillt. Jeder Zug feuerte vier Schuß pro Minute ab (sechs vom Ausgang der siebziger Jahre an, nach Einführung des «zylindrischen», oder besser beidseitigen, Ladestocks). Wieder einmal sah die Realität des Schlachtfeldes anders aus als die Theorie, denn die akribisch berechnete Feuerfolge der einzelnen Züge beim «rollenden» Feuer artete gewöhnlich in ein eigenmächtiges Schießen aller aus, so daß die Feuergeschwindigkeit auf zwei Schuß in der Minute sank. Der König handelte jedoch keineswegs als blinder Reaktionär, wenn er so lange wie möglich an seiner Idealvorstellung des Salvenfeuers festhielt.
Eine durchschnittlich höhere Treffsicherheit konnte mit Salven aus glattläufigen Musketen eher erzielt werden als durch unkontrolliertes

Einzelfeuer, wie preußische Experimente anfangs des folgenden Jahrhunderts bewiesen. Darüber hinaus trug das Feuern nach Kommando zur Munitionsersparnis bei und verhinderte gleichzeitig ein vorzeitiges Stumpfwerden der Feuersteine und eine schnelle Verstopfung der Musketenläufe.

Außerdem waren die klassischen Aufstellungen in friderizianische Linien ein charakteristischer Ausdruck der technischen und sozialen Gegebenheiten jener Zeit. Es wäre unhistorisch, wollte man direkte Vergleiche zwischen den im 18. Jahrhundert gültigen taktischen Formationen und jenen ziehen, die hundert Jahre später unter dem Einfluß der Entwicklung der minderwertigen Schnellfeuergewehre eingeführt wurden. Insgeheim bedauerte Friedrich wohl, daß er den kroatischen Reitern der Österreicher, die immer wieder seine Vorposten und Detachements in Scharmützel verwickelten, nichts Gleichwertiges entgegenzusetzen hatte, aber man sollte ihm keinen Vorwurf daraus machen, daß er nicht hinging und seine gesamte Infanterie in unzählige Grüppchen kleiner Männer auflöste, die in grünen Uniformröcken die Berge durchstreiften. Die Leichte Infanterie spielte in der Kriegführung der damaligen Epoche ohnehin nur eine untergeordnete Rolle, weil nur reguläre Truppen in dichter Staffelung die Feuerkraft und Zuverlässigkeit besaßen, in offener Schlacht der feindlichen Kavallerie Widerstand zu leisten und Geländeabschnitte gegen einen zahlenmäßig starken Gegner zu erobern und zu behaupten.

Nicht weniger entscheidend war, daß Preußen die institutionelle Grundlage fehlte, auf der Friedrich eine schlagkräftige Freischärlertruppe hätte aufbauen können. Die kleinen Verbände der preußischen Jäger rekrutierten sich aus den Wildhütern der großen Feudalgüter, und ihre Büchsen mit gezogenem Lauf konnten nur sehr viel langsamer geladen werden als die Muskete mit dem glatten Lauf, was diese Leute in ziemliche Verlegenheit brachte, wenn sie sich etwas Gefährlicherem gegenübersahen als einem Hirsch oder einem Kaninchen. Tatsächlich mußten dann die Jäger ihre Flinten gegen Musketen eintauschen, nachdem eine Reihe von ihnen am 9. Oktober 1760 in Spandau von den Russen, die bei ihrem Einfall die dortige Geschützgießerei und Pulvermühle zerstörten, niedergemacht worden waren, ohne die Spur einer Chance zu haben.

Noch weniger konnte sich Friedrich auf die kurzlebigen Freibataillone verlassen, die sich nicht einmal aus achtbaren und zuverlässigen Männern zusammensetzten wie die Jäger-Corps. Erst gegen Ende seiner Herrschaft schuf Friedrich den Unterbau für eine reguläre Leichte Infanterie, als er die Aufstellung von drei ständigen Frei-Regimentern anordnete. Er hatte ihnen bereits feste Aufgaben zugedacht. Während eines Feldzugs sollten sie die Vorposten stellen und ähnliche Wachdienstaufgaben übernehmen. Im Gefecht konnten sie alle Waldstücke im Kampfgelände besetzen und dadurch wirkungsvoll die Flanken der Armee sichern. Noch bedeutsamer war, daß sie abkommandiert werden konnten, an der Spitze der Angriffsformationen vorzustürmen. In diesem Fall war ihnen vorgeschrieben: «Sie müssen gradezu blindlings in den Feind herein laufen und durchaus nicht eher schießen, als wenn sie mit dem Feind melirt sind . . .» («Instruction für die Frei-Regimenter oder Leichten Infanterie-Regimenter» vom 5. Dezember 1783, Œuvres, XXX., 401)

Diese Opferrolle war weit entfernt vom Auftrag der «Tirailleurs» während der Französischen Revolution oder der napoleonischen Zeit, die den Feind aus der Entfernung durch Scharmützelfeuer verunsichern sollten. In dieser Hinsicht war Friedrich noch ein Mann der Mitte des 18. Jahrhunderts. 1761 hatte er im Nonnenbusch, einem Waldgebiet außerhalb des Bunzelwitzer Lagers, einen preußischen Jäger angetroffen, der in einem Versteck auf der Lauer lag. Der Soldat erklärte dem König, er sei von einem Österreicher am Arm verwundet worden und warte nun darauf, sich rächen zu können.

> Friedrich wurde ernstlich böse und erwiderte: «Pfui! Schäme Er sich! Er wird doch wohl kein Straßenräuber sein wollen, der in dem hohlen Weg auflauert? Handle Er offen wie ein rechtschaffener Brandenburger und wie es einem Soldaten geziemt!»
> (Hildebrandt, 1829–35, IV., 61)

Die flüssigen, schlagartigen und energischen Aktionen gut ausgebildeter Kavallerie waren etwas so recht nach Friedrichs Herzen. Nach den Erfahrungen von Mollwitz machte er es zu einer seiner vornehmlichsten Aufgaben, eine Truppe aufzustellen, die bereit war, im Felde bei jeder Gelegenheit ohne das geringste Zögern eine Attacke zu reiten. Er bemerkte dazu vor dem Siebenjährigen Krieg: «Ils avaient la fureur de tirer de leurs pistolets. J'ai été obligé de faire faire des hommes de paille, de leur faire voir qu'ils n'en touchaient pas un de leurs coups de pistolet; au lieu qu'en se servant de leurs épées, ils les renversaient tous.» («Sie machten mit Begeisterung Gebrauch von ihren Pistolen. Ich sah mich genötigt, Strohpuppen anfertigen zu lassen, um ihnen zu beweisen, daß sie keine einzige mit ihren Pistolenschüssen umwarfen; während sie hingegen, sich ihrer Degen bedienend, alle umkippten.») (D. de G., 1767, 28–29) Schließlich waren Regimenter wie die Rochow-Kürassiere bei Kolin imstande, in einem langen

Galopp über eine Distanz von 1 500 Schritt anzugreifen. Gegen feindliche Infanterie ging die preußische Kavallerie «en muraille», d. h. in geschlossener Attacke vor, eine Formation, die dem Betrachter wie eine aus Pferdeleibern und Reitern gebildete lebende Mauer erschien. Die taktischen Formationen für das Kavalleriegefecht waren flexibler, und fähige Kommandeure (wie Driesen bei Leuthen und Seydlitz in Zorndorf) waren bestrebt, dem Feind in die Flanke zu fallen.

Warum war Friedrichs Kavallerie besser als die aller anderen Armeen? Zunächst einmal verdankte er sehr viel einer Reihe von äußerst fähigen Reiterführern, unter denen Männer wie Wartenburg, Driesen, der «Grüne Kleist», Platen, Belling und Werner neben so berühmten Namen wie Zieten und Seydlitz zu nennen sind. Einzelne Regimenter wie die Gens d'Armes (Kürassier-Regiment Nr. 10) und die Bayreuther Dragoner (Dragoner-Regiment Nr. 5) wurden zu Musterbeispielen für Mut und Schlagkraft der preußischen Kavallerie, und das Hauptquartier der Seydlitzschen Kürassiere (Kürassier-Regiment Nr. 8; bis 1757 nach seinem Kommandeur Rochow benannt) im schlesischen Ohlau wurde als geistige Heimat der europäischen Kavallerie verehrt.

Friedrichs Reitertruppe wurde in großen Verbänden in Friedenszeiten viel öfter zu Manövern versammelt als ihre berittenen Widersacher auf österreichischer oder russischer Seite. Das Zusammengehörigkeitsgefühl wurde bei den Preußen noch durch den Austausch von Stabsoffizieren zwischen den einzelnen Regimentern erhöht. Diese Voraussetzungen ermöglichten auch einen positiven Einfluß der Husarentruppe auf die Dragoner (mittelschwere Kavallerie) und die Kürassiere (schwere, gepanzerte Reiter). Die Husaren waren eine außerordentlich vielseitige und gefährliche Truppengattung, die überall in Europa für Aufgaben verwendet wurde, die Schnelligkeit und Beweglichkeit verlangten, zum Beispiel für Patrouillen- und Aufklärungstätigkeit, Überfälle, Verfolgungen sowie zur Sicherung von Flanke und Rücken der schweren Kavallerie auf dem Schlachtfeld. Einer ihrer Veteranen schrieb über die Gefährlichkeit seiner Truppe: «Das Seydlitz'sche Regiment kann der Reiterei der ganzen Welt zum Muster dienen, und dennoch gestand mir Seydlitz, dieser große Mann, mein Freund . . ., daß er auf einem etwas langen Marsche sich nicht getraue, 600 guten Husaren zu widerstehen.» (Warnery, zitiert bei: Jahns, 1889–91, III., 2, 633) Seydlitz hatte sein Handwerk im Zweiten Schlesischen Krieg als «Chef» einer Husarenschwadron erlernt, und Friedrich pflegte während seiner gesamten Herrscherzeit Abteilungen der schweren Kavallerie zu den Husaren abzustellen, ein Vorgang,

der in Maria Theresias Armee undenkbar war, wo die Husaren ein dem ungarischen Volksstamm vorbehaltenes Kontingent bildeten.
Die preußische Kavallerie vollendete die Siege von Hohenfriedberg und Leuthen, entschied fast ohne Unterstützung die Schlacht von Roßbach und machte bei Zorndorf die Fehler der Infanterie wieder gut. Doch allmählich trübte sich das gute Bild. «Mit dem Ende des Siebenjährigen Krieges beginnt eine allmähliche Verbleichung des Glanzes der Kavallerie; sie hört auf, die Rolle zu spielen, die ihr seit der Schlacht von Rocroi [Städtchen im nordostfranzösischen Departement Ardennes, wo Ludwig II. Prinz von Condé 1643 die spanische Infanterie vernichtend schlug – Anm. d. Ü.] fast eigenthümlich geworden – die Schlachten zu gewinnen.» (Anon., 1844, 11)
Es ist auffallend, daß Friedrich sich derart enthusiastisch mit der Kavallerie identifizierte, deren ganz große Zeit bereits der Vergangenheit angehörte, und sich so widerwillig mit der Artillerie auseinandersetzte, deren Bedeutung von Jahrzehnt zu Jahrzehnt wuchs. Er konnte es nicht über sich bringen, zu glauben, daß die Vergrößerung seiner Artillerie einen echten Fortschritt auf taktischem Gebiet bedeutete. Er teilte dieser Waffengattung die schlechtesten Rekruten zu und sprach weiterhin in seinen Briefen und Aufzeichnungen von ihren Offizieren in außerordentlich sarkastischer Weise, die seine Geringschätzung ausdrückte. Den Kanonieren gestand er keine eigene Kommandostruktur und keinen verantwortlichen Befehlshaber zu. Als junger Offizier der hannoverischen Artillerie war Scharnhorst 1783 bei einem Besuch Preußens von der mangelnden Einheitlichkeit der Geschützkaliber überrascht, die er treffend der fehlenden Sorgfaltspflicht seitens des königlichen Herrschers zuschrieb. (Lehmann, 1886–87, I., 35)
Tatsächlich verfügte Friedrich beim Aufbau der Artillerietruppe nicht über die Fertigkeit der Österreicher, die einen Ausgleich zwischen den im Widerspruch stehenden Erfordernissen der Schlagkraft der Geschütze und ihrer Transportmöglichkeit herzustellen wußten. Seine schweren Haubitzen verfügten zwar über eine phänomenale Wirkungsreichweite, jedoch kamen die Gespanne in unwegsamem Gelände kaum voran. Friedrichs berühmte reitende Artillerie – neben dem von Pferden gezogenen Geschütz ritt die Bedienung auf eigenen Pferden in gleicher Höhe mit –, die erstmals 1759 zum Einsatz kam, raste der Infanterie voraus, war aber nicht schnell genug, um mit der Kavallerie Schritt zu halten.
Aufgabe der Ingenieuroffiziere des 18. Jahrhunderts war die Konstruktion, der Bau, die Belagerung und Einnahme sowie die Verteidigung von Festungen. Friedrichs Verhältnis zu diesem kleinen Korps war, sofern das überhaupt möglich war, noch schlechter als das zu

den Artilleristen. Kaum einer der Militäringenieure, von denen rund 60 in preußischen Diensten standen, entging während seiner Karriere einer zeitweiligen Ungnade des Königs; einige verbüßten Arreststrafen oder wurden mit Züchtigung bedroht.
Es gab viele Gründe für das unglückliche Verhältnis Friedrichs zu den technischen Waffen und Einheiten. Er beklagte stets die hohen Kosten und das Gewicht der Artillerieausstattung, und der langsame Ablauf einer Festungsbelagerung entsprach ganz und gar nicht seinem regsamen und ruhelosen Temperament. Zwar sind Friedrichs Globalvorstellungen vom Artilleriewesen, Festungsbau und strategischen Einsatz fester Plätze zweifellos von großer Bedeutung und Originalität (siehe Duffy, 1985, zu Friedrich als Erfinder der Ringforts), doch er blieb ein militärischer Romantiker und vermochte in praktischen Einzelfragen nicht immer Leuten seinen Willen aufzuzwingen, die sich auf Konstruktionszeichnungen und Berechnungen besser verstanden als er. Wir haben Friedrich lange genug erlebt, um zu begreifen, wie kränkend es für ihn gewesen sein muß, auf jegliche Kontrolle anderer zu verzichten, zumal wenn es sich um Männer handelte, die den Anspruch erhoben, etwas von Mathematik und Naturwissenschaften zu verstehen. Im August 1778 entsandte er einen Offizier seines Gefolges, um die Reichweite der preußischen Artillerie in Richtung auf die Berge hinter Hohenelbe auf der böhmischen Seite der Sudeten zu erkunden. Der raffinierte Bursche kehrte unerwartet schnell zurück, nachdem er eine Standlinie abgemessen und die Entfernung durch Triangulation errechnet hatte. Es kam dann zu folgendem Dialog:

Friedrich: «Sind Sie also auf dem Berge gewesen?»

Offizier: «Nein, Ihro Majestät, aber . . .»

Friedrich: «Und Sie wollen mir einbilden, daß Sie die Distance wissen?»

Offizier: «Ew. Majestät erlauben gnädigst, durch eine gewöhnliche geometrische Operation, deren ich mich bediente!»

Friedrich: «Ey was, Operation, scheren Sie sich fort!»

(Schmettau, 1789, 159)

Der perfekte Hauptmann bestand Friedrich zufolge aus einer Mischung von «vertus contradictoires» («widersprüchlichen Tugenden»). («Principes Généraux», 1748, Œuvres, XXVIII., 39) Er war ein Mann von Ehre und gleichzeitig ein vollendeter Betrüger, der seine Soldaten in einem Augenblick nachsichtig behandelte und im nächsten in den Tod jagte, jemand, der eine Beziehung zwischen den großen Ereignissen und den winzigen Details, aus denen sie sich zusammensetzten, herstellen konnte.

Die fundamentale militärische Vorbedingung der Tapferkeit hatte verschiedene Gesichter. Eine instinktive Furchtlosigkeit paßte zu dem einfachen Soldaten, doch der Offizier sollte sich von höheren Werten leiten lassen. Große Heerführer wie Cäsar, Condé und Karl XII. waren von obsessiver Ruhmsucht getrieben. «Voilà les différents instincts qui conduisent les hommes au danger. Le péril, en soi-même, n'a rien d'attirant ni d'agréable; mais on ne pense guère au risque quand on est une fois engagé.» («So gibt es verschiedene Instinkte, die die Menschen in Gefahr bringen. Die Gefahr an sich hat nichts Verlockendes und nichts Gefälliges; aber man denkt kaum an das Risiko, wenn man erst einmal im Gefecht steht.») (Brief Friedrichs an Voltaire vom 28. April 1759, Œuvres, XXIII., 40)

Während der Schlacht war Friedrich das eisige Gebaren des typischen Befehlshabers des 19. Jahrhunderts fremd, der sich absonderte, um auf dem Feldherrenhügel seine Zigarre zu rauchen, wie Augstein es formuliert hat. Der König war in hohem Grade empfänglich für die Eindrücke des Augenblicks. Oft nahm sein Auge Einzelheiten am Rande des Kampfgeschehens wahr – tragische Szenen wie auch Episoden, die, obwohl teuer erkauft, in ein Lustspiel gepaßt hätten. Eine Folge ungünstiger Ereignisse pflegte ihn in ein Höchstmaß an Erregung zu versetzen, bei der der Drang, sich mit einer Fahne in der Hand in das Getümmel zu stürzen und seine Soldaten anzutreiben, und der Impuls, sich verzweifelt vom Schlachtfeld zurückzuziehen, nahe beieinanderlagen. Einer seiner Adjutanten urteilte später darüber so:

> Seine Unternehmungen waren zwar vortrefflich in ihrem Entwurfe, es fehlte ihnen aber oft an der letzten Ausführung, weil er nicht kaltblütig genug war und die Einbildungskraft eines Poeten mit dazu brachte. Übereilungen wie bei Kolin und Torgau, panischem Schrecken wie bei Mollwitz und Lobositz und wieder Anwandlungen von verwegener Geringschätzung seines Gegners wie bei Hochkirch und Maxen war er unterworfen. (Berenhorst, 1845–47, I., 180)

Der Anschein olympischer Heiterkeit und Gelassenheit, den er sich gab, war ein Täuschungsmanöver, zustande gebracht durch Kunstgriffe wie den, den Prinz Heinrich einmal entdeckte, als er seinen Bruder beim Dichten «spontaner» Verse überraschte, die dieser im voraus verfaßte, um sie in Augenblicken der Krise zur allgemeinen Bewunderung vorzutragen.

Friedrichs Mut im groben physischen Sinne war unbestritten. Die unter ihm totgeschossenen Pferde, die von Musketenkugeln stammenden Löcher in seiner Kleidung, die in Kunersdorf von einem Geschoß plattgedrückte Schnupftabaksdose in seiner Tasche – all dies ist ein Beweis dafür, daß er sich nicht davor scheute, sich in den dichtesten Kugelhagel zu begeben. Während Joseph II. sich an die Feldzugsaison erst dadurch gewöhnen mußte, daß er vor Beginn einer Kampagne eine Zeitlang auf einem Feldbett schlief, brauchte Friedrich seine Gewohnheiten kaum merklich zu ändern, wenn er ins Feld zog. Er setzte seine spartanische, strapaziöse Lebensweise mit um so größerer Unnachsichtigkeit gegen sich selbst fort, weil er sie mehr zum Prinzip erhoben hatte, als daß sie seinen natürlichen Neigungen entsprochen hätte. Er stand allmorgendlich um drei Uhr auf und gestand seinem Gesellschafter und Vorleser de Catt einmal: «Il m'en coûte souvent, je vous avoue, de me lever de si bonne heure. J'aimerais bien rester au lit quelques instants de plus encore, tant je suis fatigué, mais les affaires en souffriraient.» («Ich gestehe Ihnen, es kostet mich oft Überwindung, mich zu so früher Stunde zu erheben. Ich möchte gern noch einige Augenblicke länger im Bett bleiben, so sehr erschöpft bin ich, aber die Geschäfte würden darunter leiden.») (de Catt, 1884, 11–12; vgl. dazu auch Schwicheldt und Nivernais, zitiert bei: Volz, 1926–27, I., 183, 284; ferner Yorke, 1913, III., 229; Zimmermann, 1788, 200–203; Guibert, 1803, I., 232)
Wie in Sanssouci trug Friedrich im Feld Stiefel, schwarze Kniehosen und den einfachen Rock der «Interims-Uniform» des Ersten Bataillons Garde. In den Schlesischen Kriegen kampierte er in einem Zelt oder unter freiem Himmel. Im Siebenjährigen Krieg verbrachte er die Nächte während der Kampagne meist in einem günstig gelegenen Haus oder einer Hütte, wobei er seinen Adjutanten ein Zimmer zuwies und ein zweites für sich beanspruchte. «Dicht bei seinem Hauptquartier standen mehrentheils Marketender Zelte, wo Tag und Nacht Spiel, Musik, Lärm von aller Art war. Gleich nach der Tafel gieng er mehrentheils ganz allein da herum spazieren und freuete sich des frohen Getümmels.» (Kaltenborn, 1790–91, I., 30–31) Während einiger längerer Pausen zwischen den Operationen bewohnte Friedrich aber auch gern ein Kloster oder das Palais eines Adligen, wie es in Seelowitz, Leitmeritz, Kamenz, Grüßau, Rohnstock und Kunzendorf der Fall war, wo er eine geräumige Unterkunft und Gelegenheit zu interessanten Gesprächen fand. Die Nähe großer Städte mied er, bis der Feldzug sicher abgeschlossen war.
Seine verbleibenden kleinen Schwächen legte Friedrich auch im Krieg nicht ab und maß ihnen sogar besondere Bedeutung zu. Er

frönte seiner Vorliebe für offenes Feuer so sehr, daß er notfalls in seiner jeweiligen Behausung Abzugslöcher in das Dach schlagen ließ, wobei er darauf sah, daß hinterher der jeweilige Hauswirt gebührend entschädigt wurde. 1778 ging er in Schatzlar in Böhmen sogar so weit, ein ganzes Haus käuflich zu erwerben. Es amüsierte ihn, damit ein Untertan von Maria Theresia und Joseph geworden zu sein. Ungeduldig erwartete er stets die Sendungen eines feinen frischen Weißkäses aus Frankreich, der die Bezeichnung «Fromage de la Poste de Meaux» trug und ihn regelmäßig in charakteristischen weißen Töpfen aus glasähnlichem Steingut erreichte. Auch ein harmloses Laster behielt er bei: das Schnupfen. «Weil er in den Feldzügen unter den Soldaten ritt, ging und stund, sie ihm also sehr nahe waren, so hat er sich vermuthlich den ... Gebrauch des Schnupftabaks noch stärker angewöhnet, um an demselben ein Verwahrungsmittel gegen den bösen Geruch dieser gemeinen Leute zu haben.» (Büsching, 1788, 30)
Friedrich legte immer den allergrößten Wert auf körperliche Bewegung: «Je vais, quoique malade, contre vent et marée, je suis à cheval, tandis que d'autres seraient à se plaindre et à plat dans leurs lits; nous sommes faits pour l'action. L'action est le spécifique le plus sûr contre tous les maux physiques.» («Ich bewege mich, wenngleich ich krank bin, durch Wind und Wetter, ich sitze zu Pferde, während andere jammern und flach im Bett liegen würden; wir sind dazu geschaffen, uns zu bewegen. Die Bewegung ist das sicherste Mittel gegen alle körperlichen Leiden.») (de Catt, 1884, 90) Auf Feldzügen führte Friedrich ein ansehnliches Aufgebot von Reitpferden aus dem Berliner Marstall mit (nicht weniger als 36 Stück zu Beginn des Siebenjährigen Krieges). Diese Tiere waren besonders darauf dressiert, auch bei Schlachtlärm ruhig zu bleiben und ihrem Reiter zu gehorchen. Ihre Gängigkeit und Wendigkeit rührte offenbar daher, daß sie aus englischer Zucht stammten: «Die Art, die er gern reitet, gehört der großen und kräftigen Rasse an, die ungefähr fünfzehn Handbreit Schulterhöhe mißt oder mehr, einen starken Knochenbau aufweist und willig reagiert. Er bezeichnet sie als altenglische Rasse (weil er die zartgebauten, sanften und schmächtigen Rosse nicht mag).» (Mitchell, 1850, I., 403) Friedrich führte immer eine Liste seiner Pferde bei sich und mußte viel zu viele in dem Verzeichnis ausstreichen, die auf dem Schlachtfeld tödlich getroffen worden waren. Aus Rücksicht auf sein Lieblingspferd Zerberus, einen edlen Rappen mit weißer Blesse und weißen Fesseln, entschloß er sich am Tag der Schlacht von Kunersdorf (12. August 1759) dazu, den Fuchshengst Scipio zu reiten. Das arme Tier wurde dann im Verlauf der Kampfhandlungen getötet, und auch ein junges Ersatzpferd fiel einer Kugel zum Opfer.

Friedrichs Vorliebe für eine bestimmte Hunderasse entsprang ebenfalls einer praktischen Überlegung. Sein Lieblingstier war die Zwergform des Windhundes, das Windspiel, eine Jagdhundrasse, deren Vertreter auf den ersten Blick melancholisch und unruhig wirkten, die sich aber von Kanonendonner nicht schrecken ließen und imstande waren, neben ihrem reitenden Herrn einen Tagesmarsch lang – einschließlich allen dieser Tierart eigenen Hin und Hers – herzulaufen.
Friedrich ritt gern schnell. Er saß recht exzentrisch im Sattel. Sporen trug er nie und trieb statt dessen sein Pferd, das ihn an der Stimme erkannte, mit einem Zuruf an oder versetzte dem Tier (worüber sich Seydlitz empörte) mit seinem Krückstock einen Schlag zwischen die Ohren. Seine Steigbügel waren für damalige Verhältnisse außergewöhnlich kurz, doch er hockte in schlechter Haltung zu Pferde, und mehr als einmal kam es vor, daß er herunterfiel, wenn er mit den Gedanken woanders war.
Bis zum letzten Feldzug seines Lebens reiste Friedrich nur in seiner Kutsche, wenn es unbedingt nötig war. Im hohen Alter verließ sich der König beim Besteigen seines Pferdes dann auf die Hilfe eines erfahrenen Reitknechts, der bei Seydlitz bis zu dessen Tode 1773 in Dienst gestanden hatte. «Er griff auf eine nicht sehr merkliche Art, mit einem besondern Vortheil, indem der König den linken Fuß in den Steigbügel setzte, den König fast unmerklich unter den Arm und half ihm in die Höhe, da sich denn der König in den Sattel schwang.» (Nicolai, 1788–92, IV., 47)
Das einzige körperliche Handikap Friedrichs in der Blüte seines Lebens war Kurzsichtigkeit, wie sie oft bei Gelehrten vorkommt. In Lobositz war er genötigt, sich bei Ferdinand von Braunschweig zu erkundigen, was dieser von der zweiten Kavallerieattacke sehen konnte, und nach dem Siebenjährigen Krieg gestand er dem Fürsten Ligne seine Schwäche ein und verriet ihm, daß er deshalb so oft sein Fernrohr benutze. Unter *coup d'œil,* wovon Friedrich zweifellos im Überfluß besaß, verstand man jedoch im 18. Jahrhundert, wie schon an anderer Stelle erwähnt, nicht gute Sehschärfe, sondern Überblick, die Fähigkeit also, sich rasch zu orientieren, die Lage einzuschätzen und eine Entscheidung zu treffen, Talente, die einen Heerführer instand setzten, alle Gegebenheiten des Kampfgeländes auszunutzen. Friedrich sagte über diese Gabe in seinen «Principes Généraux»: «L'on peut acquérir ce talent et le perfectionner, pourvu que l'on soit né avec un génie heureux pour la guerre. Le fondement de cette espèce de coup d'œil est sans contredit la fortification.» («Man kann dieses Talent erwerben und es vervollkommnen, vorausgesetzt, man ist mit

einer glücklichen Begabung für den Krieg zur Welt gekommen. Die Grundlage für diese Art von ‹coup d'œil› ist unbestritten das Festungswesen.» (1748, Œuvres, XXVIII., 25)
Zur Zeit der Friderizianischen Kriege war die persönliche Geländekenntnis eines Befehlshabers ein Trumpf, dessen Bedeutung wir in der heutigen Zeit nur schwer ermessen können. Es war kein Zufall, daß bei Kolin die Österreicher Friedrich auf dem Schauplatz ihrer Manöver zu Friedenszeiten besiegten oder daß die Preußen es ihnen in Leuthen mit gleicher Münze vergalten. Dieses Wissen war eine Eigenschaft, die so wertvoll war wie geschicktes Operieren beim Manöver oder die Fähigkeit zur Durchsetzung von Disziplin bei der Truppe. So wurde der Name Fouqué in Zusammenhang mit der Topographie der Grafschaft Glatz genannt, und Zieten und Hülsen galten als Kenner des Elbabschnitts bei Meißen. Bei Friedrich sah es anders aus:

> Er war kein Freund der Geometrie und kannte vielleicht nur wenig davon. Aber der lebhafte Eindruck, den die Gestalten der sichtbaren Dinge auf ihn machten, die Treue, mit welcher sein Gedächtniß ihm solche wieder darstellte, die Richtigkeit und Ausführlichkeit des Bildes, welches unabänderlich vor seiner Imagination stand: alles das konnte jenen Mangel ersetzen und ihn lehren, von allen Vortheilen einer Gegend, in den zu wählenden Schlachtordnungen, Gebrauch zu machen. (Garve, 1798, 135)

Information aus zweiter Hand war kein vollgültiger Ersatz für eigene Beobachtung. Friedrich mochte zwar Offiziere auffordern, ihm präzise Geländebeschreibungen zu liefern, wie es Karl von Schmettau in der Kampagne von Chotusitz tun mußte, oder wie vor den Schlachten von Zorndorf, Kunersdorf und Torgau von ortsansäßigen Förstern Erkundigungen einziehen. Gleichzeitig machte er indessen seine Offiziere darauf aufmerksam, «qu'un paysan ou un boucher n'est pas soldat, et qu'autre est la description que fait d'un pays un économe, un voiturier, un chasseur, ou un soldat». («daß ein Bauer oder ein Metzger keine Soldaten seien, und wie unterschiedlich die Beschreibung sei, die ein Verwalter, ein Fuhrmann, ein Jäger oder ein Soldat von einem Landstrich gebe». («Des Marches d'Armée», 1777, Œuvres, XXIX., 116)
1742 richtete Friedrich eine sogenannte Plankammer im Potsdamer Stadtschloß ein. Sie wurde zum Aufbewahrungsort für äußerst geheime Landkarten wie zum Beispiel die Karte von Schlesien, die ein Major Wrede zwischen 1747 und 1753 erstellte. Dieser Plan war der einzige, der Friedrich im Siebenjährigen Krieg zur Verfügung stand.

In der Praxis stellten sich dann auch seine Mängel heraus. So fehlten versehentlich die Gebiete um Strehlen und Neumarkt, und Wrede, der zur Kenntlichmachung der einzelnen Berge die Hänge schraffiert hatte, hatte es auch unterlassen, die Beschaffenheit ausgedehnter Hochebenen anzugeben.

Die zuverlässigste Karte von allen war deshalb diejenige, die Friedrich nach seinen Feldzügen, die ihn über Tausende von Meilen geführt hatten, im Kopf hatte (z. B. PC 12159). Im Jahre 1779 konnte er schreiben: «La Silésie, la Bohême, la Haute-Silésie et la Moravie sont des terrains dont nous avons une connaissance détaillée, ce qui nous donne une avance sur les guerres qui peuvent établir le théâtre des opérations dans ces provinces.» («[Nieder-]Schlesien, Böhmen, Oberschlesien und Mähren sind Gebiete, die wir bis ins einzelne kennen, was uns einen Vorteil in bezug auf Kriege verleiht, die den Schauplatz ihrer Operationen in diesen Provinzen ansiedeln können.») («Réflexions sur les mesures à prendre au cas d'une guerre nouvelle avec les Autrichiens» [«Überlegungen hinsichtlich der zu ergreifenden Maßnahmen im Falle eines neuen Krieges mit den Österreichern»], Denkschrift vom 28. September 1779, Œuvres, XXIX., 131)

Friedrichs Stab war sehr klein, und der kurzsichtige König stellte buchstäblich die Augen seiner Armee dar, wenn er mit der Vorhut oder einer Eskorte von wenigen Husaren zu Pferde das Gelände rekognoszierte. Er hielt dabei nicht nur nach den Stellungen der feindlichen Truppen Ausschau, sondern versuchte auch festzustellen, ob er von Kochstellen und Feldbäckereien Rauch aufsteigen sah, oft ein untrügliches Zeichen dafür, daß sich die Österreicher binnen kurzem in Marsch setzten. Die Aufklärung war ein gefährliches Stück Arbeit, denn sie brachte den König in den Schußbereich der gegnerischen Vorposten.

Friedrich verwendete viel Mühe und Phantasie auf alle Aspekte des, wie wir es heute bezeichnen, Nachrichten- oder Geheimdienstes: «Si l'on savait toujours les desseins des ennemis d'avance, avec une armée inférieure on leur serait supérieur!» («Wenn man stets die Absicht des Feindes im voraus wüßte, wäre man ihnen mit einer zahlenmäßig kleineren Armee überlegen!») («Principes Généraux», 1748, Œuvres, XXVII., 46) Den meisten Erfolg verzeichnete er vermutlich beim Einholen von Spionagematerial von langfristiger, strategischer Natur. Der Jude Sabatky fungierte als sein Verbindungsmann zu korrupten russischen Offizieren, und im österreichischen Hauptquartier hatte Friedrich mindestens einen Spion sitzen. (PC 8526) Gutaussehende und findige junge Männer wurden als «Schläfer» nach Wien eingeschleust, wo sie sich Eingang in die vornehme Welt zu verschaffen wußten und intime Beziehungen zu den Zofen einiger großer Damen anknüpften. «Es ist unglaublich, welche Entdeckungen diese jungen Adonisse machten. Es gab Beyspiele, daß sie zwey Jahre nacheinander an wienerischen Kammerjungfern hiengen und Briefe schrieben, die weit größere und wichtigere Entdeckungen enthielten als die sämmtlichen Berichte aller Gesandten ... (Zimmermann, 1790, I., 288)

Seltsamerweise fehlte eine tägliche Spionagetätigkeit im Kampfgebiet so gut wie immer. Zwar verhörte Friedrich persönlich feindliche Gefangene und Überläufer, doch nur selten erfuhr er von ihnen etwas von Wert. Die Bewohner der meisten Kriegsschauplätze – Böhmen, Mährer, wendische Sachsen – waren störrisch und unzuverlässig. Friedrichs eigene Spione leisteten ihm kaum nennenswerte Dienste, denn die meisten von ihnen bezahlte er miserabel, und wenn sie ihm schlechte Nachrichten brachten, weigerte er sich, ihnen Glauben zu schenken. (Archenholtz, 1840, I., 278; Mitchell, 1850, I., 419; de Catt, 1884, 353; Yorke, 1913, III., 224)

Friedrich, selber von Natur aus sehr redselig, brachte auch eine Reihe von strengen Regeln zu Papier, die ihn und seine Soldaten davor bewahren sollten, in Worten, Mimik und Gestik feindlichen Spionen etwas über die eigenen Absichten zu verraten:

> L'art de cacher sa pensée, ou la dissimulation, est indispensable à tout homme qui a de grandes affaires à conduire. Toute l'armée lit son sort sur son visage; elle examine les causes de sa bonne ou de sa méchante humeur, ses gestes; en un mot: rien n'échappe. Quand il est pensif, les officiers disent: Sans doute notre général couve un grand dessein! A-t-il l'air triste ou chagrin: Ah dit-on, c'est que les affaires vont mal ... Il faut donc que le général soit comme un comédien, qui monte son visage sur l'air qui convient au rôle qu'il veut jouer, et, s'il n'est pas maître de lui-même, qu'il affecte une maladie, ou qu'il invente quelque prétexte spécieux pour donner le change au public.
>
> (Die Kunst, seine Gedanken zu verbergen, auch Verstellung genannt, ist für jeden Mann unerläßlich, der bedeutende Dinge vollbringen will. Die ganze Armee liest ihr Geschick von seinem Gesicht ab; sie untersucht die Ursache seiner guten oder schlechten Laune, seine Gesten; mit einem Wort: nichts entgeht ihr. Ist er nachdenklich, so sagen die Offiziere: Unser General brütet zweifellos einen großen Plan aus! Trägt er eine bekümmerte oder traurige Miene zur Schau, gleich heißt es: Aha, die Dinge stehen schlecht ... Es ist deshalb notwendig, daß der General sich wie ein Schauspieler verhält, der seinem Gesicht den Ausdruck verleiht, der zu der Rolle paßt, die er spielen will, und daß er, wenn er sich nicht in der Gewalt zu halten vermag,

eine Krankheit vorschützt oder irgendeinen scheinbaren Vorwand ersinnt, um der Allgemeinheit Sand in die Augen zu streuen.)
(«Principes Généraux», 1748, Œuvres, XXVIII., 40)

Friedrich änderte die Chiffre seiner geheimen Briefe, sobald er den Verdacht hatte, daß sie dem Feind in die Hände gefallen war, wie nach den Schlachten von Soor und Landeshut, und behielt alle Zahlenangaben über seine Armee strikt für sich, namentlich die Höhe der Verluste bei den Kämpfen sowie die Ist-Stärke all seiner Einheiten und damit des gesamten Heeres. (Mitchell, 25. November 1761, PRO SP 90/78) Der britische Gesandte Lord Mitchell, der während des gesamten Siebenjährigen Krieges Tag für Tag in Friedrichs Umgebung weilte, mußte dennoch seinem Staatssekretär Lord Holdernesse nach London melden:

Ich bin mir klar darüber, daß die Berichte, die ich Eurer Lordschaft zukommen lasse, äußerst unbefriedigend und unvollständig erscheinen müssen. Aber wollen Sie bitte bedenken, daß es nur eine Person [d. h. Friedrich – Anm. d. Autors] gibt, die alles weiß, daß sie es vorzieht, sich über unerquickliche Dinge nicht auszulassen, und daß ihre Stellung von der Art ist, die es ausschließt, daß man sie mit Fragen belästigt. Was die Generale der Armee anbetrifft, so wissen sie nur darüber Bescheid, was in ihren eigenen Truppenverbänden vor sich geht, scheinen jedoch über den Gesamtplan der Operationen nicht im mindesten unterrichtet zu sein.
(Bericht vom 4. Mai 1760, PRO SP 90/76)

Friedrich war nicht weniger sorgfältig in der Anwendung von Listen oder «Desinformation». Er schrieb darüber: «On prend alternativement, à la guerre, la peau de lion et la peau du renard; la ruse réussit ou la force échouerait.» («Im Krieg legt man abwechselnd das Fell eines Löwen oder das eines Fuchses an; die List gelingt dort, wo die Kraft scheitern würde.») («Principes Généraux», 1748, Œuvres, XXVIII., 43) So lockte er 1748 die österreichisch-sächsische Armee durch Vortäuschung eines Rückzugs aus ihren Bergstellungen in den strategischen Hinterhalt von Hohenfriedberg. 1758 maß er seinen Einfallsreichtum mit dem Feldmarschall Dauns, der ebenso listig war wie er selbst, und brachte es fertig, mit seiner Armee nach Mähren einzumarschieren und auch glücklich wieder abzuziehen, indem er falsche Gerüchte über seine Absichten in Umlauf setzen ließ und Truppenbewegungen vortäuschte. Friedrichs «Trickkiste» war in dieser Beziehung unerschöpflich: Doppelagenten, Fehlinformationen in Handschreiben, von denen zu erwarten war, daß sie vom Feind abgefangen wurden, weithin erkennbare Aufmärsche von Verbänden oder Abrücken von Truppenteilen oder einfach die Reihenfolge der Gruppierung seiner Streitkräfte im Feldlager. («Castramétrie», 1770, Œuvres, XXIX., 46)

All dies könnte einen veranlassen, in das 18. Jahrhundert den Grad der militärischen Reaktionsbereitschaft hineinzuinterpretieren, der erst durch die Technologie und die Lehrmethoden des 20. Jahrhunderts ermöglicht wurde. Wir müssen deshalb zur Frage der Kontrolle zurückkehren, die wir bereits im Zusammenhang mit Friedrich in seiner Eigenschaft als oberster Dienstherr des Beamtenapparates und als Planer von Schlachttaktiken untersucht haben. Wie entscheidend konnte in diesem Zusammenhang unser Held als Stratege und Befehlshaber im Krieg seinen Einfluß geltend machen?

Der König gab sich gern den Anschein, umfassend qualifiziert, unfehlbar und unverwundbar zu sein. Leute, die den Monarchen genau kannten, zögerten, sich ihm zu nähern, wenn er sich in einem Zustand befand, der seine Selbstachtung bedrohte. So sah bei den Manövern in Neisse 1769 Seydlitz Friedrichs Pferd scheu werden und seinen königlichen Reiter abwerfen. Das Tier ging durch, doch Seydlitz wies den Regimentsarzt an, von dem Vorfall keine Notiz zu nehmen: «‹Bleiben Sie nur hier, der König sieht es eben nicht gern, daß jemand so etwas bemerkt, besonders, wenn es ohne Schaden abgeht!› So stand der König wohl beynahe eine Viertelstunde ganz allein zu Fuß, und sah mit seinem Glase unverwandt nach den Evolutionen der Truppen, und der General sah seitwärts, als ob er nicht bemerkte, was mit dem Könige vorgegangen war.» (Nicolai, 1788–92, IV., 57; siehe auch Zimmermann, 1788, 37)

Der Vorstellung eines totalitären Herrschers kam Friedrich am nächsten, wenn er als großer Stratege, als Herr über Krieg und Frieden auftrat. Hier erntete er den vollen Ausgleich für sein entbehrungsreiches Leben. Er verwarf mit den unwirschesten Ausdrücken jede Meinungsäußerung, die seine Minister zu strategischen Fragen abzugeben wagten. (PC 9, 26661) Er wurde nicht wie Maria Theresia durch Kindererziehung, Hofzeremoniell oder barocke religiöse Zeremonien abgelenkt. Er schritt nicht in der Karwoche die Kreuzwegstationen ab. Auch fühlte er keinerlei Verpflichtung gegenüber verdienten Generalen und Staatsbeamten. Im Winter 1760/61, als die Höfe in Wien, St. Petersburg und Paris besorgt über die bevorstehende Kampagne debattierten, amüsierte sich der Marquis d'Argens, Friedrichs Freund und Vertrauter, als er eines Tages den König in seinem Hauptquartier in Leipzig auf dem Boden hockend vorfand. Friedrich schob seinen Hunden das abendliche Futter mit seinem Krückstock zu und tat es mit einer Miene, als sei dies das Wichtigste auf der Welt. (Nicolai, 1788–92, I., 46)

Sobald im Frühjahr die Feldzugsaison begann, betrat Friedrich eine Umgebung, die er nicht mehr nach Gutdünken mit Anweisungen beeinflussen konnte. Der Schleier des Krieges breitete sich undurchdringlich über den Schauplatz der Auseinandersetzungen. Bei vielen Gelegenheiten hinderte er Friedrich daran, Kenntnis von Ereignissen außerhalb seiner unmittelbaren Umgebung zu erhalten, wie es 1758 in Mähren nach dem Überfall aus dem Hinterhalt bei Domstädtl, 1761 während der Kampagne von Bunzelwitz und im Verlauf des Einmarsches in Böhmen im Jahre 1778 der Fall war. Die Verständigung über den Unterlauf des böhmischen Elbabschnitts hinweg scheint besondere Schwierigkeiten bereitet zu haben. Die Kontaktaufnahme zwischen Friedrich und Schwerin vor der Schlacht von Prag wurde dadurch zunichte gemacht und August Wilhelm während des Rückzugs aus Böhmen nach der Schlacht von Kolin von der königlichen Armee isoliert. (PC 2937) Nachrichten konnten müheloser quer durch die jenseits des Grenzgebirges gelegene Tiefebene übermittelt werden. Die hoch emporragende Turmspitze der katholischen Kirche von Schweidnitz diente als Wachtturm für Niederschlesien. Im August 1761 und noch einmal im Juni 1778 wies Friedrich den Festungskommandanten an, ihm österreichische Truppenbewegungen mittels eines simplen Codes durch Abschuß von Leuchtkugeln zu signalisieren. Seltsamerweise kam er nie auf die Idee, noch einen kleinen Schritt weiter zu gehen und ein optisches Telegraphensystem, etwa durch Feuer oder Fackelzeichen, aufzubauen.

In napoleonischer Manier bezeichnete Friedrich einmal den Herzog von Bevern als vom Glück verlassenen Heerführer (Anon., 1788–89, III., 23), doch er wußte genau, daß Mißerfolg jedem General beschieden sein konnte, der seinen Ruf in der Lotterie des Krieges aufs Spiel setzte. Pech hatte 1744 seine eigene Expedition nach Böhmen ereilt, genauso wie es bei Hohenfriedberg den Prinzen Karl von Lothringen verfolgte. Gegen unberufene Kritik wandte sich Friedrich, als er schrieb: «Tel qui ne menerait pas un parti de neuf hommes, arrange des armées, corrige la conduite des généraux et ne laisse pas de penser imprudemment dans le fond de son cœur: ‹Ma foi, je ferais bien mieux, si j'étais dans sa place!›» («Manch einer, der nicht imstande wäre, eine Patrouille von neun Mann anzuführen, stellt Armeen auf, tadelt die Anordnungen der Generale und wird nicht müde, sorglos im Grunde seines Herzens zu denken; ‹Wahrhaftig, ich würde es sehr viel besser machen, wenn ich an seiner Stelle wäre!›») (Brief an Podewils vom 14. Juli 1745, PC 1917)

Wir haben bereits einen Eindruck davon gewonnen, wie schwer es für einen Feldherrn war, Einfluß auf ein Gefecht zu nehmen, wenn dieses einmal im Gang war. Der Schlachtplan wurde gewöhnlich am Vorabend mündlich mit den Generalen abgesprochen; am Tage der Begegnung mit dem Feind überprüfte Friedrich dann zuweilen die Ausrichtung der Schlachtordnung und das Schrittempo der vorrükkenden Bataillone, wie es bei Leuthen der Fall war. Später konnte er Vorgänge außerhalb der Reichweite seiner Stimme nur noch dadurch zu steuern versuchen, daß er Befehle auf ein Stück Papier kritzelte (wobei er den Rücken des nächstbesten Stabsoffiziers als Unterlage benutzte) und sie durch von Oppen oder einen anderen Adjutanten, der sich sofort aufs Pferd schwingen mußte, dem zuständigen Befehlshaber überbringen ließ.

Von allen Schlachten Friedrichs war die von Burkersdorf (1762) diejenige, die er am festesten im Griff hatte. Jeder Korps- oder Brigadekommandeur hatte eine festumrissene Aufgabe zugewiesen bekommen und wurde mit seinen Soldaten vom König persönlich in den Einsatz geschickt. Leuthen war unter den großen Schlachten das Burkersdorf am nächsten kommende Gegenstück.

Einige der anderen Waffengänge waren eine Chronik von Zufällen und heldenhaften Notbehelfen, wie zum Beispiel die mit einem preußischen Sieg endenden von Hohenfriedberg, Roßbach und Liegnitz oder auch die weniger glücklich verlaufene Schlacht von Hochkirch. Gelegentlich wurde Friedrich von großen Elementen seiner Armee getrennt, sei es absichtlich, wie bei Torgau, oder unter dem Druck der Ereignisse, wofür Chotusitz ein Beispiel war. In Mollwitz, Lobositz und Torgau verließ der König das Schlachtfeld, noch ehe das Geschehen vorüber war. Bei Kolin änderte sich der Charakter der Schlacht von Grund auf, sobald die preußische Armee in den Frontalangriff Dauns verwickelt war: «Alors la bataille devint générale, et ce qu'il y avait de fâcheux, c'est que le roi n'en pouvait être que spectateur, n'ayant pas un bataillon du reste dont il put disposer.» («Dann entwickelte sich eine Schlacht an allen Abschnitten, und das Ärgerliche daran war, daß der König nur Zuschauer sein konnte, weil er kein Bataillon mehr in Reserve hatte, über das er hätte verfügen können.») (Œuvres, IV., 129) Der Tag von Prag war denkwürdig wegen der Tatsache, daß das Oberkommando beider Seiten im Verlauf der Kampfhandlungen buchstäblich *hors de combat*, außer Gefecht, gesetzt wurde. Die Feldmarschälle Browne und Schwerin wurden bereits in der Anfangsphase von Kanonenkugeln tödlich getroffen; Prinz Karl von Lothringen erlitt einen psychosomatischen Anfall, und Friedrich, der an Magenbeschwerden litt, übte kaum einen wahrnehmbaren Einfluß auf den Ablauf der blutigen Ereignisse auf dem Schlachtfeld aus.

Wenn wir uns Friedrichs Verhältnis zu seinen Offizieren zuwenden, müssen wir uns unvermeidbar nicht nur mit der Zusammensetzung des Offizierkorps der preußischen Armee, sondern auch mit dem Zusammenbruch des postfriderizianischen Staates in den Jahren 1806 und 1807 beschäftigen. Dieser Vorgang war auf die Kluft zwischen den regierenden Kreisen und der übrigen Gesellschaft und auf ein Versagen der militärischen Führung zurückzuführen. Es ist nicht übertrieben, die Behauptung aufzustellen, daß die Schlachten der beiden Schlesischen Kriege von Generalen gewonnen wurden, die ihr Handwerk unter der Herrschaft Friedrich Wilhelms I. gelernt hatten, während die Schlacht bei Jena und Auerstedt die Generale Friedrichs des Großen verloren.
Hier soll zunächst der Vorwurf der gesellschaftlichen Abkapselung behandelt werden. Es ist unbestritten, daß Friedrich daran festhielt, das Offizierskorps als Domäne des Adels bestehen zu lassen. Das Bürgertum (zwischen fünf und zehn Prozent der preußischen Bevölkerung) schloß er weitgehend von der Offizierslaufbahn aus. Prinz Heinrich, der in intellektuellen Kreisen verkehrte, hatte bereits 1753 seinen Bruder davor gewarnt, gefährliche soziale Spannungen zu ignorieren, die auf seine Praxis zurückzuführen seien, beinahe jedermann mit Ausnahme der militärischen Aristokratie vom geistigen Leben des Staates fernzuhalten. (Herrmann, 1922, 261)
Die darin zum Ausdruck kommende Ungerechtigkeit fiel Friedrich und seinen Bewunderern nicht einmal so sehr auf. In Österreich litt das Ansehen der Armee unter der Tatsache, daß viele Mitglieder des Hochadels es ablehnten, eine militärische Karriere einzuschlagen. In Preußen dagegen leitete sich in nicht geringem Maße das Prestige des Dienstes in der Armee aus der engen Verbindung her, die Friedrich so eifrig zwischen militärischer Verpflichtung und den sozialen Privilegien des Adels aufrechterhielt.
Es war der Kult des Ehrbegriffs, der in Friedrichs Augen die Aristokratie zu einem solch wertvollen Aktivposten für die Armee machte: «En général il ne reste de ressource à la noblesse que de se distinguer par l'épée; si elle perd son honneur, elle ne trouve pas même un refuge dans la maison paternelle; au lieu qu'un roturier, après avoir commis des bassesses, reprend sans rougir le métier de son père, et ne s'en croit pas plus déshonoré.» («Im allgemeinen steht dem Adel gar keine andere Möglichkeit offen, als sich mit dem Schwert auszuzeichnen. Wenn ein junger Mann von Adel sein Ehre verliert, findet er nicht

einmal in seinem Vaterhaus Zuflucht; wohingegen ein Nichtadeliger, der eine Gemeinheit begangen hat, ohne rot zu werden den Beruf seines Vaters ergreift und sich nicht weiter entehrt glaubt.») (Œuvres, VI., 95; vgl. auch Pauli, 1758–64, I., 230)

Otto Büsch (1962) weist darauf hin, daß das Kantonalsystem erstaunliche militärische Verhältnisse auf das flache Land übertrug, weil man den adeligen Grundbesitzern die Rekrutierung anvertraute. Zeitgenössische Autoren registrierten hingegen weitaus öfter den entgegengesetzten Prozeß – den Einfluß des Landlebens auf das Ethos der Armee, da die Kadetten von Haus aus Befehlen gewohnt, mit den Gefahren der Jagd vertraut und seit ihrer Kindheit mit Erzählungen von vergangenen Kriegen und Schlachten aufgewachsen waren. (Pauli, 1758–64, I., 228–29; Seidl, 1781, III., 386; Garve, 1798, 159–160.

Zur weiteren Rechtfertigung von Friedrichs militärisch-sozialem System können wir darauf hinweisen, daß es zu keinem Zeitpunkt so ausschließlich oder starr war wie dasjenige, das in den letzten Jahren des Ancien régime in Frankreich in Kraft war. Dokumentarischer Nachweis war oft nicht mehr vorhanden, denn das sogenannte Heroldsamt war bereits 1713 abgeschafft worden, und Friedrich konnte selten völlig sicher sein, ob jemand adeligen Geblüts war oder nicht. In Pommern machten sich beispielsweise viele Familien den alten polnischen Rechtsgrundsatz zu eigen, wonach Adel einfach identisch war mit dem Besitz von Grund und Boden. In dem berühmt gewordenen Fall des Dorfes Czarn-Damerow wurden dadurch sämtliche Gemeindemitglieder mit Ausnahme des Nachtwächters und des Schweinehirten zu Adligen. Für einige überhebliche Leute, den Nominaladel, war Adel etwas, was man durch besonderen Hang zu Manieriertheit und durch ein zur rechten Zeit dem Familiennamen vorangestelltes «von» erwarb. Andere, verdienstvollere Personen erhielten vom König Adelsbriefe für Tapferkeit im Feld. Der aus bäuerlichen Verhältnissen stammende Husarenhauptmann Koordshagen, der nachträglich geadelt worden war, wurde eines Tages als Gast an der königlichen Tafel von Friedrich gefragt, welchem Adelsgeschlecht er entstamme. Koordshagen erwiderte: «Von gar keinem, Ew. Majestät! Meine Eltern sind bloße Landleute, und ich möchte sie gegen keine anderen Eltern in der Welt vertauschen!» Friedrich war aufrichtig gerührt und rief aus: «Das war brav gesagt!» (Hildebrandt, 1829–35, IV., 124)

Insgesamt hatten die Privilegien des friderizianischen Adels ihre Wurzeln eher in der Funktion ihrer Vertreter als in der Kaste an sich. Der König hätte jeden Vorschlag zurückgewiesen, dem Inhaber eines

Offizierpatents zugleich kraft seiner Autorität ein Mitspracherecht in zivilen Angelegenheiten zu verleihen (was ein wesentliches Unterscheidungsmerkmal zwischen der Einstellung des Alten Fritz und dem Militarismus des wilhelminischen Deutschlands darstellt). Während einiger Jahre nach dem Siebenjährigen Krieg machte es sich eine Reihe jüngerer Offiziere der siegreichen Armee zur Gewohnheit, sich in den Provinzstädten groß aufzuspielen. Friedrich war entschlossen, dieses anmaßende Auftreten in der Hauptstadt nicht zu dulden, und ernannte auf Zietens Rat hin den strengen und ehrenhaften Generalleutnant Ramin zum Gouverneur von Berlin:

> Ramin erfüllte alle Pflichten seines Berufs mit um so größerer Strenge, je fester er an dem Grundsatz hing, daß der Bürger sich wohl hütet, den Soldaten zu beleidigen, und daß die Schuld fast immer an dem Militär liegt.
> Charakteristisch ist in seiner ersten Anrede an die Offiziere der Ausdruck: «Meine Herren, Sie haben keine Vorstellung davon, wie grob ich sein kann!» (Hildebrandt, 1829–35, III., 58)

Saldern wandte die gleichen Grundsätze in Magdeburg an. (Küster, 1793, 91–93)
Es lag vielleicht mehr an der professionellen Ausbildung seiner Offiziere als an der Aufrechterhaltung ihrer gesellschaftlichen Sonderstellung, daß wir Friedrich aus historischer Sicht überhaupt einen Vorwurf machen können. Diese Einstellung dürfte um so merkwürdiger klingen, wenn wir uns vor Augen halten, daß Friedrich überzeugt war, eine ausgezeichnete Vorsorge für die künftige Führung seiner Armee zu treffen:

> J'exerce sans cesse, en rendant raison de ce que je fais, je sermonne sans cesse, et sans cesse je fais venir chez moi de jeunes officiers qui m'ont paru avoir un talent, et je les instruis avec toute l'attention imaginable. Connaissez-vous un prince qui fasse comme moi pédagogue?
> (Ich lasse unablässig exerzieren, wobei ich Rechenschaft darüber ablege, was ich tue, ich mache unaufhörlich Vorhaltungen, und ohne Unterlaß lasse ich junge Offiziere zu mir kommen, die mir Talent zu haben scheinen, und unterweise sie mit jeder erdenklichen Sorgfalt. Kennen Sie einen Herrscher, der wie ich den Erzieher spielt?) (de Catt, 1884; siehe auch «Principes Généraux», 1748, Œuvres, XXVIII., 41)

In ähnlicher Absicht verfaßte Friedrich auch seine *Eléments de Castramétrie* (1770). Sie sollten das Blickfeld seiner Generale über ihre

eigene Waffengattung hinaus erweitern und ihnen das Vertrauen einflößen, das Voraussetzung für eine unabhängige Befehlsgewalt war.
Friedrich ließ den an der Spitze von Detachements abkommandierten Generalen im Siebenjährigen Krieg beträchtliche Handlungsfreiheit. Er bestand darauf, daß sie aus eigener Verantwortung Entscheidungen treffen mußten, ohne den Beschluß eines Kriegsrates abzuwarten. (PC 7796, 7805, 8609, 9189, 9414, 9839) Waren die betreffenden Generale Befehlshaber eines ganzen Kriegsschauplatzes wie zum Beispiel Lehwaldt, Dohna, Hülsen, Ferdinand von Braunschweig oder Prinz Heinrich, die zudem vermutlich über längere Zeitabschnitte ohne Verbindung zum königlichen Hauptquartier sein würden, so war Friedrich sorgsam darauf bedacht, sie mit weitreichenden politischen und strategischen Übersichten zu versorgen, um ihnen eine Urteilsbildung zu ermöglichen. (PC 9791, 9798, 9887) Diese bewundernswerten Prinzipien wurden noch ergänzt durch Friedrichs Weigerung, sich von Fragen des Dienstalters abhängig zu machen, wenn es darum ging, einen talentierten Offizier zu befördern. (PC 10882)
Warum trugen diese Beweise intensivster Aufmerksamkeit, die er dem Offizierskorps seiner Armee widmete, letztendlich so wenig Früchte? Um einen Anhaltspunkt für die Beantwortung dieser Frage zu finden, müssen wir auf Prinz Heinrichs prophetisches Memorandum an den König aus dem Jahre 1753 zurückgreifen. Der Prinz von Preußen hatte seinerzeit darauf hingewiesen, daß die Adligen so teuer für ihre Privilegien zahlten, daß sie eher als Opfer denn als Nutznießer des Staatsgefüges anzusehen seien:

> Der Adel bildet in allen Ländern der Erde den Hauptteil des Staatsgebildes; man läßt ihm die freie Wahl des Berufes. Hier zwingt man den Vater, einen Sohn von 15 Jahren, der noch ohne Erziehung ist, herzugeben und Personen niedriger Herkunft anzuvertrauen, die ihn zu demütigen suchen, um ihn zu ihresgleichen zu machen, bis er ihre schlechten Gewohnheiten annimmt. (Herrmann, 1922, 259)

Diese tyrannische Behandlung wurde von Friedrich beim täglichen Umgang mit seinen Offizieren fortgesetzt. Deren Memoiren wie auch die offiziellen Dokumente enthalten zahllose Beispiele für seine in verächtlichem Ton gehaltenen Ablehnungen von Urlaubsanträgen oder Abschiedsgesuchen, seine obszön formulierten Antworten auf Heiratsgesuche, seine vernichtenden Abkanzelungen von Offizieren, die sich ein Vergehen zu schulden hatten kommen lassen (die sich aber gewöhnlich auf eine rechtliche Grundlage berufen konnten), sowie für seine erstaunliche Undankbarkeit gegenüber Männern, die sich um ihn wohlverdient gemacht hatten (was er sicher gar nicht verdient hatte).

Offiziere, die sich im Laufe der Jahre ein dickes Fell zugelegt hatten, um diese Art von Behandlung ertragen zu können, waren nicht in der Lage, sich in Phänomene selbständigen Unternehmungsgeistes zu verwandeln, wenn sie im Felde standen. Nur wenige Kommandeure waren selbstsicher genug, Friedrich beim Wort zu nehmen, wenn er erklärte, er habe ihnen den Verstand eingepflanzt. Auf alle Fälle konnten sie fast sicher sein, bei der späteren Berichterstattung wohl nur dann Gnade in den Augen ihres Herrschers zu finden, wenn sie eine offensive Operation unternommen oder dem Feind ausgesprochen hartnäckig Widerstand geleistet hatten. Es lag eine verzweifelte Resignation in der Art und Weise, wie Lehwaldt und Wedell sich den Russen bei Groß-Jägersdorf und Paltzig entgegenwarfen oder wie Fouqué sich in Landeshut zahlenmäßig weitaus stärkeren österreichischen Kräften in den Weg stellte. Nur zwei Befehlshaber hatten gewöhnlich die Kaltblütigkeit, Friedrich klipp und klar zu sagen, wenn es besser war, sich zurückzuhalten. Einer von ihnen war Prinz Heinrich, dem seine Abstammung und sein glänzendes Ansehen als Heerführer den Rücken stärkten; der andere war General Seydlitz, der bis zu seinem Tode eine Art geistige Überlegenheit über den König besaß. Es war nur allzu leicht für Offiziere, die durch Erfahrung gewitzigt waren, in der Erfüllung eng abgesteckter Pflichten Sicherheit und berufliche Erfüllung zu finden. (Guibert, 1778, 126; Moore, 1779, II., 150–53; Lossow, 1826, 98; Preuß, 1832–34, I., 52; Yorke, 1913, III., 217; Tharau, 1968, 126) Guibert beobachtete die schlesischen Regimenter 1773 bei den Manövern in Neisse und stellte fest:

> Die meisten Offiziere, ob zur Infanterie oder Kavallerie gehörig, stellen sich als nicht klüger heraus als unsere eigenen, wenn sie sich plötzlich außerhalb ihrer regulären Position in der Schlachtordnung wiederfinden und gezwungen sind, sich auf die eigene Intelligenz zu verlassen, um mit zu unerwarteter Zeit oder an unvorhergesehenem Ort auftauchenden Problemen fertig zu werden. Bei Einzelaktionen sah ich sie die dümmsten Fehler begehen, die unglaublichsten, unwahrscheinlichsten Schnitzer machen. (Guibert, 1803, II., 170)

Die preußischen Offiziere, so rasch bei der Hand, wenn es galt, auf königliches Geheiß Leben, Gesundheit und Freiheit zu opfern, behielten trotz allem ein Gefühl von Eigenwürde und Gemeinschaftsgeist bei, das der König nicht zu beeinflussen vermochte. Im Siebenjährigen Krieg bestärkte es sie in ihrer gemeinschaftlichen Weigerung, das auszuführen, was gemessen an den Maßstäben des 20. Jahrhunderts im Krieg eine höchst alltägliche Sache ist, damals aber als Greueltat galt: die Zerstörung und Verwüstung königlicher Schlösser in Sachsen. Jeder Offizier der regulären Armee, den der König mit der Ausführung dieses Befehls beauftragte, verweigerte ohne zu zögern den Gehorsam und erklärte sich bereit, die Konsequenzen dafür auf sich zu nehmen. Saldern faßte es angesichts des Königs in die Worte: «Eure Majestät schicken mich, stehenden Fußes den Feind und dessen Batterien anzugreifen, so werde ich herzhaft gehorchen; aber wider Ehre, Eid und Pflicht kann ich nicht, darf ich nicht!» (Küster, 1793, 42) Für Männer seines Schlages war Loyalität gegenüber dem Monarchen Teil ihres Verhaltenskodex, aber nicht bis zur Selbstverleugnung. «Ehre» war ein Gut, das sie bei sich trugen, und nicht etwas, was sie jemand anderem zur Aufbewahrung anvertrauten. Hier lag ein wesentlicher Unterschied in der ethischen Einstellung eines friderizianischen Offiziers zu der eines SS-Offiziers, für den gemäß dem Wahlspruch seiner Organisation «Unsere Ehre heißt Treue» die beiden Begriffe identisch waren.

Saldern konnte schließlich nach einer langen Periode der Ungnade seine erfolgreiche Karriere fortsetzen, während es für den wehrlosen Oberstleutnant Johann Friedrich von der Marwitz, der gezwungen worden war, seinen Abschied zu nehmen, keinen Gnadenbeweis des Königs gab. Marwitz lebte bis an sein Lebensende sehr zurückgezogen, aber er bereute es nie, daß er sich dem Befehl Friedrichs widersetzt hatte. Auf seinem Grabstein stand eine von ihm selbst verfaßte Inschrift zu lesen, die der Nachwelt den Grundsatz dieses noblen Offiziers erläuterte:

> Er wählte Ungnade, wo Gehorsam nicht Ehre brachte.
> (Augstein, 1968, 93)

Fast jede wissenschaftliche Arbeit über Friedrich führt uns vor Augen, wie unnatürlich die Struktur der preußischen Armee seiner Zeit war und welch unterdrückender Behandlung sich Unteroffiziere und Mannschaften ausgesetzt sahen. Sicher gehörte ein Element genialer Planung dazu, wenn ein Staat bei einer Bevölkerung von viereinhalb Millionen Menschen ein stehendes Heer von rund 160 000 Mann unterhielt. Diese Streitmacht entsprach in absoluten Zahlen genau der Ist-Stärke der britischen Armee zu Anfang der achtziger Jahre dieses Jahrhunderts und war im Verhältnis zur Einwohnerzahl zwölfmal größer.

Friedrichs Leistungen wurden durch den Notbehelf ermöglicht, daß

man ein Drittel oder mehr des Personalbestandes des Heeres aus ausländischen Söldnern rekrutierte. Die Erfahrung lehrte, daß die Hälfte dieser Männer bei passender Gelegenheit fahnenflüchtig wurden. Die Folge war eine unaufhörliche strenge Überwachung, verstärkt durch die Androhung des Spießrutenlaufens und anderer schlimmen Bestrafungen für aufgegriffene Deserteure.
Die folgenden Sätze wurden von dem mutlosen, tyrannischen Alten Fritz der Periode nach dem Siebenjährigen Krieg zu Papier gebracht:

> Quant au soldat, tout ce qu'on en peut tirer, est de lui donner l'esprit du corps, c'est-à-dire meilleure opinion de son régiment que de toutes les troupes de l'univers. Et comme, en de certaines occasions, les officiers le doivent conduire à travers les plus grands dangers, l'ambition ne pouvant pas agir sur lui, il faut qu'il craigne plus ses officiers que les périls auxquels on l'expose, ou jamais personne ne pourra le mener à la charge à travers une tempête de trois cents canons qui le foudroient. La bonne volonté n'engagera jamais le vulgaire dans de semblables périls; il faut que ce soit la crainte.
> (Was den Soldaten betrifft, so ist alles, was man tun kann, ihm ein Zusammengehörigkeitsgefühl zu vermitteln, das heißt eine bessere Meinung von seinem Regiment als von allen Truppen des Universums. Und weil ihn bei bestimmten Gelegenheiten die Offiziere durch die größten Gefahren führen müssen und er sich nicht von Ehrgeiz leiten läßt, ist es nötig, daß er seine Offiziere mehr fürchtet als die Gefahren, denen man ihn aussetzt, denn sonst wäre niemand imstande, ihn durch den Kugelhagel von dreihundert Kanonen zu geleiten, die ihn zu vernichten suchen. Der gute Wille motiviert niemals den gemeinen Mann in Gefahren dieser Größenordnung; die Furcht muß es sein.)
> («Testament Politique», 1768, in: Friedrich d. Gr., 1920, 147)

Die bekanntgewordenen Fälle, in denen er sich gefühllos und gewalttätig gab, sind jedoch nur ein Aspekt in Friedrichs Beziehungen zu seinen Soldaten. Wohl wissend, daß das schlechtbelohnte Leben dieser Leute an Gefahren und Entbehrungen reich war, war er stets bereit, für sie Partei zu ergreifen, wenn Quintus Icilius, Voltaire, Guibert oder ein anderer sich über Strapazierfähigkeit und Unerschrockenheit der Soldaten lustig machten.
Während seiner dem Tode vorausgehenden Erkrankung erklärte Friedrich seinem Leibarzt Dr. Zimmermann:

> In allen meinen Kriegen befolgte man meine Befehle, in Absicht auf meine kranken und verwundeten Soldaten, äußerst schlecht. Nichts hat mich in meinem Leben mehr verdrossen, als wenn ich sah, daß

> man diese braven Männer, die Gesundheit und Leben so edel für ihr Vaterland hingaben, in ihren Krankheiten und bey ihren Wunden übel verpflegte. Man ist oft barbarisch mit ihnen umgegangen, und mancher arme Soldat ist aus Mangel an guter Verpflegung gestorben. (Zimmermann, 1788, 124–125; vgl. auch PC 9839)

Es gibt keine Veranlassung, Friedrich keinen Glauben zu schenken. 1788, zwei Jahre nach Friedrichs Tod, löste Warnery große Verärgerung aus, als er behauptete, der König habe absichtlich hingenommen, daß viele verwundete Soldaten an Infektionen starben, obwohl ihr Leben durch Amputationen von Gliedmaßen hätte gerettet werden können. Friedrich habe jedoch dem Staat die Fürsorge für verkrüppelte Veteranen ersparen wollen. (Warnery, 1788, 430) Diese Unterstellung wurde vom königlichen Leib-Chirurgus Theden empört zurückgewiesen, der darauf verwies, daß Friedrich konservative Behandlungsmethoden im Interesse der Blessierten vorgezogen habe. Der Arzt beschrieb als Augenzeuge einen Vorfall nach der Schlacht von Chotusitz. Der König sei hinzugekommen, wie eine Gruppe von Feldscheren (Wundärzten) um eine im Gang befindliche Amputation herumgestanden habe. Er sei über ihre «Leichenfledderei» entsetzt gewesen und habe sie angeschrien: «O ihr Sch...!» (Nicolai, 1788–92, III., 337)

Unglücklicherweise hielt dieselbe Überempfindlichkeit zusammen mit seinem Unvermögen, mit Fachleuten aller Art vertrauensvoll zusammenzuarbeiten, Friedrich von vielen Dingen fern, die eigentlich seine gespannteste Aufmerksamkeit verdient gehabt hätten. Die Soldaten erhielten nur kärgliche Gegenleistungen für die beträchtlichen Summen, die er seinen Feldlazaretten zukommen ließ. (Nicolai, 1788–92, III., 336; Küster, 1793, 156; Dreyer, 1810, 36) Auch der Zusammenbruch seiner Sanitätsdienste im Bayerischen Erbfolgekrieg blieb ihm verborgen, bis ihm Dr. Zimmermann im Sommer 1786 zu diesem Thema Einzelheiten nannte. Auf Vorschlag dieses Arztes ernannte Friedrich sofort einen Dr. Fritze zum «Oberaufseher» in Magdeburg, mit besonderer Verantwortung für die Überwachung der Feldschere.

Der Friedrich des Siebenjährigen Krieges war ein vollendeter Meister in der Kunst der Menschenführung. Er konnte sich wie Napoleon an die Namen und Gesichter alter Soldaten erinnern. Auf dem Marsch unterhielt er sich vom Pferd herab mit seinen Männern in deren märkischem Dialekt und duldete Vertraulichkeiten, für die er einen Fahnenjunker kassiert hätte. In dieser Hinsicht pochten die Engländer weit mehr auf ihre Würde als der preußische König. Im amerikani-

schen Unabhängigkeitskrieg mußte sich ein Offizier der Hanauer Artillerie, die mit einem Kontingent auf britischer Seite kämpfte, für einen seiner Kanoniere verwenden, der Anstoß dadurch erregt hatte, daß er einen englischen Offizier angestarrt hatte. «‹Nun›, fragte ich den Mann, ‹warum haben Sie denn jenen Offizier angeblickt?› Worauf er erwiderte, er habe ‹Seiner Majestät, dem König von Preußen, acht Jahre lang redlich und brav gedient und habe ihm ins Gesicht sehen dürfen, wo er ihn auch getroffen habe, und sei dieserhalb niemals getadelt worden› . . .» (Pausch, 1886, 112)
Friedrich war noch nicht zum Alten Fritz des Testaments von 1768 zusammengeschrumpft und konnte noch behaupten:

> Mes troupes sont bonnes et bien disciplinées, je leur fais contracter l'habitude de tout ce qu'ils doivent exécuter. C'est là le grand article: on fait plus aisément, mieux et avec plus de courage ce que l'on sait que l'on fera bien; j'encourage mes soldats, je les pique d'honneur, je leur donne des récompenses, je leur en promets pour les exciter, quand il faut.
> (Meine Soldaten sind gut und wohldiszipliniert, ich habe sie all das zur Gewohnheit werden lassen, was sie vollbringen müssen. Das ist nämlich der springende Punkt: man tut das leichter, besser und mit mehr Mut, von dem man weiß, daß man es gut tun wird; ich sporne meine Soldaten an, ich packe sie bei der Ehre, ich lasse ihnen Belohnungen zukommen, ich verspreche ihnen solche, um sie zu ermuntern, wenn es darauf ankommt.)
> («Principes Généraux», 1748, Oeuvres, XXVIII., 40)

Die friderizianische Militärdisziplin war ohne Zweifel streng und wurde nach den Maßstäben der damaligen Zeit auch so beurteilt. War sie auch unsinnig? Wahrscheinlich nicht.
Zunächst einmal mußte Friedrich effektive Kontrolle über Männer erlangen, die ein aggressives Temperament besaßen und deren Verhalten unberechenbar war. Er erinnerte sich an den Fall eines verwundeten Grenadiers in der Schlacht von Mollwitz, der ein reiterloses Pferd eingefangen hatte, mitten in die Kavallerieschlacht hineingeritten war und mit einem hohen österreichischen Offizier als Siegespreis zurückgekehrt war. «Frappé de la conduite et de la bravoure de ce grenadier ... j'ordonnai qu'on eut bien soin de lui; quand il fut bien guéri de sa blessure, je le nommais officier, et le premier jour qu'il fut en service dans cette qualité, il déserte: voilà un beau champ que je présente à vos réflexions philosophiques! (Vom Verhalten und von der Tapferkeit dieses Grenadiers in Erstaunen versetzt, ... befahl ich, ihn wohl zu versorgen; als er von seiner Wunde

vollends genesen war, beförderte ich ihn zum Offizier, und am ersten Tag, den er in der neuen Funktion bei der Truppe war, wurde er fahnenflüchtig: da haben Sie ein schönes Feld für Ihre philosophischen Betrachtungen!) (de Catt, 1884, 242)

Diensteifrige und intelligente Soldaten entgingen jeglicher Bestrafung, und wenn ihre aufsäßigen Kameraden hart angefaßt wurden und ihre Vergehen bitter büßen mußten, so sollte man nicht vergessen, darauf hinzuweisen, daß alle als Rekruten eine Ausbildung durchlaufen hatten, die für ihre Milde und Geduld bekannt war. (Riesebeck, 1784, II., 135; Mirabeau-Mauvillon, 1788, 116; Toulongeon (1786) 1881, 291) Einzelne sadistische Offiziere, wie Oberstleutnant von Scheelen vom Ersten Gardebataillon, waren imstande, die allzu grausam bestraften Soldaten in den Selbstmord zu treiben. Sie hatten ihr Gegenstück in jeder Armee, waren jedoch nicht gerade das, was Friedrich sich für sein eigenes Heer wünschte. Als Gouverneur von Berlin versicherte Möllendorff 1785 dem König: «Ew. Majestät haben keine Schlingel, Canailles, Hunde und Grobzeuge im Dienste, sondern rechtschaffene Soldaten, welches wir auch sind, nur bloß daß uns das zufällige Glück höhere Charaktere gegeben hat.» (Schnackenburg, 1883 b, 94)

Während der Drill in unserer Zeit wegen seines geistigen Wertes geschätzt wird, war er im 18. Jahrhundert ein inhärenter Teil der Taktik. Es war dieser nutzbringende Effekt, den Friedrich unterstrich, als er versicherte: «En Prussie, le soldat est instruit de faire exactement ce qu'il doit exécuter au jour de la bataille; et ne rien de superfétatoire. . .» («In Preußen wird der Soldat unterwiesen, genau das zu tun, was von ihm auch am Tag der Schlacht verlangt wird und nichts Überflüssiges . . .») (Toulongeon (1786), 1881, 392) Erfahrene Beobachter registrierten, daß es bei den unter Waffen stehenden preußischen Truppen ungezwungen zuging und daß es Friedrich bei den Manövern auf eine zufriedenstellende Ausführung der wesentlichen Komponenten jeder Truppenbewegung und weniger auf absolute Präzision hinsichtlich des zeitlichen Ablaufs und der Ausrichtung in Reih und Glied ankam.

Die Eintönigkeit des Soldatenlebens wurde durch die sehr begrüßenswerten Unterscheidungen aufgelockert, die die preußische Armee zwischen Dienst und Freizeit machte. Die Paraden in Berlin wurden nur an Sonn- und Feiertagen abgehalten und fanden somit weniger häufig als in Paris statt. Mit Ausnahme der Garde waren die Truppen überall in Friedrichs Reich in privaten Haushalten und nicht in Kasernen untergebracht und wurden von ihren Vorgesetzten nicht über Gebühr mit dienstlichen Anforderungen behelligt. Außer-

halb der Jahreszeiten, in denen Revuen und Manöver stattfanden, kehrten die einheimischen Soldaten in ihre Dörfer zurück. Die Ausländer durften, nachdem sie allmorgendlich auf dem Exerzierplatz mehrere Stunden lang auf Herz und Nieren geprüft worden waren, den Rest des Tages über beliebigen privaten Beschäftigungen nachgehen. Ebenso wie auf den Feldzügen strapazierte Friedrich seine Truppen auch in Friedenszeiten nicht durch übermäßiges Exerzieren, wenn er sich zu seiner Zufriedenheit davon überzeugt hatte, daß sie die Grundvoraussetzungen taktischer Erfahrenheit erfüllten.
Solche Unterscheidungen wußten die Soldaten zu respektieren. Der König mochte sich auf dem Marsch leutselig geben, doch:

> Sobald die Armee den Sammelplatz erreichte, Friedrich sich umwandte und seine Adjutanten mit den Befehlen nach allen Seiten hinsprengten – verbreitete sich die feierlichste Stille. Alles stand in Ordnung; alles blickte mit Ehrfurcht auf den Einzigen Mann, und keine Worte, keine Äußerung wurde weiter gehört. Es war dann nicht anders – sagte ein alter Grenadier –, «als erschiene unser Herr Gott im blauen Rocke!» (Hildebrandt, 1829–35, VI, 30)

Disziplin war ihrerseits ein Aspekt der «Subordination», ein Begriff, der bei der preußischen Armee weitere Attribute wie Reaktionsbereitschaft und harmonische Anpassung beinhaltete und die reibungslose Einreihung in eine Befehlsskala bedeutete, die vom Herrscher bis zum gemeinen Soldaten reichte. Die persönliche Führung durch Friedrich und seine Generale hatte etwas damit zu tun und ebenso die Einfachheit des Lebens und das Fehlen eines Zeremoniells. Die Früchte für dieses Wohlverhalten wurden letztendlich auf dem Schlachtfeld geerntet: «Servez-vous des armes à feu, ce sera une massacre; faites agir votre cavallerie, ce sera une boucherie affreuse et la destruction des ennemis!» («Wenn Sie sich der Feuerwaffen bedienen, so gibt es ein Massaker; setzen Sie Ihre Kavallerie ein, so kommt es zu einem schrecklichen Gemetzel und zur Vernichtung der Feinde!») («Principes Géneraux», 1748, Œuvres, XXVIII., 6–7; vgl. auch «Testament Politique», 1752, in: Friedrich d. Gr., 1920, 86–87; «Règles de ce qu'on exige d'un bon commandeur de bataillon en temps de guerre», 1773, Œuvres, XXIX., 57; Guibert, 1778, 390; Moore, 1779, II., 147; Riesebeck, 1784, II., 141; Mirabeau-Mauvillon, 1788, 61; Lossow, 1826, 101; Toulongeon (1786), 1881, 166; Marschall Belle-Isle, zitiert in: Gr. Gstb., 1890–93, II., 40)
Bei den Truppenteilen aus preußischen Landen wurden Disziplin und Subordination noch durch den sogenannten «soldatischen Geist» ergänzt. (siehe Warnsdorff, zitiert bei: Volz, 1926–27, II., 290–91)

Dieser war ein Konglomerat der verschiedensten Triebe und Impulse. Das Ideal des preußischen Offiziers war eine gewisse Zügelung des Temperaments, wie sie beispielsweise im «Contenance Halten» im dichtesten Kugelhagel zum Ausdruck kam oder in der Ablehnung von Orden und Tapferkeitsauszeichnungen, die gedacht waren, dem Offizier einen Anreiz zu geben, seine Pflicht zu tun. Die Unteroffiziers- und Mannschaftsgrade band ein religiöses Zusammengehörigkeitsgefühl, die Gruppenkohäsion der Militärsoziologen. Hinzu kamen gemeinsame regionale und nationale Treuepflichten wie jene, die sich bei den Pommern des Regiments Manteuffel (Infanterie-Regiment Nr. 17) manifestierten: «Gerad und bieder, stark und kernhaft, ihrem Landesfürsten getreu, kurz: ächte und altdeutsche Männer!» (Haller, 1796, 327)
Der König selbst, französiert bis in die Fingerspitzen, war nicht abweisend, wenn es um nationalen Stolz ging: «Nos peuples du Nord ne sont pas si amollis que ceux à l'Ouest. Les hommes de ce pays sont moins efféminés et par conséquence plus virils et plus laborieux et patients, même s'ils sont, je l'admets, un peu moins raffinés . . .» («Unsere Landsleute im Norden sind nicht so schwächlich wie die im Westen. Die Männer dieses Landes sind weniger verweichlicht und folglich männlicher, härter arbeitend und geduldiger, wenn auch, das gebe ich zu, etwas weniger kultiviert . . .») (Brief Friedrichs an Voltaire vom 5. Dezember 1742, Oeuvres, XXII., 121–122)
Die äußere Erscheinung spielte eine nicht unerhebliche Rolle: «Dieser Glanz, den nur Undenkende als unzweckmäßig betrachten, vermehrt den Muth und den hohen Sinn der Krieger, erhöht die Würde der Heere.» (Archenholtz, 1974, 16–18) Viele Uniformteile hatten ein typisch «preußisches» Aussehen. Im Jahre 1792 erklärte im Verlauf einer langen Debatte über die Gestaltung eines Denkmals für den wenige Jahre zuvor verstorbenen Preußenkönig der in Berlin wirkende Maler und Kupferstecher Daniel Chodowiecki, er sei ebenso wie die Mehrheit der Bevölkerung der Auffassung, der Alte Fritz dürfe nicht in klassischem Gewand dargestellt werden. Er sei «für das Costume, was Friedrich von Jugend auf bis an sein Ende getragen hat, und dieses nenne ich das preußische Costume; denn es wurde von seinem Vater erfunden, von der ganzen Armee getragen und ist von allen anderen Armeen nachgeahmt worden». (zitiert in: Volz, 1926–27, III., 276–77)
Der soldatische Geist war das Resultat des Zusammenwirkens von Zeitläufen und Tradition sowie der Bemühungen eines Monarchen, der seine Armeen im Krieg persönlich anführte und sich in Friedenszeiten um die Alltagssorgen seiner Untertanen kümmerte. Zu Ende

seiner Regierungszeit war die so oft nur vorgetäuschte Müdigkeit längst der Realität gewichen. 1785, ein Jahr vor Friedrichs Tod, beobachtete ein Knabe in der Menge, wie der betagte König, von einer Parade kommend, seine Schwester Prinzessin Amalie in deren Palais in der Berliner Wilhelmstraße begleitete. Die Kutsche fuhr vor, der Alte Fritz reichte seiner körperlich behinderten, ebenfalls betagten Schwester den Arm, half ihr die Stufen zur Pforte des Palastes hinauf, und schon war das Paar verschwunden. Die Zuschauer verharrten noch einige Minuten lang schweigend und gingen dann ihrer Wege:

> Und doch war nichts geschehen! Keine Pracht, kein Feuerwerk, keine Kanonenschüsse, keine Trommeln und Pfeifen, keine Musik, kein vorangegangenes Ereignis! Nein, nur ein dreiundsiebzigjähriger Mann, schlecht gekleidet, staubbedeckt, kehrte von seinem mühsamen Tagewerk zurück! (Friedrich August Ludwig von der Marwitz, zitiert in: Volz, 1926–27, III., 202)

BIBLIOGRAPHIE

Von vielen ausgezeichneten Arbeiten über Friedrich den Großen empfehle ich besonders Koser (1921) wegen der Schilderung von Einzelheiten aus dem Leben des Königs, Schieder (1983) wegen der Darstellung seiner Außenpolitik und Johnson (1975), der in informativer Weise ein Bild des preußischen Verwaltungsapparates gezeichnet hat.

Abbt, T. (1761), *Vom Tode fürs Vaterland,* Berlin.

Adams, J. Q. (1804), *Letters on Silesia,* London.

Agramonte y Cortijo, F. (1928), *Los Ultimos Años de Federico il Grande según los Diplomáticos Españoles, Franceses y Prusianos de su Tiempo,* Berlin.

Allan, W. (1977), «The Image of a King», *The Connoisseur,* London.

Ammann, F. (1887), *Die Schlacht bei Prag am 6. Mai 1757. Quellenkritische Untersuchungen,* Heidelberg.

Andreas, W. (1938), «Friedrich der Große und der siebenjährige Krieg», *Historische Zeitschrift,* CLVIII, München und Berlin.

Anhalt-Dessau, L. (1860), *Selbstbiographie des Fürsten Leopold von Anhalt-Dessau von 1676 bis 1703,* Dessau.

Anon. (1756–75), *Allerneueste Acta Publica,* 37 Bde., viele Erscheinungsorte. Gebundene Zusammenstellungen zeitgenössischer Flugschriften.

Anon. (1758), *Abbildung derer Gemüthseigenschaften Friedrichs des Großen,* Lippstadt.

Anon. (1772), *Recueil de Lettres de S. M. le Roi de Prusse, pour servir à l'histoire de la guerre dernière,* 2 Bde., Leipzig.

Anon. (1784a), *Anekdoten vom König Friedrich II.,* ohne Angabe des Erscheinungsorts.

Anon. (1784b), *Positiones der unter dem unmittelbaren Befehl Sr. Majestät des Königs von Preußen im Jahre 1778 sich befundenen Armee in Schlesien und Böhmen,* Altenburg.

Anon. (1784c), *Zehn Briefe aus Österreich an den Verfasser der Briefe aus Berlin,* ohne Angabe des Erscheinungsorts.

Anon. (1786), «Anekdoten vom König Friedrich II.», *Militärische Monatsschrift, IV,* Berlin.

Anon. (Unger, ?), (1787–9), *Anecdoten und Karakterzüge aus dem Leben Friedrichs des Zweiten,* 12 Bde., Berlin.

Anon. (Unger, ?), (1788–9), *Beyträge zu den Anecdoten und Karakterzügen aus dem Leben Friedrichs des Zweiten,* 4 Bde., Berlin.

Anon. (1844), *Über die großen Kavallerie-Angriffe in den Schlachten Friedrich's und Napoleon's,* Berlin.

Anon. (1874), «Über das Verpflegungswesen im siebenjährigen Krieg», *Jahrbücher für die deutsche Armee und Marine,* XII, Berlin.

Anon. (1881), «Drei Jahre im Kadetten-Corps (1758–60)», *Jahrbücher für die deutsche Armee und Marine,* XXXIX, Berlin.

Anon. (1884), «Erinnerungen an die letzte Campagne Friedrichs des Großen», *Jahrbücher für die deutsche Armee und Marine,* LIII, Berlin. Von einem Oberleutnant eines westpreußischen Regiments.

Anon. (1886), *Zur Schlacht von Torgau,* Berlin.

Archenholtz, J. W. (1840), *Geschichte des siebenjährigen Krieges in Deutschland,* 2 Bde., Berlin. Diente im Regiment Forcade.

Archenholtz, J. W. (1974 Reprint), *Gemälde der preußischen Armee vor und in dem siebenjährigen Kriege,* Osnabrück.

Arkhiv Knijasaja Worontschowa (1870–95), 40 Bde., Moskau.

Arneth, A. (1863–79), *Geschichte Maria Theresias,* 10 Bde., Wien.

Ash, T. G. (1981), *« Und willst du nicht mein Bruder sein . . .» Die DDR heute,* Hamburg. Über die Rehistorisierung Friedrichs und anderer Persönlichkeiten in der DDR.

Aster, C. H. (1848), *Beleuchtung der Kriegswirren zwischen Preußen und Sachsen vom Ende August bis Ende October 1756,* 2 Bde., Dresden.

Augstein, R. (1968), *Preußens Friedrich und die Deutschen,* Frankfurt/Main. Vorurteilsfreie Darstellung in unbeschwerter Form.

Bach, A. (1885), *Die Graffschaft Glatz unter dem Gouvernement des Generals Heinrich August Freiherrn de la Motte Fouqué,* Habelschwerdt.

Bäumler, A. (1944), «Die Idee des Reiches. Der Führergedanke in der deutschen Geschichte», *Offiziere des Führers,* I, Berlin.

Balke, Feldprediger, (1885–6), «Das Tagebuch des Feldpredigers Balke», *Internationale Revue über die gesammten Armeen und Flotten,* Drittes Jahr II–IV, Viertes Jahr II, Hannnover. Enttäuschend unpersönlich.

Bangert, D. E. (1971), *Die russisch-österreichische militärische Zusammenarbeit im siebenjährigen Kriege in den Jahren 1758–1759,* Boppard.

Barsewisch, C. F. (1863), *Meine Kriegs-Erlebnisse während des siebenjährigen Krieges 1757–1763,* Berlin. Verfasser war ein junger Offizier im Regiment Wedell.

Barthel, K. (1977), «Friedrich der Große in Hitlers Geschichtsbild», *Frankfurter Historische Vorträge,* Wiesbaden.

Basler, O. (Hrsg.) (1933), *Wehrwissenschaftliches Schrifttum im 18. Jahrhundert,* Berlin. Besondere Berücksichtigung der preußischen Militärkartographie.

Baumgart, W. (1972), «Der Ausbruch des siebenjährigen Krieges. Zum gegenwärtigen Forschungsstand», *Militärgeschichtliche Mitteilungen,* XI, Freiburg.

Becher, P. (1892), *Der Kronprinz Friedrich als Regiments-Chef in Neu-Ruppin von 1732–40,* Berlin.

Belach, A. (1758), *Der Christ im Kriege und in der Belagerung,* Breslau und Leipzig.

Berenhorst, G. H. (1798–9), *Betrachtungen über die Kriegskunst,* 3 Bde., Leipzig.

Berenhorst, G. H. (1845–7), *Aus dem Nachlasse von Georg Heinrich von Berenhorst,* 2 Bde., Dessau.

Bernhardi, T. (1881), *Friedrich der Große als Feldherr,* 2 Bde., Berlin.

Bertuch, J. G. (1781), *Über die Erziehung des künftigen Soldaten,* Berlin.

Besterman, T. (1956), *Voltaire's Commentary on Frederick's ‹Art de la Guerre›,* Genf.

Bethcke, Hauptmann (1905), «Die Gaudi-Handschriften für das Jahr 1758», *Beihefte zum Militär-Wochenblatt,* Berlin.

Bethcke, Hauptmann (1907), «Die Gaudi-Handschriften für das Jahr 1759», *Beihefte zum Militär-Wochenblatt,* Berlin.

Bleckwenn, H. (Hrsg.) (1971 ff.), *Das Altpreußische Heer. Erscheinungsbild und Wesen,* Osnabrück. Bedeutsame Serie von Monographien über viele Aspekte der preußischen Armee. Reihe ist noch nicht abgeschlossen.

Bleckwenn, H. (Hrsg.) (1971 ff.), *Altpreußischer Kommiß – offiziell, offiziös, und privat,* Osnabrück. Reprints alter Militärliteratur, besonders von Augenzeugenberichten. Reihe wird fortgesetzt.

Bleckwenn, H. (1978), *Brandenburg-Preußens Heer 1640–1807,* Osnabrück.

Blumentahl, L. J. (1797), *Lebensbeschreibung Hans Joachims von Zieten,* Berlin. Von einer Verwandten des alten Husarengenerals.

Boehm-Tettelbach, A. (1934), «Der Böhmische Feldzug Friedrichs des Großen 1757 im Lichte Schlieffenscher Kritik», in: Elze, W. (Hrsg.), *Schriften der Kriegsgeschichtlichen Abteilung im Historischen Seminar der Friedrich-Wilhelms-Universität Berlin,* IX, Berlin.

Böhm, W. (1870), «Wie stellen sich die Thaten Friedrichs II. dar in der deutschen Literatur seiner Zeit?», *Zeitschrift für preußische Geschichte und Landeskunde,* VII, Berlin.

Bonin, U. (1877–8), *Geschichte des Ingenieurkorps und der Pioniere in Preußen,* 2 Bde., Berlin.

Bosbach, E. (1960), *Die ‹Rêveries Politiques› in Friedrichs des Großen politischem Testament von 1752. Historisch-politische Erläuterung,* Köln und Graz.

Boswell, J. (1953), *Boswell on the Grand Tour. Germany and Switzerland 1764,* London.

Boysen, F. E. (1795), *Eigene Lebensbeschreibung,* Quedlinburg.

Brabant, A. (1904–31), *Das Heilige Römische Reich teutscher Nation im Kampf mit Friedrich dem Großen,* 3 Bde., Berlin.

Bräker, U. (1852), *Der arme Mann im Tockenburg,* Leipzig. Bräker war gewaltsam für das Regiment Itzenplitz rekrutiert worden.

Bratuschek, E. C. (1885), *Die Erziehung Friedrichs des Großen,* Berlin.

Braunschweig, Prinz Ferdinand von (1902), «Réflexions et Anecdotes vraies, mais hardies sur la Campagne de 1756», *Urkundliche Beiträge,* I, Heft 4.

Bremen, W. (1888), *Die Schlacht von Kesselsdorf am 15. Dez. 1745,* Berlin.

Bremen, W. (1905), «Friedrich der Große», in: Pelet-Narbonne, D. (Hrsg.), *Erzieher des preußischen Heeres,* III, Berlin.

Broucek, P. (1982), *Der Geburtstag der Monarchie. Die Schlacht bei Kolin 1757,* Wien.

Brown, M. L. (1959), *American Independence through Prussian Eyes,* Durham (North Carolina).

Brüggemann, F. (1935), *Der siebenjährige Krieg im Spiegel der zeitgenössischen Literatur,* Leipzig.

Brühl, Graf (1854), *Correspondenz des . . . Grafen von Brühl mit dem . . . Freiherrn von Riedesel,* Leipzig.

Brunschwig, H. (1947), *La Crise de l'État Prussien à la Fin du XVIIIe Siècle et la Genèse de la Mentalité Romantique,* Paris.

Burchardi, H. (1897), «Der kartographische Standpunkt beim Beginn des siebenjährigen Krieges 1756 in den betheiligten Ländern», *Beihefte zum Militär-Wochenblatt,* Berlin.

Burgoyne, J. (1876), «Observations on the present military State of Prussia, Austria and France» (1767), in: *Political and military Episodes . . . from the Life and Correspondence of the Right Hon. John Burgoyne* (Hrsg.), E. B. Fonblanque, London.

Büsch, O. (1962), «Militärsystem und Sozialleben im alten Preußen 1713–1807», in: *Veröffentlichungen der Berliner Historischen Kommission,* VII, Berlin.

Büsching, A. F. (1788), *Abhandlung des Charakters Friedrich des Großen,* Halle. Wichtige Einzelheiten, mitgeteilt von einem Bediensteten Friedrichs.

Bußmann, W. (1951), «Friedrich der Große im Wandel des europäischen Urteils», in: *Deutschland und Europa* (Festschrift für H. Rothfels), Düsseldorf.

Butterfield, H. (1955), «The Reconstruction of an historical Episode. The History of the Enquiry into the Origins of the Seven Years War», in: *Man on his Past,* H. Butterfield (Hrsg.), Cambridge.

Buttlar, K. T. (1894), «Zur Kapitulation von Maxen», *Forschungen,* VII.

Buxbaum, E. (1907), *Friedrich Wilhelm Freiherr von Seydlitz,* Leipzig. Nützlich, obwohl eine Reihe von Details fragwürdig sind.

Caemmerer, R. C. (1883), *Friedrich des Großen Feldzugsplan für das Jahr 1757,* Berlin.

Carlyle, T. (1858–65), *History of Friedrich II of Prussia, called Frederick the Great,* 6 Bde., London.

Carlyle, T. (1940), *Thomas Carlyle. Journey to Germany Autumn 1858,* R. A. Brooks (Hrsg.), New Haven.

Catt, H. de (1884), *Unterhaltungen mit Friedrich dem Großen. Memoiren und Tagebücher von Heinrich de Catt,* R. Koser (Hrsg.), Leipzig. Eine der wichtigsten Quellen, obwohl de Catt der Versuchung erlag, seine Erinnerungen auf dramatischen Effekt hin abzufassen.

Cauer, E. (1865), *Über die Flugschriften Friedrichs des Großen aus der Zeit des siebenjährigen Krieges,* Potsdam.

Cauer, E. (1883), *Zur Geschichte und Charakteristik Friedrichs des Großen.*

Cogniazzo, J. (1779–80), *Freymüthig Beytrag zur Geschichte des östreichischen Militairdienstes,* 2 Bde., Frankfurt und Leipzig.

Cogniazzo, J. (1788–91), *Geständnisse eines östreichischen Veterans,* 4 Bde., Breslau 1788–91. Cogniazzo war zweifellos ein «österreichischer Veteran», aber seine Bücher sind in Folge seiner Abneigung gegenüber Daun und Verehrung Friedrichs nicht ganz objektiv.

Colin, J. (1907), *L'Infanterie au XVIII Siècle. La Tactique,* Paris. Siehe 3. Kapitel zur Darstellung des preußischen Einflusses.

Cornwallis, C. (1859), *Correspondence of Charles, First Marquis Cornwallis,* 3 Bde., London.
Corvisart-Montmarin, Oberstlt. (1880), «Das Jahr 1757 und seine Bedeutung für die preußische Artillerie», *Jahrbücher für die deutsche Armee und Marine,* XXXV, Berlin.
Craig, G. A. (1955), *The Politics of the Prussian Army 1640–1945,* Oxford.
Craig, G. A. (1984), *The End of Prussia,* London.
Creuzinger, P. (1903), «Friedrichs Strategie im siebenjährigen Kriege», Teil 2, 2. Band seines Werks: *Die Probleme des Krieges,* Berlin.
[Crillon] *Mémoires Militaires de Louis de Berton des Balbes de Quiers: Duc de Crillon* (1791), Paris.
Crousaz, A. (1874), «Die Cavallerie Friedrichs des Großen. Eine Militairhistorische und Charakterstudie», *Jahrbücher für die deutsche Armee und Marine,* XII, Berlin.
Daniels, E. (1886), *Zur Schlacht von Torgau am 3. November 1760,* Berlin. Von einem Schüler Delbrücks.
Decker, C. (1837), *Die Schlachten und Hauptgefechte des siebenjährigen Krieges ... mit vorherrschender Bezugnahme auf den Gebrauch der Artillerie,* Berlin.
Delbrück, H. (1890), *Die Strategie des Pericles erläutert durch die Strategie Friedrichs des Großen,* Berlin.
Delbrück, H. (1892), *Friedrich, Napoleon, Moltke. Ältere und Neuere Strategie,* Berlin.
Delbrück, H. (1900–20), *Geschichte der Kriegskunst im Rahmen der Politischen Geschichte,* 4 Bde., Berlin.
Delbrück, H. (1904a), «Ein Nachwort zu Kosers Aufsatz über Friedrichs des Großen Kriegsführung», *Historische Zeitschrift,* XCIII (neue Reihe LVII), München und Berlin.
Delbrück, H. (1904b), «Zur Kriegsführung Friedrichs des Großen, ein zweites Nachwort», *Historische Zeitschrift,* XCIII (neue Reihe LVII), München und Berlin.
Demek, J., und Strida, M. (1971), *Geography of Czechoslovakia,* Prag.
Demeter, K. (1965), *The German Officer Corps in Society and State 1650–1945,* London.
Denina, K. (1788), *Essai sur la Vie et le Règne de Frédéric II, Roi de Prusse,* Berlin.
Dette, E. (1914), *Friedrich der Große und sein Heer,* Göttingen. Äußerst scharfsinnig.
Ditfurth, F. W. (1871), *Die Historischen Volkslieder des siebenjährigen Krieges,* Berlin.
Dohm, C. W. (1814–19), *Denkwürdigkeiten meiner Zeit,* 5 Bde., Lemgo.
Dominicus, Musketier (1891), *Aus dem siebenjährigen Krieg. Tagebuch des Preußischen Musketiers Dominicus,* München.
Dopsch, A. (1982), *Das Treffen bei Lobositz,* Graz. Österreichische Arbeit, die die allgemein anerkannte preußische Version der Ereignisse in Frage stellt.
Doyle, J. B. (1913), *Frederick William von Steuben and the American Revolution,* Steubenville.
Dreyer, J. F. (1810), *Leben und Taten eines Preußischen Regiments-Tambours,* Breslau.
Droysen, H. (1906), «Die Briefwechsel zwischen Kronprinz Friedrich von Preußen und Fürst Joseph Wenzel von Liechtenstein», *Forschungen,* XIX.
Droysen, H. (1916), «Tageskalender Friedrichs des Großen vom 1. Juni 1740 bis 31. März 1763», *Forschungen,* XXIX. Unschätzbare biographische Hilfe.
Droysen, J. G. (1873), *Zur Schlacht von Chotusitz,* Berlin.
Droysen, J. G. (Hrsg.) (1877), «Die preußischen Kriegsberichte der beiden schlesischen Kriege», *Beihefte zum Militär-Wochenblatt,* Berlin.
Duffy, C. (1964), *The Wild Goose and the Eagle. A life of Marshal von Browne 1705–1757,* London.
Duffy, C. (1983), *Friedrich der Große und seine Armee,* Stuttgart.
Duffy, C. (1977), *The Army of Maria Theresa,* Newton Abbot.
Duffy, C. (1981), *Russia's Military Way to the West, Origins and Nature of Russian Military Power 1700–1800,* London.
Duffy, C. (1985), *The Fortress in the Age of Vauban and Frederick the Great,* London.
Duncker, M. (1876), *Aus der Zeit Friedrichs des Großen und Friedrich Wilhelms III.,* Leipzig. Beachtenswert besonders wegen der Augenzeugenschilderungen von Kolin.

Dundas, D. (1785), *Remarks on the Prussian Troops and their Movements,* British Library. King's MSS. 241.
Dutens, M. L. (1786), *Itinéraire des Routes les plus Fréquentées,* London.
Duvernoy, Oberstlt. (1901), «Die Anschauungen Friedrichs des Großen vom Festungskriege vor Ausbruch des siebenjährigen Krieges», *Beihefte zum Militär-Wochenblatt,* Berlin.

Easum, C. V. (1942), *Prince Henry of Prussia, Brother of Frederick the Great,* Madison.
Eelking, M. (1856), *Leben und Wirken des Herzoglich Braunschweig'schen General-Lieutenants Friedrich Adolf Riedesel,* 3 Bde., Leipzig.
Ergang, R. (1941), *The Potsdam Führer. Frederick William I, Father of Prussian Militarism,* New York.

Falch, O. (1860), *Was sich die Schlesier vom Alten Fritz erzählen,* Brieg.
Fann, W. F. (1977), «On the Infantryman's Age in eighteenth century Prussia», *Military Affairs,* XLI, Nr. 4. Kansas.
Fitte, S. (1899), *Religion und Politik vor und während des siebenjährigen Krieges,* Berlin.
Fontane, T. (1906–7), *Wanderungen durch die Mark Brandenburg,* 4 Bde., Stuttgart und Berlin.
Fouqué, H. A. de la Motte (1788) (Hrsg. G. A. Büttner), *Denkwürdigkeiten aus dem Leben des Königl. preuß. Generals von der Infanterie Freiherrn de la Motte Fouqué,* 2 Bde., Berlin. Besonders interessant im Hinblick auf die Korrespondenz mit Friedrich, im Winter 1758/59.
Frauenholz, E., Elze, W., Schmitthenner, P. (1940), «Das Heerwesen in der Zeit des Absolutismus», Bd. IV der *Entwicklungsgeschichte des Deutschen Heerwesens,* München.
Friedrich der Große (1859) (Hrsg. K. W. Schöning), *Militärische Correspondenz des Königs Friedrich des Großen mit dem Prinzen Heinrich,* 4 Bde., Berlin.
Friedrich der Große (1920), «Die Politischen Testamente Friedrichs des Großen», veröffentlicht als Ergänzung zu: *Politische Correspondenz Friedrichs des Großen,* Berlin.
Friedrich der Große (1926), (Hrsg. J. Richter), *Die Briefe Friedrichs des Großen an seinen vormaligen Kammerdiener Fredersdorf,* Berlin.
Friedrich der Große (1927), (Hrsg. E. Müller), «Briefe des Kronprinzen Friedrich an Hans Christoph Friedrich von Hacke», *Forschungen,* XL. Zeigt die Fortschritte des jungen Friedrich in militärischen Dingen.
Freytag-Loringhofen, Freiherr (1897), «Die Schlacht bei Torgau am 3. November 1760», in *Beihefte zum Militär-Wochenblatt,* Berlin.
Freytag-Loringhofen, Freiherr (1912), «König Friedrich als Kriegsherr und Heerführer», *Beihefte zum Militär-Wochenblatt,* Berlin.
Friedel, J. (1782), *Briefe über die Galanterien von Berlin, auf einer Reise gesammelt von einem Österreichischen Offizier,* ohne Ortsangabe.
Friederich, Oberstlt. (1908), «Die Schlacht bei Zorndorf am 25. August 1758», *Beihefte zum Militär-Wochenblatt,* Berlin.

G., D. de (1767). *Tactique et Manœuvres des Prussiens. Pièce Posthume,* ohne Ortsangabe. Ein Augenzeugenbericht von den Manövern vor dem siebenjährigen Krieg mit einer der ersten Beschreibungen des «Deployirens».
Garve, C. (1798), *Fragmente zur Schilderung des Geistes, des Charakters und der Regierung Friedrichs des Zweiten,* Breslau. Sehr geistreich.
Gerber, P. (1901), «Die Schlacht bei Leuthen», *Historische Studien veröffentlicht von E. Ebering,* XXVIII, Berlin. Wertvolle Einzelheiten.
Geuder, F. C. (1902), *Briefe aus der Zeit des Ersten schlesischen Krieges,* Leipzig. Geuder war Gesandter des Prinzen von Oranien in den Jahren 1740–42.
Gieraths, G. (1964), *Die Kampfhandlungen der brandenburgisch-preußischen Armee 1626–1807,* Berlin. Verzeichnis der Garnisonen und Aufstellung der Kämpfe der preußischen Regimenter.
Giersberg, H. J., und Schendel, A. (1981), *Potsdamer Veduten,* Potsdam.
Gillies, J. (1789), *A View of the Reign of Frederick II of Prussia,* London.

Gisors, Comte de (1868) (Hrsg. C. Rousset), *Le Comte de Gisors 1732–1758*, Paris. Gisors (Sohn des Marschalls de Belle-Isle) hatte 1754 eine lange Unterredung mit Friedrich.
Goltz, C. von der (1906), *Von Roßbach bis Jena und Auerstedt*, Berlin. Über die preußische Armee in Friedrichs späteren Regierungsjahren.
Görlitz, W. (1967), *Kleine Geschichte des deutschen Generalstabes*, Berlin.
Goslich, D. (1911), *Die Schlacht bei Kolin 18. Juni 1757*, Berlin.
Gotzkowsky, J. C. (1768–9), *Geschichte eines Patriotischen Kaufmanns*, 2 Bde., Augsburg.
Granier, H. (1890), *Die Schlacht von Lobositz am 1. Oktober 1756*, Breslau.
Granier, H. (1891), «Der Prinz von Preußen und die Schlacht bei Lobositz», *Forschungen*, IV.
Großer Generalstab (siehe Abkürzungen), ferner:
«Briefe preußischer Soldaten» (1901), *Urkundliche Beiträge*, I., II.
«Friedrich des Großen Anschauungen vom Kriege in ihrer Entwicklung von 1745 bis 1756» (1899), *Kriegsgeschichtliche Einzelschriften*, XXVII, Berlin.
«Die Taktische Schulung der Preußischen Armee durch König Friedrich den Großen während der Friedenszeit 1745 bis 1756» (1900), *Kriegsgeschichtliche Einzelschriften*, XVIII–XXX, Berlin.
Guibert, J. A. (1778), *Observations sur la Constitution Militaire et Politique des Armées de S. M. Prussienne*, Amsterdam.
Guibert, J. A. (1803), *Journal d'un Voyage en Allemagne, fait en 1773*, 2 Bde., Paris.
Haeckl, J. (1912), *Geschichte der Stadt Potsdam*, Potsdam.
Hahn, O. (1912), *Friedrich der Große und Schlesien*, Kattowitz. Hahn, W. (1858), *Hans Joachim von Zieten*, Berlin.
Haller von Königsfelden, F. L. (1787), *Vie de Robert-Scipion de Lentulus*, Genf und Paris.
Haller von Königsfelden, F. L. (1796), *Militärischer Charakter und Merkwürdige Kriegsthaten Friedrichs des Einzigen*, Berlin.
Hanke, M., und Degner, H. (1935), *Geschichte der Amtlichen Kartographie Brandenburg-Preußens*, Stuttgart.
Hartkopf, H. (1940), *Generalleutnant Wilhelm Sebastian von Belling*, Stettin.
Hartung, F. (1955), «Der Aufgeklärte Absolutismus», *Historische Zeitschrift*, CLXXX.
Haworth, P. L. (1904), «Frederick the Great and the American Revolution», *American Historical Review*, IX.
Heinrich, Prinzessin (1908) (Hrsg. E. Berner und G. Volz), «Aus der Zeit des siebenjährigen Krieges. Tagebuchblätter und Briefe der Prinzessin Heinrich und des Königlichen Hauses», *Quellen und Untersuchungen zur Geschichte des Hauses Hohenzollern*, IX, Berlin.
Heinzmann, J. G. (1788), *Beobachtungen und Anmerkungen auf Reisen durch Deutschland*, Leipzig.
Helfritz, H. (1938), *Geschichte der preußischen Heeresverwaltung*, Berlin.
Henckel von Donnersmarck, V. A. (1858), *Militärischer Nachlaß des Königlich preußischen Generallieutenants . . . Henckel von Donnersmarck*, 2 Bde., Leipzig. Enthält wichtige Einzelheiten, Verfasser war Anhänger des Prinzen Heinrich von Preußen.
Henderson, W. O. (1958), *The State and the Industrial Revolution in Prussia 1740–1870*, Liverpool.
Henderson, W. O. (1963), *Studies in the Economic Policy of Frederick the Great*, London.
Herrmann, O. (1888a), «Über Parolebücher und Notizkalender aus dem siebenjährigen Kriege», *Forschungen*, I.
Herrmann, O. (1888b), «Gaudi über die Schlacht bei Torgau», *Forschungen*, II.
Herrmann, O. (1891), «Zur Charakteristik des Gaudischen Journals über den siebenjährigen Krieg», *Forschungen*, IV.
Herrmann, O. (1892), «Die Schiefe Schlachtordnung in der Schlacht bei Mollwitz», *Forschungen*, V.
Herrmann, O. (1894), «Von Mollwitz bis Chotusitz. Ein Beitrag zur Taktik Friedrichs des Großen», *Forschungen*, VII. Weist nach, daß der Schrägangriff oftmals im Ersten Schlesischen Krieg Anwendung fand.

Herrmann, O. (1895), «M. Lehmann über Friedrich den Großen und den Ursprung des siebenjährigen Krieges», *Forschungen,* VIII.
Herrmann, O. (1910), «Olmütz», *Forschungen,* XXIII.
Herrmann, O. (1911), «Zur Schlacht von Zorndorf», *Forschungen,* XXIV.
Herrmann, O. (1912), «Der Feldzugsplan Friedrichs des Großen 1758», *Historische Vierteljahrsschrift,* XV, Dresden.
Herrmann, O. (1913a), «Der ‹Sieger› von Torgau», *Forschungen,* XXVI.
Herrmann, O. (1913b), «Friedrich bei Kolin», *Forschungen,* XXVI.
Herrmann, O. (1914), «Probleme Friderizianischer Kriegskunst», *Forschungen,* XXVII.
Herrmann, O. (1918), «Prinz Ferdinand von Preußen über den Feldzug vom Jahre 1757», *Forschungen,* XXXI.
Herrmann, O. (1922), «Eine Beurteilung Friedrichs des Großen aus dem Jahre 1753» (durch Prinz Heinrich), *Forschungen,* XXXIV.
Hertzberg, Comte de (1787), *Huit Dissertations . . . lues dans les Années 1780–1787,* Berlin.
Hildebrandt, C. (1829–35), *Anekdoten und Charakterzüge aus dem Leben Friedrichs des Großen,* 6 Bde., Halberstadt und Leipzig.
Hinrichs, C. (1941), *Friedrich Wilhelm I.,* Hamburg. Gut, endet jedoch mit dem Jahr 1713.
Hinrichs, C. (1943), *Der Allgegenwärtige König. Friedrich der Große im Kabinett und auf Inspektionsreisen,* Berlin.
Hintze, O. (1919), «Friedrich der Große nach dem siebenjährigen Krieg und das Politische Testament von 1768», *Forschungen,* XXXII.
Hintze, O. (1920), «Delbrück, Clausewitz und die Strategie Friedrichs des Großen», *Forschungen,* XXXIII.
Hoen, M. (1909), «Die Schlacht bei Prag am 6. Mai 1757», *Streffleurs Militärische Zeitschrift,* Wien.
Hoen, M. (1911), «Die Schlacht bei Kolin am 18. Juni 1757», *Streffleurs Militärische Zeitschrift,* Wien. Diese beiden Werke sind die gründlichsten und beweiskräftigsten von allen Schlachtenanalysen des Siebenjährigen Krieges.
Hoffmann, A. (1903), *Der Tag von Hohenfriedeberg und Striegau,* Oppeln.
Hoffmann, A. (1912), *Unter Friedrichs Fahnen. Tagebuch-Blätter, Briefe und sonstige neue Beiträge zur Geschichte der schlesischen Kriege,* Kattowitz.
Hoffmann, J. (1981), *Jakob Mauvillon. Ein Offizier und Schriftsteller im Zeitalter der bürgerlichen Emanzipationsbewegung,* Berlin. Besonders interessant wegen der Würdigung Mirabeaus und Mauvillons «Monarchie Prussienne» aus dem Jahre 1787.
Hoppe, Musketier (Übersetzer und Hrsg. M. Lange) (1983), «A Truthful Description of the Bloody Battle of Zorndorf», *Seven Years War Association Newsletter,* I, Nr. 5, Brown Deer (Wisconsin).
Hordt, Comte de (1805), *Mémoires Historiques, Politiques et Militaires de M. le Comte de Hordt,* 2 Bde., Paris.
Hoven, J. (1936), *Der preußische Offizier des 18. Jahrhunderts. Eine Studie zur Soziologie des Staates,* Zeulenroda.
Hubatsch, W. (1973), *Frederick the Great of Prussia, Absolutism and Administration,* London.
Hülsen, C. W. (1890), *Unter Friedrich dem Großen. Aus den Memoiren des Ältervaters 1752–1773,* Berlin. Einer der besten Augenzeugenberichte. Verfasser war ein rangniedriger Offizier im Regiment Below.
Hürlimann, M. (1933), *Die Residenzstadt Potsdam. Berichte und Bilder,* Berlin.
Huschberg, J. F. (Hrsg. H. Wuttke) (1856), *Die drei Kriegsjahre 1756, 1757, 1758 in Deutschland,* Leipzig.
Immich, M. (1893a), *Die Schlacht bei Zorndorf am 25. August 1758,* Berlin.
Immich, M. (1893b), «Zur Schlacht bei Lobositz», *Forschungen,* IV.
Ingrao, C. W. (1982), «Habsburg Strategy and Geopolitics during the Eighteenth Century», in: Rothenberg, Kiraly und Sugar, 1982.
Jähns, M. (1885), *Heeresverfassung und Völkerleben. Eine Umschau,* Berlin.

Jähns, M. (1889–91), *Geschichte der Kriegswissenschaften vornehmlich in Deutschland,* 3 Bde., München. Mit umfangreicher Bibliographie, die Auszüge aus zahlreichen, sonst unzugänglichen Quellen enthält.

Janson, A. (1913), *Hans Karl von Winterfeldt, des Großen Königs Generalstabschef,* Berlin.

Jany, C. (1901), «Das Gaudische Journal des siebenjährigen Krieges. Feldzüge 1756 und 1757», *Urkundliche Beiträge,* I, Heft 3.

Jany, C. (1903), «Die Gefechtsausbildung der preußischen Infanterie vor 1806», *Urkundliche Beiträge,* I, Heft 5.

Jany, C. (1904), «Der preußische Kavalleriedienst vor 1806», *Urkundliche Beiträge,* VI.

Jany, C. (1907), «Zum Friedenstage. Das Treffen von Burkersdorf am 21. Juli 1762», *Beihefte zum Militär-Wochenblatt,* Berlin.

Jany, C., und Menzel, A. (1908), *Die Armee Friedrichs des Großen in ihrer Uniformierung,* Berlin. Hervorragend illustriert.

Jany, C. (1912), «Aus den Erinnerungen eines Leibpagen des Großen Königs» (d. i. Puttlitz), *Hohenzollern-Jahrbuch,* Berlin.

Jany, C. (1923), «Der siebenjährige Krieg. Ein Schlußwort zum Generalstabswerk», *Forschungen,* XXXV.

Jany, C. (1928–9), *Geschichte der Königl. preußischen Armee bis zum Jahre 1807,* 3 Bde., Berlin. Reprint Osnabrück 1967. Die «Bibel» jedes ernsthaften Friedrich-Forschers.

Jany, C. (1941), «Einige Bemerkungen zur Schlacht bei Torgau», *Forschungen,* LIII.

Johnson, H. C. (1975), *Frederick the Great and his Officials,* New Haven.

Johnson, H. C. (1982), «Frederick the Great. The End of the Philosopher-King Concept», Vortrag an der Jahresversammlung der International Commission of Military History, Washington, 1982.

Kaeber, E. (1907), *Die Idee des europäischen Gleichgewichts in der Publizistischen Literatur vom 16. bis zur Mitte des 18. Jahrhunderts,* Berlin.

Kalisch, C. G. (1828), *Erinnerungen an die Schlacht bei Zorndorf,* Berlin.

Kalkreuth, Feldmarschall (1839–40), «Kalkreuth zu seinem Leben und zu seiner Zeit . . . Erinnerungen des General-Feldmarschalls Grafen von Kalkreuth», *Minerva,* 1839, IV; 1840, II–IV, Dresden. Seinem Sohn in die Feder diktiert. Sehr kritische Äußerungen über Friedrich.

Kaltenborn, R. W. (1790–1), *Briefe eines Alten preußischen Officiers, verschiedene Charakterzüge Friedrichs des Einzigen betreffend,* 2 Bde., Hohenzollern, 1790–1. Eine weitere, nicht von Sympathie gekennzeichnete Darstellung Friedrichs. Major Kaltenborn mußte 1780 die preußische Armee verlassen; mit dem König war er erst in dessen letzten Lebensjahren bekanntgeworden.

Kaltenborn, R. W. (1792), *Schreiben des Alten preußischen Officiers an seinen Freund,* Hohenzollern. (Als Antwort auf Ziesemers 1791 erschienenes Buch.)

Kann, R. A. (1982), «Reflections on the Causes of Eighteenth-Century Warfare in Europe», in: Rothenberg, Kiraly und Sugar, 1982.

Kapp, F. (1858), *Leben des amerikanischen Generals F. W. von Steuben,* Berlin.

Kaunitz, W. (1974), «Votum über das Militare 1762», in: «Zeitgenössische Studien über die Altpreußische Armee», *Altpreußischer Kommiß* (Hrsg. Bleckwenn), Osnabrück.

Keibel, R. (1899), *Die Schlacht von Hohenfriedberg,* Berlin.

Keibel, R. (1901), «Die schräge Schlachtordnung in den beiden ersten Kriegen Friedrichs des Großen», *Forschungen,* XIV.

Keith, J. (?) (1759), *A Succinct Account of the Person, the Way of Living, and of the Court of the King of Prussia, Translated from a Curious Manuscript in French, found in the Cabinet of the Late Field Marshal Keith,* London.

Kessel, E. (1933), «Friedrich der Große am Abend der Schlacht bei Torgau», *Forschungen,* XLVI.

Kessel, E. (1937), «Quellen und Untersuchungen zur Geschichte der Schlacht bei Torgau», *Schriften der Kriegsgeschichtlichen Abteilung im Historischen Seminar der Friedrich-Wilhelms-Universität Berlin,* Allgemeine Reihe, XVII, Berlin.

Kielmansegg, E. F. (1906), «Über Entstehung und Bedeutung der unter Friedrich dem Großen abgehaltenen Manöver», *Beihefte zum Militär-Wochenblatt,* Berlin.

Kling, C. (1902–12), *Geschichte der Bekleidung, Bewaffnung und Ausrüstung des Königlich preußischen Heeres,* 3 Bde., Weimar.
Knesebeck, E. J. (Hrsg.) (1857), *Ferdinand Herzog zu Braunschweig und Lüneburg während des siebenjährigen Krieges,* 2 Bde., Hannover.
Koschatzky, W., und Krasa, S. (1982), *Herzog Albert von Sachsen-Teschen 1738–1822,* Wien.
Koser, R. (1890), «Zur Schlacht bei Mollwitz», *Forschungen,* III.
Koser, R. (1891), «Tagebuch des Kronprinzen Friedrich aus dem Rheinfeldzuge von 1724», *Forschungen,* IV.
Koser, R. (1894), «Eine französische Schilderung des preußischen Heeres von 1748» (d. h. Valoris *Observations sur le Service Militaire du Roi de Prusse), Forschungen,* VII.
Koser, R. (1898), «Bemerkungen zur Schlacht von Kolin», *Forschungen,* XI.
Koser, R. (1900), «Die preußischen Finanzen im siebenjährigen Kriege», *Forschungen,* XIII.
Koser, R. (1901), «Zur Geschichte der Schlacht von Torgau», *Forschungen,* XIV.
Koser, R. (1904a), «Die preußische Kriegsführung im siebenjährigen Kriege», *Historische Zeitschrift,* LVI (neue Reihe), München und Berlin.
Koser, R. (1904b), «Zur Geschichte des Preußischen Feldzugsplanes vom Frühjahr 1757», *Historische Zeitschrift,* LVII, München und Berlin.
Koser, R. (1910), «Prinz Heinrich und Generalleutnant von Möllendorff im bayerischen Erbfolgekrieg», *Forschungen,* XXIII.
Koser, R. (1921), *Geschichte Friedrichs des Großen,* 4 Bde., Stuttgart. Reprint Darmstadt 1963.
Krause, G. (1965), *Altpreußische Uniformfertigung als Vorstufe der Bekleidungsindustrie,* Hamburg.
Krauske, O. (1894), «Die Briefe des Kronprinzen Friedrich von Preußen an den Fürsten Leopold und an die Prinzen von Anhalt-Dessau», *Forschungen,* VII.
Krieger, B. (1914), *Friedrich der Große und seine Brüder,* Leipzig.
Krieger, L. (1975), *An Essay on the Theory of Enlightened Despotism,* Chicago.
Kröger, M. E. (Hrsg. K. T. Gaedertz) (1893), *Friedrich der Große und General Chasot,* Bremen. Chasots Erinnerungen, von seinem Freund Kröger aufgezeichnet. Darin eine interessante Darstellung der Schlacht von Hohenfriedberg.
Krogh, G. K. (Hrsg. A. Aubert) (1913), «Prag und Kolin. Ein glücklicher und ein unglücklicher Tag aus dem Kriegsleben des Großen Königs. Nach dem Tagebuch eines norwegischen Offiziers», *Beihefte zum Militär-Wochenblatt,* Berlin.
Kunisch, J. (1978), *Das Mirakel des Hauses Brandenburg,* München.
Küster, C. D. (1791), *Bruchstück seines Campagnelebens im siebenjährigen Kriege,* Berlin. Erinnerungen eines Feldpredigers. Enthalten eine sehr lebendige Schilderung der Schlacht von Hochkirch.
Küster, C. D. (1793), *Characterzüge des preußischen General-Lieutenants von Saldern,* Berlin.
Küttner, K. G. (1801), *Reise durch Deutschland,* Leipzig.
[Lafayette] *Memoirs and Correspondence of General Lafayette* (1837), 3 Bde., London.
Laubert, M. (1900), «Die Schlacht bei Kunersdorf am 12. August 1759», Berlin. Gut, aber vor Bekanntwerden des russischen Quellenmaterials veröffentlicht.
Laubert, M. (1912), «Die Schlacht bei Kunersdorf nach dem Generalstabswerk», *Forschungen,* XXV.
Laukhard, F. C. (1930), *Magister F. Ch. Laukhards Leben und Schicksale,* 2 Bde., Stuttgart. Alltagsleben im Regiment Anhalt-Bernburg.
Lehmann, M. (1886–7), *Scharnhorst,* 2 Bde., Leipzig. Scharnhorsts Besuch Preußens im Jahre 1783 wird eingehend beschrieben.
Lehmann, M. (1891), «Werbung, Wehrpflicht und Beurlaubung im Heere Friedrich Wilhelms I.», *Historische Zeitschrift,* LXVII, München und Berlin.
Lehmann, M. (1894), *Friedrich der Große und der Ursprung des siebenjährigen Krieges,* Leipzig.

Lehndorff, E. (1907), *Dreißig Jahre am Hofe Friedrichs des Großen,* Gotha. Als Kammerherr der Königin erfuhr Lehndorff viel Hofklatsch.

Lehndorff, E. (1910–13), *Nachträge,* 2 Bde., Gotha.

Lemcke, J. F. (Hrsg. R. Walz) (1909), «Kriegs- und Friedensbilder aus den Jahren 1754–1759. Nach dem Tagebuch des Leutnants Jakob Friedrich von Lemcke 1738–1810». *Preußische Jahrbücher,* CXXXVIII, Berlin.

Ligne, C. J. (1795–1811), *Mélanges Militaires, Littéraires et Sentimentaires,* 34 Bde., Dresden.

Ligne, C. J. (1923), *Mémoires et Lettres du Prince de Ligne,* Paris.

Ligne, C. J. (1928), *Fragments de l'Histoire de ma Vie,* 2 Bde., Paris.

Lippe-Weißenfeld, E. (1866), *Militaria aus König Friedrichs des Großen Zeit,* Berlin.

Lippe-Weißenfeld, E. (1868), *Fridericus Rex und sein Heer. Ein Stück preußischer Armeegeschichte,* Berlin.

Lojewsky, J. G. (1843), *Selbstbiographie des Husaren-Obersten von . . . Ky,* 2 Bde., Leipzig.

Lossow, L. M. (1826), *Denkwürdigkeiten zur Charakteristik der preußischen Armee unter dem Großen König Friedrich dem Zweiten,* Glogau. Viele scharfsinnige Bemerkungen.

Luvaas, J. (1966), *Frederick the Great and the Art of War,* New York. Eine Auswahl und Kritik der militärischen Schriften Friedrichs. Einzige Quelle dieser Art in englischer Sprache.

Macaulay, T. B. (1864), *Critical and Historical Essays,* 2 Bde., London.

McNeill, W. H. (1982), *The Pursuit of Power. Technology, Armed Force, and Society since A. D. 1000,* Oxford.

Malachowski, D. (1892), *Scharfe Taktik und Revuetaktik im 18. und 19. Jahrhundert,* Berlin.

Mamlock, G. L. (1904), «Krankheit und Tod des Prinzen August Wilhelm, des Bruders Friedrichs des Großen», *Forschungen,* XVII.

Mamlock, G. L. (1907), *Friedrichs des Großen Korrespondenz mit Ärzten,* Stuttgart.

Mansel, P. (1982), «Monarchy, Uniform and the Rise of the Frac 1760–1830», *Past and Present,* XCVI, Oxford.

Marcus, H. (1927), *Friedrichs des Großen Literarische Propaganda in England,* Berlin und Hamburg.

Marshall, J. (1772), *Travels . . . in the Years 1768, 1769 and 1770,* 3 Bde., London.

Martiny, F. (1938), «Die Adelsfrage in Preußen vor 1806», *Vierteljahrsschrift für Sozial- und Wirtschaftsgeschichte, Beiheft XXXV,* Stuttgart und Berlin.

Maßenbach, A. L. (1808), *Rückerinnerungen an große Männer,* 2 Bde., Amsterdam.

Mauvillon, E. (1756), *Histoire de la dernière Guerre de Bohême,* 3 Bde., Amsterdam.

Mauvillon, J. (1794), *Geschichte Ferdinands Herzogs von Braunschweig-Lüneburg,* 2 Bde., Leipzig.

Meyer, C. (1902), *Briefe aus der Zeit des Ersten Schlesischen Krieges,* Leipzig.

Meyer, P. (1955), *Zeitgenössische Beurteilung und Auswirkung des siebenjährigen Krieges (1756–1763) in der Evangelischen Schweiz,* Basel.

Mirabeau, H. G., und Mauvillon, J. (1788), *Système Militaire de la Prusse,* London. Sonderdruck von Teilen ihrer *Monarchie Prussienne* von 1787. Siehe die Diskussion bei: Hoffmann, J. (1981), Seiten 245–276.

Mitchell, A. (1850), *Memoirs and Papers of Sir Andrew Mitchell K. B.,* 2 Bde., London.

Mitford, N. (1970), *Frederick the Great,* London. Gute Darstellung der Freundschaften des Königs. Ausgezeichnet bebildert.

Mittenzwei, I. (1979), *Friedrich II. von Preußen.* Eine Biographie, (Ost-)Berlin.

Mollwo, L. (1893), *Die Kapitulation von Maxen,* Marburg.

Mollwo, L. (1899), *Hans Carl von Winterfeldt,* München und Leipzig.

Mollwo, L. (1913), «Friedrich der Große nach der Schlacht bei Kunersdorf», *Forschungen,* XXV.

Mönch, W. (1943), *Voltaire und Friedrich der Große,* Berlin.

Moore, J. (1779), *A View of Society and Manners in France, Switzerland and Germany,* 2 Bde., London. Vom Vater Sir John Moores.

Müller, J. C. (1759), *Der wohl exercirte preußische Soldat,* Schaffhausen. Reprint Osnabrück 1978.
Müller, L. (1788), *Tableau des Guerres de Frédéric le Grand,* Potsdam. Von einem Ingenieurleutnant. Kurz, aber interessant.
Natzmer, G. E. (1870), *George Christoph von Natzmer, Chef der Weißen Husaren,* Hannover.
Naude, A. (1888), «Aus ungedruckten Memoiren der Brüder Friedrichs des Großen. Die Entstehung des siebenjährigen Krieges und der General von Winterfeldt», *Forschungen,* I.
Naude, A. (1892a), «Zur Schlacht bei Prag», *Forschungen,* V.
Naude, A. (1892b), «Berichte des Prinzen Moritz von Anhalt-Dessau über die Schlachten bei Prag, Kolin, Roßbach, Leuthen und Zorndorf», *Forschungen,* V.
Naude, A. (1893), «Das Korps des Feldmarschalls Keith in der Schlacht bei Prag. Entgegnung gegen H. Delbrück», *Forschungen,* IV.
Naude, A. (1895–6), «Beiträge zur Entstehungsgeschichte des siebenjährigen Krieges», *Forschungen,* VIII–IX.
Naumann, Regiments-Quartiermeister (1782–5), *Sammlung ungedruckter Nachrichten, so die Geschichte der Feldzüge der Preußen von 1740 bis 1779 erläutern,* 5 Bde., Dresden.
Nelson, W. H. (1972), *Germany Rearmed,* New York. Über das Weiterbestehen preußischer Werte in der Bundeswehr.
Nettelbeck, J. (1821), *Eine Lebensbeschreibung von ihm selbst,* Leipzig.
Netzer, H. J. (Hrsg.) (1968), *Preußen – Porträt einer politischen Kultur,* München.
Nicolai, F. (1788–92), *Anekdoten von König Friedrich II. von Preußen,* 6 Bde., Berlin.
Nisbet, H. B. (1982), «‹Was ist Aufklärung?› The Concept of Enlightenment in Eighteenth-Century Germany», *Journal of European Studies,* XII, Teil 2, Nr. 46, Chalfont St Giles.
Noack, K. H. (1979), «Friedrich II. und der altpreußische Militärstaat im Urteil der Geschichtsschreibung der BRD», *Revue Internationale d'Histoire Militaire,* XLII, Potsdam.
Ollech, General (1883), *Worin besteht der Unterschied und die Gleichheit der Armee Friedrichs des Großen mit der heutigen Armee unseres Vaterlandes?,* Berlin.
Orlich, L. (1842), *Fürst Moritz von Anhalt-Dessau. Ein Beitrag zur Geschichte des siebenjährigen Krieges.* Berlin. Brauchbare Zusammenstellung von Briefen.
Ortmann, A. D. (1759), *Patriotische Briefe,* Berlin und Potsdam.
Osten-Sacken, O. (1911), *Preußens Heer von seinen Anfängen bis zur Gegenwart,* I, Berlin. Gut.
Paczynski-Tenczyn, Lieutenant (1896), *Lebensbeschreibung des General-Feldmarschalls Keith,* Berlin.
Palmer, J. M. (1937), *General von Steuben,* New Haven.
Palmer, R. R. (1943), «Frederick the Great, Guibert, Bülow. From Dynastic to National War», *Makers of Modern Strategy* (Hrsg. E. M. Earle), Princeton.
Paret, P. (1966), *Yorck and the Era of Prussian Reform 1807–1815,* Princeton.
Paret, P. (Hrsg.) (1972), *Frederick the Great. A Profile,* London.
Pauli, C. F. (1758–64), *Leben großer Helden des gegenwärtigen Krieges,* 9 Bde., Halle.
Pauli, C. F. (1768), *Denkmale berühmter Feld-Herren,* Halle.
Pausch, G. (1886), *Journal of Captain Pausch,* Albany.
Peters, Hauptmann (1902), «Die Österreichischen Befestigungen an der Oberen Elbe», *Mittheilungen des K. u. K. Kriegs-Archivs,* V, Wien.
Pfeiffer, E. (1904), *Die Revuereisen Friedrichs des Großen, besonders die schlesischen nach 1763,* Berlin.
Pilati di Tassulo, C. A. (1977), *Voyages en différents Pays de l'Europe,* 2 Bde., Den Haag. Reprint.
Pilati di Tassulo, C. A. (?) (1784), *Briefe aus Berlin über verschiedene Paradoxe dieses Zeitalters,* Berlin und Wien 1784.
Piozzi, H. L. (1789), *Observations and Reflections made in the course of a Journey through France, Italy and Germany,* 2 Bde., London.

Podewils, O. C. (1937), *Friedrich der Große und Maria Theresia. Diplomatische Berichte von Otto Christoph von Podewils,* Berlin.

Pounds, N. J. (1979), *An Historical Geography of Europe 1500–1840,* Cambridge.

Preitz, M. (1912), *Prinz Moritz von Dessau im siebenjährigen Kriege,* München und Berlin.

Preuß, J. D. (1832–4), *Urkundenbuch zu der Lebensgeschichte Friedrichs des Großen,* 5 Bde., Berlin.

Prittwitz und Gaffron, C. W. (1935), *Unter der Fahne des Herzogs von Bevern. Jugenderinnerungen,* Breslau. Von einem ehemaligen Offizier des Regiments Bevern.

Proebst, H. (1939), *Die Brüder. Friedrich der Große, August Wilhelm, Heinrich, Ferdinand,* Berlin.

Proß, H. (1968), «Preußens klassische Epoche», in: Netzer, 1968.

Prutz, H. (1895), «Zur Kontroverse über den Ursprung des siebenjährigen Krieges», *Forschungen,* VIII.

Radda, K. (1897), *Der baierische Erbfolgekrieg und der Friede zu Teschen,* Teschen und Leipzig.

Rehfeld, P. (1944), «Die preußische Rüstungsindustrie unter Friedrich dem Großen», *Forschungen,* LV.

Retzow, F. A. (1802), *Charakteristik der wichtigsten Ereignisse des siebenjährigen Krieges,* 2 Bde., Berlin. Der Autor war junger Offizier im Siebenjährigen Krieg und Sohn des übel behandelten Generalleutnants Wolf Friedrich von Retzow.

Riesebeck, K. (1784), *Briefe eines reisenden Franzosen über Deutschland,* 2 Bde., ohne Ortsangabe.

Ritter, G. (1954), *Staatskunst und Kriegshandwerk,* Teil I, *Die Altpreußische Tradition 1740–1890,* München.

Rosenberg, R. R. (1958), «Bureaucracy, Aristocracy and Autocracy, the Prussian Experience 1660–1815», *Harvard Historical Monographs,* XXXIV, Cambridge (Mass.)

Rosinski, H. (1970), *Die Deutsche Armee,* Düsseldorf und Wien.

Rothenberg, G., Kiraly, G. K., und Sugar, P. E. (Hrsg.) (1982), *East Central European Society and War in Pre-Revolutionary Europe,* New York.

Rothfels, H. (1926), «Friedrich der Große in den Krisen des siebenjährigen Krieges», *Historische Zeitschrift,* München und Berlin, CXXXIV.

Sack, F. S. (1778), *Brief über den Krieg,* Berlin.

Sagarra, E. (1974), «The Image of Frederick II of Prussia in Germany in the Century before Unification», *European Studies Review,* IV, Nr. I, London.

Salmon, T. (1752–3), *The Universal Traveller,* 2 Bde., London.

Sanders, H. (1783–4), *Beschreibung seiner Reisen,* 2 Bde., Leipzig.

Scharfenort, L. A. (1895), *Die Pagen am brandenburg-preußischen Hofe 1415–1895,* Berlin.

Scharfenort, L. A. (1914), *Kulturbilder aus der Vergangenheit des Altpreußischen Heeres,* Berlin.

Scharnhorst, G. (1790), *Handbuch für Officiere,* Hannover.

Scharnhorst, G. (1794), *Unterricht des Königs von Preußen an die Generale seiner Armeen,* Hannover.

Scheffner, J. G. (1823), *Mein Leben,* Leipzig. Erinnerungen an die Dienstzeit als junger Offizier im Regiment Ramin.

Schieder, T. (1979), «Macht und Recht. Der Ursprung der Eroberung Schlesiens durch König Friedrich II. von Preußen», *Hamburger Jahrbuch für Wirtschafts- und Gesellschaftspolitik,* 1979, Hamburg.

Schieder, T. (1982), «Friedrich der Große und Machiavelli – das Dilemma von Machtpolitik und Aufklärung», *Historische Zeitschrift,* CCXXXIV, Hamburg.

Schieder, T. (1983), *Friedrich der Große: ein Königtum der Widersprüche,* Frankfurt/Main.

Schlenke, M. (1963), *England und das friderizianische Preußen 1740–1763,* Freiburg und München.

Schlözer, K. (1878), *General Graf Chasot,* Berlin.

Schmettau, F. W. (1789), *Über den Feldzug der preußischen Armee in Böhmen im Jahre 1778*, Berlin. Wichtig.

Schmettau, G. F. (1806), *Lebensgeschichte des Grafen von Schmettau*, 2 Bde., Berlin.

Schmidt, K. (1911), *Die Tätigkeit der preußischen Freibataillone in den beiden ersten Feldzügen des siebenjährigen Krieges (1757–8)*, Leipzig. Zeichnet ein ungewöhnlich günstiges Bild von diesen Truppenteilen.

Schmitt, R. (1885–97), *Prinz Heinrich von Preußen als Feldherr im siebenjährigen Kriege*, 2 Bde., Greifswald.

Schnackenburg, E. (1883a). «Die Freicorps Friedrichs des Großen», *Beihefte zum Militär-Wochenblatt*. Berlin.

Schnackenburg, E. (1883b), «Heerwesen und Infanteriedienst vor 100 Jahren», *Jahrbücher für die deutsche Armee und Marine*, XLVI–XLVII, Berlin.

Schnackenburg, E. (1895), «Friedrichs des Gr. persönliche Fürsorge für die Verwundeten und Kranken seines Heeres», *Jahrbücher für die deutsche Armee und Marine*, XCIV, Berlin.

Schnitter, H. (1979), «Die Schlacht bei Torgau 1760», *Militärgeschichte*, 1979, Nr. 2, Potsdam.

Schoenaich, Rittmeister (1908), «Die Exekution gegen Herstal im September und Oktober 1740», *Beihefte zum Militär-Wochenblatt*, Berlin. Gute Studie über eine von Historikern vernachlässigte Episode.

Schöning, Geheim-Rath (1808), Friedrich der Zweite, König von Preußen, Berlin. Von einem Hofbeamten Friedrichs.

Schultz, W. (1887), *Die preußischen Werbungen unter Friedrich Wilhelm I. und Friedrich dem Großen*, Schwerin.

Schwarze, K. (1936), *Der siebenjährige Krieg in der zeitgenössischen deutschen Literatur*, Berlin.

Schwerin, D. (1928), *Feldmarschall Schwerin*, Berlin.

Scott, H. M. (1983), «Whatever happened to Enlightened Despotism?», *History*, LXVIII, Nr. 223, London.

Seidl, C. (1781), *Versuch einer Militärischen Geschichte des bayerischen Erbfolge-Kriegs im Jahre 1778*, 3 Bde., Königsberg.

Seidl, C. (1821), *Beleuchtung manches Tadels Friedrichs des Großen, Königs von Preußen*, Liegnitz.

Shanahan, W. O. (1982), «Enlightenment and War. Austro-Prussian Military Practice, 1760–1790», in: Rothenberg, Kiraly und Sugar (1982).

Sherlock, K. (1779), *Lettres d'un Voyageur Anglais*, London.

Silva, Marquis de (1778), *Pensées sur la Tactique et la Stratégie*, Turin.

Skalweit, S. (1952), *Frankreich und Friedrich der Große. Der Aufstieg Preußens in der öffentlichen Meinung des «Ancien Régime»*, Bonn.

Södenstern, A. (1867), *Der Feldzug des Königlich preußischen Generals der Infanterie Heinr. Aug. Baron de la Motte Fouqué*, Kassel.

Spaethe, W. E. (1936), *Fridericus erobert Schlesien*, Breslau.

Steinberger, J. (Hrsg. A. Kahlert) (1840), *Breslau vor hundert Jahren. Auszüge einer handschriftlichen Chronik*, Breslau.

Stille, C. L. (1764), *Les Campagnes du Roi de Prusse, avec des Réflexions sur les Causes des Evénements*. Amsterdam. Hervorragend.

Stolz, G. (1970), «Generalleutnant Daniel F. von Lossow (1721–83)», *Zeitschrift für Heereskunde*. CCXXXI, Berlin.

Stutzer, D. (1978), «Das preußische Heer und seine Finanzierung in zeitgenössischer Darstellung 1740–1790», *Militärgeschichtliche Mitteilungen*, XXIV, Freiburg.

Szent-Ivany, G. (Hrsg. Oberst Sommeregger) (1911), «Die Schlacht bei Prag im Jahre 1757», *Mitteilungen des K. u. K. Kriegsarchivs*, 3. Folge, VII, Wien.

Taysen, A. (1880), *Die Militärische Thätigkeit Friedrichs des Großen im Jahre 1780*, Berlin.

Taysen, A. (1882), *Zur Beurtheilung des siebenjährigen Krieges*, Berlin.

Taysen, A. (1886), *Die Militärische Thätigkeit Friedrichs des Großen während seines letzten Lebensjahres,* Berlin.

Taysen, A. (1891), *Die äußere Erscheinung Friedrichs des Großen,* Berlin.

Tempelhoff, G. F. (1783–1801), *Geschichte des siebenjährigen Krieges in Deutschland,* 6 Bde., Berlin. Eine lebendige Überarbeitung des uninteressanten ursprünglichen Werkes von H. E. E. Lloyd.

Temperley, H. (1915), *Frederick the Great and Kaiser Joseph,* London.

Tettelbach, A. B. (1934), «Der böhmische Feldzug Friedrichs des Großen im Lichte schlieffenscher Kritik», *Schriften der Kriegsgeschichtlichen Abteilung im Historischen Seminar der Friedrich-Wilhelms-Universität,* IX, Berlin.

Thadden, F. L. (1967), *Feldmarschall Daun,* Wien. Besonders interessant wegen Giannis Bericht über die Spandauer Manöver von 1753.

Tharau, F. .K. (1968), *Die geistige Kultur des preußischen Offiziers von 1640 bis 1806,* Mainz.

Thiébault, D. (1813), *Mes Souvenirs de vingt Ans de Séjour à Berlin,* 4 Bde., Paris.

Thiébault de Liveaux, J. C. (1788–9), *Vie de Frédéric II Roi de prusse,* 7 Bde., Straßburg.

Thürriegel, J. C. (1766), *Merkwürdige Lebensgeschichte des Generalmajors Herrn v. Gschray,* Frankfurt und Leipzig. Reprint Osnabrück 1974.

Tielke, J. G. (1776–86), *Beiträge zur Geschichte des Krieges von 1756 bis 1763,* 6 Teile, Freiberg. Von einem sehr angesehenen sächsischen Stabsoffizier. Die Karten sind erstaunlich genau.

Toulongeon und Huilin (Hrsg. Finot, J., und Galmiche-Bouvier, R.) (1881), *Une Mission Militaire en Prusse, en 1786,* ohne Ortsangabe. Von zunehmender Bedeutung.

Trenck, F. (1789), *Mémoires de Frédéric Baron de Trenck,* 3 Bde., Strasbourg und Paris. Unterhaltsam, aber historisch unzuverlässig.

Troschke, T. (1865), *Die Beziehungen Friedrichs des Großen zu seiner Artillerie,* Berlin.

Unger, W. (1906), *Wie ritt Seydlitz? Eine Studie über Pferde, Reiter und Reitkunst in der Kavallerie Friedrichs des Großen,* Berlin. Gut.

Valori, G. L. H. (1820), *Mémoires des Négociations du Marquis de Valori,* 2 Bde., Paris. Ein Exemplar dieses sehr seltenen Buches befindet sich in der Stadtbibliothek von Troyes.

Varnhagen von Ense, K. A. (1834), *Leben des Generals Freiherrn von Seydlitz,* Berlin.

Varnhagen von Ense, K. A. (1836), *Leben des Generals Hans Karl von Winterfeldt,* Berlin. Varnhagen schrieb in sensationslüsternem Stil, doch bewies er Geschick darin, Augenzeugen aufzuspüren und kuriose Details ans Tageslicht zu bringen.

Ventré-Nouvel, J. (1981), «L'Alliance Franco-Bavaroise-Prusso-Saxonne contre l'Autriche pendant la Campagne de Bohême de 1742», Vortrag auf der Jahresversammlung der International Commission of Military History, Montpellier.

Vitzthum von Eckstaedt, C. F. (1866), *Die Geheimnisse des sächsischen Cabinets,* Ende 1745 bis Ende 1756, Stuttgart.

Volz, G. B., und Küntzel, O. (1889), «Preußische und österreichische Acten zur Vorgeschichte des siebenjährigen Krieges», *Publicationen aus den K. Preußischen Staatsarchiven,* LXXIV, Leipzig.

Volz, G. B. (1907), «Ein österreichischer Bericht über den Hof Friedrichs des Großen», *Hohenzollern Jahrbuch,* Berlin.

Volz, G. B. (1926–7), *Friedrich der Große im Spiegel seiner Zeit,* 3 Bde., Berlin. Eine reichbestückte Schatzkammer, die eine Vielzahl zeitgenössischer Berichte enthält.

Volz, G. B. (1909), «Friedrich der Große am Schreibtisch», *Hohenzollern Jahrbuch,* Berlin.

Volz, G. B. (1913), «Friedrich der Große nach der Schlacht bei Kunersdorf, Eine Entgegnung», *Forschungen,* XXVIII. Erwiderung auf Mollows Artikel von 1913.

Volz, G. B. (1923), «Die Parchwitzer Rede», *Forschungen,* XXXV. Die wohl authentischste Fassung der berühmten Ansprache.

Volz, G. B. (1926), *Friedrich der Große und Trenck,* Berlin.

Waddington, R. (1896), *Louis XV et le Renversement des Alliances,* Paris.

Waldeyer, W. (1900), *Die Bildnisse Friedrichs des Großen und seine äußere Erscheinung,* Berlin.

Warnery, C. E. (1785–91), *Des herrn Generalmajor von Warnery sämtliche Schriften,* 9 Bde., Hannover.

Warnery, C. E. (1788), *Campagnes de Frédéric II, Roi de Prusse, de 1756 à 1762,* Amsterdam.

Weber, H. (1890), «Venezianische Stimmen zum siebenjährigen Krieg», *Forschungen,* III.

Wedell, M. (1876), *Ein Preußischer Diktator. Karl Heinrich von Wedell,* Berlin.

Wengen, F. (1890), *Karl Graf zu Wied, Königlich preußischer Generallieutenant,* Gotha. Besonders interessant wegen der Schilderung des Feldzuges von 1762.

Westphalen, C. H. (1859–72), *Geschichte der Feldzüge des Herzogs Ferdinand von Braunschweig-Lüneburg,* 5 Bde., Berlin.

Wiarda, T. D. (1792–1817), *Ostfriesische Geschichte,* 10 Bde., Aurich und Leer.

Willebrandt, J. P. (1758), *Historische Berichte und practische Anmerkungen auf Reisen,* Frankfurt und Leipzig.

Wiltsch, J. E. (1858), *Die Schlacht von nicht bei Roßbach oder die Schlacht auf den Feldern von und bei Reichardtswerben,* Reichardtswerben.

Winter, G. (1886), *Hans Joachim von Zieten,* 2 Bde., Leipzig 1886.

Witzleben, A. (1851), *Aus alten Parolebüchern der Berliner Garnison zur Zeit Friedrichs des Großen,* Berlin.

Woche, K. (1969), «Christian Nikolaus von Linger. Offizier unter drei Königen», *Zeitschrift für Heereskunde,* XXXIII–XXXIV, Berlin. Über den alten Artilleriefachmann.

Wolfslast, W. (1941), *Die Kriege Friedrichs des Großen,* Stuttgart.

Wraxall, N. W. (1806), *Memoirs of the Courts of Berlin, Dresden, etc.,* 2 Bde., London.

Wuttke, H. (1842–3), *König Friedrichs des Großen Besitzergreifung von Schlesien,* 2 Bde., Leipzig.

Yorke, P. (1913), *The Life and Correspondence of Philip Yorke, Earl of Hardwicke,* 3 Bde., Cambridge. Von Interesse im Hinblick auf Generalmajor Joseph Yorkes Anwesenheit bei der Kampagne von 1758 in Mähren. Sein Brief vom 31. Juli ist die beste Einzelbeschreibung von Friedrichs Tagesablauf während eines Feldzuges.

Zedlitz, C. A. (1776), *Sur le Patriotisme considéré comme Objet d'Éducation dans les États monarchiques,* Berlin.

Ziesemer, Feldprediger (1791), *Briefe eines preußischen Feldpredigers verschiedene Charakterzüge Friedrichs des Einzigen betreffend,* Potsdam. Eine Erwiderung auf Kaltenborn.

Zimmermann, J. G. (1788), *Über Friedrich den Großen und meine Unterredungen mit Ihm kurz vor seinem Tode,* Leipzig.

Zimmermann, J. G. (1790), *Fragmente über Friedrich den Großen,* 3 Bde., Leipzig.

Zottmann, A. (1937), *Die Wirtschaftspolitik Friedrichs des Großen. Mit besonderer Berücksichtigung der Kriegswirtschaft,* Leipzig und Wien.

REGISTER

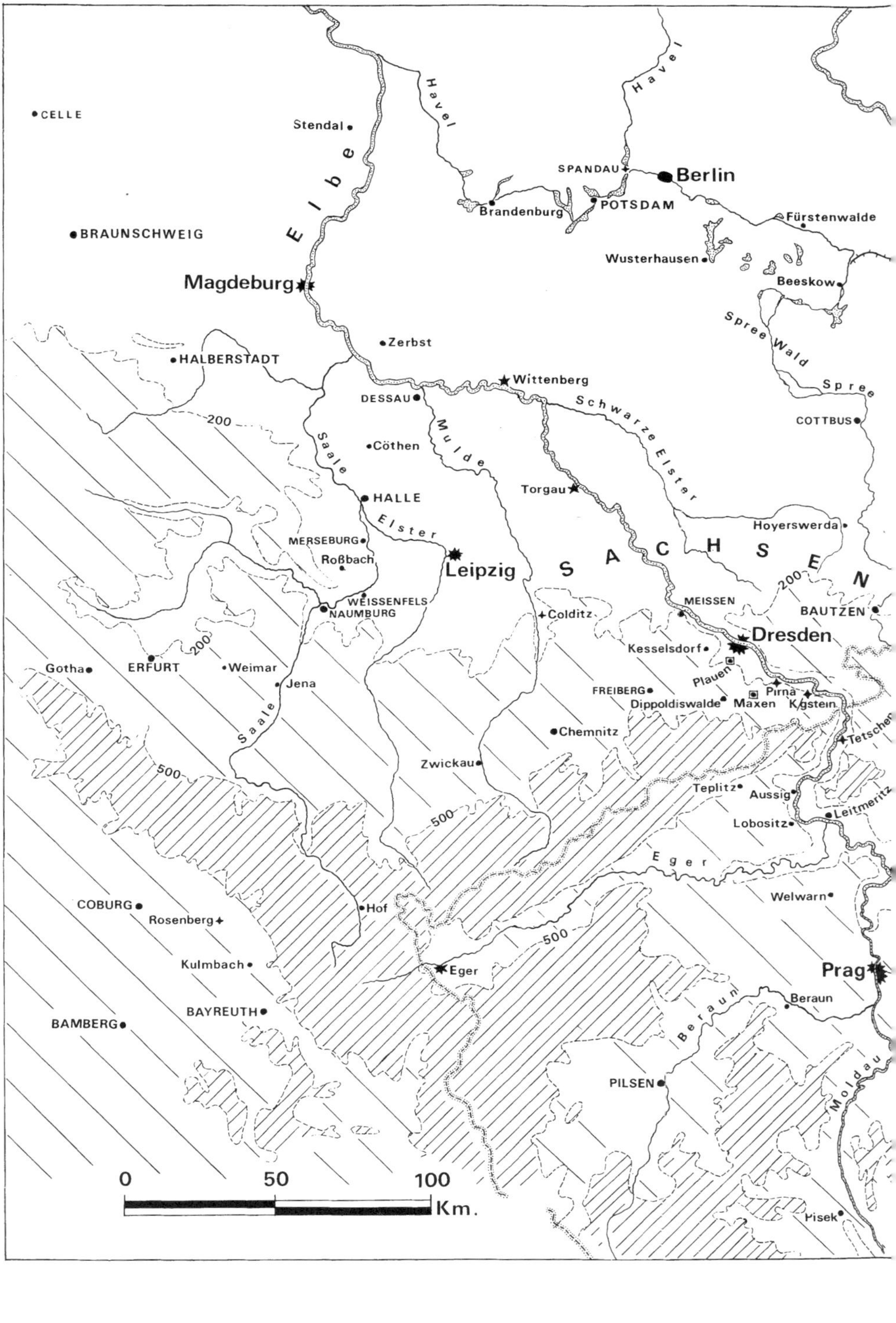

CELLE
Stendal
Elbe
Havel
Havel
SPANDAU
Berlin
Brandenburg
POTSDAM
Fürstenwalde
BRAUNSCHWEIG
Wusterhausen
Magdeburg
Beeskow
Spree Wald
Zerbst
HALBERSTADT
Wittenberg
DESSAU
Spree
Schwarze Elster
COTTBUS
200
Saale
Mulde
Cöthen
Torgau
HALLE
Hoyerswerda
Elster
MERSEBURG
Leipzig
Roßbach
SACHSEN
WEISSENFELS
NAUMBURG
Colditz
MEISSEN
BAUTZEN
Dresden
Kesselsdorf
Gotha
ERFURT
Weimar
Jena
Plauen
FREIBERG
Pirna
Dippoldiswalde
Maxen
Kgstein
Saale
Chemnitz
Tetschen
500
Zwickau
Teplitz
Aussig
Leitmeritz
Lobositz
Eger
Welwarn
COBURG
Hof
Rosenberg
500
Kulmbach
Eger
Prag
BAYREUTH
Beraun
Beraun
BAMBERG
PILSEN
Moldau
0
50
100
Km.
Pisek